D1828421

V&R

Franz Mußner

Traktat über die Juden

Vandenhoeck & Ruprecht

Bibliographische Information der Deutschen Nationalbibliothek

Die Deutsche Nationalbibliothek verzeichnet diese Publikation in der Deutschen Nationalbibliographie; detaillierte Daten sind im Internet über http://dnb.d-nb.de abrufbar.

ISBN 978-3-525-53100-6

© Überarbeitete Neuauflage 2009,
Vandenhoeck & Ruprecht GmbH & Co. KG Göttingen /
Erstauflage Kösel, München 1979.
Internet: www. v-r.de
Alle Rechte vorbehalten. Das Werk und seine Teile sind urheberrechtlich geschützt. Jede Verwertung in anderen als den gesetzlich zugelassenen Fällen bedarf der vorherigen schriftlichen Einwilligung des Verlages.
Hinweis zu § 52a UrhG: Weder das Werk noch seine Teile dürfen ohne vorherige schriftliche Einwilligung des Verlages öffentlich zugänglich gemacht werden. Dies gilt auch bei einer entsprechenden Nutzung für Lehr- und Unterrichtszwecke. Printed in Germany.

Gedruckt auf alterungsbeständigem Papier.

Der Tochter Zion

Vorwort zur Neuauflage

Ich danke dem Verlag Vandenhoeck & Ruprecht für die Bereitschaft, meinen »Traktat über die Juden« in sein Programm aufzunehmen. Das Buch gilt als Pilotwerk für den christlich-jüdischen Dialog. Ich danke meinem Fachkollegen Prof. Dr. Tobias Nicklas (Regensburg) für alle Hilfen bei der Neuausgabe des Buches sowie Herrn Prof. Dr. Michael Theobald (Tübingen) für sein Geleitwort. Ich danke dem Bischöflichen Ordinariat Passau für den namhaften Druckkostenzuschuss, der diese Neuauflage ermöglicht hat. Möge das Werk weiterhin eine Hilfe im christlich-jüdischen Dialog sein, der an Aktualität nichts verloren hat.

Passau, am 1. März 2009 Franz Mußner

Inhalt

Geleitwort 1

1 *Entwurf einer christlichen Theologie des Judentums* 11
1.1 Auschwitz als Impuls zum Umdenken 11
1.2 Die Erwählung Israels 18
1.3 Israel als Volk, Eigentum und Erbteil Gottes 22
1.4 Israel und sein Land 26
1.5 Der bleibende Bund Gottes mit Israel 35
1.6 »Freude an der Tora« 37
1.7 Die heilsgeschichtlichen Vorzüge Israels nach Röm 9.4f. und Eph 2,12 45
1.8 »Das Heil ist aus den Juden« (Joh 4,22) 49
1.9 »Ganz Israel wird gerettet werden« (Röm 11,26) 52
1.10 Israel, »die Wurzel« der Kirche 68
1.11 Israel und der »Gottesknecht« 74
1.12 Hat Israel post Christum noch eine »Heilsfunktion«? 78

2 *Das große Glaubenserbe Israels* 88
2.1 Der Monotheismus 88
2.2 Die Schöpfungsidee 92
2.3 Der Mensch, das »Abbild« Gottes 99
2.4 Grundhaltungen vor Gott 103
2.5 Der Bund 120
2.6 Die messianische Idee 124
2.7 Die Entdeckung der Zukunft 131
2.8 Die Sehnsucht nach einer gerechten Welt 140
2.9 Sühne und Stellvertretung 148
2.10 Das Gewissen und der Dekalog 153
2.11 Das Gedenken 157
2.12 Der Sabbat 162
2.13 Die Auferweckung der Toten 166
2.14 Zusammenfassung 172

3 *Der »Jude« Jesus* 176
3.1 Die Entdeckung des »Juden« Jesus im Judentum und in der christlichen Theologie 176

3.2 Die »Erfüllung« des Gesetzes durch Jesus 185
3.3 Das Doppelgebot der Liebe 194
3.4 Das Vaterunser als Gebet des Juden Jesus 198
3.5 Jesus als Israel 208

4 *Paulus und Israel* 212
4.1 Ist Paulus schuld am Antijudaismus in Kirche und Theologie? 212
4.2 Die Alternative, vor die sich Paulus gestellt sah ...213
4.3 Überlegungen zum Thema »Paulus und Israel« 216

5 *Theologische Wiedergutmachung* 242
5.1 Israel und die Entstehung der Evangelien 242
5.2 Die Pharisäer 253
5.3 »Die Juden« im Johannesevangelium 281
5.4 Wer trägt die Schuld am gewaltsamen Tod Jesu? .293
5.5 »Sein Blut auf uns und unsere Kinder!« (Mt 27,25) 305
5.6 War Jesus von Nazareth für Israel erkennbar? 310

6 *Das Unterscheidende und Trennende* 336
6.1 Die Christologie 336
6.2 Die Beschränkung auf einen einzigen Lehrer 363
6.3 Christliche Freiheit und Gesetz 370
6.4 Verschiedene Erlösungsauffassungen? – Der »Verheißungsüberschuß« 374
6.5 Einheit der Menschheit in Christus 377

7 *Gemeinsame Aufgaben und Ziele* 379
7.1 Die »Verwirklichung« 379
7.2 Der prophetische Protest 380
7.3 »Schalomisierung der Welt« 383
7.4 Der »eschatologische Vorbehalt« 386
7.5 »Gott alles in allem« 387

8 *Kirche und Israel. Ein Kurzkommentar zu »Nostra Aetate«, Nr. 4* 388
Psalm 129 392
Meine Entdeckung des Judentums 393
Literaturhinweise 399

Geleitwort

Genau 30 Jahre sind es her, dass Franz Mußner, emeritierter Neutestamentler der Universität Regensburg, seinen *»Traktat über die Juden«* veröffentlichte[1]. Sehr bald in zahlreiche Weltsprachen übersetzt (ins Englische, Französische, Spanische, Italienische, Portugiesische und Polnische), begründete das epochale Werk das internationale Ansehen seines Autors und brachte ihm hierzulande 1985 in Anerkennung seiner Verdienste um den jüdisch-christlichen Dialog die renommierte Buber-Rosenzweig-Medaille ein. Schon lange vom Markt verschwunden, erscheint es nun dank des Vandenhoeck-Ruprecht-Verlags Göttingen in einer leicht zu erstehenden Taschenbuch-Ausgabe zu einer Zeit, in der es aus verschiedenen Gründen hochwillkommen ist und erneut seine wertvollen Dienste leisten wird.

Mir scheint das Buch aktueller denn je zu sein. Ganz abgesehen davon, dass seine Sprache, die vom tiefen Engagement des Autors in der Sache zeugt, nichts an ihrer Leuchtkraft verloren hat, verdient es heute neue Leser und Leserinnen gerade unter der jüngeren Generation, die den furchtbaren Geschehnissen der europäischen Judenvernichtung durch die Nationalsozialisten nicht mehr durch betroffen schweigende oder stammelnde Eltern und Großeltern nahe sind, sondern aus wachsender Distanz heraus historisch Rückschau halten und in eine erst noch aufzubauende Erinnerungs- und Gedächtniskultur hineinwachsen müssen. Vielleicht erfahren sie deshalb auch die Notwendigkeit einer radikalen – das heißt: an die Wurzeln gehenden – theologischen Besinnung auf den Jahrhunderte währenden christlichen Antijudaismus nicht mehr in derselben bedrängenden Weise wie noch die ersten Nachkriegs-Generationen. Hinzu kommt, dass die gegenwärtige politisch-gesellschaftliche Situation in Israel und Palästina mit den tragischen Schuldverstrickungen auf beiden Seiten ein Klima erzeugt, das dem Engagement der jüngeren Generationen für ein aus der europäischen Ju-

---

[1] Im Kösel-Verlag München: 1979; [2]1988.

denfeindschaft erwachsenes Israel nicht unbedingt günstig scheint. Hier ist das Werk von Franz Mußner, das nüchtern, sachbezogen und beharrlich dazu anleitet, das antijüdische Virus in der christlichen Tradition zu erkennen und zu bekämpfen, für jeden Interessierten Pflichtlektüre. Es hilft, das Neue Testament, die Grundurkunde christlichen Glaubens, von der Schicht der über Jahrhunderte hinweg eingeschliffenen antijüdischen Lesegewohnheiten zu befreien.

Franz Mußner gehört zu den Theologen, die das Zweite Vatikanische Konzil (1962–1965) – heute für die jungen Studierenden auch nur mehr eine ferne Vergangenheit, die bereits Gegenstand historischer Forschung ist – ersehnt, begrüßt, mit Leidenschaft begleitet und aus ihm ihre Konsequenzen gezogen haben. Ohne diesen Hintergrund versteht man sein Buch nicht. Es *beginnt* mit einer Wiedergabe von Artikel 4 der Konzilserklärung »Nostra Aetate« (Erklärung über das Verhältnis der Kirche zu den nichtchristlichen Religionen) vom Oktober 1965 und *endet* mit einem »Kurzkommentar« zu diesem in seiner Bedeutung für den kirchlichen Selbstfindungsprozess nicht zu überschätzenden Dokument[2]. Wir sehr Franz Mußner zusammen mit gleich gesinnten Theologen diese Erklärung, die wohl schon in der Absicht von Papst Johannes XXIII. lag[3], ersehnt hat, zeigt das Motto, das er ein Jahr vor ihrer Verabschiedung über seine Auslegung des Jakobusbriefs gesetzt hat: »Wir Christen sind auch Juden!«

[2] Artikel 4, der dem Verhältnis der Kirche zum Judentum gewidmet ist, ist »das Herzstück der ganzen Erklärung« (*O.H. Pesch*, Das Zweite Vatikanische Konzil [1962–1965]. Vorgeschichte. Verlauf – Ergebnisse. Nachgeschichte, Würzburg ³1994, 305). Zur dramatischen Entstehungsgeschichte des Dokuments samt Kommentar vgl. jetzt auch *R. Siebenrock* in: P. Hünermann/B.J. Hilberath (Hg.), Herders Theologischer Kommentar zum Zweiten Vatikanischen Konzil [HThK II. Vat.], Bd. 3, Freiburg 2005, 591–693.

[3] Vgl. *Pesch*, Konzil 292. Von größter Bedeutung war im Vorfeld des Konzils die von Papst Johannes XXIII. durchgeführte Veränderung der Karfreitagsfürbitte, weil sie – vor allem in jüdischen Kreisen – als großes Zeichen der Hoffnung auf eine grundsätzliche Erklärung des Konzils zur Judenfrage wahrgenommen wurde, vgl. auch *Siebenrock*, 625f. mit Anm. 143.

(Pius XII.)[4]. Aber die Erklärung rahmt nicht nur sein Werk, sie hat es auch in seinen einzelnen Teilen inspiriert.
Bis zum Zweiten Vatikanischen Konzil regierte nahezu unangefochten bei der Verhältnisbestimmung von Kirche und Israel die sog. »Substitutionstheorie«, die besagt: Weil die Juden wesentlich am Tod Jesu Schuld tragen (»Gottesmörder«), hat Gott sie in alle Welt zerstreut und seinen Bund mit den Menschen auf sein neues Volk, die Kirche, übertragen. Israel hat damit - in ein Heilsvakuum gestürzt - seine Privilegien verloren, die auf die Kirche, das neue Israel, übergegangen sind. Genau hier verändert die Erklärung »Nostra Aetate« die traditionelle Sichtweise tiefgreifend: Einerseits sieht sie die Kirche in ihrer Herkunft und damit auch Identität bleibend an das Volk Israel verwiesen, andererseits erkennt sie das aktuelle Judentum - das Judentum post Christum, mit dem sie »das geistliche Erbe« teilt - als konstitutiven Gesprächspartner bei der Klärung ihres eigenen Selbstverständnisses an[5]. Damit schiebt das Konzil einer Verhältnisbestimmung von Kirche und Israel im Sinne eines verabsolutierten diachronen Nacheinanders, wie es die »Substitutionstheorie« wollte, endgültig einen Riegel vor. Franz Mußner greift das im 1. Kapitel seines Werkes auf, wenn er dort den »Entwurf einer christlichen Theologie des Judentums« vorlegt, und das für ihn heißt: einer Theologie des *nach*biblischen Judentums. Wenn auch das talmudische Judentum das Judentum des zweiten Tempels (damit auch das Judentum, das im Gesichtsfeld des Neuen Testaments stand) grundlegend transformiert hat (vielfältige Metamorphosen des Judentums vollzogen sich als Ausweis seiner Vitalität auch weiterhin in der europäischen Geschichte), so

---

[4] *F. Mußner*, Der Jakobusbrief (HThKNT XIII/1), Freiburg 1964, [5]1987.

[5] Art. 4,5: »Da also das Christen und Juden gemeinsame geistliche Erbe so groß ist, will diese Heilige Synode die gegenseitige Kenntnis und Wertschätzung beider (mutuam utriusque cognitionem et aestimationem), die insbesondere durch biblische und theologische Studien sowie durch brüderliche Gespräche (fraternis colloquiis) erlangt wird, fördern und empfehlen« (HThK II. Vat., Bd. 1, Die Dokumente [...], Freiburg 2004, 360).

erlangt der Blick auf ein derart sich religionsgeschichtlich wandelndes Judentum allein dadurch *theologische* Dignität, dass er unter das *biblische* Vorzeichen des »*bleibenden* Bundes Gottes mit Israel« gerückt wird. Um die Profilierung dieser Kategorie anhand zentraler neutestamentlicher Texte geht es denn auch Franz Mußner, wobei die Ausführungen des Paulus in Röm 11, denen die Konzilserklärung zum ersten Mal in der Geschichte der Kirche eine lehramtliche Würdigung hat zuteil werden lassen, naturgemäß zum biblischen Zentrum seiner »Theologie des Judentums« aufrükken. Darüber sollte mit ihm aber nicht übersehen werden, dass »auch Lukas die endzeitliche Rettung Israels kennt, wenn er sie auch in anderer Terminologie als etwa Paulus ausspricht«[6]. Bekommt nach Dtn 19,15 eine Sache »erst auf die Aussage von zwei oder drei Zeugen hin Recht«, so gründet auch eine neutestamentliche Theologie des Judentums entgegen weit verbreitetem Eindruck keineswegs ausschließlich auf Röm 11.

In Kapitel 2 entfaltet Franz Mußner unter der Überschrift »Das große Glaubenserbe Israels«, was die Konzilserklärung das Juden und Christen »gemeinsame geistliche Erbe« (patrimonium spirituale) nennt. Wer sich hier vom Autor durch die Welt der jüdischen Bibel führen lässt – angefangen vom Monotheismus Israels, über die Schöpfungsidee, die Gabe des Dekalogs und das menschliche Gewissen, die Sprache des Lobpreises Gottes und der Klage in den Psalmen usw. bis hin zur Entdeckung der Zukunft in Prophetie und Apokalyptik und der Erwartung einer Auferweckung der Toten am Ende der Zeit –, der wird von der Lektüre reich belohnt und am Ende dankbar anerkennen, in welch starkem Maße Kirche und Christentum in ihrem Denken tatsächlich von »jüdischen Kategorien« (Gershom Scholem) bestimmt sind, die, wie Franz Mußner immer wieder betont, auch viele Gestalten säkularen Denkens, etwa der Philosophie, maßgeblich geprägt haben[7]. Dabei ist das »große

[6] So seine Ausführungen in 1.9.5.

[7] Dazu vgl. zum Beispiel die erst jüngst wieder aufgelegte Dissertation des jüdischen Philosophen *Jacob Taubes*, Abendländische Eschatologie (mit einem Nachwort von Martin Treml), Berlin 2007.

Glaubenserbe Israels« durch Jesus von Nazareth in die Völkerwelt eingeströmt, Israel wurde durch ihn und die Kirche für die Völkerwelt »paradigmatisch«.

So schließt sich Kapitel 3, das Kernstück des Werks, das dem »Juden Jesus« gewidmet ist, organisch an. In ihm setzt der Autor jüdischen Forschern des 20. Jh.s ein Denkmal, die den Juden Jesus für ihr eigenes Volk wiederentdeckt haben. Dass Jesus in der Bergpredigt die Tora konsequent von der Weisung zur Feindesliebe her versteht, in Mk 12,28–34 unter großer Zustimmung des »Schriftgelehrten« das Doppelgebot der Liebe zum hermeneutischen Schlüssel der Tora erhebt, könnte den Nazarener zum gemeinsamen Mahner für Judentum und Christentum werden lassen, auch wenn er durch seinen hohen Selbstanspruch, den Franz Mußner nie um einer vordergründigen Verständigung willen klein redet, bleibend zum Streit herausfordern wird. Aber nicht nur sein Ethos weist Jesus als großen Vertreter des Frühjudentums aus, auch als Beter ist er ganz in ihm verwurzelt, wie »das Vaterunser als Gebet des Juden« zeigt[8].

Doch was ist mit Paulus? Ist er nicht der unheilvolle Spaltpilz, der »speziell mit seiner Gesetzes- und Rechtfertigungslehre den theologischen Boden für den christlichen Antijudaismus bereitet« hat? In der Tat grassiert bis heute die Vorstellung, Paulus hätte mit seiner sog. »Gesetzeskritik« dem Judentum seine theologische Basis entzogen und die Tora als Einfallstor für »Werkfrömmigkeit« diffamiert. Längst bevor

---

[8] Vgl. Kapitel 3.4! Vgl. dazu zuletzt mit vielen forschungsgeschichtlichen Hinweisen *K. Müller*, Das Vater-Unser als jüdisches Gebet, in: A. Gerhards/A. Doeker/P. Ebenbauer (Hg.), Identität durch Gebet. Zur gemeinschaftsbildenden Funktion institutionalisierten Betens in Judentum und Christentum (Studien zu Judentum und Christentum), Paderborn 2003, 159–204. Seine Position: »Das Vater-Unser ist nicht Ausdruck einer sich abgrenzenden Zugehörigkeit. Sondern in diesem durch und durch jüdischen Privatgebet sollen sich möglichst viele Juden wieder finden. Mit solchen uneingeschränkt jüdischen Vorgaben hat der Jude Jesus aus Nazaret das Vater-Unser bei seinem Lehrer Johannes, dem Täufer, kennen und beten gelernt. Und in dieser rundum jüdischen Verfasstheit hat er es auch weitergegeben«.

die sog. »New Perspective« hier Paulus neu sehen lehrt[9], zeigt Franz Mußner im dichten Kapitel 4, wie das Bekenntnis zum Messias und Herrn Jesus, an dem für Paulus sich die Heilsfrage des Menschen nun ausschließlich entscheidet, ihn zu einer Neu-Bewertung der Tora (nicht zu ihrer Negierung!) führen musste. Als wegweisend für die weitere Paulusforschung erwies sich auch seine Einschätzung, dass Paulus mit der Tora keineswegs theologisch »fertig geworden« sei, wie »gewisse Paradoxien« in seiner Konzeption belegten, die er »nur ›dialektisch‹ zu lösen vermocht(e)« und die »Anlass zur ›Sachkritik‹ an Paulus geben könnte(n)«. Bemerkenswert in diesem Zusammenhang ist auch folgende Feststellung aus seiner Feder: »Paulus hat zwar den gesetzlichen Weg als einen wirksamen Weg zum Heil verworfen, aber in seiner Ethik dennoch das Gesetz wieder ›zur Hintertür‹ hereingebracht. Paulus gehört ja gerade, ähnlich wie Jesus und Jakobus, zu den großen Ethikern des Judentums und des Christentums«. Zudem hat Franz Mußner im Anschluss an seinen großen Kommentar zum Galaterbrief darauf hingewiesen, dass die Gegner des Apostels, die gegen ihn bei den Galatern wegen seines »christliche« Freiheit bringenden Evangeliums arbeiteten, nicht Juden überhaupt, sondern judaisierende »Judenchristen« waren[10]! In jüngster Zeit wird wieder über die Entstehung der Evangelien gestritten[11]. Was sind die Gründe, die Markus zur Abfassung des ältesten Exemplars dieser Gattung bewogen haben? Lange schien plausibel, was E. Käsemann auf diese Frage antwortete: Weil der Glaube an den auferweckten und erhöhten Herrn sich zu einem geschichtslosen Mythos zu

---

[9] Dazu vgl. *J. Frey*, Das Judentum des Paulus, in: O. Wischmeyer (Hg.), Paulus. Leben – Umwelt – Werk – Briefe, Tübingen/Basel 2006, 5–43, bes. 35–41. Vgl. auch *M. Theobald*, Von Saulus zu Paulus? Vom Juden zum Christen? Das Jüdische am Apostel als bleibende Herausforderung, in: WUB 1/2009, 23–27.

[10] Dazu *F. Mußner*, Theologische »Wiedergutmachung« am Beispiel der Auslegung des Galaterbriefs, in: *ders.*, Die Kraft der Wurzel. Judentum – Jesus – Kirche, Freiburg ²1989, 55–64; *ders.*, Der Galaterbrief (HThKNT IX), Freiburg 1974, ⁵1988.

[11] Vgl. nur *D. Dormeyer*, Das Markusevangelium, Darmstadt 2005.

verflüchtigen drohte, habe Markus sich dazu entschlossen, ihn an die Vita des irdischen Jesus zurückzubinden. Ganz im Unterschied zur Gnosis gehörten Offenbarung und Kontingenz der Geschichte innerlich zusammen[12]. Die Antwort, die Franz Mußner in Kapitel 5 erteilt, knüpft in gewissem Sinn an E. Käsemann an, führt aber entschieden über ihn hinaus, da sie viel stärker auf den konkreten geschichtlichen »Sitz im Leben« der Evangelienliteratur abhebt: Die Evangelien verarbeiten alle auf ihre Weise, so erklärt er, den Trennungsprozess der Jesus-Gemeinden vom Judentum und sind, so gesehen, Gründungsurkunden der Kirche. Sie stehen »im Dienst der Gewinnung eines eigenen Selbstverständnisses der christlichen Gemeinde in Abhebung von dem Israels«. Letzteres bietet nach Franz Mußner dann auch die Erklärung dafür, dass das Jesus-Material in der Redaktion der Evangelien »mehr und mehr antijüdisch akzentuiert wurde und ›Feindbilder‹ aufgebaut wurden (wie besonders das des ›Pharisäers‹)«. Insofern allerdings die Evangelisten von Herkunft und Bildung selbst Juden waren (was im einzelnen bis heute umstritten ist), besaßen derartige »antijüdischen« Akzentuierungen ein anderes Gewicht als zu späterer Zeit, wenn »Heidenchristen« sie sich zu eigen machten und als vergröberte Klischees weiterreichten. Zu wissen, dass das Feinbild der »Pharisäer« in den Evangelien ursprünglich nur die Kehrseite der eigenen kirchlichen Selbstfindung im Trennungsprozess von der Synagoge darstellt, hilft uns heute, mit ihm hermeneutisch reflektiert umzugehen, und schützt uns davor, es in Katechese und Unterricht unkritisch nachzusprechen. Es ist wohltuend, wie differenziert Franz Mußner von »antijüdischen« Akzentuierungen und Tendenzen im Neuen Testament spricht, ohne das Buch, wie es heute leider des Öfteren geschieht, pauschal vom antjüdischen Virus angesteckt zu sehen.

Vor allem verkennt Franz Mussner nicht die in den Trennungsprozessen zwischen Jesus-Gemeinden und Synagoge als Treibsatz wirkende Christologie, die, bevor sie titular

[12] *E. Käsemann*, Das Problem des historischen Jesus, in: *ders.*, Exegetische Versuche und Besinnungen I, Göttingen 1964, 187–214.

und bekenntnismäßig entfaltet wurde, sich schon in der »Beschränkung auf einen einzigen Lehrer« bemerkbar machte, was nicht antijüdisch, aber doch das jüdische Selbstverständnis überschreitend zu verstehen ist. Dieses orientiert sich nämlich immer schon an einer Vielzahl von Lehrern, die um den Sinn der Tora ringen. Ein Blick in den Talmud kann die damit gegebene beeindruckende Polyphonie von Lehrmeinungen veranschaulichen. Über Jesus erklärt demgegenüber die göttliche Stimme auf dem Berg der Verklärung (mit Worten aus Dtn 18,15): »*Ihn* sollt ihr hören!« (Mk 9,7 par.), und er selbst warnt im Matthäusevangelium: »Ihr aber nennt euch nicht Rabbi, denn *einer* ist euer Lehrer« (Mt 23,8). Daran wird später Ignatius von Antiochien anknüpfen, wenn er gegenüber judaisierenden Christen von den »Jüngern Jesu Christi, unseres *einzigen* Lehrers«, spricht (An die Magnesier 9,1). Kapitel 4 entfaltet auf dieser Folie »das Unterscheidende und Trennende«, wozu nach Franz Mußner vor allem auch die verschiedenen »Erlösungsauffassungen« im Judentum und im Christentum gehören: Stellt dieses alles darauf ab, dass Gott in seinem Sohn Jesus Christus den »Erlösungsakt« – Rechtfertigung und Vergebung der Sünden – schon gesetzt hat, so gilt für jenes: Erlösung ist »die Herstellung einer heilen Welt in Gerechtigkeit und Frieden, aus der das Böse verbannt ist, weil dann alle Menschen nach den Weisungen der Tora leben«. Der Christ, der vom Juden lernen will, wird deshalb anerkennen, dass ein biblischer »Verheißungsüberschuss« existiert, der in Kreuz und Auferweckung Jesu nicht abgegolten, wohl aber verbürgt wurde und nun seiner endgültigen Verwirklichung im Vollanbruch des Gottesreichs am Ende der Tage harrt.
Daraus leitet das Schlusskapitel wichtige Konsequenzen ab. Auch wenn der Glaube an den Messias, Herrn und Gottessohn Jesus Judentum und Christentum in dieser Zeit voneinander trennt (wiewohl der »Retter vom Zion«, der wiederkommende Messias Jesus, sie beide im Eschaton Röm 11,26f. zufolge wieder miteinander verbindet), so obliegen ihnen bis dahin doch »gemeinsame Aufgaben und Ziele«, die man in dem einen Wort von der »Schalomisierung der Welt« bündeln könnte: Gemeinsam für einen weltweiten

Frieden einzutreten, welcher der Vorschein des vollendeten Gottesreichs ist. »Auch Israel muss sich zum Anwalt des Friedens machen, und ebenso der Islam und alle Weltreligionen. Es darf kein ethnozentrisches Friedensbild mehr geben«, erklärt Franz Mußner am Ende des Buchs, womit er nur Israels Propheten, welche auch der Christen Propheten sind, in ihr Recht einsetzt:

»Am Ende der Tage wird es geschehen:

Der Berg mit dem Haus des Herrn steht fest gegründet als höchster der Berge;
er überragt alle Hügel.
Zu ihm strömen alle Völker.
Viele Nationen machen sich auf den Weg; sie sagen:
Kommt, wir ziehen hinauf zum Berg des Herrn und zum Haus des Gottes Jakobs.
Er zeige uns seine Wege, auf seinen Pfaden wollen wir gehen.

Denn vom Zion kommt die Weisung des Herrn, aus Jerusalem sein Wort.
Er spricht Recht im Streit der Völker, er weist viele Nationen zurecht.
Dann schmieden sie Pflugscharen aus ihren Schwertern und Winzermesser aus ihren Lanzen.
Man zieht nicht mehr das Schwert, Volk gegen Volk, und probt nicht mehr für den Krieg.

Ihr vom Haus Jakob, kommt, wir wollen unsere Wegen gehen im Licht des Herrn«

(Jes 2,2–5; vgl. Mi 4,1–3).

Muss der »Traktat über die Juden« seine brennende Aktualität in dieser unserer so friedlosen Zeit noch ausdrücklich nachweisen? Von Herzen wünsche ich dem großartigen Buch viele neue engagierte Leser und Leserinnen. Mögen sie aus ihm nicht nur gründliche exegetische und theologische Belehrung empfangen, sondern auch von seiner Leidenschaft für Israel angesteckt werden.

Tübingen im Januar 2009 Michael Theobald

1. Entwurf einer christlichen Theologie des Judentums

1.1 Auschwitz als Impuls zum Umdenken

»Auschwitz« nennen wir hier als Sammelname für alle Konzentrationslager, in denen Juden ums Leben gekommen sind. Das Furchtbare, das dort geschehen ist, ist nach dem zweiten Weltkrieg in der Welt bekannt geworden[1]. Die Menschheit schreckte auf, und die Christenheit schreckte mit auf. Man besann sich. Christen legten sich die Frage vor: Sind wir etwa mitschuldig an der Katastrophe geworden, die über die Juden gekommen ist? Nicht bloß durch unser Schweigen, sondern auch durch unser bisheriges Reden? Jeder, der die Nazi-Zeit miterlebt hat, weiß, wie hilflos man im Grunde dem »Judenproblem« gegenüberstand. Beinahe das einzige, was man im Religionsunterricht über die Juden hörte, war (abgesehen von der Einführung in das Alte Testament im Schulbibelunterricht) der Satz: Die Juden haben Jesus umgebracht. Dieser Satz war fast der einzige Inhalt einer »christlichen Theologie des Judentums«. Durch ihn sah man den christlichen und theologischen Antisemitismus gerechtfertigt. Man dachte nicht weiter nach, man bekam auch kaum Anregungen dazu. In den Fürbitten des Karfreitags betete man auch für die »treulosen Juden«; man betete das besten Gewissens mit. Im Bischöflichen Knabenseminar wurde uns beigebracht: »Beim Juden wird nicht eingekauft!« (obwohl es in Passau nur drei jüdische Geschäfte gab). Man schlich sich an den jüdischen Kaufhäusern vorbei mit dem bedrückenden Gefühl: Da drinnen müssen ganz böse

---

[1] Hingewiesen sei hier vor allem auf die großen Untersuchungen mit reichem Material und umfassender Literatur von *H. G. Adler,* Theresienstadt 1941–1945. Das Antlitz einer Zwangsgemeinschaft (Tübingen 1955); *ders.,* Der verwaltete Mensch. Studien zur Deportation der Juden aus Deutschland (Tübingen 1974); dazu noch *G. Reitlinger,* Die Endlösung. Hitlers Versuch der Ausrottung der Juden Europas 1939–1945 (Berlin 1953); *A. Rückerl,* NS-Vernichtungslager im Spiegel deutscher Strafprozesse (München [2]1978).

Menschen wohnen! Zu den wenigen Zeitschriften, die man in den oberen Klassen lesen und halten durfte, gehörte die »Schönere Zukunft«, gewiß eine entschieden katholische Zeitschrift, aber ebenso entschieden antisemitisch eingestellt. So war man auf das katastrophale Geschehen in keiner Weise vorbereitet. Die Nazis verstanden es auch, im Land absolutes Schweigen über die Konzentrationslager zu verbreiten, so daß viele erst nach dem Krieg von den Greueln erfuhren, die sich dort zugetragen haben. Nur unbestimmte Gerüchte drangen da und dort durch.
Nach dem Krieg aber schreckte man auf und begann sich zu besinnen. Endlich setzte das Umdenken ein. Es trug im kirchlich-theologischen Bereich vielerlei Früchte. Es dauerte aber auch jetzt noch ziemlich lange, bis diese Früchte greifbar vorlagen. Die große Frucht im katholischen Bereich ist zweifellos der Abschnitt über die Juden in der Konzilserklärung »Nostra Aetate«. Erklärung über das Verhältnis der Kirche zu den nichtchristlichen Religionen, Nr. 4:
»Bei ihrer Besinnung auf das Geheimnis der Kirche gedenkt die Heilige Synode des Bandes, wodurch das Volk des Neuen Bundes mit dem Stamme Abrahams geistlich verbunden ist.
So anerkennt die Kirche Christi, daß nach dem Heilsgeheimnis Gottes die Anfänge ihres Glaubens und ihrer Erwählung sich schon bei den Patriarchen, bei Moses und den Propheten finden. Sie bekennt, daß alle Christgläubigen als Söhne Abrahams dem Glauben nach in der Berufung dieses Patriarchen eingeschlossen sind und daß in dem Auszug des erwählten Volkes aus dem Lande der Knechtschaft das Heil der Kirche geheimnisvoll vorgebildet ist. Deshalb kann die Kirche auch nicht vergessen, daß sie durch jenes Volk, mit dem Gott aus unsagbarem Erbarmen den Alten Bund geschlossen hat, die Offenbarung des Alten Testamentes empfing und genährt wird von der Wurzel des guten Ölbaums, in den die Heiden als wilde Schößlinge eingepfropft sind. Denn die Kirche glaubt, daß Christus, unser Friede, Juden und Heiden durch das Kreuz versöhnt und beide in sich vereinigt hat.
Die Kirche hat auch stets die Worte des Apostels Paulus vor Augen, der von seinen Stammverwandten sagt, daß ihnen die Annahme an Sohnes Statt und die Herrlichkeit, der Bund und das Gesetz, der Gottesdienst und die Verheißungen gehören wie auch die Väter und daß aus ihnen Christus dem Fleische nach stammt

(Röm 9,4–5), der Sohn der Jungfrau Maria. Auch hält sie sich gegenwärtig, daß aus dem jüdischen Volk die Apostel stammen, die Grundfesten und Säulen der Kirche, sowie die meisten jener ersten Jünger, die das Evangelium Christi der Welt verkündet haben.

Wie die Schrift bezeugt, hat Jerusalem die Zeit seiner Heimsuchung nicht erkannt, und ein großer Teil der Juden hat das Evangelium nicht angenommen, ja nicht wenige haben sich seiner Ausbreitung widersetzt. Nichtsdestoweniger sind die Juden nach dem Zeugnis der Apostel immer noch von Gott geliebt um der Väter willen; sind doch seine Gnadengaben und seine Berufung unwiderruflich. Mit den Propheten und mit demselben Apostel erwartet die Kirche den Tag, der nur Gott bekannt ist, an dem alle Völker mit *einer* Stimme den Herrn anrufen und ihm ›Schulter an Schulter dienen‹ (Soph 3,9).

Da also das Christen und Juden gemeinsame geistliche Erbe so reich ist, will die Heilige Synode die gegenseitige Kenntnis und Achtung fördern, die vor allem die Frucht biblischer und theologischer Studien sowie des brüderlichen Gespräches ist.

Obgleich die jüdischen Obrigkeiten mit ihren Anhängern auf den Tod Christi gedrungen haben, kann man dennoch die Ereignisse seines Leidens weder allen damals lebenden Juden ohne Unterschied noch den heutigen Juden zur Last legen. Gewiß ist die Kirche das neue Volk Gottes, trotzdem darf man die Juden nicht als von Gott verworfen oder verflucht darstellen, als wäre dies aus der Heiligen Schrift zu folgern. Darum sollen alle dafür Sorge tragen, daß niemand in der Katechese oder bei der Predigt des Gotteswortes etwas lehre, das mit der evangelischen Wahrheit und dem Geiste Christi nicht im Einklang steht.

Im Bewußtsein des Erbes, das sie mit den Juden gemeinsam hat, beklagt die Kirche, die alle Verfolgungen gegen irgendwelche Menschen verwirft, nicht aus politischen Gründen, sondern auf Antrieb der religiösen Liebe des Evangeliums alle Haßausbrüche, Verfolgungen und Manifestationen des Antisemitismus, die sich zu irgendeiner Zeit und von irgend jemandem gegen die Juden gerichtet haben. Auch hat ja Christus, wie die Kirche immer gelehrt hat und lehrt, in Freiheit, um der Sünden aller Menschen willen, sein Leiden und seinen Tod aus unendlicher Liebe auf sich genommen, damit alle das Heil erlangen. So ist es die Aufgabe der

Predigt der Kirche, das Kreuz Christi als Zeichen der universalen Liebe Gottes und als Quelle aller Gnaden zu verkünden.«

Die dramatische Vorgeschichte dieser Nummer der »Erklärung« ist von *J. Oesterreicher* umfassend dargestellt worden[2]. Hier sei nur erinnert an die von den damals in Rom versammelten deutschen Bischöfen zu Beginn der Debatte abgegebene Erklärung: »Wir deutschen Bischöfe begrüßen das Konzilsdekret über die Juden. Wenn die Kirche im Konzil eine Selbstaussage macht, kann sie nicht schweigen über ihre Verbindung mit dem Gottesvolk des Alten Bundes. Wir sind überzeugt, daß diese Konzilsdeklaration Anlaß zu einem erneuerten Kontakt und einem besseren Verhältnis zwischen der Kirche und dem jüdischen Volke gibt. Wir deutschen Bischöfe begrüßen das Dekret besonders deshalb, weil wir uns des schweren Unrechts bewußt sind, das im Namen unseres Volkes an den Juden begangen worden ist«[3].

Es kam bekanntlich nicht zu einem eigenen »Dekret über die Juden«; der Widerstand dagegen war zu groß. Es kam nur zu der Nr. 4 in der »Erklärung«, aber diese Nr. enthält wichtige Impulse und hat eine Wirkungsgeschichte ausgelöst, die noch lange nicht abgeschlossen ist, sondern erst beginnt. In sie hinein gehört auch der römische Erlaß: Vatikanische Richtlinien und Hinweise für die Durchführung der Konzilserklärung »Nostra Aetate«, Nr. 4, vom 3. Januar 1975[4]. Das Umdenken ist weltweit im Gang, nicht bloß im katholischen Bereich[5], sondern auch im Bereich der Kirchen der Reformation[6]. Auch die Gemeinsame Synode der

---

[2] In: Lexikon für Theologie und Kirche, Ergänzungsband: Das Zweite Vatikanische Konzil, Teil II (Freiburg/Basel/Wien 1967) 406–478. Vgl. auch *Augustin Kardinal Bea*, Die Kirche und das jüdische Volk (Freiburg 1966).

[3] Abgedruckt a.a.O., 440f.

[4] In deutscher Übersetzung abgedruckt in: Freiburger Rundbrief XXVI (1974) 3–5.

[5] Schon vor dem Erscheinen der »Vatikanischen Richtlinien« hat eine französische Bischofskommission am 16. April 1973 eine wichtige Erklärung über die Haltung der Christen zum Judentum vorgelegt, deren Wortlaut in deutscher Übersetzung im Freiburger Rundbrief XXV (1973) 15–18 abgedruckt ist (mit Kommentaren dazu von *E. L. Ehrlich* und *K. Hruby*). Hinzuweisen ist jetzt ausdrücklich auch auf das Arbeitspapier des Gesprächskreises »Juden und Christen« des Zentralkomitees der Deutschen Katholiken »Theologische Schwerpunkte des Jüdisch-Christlichen Gesprächs« vom 8. Mai 1979.

[6] Verwiesen sei vor allem auf folgende Verlautbarungen: Israel: Volk, Land und Staat. Handreichung für eine theologische Besinnung der Niederländischen

Bistümer in der Bundesrepublik Deutschland hat sich in ihrem »Hoffnungspapier« des Themas erfreulicherweise angenommen (IV,2): »Wir sind das Land, dessen jüngste politische Geschichte von dem Versuch verfinstert ist, das jüdische Volk systematisch auszurotten. Und wir waren in dieser Zeit des Nationalsozialismus, trotz beispielhaften Verhaltens einzelner Personen und Gruppen, aufs Ganze gesehen doch eine kirchliche Gemeinschaft. die zu sehr mit dem Rücken zum Schicksal dieses verfolgten jüdischen Volkes weiterlebte, deren Blick sich zu stark von der Bedrohung ihrer eigenen Institutionen fixieren ließ und die zu den an Juden und Judentum verübten Verbrechen geschwiegen hat. Viele sind dabei aus nackter Lebensangst schuldig geworden. Daß Christen sogar bei dieser Verfolgung mitgewirkt haben, bedrückt uns besonders schwer. Die praktische Redlichkeit unseres Erneuerungswillens hängt auch an dem Eingeständnis dieser Schuld und an der Bereitschaft, aus dieser Schuldgeschichte unseres Landes und auch unserer Kirche schmerzlich zu lernen: Indem gerade unsere deutsche Kirche wach sein muß gegenüber allen Tendenzen, Menschenrechte abzubauen und politische Macht zu mißbrauchen, und indem sie allen, die heute aus rassistischen oder anderen ideologischen Motiven verfolgt werden, ihre besondere Hilfsbereitschaft schenkt, vor allem aber, indem sie besondere Verpflichtungen für das so belastete Verhältnis der Gesamtkirche zum jüdischen Volk und seiner Religion übernimmt.
Gerade wir in Deutschland dürfen den Heilszusammenhang zwischen dem altbundlichen und neubundlichen Gottesvolk, wie ihn auch der Apostel Paulus sah und bekannte, nicht verleugnen

---

Reformierten Kirche: (in deutscher Übersetzung) Freiburger Rundbrief XXIII (1971) 19–27; Christen und Juden. Eine Studie des Rates der Evangelischen Kirche in Deutschland (Gütersloh 1975); Überlegungen zum Problem Kirche–Israel. Herausgegeben vom Vorstand des Schweizerischen Evangelischen Kirchenbundes vom Mai 1977, abgedruckt in: Freiburger Rundbrief XXIX (1977) 108–111. Alle Dokumente sind abgedruckt bei *C. Croner,* Stepping Stones to Further Jewish-Christian Relations. An unabridged collection of Christian Documents (London 1977). Zur Situation im deutschen Sprachraum vgl. auch noch *E. Fleischner,* Judaism in German Christian Theology since 1945. Christianity and Israel Considered in Terms of Mission (Metuchen 1975). Zum Judentumsbild bestimmter christlicher Theologen in der Nazizeit vgl. *F. Werner,* Das Judentumsbild der Spätjudentumsforschung im Dritten Reich. Dargestellt anhand der »Forschungen zur Judenfrage«, in: Kairos 13 (1971) 161–194.

oder verharmlosen. Denn auch in diesem Sinn sind wir in unserem Land zu Schuldnern des jüdischen Volkes geworden. Schließlich hängt die Glaubwürdigkeit unserer Rede vom »Gott der Hoffnung« angesichts eines hoffnungslosen Grauens wie dem von Auschwitz vor allem daran, daß es Ungezählte gab, Juden und Christen, die diesen Gott sogar in einer solchen Hölle und nach dem Erlebnis einer solchen Hölle immer wieder genannt und angerufen haben. Hier liegt eine Aufgabe unseres Volkes auch im Blick auf die Einstellung anderer Völker und der Weltöffentlichkeit gegenüber dem jüdischen Volk. Wir sehen eine besondere Verpflichtung der deutschen Kirche innerhalb der Gesamtkirche gerade darin, auf ein neues Verhältnis der Christen zum jüdischen Volk und seiner Glaubensgeschichte hinzuwirken.«

Man kann sagen: »Auschwitz« übt eine hermeneutische Funktion aus. Das Umdenken impliziert nämlich ein neues Verstehen. Was wird neu verstanden? Dafür nur einige wichtige Beispiele:

Das »Alte Testament« als die fortbestehende Grundquelle für den Glauben Israels

Israel als die bleibende »Wurzel« der Kirche

Die Bleibendheit des Bundes Gottes mit seinem Volk Israel, das er sich erwählt hat

Die besondere Rolle des »Landes« im Denken Israels

Das Judesein Jesu

Bestimmte Aussagen des Neuen Testaments[7]

---

[7] Nach *G. Klein* präjudiziert Auschwitz »nicht den Aussagewillen unserer Texte«, nämlich im Neuen Testament: Präliminarien zum Thema ›Paulus und die Juden‹, in: Rechtfertigung (FS f. *E. Käsemann,* Tübingen 1976, 229–243 [231]); er sträubt sich gegen ein »argumentatives Auftrumpfen nach dem Genozid«. »Methodische Klarheit und Nachprüfbarkeit der Exegese wären verspielt und Willkür behielte das Feld« (ebd.). Diese Sätze richten sich vor allem gegen die Schrift von *H. Gollwitzer / M. Palmer / V. Schliski,* Der Jude Paulus und die deutsche ntl. Wissenschaft, in: EvTh 34 (1974) 276–304. Gegen Klein möchte ich sagen: Es geht genau um die »Nachprüfbarkeit der Exegese« am Text des Neuen Testaments, der vielfach und jahrhundertelang unter einem falschen hermeneutischen Apriori gelesen wurde, nämlich dem Apriori eines bewußten oder unbewußten Antijudaismus, während der Text selber dazu oft keinen Anlaß bot und bietet. Der *Text* wurde mit der antijudaistischen Brille gelesen und gab dann das her, was man aus ihm gern hören wollte. Das klassische Beispiel dafür ist die Auslegung des Satzes in Röm 11,26: »Ganz Israel wird gerettet werden«, der bis zu jüngsten Kommentaren, wie dem von *O. Kuss* (3. Lieferung, Regensburg 1978), als Bekehrung Israels zum Evangelium interpretiert wurde. Jede Auslegung

Das »im Windschatten der Massengräber« *(J. Bloch)* sich vollziehende Umdenken zeigt bereits Früchte in Exegese und Systematik[8]. Es ermöglicht endlich einen ehrlichen Dialog zwischen Juden und Christen[9]. Es ermöglicht den Aufbau einer christlichen Theologie des Judentums. Es ermöglicht einen »Traktat über die Juden« im Sinn eines »Tractatus pro Judaeis«, während man in der patristischen und z.T. auch noch in der mittelalterlichen Zeit der Kirche »Tractatus adversus Judaeos« geschrieben hat[10]. Der Ruf nach einem »Traktat über die Juden«

---

eines Textes – das hat uns die moderne Hermeneutik seit Schleiermacher gezeigt (vgl. dazu *F. Mußner,* Geschichte der Hermeneutik von Schleiermacher bis zur Gegenwart, Freiburg ²1976) – steht auch unter dem Vor-Urteil des Auslegers. Dieses Vor-Urteil kann aber einer Bekehrung unterworfen werden – und die Preisgabe des theologischen Antijudaismus ist ein echter Bekehrungsvorgang, wie der Verfasser dieses »Traktats über die Juden« aus eigener Erfahrung weiß. Das Vor-Urteil kann abgebaut und die antijudaistische Brille abgelegt werden. Der Text zeigt auf einmal sein wahres Gesicht. Das Vor-Urteil beim Auslegungsgeschäft kann auch noch durch die Überlieferung genährt sein, wie uns *Gadamer* über *Heidegger* hinaus gelehrt hat, in unserem Fall durch eine fast zweitausendjährige antijudaistisch eingestellte Überlieferung. So kann die fortschreitende Erfahrung – und in sie gehört zu unserer Zeit vor allem Auschwitz mit hinein – den Blick endlich frei machen für »den Aussagewillen unserer Texte«. Aus der zum Teil sehr heftig geführten Diskussion seit dem Erscheinen der Schrift von *F.-W. Marquardt,* Die Juden im Römerbrief (Zürich 1971), seien folgende Beiträge notiert: *G. Klein,* Erbarmen mit den Juden!, in: EvTh 34 (1974) 201–218; *D. Flusser,* Ulrich Wilckens und die Juden, in: EvTh 34 (1974) 236–243; *U. Wilckens,* Das Neue Testament und die Juden, in: EvTh 34 (1974) 602–611; *R. Rendtorff,* Die neutestamentliche Wissenschaft und die Juden. Zur Diskussion zwischen *David Flusser* und *Ulrich Wilckens,* in: EvTh 36 (1976) 191–200.

[8] Vgl. dazu auch *I. Maybaum,* The Face of God after Auschwitz (Amsterdam 1965); *A. Davies,* Antisemitism and the Christian Mind (New York 1969) (Literaturbericht); *J. B. Metz* u. a., Gott nach Auschwitz (Freiburg 1979). Man hat im Hinblick auf Auschwitz geradezu vom »Beginn einer neuen Ära« gesprochen (vgl. *E. Fleischner* [Hrsg.], Auschwitz: Beginning of a New Era. Reflections on the Holocaust, New York 1977 [es handelt sich hier um die Referate auf einem Symposion über das Holocaust in New York vom 3.–6. Juni 1974]).

[9] Jeder wird *C. Thoma* zustimmen müssen, wenn er bemerkt (Christliche Theologie des Judentums, Aschaffenburg 1978, 142f.): »Ein Christ, der *nach* Auschwitz antijüdisch redet, handelt wesentlich verantwortungsloser als irgendein Kirchenvater, der meinte, die Degradierung der Juden gehöre zur christlichen Predigt, und der das Unheilzeugende seiner Worte noch nicht abschätzen konnte.«

[10] Eine Übersicht über die Adversus-Judaeos-Schriften bietet *A. L. Williams,* Adversus Judaeos. A Bird's-Eye View of Christian Apologiae until the Renaissance (Cambridge 1935). Vgl. ferner *K. H. Rengstorf / S. von Kortzfleisch* (Hrsg.),

war von jüdischer und christlicher Seite bereits wiederholt zu hören[11]. Was wir in diesem Buch vorlegen, ist ein Echo auf diesen Ruf, nachdem bereits *Clemens Thoma* mutig vorangegangen ist.

1.2 Die Erwählung Israels

Der Christ, der die Bibel ernstnimmt, muß von der Erwählung Israels als Eigentumsvolk JHWHs Kenntnis nehmen. Tut er das nicht, redet er von vornherein an Israel vorbei.
Gott hat Israel erwählt[12]. Davon redet das Alte Testament an vielen Stellen. Diese Erwählung eines Volkes durch Gott bildet »ein Novum innerhalb der Religionsgeschichte des Alten Orients« *(H. Wildberger).* Wie weit der Erwählungsgedanke in der Geschichte Israels zurückreicht, ist nur noch schwer auszumachen. Der bedeutendste Zeuge für ihn ist das Buch Deuteronomium (5. Buch Mose). Wichtige Stellen darin: 7,6–9: »Ein für JHWH, deinen Gott, geheiligtes Volk bist du. Dich hat JHWH, dein Gott, *erwählt,* um ihm als *Volk des Eigentums* anzugehören

Kirche und Synagoge I (Stuttgart 1968) 50–209; *K. Hruby,* Juden und Judentum bei den Kirchenvätern (Zürich 1971); *R. Ruether,* Nächstenliebe und Brudermord. Die theologischen Wurzeln des Antisemitismus (deutsch München 1978) 113–168 (mit reichem Material). Speziell zu Johannes Chrysostomus vgl. *C. M. Maxwell,* Chrysostom's Homilies against the Jews (Diss. Chicago 1966); zu Augustinus *B. Blumenkranz,* Die Judenpredigt Augustins. Ein Beitrag zur Geschichte der jüdisch-christlichen Beziehungen in den ersten Jahrhunderten (Paris 1973). Zum Ganzen auch noch *M. Simon,* Verus Israel. Etude sur les relations entre Chrétiens et Juifs dans l'Empire Romain (Paris ^{2}1964).

[11] Vgl. auch *N. Lohfink,* Methodenprobleme zu einem christlichen »Traktat über die Juden«, in: *ders.,* Bibelauslegung im Wandel (Frankfurt 1967) 214–237.

[12] *Wichtige Literatur: M. Buber,* Die Erwählung Israels, in: Werke II (München/Heidelberg 1964) 1037–1051; *K. Galling,* Die Erwählungstraditionen Israels (Gießen 1928); *Th. C. Vriezen,* Die Erwählung Israels nach dem AT (Zürich 1953); *K. Koch,* Zur Geschichte der Erwählungsvorstellung in Israel, in: ZAW 67 (1955) 205–226; *H. Wildberger,* Jahwes Eigentumsvolk (Zürich/Stuttgart 1960); *H. J. Zobel,* Ursprung und Verwurzelung des Erwählungsglaubens Israels, in: ThLZ 93 (1968) 1–12; *H. Wildberger,* Die Neuinterpretation des Erwählungsglaubens Israels in der Krise der Exilszeit, in: Wort – Gebot – Glaube (FS f. *W. Eichrodt*) (Zürich 1970) 307–324; *ders.,* Art. בחר (»erwählen«) in: Theol. Handwörterbuch zum AT I (München/Zürich 1971) 275–300; *H. Seebass,* Art. בחר, in: *G. J. Botterweck / H. Ringgren,* Theol. Wörterbuch zum AT I, 592–608.

unter allen Völkern, die auf dem Erdboden wohnen. Nicht weil ihr zahlreicher seid als alle Völker, hat sich JHWH zu euch herabgeneigt und euch erwählt, denn ihr seid das kleinste von allen Völkern, *sondern weil* JHWH *euch liebte* und weil er den Schwur hielt, *den er euren Vätern geschworen* hat, hat euch JHWH mit starker Hand herausgeführt und dich losgekauft aus dem Sklavenhaus, aus der Hand Pharaos, des Königs von Ägypten. So erkenne denn, daß JHWH, dein Gott, der Gott ist, der treue Gott, der den Bund und die Huld bis auf tausend Generationen denen bewahrt, die ihn lieben und seine Gebote halten.« 10,14f.: »Siehe, JHWH, deinem Gott, gehört der Himmel und der Himmel des Himmels, die Erde und was darüber ist. Nur deinen Vätern hat sich JHWH zugeneigt, indem er sie liebte, und er *erwählte* ihre Nachkommen nach ihnen, nämlich euch, aus allen Völkern, wie es heute der Fall ist.« 14,2: »Denn ein heiliges Volk bist du für JHWH, deinen Gott, und *dich hat* JHWH *erwählt,* daß du als Volk sein besonderes Eigentum seiest unter den Völkern auf dem Erdboden.«

Israel ist nach diesen Texten das von Gott erwählte Eigentumsvolk, aber erwählt aus reiner, unergründlicher Liebe Gottes. Mit dieser Erwählung ist Israel aus den übrigen Völkern herausgenommen: »Siehe, ein Volk, das abgesondert wohnt, das sich nicht rechnet zu den Völkern!« (Num 23,9). Diese Erwählung und Aussonderung Israels ist einzigartig: »Oder hat je ein Gott versucht, sich ein Volk mitten aus einem anderen Volk herauszuholen?« (Deut 4,74). Gott hat mit dieser Erwählung für immer seine Hand auf Israel gelegt, wovon nicht bloß die Völker Kenntnis nehmen sollten, sondern auch Israel selbst; es kann und darf nicht wie die übrigen Völker sein: »Was euch in den Sinn kommt, dies darf keineswegs geschehen, daß ihr sagt: Wir wollen wie die Völker sein, wie die Stämme der Länder, indem wir Holz und Stein verehren« (Ez 20,32). Die Erwählung begründete für immer die »Sonderexistenz« des jüdischen Volkes. Auch wenn Israel ein »halsstarriges Volk« ist, mit Blick auf seine »Väter« revoziert Gott die Erwählung nicht (vgl. Pss 105,6; 135,4: »Denn JHWH erwählte sich Jakob, Israel als seinen Besitz«).

Während der Zeit des Exils beantwortet der sog. Deuterojesaja die Frage, ob es für Israel überhaupt noch eine Zukunft gebe, mit der prophetischen Ansage (41,8–10):

»Du aber, Israel mein Knecht,
du Jakob, den ich erwählt habe,
Sprößling Abrahams, meines Freundes!
Du[13], den ich von den Enden der Welt geholt,
den ich rief von ihren äußersten Winkeln,
zu dem ich sprach: Mein Knecht bist du,
ich habe dich erwählt und nicht verworfen.
Fürchte dich nicht, denn ich bin mit dir!
Blicke nicht ängstlich, denn ich bin dein Gott!
Ich stärke dich, ja, ich helfe dir;
ja, ich stütze dich mit meiner hilfreichen Rechten.«

In 43,10 heißt es: »Ihr seid meine Zeugen – Spruch JHWHs – und mein Knecht, *den ich erwählt habe,* damit sie erkennen und an mich glauben und verstehen, daß ich es bin«: bezogen auf die Zeugenschaft Israels gegenüber den Völkern.

Im Rahmen dieses »Traktats« ist es nicht möglich, die ganze alttestamentliche Erwählungstheologie darzustellen – dafür muß auf die Literatur verwiesen werden. Jedenfalls ist eine wichtige Konsequenz aus ihr das Selbstverständnis Israels als JHWHs »Eigentumsvolk« und JHWHs »Erbvolk«, wozu auch die Verheißung des »Landes« gehört.

Wichtig ist die Frage: Kennt und anerkennt auch das Neue Testament die Erwählung Israels? Zur Beantwortung sind folgende Stellen zu beachten:

– *Apg 13,17–19:* »Der Gott dieses Volkes Israel hat unsere Väter *erwählt* und das Volk in der Fremde im Land Ägypten erhöht. Mit erhobenem Arm hat er sie von dort herausgeführt. Fast vierzig Jahre hat er sie in der Wüste getragen, sieben Völker hat er vernichtet im Land Kanaan und *ihr Land ihnen zum Erbe gegeben.*« Sechs zusammengehörige Topoi erscheinen in diesem Text: 1. Gott als der Erwählende, 2. Die Väter Israels als die Erwählten Gottes, 3. Israel als »Volk« Gottes, 4. Hinweis auf den Exodus, 5. Hinweis auf die Landnahme, 6. Das Land als Erbbesitz. Das Ganze könnte als ein Summarium der alttestamentlichen Erwählungstheologie bezeichnet werden.

– *Röm 9,11–13:* »Denn als (die Kinder Isaaks und der Rebekka) noch nicht geboren waren und nichts Gutes oder Schlimmes getan

[13] Damit ist Israel, nicht Abraham angeredet (s. *J. Ziegler*, Isaias, z. St.).

hatten, wurde ihr – damit der Ratschluß Gottes *entsprechend (seiner) Wahl* bestehen bliebe, nicht aus Werken, sondern aus dem, der ruft – gesagt: Der Größere (Esau) wird dem Kleineren (Jakob) dienen, wie geschrieben steht: Jakob habe ich geliebt, Esau aber gehaßt.« Paulus ist in Röm 9–11 mit dem Problem befaßt: Was wird aus dem Israel, das sich dem Evangelium versagt? Hat es Gott für immer verworfen? Warum glaubt nur »ein Rest« Israels dem Evangelium, während »Heiden, die nicht nach Gerechtigkeit strebten, Gerechtigkeit erlangt haben, nämlich die Glaubensgerechtigkeit« (9,30)? Dieses Geheimnis erklärt der Apostel mit Hinweis auf den Ratschluß Gottes gemäß seiner Wahl (9,11). Der den Lauf der Heilsgeschichte, in den Israel wesentlich hineingehört, beschließende Gott handelt entsprechend seiner souveränen Wahl, auf die kein Mensch Einfluß hat. »Gott handelt stets und überall als derselbe« *(E. Käsemann),* wie damals in der Rebekkageschichte, so jetzt an Juden und Heiden. Zwar bedeutet sein jetziges Handeln nicht die endgültige Verwerfung Israels (11,1), sondern nur die vorläufige Zurückstellung Israels, »bis die Vollzahl der Heiden (in die von Gott vorherbestimmte Zahl der Heilsgenossen) eingegangen ist« (11,25). Aber am Ende wird »*ganz* Israel gerettet werden« (11,26)[14].

– *Röm 11,28f.:* »Zwar hinsichtlich des Evangeliums sind sie (die Juden) Rebellen (gegen Gott) euretwegen (der Heiden wegen), aber *hinsichtlich der Erwählung* (im Hinblick auf die ehemalige Erwählung) *sind sie Geliebte um der Väter willen.* Denn unwiderruflich sind die Gnadengaben und der Ruf Gottes«. Die »Gnadengaben« Gottes an Israel zeigten sich primär in seiner Erwählung, und diese sind unwiderruflich (wörtlich: »unreuig«: Gott läßt es sich nicht gereuen, daß er Israel einst erwählt hat); die Juden bleiben die Geliebten Gottes »um der Väter willen«.

Die Erwählung bleibt also für immer bestehen; Gott verwirft Israel nicht, das er »zuvor (früher) erkannt hat« (11,2), und deshalb wird am Ende auch »ganz Israel gerettet werden«. Die Erwählung Israels wird nach Paulus von Gott niemals revoziert. Sie ist eine bleibende, wie sich zuletzt zeigen wird. Davon muß die Christenheit Kenntnis nehmen, wenn sie richtig über Israel reden und urteilen will. Das ist Lehre der Heiligen Schrift.

---

[14] Vgl. dazu Näheres unter 1.9.

1.3 Israel als Volk, Eigentum und Erbteil Gottes[15]

»JHWH der Gott Israels« – »Israel das Volk JHWHs«: dieser Satz wird geradezu als die Mitte des Alten Testaments bezeichnet[16]. Gott hat Israel erwählt, damit es sein »Volk«, sein »Sondereigentum«, sein »Erbteil« sei. Besonders das Buch Deuteronomium hat diese Theologumena entwickelt. »Dann sprach Mose und die levitischen Priester zu ganz Israel: Sei still und höre Israel! Heute bist du zum Volk JHWHs, deines Gottes, geworden« (Deut 27,9). Der Text fährt fort: »So höre denn auf die Stimme JHWHs, deines Gottes, und befolge alle seine Gebote und Satzungen, die ich dir heute gebiete«. Das erinnert an die Gesetzespromulgation am Sinai und ihre Erneuerung »heute«, d.h. bei der kultischen Vergegenwärtigung beim Bundesfest. Bei der Gesetzespromulgation ist Israel Gottes Volk geworden; es bleibt Gottes Volk, aber es »bedarf stets neuer Verwirklichung durch das lebendige Wort JHWHs; seine Anrede macht das Volk zum Volk JHWHs«. Dieser Volksbegriff ist »also weder soziologisch noch biologisch, sondern eindeutig theologisch begründet« *(O. Bächli)*[17].
Damit nicht genug. Denn Israel ist durch die Begegnung mit JHWH im besonderen »ein heiliges Volk« (Deut 7,6; 14,2.21; 26,19; 28,9). Die ganze »Volkstheologie« wird in Deut 7,6b–11 so fundiert: »Dich hat JHWH, dein Gott, erwählt, um ihm als Volk des Eigentums anzugehören unter allen Völkern, die auf dem Erdboden wohnen. Nicht weil ihr zahlreicher seid als alle Völker, hat sich JHWH zu euch herabgeneigt und euch erwählt, denn ihr seid das kleinste von allen Völkern, sondern weil JHWH euch liebte und weil er den Schwur hielt, den er euren Vätern geschworen hat, hat euch JHWH mit starker Hand herausgeführt und dich losgekauft aus dem Sklavenhaus, aus der Hand Pharaos, des Königs von Ägypten... So bewahre denn das Gebot, die

---

[15] Wichtige Literatur: *G. v. Rad,* Das Gottesvolk im Deuteronomium (BWANT 47) (Stuttgart 1929); *H. Wildberger,* Jahwes Eigentumsvolk (AThANT 37) (Zürich/Stuttgart 1960); *O. Bächli,* Israel und die Völker (AThANT 41) (Zürich/Stuttgart 1962); *N. Lohfink,* Beobachtungen zur Geschichte des Ausdrucks עם יהוה, in: *H. W. Wolff* (Hrsg.), Probleme biblischer Theologie (FS f. *G. v. Rad*) (München 1971) 275–305.

[16] Vgl. *R. Smend,* Die Mitte des Alten Testaments (Zürich 1970) 48; 52 u.ö.

[17] A.a.O. 140.

Satzungen und Rechte, die ich dir heute gebiete, sie zu befolgen.« Israel ist deswegen das Volk Gottes, weil Gott es in seiner unergründlichen Liebe erwählt hat. Warum gerade Israel, ist absolutes Geheimnis Gottes.

Israel ist darum Gottes »Eigentumsvolk« (עַם סְגֻלָּה); vgl. Ex 19,5; Deut 7,6; 14,2; 26,18. »Denn JHWH erwählte sich Jakob, Israel als sein Eigentum« (Ps 135,4). Nach Mal 3,17 verheißt Gott für den »Tag«, den er einst herbeiführen wird: »Sie werden mir, spricht JHWH der Heerscharen, am Tag, den ich herbeiführe, *als Eigentum gelten,* ich werde sie verschonen, wie jemand verschont seinen Sohn, der ihm dient«: Das ist eschatologische Verheißung über Israel! Beim kommenden Endgericht wird sich zeigen, daß Israel immer Gottes »Eigentum« geblieben ist. Israel ist als »Eigentumsvolk« Gottes »kostbarer, persönlicher Besitz« *(H. Wildberger).*

Hierher gehört auch der Gedanke, daß Israel JHWHs »Besitzanteil« (Erbe) ist (עַם נַחֲלָה); vgl. Deut 4,20; 9,26.29; 1 Kön 8,51; Jes 47,6; Jon 2,17; 4,2; Mich 7,14; Pss 28,9; 78,62.71; 94,5.14; 106,4f.40. »Die enge Verbindung der Wörter naḥalā und ʿam in diesem Zusammenhang wie die Begründung der JHWH-naḥalā unterstreichen das besondere personale Verhältnis JHWH-Israel wie die besondere Stellung Israels unter den Völkern« *(G. Wanke)*[18]. JHWH tritt durch die Herausführung Israels aus Ägypten das Volk Israel als sein Erbe an; Gott kann darüber souverän verfügen wie über sein Eigentum. Die Begriffe naḥalā und segullā sind fast synonym.

Es ist hier nicht der Ort, die alttestamentliche »Volkstheologie« in ihrer ganzen Entwicklung darzustellen; dazu muß auf die oben angeführte Literatur verwiesen werden. Diese »Volkstheologie« kann nicht als der Vergangenheit angehörig und als erledigt angesehen werden; sie bestimmt bis heute das Selbstverständnis des jüdischen Volkes. »Israel und jüdisches Volk gelten im ganzen rabbinischen Schrifttum als theologisch identische Begriffe« *(Cl. Thoma)*[19]. Gewiß verkündigt das Neue Testament auch die Kirche

---

[18] Theol. Handwörterbuch zum AT II,58.

[19] In: Theol. Berichte 3 (Sonderband Judentum und Kirche: Volk Gottes) (Einsiedeln 1974) 107. Für die Sicht des sog. Frühjudentums vgl. vor allem auch *N. A. Dahl,* Das Volk Gottes. Eine Untersuchung zum Kirchenbewußtsein des Urchristentums (Darmstadt ^{2}1963) 51–143.

als Volk Gottes[20]. Aber der Ausdruck »neues Volk Gottes« findet sich im Neuen Testament nicht. Die Kirche ist nicht das Volk Gottes, das an die Stelle des alttestamentlichen Gottesvolkes, Israel, getreten ist, vielmehr stellt die Kirche, die nach Röm 11,1 nur »Mitteilhaberin an der Wurzel« (Israel und seine Väter) ist, das erweiterte Volk Gottes dar, das zusammen mit Israel das eine Volk Gottes bildet. Ein wichtiger Text dafür findet sich in der »Rede« des Herrenbruder Jakobus auf dem »Apostelkonzil«, in der Jakobus den Entschluß Gottes, sich nun auch aus den Völkern ein Volk für seinen Namen zu nehmen (vgl. 15,14), aus der Schrift mit Zitaten aus Am 9,11f. und Jer 12,15 begründet: »Darnach will ich umkehren und die verfallene Hütte Davids wieder aufbauen, und ich will sie wieder aufrichten, auf daß der Rest der Menschen (die Menschen außerhalb Israels) den Herrn suche und alle Völker, über die mein Name ausgerufen ist.« Diese von den Propheten Amos und Jeremia für die messianische Heilszeit angekündigte Verheißung findet nun ihre Erfüllung, indem Gott ein Volk sich aufbaut, bestehend aus den Juden und den Völkern, wie es etwa schon in Sach 2,15 LXX angesagt ist: »Es werden viele Völker bei dem Herrn ihre Zuflucht suchen an jenem Tag, und sie werden ihm zum Volk sein«, was das Targum so interpretiert: »Viele Völker werden dem Volk des Herrn zugeführt werden an jenem Tag, und sie werden vor mir ein Volk sein.« *Th. C. Kruijf* bemerkt dazu[21]: »Normalerweise würde letzterer Gedanke im Aramäischen lauten: ›sie werden ein Volk sein für meinen Namen‹. Sach 2,14–17 aber ist der locus classicus des Themas, das die Septuaginta in den Text von Am 9,11–12 eingeführt hat. Wenn man also annimmt, daß Apg 15,14 auf Sach 2,15 anspielt, gewinnt der Text seinen ganzen Sinn. Es ist dann klar, daß nicht von einer Substitution des jüdischen Volkes durch die Völker die Rede ist, sondern von einer christlich-jüdischen Interpretation der Bekehrung der Heiden mit Hilfe von Sach 2,14–17 und Am 9,11: die bekehrten Heidenvölker werden dem treuen Israel hinzugefügt.« Selbstverständlich weiß das Neue Testament, daß Israel und die

[20] Vgl. dazu *N. A. Dahl*, ebd. 144–263; *F. Mußner*, PRAESENTIA SALUTIS. Gesammelte Studien zu Fragen und Themen des Neuen Testaments (Düsseldorf 1967) 244–252 (Lit.); *Th. C. Kruijf*, Das Volk Gottes im Neuen Testament, in: Theol. Berichte 3 (s. Anm. 19) 119–133.

[21] A.a.O. 128.

Kirche, obwohl zusammen das eine Volk Gottes, einstweilen getrennte Gemeinschaften darstellen, die verschiedene Wege gehen, aber es sagt nirgends, daß seit Christus nur die Kirche das Volk Gottes darstellt. Paulus gebraucht den Begriff »Volk« (λαός) in seinen Briefen fast nur in alttestamentlichen Zitaten in Röm 9,25 = Hos 2,25 (»Rufen werde ich das Nicht-mein-Volk ›mein Volk‹ und die Nichtgeliebten ›Geliebte‹«); 9,26 = Hos 2,1 (»So wird es sein an dem Ort, wo ihnen gesagt wurde: ›Nicht mein Volk seid ihr!‹ Dort werden sie Söhne des lebendigen Gottes genannt werden«); 10,21 = Jes 65,2 (»Den ganzen Tag streckte ich aus meine Hände nach einem ungehorsamen und widersprechenden Volk«); 11,1f. (»Ich frage nun: *Hat Gott sein Volk verstoßen?* Keineswegs! Denn auch ich bin Israelit, aus dem Samen Abrahams, aus dem Stamm Benjamin. *Nicht hat Gott sein Volk verstoßen,* das er zuvor erkannte«); 15,10 = Deut 32,43 (»Weiter sagt er [Gott]: *Frohlockt, ihr Heiden, mit seinem Volk!«;* 1 Kor 10,7 = Ex 32,6 (»Das Volk ließ sich nieder, zu essen und zu trinken und sie standen auf um zu spielen«); 14,21 = Jes 28,11f.[22] (»*Durch fremde Zungen und durch Lippen von Fremden will ich zu diesem Volk reden, aber nicht einmal* so *werden sie auf mich hören,* spricht der Herr«); 2 Kor 6,16 (»Ich will bei ihnen wohnen und wandeln und werde ihr Gott sein, und sie sollen mein Volk sein«: kombiniert aus Ez 37,27 und Lev 26,12).

Der Begriff »Volk« bezieht sich in den angeführten Stellen auf Israel, aber auch auf die Kirche (christliche Gemeinde), ihr Verhalten und ihre Mission. Wichtig sind vor allem die Stellen Röm 10,21 (Gott streckt seine Hände nach dem Volk Israel aus) und besonders 11,1f. (»Hat Gott sein Volk verstoßen?«); denn an dieser Stelle wird eindeutig das dem Evangelium gegenüber »verstockt« bleibende Volk Israel als Gottes Volk (»sein Volk«) bezeichnet, das Gott auch jetzt »nicht verstoßen« hat! Also bleibt Israel auch weiterhin (neben der Kirche) Gottes erwähltes Volk. Paulus hat das jüdische Volk, aus dem er selber hervorgegangen ist, nicht abgeschrieben, weil Gott auch weiterhin seine Hände nach ihm ausstreckt. Gewiß: »Die an Israel ergangene Verheißung und das gegenwärtig erkennbare Ziel des Heilsratschlusses klaffen

[22] »Paulus folgt weder dem hebräischen Text noch LXX, sondern einer anderen Übersetzung« (*H. Conzelmann,* Der erste Brief an die Korinther, Göttingen 1969, z. St.).

auseinander« *(E. Käsemann)*[23], was sich für jeden eklatant in der Existenz der getrennt voneinander lebenden Gemeinschaften Israel und Kirche zeigt. Aber wenn Gott Israel als sein Volk nicht verstoßen hat, dann existiert Israel auch post Christum nicht als ein zufälliges Konglomerat von Individuen weiter, sondern als ein Volk mit »völkischen« Eigenarten. So verstehen sich die Juden selbst: *Wir sind ein Volk.* Und insofern ist da ein Unterschied zwischen dem Gottesvolk »Israel« und dem Gottesvolk »Kirche«. Die Kirche ist Gottes Volk in einem spirituellen Sinn, Israel dagegen auch in einem völkischen Sinn; dennoch ist Israel mehr und anders als die übrigen Völker der Welt. Es ist ja »Eigentumsvolk« und »Erbteil« Gottes. Das bringt die offensichtliche Spannung in Israels konkrete Volksexistenz hinein. Israel ist ein unvergleichbares »Sondervolk« und dennoch ganz Volk. Weil das jüdische Volk als ein physisches Volk existiert, darum ist es nicht im selben Sinn Volk Gottes wie die Glieder der Kirche. Es ist Volk und Gottesvolk zugleich. Das gehört mit zu den Ursachen für die inneren Spannungen, die im jüdischen Volk selbst bestehen, als auch für jene Spannungen, in denen das jüdische Volk zu den anderen Völkern, aber auch zur Kirche lebt und leben muß. Diese Spannungen bestimmen die jüdische Existenz bis zum heutigen Tag und auch in Zukunft. Natürlich bedeutet ein Glaubender sein »etwas ganz anderes, als ›im Lande sitzen‹«, wie *M. Görg* mit Recht bemerkt[24]; aber für den Juden ergibt sich die Hoffnung auf die Restitution des Landes gerade aus seinem unerschütterlichen Glauben an den Gott der Väter.

1.4. Israel und sein Land

Kaum ein anderes Thema wie das Land-Thema »durchdringt in gleicher Weise alle Bereiche des Alten Testaments; kaum ein anderes könnte sich so gut dafür eignen, den Leitfaden für einen Gesamtentwurf einer Theologie des Alten Testaments zu bilden« *(R. Rendtorff).* Neben den Themen »Bund« und »Tora« gehört

---

[23] An die Römer (Tübingen [3]1974) 263.

[24] Kairos 18 (1976) 264.

das Land-Thema zu den Grundthemen jüdischen Denkens und jüdischer Existenz bis zum heutigen Tag[25].

Die »Landtheologie« des Alten Testaments verläuft nicht einlinig, sondern ist differenziert, was einerseits mit den diversen Überlieferungsschichten und ihren verschiedenen Zielsetzungen, andererseits mit dem konkreten Geschichtsablauf des jüdischen Volkes in der alttestamentlichen Zeit zusammenhängt.

Nach Gen 12,1 spricht Gott zu Abraham: »Geh fort aus deinem Land, von deiner Verwandtschaft und aus deinem Vaterhaus *in das*

---

[25] Aus der Literatur: *G. von Rad,* Verheißenes Land und Jahwes Land, in: *ders.*, Gesammelte Studien zum Alten Testament (München 1958) 87–100; *M. Buber,* Israel und Palästina. Zur Geschichte einer Idee (Zürich 1959); *H. Wildberger,* Israel und sein Land, in: EvTh 16 (1956) 404–422; *D. Ben-Gurion,* Rebirth and Destiny of Israel (New York 1954); *M. Y. Ben-Gavriel,* Israel. Wiedergeburt eines Staates (München 1957); *E. Rothschild,* Die Juden und das Heilige Land. Zur Geschichte des Heimkehrwillens eines Volkes (Hannover 1964); *W. Zimmerli,* Der Staat Israel – Erfüllung biblischer Verheißungen, in: *ders.*, Israel und die Christen (Neukirchen 1964); *F.-W. Marquardt,* Die Bedeutung der biblischen Landverheißungen für die Christen (München 1964, mit ausführlicher Bibliographie); *W. P. Eckert / N. P. Levinson / M. Stöhr* (Hrsg.), Jüdisches Volk – gelobtes Land. Die jüdischen Landverheißungen als Problem des jüdischen Selbstverständnisses und der christlichen Theologie (München 1970); *U. Tal,* Jüdisches Selbstverständnis und das Land und der Staat Israel, in: Freiburger Rundbrief XXIII (1971) 27–32; *P. Diepold,* Israels Land (Stuttgart/Berlin/Köln/Mainz 1972); *M. H. Tanenbaum / R. J. Zwi Werblovsky,* The Jerusalem Colloquium on Religion, Peoplehood, Nation and Land (Jerusalem 1970); *W. D. Davies,* The Gospel and the Land (London 1974); *R. Rendtorff,* Israel und sein Land (Theol. Existenz heute, 188) (München 1975); *P. Navè,* Jerusalem – Zion und das Land Israel im jüdischen Glauben, in: Lebendiges Zeugnis 32 (1977) 87–97; *F.-W. Marquardt,* Die Juden und ihr Land (Hamburg 1975); *R. Mosis* (Hrsg.), Exil–Diaspora–Rückkehr. Zum theologischen Gespräch zwischen Juden und Christen (Düsseldorf 1977); *H. Seebass,* Landverheißung an die Väter, in: EvTh 37 (1977) 210ff.; *R. J. Zwi Werblowsky,* Prophetie, das Land und das Volk, in: Freiburger Rundbrief XXIII (1971) 33–35; *F.-W. Marquardt,* Gottes Bundestreue und die biblischen Landverheißungen, in: *W. Strolz* (Hrsg.), Jüdische Hoffnungskraft und christlicher Glaube (Freiburg 1971) 80–133; *R. Rendtorff,* Die religiösen und geistigen Wurzeln des Zionismus, in: Aus Politik und Zeitgeschichte B 49/76, 3–17; *R. Pfisterer,* Der Zionismus – die nationale Befreiungsbewegung des jüdischen Volkes, ebd. 18–39; *H. J. Schoeps* (Hrsg.), Zionismus, 34 Aufsätze (München 1973); Zionismus. Befreiungsbewegung des jüdischen Volkes (= Veröffentlichungen aus dem Institut Kirche und Judentum bei der kirchlichen Hochschule Berlin, 5) (Berlin 1977); *B. Klappert,* Israel und die Kirche. Erwägungen zur Israellehre Karl Barths (München 1980) 66–76.

Land, das ich dir zeigen werde«. Dieses Land ist das Land Kanaan, das heutige Palästina (12,5). Nach 12,7 gibt Gott an Abraham die Verheißung: »Deiner Nachkommenschaft werde ich *dieses Land* geben«. Zwar ist für die Patriarchen das Land zunächst noch ein »Land der Fremdlingschaft«, weil die Kanaaniter noch im Land sitzen, aber das bleibt nicht so: »Ich will dir und deinem Samen nach dir das Land deiner Fremdlingschaft, das ganze Land Kanaan, zum ewigen Besitz geben; und ich will ihr Gott sein«.

In der Mose-Überlieferung wird auf diese alten Verheißungen zurückgegriffen: »Ich will euch *in das Land bringen,* über das ich meine Hand zum Schwur erhoben habe, es Abraham, Isaak und Jakob zu geben; ich will es euch zum Besitz geben – ich bin JHWH« (Ex 6,8; vgl. auch 3,8). Später wird Josua aufgefordert, das Erbe des Mose anzutreten: »Jetzt auf, überschreite den Jordan, du und das ganze Volk, in das Land, das ich den Israeliten gebe« (Jos 1,2). In Jos 21,43f. wird der Vollzug der Landnahme ausdrücklich konstatiert: »So gab JHWH den Israeliten das ganze Land, wie er es ihren Vätern geschworen hatte. Und sie nahmen es ein und ließen sich darin nieder.« Damit war ein entscheidender Abschnitt der Frühgeschichte Israels abgeschlossen. Die credoartigen Zusammenfassungen der Heilstaten Gottes an Israel in Deut 26,5–10 und 6,20–25 finden in der Gabe des Landes »ihr entscheidendes Ziel« *(R. Rendtorff).* In der Rückschau des (noch vorchronistischen) Ps 105 auf die alten Heilstaten Gottes an Abraham und an seinem Volk wird in bedeutender Weise die Landgabe mit dem »Bund« zusammengedacht: Gott »bestätigte ihn (den Bund) als gültig für Jakob, für Israel als ewigen Bund: ›Das Land Kanaan will ich dir geben, als zugemessenes Erbteil!‹« (V. 10f.), und nach dem Schluß des Psalms besteht die Gegenleistung des Volkes für die Gabe des Landes in seinem dankbaren Gehorsam gegen die Weisungen Gottes (»damit seine Gesetze sie achten und seine Gebote sie halten«). Bund, Landgabe und Tora stehen so in einer eigenartigen Relation zueinander. Alle drei Größen sind Gaben Gottes an Israel. Deshalb wird das Land auch als *naḥala* bezeichnet: Israel bekommt das Land als »Erbteil«, aber nur in der Form eines »Lehens« Gottes; »er gab ihr Land zur *naḥala,* zur *naḥala* Israel, seinem Knecht« (Ps 136,21). Besonders das Deuteronomium und die deuteronomische Geschichtsschau hat

die Landtheologie weiter ausgearbeitet[26]. »Das Land Israel ist JHWHs Land und das Volk Israel ist JHWHs Volk – beides hängt unlösbar ineinander« *(R. Rendtorff)*. Weil Land und Volk ganz und gar JHWHs »Erbbesitz« sind, ist »jedes falsche Besitzerverhältnis einer in den Kategorien von ›Blut und Boden‹ denkenden Nation ... darin gebrochen« *(W. Zimmerli)*[27].
Aber mit der Gabe des Landes an Israel ist keine Heilsgarantie verbunden, weshalb ihm das Land auch zeitweise weggenommen werden kann. Das betont vor allem die Landtheologie der Propheten. Das dauernde Wohnen im Land ist gebunden an die soziale Gestaltung des Landbesitzes und an die Treue Israels zur Tora. »Wehe über die, die Haus an Haus reihen und Acker an Acker rücken, bis kein Platz mehr ist und ihr allein Besitzer seid mitten im Land!«: Dieses Wehe ruft Jesaja über die Boden- und Häuserspekulanten aus (Jes 5,8). Und Jeremia verkündigt: »Wenn ihr wirklich euren Wandel und euer Tun bessert, wenn ihr wirklich Recht schafft untereinander, wenn ihr Fremdlinge, Witwen und Waisen nicht bedrückt, kein unschuldiges Blut vergießt an diesem Ort, nicht hinter fremden Göttern herlauft euch zum Schaden, dann will ich euch an diesem Ort wohnen lassen, *in dem Land*, das ich euren Vätern gegeben habe, von Urzeit an bis in alle Zeit« (7,3.5–7). Besonders durch den Götzendienst (Baals-Kult) entweiht Israel das ihm als Lehen gegebene Land: »Ich brachte euch ins Fruchtland, um seine Früchte und Güter zu genießen; ihr aber kamt hinein und entweihtet mein Land, meine *naḥala* machtet ihr zum Greuel« (2,7). Darum muß »Israel in die Verbannung gehen, weg aus seinem Land« (Amos 7,17). Häufig wird der Weg in die Verbannung als der Weg »hinweg aus dem Land« bezeichnet[28]. »So führte er Israel in die Verbannung, hinweg aus seinem Land« (2 Kön 17,23; 15,21). »So findet das Gericht JHWHs über Israel in dem Verlust des Landes seinen entscheidenden Höhepunkt« *(R. Rendtorff)*[29]. Aber die Wegführung aus dem Land der Väter ist nicht das letzte Wort Jahwes. Er wird das Land seinem Volk Israel

---

[26] Siehe dazu vor allem *P. Diepold*, Israels Land (s. Anm. 25).

[27] Grundriß der alttestamentlichen Theologie (Stuttgart/Berlin/Köln/Mainz 1972) 55.

[28] *Rendtorff*, in: Jüdisches Volk – gelobtes Land (s. Anm. 25) 164.

[29] Ebd.

erneut geben (vgl. Hos 2,16–25). »So spricht JHWH Zebaoth, der Gott Israels: Man wird wieder Häuser und Äcker und Weinberge kaufen in diesem Land« (Jer 32,15). Der Prophet schreibt an die Exulanten in Babel als »Spruch JHWHs«: »Gedanken des Heils und nicht des Unheils (hege ich), um euch eine hoffnungsvolle Zukunft zu bereiten... Ich wende euer Geschick und sammle euch aus allen Völkern und aus allen Orten, wohin ich euch verstoßen habe ... und bringe euch zurück an die Stätte, von der ich euch weggeführt habe« (29,11.14; vgl. auch 30,3). Die Formel »Wende des Geschicks« begegnet bei Jeremia allein elfmal und gehört auch anderswo im Alten Testament in den Zusammenhang der Heimkehr Israels aus der Zerstreuung unter die Völker[30]. Wichtig ist dabei, daß diese Verheißung auch in der nachexilischen Prophetie aufrechterhalten bleibt, so daß man nicht sagen kann, sie beziehe sich nur auf die Heimkehr der Juden aus der babylonischen Gefangenschaft. Seit der babylonischen Gefangenschaft (586–537) gilt jedoch, daß ein Großteil der Judenschaft nicht mehr im Land der Väter wohnt, sondern in der Zerstreuung (»Diaspora«). »Damit tritt in der Geschichte des Judentums zum Land Israel ein wesentliches neues Element hinzu: die *Galuth*« *(R. Rendtorff)*[31]. »Israel bleibt *ein* Volk im Lande und in der *Galuth*. Das spannungsreiche Wechselverhältnis zwischen beiden bestimmt von nun an sein Leben, Denken und Glauben« *(ders.)*[32], und zwar – so muß man hinzufügen – bis zum heutigen Tag. Aber für die Endzeit ist die Auflösung der *Galuth*, die Heimführung der Zerstreuten in das Land der Väter angesagt. Jedoch wird nach dem Alten Testament nicht der Messias die Zerstreuten heimführen, sondern Gott selbst. Die Heimführung geht dem messianischen Reich voraus. »Die Restitution des Volkes ist die unabdingbare Voraussetzung der endzeitlichen Messiasherrschaft, die in die Gottesherrschaft einbezogen ist« *(H. Schmid)*[33].
Wenn von dem »Messias« die Rede ist, denkt christliche Theolo-

---

[30] Das Material ist gesammelt bei *E. L. Dietrich*, שׁוב שׁבות. Die endzeitliche Wiederherstellung bei den Propheten (Gießen 1928) 38–51; *W. D. Davies*, Paul and Rabbinic Judaism (London ²1955) 79–82.

[31] A.a.O. 168.

[32] Ebd.

[33] Messiaserwartung und Rückkehr in das Land Israel nach dem Alten Testament, in: Jüdisches Volk – gelobtes Land, 188–196 (195).

gie an Jesus von Nazareth. Wie stand er zum Land seiner Väter? Zunächst jedoch eine andere Frage: Kennt das Neue Testament überhaupt die biblische Landverheißung? Die Landverheißung an Abraham wird in der Rede des Stephanus erwähnt (Apg 7,3 = Gen 12,1 LXX), ebenso in Hebr 11,9: »Im Glauben siedelte sich (Abraham) im Land der Verheißung als Beisasse an, wie wenn es ihm fremd wäre, und er wohnte in Zelten mit Isaak und Jakob, den Miterben derselben Verheißung.« Die Fremdlingschaft des Abraham im Land der Verheißung wird in 11,10 so begründet: »Denn er wartete auf die Stadt, die feste Grundlagen hat, deren Bild und Bau Gott selbst entworfen hat«; das ist die himmlische Stadt. Damit wird das irdische Verheißungsland eschatologisch abgewertet, wie es der ganzen theologischen Tendenz des Hebräerbriefs entspricht[34]. Auch in Mt 5,5, wo die Landverheißung aus Ps 37,9.11 aufgenommen ist, ist »Land« zu einem spirituellen Topos geworden. Im Psalm selbst ist mit dem »Land« das Land gemeint, das die »Armen« »als Unterpfand der Heilszuwendung und der lebentragenden Güte JHWHs empfangen« *(H.-J. Kraus)*. Konkret ist damit im Psalm das Land der Väter (Palästina) gemeint. Das Frühjudentum hat »das Land« auf die ganze Erde bezogen und weithin eschatologisch interpretiert im Sinn des »zukünftigen Lebens«[35]. Auch Jesus und die evangelische Überlieferung verstanden das in Mt 5,5 Überlieferte wohl in diesem Sinn. Im übrigen aber spielt die Landverheißung im Neuen Testament keine Rolle, was mit der schon im 1. Jahrhundert n. Chr. sich vollziehenden Trennung der Gemeinschaft der Kirche von der Gemeinschaft Israels zusammenhängt. Die Kirche löste sich schon in ihrer urkirchlichen Zeit von Israel und damit auch – jedenfalls, was ihren heidenchristlichen Teil anging – vom Land Israel. Es gibt für die Kirche nach dem Neuen Testament kein irdisches »Verheißungsland« in dem Sinn, wie es ein solches für den Juden gibt. Das darf jedoch christliche Theologie nicht dazu verführen, auch dem Juden das »Verheißungsland«, das Land der Väter, abzusprechen und die »Diasporaexistenz« als die allein noch gültige Existenz für den Juden zu bezeichnen, selbst wenn es noch heute einzelne jüdische Stimmen gibt, die diese Meinung

[34] Vgl. dazu *F. J. Schierse*, Verheißung und Heilsvollendung. Zur theologischen Grundfrage des Hebräerbriefes (München 1955).

[35] Vgl. das Material bei *Billerbeck* I, 199f.

vertreten[36]. Immerhin bleibt der historische Tatbestand, daß Jesus seine Mission fast ausschließlich auf Israel und sein Volk beschränkt hat, von wenigen Ausnahmen abgesehen[37]. Durch ihn ist auch für den Christen das Land Israel zum »Heiligen Land« geworden, wenn auch nicht in dem »quasi-sakramentalen« Sinn, den das Land für jüdisches Bewußtsein hat. Für den Juden verleiblicht sich *auch im Land* das ihm von Gott zugesagte Heil; das Land ist für Israel ein »sinnliches Zeichen göttlicher freier wirksamer Gnade und gnädiger Erlaubnis für den Menschen, an dieser Stätte selber wirkend sie zum Ausdrucksfeld seines eigenen Gehorsams zu machen« *(H. U. von Balthasar)*[38]. Das Jüdische, bemerkt *H. U. von Balthasar,* »ist wesenhaft Einheit von Religion und Staatsgemeinschaft. Einheit ist in Israel nicht jene kosmische und mystische, von der die andern Religionen in ihren höchsten Vertretern träumen, und die nicht abgeht ohne spiritualisierende Abwendung vom konkret-Einzelnen und Partikulären; sie ist vielmehr grundgelegt in jener Vermählung eines bestimmten Menschen mit einem bestimmten Boden, eines Adams mit einer Adama, eines persönlichen und Volks-Geistes mit dieser Erde: eine Vermählung, die nicht physisch und nicht chthonisch ist, sondern geistlich und auf den Geist gestellt: dem gehorsamen Volk, das Gottes Führung folgt, öffnet das Land sich, spendet Regen und Frucht, das ungehorsame Volk aber stößt der heilige Boden aus in Fremde und Verbannung«[39]. Unter den jüdischen Denkern hat keiner so Tiefes über die Verbundenheit, über die geradezu mystische Verbundenheit Israels mit seinem Land gesagt wie *Martin Buber* in seinem kleinen Werk »Israel und Palästina«[40].

Die biblische Landverheißung, die die »mystische« Vermählung Israels mit dem Land der Väter zur Folge hat, ist darum auch die letzte Quelle des sogenannten *Zionismus,* der mehr ist als eine politische Bewegung, auch wenn er von atheistischen Zionisten oft

---

[36] Vgl. z. B. *H. Ausserhofer,* Joseph Roth im Widerspruch zum Zionismus, in: EMUNA. Horizonte 5 (1970) 325–330.

[37] Vgl. dazu *J. Jeremias,* Jesu Verheißung für die Völker (Stuttgart 1956).

[38] Einsame Zwiesprache. Martin Buber und das Christentum (Köln/Olten 1958) 54.

[39] Ebd. 52 f.

[40] Zürich 1950.

nur politisch interpretiert wird und »Heil« nur noch in der total säkularisierten Gestalt der Rückkehr nach Palästina und in der ausschließlich politischen Herrschaft über das Land gesehen wird. Solchen Zionismus müßte nicht bloß der Christ, sondern auch der Jude selbst ablehnen. Der Jude versteht sich ja selbst falsch, wenn er das transzendente Geheimnis seiner Existenz nicht mehr sehen will, was immer dann der Fall ist, wenn er sich nur als Mensch unter Menschen und nur als Mitglied eines Volkes unter den anderen Völkern versteht. Ein atheistischer »Jude« ist eine »contradictio in adiecto«, ein Widerspruch in sich selbst. Durch den Zionismus ist die geheimnisvolle Eigenart jüdischer Existenz erst wieder richtig sichtbar geworden, besonders in der nicht überbrückbaren Spannung zum sogenannten Assimilationsjudentum. Paradigmatisch für diese Spannung sind jüdische Gestalten wie *Theodor Herzl* und *Walter Rathenau* und ihre Programme: bei *Th. Herzl* die Idee des »Judenstaats«, bei *W. Rathenau* die Idee der »Anartung«[41]. Der Judenstaat hat sich unterdessen im Staat Israel verwirklicht, die Versuche der »Anartung« gingen schief. Die Verwirklichung sowohl als auch die Versuche sind mit einer Tragödie größten Ausmaßes für das jüdische Volk verbunden. Denn daß der Staat Israel Realität wurde, ist das »Verdienst« *Adolf Hitlers;* denn ohne die Judenverfolgung während des Naziregimes wäre der Judenstaat vermutlich nicht Wirklichkeit geworden. Aber auch der totale Schiffbruch der »Anartung« ist das »Verdienst« dieses größten Verbrechers der deutschen Geschichte. Denn durch die Tragödie der Judenverfolgung wurde vielen Juden ihre »Sonderexistenz« erst richtig bewußt, wie mir Juden selbst bestätigten[42]. Während *W. Rathenau* die »Gesundung« des jüdischen Volkes von der »Anartung«, d. h. von der Assimilation erwartete, erwarteten sie *Th. Herzl* und *M. Buber* von der Rückkehr des Volkes in das Land der Väter, und beide haben wohl darin recht. Denn so entspricht es der Ansage Gottes durch den Mund seiner Propheten, auch wenn niemand mit absoluter Sicherheit sagen kann, ob gerade der nun bestehende

---

[41] Vergleiche dazu die lehrreiche Doppelbiographie des jüdischen Gelehrten *R. Kallner,* Herzl und Rathenau. Wege jüdischer Existenz an der Wende des 20. Jahrhunderts (Stuttgart 1976).

[42] Vgl. dazu auch das aufschlußreiche Buch von *M. Sallis-Freudenthal,* Ich habe mein Land gefunden. Autobiographischer Rückblick (Frankfurt 1977).

Staat Israel die Erfüllung der prophetischen Ansagen ist. Doch muß der Christ die Vorgänge im »Nahen Osten« mit größter Aufmerksamkeit verfolgen. Er kann auf keinen Fall von vornherein sagen, der moderne Staat Israel habe nichts mit der prophetischen Ansage zu tun, so schwierig auch eine endgültige Pazifizierung im Nahen Osten gelingen mag. Jedenfalls muß der Christ überzeugt sein, daß ohne den Willen Gottes eine Rückkehr Israels in das Land seiner Väter niemals möglich wäre, wobei es nicht darauf ankommt, daß *ganz* Israel zurückkehrt. In der Bibel gilt durchgehend das Prinzip der Stellvertretung. Schon z. Z. Jesu lebten nur ein Achtel der Juden in Palästina, die Hauptmasse in der »Diaspora«. Im übrigen ist es nicht die Aufgabe dieses »Traktats über die Juden«, konkrete politische Weisungen zu erteilen. Was aber Pflicht aller Christen ist, ist dies, für eine dauerhafte Pazifizierung im Nahen Osten zu beten, sowohl mit Blick auf Israel als auch mit Blick auf seine arabischen Nachbarn. Die Existenz des Staates Israel bringt der Welt und der Kirche täglich ins Bewußtsein, daß der Jude existiert und Gott ihn nicht aus seiner Führung entlassen hat. Denn dafür ist der Staat Israel auf jeden Fall ein nicht zu übersehendes *Zeichen. B. Klappert* nennt drei Modelle eines theologischen Verständnisses der Landverheißung Israels[43]:

– *Das Modell der christologischen Implikation,* nach welchem das Land in Jesus Christus »mitgesetzt« ist, das Land »als notwendiges und konkretes Implikat des in Jesus Christus als dem Messias Israels erfüllten Bundes verstanden« wird. Dieses Modell ist zu »direkt«.

– *Das Modell der theologischen Indifferenz,* das von einer durch Jesus Christus verursachten »Krise« der Volks- und Landverheißung spricht, so daß der Christ der Landfrage indifferent gegenüberstehen könnte oder sogar müßte: eine Haltung, die weit verbreitet ist.

– *Das Modell der zeichenhaften Analogie,* in dem sich »eine von der Erfüllung des Bundes Gottes mit Israel her erfolgende christologisch-theologische Reflexion und Besinnung auf die faktisch erfolgte Landnahme und Staatlichkeit Israels (vollzieht), die als Zeichen der Treue JHWHs zu seinem Volk, als Zeichen der

[43] Siehe Anm. 25.

Gültigkeit der Verheißungen Gottes über dem Volk Israel und als Zeichen der ausstehenden Entsprechungen und der Noch-nicht-Entsprechungen zu dem im Messias Israels erfüllten Bund zu verstehen und zu würdigen sind« (ebd.). So gesehen ist der Staat Israel »ein Zeichen für das Ende der Zerstreuung und den Anfang der Heimkehr« *(J. Moltmann)* und damit *ein Zeichen der Hoffnung,* sowohl für Israel als auch für die Kirche.

1.5 Der bleibende Bund Gottes mit Israel

Gott hat mit seinem erwählten Volk Israel einen Bund geschlossen. Davon erzählt das Alte Testament. Die Frage, die uns in diesem »Traktat über die Juden« bewegt, ist die: Ist dieser Bund Gottes mit Israel durch die »Verstockung« Israels dem Evangelium gegenüber von Gott gekündigt worden oder besteht er immer noch weiter? Die Antwort darüber kann nicht auf spekulativem Weg gewonnen werden, sondern nur durch eine Befragung des Neuen Testaments. Was sagt darüber das Neue Testament? Hier sind zwei Texte wichtig:

1.5.1 *Apg 3,25:* »Ihr seid die Söhne der Propheten *und des Bundes,* den Gott geschlossen hat mit euren Vätern, als er zu Abraham sagte: ›Und in deinem Samen sollen gesegnet werden alle Geschlechter der Erde‹.« Die Segensverheißung an Abraham (vgl. Gen 12,3; 18,18; 22,18), in der Genesis bezogen auf alle »Völker« (ἔθνη) der Erde, wird in der Rede des Petrus auf dem Tempelplatz (Apg 3,12–26) auf alle »Geschlechter (πατριαί) der Erde« bezogen, womit auf Grund des Kontextes jedoch die Geschlechter des Volkes Israel gemeint sind. Diese werden gesegnet durch den Gottesknecht Jesus, den Gott »zuerst für euch«, d. h. zu Gunsten Israels »erstehen« ließ, damit er die Söhne Israels segne durch die Vergebung der Sünden, die sie begangen haben, besonders durch die Tötung Jesu (vgl. Apg 3,15.26). Die Juden werden dabei vom lukanischen Petrus als »die Söhne der Propheten und des Bundes« angesprochen. Der Ausdruck »Söhne des Bundes« (sich findend auch in Ez 30,5; PsSal 17,15), den Petrus mit Bezug auf Israel verwendet, deklariert die Juden als jene, die dem Bund, den Gott einst mit dem Stammvater Israels geschlossen hat, zugehören. Sie sind in den Bundeszusammenhang, der mit Abraham beginnt, aufgenommen. Wichtig ist dabei die Formulierung des Petrus im Präsens: »Ihr *seid* die Söhne der Propheten und des Bundes«, also auch jetzt noch, obwohl sie »den Anführer des Lebens« (Jesus) getötet haben (3,15). Die Zugehörigkeit der Juden zu dem von Gott mit Abraham gestifteten Bund ist mit der Tötung Jesu nicht erloschen; sie besteht weiter - und nirgends steht in der Apostelgeschichte, daß sie eines Tages doch von Gott gekündigt worden wäre, etwa dann, als sich zeigte, daß Israel in seiner Hauptmasse auch das in der nachösterlichen Mission verkündigte Evangelium weithin ablehnt. Im Gegenteil: Gott wird nach Apg 1,6 »das Reich für Israel« am Ende der Tage »wiederherstellen« (dazu Näheres unter 1.9.5)[44].

1.5.2 *Röm 11,26f.:* »So wird (am Ende) ganz Israel gerettet werden, wie geschrieben steht: Kommen wird aus Sion der Rettende, er wird wegwenden die Gottlosigkeiten von Israel, *und dies [ist (wird sein)] für sie (zu ihren Gunsten) der von mir (gestiftete) Bund,* wenn ich wegnehmen werde ihre Sünden.« Paulus kombiniert dabei Schriftzitate aus Jes 59,20f. und Jes 27,9 und adaptiert sie auf das Endheil Israels. Dieses Endheil, die Rettung ganz Israels, wird dabei vom Apostel als ein »Bund« deklariert, den Gott mit Israel schließen wird oder schon immer geschlossen hat. Es läßt sich nämlich nicht entscheiden, ob der Hinweis auf den »Bund« präsentisch oder futurisch gemeint ist, da in dem Schriftzitat von 11,27a ein Verbum fehlt (»Nominalsatz«)[45]. Auch steht nichts von einem »neuen« Bund im Text.

---

[44] Gewiß fordert Petrus die Juden in 3,19 zur Bekehrung auf (nämlich zum Evangelium) und sagt zu ihnen in 3,23 mit einem Zitat aus Lev 23,19: »Es wird aber geschehen: Jede Seele, die nicht auf jenen (von Mose angesagten) Propheten (=Jesus) hört, wird aus dem Volk ausgerottet werden«, wozu *E. Haenchen* in seinem Apg-Kommentar bemerkt: »Der Jude, der sich nicht zu Christus bekennt, hört auf, ein Mitglied des Gottesvolkes zu sein! Damit wird den Hörern vor Augen gestellt, was für sie auf dem Spiele steht.« Es steht aber weder hier noch sonstwo in der Apg eine Silbe, daß Gott sein Volk Israel, obwohl es Jesus als Messias ablehnt, in der Tat von dem eschatologischen Heil ausgeschlossen hat (vgl. dazu *F. Mußner,* Wohnung Gottes und Menschensohn nach der Stephanusperikope [Apg 6,8–8,2], in: *R. Pesch / R. Schnackenburg* (Hrsg.), Jesus und der Menschensohn [FS für *A. Vögtle*], Freiburg/Basel/Wien 1975, 283–299 [292–297]). Solche Gerichtsandrohungen gehören auch im Alten Testament zum Stil prophetischer Predigt.

[45] *E. Käsemann* und *H. Schlier* nehmen in ihrer Übersetzung des Urtextes die Aussage über den Bund futurisch (»und dies wird mein Bund für sie sein«).

Ergänzt man »ist« (Präsens), dann ist der Satz so zu verstehen: Dies (nämlich die kommende Wegnahme der Sünden Israels durch Gott) wird die Erneuerung des einst von Gott gestifteten Bundes mit Israel sein. Ergänzt man »wird sein« (Futur), dann wird ein endgültiger Bundesschluß Gottes mit Israel angesagt. Aber weil dieser Bund nicht mit irgend jemand, sondern mit dem alten Bundesvolk Israel geschlossen werden wird, sagt damit der Apostel nochmals an, daß Gott sein Volk Israel nicht verstoßen hat (vgl. 11,1), vielmehr der treue Bundespartner Israels bleibt. Gott entläßt Israel nicht aus dem Bundesverhältnis. Dieser Bund ist »für sie«, zu ihren Gunsten (Dat. comm. αὐτοῖς), und geht von Gott aus (παρ' ἐμοῦ): Die Initiative bleibt wie immer so auch hier ganz bei Gott; sie resultiert aus seinem grundlosen Erbarmen, das ihn sein altes Bundesvolk Israel nicht vergessen läßt. »Die Verheißung steht immer noch über Israel. Und wenn sie jetzt nur ein ›Rest‹ hört und ›einige‹ ihr vertrauen, so wird Gott sie am Ende an ›ganz Israel‹ erfüllen, so daß jeder einzelne Jude als Glied seines Volkes weiterhin unter der Verheißung steht« (*H. Schlier,* Der Römerbrief, 340).

1.6 »Freude an der Tora«

Wenn der Christ das Judentum verstehen will, dann muß er vor allem das Verhältnis des Juden zur Tora begriffen haben. Dieses Verhältnis hat eine lange, in das Alte Testament zurückreichende Vorgeschichte, die im einzelnen gar nicht mehr leicht aufzuhellen ist, wie die Forschung zeigt[46].

Der Termimus tōrā findet sich im hebräischen Alten Testament 220mal. Seine Bedeutung ist »Weisung«, »Gesetz«. Es gibt zu tōrā noch synonyme oder halbsynonyme Begriffe, wie »Weisheit«, »Wort«, »Weg«, aber von der »weisheitlichen« Tora muß die »gesetzliche« Tora unterschieden werden. In ausgesprochen theologischen Zusammenhängen ist zu unterscheiden: die tōrā Gottes, die tōrā der Priester und die tōrā des Mose[47]. Die

---

[46] Vgl. dazu besonders den Artikel tōrā von *G. Liedke / C. Petersen* im Theol. Handwörterbuch zum AT II (München/Zürich 1976) 1032–1043 (mit umfassender Literatur über die Forschungsgeschichte).

[47] Vgl. ebd. 1035.

Erteilung von Tora gehörte ursprünglich zu den Aufgaben der Priester; sie »lehren Jakob deine mišpāṭim und Israel deine tōrā« (Deut 33, 10). »2 Chron 15,3 (vgl. Klgl 2,9) verdeutlicht, daß die Abwesenheit eines ›lehrenden Priesters‹ ... in Israel gleichbedeutend ist mit der Abwesenheit des wahren Gottes und mit der Abwesenheit der tōrā«[48]. Die priesterliche Tora galt als Tora JHWHs; sie wurde mündlich erteilt und vermittelte dem Laien Auskunft über die rechte Unterscheidung zwischen heilig und profan, rein und unrein, über Passa, bestimmte Opfer, Aussatz, Ausfluß, Nasiräat[49]. Dabei schöpfte der Priester aus der da'at-Tradition. Die gesamte priesterliche Lehrtradition ist in der Esrazeit öffentlich bekannt gemacht worden[50].
In Opposition zur Toraauslegung der Priester sprechen die Propheten Hosea und Jeremia »betont von der tōrā JHWHs«, worunter Hosea »nicht einzelne Weisungen, sondern bereits die ›gesamte Willenskundgebung JHWHs, die schon schriftlich fixiert ist *(H. W. Wolff)*«, versteht[51]. Jesaja klagt die Israeliten an, weil sie »die tōrā JHWHs verachten« (5,24), daß sie »Söhne sind, die die tōrā JHWHs nicht hören« (30,9)[52]. Auch bei Jeremia wendet sich die Formel »tōrā JHWHs« polemisch gegen Priester und Volk (Jer 6,19; 8,8). Man hat vermutet, daß dieses pointierte Reden von der »tōrā JHWHs« an die Sinaitradition anknüpft[53]. »tōrā JHWHs« ist weiter das Leitwort der sog. Tora-Psalmen, besonders im Ps 119. In diesem Psalm kommt vor allem die *Freude* des Gerechten und Frommen an der Tora zur Sprache, die bis heute das Verhältnis des gläubigen Juden zur Tora bestimmt und zu einem eigenen Fest »Freude an der Tora« geführt hat, das im Anschluß an das Laubhüttenfest gefeiert wird. »Die tōrā-Frömmigkeit dieser Psalmen ist im Gegensatz zum älteren tōrā-Verständnis primär auf den einzelnen, nicht auf das Volk bezogen«[54]. Die Freude an der Tora kommt im Alten Testament und im Judentum

[48] Ebd. 1036.
[49] Vgl. ebd.
[50] Ebd. 1037.
[51] Ebd.
[52] Ebd.
[53] Ebd. 1039.
[54] Ebd. 1040.

vielfältig zum Ausdruck[55], besonders exemplarisch im Ps 119: »Am Wandel nach deinen Weisungen habe ich Freude mehr als an allem Besitz« (119,14). »An deinen Satzungen habe ich meine Lust, dein Wort vergesse ich nicht« (119,16). »Ja, deine Weisungen sind meine Lust, sie sind meine Ratgeber« (119,24). »Ich habe meine Lust an deinen Geboten, die ich liebe« (119,47). »Dein Erbarmen erreiche mich, daß ich lebe; denn dein Gesetz ist meine Lust!« (119,77). »Wie hab ich dein Gesetz so lieb, den ganzen Tag hab ich's im Sinn!« (119,97). »Weiser als meine Feinde macht mich dein Gebot. Es ist mein ewiger Besitz« (119,98). »Eine Leuchte für meinen Fuß ist dein Wort und ein Licht für meinen Pfad« (119,105). »Mein Erbteil für ewig sind deine Weisungen, ja sie sind meines Herzens Freude« (119,111). »Sei mir Halt, daß ich Rettung finde und ständig an deinen Satzungen mich freue!« (119,117). »Die dein Gesetz lieben, haben reichlich Heil; es trifft sie kein Unheil« (119,165). »Ich folge deinen Weisungen und liebe sie sehr« (119, 167). »Ich ersehne deine Hilfe, Gott, und dein Gesetz ist meine Lust« (119,174).

»tōrā« geht dann eine enge Verbindung mit dem Namen des Mose ein, besonders in der deuteronomischen und chronistischen Literatur des Alten Testaments. Hier meint der Begriff tōrā nicht mehr die Einzelbestimmung, sondern die gesamtheitliche Willensoffenbarung Gottes an Israel. Das kommt in Formulierungen zum Ausdruck wie diesen: »diese (ganze) Tora« (Deut 1,5; 4,8; 17,18; 31,9.11; 29,20; 30,10; 31,26); »die (alle) Worte dieser Tora« (17,19; 27,3.8.26; 28,58; 29,28; 31,12.24); »Tora des Mose (die Mose gegeben hat)« (1,5; 4,8.44; 31,9)[56]. »tōrā« wird nun allmählich zum schriftlich fixierten Gotteswillen, zur geschriebenen tōrā. Im chronistischen Werk stehen die Formeln »tōrā des Mose« und »tōrā Gottes« nebeneinander. Jetzt wird die Tora allmählich auch zu einer Größe von zeitloser Geltung und identisch mit dem ganzen Pentateuch, aber es zeigt sich ebenso die Tendenz, die Einzelgebote der Tora stark zu betonen und diese kasuistisch zu erläutern. Ja, die sich schon bei den Propheten Hosea und Jeremia und im Deuteronomium anbahnende Sicht

[55] Vgl. dazu auch *H. J. Kraus*, Freude an Gottes Gesetz, in: EvTh 10 (1951/52) 337–351.

[56] A.a.O.

von der Einheit des »Gesetzes« führt nun auch allmählich dazu, daß das ganze Alte Testament als »Tora« bezeichnet wird, eine Entwicklung, die auch in der Torafrömmigkeit der Psalmen ihren Niederschlag gefunden hat[57]. Mit der häufigen Wiedergabe des hebräischen Terms tōrā in der jüdischen Übersetzung des Alten Testaments ins Griechische, in der »Septuaginta«, mit νόμος (»Gesetz«) ist naturgemäß das gesetzliche Element der Tora stark zur Geltung gekommen. »Andererseits sind die Bedeutungsmomente in תורה, die den Gesetzesgesichtspunkt in Richtung auf Lehre, Unterweisung, Offenbarung ergänzen, ihrerseits bis zu einem gewissen Grad auf νόμος übergegangen, was den vom Griechentum her für dieses Wort bestehenden Rahmen manchmal sprengt« *(W. Gutbrod)*[58].

Im Frühjudentum wird die Tora immer mehr zur tragenden Grundlage des Verhältnisses Israels zu Gott. Oft bezieht sich der Begriff »Gesetz« einfach auf den Pentateuch, weil die gesetzlichen Partien in ihm als zentral empfunden werden. Die ganze Schrift bekommt die Bezeichnung »das Gesetz und die Propheten« (2 Makk 15,9)[59].

Die göttliche Verbindlichkeit des Gesetzes wird stark betont und die Überordnung des Gesetzes über alle anderen religiösen Institutionen deutlich sichtbar. »Ja, das Gesetz ist wichtiger als der Tempel, Schriftgelehrsamkeit wichtiger als priesterliches Handeln«[60]. Der Makkabäeraufstand steht im Zeichen des »Gesetzes« (vgl. 1 Makk 1,41 ff.); besonders die allmählich im Zusammenhang damit entstehende pharisäische Gruppe war entschlossen, »unter allen Umständen und mit allen Konsequenzen sich ans Gesetz und ans Gesetz allein zu halten«[61]. Die Gefahr der kulturellen Überfremdung des Volkes im hellenistischen Zeitalter führte dazu, das Gesetz als abwehrende und absondernde Instanz zu sehen; die Tora wird zum »Zaun« um Israel herum. Die hellenistische Zivilisation war eine »säkulare Macht« in Palästina mit vielen Gefahren für das Judentum, die abgewehrt werden

57 Ebd. 1042.

58 ThWbzNT IV, 1040.

59 Vgl. dazu Näheres mit Belegen ebd. 1040.

60 Ebd. 1041.

61 Ebd. Vgl. auch *R. Meyer,* Tradition und Neuschöpfung im antiken Judentum: Berichte über die Verhandlungen der Sächsischen Akademie 110,2 (1965) 7–88.

mußten[62]. Die Haupthilfe dazu bot das Gesetz, um das sich nun immer mehr in Verbindung mit der Weisheitslehre eine ganze »Toralogie« (»Tora-Ontologie«) herum bildete, wobei die Weisheit ihre kosmischen Funktionen an die Tora abgab[63]. Die Aussagen über sie werden auf die Tora übertragen:
Die Tora ist vor der Welt erschaffen.
Die Tora war bei Gott.
Die Tora ist göttlicher Abkunft (»meine Tochter«).
Die Tora war das Schöpfungsinstrument Gottes.
Die Tora bringt Leben.
Die Tora ist Licht.
Die Tora ist Wahrheit.
Die Tora ist eine Weise der Gegenwart Gottes in der Welt.
Die Tora repräsentiert geradezu Gott selber.
Im Zusammenhang dieses Übertragungsprozesses wurde die Tora geradezu eine kosmische Größe: So wie die Welt durch die Weisheit Gottes geordnet ist, ist nun die Tora »Weltgesetz« und »Lebensordnung«; denn sie ist Ausdruck der Schöpfungsordnung[64]. Darum mußte ein »jeder Angriff auf die Tora ... notwendigerweise auch als Angriff auf die von Gott gewollte und gewirkte Ordnung der Schöpfung verstanden werden« *(M. Limbeck)*[65]. »Gott stand nicht außerhalb bzw. über diesen Ordnungen, sondern er manifestierte *sich* in ihnen. Das heißt, die Ordnung, die sich im Gesetz offenbart, ist ein Teil des göttlichen Wirkens« *(ders.)*.

---

[62] Vgl. dazu *M. Hengel,* Judentum und Hellenismus. Studien zu ihrer Begegnung unter besonderer Berücksichtigung Palästinas bis zur Mitte des 2. Jahrhunderts v. Chr. (Tübingen ²1973) 105ff.; 453–463.

[63] Vgl. dazu *M. Hengel,* ebd. 307–318; *H.-Fr. Weiss,* Untersuchungen zur Kosmologie des hellenistischen und palästinischen Judentums (TU 97) (Berlin 1966) 283–304; *M. Limbeck,* Die Ordnung des Heils. Untersuchungen zum Gesetzesverständnis des Frühjudentums (Düsseldorf 1971); *ders.,* Von der Ohnmacht des Rechts. Zur Gesetzeskritik des Neuen Testaments (Düsseldorf 1972); *L. Mack,* Logos und Sophia. Untersuchungen zur Weisheitstheologie im hellenistischen Judentum (Göttingen 1973); *E. Zenger,* Die späte Weisheit und das Gesetz, in: *J. Maier / J. Schreiner* (Hrsg.), Literatur und Religion des Frühjudentums (Würzburg/Gütersloh 1973) 43–56 (weitere Literatur).

[64] Es ist das große Verdienst *M. Limbecks,* in seinen Arbeiten diesen häufig übersehenen Aspekt an der Gesetzesfrömmigkeit gebührend herausgearbeitet zu haben.

[65] Von der Ohnmacht des Rechts, 34.

Zweifellos läßt sich also eine im Verlauf der Geschichte Israels sich verstärkende Herausstellung der Tora beobachten, die auch mit dem politischen Schicksal Israels zusammenhängt. Schon infolge der nationalen Katastrophe im 6. Jahrhundert v. Chr. kommt es unter prophetischem Einfluß zu einer Neubesinnung auf die Tora; denn die Katastrophe wurde von den Propheten ja gerade auch mit der vielfachen Verletzung des göttlichen Gesetzes begründet (Jeremia, Ezechiel). Und besonders nach den nationalen Katastrophen des 1. und 2. Jahrhunderts n. Chr., die auch den endgültigen Verlust des Tempels und des Landes mit sich brachten, blieb dem Judentum neben seinen Festen als einziger integrierender und es von den Völkern unterscheidender Faktor fast nur noch die Tora. Dabei ist aber die Tora für jüdisches Empfinden keine abstrakte Größe, kein »toter Buchstabe«, sondern die Bundessatzung seines Gottes, an die Israel gehalten ist, will es nicht dem Fluch Gottes verfallen[66]. Bund und Tora lassen sich für jüdisches Bewußtsein nicht voneinander trennen: »Unter Bund ist nichts anderes als die Tora zu verstehen« (*Mekhilta* Ex 12,6). Das Gesetz ist »immer auf den Bund ... bezogen« *(W. Zimmerli)*. Vgl. auch Sir 17,11 ff.: »Die Weisheit hat er ihnen dargeboten und das Gesetz des Lebens mitgeteilt. Für ewig schloß er einen Bund mit ihnen und ließ sie wissen seine Satzungen«; 24,23: »Dies alles ist das Bundesbuch des Höchsten, das Gesetz, das Mose uns geboten hat als Erbbesitz für die Gemeinde Jakobs«, wobei unter ספר ברית nichts anderes als der Pentateuch gemeint ist, das Gesetzbuch schlechthin: »Ein Gesetz hat Mose uns anbefohlen, als Erbe der Gemeinde Jakobs« (Deut 33,4). Das zusammengehörige Wortfeld »Gebote«, »Gesetz«, »(ewiger) Bund« begegnet auch in Jes 24,5. Die »Sektenrolle« von Qumran fordert, »die Gesetze Gottes im Gnadenbund zu erfüllen« (1 QS I, 7 f.). Tora ist Gnade, nicht Last[67]! Die Erfüllung

---

[66] Vgl. dazu *W. Zimmerli*, Das Gesetz und die Propheten (Göttingen 1963) 81–93.

[67] Vgl. *H. Groß*, Tora und Gnade im Alten Testament, in: Kairos, NF 14 (1972) 220–231; *R. J. Zwi Werblowsky*, Tora als Gnade, ebd. 15 (1973) 156–163; dazu noch *H. Schmid*, Gesetz und Gnade im Alten Testament, in: Judaica 25 (1969) 3–29; *K. Hruby*, Gesetz und Gnade in der rabbinischen Überlieferung, ebd. 30–63; *J. Maier*, »Gesetz« und »Gnade« im Wandel des Gesetzesverständnisses der nachtalmudischen Zeit, ebd. 64–176; *E. L. Ehrlich*, Tora im Judentum, in: EvTh 37 (1977) 536–549; *P. von der Osten-Sacken*, Das paulinische Verständnis

der Weisungen der Tora ist für den Juden die Konsequenz aus seinem Gottesverhältnis, das primär auf der *emunā* und dem Gehorsam gegen Gott beruht. Der Habakukkommentar von Qumran versteht den Satz aus Hab 2,4 »Der Gerechte wird durch seine *emunā* leben« so: »Seine Meinung (die Meinung des Satzes) geht auf alle Gesetzestäter im Hause Juda, insofern Gott sie rettet aus dem Gerichtshaus um ihrer Plage und ihrer Treue willen zu dem Lehrer der Gerechtigkeit« (VIII,1).

Der Jude versteht also das Leben nach dem Gesetz total anders, als ihm häufig von Christen unterstellt wird. Er versteht das gesetzliche Leben gerade nicht als »Verdienstesammeln« oder zum Ruhm vor Gott führende »Leistung«. Das für den Juden bis heute gültige Verständnis des Lebens nach der Tora muß vielmehr von den drei Grundelementen her verstanden werden, die das jüdische Glaubensverständnis bestimmen: *emunā*, Verwirklichung in Werken, Heiligung des Alltags[68]. Der hebräische »Glaubensbegriff« *emunā* bedeutet primär »Vertrauen« (Gott etwas »zutrauen«)[69]. Der Jude kann sich aber *emunā* nicht ohne die gehorsame Verwirklichung der Weisungen Gottes nach der Tora vorstellen. »Glauben im jüdischen Verständnis ist nicht ein Erfahren oder Erfaßtwerden von einem oder etwas, sondern ein Tun und Schaffen, ein Vollführen und Bewirken ... ein Aktivum der Tat mit dem Akzent der Verwirklichung« *(N. Oswald)*[70]. Für den Juden ist der Glaube als Gehorsam gegen die Tora, die Gott Israel gegeben hat, Heiligung des Alltags. Denn das ist der eigentliche Sinn der Weisungen der Tora im jüdischen Verstand: Wer sich täglich und in allem dem Joch des Gesetzes unterwirft, entprofaniert dadurch den Alltag und heiligt das ganze Leben in allen seinen Bezügen und Äußerungen. Judentum ist Religion der Heiligkeit! Die »zeitlose« Tora wirkt in Zeit und Geschichte[71]. »Das jüdische Gesetz formt einen Lebensweg partieller Askese.

---

des Gesetzes im Spannungsfeld von Eschatologie und Geschichte. Erläuterungen zum Evangelium als Faktor von theologischem Antijudaismus, ebd. 549–587.

[68] Vgl. dazu *M. Buber*, Zwei Glaubensweisen (Zürich 1959); *L. Baeck*, Aus drei Jahrtausenden (Tübingen 1957); *H. Kosmala*, Hebräer – Essener – Christen (Leiden 1957) 97–116; *N. Oswald*, Grundgedanken zu einer pharisäisch-rabbinischen Theologie, in: Kairos 6 (1963) 40–58.

[69] Vgl. dazu Näheres unter 2.4.6.

[70] A.a.O. 57.

[71] Vgl. dazu *A. H. Friedlander*, Zeitlosigkeit und geschichtliche Wirksamkeit der

Kein Gebiet des Daseins, kein Stück Welt ist ausgeschlossen, keines unumschränkt freigegeben« *(E. Simon)*[72]. »Das menschliche Leben ist nicht wertlos oder banal, sondern es verdient auch in seinen elementarsten Äußerungen zielbewußt gelenkt und göttlich durchdrungen zu werden. Die Erfüllung eines Gebotes ist daher nicht das Ducken unter die Peitsche des Gesetzgebers, sondern, im rechten Verständnis, die Beglückung, dem Vergänglichen in göttlicher Weisung Ewigkeitswert geben zu können« *(N. Oswald)*. Darin gründet die Freude des Juden an der Tora; darum ist es seine »Lust«, die Weisungen Gottes zu erfüllen. Das hat also nichts mit einem bloß »formalen« Gehorsam gegen das Gesetz zu tun, mit ethischem Formalismus, wie viele Christen den Juden unterstellen. Der Jude erfüllt das Gesetz, *weil er den Gott liebt,* der einen ewigen Bund mit Israel geschlossen hat. Wie der Jude über den Toragehorsam denkt, hat einst *Rabban Jochanan ben Zakkai* klassisch formuliert: »Wenn du die Tora in reichem Maße gehalten hast, so tue dir nichts darauf zugute; denn dazu bist du geschaffen« (Abot II, 8b). »Rabbi Chanina, Akaschjas Sohn, sagt: Der Heilige, gelobt sei er, wollte Israel würdigen, darum mehrte er ihnen Weisung und Gebote, denn es heißt: ›Der Herr hatte Lust, um seiner Gnade willen die Weisung groß zu machen und herrlich« (Mischna Makkot III, 16). *Rabbi Jehoschua,* Levis Sohn, sagte: Wer unterwegs ist und keine Begleitung bei sich hat, befasse sich mit der Weisung, denn es heißt: ›Eine liebliche Begleitung ...‹ [Sprüche 1,9a]. Wer Kopfschmerzen hat, befasse sich mit der Weisung, denn es heißt: ›Eine liebliche Begleitung sind sie für dein Haupt‹ [Spr 1,9b]. Wer Halsschmerzen hat, befasse sich mit der Weisung, denn es heißt: ›und Schmuckkettchen für deinen Hals‹ [Spr 1,9c]. Wer Leibschmerzen hat, befasse sich mit der Weisung, denn es heißt: ›Heilung wird sie für deinen Leib sein‹ [Spr 3,8a]. Wer Gliederschmerzen hat, befasse sich mit der Weisung, denn es heißt: ›Ein Labetrunk für deine Glieder‹ [Spr 3,8b]. Wer Schmerzen an seinem ganzen Körper hat, befasse sich mit der Weisung, denn es heißt: ›und Heilung für all sein Fleisch‹ [Spr 4,22][73]. »Fragt mich nicht, ob eine Welt ohne Juden eine Welt

---

Torah, in: *A. Falaturi / J. J. Petuchowski / W. Strolz* (Hrsg.), Drei Wege zu dem einen Gott (Freiburg/Basel/Wien 1976) 33–44.

[72] *E. Simon,* Brücken. Gesammelte Aufsätze (Heidelberg 1965) 468.

[73] Ich verdanke hier frühjüdische Materialien Herrn *Reinhold Mayer,* Tübingen.

ohne Torah bedeutet. Aber eine Welt ohne Torah ist eine Welt ohne Juden« *(A. H. Friedlander)*[74].
Nach Paulus ist freilich Christus »des Gesetzes Ende zur Gerechtigkeit für jeden, der glaubt« (Röm 10,4). Diese These des Apostels gründet aber nicht darin, daß er das Gesetz für etwas Minderwertiges, zum bloß formalen Gehorsam Verführendes betrachtete, sondern in seinen christologischen Überzeugungen. Darauf wird später zurückzukommen sein[75].

1.7 Die heilsgeschichtlichen Vorzüge Israels nach Röm 9,4f. und Eph 2,12[76]

»Was ist nun der Vorzug der Juden, oder was ist der Nutzen der Beschneidung?«, fragt Paulus in Röm 3,1 und er antwortet: »Vieles in jeder Hinsicht. Fürs erste sind ihnen die Worte Gottes anvertraut worden« (3,2). »Die Worte Gottes«, die den Juden anvertraut worden sind, »sind konkret die Worte der Verheißung und des Gesetzes« *(H. Schlier)*[77]. Weitere Gaben an Israel zählt der Apostel hier nicht auf, wohl aber in Röm 9,4f.: »Sie sind Israeliten, ihrer (sind) die Sohnschaft und die Herrlichkeit und die Bundeszusagen und die Gesetzgebung und der Kult und die Verheißungen, ihrer (sind) die Väter und aus ihnen (stammt) der Christus, was sein Fleisch betrifft«. Man nennt die hier aufgezählten Vorzüge Israels auch seine »Privilegien«, die ihm Gott gewährt hat.
Die Juden dürfen sich *»Israeliten«* nennen, nach dem Ehrennamen »Israel«, den Jakob einst bekommen hat (Gen 32,38f.) und der auf das Volk übergegangen ist. – Ihnen gehört die *Sohnschaft;* denn Israel ist nach Ex 4,22 »der erstgeborene Sohn« Gottes (vgl. auch Os 11,1). – Ihnen gehört die *Herrlichkeit,* der כְּבוֹד יְהוָה; sie begleitete Israel auf dem Zug durch die Wüste (Ex 16,10; 24,16; 40,34f.; Lev 9,6.23 u.ö.), und erfüllte als Zeichen der gnädigen

---

74 A.a.O. 36.

75 Vgl. unter 4.

76 Vgl. dazu außer den Kommentaren besonders *M. Rese,* Die Vorzüge Israels in Röm 9,4f. und Eph 2,12. Exegetische Anmerkungen zum Thema Kirche und Israel, in: ThZ 31 (1975) 211–222; *K. Barth,* Die kirchliche Dogmatik II/2 (Zürich [4]1959) 222–226.

77 Der Römerbrief (Freiburg/Basel/Wien 1977) 92.

Gegenwart Gottes den Tempel, sobald die Bundeslade dort aufgestellt war (vgl. 3 Kön 8,10f.; 2 Chron 5,14). Und der fromme Jude ist überzeugt, daß die Herrlichkeit Gottes (=die *Scheckhina*) bis heute noch auf dem Tempelplatz am Ort des Allerheiligsten wohnt und überall Israel hinbegleitet, wo es auch wohnen möge. »Wenn man in Betracht zieht, daß es in Röm 3,23 heißt: ›Alle haben gesündigt und entbehren der *Doxa* Gottes‹, wird diese Aussage in Röm 9,4 nur um so bemerkenswerter« *(M. Rese)*. – Ihnen gehören die *Bundeszusagen und Bundesverfügungen* in umfassendem Sinn[78]. – Ihnen gehört die *Gesetzgebung* – der Apostel denkt dabei weniger an die Tora als solche, als vielmehr an den Akt der Gesetzgebung am Sinai, der eine Auszeichnung Israels darstellte. – Ihnen gehört *der Kult,* der ja z. Zt. des Apostels noch im Tempel zu Jerusalem vollzogen wurde. – Ihnen gehören *die Verheißungen,* womit die an die Väter Israels ergangenen Verheißungen gemeint sind, speziell die Messiasverheißung. - Ihnen gehören *die Väter:* Abraham, Isaak und Jakob (s. die folgenden Ausführungen des Apostels in 9,7ff.). Und aus ihnen stammt *der Christus* dem Fleisch nach: Eine gewiß aus der gläubigen Sicht des Christen Paulus gewonnene Feststellung, für den Jesus der Messias ist, aber in seinen Augen ist es doch die besondere Ehre Israels, daß aus ihm der Messias gekommen ist und nicht von sonstwo in der Welt her.

Daß die Vorzüge Israels nicht vergangene Gaben Gottes an Israel sind, sondern bleibende, geht aus dem Präsens »(welche Israeliten) *sind*« zu Beginn von 9,4 hervor[79], darüber hinaus aus dem Umstand, daß für Paulus auch der Christus kein Toter ist. Daß »aber« diese Vorzüge und Privilegien Israels »jetzt« auf die Kirche übergegangen seien, wie *H. Schlier* unterstellt[80], sagt Paulus gerade nicht. Die Kirche partizipiert z. T. an diesen Vorzügen, weil sie nach Röm 11,17 gnadenhafte »Mitteilhaberin an der Wurzel« Israel geworden ist. Der Apostel konstatiert nicht ehemalige Vorzüge Israels, die es unterdessen an die Kirche verloren habe, sondern er zählt sie auf, weil es für ihn um so

---

[78] Vgl. dazu auch *C. Roetzel,* Diathekai in Romans 9,4, in: Biblica 51 (1970) 377–390.

[79] Vgl. auch *F. W. Maier,* Israel in der Heilsgeschichte nach Röm 9–11 (Münster 1929) z. St.

[80] Vgl. Der Römerbrief, 286f.

erstaunlicher ist, daß Israel in seiner Mehrzahl trotz dieser Vorzüge nicht zum Gehorsam gegen das Evangelium gekommen ist und sich daraus die Frage nahelegen könnte: »Wenn einige untreu wurden, sollte ihre Untreue die Treue Gottes zunichte machen?« (Röm 3,3). Der Apostel antwortet selbst: »Keineswegs! Möge Gott sich vielmehr als wahr erweisen, jeder Mensch aber als Lügner!« (3,4). Und Gott wird sich als wahr erweisen, dann nämlich, wenn er ganz Israel trotz seiner teilweisen Verstockung dem Evangelium gegenüber am Ende retten wird (11,26). Seine Treue zu Israel kann nicht zunichte gemacht werden. Darum muß der Christ mit Ehrfurcht und Dankbarkeit auf die »Privilegien« Israels schauen, weil er durch die Güte und Barmherzigkeit Gottes an ihnen teilnehmen darf. »Den Beweis dafür, daß durch den Unglauben Israels weder das Wort Gottes seine Wahrheit noch das Volk Gottes seine Besonderheit verloren hat, daß also Gott trotz des Unglaubens Israels Gott bleibt, führt Paulus dann im einzelnen im Röm 9–11 aus« *(M. Rese)*[81].
Auch mit Blick auf Eph 2,12 darf man von »Privilegien« Israels sprechen[82]. Denn die hier gemachten Aussagen über die theologische Situation der Heiden sind *vor dem Horizont Israels,* der »Beschneidung«, gemacht (vgl. 2,11). Die grundsätzliche Aussage über die Heiden, zu denen auch die Adressaten des Briefes einst gehörten: »ihr waret in jener Zeit ohne Christus«, wird anschließend vierfach expliziert:

- Ihr wart Entfremdete gegenüber dem Gemeinwesen Israel.
- Ihr wart Fremde gegenüber den Verheißungstestamenten.
- Ihr hattet keine Hoffnung[83].
- Ihr wart ohne Gott (ἄθεοι) im Kosmos[84].

Formuliert man diese fünf Aussagen über den Unheilszustand der Heiden umgekehrt positiv mit Blick auf Israel, dann lauten sie so:

---

[81] A.a.O. 218.

[82] Vgl. dazu auch *J. Blank,* Das Mysterium Israel, in: *W. Strolz* (Hrsg.), Jüdische Hoffnungskraft und christlicher Glaube (Freiburg/Basel/Wien 1971) 134–190 (135–137).

[83] »Das heidnische Verhältnis zur Zukunft war ein völlig anderes als dasjenige Israels, so daß es im letzten nur als ›Hoffnungslosigkeit‹ bestimmt werden kann« (*J. Blank,* ebd. 136).

[84] Zu dieser eigenartigen Feststellung vgl. *J. Gnilka,* Der Epheserbrief (Freiburg/Basel/Wien [2]1977) 136f.; *Blank* interpretiert sehr gut so: »Nicht daß die Heiden keine Religion und keine Götter gehabt hätten, im Gegenteil, ihre Welt war davon

– Israel besitzt die Messiashoffnung.
– Israel bildet ein »Gemeinwesen« (πολιτεία): den *q^e hal* JHWH.
– Israel gehören die Verheißungstestamente.
– Israel besitzt damit Hoffnung.
– Israel lebt in der Gottesgemeinschaft und in der Gotteserkenntnis im Kosmos.

Diese fünf Sätze signifizieren fünf »Privilegien« Israels im Gegenüber zu den Heiden, denen sie fehlten, solange sie Heiden waren. »Jetzt« freilich sind sie »in Christus Jesus« aus »Fernen« »Nahe« geworden. Die »trennende Scheidewand«, aufgerichtet einst zwischen Juden und Heiden, repräsentiert durch die Tora, den »Zaun« um Israel herum, hat Christus zertrümmert und aus beiden, Juden und Heiden, in der Kirche eine einzige Gemeinschaft (ἕν σῶμα) geschaffen und einen pneumatischen Tempel errichtet, in dem beide denselben Zugang zum Vater haben (vgl. 2,13–22)[85]. Zweifellos denkt der Verfasser des Briefes bei der neuen Gemeinschaft an die Kirche, bestehend aus Judenchristen und Heidenchristen, aber er sagt nicht, daß Israel seine in 2,12 aufgezählten Privilegien verloren hätte. Er läßt sich allerdings nicht über das Heilsschicksal jenes Israel, das nicht den Weg zum Evangelium gefunden hat, aus. Das Bemerkenswerte aber ist dies, daß hier die Ekklesiologie ganz vor dem Horizont Israels entwickelt ist, aus dem instinktiven Wissen heraus, daß die Kirche ohne ihre »Wurzel« Israel ein geschichtsloses Abstractum wäre. Es gibt keine Ekklesiologie ohne Blick auf Israel. »Im Grunde können wir von Israel nicht mehr so sprechen, als hätten wir es da mit einer merkwürdigen, vielleicht auch interessanten Gegebenheit zu tun, die man wie ein unbeteiligter Zuschauer betrachten oder als zusätzliche Wissensbereicherung zur Kenntnis nehmen kann« *(J. Blank)*[86]. Die Heiden(christen) sind ja nur in Jesus Christus »*Mit*erben und *Mit*eingeleibte und *Mit*teilhaber an der Verheißung« (Eph 3,6), die einst Israel von Gott gewährt wurde.

übervoll. Aber gerade dieses heidnische Überangebot an Göttern und Religionen war und ist das Zeichen einer profunden Gottlosigkeit, einer fehlenden Gottesgemeinschaft, so daß der Mensch im Heidentum mit seinen Göttern einen Ersatz für die nicht vorhandene Gottesgemeinschaft sich schaffen, durch die aufdringliche Nähe der Götter die bestehende Gottesferne sich verdecken mußte« (a. a. O.).

[85] Vgl. dazu Näheres in 6.5.

[86] A.a.O. 137.

Der Satz findet sich in der Perikope des Johannesevangeliums, in der die Begegnung Jesu mit den Samaritern erzählt wird (Joh 4,1–42), näherhin in dem Kontext: »Unsere Väter haben auf diesem Berg (Gott) angebetet, und ihr sagt: In Jerusalem ist der Ort, wo man anbeten müsse. Da sagt zu ihr (zu der Samariterfrau) Jesus: Glaube mir, Frau, es kommt die Stunde, da ihr weder auf diesem Berg (Garizim) noch in Jerusalem den Vater anbeten werdet. *Ihr* betet an, was ihr nicht kennt, *wir* beten an, was wir kennen; *denn das Heil ist aus den Juden*« (4,20–22). Diese Begründung am Ende des V. 22 ist erstaunlich angesichts des sonstigen »Antijudaismus« des Johannesevangeliums[87]. Denn hier haben wir eine eindeutig positive Aussage über die Juden im vierten Evangelium vor uns[88]: Aus den Juden ist das Heil, und nicht aus einem anderen Volk! Die Präposition »aus« (ἐκ) gibt die Herkunft des »Heils« an.
Es geht in der Rede Jesu um den kommenden »Ort« der Anbetung des Vaters. Seine Antwort lautet: Dieser kommende Ort ist weder identisch mit dem Garizim, mit dem heiligen Berg des Samaritervolkes, von dem heute noch ein kleiner Rest existiert, noch mit Jerusalem, wo bis zum Jahr 70 der Tempel des Herrn mit seinem Opferkult sich befand. Der kommende »Ort« der Anbetung des Vaters ist vielmehr dort, wo Gott »in Geist und Wahrheit« angebetet wird (vgl. 4,23). Welche Funktion hat in diesem Aufbau der Antwort Jesu der V. 22? Das ist eine schwierige Frage. Es geht um die Gottesverehrung der Samariter und der Juden. Dabei wird deutlich die Gottesverehrung der Samariter abgewertet (»ihr betet an, was ihr nicht kennt«), die Gottesverehrung der Juden dagegen aufgewertet (»wir beten an, was wir kennen«). Jesus selbst identifiziert sich in dem »wir« mit den »Juden«, wie auch die Samariterin sein Judesein ausdrücklich in 4,9 anspricht (σὺ Ἰουδαῖος ὢν). Begründet wird die positive Wertung der Gottesverehrung der Juden dabei mit dem Satz:

[87] Vgl. dazu Näheres unter 4.4.

[88] Vgl. dazu auch *F. Hahn*, »Das Heil kommt von den Juden«. Erwägungen zu Joh 4,22b, in: Wort und Wirklichkeit (FS f. *Eugen Ludwig Rapp*) (Meisenheim 1976) I, 67–84.

»weil das Heil aus den Juden ist«. Im Ganzen des Abschnitts 4,21–23 hat darum der V. 22 die Funktion, den heilsgeschichtlichen Vorrang der Juden vor den Samaritern zu begründen. Die Juden »wissen« nämlich, daß das messianische Heil aus *ihren* Reihen kommt, und auch der Johannesevangelist und die Christen sind überzeugt, daß der Messias, der nach ihrer Glaubensüberzeugung niemand anderer als Jesus von Nazareth ist (vgl. Joh 1,41.49), »aus den Juden ist«, wie es der christlichen Verkündigung nach dem Zeugnis des Neuen Testaments auch sonst entspricht (vgl. die Kindheitsgeschichten Jesu bei Mt und Lk; Röm 1,3 usw.)[89]. *C. H. Dodd* nennt den Satz, »das Heil ist aus den Juden« »a farreaching equivalence« zur Aussage des Prologs in Joh 1,14: »Und das Wort ist Fleisch geworden und hat unter uns gewohnt, und wir haben seine Herrlichkeit gesehen«[90]. Es ist deshalb verkehrt, in Joh 4,22 eine »Glosse« der späteren Redaktion[91] oder »die Randbemerkung des Bibellesers« zu sehen, »die ein Abschreiber des Bibeltextes als originalen Wortlaut angesehen und darum in den Text hineingenommen hat«[92]. Man könnte den Satz: »Das Heil ist aus den Juden« auch als eine Parallele zu jenem in Röm 9,5 bezeichnen, in dem Paulus unter den »Privilegien Israels« auch die Tatsache nennt, daß der »Christus dem Fleisch nach« aus den Juden stammt. Es handelt sich nicht um eine Glosse[93], die sekundär in den Originaltext eingeschoben wurde. Der Vers nennt innerhalb seines Kontextes vielmehr die Voraussetzung, warum »jetzt« der Vater nicht mehr auf dem Berg Garizim oder in Jerusalem angebetet wird, sondern »in Geist und Wahrheit«, nämlich in dem persongewordenen »Kultort« Jesus Christus. Aber damit ist der Satz »das Heil ist aus den Juden« noch nicht genügend bedacht.

In ihm scheint uns nämlich der »abstrakt« klingende Term »das Heil« (ἡ σωτηρία) noch eigens bedacht werden zu müssen (nicht:

---

[89] Vgl. dazu etwa *Chr. Burger*, Jesus als Davidssohn. Eine traditionsgeschichtliche Untersuchung (Göttingen 1970).

[90] *C. H. Dodd*, The Interpretation of the Fourth Gospel (Cambridge 1954) 296.

[91] So *R. Bultmann* u. a.

[92] So *G. Friedrich*, Wer ist Jesus? Die Verkündigung des vierten Evangelisten, dargestellt an Joh 4,4–42 (Stuttgart 1967) 43.

[93] Vgl. auch *R. Schnackenburg*, Das Johannesevangelium I (Freiburg/Basel/Wien ³1972) 471; *C. K. Barrett*, The Gospel according so St. John (London 1955) 198.

»der Heiland der Welt« wie in 4,42 am Ende der Perikope; oder: »der Messias« wie in 4,25). Warum diese »abstrakte« Wortwahl? Ist hier »das Heil« wirklich nur »abstractum pro concreto«, also einfach identisch mit dem »Heiland« (dem Messias), wie viele Ausleger annehmen? In der »*Nestle*-Ausgabe« des Neuen Testaments ist am Rand von Joh 4,22 auf Röm 11,18 verwiesen und, wie uns scheint, mit Recht. Dort ist die Rede von der »Wurzel«, die die Kirche trägt, und mit der »Wurzel« ist Israel gemeint[94]. So scheint uns der Begriff »das Heil« in Joh 4,22 mehr als der Messias, der eschatologische Heilbringer, für die Kirche identisch mit Jesus, zu sein. Es fällt auf, daß der Begriff »das Heil« (ἡ σωτηρία) nur hier im Johannesevangelium erscheint. So scheint uns V. 22b nicht eine sekundäre Glosse zu sein, sondern eher ein alter Überzeugungssatz (judenchristlicher Provenienz?), der vom Evangelisten in sein Evangelium übernommen wurde, weil er auch seiner Glaubensüberzeugung entsprach, wie es zur Glaubensüberzeugung der ganzen Urkirche gehörte, daß das eschatologische Heil der Welt in der Tat »aus den Juden ist«, wobei das Präsens »ist« (ἐστίν) darüber hinaus noch auffällig ist. Es heißt im Text ja nicht, das Heil »kommt« (ἔρχεται) aus den Juden, sondern: es »ist« aus den Juden. Sollte es sich bei V.22b wirklich um einen alten Satz aus vorjohanneischer Tradition handeln, wofür auch seine apodiktische Kürze und Präzision zu sprechen scheinen, so hat jene Gemeinde, die ihn zum erstenmal formuliert hat, mit ihm betont, *daß das eschatologische Heil der Welt bleibend mit dem Judentum zu tun hat;* es »ist aus den Juden«. Mag der Johannesevangelist im übrigen auch in Distanz zu den Juden leben und schreiben, er hat durch die positive Rezeption dieses Satzes sich zur Wurzel der Kirche bekannt, ähnlich wie es Paulus trotz seiner »unjüdischen« Rechtfertigungslehre tat.
Darf die heutige Christenheit den Satz je vergessen? Hätte ihn die Christenheit nie vergessen, wäre ein theologischer Antisemitismus mit seinen furchtbaren Folgen vielleicht nicht möglich gewesen. Sätze haben ihre Konsequenzen!

[94] Vgl. dazu Näheres bei 1.10.

1.9 »Ganz Israel wird gerettet werden« (Röm 11,26)

Der Satz des Apostels in Röm 11,26 »ganz Israel wird gerettet werden« wird im folgenden auf vier Fragen hin ausgelegt: I. Wer ist mit »ganz Israel« gemeint? II. Auf welche Weise wird »ganz Israel« gerettet werden? III. Warum wird »ganz Israel« gerettet werden? IV. Warum gibt Paulus das »Mysterium« der Rettung »ganz Israels« bekannt[95]? V. Es wird schließlich gefragt, ob sich die Idee der endzeitlichen Rettung ganz Israels auch sonst noch im Neuen Testament findet.

1.9.1 Wer ist mit »ganz Israel« gemeint?

1.9.1.1 Der Term »Israel« begegnet im Römerbrief elfmal und ist beschränkt auf Röm 9–11, was naturgemäß mit der Thematik dieser Kapitel zusammenhängt: Es geht um das endgültige Heilsschicksal des jüdischen Volkes. »Jude« (»Juden«) kommt auch elfmal vor, jedoch nur zweimal in Röm 9–11. Vom »Juden« spricht Paulus vor allem in Unterscheidung vom »Griechen« (vgl. etwa Röm 10,12: Da ist kein Unterschied zwischen einem Juden und einem Griechen. Gemeint ist an der Stelle, daß das Wort des Propheten [Jes 28,16]: ›Wer an ihn glaubt, wird nicht zuschanden werden‹, sowohl für Juden als auch für Heiden gilt; denn »alle haben denselben Herrn; aus seinem Reichtum beschenkt er alle, die ihn anrufen« [10,12b]). Mit »Israel« ist das mit diesem alten Ehrentitel versehene jüdische Volk gemeint, die Judenschaft als Gottesvolk. »Israel« ist »von Anfang an ein sakraler Begriff, er bezeichnet die Ganzheit der von Jahwe Erwählten und der zum Jahwekult Vereinten...«; es ist »geistliche Selbstbezeichnung« *(G. von Rad)*[96]. So auch bei Paulus in Röm 9–11. Doch muß im Hinblick auf seine Formulierung in 9,6 (»denn nicht alle, die aus Israel [stammen], diese [sind] Israel«) eine Einschränkung ge-

---

[95] Vgl. dazu *F. Mußner,* »Ganz Israel wird gerettet werden« (Röm 11,26), in: Kairos 18 (1976) 241–255. Was dort in mehr wissenschaftlicher Manier vorgelegt wurde, wird hier in allgemein verständlicher Weise und gekürzt wiederholt und mit einigen Ergänzungen versehen. Auf die umfassende Literatur zu Röm 9–11 (vgl. dazu Anm. 119) nehmen wir dabei nur zum Teil Bezug.

[96] ThWbzNT III, 357f.

macht werden. Denn der Begriff »Israel« hat in beiden Hälften dieses Satzes eine verschiedene Bedeutung. »Alle die aus Israel« meint all jene, die zum Volk Israel gehören, während bei der Formulierung »diese« (sind) Israel« der Term »Israel« einen einschränkenden Sinn hat (»nicht alle«!); denn damit sind jene Juden gemeint, die dem Evangelium gehorsam geworden sind. Hier durchstößt also der Begriff »Israel« eine rein volkhafte Auffassung von »Israel«, bezieht dabei aber nicht die Heidenchristen in »Israel« mit ein, sondern ist so zu verstehen, wie Paulus es selber in 9,8 interpretiert: »Nicht die Fleischeskinder sind Gotteskinder, sondern als Samen werden (nur) die Kinder der Verheißung« anerkannt, also nur die Kinder der »Wahl«. Die Limitierung in Röm 9,6 ist also durch den Gedanken der »Wahl« bestimmt. Die »Wahl« bezieht sich auf das Volk Israel: die einen aus ihm – in 11,5 »Rest gemäß der Gnadenwahl« genannt – hat Gott in freier Wahl erwählt, und sie gehorchen dem Evangelium; die anderen aus ihm – in 11,7b »die übrigen« genannt – hat Gott ebenso verstockt, und sie gehorchen dem Evangelium nicht. Eine partielle »Verstockung« ist über Israel gekommen (11,25).
Im übrigen aber gebraucht Paulus in Röm 9–11 den Term »Israel« monosemantisch. Es erhebt sich die Frage: Gilt das auch für die Formel »ganz Israel« in 11,26? Eine Exegese aus dem Kontext heraus wird sich mit dieser Frage beschäftigen müssen. Die eigenartige semantische Differenzierung in Röm 9,6 hängt genau mit den eigentlichen Fragen des Apostels in Röm 9–11 zusammen: Wieso ist es möglich, daß ein Teil Israels gegenüber dem Evangelium »verstockt« blieb? Und: Hat Gott diesen verstockten Teil Israels für immer »verstoßen« und vom Heil ausgeschlossen?
1.9.1.2 Was ergibt eine diachrone Betrachtung des Terms »Israel«? Die Septuaginta spricht oft von »ganz Israel« und meint dabei das Volk in seiner Gesamtheit[97]. In der Auslegung von Röm 11,26 wird schon immer auf Mischna Sanhedrin X,1a hingewiesen: »Ganz Israel hat Anteil an der kommenden Welt; denn es heißt (in Jes 60,21): ›Und dein Volk – sie sind allesamt gerecht, für immer werden sie das Land besitzen‹«, d.h. das ewige Leben. Der jüdische Gelehrte *S. Krauß* bemerkt dazu in der »Gießener

[97] »Ganz Israel« 148mal, »das ganze Volk (Israel)« 119mal, »das ganze Haus Israel« 20mal, »die ganze Gemeinde (Israel)« 84mal, »alle Söhne Israels«, »der ganze Same der Söhne Israels«, usw.

Mischna« (Gießen 1933, 264): »Der Satz wurde aufgestellt im Hinblick auf die Verbrecher in Israel, von denen bisher die Rede war, und die des zukünftigen Lebens teilhaftig sind, sofern sie in der Stunde ihres Todes Reue erwecken [vgl. VI, 2]; dies [ist] auch der einzige Grund, weshalb dieser scheinbar dogmatische Satz in diesen Traktat hereingenommen wurde«. In X, 1b–3h werden dann alle jene aufgezählt, die keinen Anteil am kommenden Leben haben werden. Auch Mischna Rosch haschana formuliert in III, 1a im Hinblick auf den Mond: »Haben ihn gesehen der Gerichtshof und ganz Israel...« Eine diachrone Betrachtung des Sprachgebrauchs von »ganz Israel« läßt die Formel als Ausdruck für die Gesamtheit Israels verstehen.

1.9.1.3 »Ganz Israel« gesehen im Kontext von Röm 11,26. Wir stellen die Frage: In welchem Sinn ist hier von »ganz Israel« die Rede? Etwa einfach so wie in der Septuaginta? Das ist nicht der Fall. Denn es besteht ganz eindeutig eine Spannung des attributiven »ganz (Israel)« zum »teilweise« (ἀπὸ μέρους) im vorausgehenden Vers: Eine von Gott für eine bestimmte Zeit begrenzte bzw. auf einen bestimmten Teil eingeschränkte »Verstockung« (gegenüber Christus und dem Evangelium) ist über Israel, das jüdische Volk, gekommen. Sie dauert solange, »bis die (von Gott bestimmte) Vollzahl der Heiden (zum Heil) eingegangen ist«. Der »Rest« hat in der Gegenwart »entsprechend der Gnadenwahl Gottes« das Evangelium angenommen – Paulus denkt dabei an die Judenchristen zu seiner Zeit –, »die übrigen aber wurden (von Gott) verstockt« (11,5–8), aber nicht für immer und ewig, sondern nur so lange, »bis die Vollzahl der Heiden eingegangen ist«.

Wer ist also mit »ganz Israel« in Röm 11,26 gemeint? Das attributive »ganz« vor »Israel« läßt von sich aus und auch auf Grund des diachronen Sprachgebrauchs eine Limitierung des Terms »Israel« im Sinn von Röm 9,6 hier nicht zu, also etwa eine Beschränkung auf jenes Israel, das das Evangelium angenommen hat, oder gar auf die Kirche als das (angeblich) wahre Israel[98]. »Ganz Israel« setzt sich vielmehr zusammen aus dem »Rest«, der durch Gottes Gnade das Evangelium angenommen hat, und jenen »übrigen«, die (von Gott) verstockt wurden (vgl. 11,5–7). Der

[98] Zu den verschiedenen Deutungen der Formel »ganz Israel« in der Exegese vgl. das Referat bei *B. Mayer*, Unter Gottes Heilsratschluß. Prädestinationsgedanken bei Paulus (Würzburg 1974) 285ff.

Blick auf die Gesamtheit Israels taucht auch schon in 10,16 auf, wenn der Apostel hier formuliert: »Nicht alle [aus Israel] haben dem Evangelium gehorcht«. »Nicht alle« meint einen Teil Israels, nämlich den »verstockt« gebliebenen. Man muß also die Formel »ganz Israel« als die Summe aus einer Addition bezeichnen; in diesem Sinn modifiziert Paulus die überlieferte Formel.
Von dieser Einsicht her kann nun auch das viel umstrittene »und so« (καὶ οὕτως) zu Beginn von 11,26 erklärt werden. Es wird häufig zu Unrecht als Vorausweisung auf das »wie« (καθώς) im V.26b verstanden, in dem Sinn: Ganz Israel wird »so«, d. h. auf diese Weise, gerettet werden, »wie« es bei Jes 59,20f. »geschrieben steht«; »und so« – »wie« wird als ein Entsprechungsverhältnis verstanden. Hätte aber Paulus ein derartiges Entsprechungsverhältnis im Auge, dann hätte er dem »so« im V.26a eine andere Position im Satz zuweisen und ihn ohne die Partikel »und« (καὶ) beginnen müssen: Ganz Israel wird *so,* d. h. auf diese Weise, gerettet werden, wie bei Jesaja geschrieben steht. Paulus verkündigt vielmehr: »den Rest« Israels, der das Evangelium angenommen hat, hat Gott schon gerettet, wie es nach Röm 9,27 der prophetischen Ansage entspricht (Jes 10,20: »der Rest wird gerettet werden«), aber auch »die übrigen«, die Gott aus unbegreiflichen Gründen »verstockt« hat, werden von ihm gerettet werden, dann nämlich, wenn »die Vollzahl der Heiden eingegangen ist«. »Und so« wird *am Ende* – das sagt der Apostel prophetisch an – »ganz Israel gerettet werden«. Der Ton liegt dabei auf dem attributiven »ganz« (πᾶς): *Ganz* Israel wird gerettet werden, und nicht nur ein Teil von ihm, etwa jene, die das Evangelium angenommen haben. Daß der »verstockte« Teil Israels, der dem Evangelium nicht zu gehorchen vermag, von Gott »gerettet« werden wird, sagt Paulus im übrigen nicht erst in 11,26b mit Hilfe des Jes-Zitats an; das hat er zuvor schon mit aller wünschenswerten Deutlichkeit mit dem V. 24 angekündigt: »Denn wenn du aus dem von Natur wilden Ölbaum ausgebrochen und wider die Natur in den edlen Ölbaum eingepfropft wurdest, *um wieviel gewisser werden diese, welche von Natur (zu ihm gehören), ihrem eigenen Ölbaum eingepfropft werden*«. Das ist eine indikativische Aussage und Ansage ohne Bedingung: Gott wird sie wieder einpfropfen.
1.9.1.4 Es bleibt aber im Hinblick auf die Formel »ganz Israel« in

Röm 11,26 noch ein Problem: Denkt der Apostel dabei nur an seine Generation oder an »ganz Israel« in seiner geschichtlich-temporalen Erstreckung? Die Antwort auf diese Frage kann vielleicht durch eine Untersuchung der diachronen Strukturen und des Temporagebrauchs von Röm 9–11 gefunden werden. Wie ist darüber der Befund? Röm 9,3 f. mit dem Blick des Apostels auf seine jüdischen »Brüder dem Fleische nach«, von deren »Privilegien« er präsentisch spricht (vgl. 9,4 a)[99], könnte zunächst die Meinung aufkommen lassen, Paulus denke bei der angesagten Rettung ganz Israels an seine jüdischen Zeitgenossen, also in dem Sinn: Ich sage euch: Noch zu meinen Lebzeiten wird sich ganz Israel zum Evangelium bekehren. Meint er das?
Diachron gesehen, richtet sich der Blick des Apostels in die Zeit der prophetischen Ansage (s. nur die zahlreichen Schriftzitate in Röm 9–11), dann auf seine jüdischen Volksgenossen in der Gegenwart und die Missionserfahrung mit ihnen, die weithin eine negative ist (vgl. 10,1 f.16–19) und schließlich auf die endzeitliche Rettung ganz Israels. Das eschatologische Futur, wie es in der Formulierung »wird gerettet werden« vorliegt, begegnet wiederholt im Kap. 11: außer in 11,26a noch im V. 22 (»du wirst ausgehauen werden«); zweimal in V. 23f. (jene »werden eingepfropft werden«); in V. 26b (Gott »wird die Gottlosigkeit von Jakob wegnehmen«). Diese Futura sind jedoch nicht mit einer Zeitangabe verbunden. Im Kontext dieser Futura des Kap. 11 findet sich nur die zeitliche Zielangabe: »bis die Vollzahl der Heiden eingegangen ist«: eine Zielangabe, die »apokalyptisch« verhüllt bleibt. Davon ist auszugehen: Denkt der Apostel auch zu Beginn von Röm 9 an seine jüdischen Zeitgenossen und spricht er in Röm 10 die weithin negative Missionserfahrung mit den Juden an, so nennt er in dem entscheidenden Abschnitt von Röm 11, in dem es um die endzeitliche Rettung Israels geht, eine zeitliche Zielangabe nur in apokalyptisch verhüllter Sprache. Es wird also kein Termin im Sinn irdischer Chronologie für die »Rettung« ganz Israels genannt; denn die Zeit, da die Vollzahl der Heiden eingegangen sein wird, weiß kein Mensch und wird vom Apostel nicht bekanntgegeben. Der Ehrenname »Israel« für das jüdische Volk, seine Bezeichnung als »Same Abrahams« (in 9,6) und als

[99] Vgl. dazu Näheres unter 1.7.

»Jakob« (in 11,26b), der Verweis auf die »Väter« in 9,5 und 11,28, die »die Väter« aller Juden, ganz Israels sind, erlaubt die Annahme, daß der Dativ »ihnen« (αὐτοῖς) in 11,27a sich wirklich auf »ganz Israel« in seiner diachronen Ausdehnung durch die Geschichte erstreckt und nicht wiederum nur einen »Teil« aus ihm im Auge hat (etwa die »Orthodoxen« unter den Juden); sonst würde das Attribut »ganz« in der Ansage des Apostels »*ganz* Israel wird gerettet werden« letztlich doch wieder zur Farce werden. Wir dürfen also annehmen, daß Paulus bei »ganz Israel« wirklich an das ganze jüdische Volk denkt und dessen endzeitliche »Rettung« ansagt und zwar wegen der »Väter«, deren Erwählung eben die »Erwählung« Israels unwiderruflich macht.

1.9.2 Auf welche Weise wird »ganz Israel« gerettet werden?

Es gibt darüber in der Auslegung im wesentlichen zwei Meinungen: a) Israel wird dadurch »gerettet« werden, daß es sich eines Tages oder kurz vor dem Ende der Tage doch noch zum Evangelium bekehrt, also zum Glauben an Jesus Christus kommt, natürlich angestoßen von der Gnade Gottes. b) Israel wird auf einem »Sonderweg« *(D. Zeller)*[100] das eschatologische Heil erlangen[101].

Was ist in dieser divergierenden Situation der Auslegung zu sagen? Die Antwort kann nur der Text des Römerbriefes selber geben. Zunächst ist festzustellen, daß im Text nirgends von einer »Bekehrung« Israels die Rede ist, sondern von seiner »Verstokkung« und von seiner »Rettung«. Die partielle Verstockung ist über Israel auf Grund eines unerforschlichen Ratschlusses Gottes gekommen, »bis die Vollzahl der Heiden eingegangen sein wird«: damit ist eine zeitliche Zielangabe gemacht, aber ohne Nennung eines Termins, wie wir schon betonten. Das passive Futur »wird gerettet werden« (σωθήσεται) ist eindeutig als »theologisches Passiv« anzusprechen: Gott selbst wird Israel retten. Aber auf welche Weise? Der folgende Text hilft weiter. Die endzeitliche

[100] *D. Zeller*, Juden und Heiden in der Mission des Paulus. Studien zum Römerbrief (Stuttgart 1973) 245. *Zeller* selbst glaubt nicht an einen »Sonderweg« bei der Rettung ganz Israels, sondern meint, daß Israel »durch den Glauben an das Evangelium zum Heil kommt« (ebd. 257).

[101] Vgl. dazu die Belege in meinem in Anm. 95 genannten Aufsatz, 247–249.

Rettung ganz Israels wird nämlich dann als schriftbegründet hingestellt, eingeleitet mit der dafür üblichen Formel »wie geschrieben steht«, wobei man sich aber hüten muß – wie oben schon betont wurde, die Partikel »wie« (καθώς) als die Entsprechung zum vorausgehenden »(und) so« ([καὶ]οὕτως) zu nehmen. *B. Mayer* bemerkt mit Recht[102]: »Der Versuch, zwischen οὕτως und καθὼς γέγραπται eine unmittelbare Korrespondenz herzustellen, scheitert am Sprachgebrauch des Paulus.« Die Partikel »wie« bezieht sich nicht zurück auf »und so«, vielmehr auf das Satzglied »ganz Israel wird gerettet werden«; d. h. die Partikel »wie« hat in Röm 11,26 b keine vergleichende, sondern eine modale Funktion: »entsprechend« dem in der Schrift angesagten Modus erfolgt die Rettung ganz Israels. Darüber hinaus hat sie eine begründende Funktion. Gemeint ist also einmal: Ganz Israel wird auf die Art und Weise von Gott gerettet werden, »wie« es in der Schrift angesagt ist; dann: Ganz Israel wird gerettet werden, »weil« es in der Schrift angesagt ist.

Was steht aber darüber in der Schrift? Was darüber in der Schrift zu lesen ist, bietet Paulus in der Weise eines Kombinationszitats, kombiniert aus Jes 59,20.21 und Jes 29,7, mit einer Reminiszenz an Jer 31,33.34. Bevor wir uns aber näher mit der Schriftaussage beschäftigen, schauen wir gleich auf den weiteren Kontext mit der Frage: Läßt er das entscheidende Motiv des Heilshandelns Gottes erkennen? Der Apostel stellt fest: Die Israeliten sind »entsprechend der Wahl Geliebte um der Väter willen«; der angehängte Satz »denn unwiderruflich sind die Gnadengaben und der Ruf Gottes« kann nur den Sinn haben, das dauernde Geliebtsein Israels vom Gedanken der Unwiderruflichkeit der Zusagen Gottes, also von seiner Treue her zu begründen. Die Heiden haben in der gegenwärtig schon bestehenden Heilszeit das Erbarmen Gottes gefunden, indem er sie aus dem Glauben an Christus rechtfertigt. Auch sie waren einst ungehorsam (V. 30 a), wie Israel jetzt noch ungehorsam ist (V. 31 a). Gott hat also *alle*, Heiden und Juden, in den Ungehorsam zusammengeschlossen, aber wozu? Die Antwort des Apostels lautet: »damit er sich aller *erbarme*« (V. 32). Das letzte Wort, mit dem der Abschnitt schließt, bezieht sich auf das Erbarmen Gottes, auf seine Barmherzigkeit! Von ihr

[102] A.a.O. 284.

ist auch Israel nicht ausgenommen, weil Gott seinen Verheißungen, die er einst den Vätern Israels gegeben hat, treu bleibt, sie niemals revoziert.
Von da aus kommen wir wieder zurück zum Schriftzitat von 11,26b.27. Die Schriftaussage konkretisiert, *wie* sich das umfassende Erbarmen Gottes gegenüber ganz Israel manifestieren wird. Es wird sich entsprechend der Ansage des Propheten manifestieren: »Kommen wird aus Sion der Erlöser. Er wird wegwenden die Gottlosigkeiten von Jakob, und das (wird) der Bund von mir zu ihren Gunsten sein, wenn ich wegnehme ihre Sünden«. Die Annahme der meisten Ausleger geht mit Recht dahin, daß das Futur »kommen wird« (ἥξει) auf etwas erst Kommendes schaut (also nicht auf die erste Ankunft des Messias in Jesus von Nazareth), weil es ja dem vorausgehenden Futur »wird gerettet werden« korrespondiert. Ganz Israel wird gerettet werden, indem der Erlöser aus Sion kommen wird. Aber wer ist mit dem »Erlöser« (ὁ ῥυόμενος) gemeint? Viele Ausleger denken dabei an Gott, unter Berufung darauf, daß auch bei Jesaja selber, von dem das Schriftzitat stammt, an Gott gedacht ist. Aber das ist nicht so sicher. Denn auch in Röm 10,11 ist im Zitat aus Jes 28,16: »(Jeder) der glaubt an ihn, wird nicht zuschanden werden«, bei »an ihn« an Gott gedacht, aber bei Paulus auf Grund des Kontextes an den »Herrn aller«, d. h. an Jesus Christus (vgl. 10,9 mit 10,12). Dazu kommt, daß in 1 Thess 1,10 mit dem »Retter« (»Erlöser«) Jesus, der Sohn Gottes, gemeint ist, den die christliche Gemeinde »aus den Himmeln erwarten« soll, also eindeutiger Bezug auf den Parusiechristus. An ihn scheint auch in Röm 11,26b gedacht zu sein[102a]. Das Entscheidende bleibt dabei dies: Israel wird nach der Textaussage von 11,26b–32 nicht auf Grund einer der Parusie vorausgehenden »Massenbekehrung« *(F. W. Maier)* das Heil erlangen, sondern einzig und allein durch eine völlig vom Verhalten Israels und der übrigen Menschheit unab-

[102a] Hinzuweisen ist auch auf 4Qflor I,11b–13: »Das ist der Sproß Davids [=der davidische Messias], der mit dem Erforscher des Gesetzes auftreten wird ... in Zion am Ende der Tage, wie geschrieben steht: Und ich will die zerfallene Hütte Davids wieder aufrichten [Am 9,11]. Das ist die zerfallene Hütte Davids, die stehen wird, um Israel zu retten«. Hier ist ganz offensichtlich ein Zusammenhang zwischen dem Auftreten des Messias in Zion am Ende der Tage und der Rettung Israels hergestellt.

hängige Initiative des sich *aller* erbarmenden Gottes, die konkret in der Parusie Jesu bestehen wird. Der Parusiechristus rettet ganz Israel ohne vorausgehende »Bekehrung« der Juden zum Evangelium[103]. Gott rettet Israel auf einem »Sonderweg«, der ebenfalls auf dem Gnadenprinzip *(sola gratia)* beruht und damit die Gottheit Gottes, seine »Wahl«, seinen »Ruf« und seine Verheißungen an die Väter und seine von allen menschlichen Wegen und Spekulationen unabhängigen »Ratschluß« zur Geltung bringt. Es ist der Sieg der freien Gnade Gottes, der ganz Israel retten wird. So entspricht es auch der prophetischen Ansage Jesu selbst in Mt 23,39[104]: »Ich sage euch, ihr werdet mich von jetzt an nicht mehr sehen, bis ihr ruft: ›Gesegnet, der da kommt im Namen des Herrn!‹« Gott rettet ganz Israel durch Christus (»solus Christus«) und zwar »allein durch Gnade« und »allein aus Glauben« ohne Werke des Gesetzes, da sich Israels *emuna* nun ganz und gar dem wiederkommenden Christus zuwendet. So bleibt auch im »Sonderweg« der Rettung ganz Israels die paulinische Rechtfertigungslehre voll wirksam.

Diese These vom »Sonderweg«, auf dem Gott ganz Israel einst retten wird, scheint deshalb die einzig richtige zu sein, weil nach Paulus Gott selbst es war, der Israel auch »verstockt« hat. Gewiß konstatiert der Apostel in 10,21 mit Jes 65,2, daß Israel ein »ungehorsames und widersprechendes« Volk ist, aber er stellt in 11,7f., im Hinblick auf die »Verstockung« der übrigen, ebenso mit einem Schriftwort aus Deut 29,3 und Jes 6,9f. fest, daß »*Gott* ihnen einen Geist der Umnachtung gegeben hat, so daß ihre Augen nicht sehen und ihre Ohren nicht hören – bis auf den heutigen Tag«. Warum Gott das tat, bleibt sein Geheimnis, das rational nicht aufklärbar ist[105]. Wenn aber Gott selbst Israel

[103] Vgl. dazu auch die Formulierung in Apg 3,20, nach der Gott bei der Parusie »den *für euch* vorherbestimmten Messias Jesus« sendet, d. h.: auch der Parusiechristus kommt primär für Israel!

[104] Hingewiesen werden kann auch auf Lk 21,24: »Und sie (die Juden) werden fallen durch die Schneide des Schwertes und werden in Kriegsgefangenschaft geführt werden zu allen Völkern, und Jerusalem wird von den Völkern zertreten werden, *bis die Zeiten der Heiden erfüllt sein werden*«. Auch hier scheint von Jesus angesagt zu sein, daß auf die Zeiten des Unheils eine Zeit des Heils für Israel folgt, besonders wenn man diese Ansage mit jener in Lk 13,35 vergleicht, wo dieselbe Verheißung wie in Mt 23,39 begegnet.

[105] Vgl. dazu Weiteres unter 5.6.10.

verstockt hat, dann kann auch logischerweise nur er allein es aus seiner »Verstockung« herausholen und nicht die Kirche. Nicht die zum Evangelium bekehrten Heidenvölker retten »ganz Israel« – ein absolut unbiblischer Gedanke –, sondern nur Gott allein. *Verstockung und Rettung Israels korrespondieren einander.* Der Verstockende ist auch der Rettende. Die Rettung ganz Israels, die Paulus in Röm 11,26a ansagt, ist also unlösbar von dem Gedanken seiner vorausgehenden, durch Gott selbst verfügten Verstockung. Und wenn ganz Israel einst durch einen Sonderakt Gottes gerettet werden wird, ist dann nicht die »Judenmission« eigentlich eine frag-würdige Angelegenheit[106]? Die »Konversion« einzelner Juden zum Christentum ist nicht als der »Normalfall« zu betrachten, sondern als ein Ausnahmefall, selbstverständlich auch er nur ermöglicht durch das Gnadenlicht Gottes.

1.9.3 Warum wird »ganz Israel« gerettet werden?

Die Antwort auf diese Frage kann in Kürze gegeben werden und zwar anhand von Röm 9–11:
– Weil Gott sein Volk Israel, das er sich einst erwählt hat, nicht verstoßen hat (11,1) und sein Wort nicht »hinfällt« (9,6).
– Weil Gott »mächtig« genug ist, den partiell verstockten »Teil« Israels wieder in seinen angestammten, »fetten Ölbaum« einzupfropfen (11,23b.24).
– Weil Gottes »Gnadengaben« und sein »Ruf« unwiderruflich sind (11,29)[107].

---

[106] Vgl. dazu auch den Studienentwurf von *I. Federici,* Mission und Zeugenschaft der Kirche (deutsche Übersetzung im Freiburger Rundbrief XXIX, 1977, 3–12, mit einem Kommentar von Rabbiner *Léon Klenicki*). Es handelt sich hier um einen viel beachteten Vortrag, den Federici auf der 6. Tagung des katholisch-jüdischen Verbindungskomitees im März 1977 in Venedig gehalten hat; ferner *U. Luz,* Judenmission im Lichte des Neuen Testaments, in: Zeitschr. f. Mission 4 (1978) 127–133; *H. Kremers,* Judenmission heute? Von der Judenmission zur brüderlichen Solidarität und zum ökumenischen Dialog (Neukirchen 1979).

[107] Vgl. dazu auch noch *O. Hofius,* Die Unabänderlichkeit des göttlichen Heilsratschlusses. Erwägungen zur Herkunft eines neutestamentlichen Theologumenon, in: ZNW 64 (1973) 135–145. »Nur weil Gott Israel treu ist, haben die Heidenchristen Grund, sich auf ihn zu verlassen; oder negativ gewendet: Wäre Gott seinem vor Zeiten erwählten Volk nicht treu, so hätten die in dasselbe Volk eingepflanzten Heidenchristen keinen Grund zu glauben, daß Gottes Erwählung

– Weil die Juden »entsprechend der (göttlichen) Wahl Geliebte [Gottes] um der Väter willen sind«[108]. Vgl. Damask VIII, 16f.
– »Gott hat *alle* unter Ungehorsam zusammengeschlossen, damit er sich *aller* erbarme« (11,32). Israel bleibt von diesem Erbarmen nicht ausgeschlossen.
– Gott selbst hat Israel aus Gründen, die letztlich rational nicht aufklärbar sind, »verstockt«, wie es in der Schrift schon geheimnisvoll angesagt ist (vgl. 9,18; 10,8f. mit Bezug auf Deut 29,3; Jes 6,9f.; Ps 69,23f.). Gott hat Israel in Jesus Christus »einen Stolperstein und einen Felsen des Ärgernisses« vor die Füße gelegt (Röm 9,33); über diesen Stein ist es gestolpert. Darum ist und bleibt der »Unglaube« Israels absolutes Geheimnis Gottes[109]. Israel ist der beste Beleg dafür, daß sich Gott nicht in die Karten schauen läßt, und in seiner Fortdauer durch die Geschichte der beste »Gottesbeweis«.
– Wie Gott einst den Pharao »aufgerichtet« hat, »daß ich an dir

von wechselnder Laune verschieden ist und daß Gott darum gerade auch ihnen die Treue halten wird. Der Grund und Inhalt des Glaubens ... ist abhängig vom Erbarmen Gottes über ganz Israel« (*M. Barth*, in: *M. Barth / J. Blank / J. Bloch / F. Mußner / R. J. Zwi Werblowsky*, Paulus – Apostat oder Apostel? [Regensburg 1977] 75f.).

[108] Das stellt der Apostel fest in Opposition zu seiner unmittelbar vorausgehenden Formulierung: »Im Hinblick auf das Evangelium (sind sie) zwar Feinde um euretwillen«, das heißt um der christianisierten Völker willen. Dieser Zusatz des Apostels »um euretwillen« »ist in der zweitausendjährigen Geschichte des christlichen Antijudaismus unterdrückt worden« (*P. v. d. Osten-Sacken*, Rückzug ins Wesen und aus der Geschichte. Antijudaismus bei Adolf von Harnack und Rudolf Bultmann, in: Wissenschaft und Praxis in Kirche und Gesellschaft 67, 1978, 106–122 [121]). Vgl. dazu auch die tiefschürfenden Ausführungen von *F.-W. Marquardt*, »Feinde um unsretwillen«. Das jüdische Nein und die christliche Theologie, in: *P. v. d. Osten-Sacken* (Hrsg.), Treue zur Thora (FS f. *G. Harder*) (Berlin 1977) 174–193. M. weist darauf, wie sehr von der Formulierung »Feinde um unsretwillen« ein positiver Impuls auf die christliche Theologie ausgehen sollte. Daß man freilich im Hinblick auf Bultmann nicht von »Antijudaismus« sprechen darf, zeigt überzeugend *E. Gräßer*, Antijudaismus bei Bultmann? Eine Erwiderung, in: Wissenschaft und Praxis in Kirche und Gesellschaft 67 (1978) 419–429. Die »existentiale Interpretation« der Bibel muß zwar keineswegs einen Antijudaismus mit sich bringen, doch verflüchtigt sich in ihr notwendigerweise das heilsgeschichtliche Phänomen Israel; sie bedeutet Rückzug aus der Geschichte in die Existenz.

[109] Dies sollte die Kirche endlich bedenken. Es hat darum auch wenig Sinn, über die Frage zu spekulieren: Was wäre geschehen, wenn ... (wenn Israel Jesus und das Evangelium angenommen hätte?).

meine Macht erweise und daß mein Name auf der ganzen Erde verkündigt werde« (9,17), so manifestiert Gott seine unwiderstehliche Gnadenmacht am Ende darin, daß er ganz Israel retten wird. »Also liegt es nicht an dem, der strebt und läuft, sondern an Gott, *dem Erbarmer*« (9,16). In der Rettung ganz Israels wird sich so der endgültige Sieg der freien Gnade Gottes zeigen, die Gottheit Gottes.

1.9.4 Warum gibt Paulus das »Mysterium« der Rettung »ganz Israels« bekannt?

Eine erste Antwort auf diese Frage gibt der Apostel selbst im unmittelbaren Kontext von 11,25a: »damit ihr nicht unter euch selbst klug seid« (11,25b), d.h. nicht selbstklug, rationalistisch über eigene Problemlösungen nachgrübelt, wo doch nur Gott allein die Lösung geben kann[110]. Vielleicht haben die Adressaten des Briefes, die römischen Christengemeinden, sich Gedanken über die sogenannte Verstockung Israels gemacht, vielleicht sogar hochmütige, selbstgerechte Gedanken, die in Ruhmsucht gegenüber den Juden ausarteten. Das Thema »Ruhmsucht« taucht im Kontext von Röm 11 ausdrücklich auf: »... Rühme dich nicht über die Zweige; wenn du dich rühmst, (bedenke): Nicht du trägst die Wurzel, sondern die Wurzel (trägt) dich«[111]. Und auch das heidenchristliche Klugseinwollen gegenüber Israel taucht zuvor schon in 11,20b in der Mahnung des Apostels an die Heidenchristen auf: »Denk nicht hoch (von dir), vielmehr fürchte dich!« Paulus scheint also das Mysterium der Rettung »ganz Israels« bekanntgegeben zu haben, weil in der römischen, weithin aus Heidenchristen bestehenden christlichen Gemeinde nicht bloß über die sogenannte Verstockung Israels und das Endheil Israels nachgedacht worden ist (wie im Bereich der gesamten Urkirche, wie die Evangelien und die Apostelgeschichte noch erkennen lassen)[112], sondern weil man dort glaubte, über die »Verstockung« Israels hochmütig die Nase rümpfen zu dürfen. Vielleicht machte sich unter den Heidenchristen der römischen Christengemeinde

---

[110] Vgl. *F. W. Maier,* Israel in der Heilsgeschichte nach Röm 9–11 (Münster 1929) 139, Anm. 141.

[111] Vgl. dazu Näheres unter 1.10.

[112] Vgl. dazu *J. Gnilka,* Die Verstockung Israels. Isaias 6,9–10 in der Theologie der Synoptiker (München 1961).

ein Antijudaismus breit, der vom heidnischen Antisemitismus genährt war. Diese Haltung weist der Apostel nicht bloß entschieden zurück, sondern gibt, um allen menschlichen Spekulationen ein Ende zu bereiten, das »Mysterium« der endzeitlichen und endgültigen Rettung ganz Israels bekannt, wobei seine eigene Erkenntnis dieses »Geheimnisses« nicht unbedingt auf einer besonderen »Offenbarung« an ihn beruhen mußte, sondern die Frucht seiner Reflexionen über entsprechende Ansagen der Heiligen Schriften Israels sein konnte, in denen von einer Rettung und Wiederherstellung Israels durch Gott in der Endzeit gesprochen wird, so etwa in Jes 44,21: »Israel, ich werde dich niemals vergessen!«; 45,17: »Israel wird gerettet durch Gott mit ewiger Rettung«; 45,25: »In Gott finden Heil und Ruhm alle Nachkommen Israels«.

Die Mahnung des Apostels an die Kirchen von heute im Hinblick auf das Judentum würde wohl keine andere sein: »Denk nicht hoch, vielmehr fürchte dich!«.

Die Ausführungen des Apostels in Röm 11 besitzen eine hermeneutische Schlüsselstellung beim Aufbau eines »Traktats über die Juden«. »Vermutlich wird von Röm 11 her überhaupt erst endgültig gesichert, daß die Theologie das Recht und die Pflicht hat, einen ›Tractatus de Judaeis‹ zu entwickeln« *(N. Lohfink)*[113].

1.9.5 Findet sich der Gedanke einer endzeitlichen Rettung und Wiederherstellung Israels auch sonst noch im Neuen Testament?

Es scheint, daß auch Lukas in der Apostelgeschichte in 1,6–8 und 3,20f. an eine endzeitliche Wiederherstellung Israels denkt[114].

1.9.5.1 *Apg 1,6–8:* »Die nun zusammengekommen waren, fragten ihn: ›Herr, *stellst du in dieser Zeit das Reich für Israel wieder her?* Er sprach zu ihnen: Nicht steht es euch zu, zu erfahren Zeiten und Fristen, die der Vater in seiner Macht festgesetzt hat, vielmehr

---

[113] Bibelauslegung im Wandel (Frankfurt 1967) 234.

[114] Vgl. dazu *F. Mußner,* Die Idee der Apokatastasis in der Apostelgeschichte, in: *ders.,* PRAESENTIA SALUTIS. Gesammelte Studien zu Fragen und Themen des Neuen Testaments (Düsseldorf 1967) 223–234; *G. Voss,* Die Christologie der lukanischen Schriften in Grundzügen (Paris/Brügge 1965) 28–31; *G. Lohfink,* Christologie und Geschichtsbild in Apg 3,19–21, in: Bibl. Zeitschr., NF 13 (1969) 223–241.

werdet ihr Kraft empfangen, indem der Heilige Geist über euch kommt, und ihr werdet meine Zeugen in Jerusalem und ganz Judäa und Samaria und bis an das Ende der Erde sein.«
»Die nun zusammengekommen waren«, sind vermutlich nur die Apostel, nicht ein größerer Kreis von Jüngern (wie nachher in 1,14). Sie fragen Jesus: »Stellst du in dieser Zeit das Reich für Israel wieder her?« Wie kommen sie auf diese doch zunächst unerwartete und seltsam klingende Frage? Zweifellos auf Grund der Verheißung des Geistes *für die nächste Zukunft* (V. 5: »in wenigen Tagen«!). Nach der prophetischen Ansage des Alten Testaments leitet die Geistausgießung ja die Endzeit ein (vgl. auch Apg 2,17: »in den letzten Tagen«)[115]. Wie verstehen die Apostel aber ihre Frage? Gewöhnlich wird darauf geantwortet: im Sinn einer »materialistischen« Eschatologie. So bemerkt etwa *A. Wikenhauser* in seinem Kommentar[116]: »Sie denken sich aber das Reich Gottes als eine herrliche Erneuerung zu Nutz und Frommen des jüdischen Volkes, sind also immer noch in den irdisch-nationalen Messiashoffnungen der großen Masse befangen«. Und *E. Stauffer* meint: »Die Frage zeigt, wie fruchtlos alle Gegenerklärungen Jesu geblieben sind gegen die zeitgenössischen Enderwartungen, die man mit seiner Person, Botschaft und Wirksamkeit in Verbindung gebracht hat«. Diese Urteile werden dem wahren Sinn der Frage der Apostel an Jesus nicht gerecht. Jesu Verheißung der für die Endzeit angesagten Geistausgießung für die allernächste Zukunft muß zunächst in den Aposteln die »Naherwartung« erweckt haben: Wenn der Geist schon ausgegossen wird, dann kommt auch bald das Ende bzw. das Reich Gottes. Zur jüdischen Enderwartung gehört aber auf Grund der prophetischen Verheißung die Wiederherstellung des (davidischen) Reiches für Israel; vgl. etwa Jer 33,7: »... ich will Juda *wiederherstellen* und Israel *wiederherstellen* und sie wiederaufbauen wie *zuvor*«; ferner Jes 11,1–12; 49,6; Jer 12,14-17; Am 9,11; Ps 14,7; 85,2; Os 6,11; nach Sir 48,10 wird der Elias redivivus »die Stämme Jakobs *wiederherstellen*«[117]. Die Wiederherstellung *(Apo-*

---

[115] Vgl. dazu *F. Mußner*, »In den letzten Tagen« (Apg 2,17 a), in Bibl. Zeitschr., NF 5 (1961) 263–265.

[116] Die Apostelgeschichte (Regensburg [3]1956) z. St.

[117] Das Material für diese Wiederherstellungs-(Apokatastasis-)Idee findet sich bei *E. L. Dietrich*, שוב שבות. Die endzeitliche Wiederherstellung bei den Propheten

katastasis) des Reiches für Israel ist also ein Vorzeichen der unmittelbar bevorstehenden Ankunft des neuen Äons, wenn nicht schon dessen Beginn. Jesus weist nach Apg 1,6–8 die Frage der Apostel nach der Wiederherstellung des Reiches für Israel[118] keineswegs zurück, wie oft behauptet wird, sondern korrigiert nur ihre Naherwartung, indem er feststellt, daß der Zeitpunkt der Endereignisse, wozu auch die Wiederherstellung Israels gehören wird, allein bei Gott liegt, der »die Zeiten und Fristen« der Heilsgeschichte »in seiner Macht festgesetzt hat.«

1.9.5.2 *Apg 3,19–21* (»Denkt um und bekehrt euch zum Zweck (finales πρός) der Wegnahme eurer Sünden [durch Gott], damit kommen Zeiten der Erquickung vom Angesicht des Herrn und er sendet den für euch vorherbestimmten Christus Jesus, den zwar [einstweilen] der Himmel aufnehmen muß bis *zu den Zeiten der Wiederherstellung von allem,* wovon Gott gesprochen hat durch den Mund seiner heiligen Propheten von jeher«). In diesem Text wird Israel von Petrus zur Umkehr aufgefordert mit dem Ziel, daß für Israel »Zeiten der Erquickung« kommen und Gott ihm seinen Messias Jesus sende. Das heißt: Auch der wiederkommende Jesus ist primär für Israel und seine »Erquickung« bestimmt. Einstweilen lebt er in der Verborgenheit des Himmels, aber nicht für immer und ewig, sondern bis »zu den Zeiten der Wiederherstellung von allem«, womit auf Grund des ganz auf das Heilsschicksal Israels bezogenen Kontextes (Ansage dieser »Wiederherstellung« durch die Propheten Israels!) in der Tat wieder nur die *Apokatastasis* Israels gemeint sein kann und die zusammenfällt mit der Wiederkunft des Messias Jesus. Wie diese konkret aussehen, was sie alles beinhalten wird, entzieht sich freilich unserer Kenntnis; darüber läßt sich der Text der Petruspredigt nicht aus. Aber deutlich genug ist gesagt: Gottes Heilshandeln mit Israel ist mit dem gewaltsamen Tod Jesu nicht zum Ende gekommen. Es geht weiter und wird gerade virulent im Zusammenhang der Parusie des Messias.

(Gießen 1928) 38–51; *W. D. Davies,* Paul and Rabbinic Judaism (London ²1955) 79–82. Die Wendung שׁוב שׁבות kommt im Alten Testament 27mal vor. Zur Kontroverse über ihren genauen Sinn findet sich ein Kurzbericht von *J. A. Soggin* in ThHWbzAT II, 886–888. Die Wendung scheint jedenfalls in das Vorstellungsfeld einer »restaurativen Eschatologie« *(Fohrer)* hineinzugehören.

[118] Vgl. dazu auch noch *J. R. Garcia,* La restauración de Israel (Act. 1,4–8), in EstBibl, NF 8 (1949) 75–133.

Jedenfalls läßt sich sagen, daß auch Lukas die endzeitliche Rettung Israels kennt, wenn er sie auch in anderer Terminologie als etwa Paulus ausspricht. Diese schon von den alttestamentlichen Propheten angesagte und von Lukas angesprochene »Wiederherstellung« Israels muß der Christ zur Kenntnis nehmen. Sie hängt zusammen mit der bleibenden Erwählung Israels durch Gott und dem bleibenden Bund Gottes mit Israel. Gott hat sein Volk nicht abgeschrieben. Jesus ist und bleibt der »für euch«, d. h. für die Juden, vorherbestimmte Messias, auch wenn Israel in seiner Hauptmasse das noch nicht zu sehen vermag[119].

---

[119] Neuere Literatur zu Röm 9–11 (Auswahl ohne Kommentare):

W. Fischer, Das Geheimnis Israels. Eine Erklärung der Kapitel 9–11 des Römerbriefs, in: Judaica 6 (1950) 81–132.

L. Goppelt, Israel und die Kirche, heute und bei Paulus, in ders., Christologie und Ethik. Aufsätze zum Neuen Testament (Göttingen 1968) 165–189.

E. Käsemann, Rechtfertigung und Heilsgeschichte im Römerbrief, in: ders., Paulinische Perspektiven (Tübingen ²1972) 108–139.

U. Luz, Das Geschichtsverständnis des Paulus (BEvTh 49) (München 1968).

F. W. Maier, Israel in der Heilsgeschichte nach Röm 9–11 (Bibl. Zeitfragen XII/11/12) (Münster 1929).

B. Mayer, Unter Gottes Heilsratschluß. Prädestinationsaussagen bei Paulus (Forschung zur Bibel) (Würzburg 1974) 167–313 (mit umfassender Literatur).

Chr. Müller, Gottes Gerechtigkeit und Gottes Volk. Eine Untersuchung zu Römer 9–11 (FRLANT 86) (Göttingen 1964).

J. Munck, Christus und Israel. Eine Auslegung von Röm 9–11 (Acta Jutlantica, Teol. Ser. 7) (Kopenhagen 1956).

E. Peterson, Die Kirche aus Juden und Heiden, in: ders., Theologische Traktate (München 1951) 239–292.

Chr. Plag, Israels Wege zum Heil. Eine Untersuchung zu Römer 9–11 (Arbeiten zur Theologie I/40) (Stuttgart 1969).

P. Richardson, Israel in the Apostolic Church (Cambridge 1969) 126–147.

K. L. Schmidt, Die Judenfrage im Lichte der Kapitel 9–11 des Römerbriefes (Theol. Stud. 13) (Zollikon/Zürich 1943).

H. J. Schoeps, Paulus. Die Theologie des Apostels im Lichte der jüdischen Religionsgeschichte (Tübingen 1959) 248–259.

G. Schrenk, Die Weissagung über Israel im Neuen Testament (Zürich 1951).

P. Stuhlmacher, Zur Interpretation von Römer 11,25–32, in: *H. W. Wolff* (Hrsg.), Probleme biblischer Theologie (FS für *G. v. Rad*) (München 1971) 555–570.

D. Zeller, Juden und Heiden in der Mission des Paulus. Studien zum Römerbrief (Forschung zur Bibel 1) (Stuttgart 1973).

Ders., Israel unter dem Ruf Gottes (Röm 9–11), in: Intern. Kathol. Zeitschr. 4 (1973) 289–301.

K. Barth, Die kirchliche Dogmatik II/2 (Zürich ⁴1954) 294–336.

1.10 Israel, »die Wurzel« der Kirche

Die neutestamentliche Textgrundlage zu den folgenden Überlegungen bietet Röm 11,15–21: »... wenn ihr ›Wegwurf‹ Versöhnung für die Welt (bedeutete), was (wird erst) ihre ›Hinzunahme‹ (bedeuten), wenn nicht ›Leben aus Toten‹? Wenn aber der ›Abhub‹ heilig (ist), (ist es) auch die (ganze) Teigmasse. Und wenn die Wurzel heilig (ist), (sind es) auch die Zweige. Wenn aber einige Zweige ausgebrochen wurden, du aber (der geborene Heide), (obwohl nur) ein Ölbaumwildling, unter sie eingepfropft wurdest und (nur) Mitteilhaber an der Wurzel des fetten Edelölbaums wurdest, so rühme dich (deswegen) nicht gegen die Zweige. Wenn du dich (trotzdem) rühmst, (bedenke:) *Nicht du trägst die Wurzel, sondern die Wurzel trägt dich.* Du wirst nun (vielleicht) einwenden: Ausgebrochen werden (doch) die Zweige, damit ich aufgepfropft werde! Richtig! Infolge ihres Unglaubens wurden sie ausgebrochen, du aber stehst durch den Glauben fest. Hege nicht hochmütige Gedanken, fürchte dich vielmehr! Denn wenn Gott die natürlichen Zweige (die Juden) nicht geschont hat, wird er auch dich (den geborenen Heiden) nicht schonen.«

M. Barth, Das Volk Gottes. Juden und Christen in der Botschaft des Paulus, in: *M. Barth / J. Blank / J. Bloch / F. Mußner / R. J. Zwi Werblowsky*, Paulus – Apostat oder Apostel? Jüdische und christliche Antworten (Regensburg 1977) 45–134 (81–96).

W. D. Davies, Paul and the people of Israel, in: NTSt 24 (1977/78) 4–39 (22ff.).

L. De Lorenzi (Hrsg.), Die Israelfrage nach Röm 9–11 (Rom 1977) mit folgenden Beiträgen: *L. De Lorenzi*, Il problema d'Israele (1–12e); *W. G. Kümmel*, Die Probleme von Römer 9–11 in der gegenwärtigen Forschungslage (13–33); *F. Montagnini*, Elezione e libertà, grazia e predestinazione a proposito di Rom. 9,6–29 (56–86); *C. K. Barrett*, Romans 9,30–10,21: Fall and responsibility of Israel (99–121); *F. Dreyfus*, Le passé et le present d'Israel (Rom. 9,1–5; 11,1–24) (131–151); *J. Jeremias*, Einige vorwiegend sprachliche Beobachtungen zu Röm 11,25–36 (193–205); *P. Benoit*, Conclusion par mode de synthèse (217–236); *M. Barth*, Die Stellung des Paulus zu Gesetz und Ordnung (245–287). Zu jedem Beitrag ist auch die umfassende und lebhafte Diskussion der Tagungsteilnehmer dokumentiert.

B. Klappert, Israel und die Kirche. Erwägungen zur Israellehre Karl Barths (München 1980) 38–43; *F. Mußner*, Die Kraft der Wurzel (Freiburg i. Br. 1987) 39–54 (weitere Literatur).

Der Text ist schwierig[120]. Er ist getragen von den zusammengehörigen Basiswörtern »Wurzel«, »Ölbaum«, «Zweige«, »ausbrechen«, »aufpfropfen«. Sein Höhepunkt ist zweifellos der Satz: »Nicht du trägst die Wurzel, sondern die Wurzel trägt dich!«, dem gegenüber aber die Frage entsteht: Wer ist mit der »Wurzel« eigentlich gemeint? Häufig geht die Antwort der Ausleger dahin: Mit der »Wurzel« seien die »Väter« Israels (»die Patriarchen«) gemeint, unter Verweis auf Röm 11,28 (»um der Väter willen«). Das gilt es zu prüfen.
Es gibt eine ganze Theologie der »Wurzel« im Alten Testament, die hier nicht dargestellt werden kann[121]. Wenn der Hebräer von der »Wurzel« spricht, kann er dabei auch an den »Wurzelsproß« denken, was »sich aus einer bestimmten Sehensweise des Hebräischen und des Semitischen überhaupt« erklärt *(J. Becker)*[122]. Der Semit sieht den Gegenstand bzw. die Tätigkeit »ganzheitlicher« als der Abendländer. *J. Becker* führt dafür folgende Beispiele an: »Hand« (jād) bedeutet oft auch »Arm«; »Fuß« (rāgäl) bezeichnet oft auch die »Beine«; »viele« (rabbīm) kommt unserem »alle« gleich. »Ähnlich sieht der Hebräer die ›Wurzel‹ prägnant als eine zum Hervorbringen des Schößlings drängende Kraft«[123], d. h. »die Wurzel« ist nicht bloß der Wurzelstock, sondern auch der Wurzelsproß, ja der Baum (»Stamm«). Wenn Paulus im Hinblick auf Juden und Heiden von natürlichen bzw. aufgepfropften »Zweigen« redet, so sieht er die Zweige nicht bloß in Relation zum Wurzelstock, sondern auch zum Stamm (»Ölbaum«), der aus den Wurzeln emporgetrieben wird. Wenn er also formuliert: »die Wurzel trägt dich«, so denkt er dabei den »Stamm« mit, der ja in Wirklichkeit die Zweige »trägt«. Das bedeutet aber, daß mit der

---

[120] Vgl. zu seiner Auslegung die Kommentare zum Römerbrief, insbesondere aber die sorgfältigen, den feinsten Textnuancen nachgehenden Analysen bei *F. W. Maier,* Israel in der Heilsgeschichte nach Röm 9–11 (s. Anm. 119) 125ff.; dazu die in Anm. 119 genannten Arbeiten zu Röm 9–11; ferner *K. H. Rengstorf,* Das Ölbaum-Gleichnis in Röm 11,16ff. Versuch einer weiterführenden Deutung, in: *C. K. Barrett* (Hrsg.), Donum Gentilicium (FS f. *D. Daube*) (Oxford 1978) 127–164.

[121] Vgl. zu ihr *Chr. Maurer,* Art. **ῥίζα, ῥιζόω, ἐκριζόω,** in: ThWbzNT VI, 985–991; *J. Becker,* Wurzel und Wurzelsproß. Ein Beitrag zur hebräischen Lexikographie, in: Bibl. Zeitschr., NF 20 (1976) 22–44.

[122] Ebd. 43.

[123] Ebd. 44.

»Wurzel« (ῥίζα) in Röm 11,16.18 nicht bloß der »Wurzelstock«, die Väter Israels, gemeint ist, sondern auch der Stamm, der aus dem Wurzelstock emporgewachsen ist und der identisch ist mit Israel. Nicht bloß die Väter Israels »tragen« die Kirche, sondern Israel als Ganzes »trägt« die Kirche. Israel allein ist der »Edelölbaum« (ἐλαία, καλλιέλαιος). Zwar ist nicht die Kirche, sondern das Heidentum der »wilde Ölbaum« (ἀγριέλαιος), aber Gott veredelt nicht den »Wildling« dadurch, daß er ihm Zweige des edlen Ölbaums aufpfropft, vielmehr werden Zweige des »Wildlings« dem »Edelölbaum« = Israel aufgepfropft, die Gott jederzeit wieder entfernen kann (11,21). Hinter der Metaphorik des Apostels steht sehr wahrscheinlich, theologisch gesehen, die Idee des einen Volkes Gottes, das aus Israel und der Kirche besteht. Israel und die Kirche stehen also nicht nebeneinander als zwei voneinander unabhängige Größen, sondern die Kirche aus den Heiden ist dem »Wurzelsproß« Israel »aufgepfropft«. Diese Sicht des Paulus scheint für die Verhältnisbestimmung Israel/Kirche und umgekehrt wichtig zu sein. Kirche und Israel stehen in einer unauflösbaren heilsgeschichtlichen Relation zueinander, wobei, von der paulinischen Durchführung der Metaphorik her gesehen[124], diese Beziehung nicht so ist, als ob Israel durch die Kirche abgelöst worden sei oder Gott neben Israel einen zweiten »Edelölbaum« in der Welt gepflanzt habe; vielmehr gibt es nur *einen* Edelölbaum, Israel, und diesem Ölbaum ist die Kirche »aufgepfropft«. Die aus dem Edelölbaum einstweilen ausgehauenen »Zweige« Israels werden am Ende wieder »eingepfropft« werden (Röm 11,24), was eindeutig in sich schließt, daß diese Zweige in der »Zwischenzeit« erhalten bleiben und nicht verdorren und verbrannt werden; gerade dies gilt es auch zu beachten. Wenn dieser Ölbaum zusammen mit seinem Wurzelstock die Kirche (= die aufgepfropften Zweige) »trägt«, dann lebt die Kirche weiterhin von Israel und kann Israel nicht entbehren, wenn sie nicht »verwelken« will. Sie würde sich selber vom Wurzelstock abschneiden, wenn sie Israel vergessen würde. Darum hat *K.*

[124] *K. H. Rengstorf* versucht in dem in Anm. 120 genannten Aufsatz zu zeigen, daß sich Paulus in Röm 11,16ff. »nicht nur einiger traditioneller Metaphern bedient, sondern daß er sich in ihm von Anfang an und bis zum Ende im Bereich rabbinischer Haggada bewegt und sie in den Dienst seiner Verkündigung stellt« (163).

Barth mit Recht bemerkt, daß es keine wahre Ökumene ohne Einbeziehung Israels gibt.
Sicher ist im übrigen die paulinische Ekklesiologie besonders vom Gedanken des »Leibes Christi« getragen, aber die dem Apostel vielleicht über das Judenchristentum zugeflossene Idee der Kirche aus Juden und Heiden war ihm dennoch unentbehrlich, »weil er durch das Alte Testament wie von der Schöpfungslehre her gezwungen wird, das Volk der Verheißung mit dem der Endzeit zu verbinden ... Der Gedanke des Gottesvolkes charakterisiert bei ihm das eschatologische Phänomen der Kirche nach seinem geschichtlichen Zusammenhang ... Eine Kirche allein aus Heidenchristen gibt es für Paulus nicht. Sie wäre Welt neben Welt und deren Ausschnitt, nicht Ziel des göttlichen Heilsplans mit der Welt. Sie würde von der Geschichte vor Ostern abstrahieren lassen, den mit und seit der Schöpfung begründeten Anspruch auf die gesamte Welt preisgeben und sich auf eine religiöse Gruppe reduzieren. Um des Geistes willen würde Geschichte geopfert und eine Gegenwelt etabliert. Der Gedanke des Gottesvolkes, das aus der Wurzel Israel erwächst, hat also eine unaufgebbare Funktion in der paulinischen Ekklesiologie, obgleich sie nur einen ihrer Aspekte und nicht einmal ihre Mitte darstellt. Es gibt für den Apostel kein Heil, bei welchem von der Geschichte Israels abgesehen werden könnte«.
Diese Sätze stammen aus dem Kommentar zum Römerbrief von *E. Käsemann*[125]. Wir bringen sie so ausführlich, weil sie uns die theologische Tiefendimension des paulinischen Textes zu erfassen scheinen. Wir können allerdings dem Satz *E. Käsemanns:* »Wie es Kirche nicht ohne Israel gibt, so bleibt Israel allein Gottesvolk,

[125] *E. Käsemann,* An die Römer (Tübingen ^{3}1974) 299f. Auch *F. W. Maier* sei hier zitiert: »Der Gedanke der gegenwärtigen Abhängigkeit heidnischer und jüdischer Heilsgeschichte einerseits und die daran angeknüpfte Hoffnung auf Israels endzeitliche ›Auffüllung‹ andererseits stehen nicht wie zwei gesonderte Vorstellungskreise unverbunden nebeneinander, vielmehr handelt es sich um eine zusammenhängende, in- und übereinander greifende Entwicklung, deren Anfangspunkt und Endpunkt *Israel* heißt« und »*Israel gleichsam das A und O der ganzen Heilsgeschichte*« sein läßt (Israel in der Heilsgeschichte, 123), wobei wir allerdings *F. W. Maiers* Meinung von einer schließlichen »Gesamtbekehrung« Israels zum Evangelium nicht teilen können, weil der Apostel diese in Wirklichkeit nicht ansagt, wenn man genau auf die Texte hinhört (dazu unsere Ausführungen in 1.9).

wenn es Kirche wird«[126] nicht zustimmen, weil sich das nicht aus den Texten des Apostels ergibt. Der Apostel weiß vielmehr um die gottgewollte und durch die Zeiten dauernde Sonderexistenz Israels neben der Kirche.

In einem ökumenischen Dialog zwischen Kirche und Judentum müßte darüber nachgedacht werden, inwiefern Israel auch in seiner »Sonderexistenz« neben der Kirche noch »die Wurzel« der Kirche ist. Es ist zu beachten, daß Paulus nicht präterial, sondern präsentisch spricht, wenn er formuliert: »Nicht du trägst die Wurzel, sondern die Wurzel trägt dich«, obwohl er selber längst weiß, daß Israel in seiner Hauptmasse dem Evangelium gegenüber »verstockt« bleibt, wie sich ja aus dem Kontext ergibt. »Die Wurzel« Israel trägt auch heute noch die Kirche, und Israel ist nicht in der Geschichte untergegangen, sondern steht noch immer neben der Kirche als deren »Wurzel«. Israel begleitet die Kirche durch die Geschichte bis an ihr Ende, und die Kirche sollte endlich Israel als Wegbegleiterin erkennen. Dann würde sie deutlicher begreifen, daß Gott bei ihr ist, weil er bei Israel ist[127].

Das hat auch zur Folge, daß die bisherigen in der christlichen Theologie üblichen Modelle der Verhältnisbestimmung von Israel und Kirche kritisch überprüft und bessere an ihre Stelle gesetzt werden müssen. Dieser Aufgabe hat sich in hervorragender Weise *B. Klappert* in seinem Beitrag »Der Verlust und die Wiedergewinnung der israelitischen Kontur der Leidensgeschichte Jesu (das Kreuz, das Leiden, das Paschamahl, der Prozeß Jesu)«[128] ange-

---

[126] Ebd. 297.

[127] Vgl. auch *K. H. Rengstorf*, a. a. O. 155: »Die künftige universale, im Glauben an Jesus als Christus geeinte Gottesgemeinde und in ihr die erneuerte eine Menschheit wird es nicht ohne die Nachkommenschaft Abrahams nach dem Fleisch geben. Das ist von Gott so gewollt, und wenn es dabei bleibt, so heißt das, daß Israel den Kern der neuen Menschheit bilden wird, die, wenn sie da ist, sich um Gott sammelt.« Das bedeutet aber auch, »daß es christliche Kirche nicht ohne Rückbezug auf die vorchristliche Offenbarung geben kann und daß eine Christenheit, die glaubt, auf das sogenannte Alte Testament verzichten zu können, oder gar um der dem Judentum ablehnend gegenüberstehenden Welt willen auf das Alte Testament verzichten zu sollen meint, den Boden unter den Füßen verliert und in die Gefahr gerät, über kurz oder lang auch den Gott zu verlieren, der der Vater Jesu Christi ist«.

[128] In: *H. H. Henrix / M. Stöhr* (Hrsg.), Exodus und Kreuz im ökumenischen Dialog zwischen Juden und Christen (Aachen 1978) 107–153. Vgl. auch *B. Klappert*, Israel und die Kirche (München 1980) 14–37.

nommen[129]. *B. Klappert* nennt fünf Modelle der Verhältnisbestimmung von Israel und Kirche, »die den Verlust der israelitischen Kontur des einen Volkes Gottes anzeigen«:

– *Das Substitutionsmodell* (Ersatzmodell), nach dem die Kirche Israel zu ersetzen hat, während für Israel selbst nur noch eine Geschichte der Verwerfung und Verfluchung bleibt.

– Das *Integrationsmodell,* nach dem die heidenchristliche Kirche das erwählte Rest-Israel (die Judenchristen) in sich integriert.

– *Das Typologiemodell,* nach dem das altbundliche Israel die Vorausdarstellung und Vorstufe der Kirche ist, wobei das Israel post Christum völlig aus dem Auge verloren wird, weil es angeblich seinen heilsgeschichtlichen Rang verloren hat.

– *Das Illustrationsmodell,* nach dem Israel »zur exemplarischen Negativfolie menschlicher Existenz und menschlicher Geschichte« herabgewürdigt wird. »Man reserviert für Israel das Gericht, für die Kirche die Gnade«.

– *Das Subsumptionsmodell,* nach dem »das Proprium Israels unter das allen Menschen geltende Allgemeine eingeordnet und subsumiert wird«, so daß der Sonderstatus und die Sonderrolle Israels in der Geschichte nicht mehr erkannt werden.

Diesen fünf, in der Geschichte der christlichen Theologie sehr wirksamen Negativmodellen stellt *B. Klappert* drei Positivmodelle entgegen:

– *Das dialogische Komplementärmodell,* das die heilsgeschichtliche Zusammengehörigkeit von Israel und Kirche unter dem einen Bogen des (für Israel ungekündigten) Bundes betont und Israel und die Kirche in einen bruderschaftlichen Dialog miteinander führt.

– *Das messianische Repräsentanzmodell,* das aus der Solidarität der messianischen Hoffnung erwächst, durch die der Welt eine heile Zukunft verheißen wird, die nach christlicher Glaubensüberzeugung in der Auferweckung Jesu von den Toten schon vorscheint.

– *Das christol.-eschat. Partizipationsmodell,* das »auf die fundamentale Tatsache der bleibenden Hinzuberufung der Heiden durch

[129] Vgl. auch *ders.,* Israel und die Kirche. Erwägungen zur Israellehre Karl Barths (Ms.) [I: Modelle der Verhältnisbestimmung von Israel und Kirche].

die Geschichte Jesu Christi zur Erwählungs- und Hoffnungsgeschichte Israels« abhebt, wie es Paulus in Röm 11 tut, worin er aber in der christlichen Theologie kaum Nachfolge gefunden hat. Mit diesen drei Positivmodellen sind deshalb der christlichen Theologie, besonders in der neuen Ausarbeitung der Ekklesiologie und Eschatologie, wichtige Aufgaben gestellt. Ihre Lösung wird Israel endlich wieder ins Blickfeld der christlichen Theologie rücken.

1.11 Israel und der »Gottesknecht«

Wenn vom »Gottesknecht« die Rede ist, denkt man sofort an die »Gottesknechtlieder« des Deuterojesaja (Jes 42,1; 49,3.5.6; 52,13; 53,11). Jeder Bibliker weiß auch, mit welchen Schwierigkeiten die Auslegung dieser Lieder bis zum heutigen Tag verbunden ist. Es geht im besonderen um die Frage: Wer ist mit dem »Gottesknecht« gemeint? Eine individuelle Gestalt, eine »Kollektivgestalt«? Die Antworten auf diese Fragen gehen bis heute auseinander[130]. Die Diskussion wird auch in Zukunft weitergehen und vermutlich nie ein Ende nehmen. *C. Westermann* etwa vertritt im Theologischen Handwörterbuch zum Alten Testament II (München 1976) die Auffassung (195): »Eine kollektive Deutung der Gestalt des Gottesknechts in den Liedern ist darauf [nämlich »im Reden von Israel als dem Knecht im Heilsorakel«] nicht zu begründen (trotz 49,3, der heute überwiegend als nachträgliche kollektive Deutung des Knechts gesehen wird); wohl aber wird in diesem Reden von Israel als Knecht JHWHs eine in die Zukunft weisende Aufgabe Israels im Dienste JHWHs angedeutet werden. Die kollektive Deutung kann, sehr eingeschränkt, darin zutreffen, daß es im Werk des Gottesknechts der Lieder, auch wenn von ihm deutlich als einer Einzelgestalt gesprochen wird, zugleich um die zukünftige Aufgabe Israels

[130] Vgl. dazu etwa *H. Haag,* Ebed Jahwe-Forschung 1948–1958, in Bibl. Zeitschr., NF 3 (1959) 174–204; *O. Kaiser,* Der Königliche Knecht. Eine traditionsgeschichtlich-exegetische Studie über die Ebed-Jahwe-Lieder bei Deuterojesaja (Göttingen 1959).

geht.« Auch über die Deutung der Lieder, speziell von Jes 53, im Frühjudentum gehen die Meinungen auseinander[131].
Der fortwährende Streit um die richtige Deutung der Gestalt des Gottesknechts, der oszillierende Charakter der Texte, die Kenntnis, daß es dabei auch »um die zukünftige Aufgabe Israels geht« *(C. Westermann),* scheint hermeneutisch von großer Bedeutung für unseren Zusammenhang zu sein. Daß in der Urkirche in der Deutung von Jes 53 eine christologische »Engpaßführung« stattgefunden hat, ist weiter nicht verwunderlich: Jesus von Nazareth ist im Hinblick auf sein sühnendes Leiden und Sterben in der Sicht der Urkirche der vom Propheten geschaute »Gottesknecht«[132]. Der Jude vermag das nicht zu sehen. Die Kirche vermag umgekehrt häufig nicht zu sehen, daß »die zukünftige Aufgabe Israels«, von der *C. Westermann* mit Blick auf die Gottesknechtlieder spricht, nicht in Jesus endgültig erfüllt ist. Jedenfalls muß die Kirche sich fragen, wenn sie den Satz des Paulus in Kol 1,24: »Jetzt freue ich mich in den Leiden für euch, und ergänze an meinem Fleisch, was an den Trübsalen Christi fehlt, zugunsten seines Leibes, der die Kirche ist« liest, ob nicht auch Israel, das mit dem Gottesknecht bei Deuterojesaja in einer geheimnisvollen Zusammenschau gesehen wird, seine Aufgabe auch darin hat, ein »ergänzendes« Sühneleiden in der Welt durchleiden zu müssen, nicht bloß für seine eigenen Sünden, sondern für die Sünden der ganzen Welt. Es gibt genug jüdische Stimmen, die gerade die furchtbaren Leiden von Auschwitz und anderswo als stellvertretendes Sühneleiden für die Sünden der Völker verstehen. Ja, nach frührabbinischer Anschauung leidet Gott selber in seiner *Schechina* mit, wenn Israel leidet: »Zu jeder Zeit, da die Israeliten geknechtet werden, wird die Schechina

---

[131] Vgl. dazu etwa *P. Seidelin,* Der Ebed Jahwe und die Messiasgestalt im Jesajatargum, in: ZNW 35 (1936) 194–231; *J. Jeremias* in: ThWbzNT V, 676–698; *H. Hegermann,* Jesaja 53 in Hexapla, Targum und Peschitta (Gütersloh 1954); *M. Rese,* Überprüfung einiger Thesen von Joachim Jeremias zum Thema des Gottesknechts im Judentum, in: ZThK 60 (1963) 21–41; *K. Baltzer,* Zur formgeschichtlichen Bestimmung der Texte vom Gottes-Knecht im Deuterojesaja-Buch, in: Probleme biblischer Theologie (FS f. *G. v. Rad*) (München 1971) 27–43.

[132] Vgl. dazu *J. Jeremias,* **Παῖς (ϑεοῦ)** im Neuen Testament, in: Ders., ABBA. Studien zur neutestamentlichen Theologie- und Zeitgeschichte (Göttingen 1966) 191–216 (Neubearbeitung des Artikels **παῖς ϑεοῦ** D. im ThWbzNT V, 698–713).

gleichsam mit ihnen geknechtet« (Mech. zu Exodus 12,41)[133]. Kann dem Christen solche Deutung gleichgültig sein? Wenn es nach dem Apostel eine ergänzende Teilnahme an den Trübsalen Jesu gibt, mit welchem Recht dürfte dann der Christ eine Teilnahme Israels an solcher »Ergänzung« ausschließen? Es sollte den Christen mit Ehrfurcht erfüllen, wenn Juden die furchtbaren Leiden, die im Verlauf der Jahrhunderte über Israel gekommen sind, als »Gottesknechtsleiden« verstehen, mit denen sie mithelfen an der Erlösung der Welt. *Leo Baeck,* eine der eindrucksvollsten Gestalten des neuzeitlichen Judentums, hat geschrieben: »Einer der Propheten hat ... die große Antwort für die Gemeinde Israel gefunden, ihr darin den Sinn des Lebens verkündet: *Ihr Leiden ist das Leiden um der Versöhnung der Welt willen.* Für ihn ist Israel der Knecht des Ewigen«[134]. *L. Baeck* sieht in der Gestalt des leidenden Gottesknechts die messianische Aufgabe des jüdischen Volkes vorgezeichnet. Auch *J. Klausner* bemerkt in seinem Buch »The Messianic Idea in Israel« im Hinblick auf Jes 53[135]: »Thus the *whole* people Israel *in the form of the elect of the nation* gradually became *the Messiah of the world, the redeemer of mankind.* This Messiah must suffer just as the prophet suffers. Here also punishment precedes redemption; but this punishment is unique; it comes as a penalty *for the sin of others.* And it redeems the world ... And for this punishment, bringing good to all peoples except Israel, this people receives a worthy reward in ›the end of days‹, in that it becomes ›a light to the Gentiles‹, in that it is placed in the center of mankind.« Der große jüdische Maler *Marc Chagall* hat in seinen Christusbildern den gekreuzigten Christus als den leidenden Juden interpretiert, weil er vermutlich in Jesus, dem Gekreuzigten, den Prototyp des leidenden Juden sah, besonders deutlich in der »Weißen Kreuzigung«[136]. »In der Gestaltungsweise des Künstlers kann echte Wirklichkeit erschlossen sein, ohne daß sie für ihn selbst bis ins letzte theologisch reflektiert und geklärt wird.«[137] Der gekreuzigte Christus wird

---

[133] Vgl. dazu *C. Thoma,* Christliche Theologie des Judentums, 202–205.

[134] Das Wesen des Judentums (Frankfurt ^{4}1926) 277. Vgl. dazu auch *H. Wittenberg,* Jüdische Existenz nach Leo Baeck (Neuendettelsau 1955).

[135] Englische Übersetzung New York 1955, 163.

[136] Vgl. dazu *H.-M. Rotermund,* Marc Chagall und die Bibel (Lahr 1970) 111–138.

[137] Ebd. 138.

von *Chagall* nicht von dem Volk, aus dem er stammt, getrennt, sondern das Leiden Israels fließt mit dem Leiden Christi in eins und das Leiden Christi mit dem Leiden Israels[138]. *Chagall* ist damit sehr tief in das Geheimnis der »Kollektivgestalt« des »Gottesknechts« eingedrungen, wie uns scheint, ähnlich tief, wie der Jude Paulus, der in dem gekreuzigten Jesus von Nazareth mit der Urkirche den »Gottesknecht« erkannte[139] und der mit seinen Leiden die Trübsale Christi »ergänzen« wollte. Auch *Schalom Ben-Chorin* hat bemerkt: »Ich kann das Kreuz von Golgatha nicht isoliert sehen, sondern es steht für mich heute inmitten eines furchtbaren Rauches, der aus den Krematorien von Auschwitz und Maidanek gen Himmel stieg, wo unschuldige Kinder vergast und verbrannt wurden – sie alle Knechte Gottes ...«[139a]
Hier ist auch die »Holocaust-Theologie« (»Ganzopfertheologie«) zu nennen, obwohl sie von manchen ihrer Vertreter gegen das Christentum ausgewertet wird, weil angeblich der christliche Antisemitismus seinen katastrophalen Höhepunkt in Auschwitz erreicht habe[140]. Wir gehen darauf nicht ein, sondern zitieren zustimmend die Sätze *C. Thomas:* »Für einen gläubigen Christen ist der Sinn des Opfergangs der Juden unter dem Nazi-Terror ... nicht allzu schwer zu ergründen. Die etwa 6 Millionen in Auschwitz und anderswo umgebrachten Juden lenken seine Gedanken zunächst auf Christus, dem diese jüdischen Massen in

---

[138] »Der Schein des Krematoriumofens von Auschwitz ist für mich der Leuchtturm, der alle meine Gedanken lenkt. O meine jüdischen Brüder, und auch ihr, meine christlichen Brüder, glaubt ihr nicht, daß es sich mit einem anderen Schein, mit dem des Kreuzes vermengt?« schrieb der Jude *Jules Isaac* (Jesus und Israel Wien/Zürich 1968, 463).

[139] Wahrscheinlich hat Jesus sich selbst als den von Deuterojesaja angesagten »Gottesknecht« verstanden. Der jüdische Gelehrte *M. Friedländer* hat bemerkt: »Es kann ... kein Zweifel sein, daß Jesus sich dessen deutlich bewußt war. Der ›Knecht Gottes‹ bei Jesaja war das große Vorbild, nach dem er lebte und wirkte. Der Eindruck, den diese prophetische Vision auf ihn übte, scheint von Anbeginn ein mächtiger gewesen zu sein« (Synagoge und Kirche in ihren Anfängen, Berlin 1908, 178).

[139a] *Schalom Ben-Chorin,* Der leidende Mensch. Von Hiob bis zum Knecht Gottes, in: »Daß dein Ohr auf Weisheit achtet« (Wuppertal-Barmen 1966) 24.

[140] Vgl. zur Holocaust-Theologie etwa *E. Berkovits,* Faith after the Holocaust (New York 1973); *E. Fleischner* (Hrsg.), Auschwitz. Beginning of a New Era? Reflections on the Holocaust (1977); dazu Freiburger Rundbrief XXVII (1975) 20–27; *C. Thoma,* Christliche Theologie des Judentums, 232–235; 242f.

Leid und Tod gleich geworden sind. Auschwitz ist das hochragendste moderne Zeichen der innigsten Verbundenheit und Einheit jüdischer Martyrer – stellvertretend für das gesamte Judentum – mit dem gekreuzigten Christus, obwohl dies den betroffenen Juden nicht bewußt werden konnte. Das Holocaust ist für den gläubigen Christen also ein wichtiges Zeichen der unverbrüchlichen, im gekreuzigten Christus begründeten Einheit von Judentum und Christentum trotz aller Spaltungen, Eigenwege und Unverständnisse.«[141] Der Christ muß angesichts des »Ganzopfers« der Juden in Auschwitz offen seine Mitschuld am Antisemitismus bekennen, aber er kann den Sinn dieses Opfers nicht ohne den gekreuzigten Christus begreifen, der die Opfer von Auschwitz in seinen verherrlichten Kreuzesleib aufnahm, wie es Chagall zu sehen vermochte[142].

1.12 Hat Israel post Christum noch eine »Heilsfunktion«?

Eine ungemein schwierige Frage! Es geht in ihr ja nicht bloß darum: Hat das Judentum noch eine Funktion in der Welt?, sondern darum: Hat es *post Christum* noch eine *Heils*-Funktion oder einen besonderen *heilsgeschichtlichen* Rang? Die Frage ist sowohl von Juden wie von Christen häufig bis heute negativ beantwortet worden. Sie ist in der Tat nicht leicht zu beantworten. Wenn z. B. die Juden, wie mir Juden selber schon versicherten, nicht *mehr* sein wollen als nur ein Volk wie die anderen Völker der Erde auch, dann ist die Frage einer *Heils*-Funktion Israels post Christum vollkommen müßig. Beantwortet man die Frage dagegen mit Ja: Die Juden *haben* noch eine Heils-Funktion in der Welt, entsteht sofort die weitere Frage: Welche denn? Und diese Frage ist äußerst schwer zu beantworten, und was ich dazu hier vorlege, ist nur ein Versuch, mehr nicht; natürlich ein Versuch, der zugleich ein Beitrag zum Aufbau einer christlichen Theologie des Judentums sein will. Man könnte meine Fragestellung von vornherein ablehnen – und viele würden das wohl tun. Aber angesichts der

---

[141] Christliche Theologie des Judentums, 242f.

[142] Vgl. auch noch *J. Oesterreicher*, Auschwitz, der Christ und das Konzil (Meitingen 1964); dazu noch unsere Ausführungen in 3.5 (»Jesus als Israel«).

Ansage des Apostels in Röm 11,26: »Ganz Israel wird gerettet werden« und angesichts der im Neuen Testament konstatierbaren Bleibendheit der Erwählung Israels und des Bundes Gottes mit ihm scheint mir meine Fragestellung nicht bloß legitim zu sein, sondern notwendig gestellt werden zu müssen, vor allem zunächst von der christlichen Theologie.

Ich gehe bei der Beantwortung meiner Frage von einer simplen Überlegung aus: Wenn ganz Israel damals, in der Zeit der Urkirche, sich zum Evangelium bekehrt hätte, wäre die Folge gewesen, daß es das Judentum nicht mehr gäbe, damit wohl auch nicht mehr den Juden. Der Jude wäre nicht mehr da. Eine antisemitisch und nazistisch eingestellte Haltung würde willkürlich sagen: Nichts besser als dies! Dann wäre der Jude, der »Weltvergifter aller Völker«, wie ihn *Adolf Hitler* in seinem politischen Testament genannt hat, endlich verschwunden! Offensichtlich empfindet also die Welt die Existenz des Juden als einen fortwährenden Stachel in ihrem Fleisch, den sie loswerden möchte, und doch nicht losbringt, weil es Gott nicht erlaubt, der sein Volk nicht abgeschrieben hat. Warum blieb also der Jude? Warum hat Gott selbst »einen Geist der Betäubung« auf sein Herz gelegt? Nur dazu, daß er post Christum einfach auch noch da ist und nur noch »Chimären« hervorbringe? Man könnte in einer Antwort evtl. darauf hinweisen, was in dem Buch »Deutschland ohne Juden«[143] geschehen ist, welch ungeheuren Verluste an geistiger Potenz Deutschland durch die Vernichtung seiner Juden erlitten hat. Man könnte auch darauf hinweisen, daß die moderne Welt doch weithin von Juden geprägt worden sei, wenn man etwa an Namen wie *Karl Marx, Sigmund Freud, Albert Einstein* und *Arnold Schönberg* denkt. Solche Namen weisen andere, auch vielfach in der Geschichte unterdrückte Völker, wie etwa die Armenier, nicht auf. Aber eine christliche Theologie des Judentums muß wohl andere Gegebenheiten, nämlich solche theologischer Art, nennen, wenn sie eine Antwort auf die Frage nach der Heilsfunktion des Judentums post Christum sucht. Ich möchte *folgende Punkte* nennen:

---

[143] *B. Engelmann*, Deutschland ohne Juden. Eine Bilanz (dtv 979) (München 1973).

1.12.1 *Der Jude ist der bleibende Gotteszeuge in der Welt und als solcher ein »Gottesbeweis«*, wie einst treffend der Leibarzt *Friedrichs II.* von Preußen gegenüber dem König bemerkt hat. Denn die Fortexistenz des jüdischen Volkes, trotz seiner geringen Zahl, trotz der mehr als zweitausendjährigen Zerstreuung unter die Völker der Welt, trotz der furchtbaren Katastrophen, die gerade in den letzten 100 Jahren und schon zuvor über das Judentum gekommen sind, läßt sich nicht anders erklären als so, daß Gott selbst hinter diesem Volk als sein eigentlicher Sachwalter steht. Für *Karl Barth* war deshalb der Jude der einzige Gottesbeweis, den er gelten ließ[144].

1.12.2 *Der Jude ist der bleibende Zeuge für die Konkretheit der »Heilsgeschichte«*. Was will damit gesagt sein? Wir haben, gerade mit fortschreitender Säkularisierung aller Bereiche der Welt, die Neigung, die sogenannte Heilsgeschichte als ideologieverdächtigen, supranaturalen, »idealistischen Überbau« und darum als etwas eigentlich Nichtexistentes zu betrachten. Diese Neigung durchkreuzt jedoch die Existenz des Juden, weil die Welt das Gefühl hat: Die nicht zu übersehende und heute mehr denn je nicht zu übersehende Existenz des Juden stört irgendwie die Überschaubarkeit des Ganzen der Geschichte. Der deutsche Philosoph *Hegel* und mit ihm der Marxismus glaubte und glaubt endlich hinter die Logik der Geschichte gekommen zu sein, aber *Hegel* hatte das deutliche Gefühl, daß die Existenz des Juden sein geschichtsphilosophisches Konzept zerbricht, und er redete des-

---

[144] *Augustinus* hat mit Blick auf Ps 58,11 f.: »Mein Gott ist er, sein Erbarmen wird mir zuvorkommen; mein Gott hat es mir erwiesen in meinen Feinden; töte sie nicht, damit sie nicht dereinst dein Gesetz vergessen; zerstreue sie in deiner Kraft«, bemerkt: »Gott hat also der Kirche in ihren Feinden, den Juden, die Gnade seines Erbarmens erwiesen, da, wie der Apostel sagt [in Röm 11,11], ›ihre Sünde für die Heiden zum Heil‹ geworden ist; und er hat sie deshalb nicht getötet, d.h. ihre Eigenschaft als Juden nicht vernichtet, obwohl sie von den Römern besiegt und unterdrückt wurden, damit sie nicht, das Gesetz Gottes vergessend, untauglich würden zur Ablegung des Zeugnisses, das wir hier meinen« (Gottesstaat XVIII,46). *Augustinus* denkt dabei an die Zeugenschaft der unter alle Völker zerstreuten Juden für die Echtheit der Weissagungen, »die über Christus vorausgeschickt worden sind« (ebd.): sie sind nicht Erfindungen der Kirche. Der Jude ist also für *Augustinus* Zeuge für die bleibende Gültigkeit der Schrift.

halb von dem »dunklen Rätsel Israel«[145]. Ich möchte sogar die These aufstellen: Dieses bewußte oder unbewußte Gefühl, den Juden nicht in die gängigen Geschichtsschablonen einordnen zu können, sei eine Hauptwurzel des Antisemitismus der Gegenwart. »Der Gleichgemachte ist physisch und moralisch ruiniert. Wer anders ist, ist nicht der Gleiche; das ist einer der Gründe, aus denen die Juden so oft drankommen«, hat *Ernst Jünger* bemerkt[146]. Der Jude wird als ein »Störfaktor« ersten Ranges empfunden. Das Judentum störte und stört »einen Gesamtentwurf universaler Wirklichkeit, indem es sich weder gesellschaftlich noch kirchlich noch geistig subsumieren und relativieren ließ. So konnte es nur in Negation seiner Selbständigkeit geduldet werden, was damals wie heute nicht nur seine theologische Bedeutung, sondern auch seine politisch-physische Existenz betraf« *(F.-W. Marquardt)*[147]. Der Jude ist der bleibende Zeuge für die Konkretheit der Heilsgeschichte, dafür also, daß die Heilsgeschichte sich nicht in einem »luftleeren Raum« bewegt, sondern in der Geschichte selbst. Die Existenz des Juden weist ständig darauf hin, daß da noch mit anderen »Faktoren« zu rechnen ist als mit den bloß vordergründig durchschaubaren und rational erkenn- und errechenbaren. Auch die Existenz des Staates Israel, so möchte ich sagen, ist mehr als eine bloß profangeschichtliche Gegebenheit; sie ist vielmehr schon ein Hinweis auf die hintergründige Führung Israels durch Gott, der bereits durch die alttestamentlichen Propheten die »Wiederherstellung« Israels angesagt hat. Auch die Kirchen müssen endlich sehen, daß es da neben ihnen noch ein anderes »supranaturales« Element in der Welt gibt, das auch ein Ort ist, an dem Gott in der Welt anwest und wirkt: das jüdische Volk. Die Existenz des Juden erlaubt nicht, eine bloß »profane« Betrachtung der Geschichte zu pflegen; der Jude ist vielmehr der bleibende Zeuge für die Konkretheit der

---

[145] Zum Judentumsbild *Hegels* vgl. *H. Liebeschütz*, Das Judentum im deutschen Geschichtsbild von Hegel bis Max Weber (Tübingen 1967) 1–42.

[146] Eumeswil, 212.

[147] »Feinde um unsretwillen«. Das jüdische Nein und die christliche Theologie, in: *P. v. d. Osten-Sacken*, Treue zur Thora (FS f. *G. Harder*) (Berlin 1977) 174–193 (176). *J. Blank* formuliert den Sachverhalt so: »Ein Staat oder eine Gesellschaft, die sich als absolute vollkommene Größen verstehen, können eine Gruppe, die diesem Ideal durch ihr einfaches Dasein widerspricht, nicht ertragen« (Das Mysterium Israel, 189).

Heilsgeschichte, ihre reale Geschichtsbezogenheit. Man könnte auch so sagen: Der Jude bezeugt mit seiner Fortexistenz die »Leibhaftigkeit« der Heilsgeschichte; die sogenannte Heilsgeschichte hat sich nicht bloß verleiblicht im altbundlichen Israel oder in der neubundlichen Kirche, sondern sie verleiblicht sich laufend und zusehends immer stärker auch im jüdischen Volk.

1.12.3 *Der Jude ist Zeuge für den Deus absconditus, dessen Wege nicht durchschaubar sind.* Der Apostel Paulus beendet seine Reflexionen über die Verstockung und endzeitliche Rettung Israels in Röm 9–11, die für ihn selbst in ihrer rational nicht durchschaubaren Verkettung ein »Mysterium« sind, mit den Sätzen: »O Tiefe des Reichtums und der Weisheit und der Erkenntnis Gottes. Wie unerforschlich sind seine Gerichte und wie unergründlich seine Wege« (Röm 11,33). Wenn Jesus von Nazareth wirklich der Verheißene war und ist, wie die Christenheit glaubt, warum hat ihn dann sein eigenes Volk, aus dem er stammte, nicht als solchen erkannt? Ich habe schon weiter oben darauf hingewiesen, daß der Apostel auf diese dunkle Frage keine bessere Antwort weiß als die: »Gott (selber) gab ihnen einen Geist der Umnachtung« (11,8). *Warum* Gott das aber tat, *warum* er die sogenannte Verstockung Israels zuließ, um dennoch am Ende »ganz Israel« zu retten, *warum* also diese seltsamen Wege und »Umwege«, das ist rational einfach nicht zu ergründen. Gewiß gibt der Apostel Israel auch eine gewisse eigene Schuld an seiner »Verstockung« (vgl. Röm 10,13–21) und er sagt in 11,12, daß aus Israels Fall »Reichtum für die Welt« und aus Israels Versagen »Reichtum für die Völker« geworden seien, weil eben nun das Evangelium zu ihnen, den Völkern, gekommen ist, aber man hat beim Studium von Röm 9–11 deutlich das Gefühl, besonders wenn man an die Schlußsätze von Röm 11 denkt, daß auch der Apostel selbst letztlich die verschlungenen Wege Gottes mit Israel rational nicht zu ergründen vermag, sondern am Ende nur auf den *Deus absconditus* rekurrieren kann, um den Israel schon immer wußte: »Israel, dein Gott ist ein verborgener Gott« (Jes 45,15)[148]. Israels Gott ist ein Gott, der sich nicht in die Karten

[148] Vgl. auch *L. Perlitt,* Die Verborgenheit Gottes, in: *H. W. Wolff* (Hrsg.), Probleme biblischer Theologie (FS f. *G. v. Rad*) (München 1971) 367–382.

schauen läßt und dem man nicht in die Karten schauen kann, wenn wir christlichen Theologen (und nicht bloß *Hegel*) auch oft so tun, als seien für uns alle Rätsel gelöst und alle Karten Gottes offengelegt.

In seinem erschütternden Warschauer Tagebuch »Buch der Agonie« hat *Chaim A. Kaplan* im Hinblick auf die furchtbaren Tragödien im Warschauer Ghetto, als Tag für Tag ganze Häuserblöcke mit Gewalt von der SS evakuiert und die Juden in die Vernichtungslager von Treblinka und anderswo geschleppt wurden, auch die bittere Frage gestellt: »Hat Israel keinen Gott? Warum hat er uns seine Hilfe in unserer Not versagt?« Und er schreibt unmittelbar weiter: »Selbst wenn wir mit Jesaja sagen: ›Denn einen Tag der Verwirrung und Verstörung und Bestürzung hält der Herr‹, schöpfen wir das Wesen dieses ›Tages der Grausamkeiten‹ nicht vollends aus. Nichts dergleichen ist, seit ich mich vor vierzig Jahren in Warschau niederließ, je geschehen. Der Zorn der Sieger und der Zorn unseres Gottes ergießt sich zu ein und derselben Zeit über uns. Es gab eine Zeit, da dachte ich, daß die Worte Jesajas nur rhetorische Phrasen wären. Heute weiß ich, daß eine grausame Weissagung voll in Erfüllung gegangen ist« (S. 248). Aber die Fragen, die *C. K. Kaplan* zuerst gestellt hat, sind damit in Wirklichkeit nicht beantwortet. Weder ein Jude noch ein Christ kann letztlich sagen, warum Gott das zuließ, auch wenn man die Holocaustidee zu Hilfe nähme oder auf die verbrecherische Gesinnung *Hitlers* und seiner Helfershelfer hinweisen würde. Hier bleibt letztlich nur der Rekurs auf den *Deus absconditus,* dessen geheimnisvolle Wege niemand kennt, weder der Jude noch der Christ, dessen Zeuge aber gerade der Jude, auf den Gott seine Hand schon immer gelegt hat, sein muß und ist.

1.12.4 *Der Jude läßt die messianische Idee in der Welt nicht untergehen.* »Die messianische Idee« besagt zunächst, daß Gott einen endzeitlichen, definitiven Heilbringer in der Thronfolge Davids senden wird. So sagen es die Propheten Israels an. Obwohl die Christenheit in ihrem Glauben überzeugt ist, daß dieser Verheißene schon in Jesus von Nazareth angekommen ist, hält sie dennoch mit dem Judentum zusammen Ausschau nach dem Kommenden, wenn dieser Kommende nach christlicher Glaubensüberzeugung auch mit dem Parusiechristus identisch ist. Zwar gibt es auch Juden, die zu sagen wagen wie der Erlanger jüdische Religionsgeschichtler *H. J. Schoeps* in seinem Paulusbuch[149]: »Aber es könnte wohl sein, daß der, der am Ende der Tage kommt, der die Erwartung der Synagoge wie der Kirche ist, dasselbe Antlitz trägt«, oder wie es *D. Flusser* formuliert hat: »Es scheint mir, daß sehr wenige Juden einen Einspruch dagegen erheben würden, wäre der Messias, wenn er wiederkommen wird, der Jude Jesus«[150], bzw. *P. Lapide* in seinem Rundfunkdialog mit *H. Küng:* »Wenn der Messias kommt und sich dann als Jesus von Nazareth entpuppen sollte, dann würde ich sagen, daß ich keinen Juden auf dieser Welt kenne, der etwas dagegen hätte.«[151] Die messianische Idee gehört jedenfalls in besonderer Weise zu dem großen Erbe Israels, das durch Israel in die Welt gekommen ist und mit der Kirche zusammen in der Welt aufrechterhalten wird, auch wenn dabei die Meinungen im Judentum, wer und wie näherhin der Messias sein wird, weit auseinandergehen mögen, wie uns von jüdischer Seite immer wieder versichert wird. Damit hängt der folgende Punkt zusammen.

1.12.5 *Der Jude läßt Ausschau nach einer »besseren Welt« halten.* Der Messias wird ja der sein, der die Welt ins Heile bringt, jedenfalls der, der den Prozeß dazu einleitet. Schon hinter der Paradiesesgeschichte, wie sie in der Genesis erzählt wird, steht die Erkenntnis und Erfahrung, daß die gegenwärtige Welt nicht im Heilen ist, vielmehr häufig im Argen liegt, besonders durch die Anwesenheit des Todes in dieser Welt. Mir scheint es nicht von ungefähr zu sein, daß gerade zwei jüdische Denker das Thema »Zukunft« bedacht haben: *Karl Marx* und *Ernst Bloch,* der Philosoph des »Noch nicht«. Ihr Denken ist bewegt von Zukunftsvisionen und Zukunftshoffnungen. Schon die Propheten des Alten Bundes reden eindringlich von dieser »besseren Zukunft«, sagen sie an und schildern sie in eindrücklichen Bildern. Sie sind allerdings auch überzeugt, daß *Gott* es ist, der diese Zukunft

---

[149] *H. J. Schoeps,* Paulus. Die Theologie des Apostels im Lichte der jüdischen Religionsgeschichte (Tübingen 1959) 274.

[150] *D. Flusser,* Inwiefern kann Jesus für Juden eine Frage sein? in: Concilium 10 (1974) 596–599 (598).

[151] *P. Lapide / H. Küng,* Jesus im Widerstreit. Ein jüdisch-christlicher Dialog (Stuttgart/München 1976) 49.

herbeiführen wird. Es muß gesagt werden: Durch das Judentum ist die eschatologische, auf die Zukunft und auf ein Ende der irdischen Geschichte bezogene Dimension in das Denken der Menschheit gekommen, wenn diese Dimension heute auch weltweit sich säkularisiert hat und als eine Zukunft ohne Gott gedacht und propagiert wird. Aber die Zukunftsvision schon der alttestamentlichen Propheten ist eine *auf die Erde* und nicht primär auf den »Himmel« bezogene Vision. Die *irdischen* Zustände sollen ins Heile gebracht werden, freilich in ein Heil, das menschliches Vermögen sprengt und nur durch Gott herbeigeführt werden kann. Jesus von Nazareth und die Männer der Urkirche, auf die das Neue Testament zurückgeht, leben hier ganz und gar vom großen geistlichen Erbe Israels, zu dem das Thema »Zukunft« wesentlich gehört, und mit ihm das Thema von der Vollendung der Geschichte durch den Gott »vor uns«. Die fortdauernde Existenz des Juden, so möchte ich sagen, weist von sich aus auf die Zukunft. Paulus verbindet das kommende Heil der Völker und der Welt in Röm 11,12.15 ausdrücklich mit dem Heilsschicksal Israels: »Wenn schon ihr Fall Reichtum für den Kosmos und ihr Versagen Reichtum für die Völker (bedeutet hat), *um wieviel mehr ihre Fülle* (ihre endzeitliche Vollzahl) ... Denn wenn (schon) ihre Verwerfung Versöhnung für den Kosmos (bedeutete), was wird ihre Annahme anderes sein *als Leben aus den Toten.*«

1.12.6 »Israel ist der weltgeschichtliche Zeuge für (das) Nochnicht des göttlichen Willens« *(F.-W. Marquardt)*[152], was *F.-W. Marquardt* weiterhin so ausführt: »Es repräsentiert mit seinem Nein den eschatologischen Vorbehalt Gottes selbst. Es widersteht dem christlichen Pathos der endgültigen Zeit, Wahrheit und Urteile. Es existiert als Ferment der Dekomposition falscher Vollkommenheiten«[153]. Vielleicht ist darin auch der tiefste Sinn des jüdischen Nein zu Jesus Christus zu sehen, der eben noch nicht die Welt ins endgültig Heile gebracht hat, so sehr den Christen selbstverständlich die in Jesus Christus schon angebrochene *praesentia salutis* am Herzen liegt. So gewiß nach christlicher

---

[152] »Feinde um unsretwillen« (s. Anm. 147), 192.

[153] Ebd.

Glaubensüberzeugung »das Ende der Äonen auf uns (schon) zugekommen ist« (1 Kor 10,11), so gewiß noch nicht die *endgültige* Zeit; diese beginnt erst, wenn einst »ganz Israel gerettet werden wird« (Röm 11,26), also mit der *Parusie*[154]. Von diesem »eschatologischen Vorbehalt« Gottes selber her, wie er im jüdischen »Nein« zu Jesus Christus und der Kirche zum Ausdruck kommt, muß auch die eigenartige Formulierung des Apostels in Röm 11,28 verstanden werden, die Juden seien »hinsichtlich des Evangeliums *Feinde um unsretwillen*«. Sie lehnen das Evangelium ab, aber gerade diese ihre Ablehnung schlug den Heiden zum Heil aus (vgl. auch 11,15). In dieser Formulierung »Feinde um unsretwillen« kommt die »Paradoxie«, die Undurchschaubarkeit der Wege und Ratschlüsse Gottes zur Geltung (vgl. 11,33). Das gottgewollte »Nein« schlug ins Positive aus, es ist keine wirkliche Negation; es gehört vielmehr in die göttliche »Logik« der Heilsgeschichte hinein. So kann man der »Definition« des Judentums zustimmen, die *C. Thoma* gegeben hat[155]: »Das Judentum ist ein Volk der Vorläufigkeit.« »Das Judentum besitzt nichts in Perfektion, Abgeschlossenheit, alles aber ansatzweise, vorläufig. Angefangenes und Grundgelegtes aber warten darauf, transformiert und in größere Einheiten aufgenommen zu werden (ders.).« Israel ist zusammen mit der Kirche ein *signum prognosticum,* ein »vorweisendes Zeichen« in der Welt. Damit hängt der folgende Punkt zusammen.

1.12.7 »Durch das Judentum ist die Geschichte der Menschheit eine heilige Geschichte geworden, ich meine ein einheitlicher, organischer Entwicklungsprozeß, der, mit der Familienliebe beginnend, nicht eher vollendet ist, bis die ganze Menschheit eine einzige Familie sein wird, deren Glieder ebenso solidarisch durch den heiligen Geist, den schöpferischen Genius der Geschichte, verbunden sein werden, wie die verschiedenen Organe eines lebendigen Körpers es mittels einer ebenso heiligen schöpferischen Naturkraft sind« *(Moses Hess)*[156]. In der Urkirche hat vor allem Paulus mit seiner Lehre vom Christus als dem »letzten Adam« und der Kirche als dem alle Menschen umschließenden

---

[154] Vgl. dazu 1.9.

[155] *C. Thoma,* Christliche Theologie des Judentums, 254.

[156] *M. Hess,* Rom und Jerusalem. Die letzte Nationalitätsfrage (Leipzig ^{2}1899) 57.

»Leib Christi« solch universale Gedanken entwickelt, weil er als Jude wußte, daß der Gott Israels auch der Gott der Völker und der ganzen Schöpfung ist[157].

1.12.8 Israel hat trotz der christologischen »Engpaßführung« in der Kirche nicht aufgehört, auch post Christum durch seine unerhörten Leiden der mit Christus zusammen für die Sünden der Welt sühnende »Knecht Gottes« zu sein. Besonders die sogenannte Holocaust-Theologie will das heute ins Bewußtsein rufen[158]. Man darf und muß also zusammenfassend sagen: Israel hat auch *post* Christum eine bedeutende und umfassende Heilsfunktion in der Welt[159]. Der Christ braucht den Juden in seinem Rücken[160]. Der Jude hilft dem Christen, seine Identität nicht zu verlieren, denn Israel bleibt die Wurzel der Kirche: »... daß Israel mehr ist als eine Idee, das weiß er [der Christ], das sieht er. Denn wir leben. Wir sind ewig, nicht wie eine Idee ewig sein mag, sondern wir sind es, wenn wirs sind, in voller Wirklichkeit. Und so sind wir dem Christen das eigentlich Unbezweifelbare« *(F. Rosenzweig)*[161].

---

157 Vgl. dazu 6.5.

158 Vgl. dazu das Nähere unter 1.11.

159 Weitere, profunde Gedanken zu dieser Thematik finden sich bei *J. Moltmann*, Kirche in der Kraft des Geistes. Ein Beitrag zur messianischen Ekklesiologie (München 1975) 156–171.

160 Vgl. *F. Rosenzweig*, Der Stern der Erlösung (Haag ^{4}1976) 460.

161 Ebd. 461. Wir stimmen den Sätzen *M. Barth's* völlig zu: »Die Existenz von Gottes Volk ist nicht nur untrennbar vom Vollzug, sondern auch identisch mit der Geschichte der Erwählung, Verurteilung, Erhaltung und Sendung Israels inmitten der Völkerwelt. Deshalb ist dies Volk weder eine zeitlose Idee noch eine Utopie. Seine Geschichte erweist sich in der Tat als so einzigartig, unergründlich und zielstrebig, daß sie mit einer anderen Geschichte nicht zu vergleichen und in keiner Weise manipulierbar ist« (*M. Barth / J. Blank / J. Bloch / F. Mußner / R. J. Zwi Werblowsky*, Paulus – Apostat oder Apostel? [Regensburg 1977] 96). *M. Barth* spricht auch vom »character indelebilis des jüdischen Volkes ..., welcher dieses Volk von anderen Völkern unterscheidet: ihm gilt der Zuspruch und Anspruch, Gottes erwähltes Volk zu sein – unabhängig davon, ob die Juden selbst, die Völker oder die Christen dies begrüßen und in Wort und Tat anerkennen« (ebd. 106).

2. Das große Glaubenserbe Israels

Die christliche Theologie hat gegenüber dem Judentum lange Zeit weithin nur von der »Unterscheidung« gelebt, was zu einem falschen Judentumsbild in der Kirche, wenn nicht z. T. sogar zur Verteufelung des Judentums geführt hat. Es kommt deshalb in Theologie, Katechese und Predigt sehr darauf an, die im folgenden aufgeführten Punkte nicht als »Entdeckungen« des Christentums hinzustellen, sondern dankbar als das große Glaubenserbe Israels zu erkennen, das durch Jesus und die Kirche in die Völkerwelt gekommen ist. Durch die Rezeption dieses Erbes wurde Israel »paradigmatisch« für die Völkerwelt. Durch dieses Erbe ist Israel auch die bleibende theologische »Wurzel« der Kirche.

2.1 Der Monotheismus[1]

θεὸν ἕνα γινώσκειν τοῖς Ἑβραίοις ἅπασιν κοινόν (»Gott als einen einzigen anzuerkennen ist allen Hebräern gemeinsam«), bemerkt der jüdische Geschichtsschreiber *Flavius Josephus* (Antiqu. V, 1,27, § 112). »Es gibt nur einen Gott und nicht noch einen anderen«, bemerkt die jüdische Sibylle (Sib III, 629). Der jüdische Philosoph und Zeitgenosse des Apostels Paulus *Philo*

[1] Vgl. *P. van Imschoot*, »Monotheismus«, in *H. Haag* (Hrsg.), Bibel-Lexikon (Einsiedeln ²1968) 1167–1170; *F. Baumgärtel*, Art. Monotheismus im AT, in RGG IV (Tübingen ³1960) 1113–1115; *M. Gusinde / V. Hamp / J. Schmid / K. Rahner*, »Monotheismus«, in: LThK VII (Freiburg ²1962) 565–570 (jeweils mit Literatur). Vgl. ferner *M. Vorländer*, Mein Gott. Die Vorstellungen vom persönlichen Gott im Alten Orient und im Alten Testament (Neukirchen 1975); *M. Görg*, Anfänge israelitischen Gottesglaubens, in: Kairos 18 (1976) 256–264; *C. J. Labuschagne*, The Incomparability of Yahweh in the Old Testament (Leiden 1966); *H. Groß*, Gotteserfahrung im Alten Testament, in: *A. Paus* (Hrsg.), Suche nach Sinn. Suche nach Gott (Graz/Wien/Köln 1978) 139–175; *M. Buber*, Die Götter der Völker und Gott, in: Werke II (München/Heidelberg 1964) 1066–1083.

von Alexandrien zählt unter den großen Lehren des Mose auch diese auf: »Die zweite (Lehre ist), *daß Gott einzig ist,* wegen der Vertreter der Vielgötterei, die so schamlos sind, die schlechteste der schlechten Staatsverfassungen, die Massenherrschaft, von der Erde in den Himmel zu verpflanzen.«[2]
Wie kam Israel zum Monotheismus?
Die Entstehung der Einsicht, daß es nur einen einzigen Gott gibt, ist für Israel verbunden mit der Entstehung des »Jahwismus«. Aber die Entstehungsgeschichte des »Jahwismus« ist bis jetzt von den Alttestamentlern nur ansatzweise aufgehellt worden, was auch damit zusammenhängt, daß man sich bis heute über die Semantik des Gottesnamens »JHWH« nicht endgültig klar ist. Ist »JHWH« ursprünglich ein »Toponym«, also eine Ortsbezeichnung, die dann auf den Lokalgott übertragen wurde? Ist JHWH identisch mit dem »Gott der Väter«? Wann wurde er mit ihm identisch? Eines scheint festzustehen, daß nach gewissen onomastischen Verschmelzungen (El, Baal Schamem, JHWH) es zunächst zu einem Monolatrismus gekommen ist, was bedeutet, daß man im eigenen Bereich den Polytheismus ablehnte und nur noch einen einzigen Gott verehrte (»Henotheismus«), ohne die Existenz der Gottheiten der anderen Völker in Frage zu stellen. Der anfängliche Jahwismus war also noch nicht identisch mit einem universalen Monotheismus. »Für Moses und die folgende Zeit ist JHWH allein der höchst persönliche ›Gott Israels‹« *(V. Hamp),* aber sein machtvolles Wesen durchbricht bereits früh die Grenzen eines bloßen Nationalgottes. »Seine unbeschränkte Macht zeigt sich in Ägypten so gut wie am Sinai und erstreckt sich über die gesamte Natur« *(ders.).* Jetzt wird JHWH allmählich mit dem »Gott der Väter« identifiziert. Gerade das Exodus-Geschehen, wie es auch historisch verlaufen sein mag, scheint den »Jahwismus« entscheidend gefördert zu haben, woran die »Stifterfigur« Mose vermutlich einen wichtigen Anteil hatte. Und JHWH wird nun als »Bundes-Gott« erfahren, der seinem Volk »Weisungen« erteilt, von deren Beachtung Heil und Unheil des Volkes abhängen. Gerade aber die »Landnahme« brachte dann die Gefahr mit sich, JHWH mit »Baal« zu verwechseln und den »Jahwismus« zu relativieren. Die kanaanitischen Baale und

[2] De opificio mundi § 171 (nach der Übersetzung von *L. Cohn*).

Astarten, später dann phönizische, assyrische und babylonische Götter traten in Konkurrenz zum Gott der Väter und des »Stifters« (vgl. etwa Richt 2,11–13; 3,7; 1 Kön 14,22–24; 16,31–34; 2 Kön 21,2–7 u. ö.). Die Gefahr des Synkretismus wuchs und dauerte bis zum babylonischen Exil, trotz der Maßnahmen der Könige Ezechias und Josia. Gegen diese Entwicklung erhoben sich die alten Propheten Israels[3]. So forderte Elia eine klare Entscheidung für JHWH und gegen Baal (1 Kön 18,21) und verkündigte, »daß JHWH Gott ist« (18,21.27.39), daß »er allein Gott ist in Israel« (18,36). Der Prophet Amos betont, daß JHWH auch Herr über die Fremdvölker ist (Am 1,3–15; 9,7), ja der Herr des Himmels und der Erde (5,8; 7,4; 8,9) und der Unterwelt (9,2). Hosea bezeichnet die Verehrung anderer Götter als »Buhlerei« (Hos 2,2–5), bekämpft Baals- und Bilderdienst (3,4; 4,12f.17; 5,6; 8,4; 11,2). Für Jesaja ist JHWH der einzige, der über alles erhaben ist (1,4; 5,19; 6,3; 10,17 u. ö.), der Einzige, der »Gott und Geist« ist (31,3), mächtig und unvergänglich. Die Götzen sind dagegen »Nichtse« (41,24.29; 44,9) und Menschenwerk (2,8.20). Jeremia kämpft auf derselben Linie. So ist die prophetische Predigt »vom reinen Monotheismus inspiriert« *(P. van Imschoot)*, wobei sie sich aber auf die »Stifterzeit« beruft. Die Propheten rufen Israel nicht zu einer neuen Lehre, sondern zum alten Glauben zurück, zur »ersten« Liebe zwischen JHWH und seinem Volk Israel (vgl. Jer 2,2; Ez 16,3–14; Hos 2,14–24). Aber stärker als früher wird nun JHWH als der universale Herrscher herausgestellt (z. B. Jes 7,18–20; 8,7–10; 13; Jer 46f.; Am 1,2–2,3; 9,7) und als der sittlich fordernde Gott (Jes 1,17; 11,9; Hos 6,6; Am 5,4f.24; Mich 6,8 u. ö.). Bei Dt-Jesaja heißt es dann (44,6–10):

»So spricht JHWH, der König Israels,
und sein Erlöser, JHWH der Heerscharen:
Ich bin der Erste, ich bin der Letzte;
außer mir gibt es keinen Gott!
Wer dünkt sich mir gleich? (Er trete auf und) melde sich,
dann tue er's kund und leg es mir dar!
Wer tat kund von Urzeit an das Künftige?

---

[3] Vgl. zum *Folgenden* besonders *P. van Imschoot* (s. Anm. 1); ferner *L. Ruppert*, Jahwe und die Götter. Zur religionskritischen Funktion des Jahweglaubens, in: Trier. Theol. Zeitschr. 84 (1975) 1–13.

Was kommt, das sollen sie uns künden!
Erschrecket nicht und seid nicht ängstlich!
Habe ich es nicht schon längst hören lassen und kundgetan?
Ihr seid meine Zeugen: Gibt es einen Gott außer mir,
oder einen Fels? Ich kenne keinen.
Die Götzenbilder sind allesamt nichtig
und ihre Lieblinge nützen nichts.
Ihre Zeugen bekommen nichts zu sehen
und erfahren nichts, damit sie zuschanden werden.
Wer einen Gott formt und ein Götzenbild gießt,
hat keinen Nutzen davon«.

Das ist die Summe der prophetischen JHWH-Verkündigung in Israel. Sie ist nicht das Ergebnis philosophischer Spekulation. Jetzt wird JHWH als der universale Schöpfergott verkündet, als der Herr des Weltalls; so in zahlreichen Psalmen und in der Weisheitsliteratur (vgl. etwa Job 38; Pss 8; 104; 93,2; 96,10; Spr 8,23–30; Sir 24,3–8; Weish 9,1–3; Jud 9,7; 16,15–19). Für das Frühjudentum z. Z. Jesu war der universale Monotheismus eine von niemand bestrittene Selbstverständlichkeit in Israel, natürlich auch für Jesus von Nazareth. Auf die Frage des Schriftgelehrten: »Welches ist das erste Gebot von allen Geboten?«, antwortet Jesus nach Mk 12,29f.: »Das erste lautet: *Höre, Israel, der Herr, unser Gott, ist allein Herr.* Du sollst den Herrn, deinen Gott, lieben mit deinem ganzen Herzen, mit deiner ganzen Seele, mit deinem ganzen Denken und mit deiner ganzen Kraft.« Jesus zitiert also das *Šema Israel* (Deut 6,4f.)[4], das Grundbekenntnis Israels, das jeder fromme Jude am Morgen und am Abend rezitiert, das jeder Jude in den Gebetskapseln aufgeschrieben mit sich trägt und an den Türpfosten seines Hauses anbringt. Gott hat sich als der einzige Gott in Israel geoffenbart und sonst nirgends. Israel war in der vorchristlichen Zeit das einzige Volk der Erde, das streng monotheistisch war. Dabei darf man die wichtigen Implikationen des Monotheismus für Israel nicht übersehen. Denn JHWH war von Anfang der am Geschick Israels »beteiligte« Gott. Der Gott Israels ist der Gott, der »mit« Israel lebt und zwar in folgendem vierfachen Sinn[5]: JHWH ist der *zuverlässige* Gott (»ich bin bei

[4] Vgl. dazu Näheres bei *G. Sauer* in ThHWbzAT I, 106f. (mit Literatur).

[5] Vgl. dazu *E. Zenger,* Die Mitte der alttestamentlichen Glaubensgeschichte, in: Katech. Blätter 101 (1976) 3–16; *M. Görg,* Anfänge (s. Anm. 1) 264.

euch da, so daß ihr fest mit mir rechnen könnt«); JHWH ist der *unverfügbare* Gott (»ich bin bei euch da, so daß ihr fest mit mir rechnen müßt, wann und wie ich will«); JHWH ist der *ausschließliche* Gott (»ich bin bei euch da, so daß ihr nur mit mir rechnen dürft«); JHWH ist der *stets präsente* Gott (»ich bin bei euch da, wo ich [auch] bin«).
Der Gott Israels ist kein Gott, der aus dem Urschoß, der »Tiefenseele« Israels geboren worden ist. Jahwe ist vielmehr ein »Octroy«, ein Gott, der sich Israel, wie das Alte Testament zu berichten weiß, »aufgedrängt« hat, aber aufgedrängt hat als der Gott der Liebe, der in einem Brautschaftsverhältnis und Bundesverhältnis zu seinem Volk steht (Jer 2,2; Ex 16,8–14; Hos 2,16; 9,10) und einen ewig dauernden Bund mit ihm geschlossen hat.

2.2 Die Schöpfungsidee

Die Idee, daß die Welt von Gott erschaffen ist, kommt in klassischer Prägnanz gleich im ersten Vers der Bibel zum Ausdruck: »Im Anfang erschuf Gott den Himmel und die Erde« (Gen 1,1). Viele Ausleger betrachten diese Aussage als eine Art von Überschrift über den »priesterschriftlichen« Schöpfungsbericht[6]. »**בראשית** hat ... nicht den Anfang des Schöpfungsgeschehens mit dem ersten Werk im Blick, sondern den Anfang, den das im Folgenden berichtete Schöpfungsgeschehen hinsichtlich des ganzen in der Priesterschrift geschilderten Geschichtsablaufes göttlicher Setzungen darstellt« *(O. H. Steck)*[7]. Die Aussage von Gen 1,1 ist aber noch mehr als nur »Überschrift«; sie enthält bereits ein theologisches Programm von größter Tragweite für die ganze Menschheit, die ohnehin den Horizont der »Urgeschichte« Gen 1–11 abgibt. Der Vers stellt programmatisch fest, daß *creator* und *creatura* nicht identisch, austauschbar und verwechselbar sind. Im ersten Vers der Bibel wird die ontologische Differenz zwischen Gott und der Welt von vornherein und für immer

[6] Vgl. etwa *C. Westermann*, Genesis I (Neukirchen/Vluyn 1974) 131; *O. H. Steck*, Der Schöpfungsbericht der Priesterschrift (Göttingen 1975) 226.
[7] Ebd. 227.

ausgesprochen. *Rabbi Išmael* fragte den *Rabbi Aqiba*[8]: »Was machst du mit dem Wort את, das hier steht. Er gab ihm zur Antwort: Wenn nur בראשית ברא אלהים שמים וארץ stünde, so könnte man sagen, *Himmel und Erde seien göttliche Wesen.* Hierauf gab er eine Erklärung von Deut 32,47 in folgender Weise: »Gesetzt den Fall, ›die Tora sei euch ein leeres Wort‹, so liegt die Ursache in euch, weil ihr das Auslegen nicht versteht zu einer Stunde, wo ihr euch damit beschäftigt; der Sinn der Worte ist vielmehr dieser: ›sie ist euer Leben‹ zu der Zeit, wo ihr euch damit beschäftigt. Ganz auf dieselbe Weise will auch את השמים besagen: Sonne, Mond und Sterne waren mitinbegriffen und את הארץ bedeutet: die Erde mit den Bäumen, Gewächsen und dem Paradies«. Damit wird von *Rabbi Aqiba* die *creatura*-Qualität der gesamten Schöpfung, des Himmels und der Erde, herausgestellt; sie ist nicht göttlichen Wesens. Es besteht ein qualitativer Unterschied zwischen dem Schöpfer und seiner Schöpfung. Kosmogonie ist nicht Theogonie, wie im babylonischen Schöpfungsmythus[9]. »Kein Wort gibt es in den Kosmogonien anderer Völker, das diesem ersten Wort der Bibel gleichkäme« *(H. Gunkel).*

Die hebräische Vokabel für »schaffen (erschaffen)« (ברא) in Gen 1,1 ist ein »Reservatwort« in der Bibel: es ist für Gott reserviert im Hinblick auf seine Schöpfungstat. Es gibt darüber eine Menge von Untersuchungen[10]. *C. Westermann* bemerkt[11]: »Zur Bestimmung der Bedeutung des Verbs sind zwei Besonderheiten früh erkannt und bis in die gegenwärtigen Auslegungen wiederholt worden: Immer ist JHWH Subjekt des Verbs ברא, niemals ein Mensch, niemals ein anderer Gott. Niemals hat ברא eine Präposition bei sich oder den acc. des Stoffes, niemals ist etwas dabei genannt, woraus Gott schafft.«[12] Aber es kommt in den Schöpfungsberichten der Genesis nicht auf die

---

[8] Midrasch Bereschit Rabba (übersetzt von *A. Wünsche*) (Leipzig 1881) 7 (zu Gen 1,1).

[9] Vgl. dazu etwa *G. J. Botterweck*, Die Entstehung der Welt in den altorientalischen Kosmogonien, in: Bibel und Leben 6 (1965) 184–191.

[10] Vgl. dazu etwa *C. Westermann*, Genesis 136–139; *A. Angerstorfer*, Der Schöpfergott des Alten Testaments. Herkunft und Bedeutungsentwicklung des hebräischen Terminus ברא (bara) »schaffen« (Frankfurt/Bern 1979); *W. H. Schmidt*, ברא, in: ThWHbzAT I, 336–339 (Lit.).

[11] Genesis, 136.

[12] Ebd.

creatio ex nihilo an, sondern darauf, daß *Gott* die Welt erschaffen hat und die Welt von ihm verschieden ist[13].

Es ist das schöpferische, gebietende Wort Gottes, das die Welt ins Dasein ruft, wie es dann in Ps 33,9 klassisch formuliert ist: »Er sprach, und es geschah; er befahl, und es stand da« (vgl. auch Ps 148,5). Zwar wird in Gen 1,16 auch den Gestirnen eine Herrscherfunktion zugesprochen, aber »es ist keine die Gewissen bindende Herrschaft, sondern lediglich ›die Herrschaft über den Tag und die Nacht‹, die darin besteht, ›zu scheiden zwischen dem Licht und der Finsternis« *(W. Zimmerli)*[14]. Alles ist dem Befehl Gottes unterworfen.

Trotz der leicht mißzuverstehenden Formulierung in Gen 1,26: »Und Gott sprach: Laßt uns Menschen machen als unser Bild, zu unserem Abbild«, die den Menschen als Ebenbild Gottes verstehen läßt, darf nicht übersehen werden, daß auch hier die Differenz zwischen Gott und Mensch deutlich genug zum Ausdruck kommt. Vor allem durch die unmittelbar folgende Aussage: »Und Gott schuf den Menschen nach seinem Bild, nach dem Bild Gottes schuf er ihn, Mann und Frau schuf er sie«. »Da dem Alten Testament auf der ganzen Linie die Einbeziehung JHWHs in die Bipolarität des Geschlechtlichen fremd ist, wird durch die Bemerkung, daß der Mensch von Anfang an in dieser Bipolarität geschaffen sei, der Mensch klar von der Einzigkeit Gottes abgehoben« *(W. Zimmerli)*[15]. Außerdem wird hier »nicht von einer Menschengestaltigkeit Gottes, sondern von einer Gottgestaltigkeit des Menschen gere-

---

[13] Vgl. *C. Westermann*, Genesis, 150: »Der Satz, daß Gott die Welt aus Nichts geschaffen habe, sagt nicht mehr, sondern sagt weniger als der Satz, daß Gott die Welt geschaffen hat. Die Frage, ob creatio ex nihilo oder nicht, ist dem Text nicht gemäß«. Erst in 2 Makk 7,28 wird die Idee der creatio ex nihilo so formuliert: »Ich bitte dich, mein Kind, schau zum Himmel und zur Erde und auf alles, was es gibt, und du weißt, daß Gott dies nicht aus Dingen gemacht hat, die schon da waren (ὅτι οὐκ ἐξ ὄντων ἐποίησεν αὐτὰ ὁ θεός).« Doch auch hier liegt diese Idee, genau gesehen, nicht vor; vgl. dazu *G. Schmuttermayr*, »Schöpfung aus dem Nichts« in 2 Makk 7,28? Zum Verhältnis von Position und Bedeutung, in: BZ, NF 17 (1973) 203–228 (Mit dem Ergebnis: »Für Vorstellung und Lehre von der Schöpfung aus dem Nichts kann 2 Makk 7,28 nicht als ›locus classicus‹ gelten«).

[14] *W. Zimmerli*, Grundriß der alttestamentlichen Theologie (Berlin/Köln/Mainz 1972) 27. Zum Begriff und Prinzip des »scheidens« hier und anderswo im Alten Testament vgl. *P. Beauchamp*, Création et séparation. Etude exégètique du chapitre premier de la Genèse (Paris 1969) passim.

[15] Ebd. 28.

det. Der Mensch ist, so will hier gesagt werden, nur von diesem ›Wo-her‹ zu verstehen« *(ders.)*.

Unter den Propheten gehört besonders Deuterojesaja zu den großen Schöpfungstheologen Israels, der in neue Bereiche vordringt, die aber ganz auf der Linie der Schöpfungsberichte der Genesis liegen. Jes 45,7: »Der ich das Licht bilde und die Finsternis schaffe, der ich Heil wirke und Unheil schaffe – ich, JHWH mache all dieses«. Es liegt also nichts außerhalb des Schöpfungsbereichs Gottes. Deuterojesaja bindet dann das Schöpfungswerk Gottes eng an die geschichtlichen Taten Gottes an Israel (51,9–11):

»Wach auf, wach auf, ziehe Macht an, du Arm JHWHs!
Wach auf wie in den Tagen der Vorzeit, bei den uralten Geschlechtern!
Warst nicht du es, der die Rahab zerhieb, den Drachen durchbohrte?
Warst nicht du es, der das Meer austrocknete,
die Wasser des großen Urmeeres,
der die Tiefen des Meeres zum Wege machte
für den Durchgang der Erlösten?
Die Befreiten JHWHs kehren heim
und kommen nach Sion mit Jubel.
Ewige Freude bedeckt ihr Haupt,
Freude und Frohlocken wird ihnen zuteil;
es entfliehen Kummer und Seufzen«.

Weltschöpfung und Befreiung aus Ägypten verbürgen nach diesem Text die kommende Befreiung aus der babylonischen Gefangenschaft. Schöpfung und Erlösung sind das Werk desselben Gottes: »So spricht JHWH, dein Erlöser und dein Bildner vom Mutterleib an: *Ich* bin JHWH, der alles schafft, der den Himmel ausspannt ganz allein, der die Erde festigt aus eigener Kraft . . ., der das Wort seiner Knechte verwirklicht und den Plan seiner Boten ausführt, der von Jerusalem sagt: es werde bewohnt . . .« (Jes 44,24.26). »*Ich* habe die Erde gemacht und die Menschen auf ihr geschaffen. *Meine* Hände spannten den Himmel aus und all sein Heer habe ich entboten. *Ich* habe ihn (den König Kyros) erweckt in Gnaden und alle seine Wege ebne ich. Er wird meine Stadt bauen und meine Gefangenen freigeben, nicht um Geld und nicht um Geschenke, spricht JHWH der Heerscharen«

(45,12f.). »Ja, so spricht JHWH, der den Himmel geschaffen, *er* ist Gott, der die Erde gebildet und gemacht, *er* erhält sie. Nicht zur Einöde hat er sie geschaffen, zum Wohnen bildete er sie. Ich bin JHWH und sonst keiner. Nicht im Verborgenen habe ich geredet, an einem Ort im finsteren Land, nicht habe ich gesagt zum Geschlecht Jakobs: Sucht mich umsonst! Ich, JHWH, rede Rechtes, verkünde Zuverlässiges« (45,18f.). Es ist also der Schöpfergott, der Israel Heil schafft. »Die Schöpfungskategorie wird hier eine umfassende Kategorie für das Tun JHWHs am Anfang der Welt, am innergeschichtlichen Anfang Israels und in der auf Zukunft hin eröffneten Gegenwart, in der eine Heilsbotschaft mit eschatologischen Zügen ausgerichtet wird« *(W. Zimmerli)*[16].

Schließlich spielt der Schöpfungsgedanke noch eine wichtige Rolle in der Weisheitsliteratur Israels[17]. In ihr wird ein eigenartiger Zusammenhang von Schöpfung und Weisheit hergestellt, der aber schon knapp in Ps 104,24 ausgesprochen ist: »du hast alle deine Werke in Weisheit gemacht«, dann wieder in Spr 3,19f.: »JHWH hat in Weisheit die Erde gegründet, den Himmel in Einsicht festgestellt. Durch seine Erkenntnis spaltete er die Urflut, und die Wolken träufeln von Tau«. Nach Sir 1,9 hat Gott die Weisheit »über alle seine Werke ausgegossen«. Weiter geht dann Spr 8,22–31, in der die »Weisheit« in personifizierter Gestalt sich selbst so vorstellt[18]:

»Gott schuf mich als Anfang seines Waltens,
vorlängst als erstes seiner Werke.
Seit Urzeit bin ich eingesetzt,
seit Anbeginn, seit dem Ursprung der Erde.
Als die Urfluten nicht waren, ward ich geboren,
als noch keine Quelle wasserschwer.
Ehe die Berge eingesenkt wurden,
vor den Hügeln ward ich geboren,
ehe er das Land noch die Fluren gemacht hatte,
noch die Masse der Schollen des Erdkreises,

---

[16] Ebd. 30. Vgl. auch *E. Haag*, Gott als Schöpfer und Erlöser in der Prophetie des Deuterojesaja, in: Trier. Theol. Zeitschr. 85 (1976) 193–213.

[17] Vgl. dazu *W. Zimmerli*, a.a.O. 31f.; 136–146 (weitere Literatur); *G. v. Rad*, Weisheit in Israel (Neukirchen 1970) 189–228.

[18] Übersetzung nach *G. v. Rad*, ebd. 196.

als er den Himmel herstellte, war ich dabei,
als er die Gewölbe über die Urflut spannte,
als er die Wolken droben befestigte,
als er die Quellen der Urflut stark werden ließ,
als er dem Meer seine Grenzen setzte,
daß die Wasser seinen Rand nicht überfluten,
als er die Fundamente der Erde legte –
da war ich ihm zur Seite als Liebling,
war sein Entzücken Tag für Tag,
spielend vor ihm alle Zeit,
spielend auf seinem Erdenrund,
und hatte mein Entzücken an den Menschen.«

Die Weisheit hat hier »keinen göttlichen Rang, es ist auch keine hypostasierte Eigenschaft JHWHs; es ist vielmehr etwas von JHWH Geschaffenes und in seine Funktion Eingesetztes. Obwohl deutlich von der ganzen Schöpfung abgehoben, ist es eine innerweltliche Größe, wenn auch als Erstling der Schöpfungswerke, das Geschöpf über allen Geschöpfen« *(G. v. Rad)*[19]. *G. v. Rad* macht mit Recht aufmerksam, daß die Weisheit hier nicht als eine Eigenschaft Gottes verobjektiviert ist, sondern als eine Eigenschaft der Welt, »nämlich als jenes geheimnisvolle Akzidens, kraft dessen sie sich ordnend dem Leben der Menschen zuwendet«. »Israel stand ... vor dem gleichen Phänomen, das mehr oder minder alle antiken Religionen ... faszinierte, nämlich vor einer religiösen Provokation des Menschen durch die Welt. Es ließ sich aber nicht zu einer Mythisierung und Divinisierung des Weltgrundes herbei. Seine Deutung war eine ganz andere, weil es dieses Phänomen im Horizont seines Glaubens an JHWH als den Schöpfer festhielt« *(ders.)*[20]. Die »Weisheitsreden« Israels bringen also einmal den Gedanken und die Erfahrung zur Geltung, daß die vorfindliche Welt eine geordnete Welt ist, daß es eine Weltordnung in der Schöpfung gibt, zum anderen aber vergessen gerade sie auch nicht, daß diese weisheitlich geordnete Welt Schöpfung Gottes ist. Auch die späte Weisheitslehre Israels hält an der ontologischen Differenz zwischen Schöpfer und Schöpfung unbedingt fest. Und weil Weisheit von ihrem Wesen her mit dem

[19] Ebd. 200.
[20] Ebd. 204.

Denken und dem Denkprozeß der Menschheit zu tun hat, darum ordnet die Weisheitslehre Israels diesen Denkprozeß selbst für alle Zeiten. An der ontologischen Differenz zwischen Schöpfer und Schöpfung festzuhalten, ist eine Grundvoraussetzung für die Gesundheit des Denkens und der Gedanken der Menschheit. Die Weisheit spricht in Prov 8 selbst, aber ihr »Ich«, das nicht mit dem »Ich« Gottes identisch ist, ruft die Menschheit zum rechten Denken über Gott und seine Schöpfung. Der Adressat dieses Rufes ist nicht allein Israel, sondern der Mensch schlechthin. »Die Träger dieser theologischen Vorstellungen müssen ... wohl Männer gewesen sein, die in erkenntnismäßiger Hinsicht stark engagiert waren, weltbürgerliche Weisheitslehrer, die im Umgang mit der Weisheit fremder Völker starke Anstöße empfangen haben. Aber interessanter als ihre Abhängigkeit von diesen Anregungen ist doch wohl ihre theologische Eigenleistung.«[21] Auch Israel hat die Provokation und die Faszination, die von der Welt ausgeht, stark empfunden, aber es »kapitulierte nicht vor der oft undurchdringlich scheinenden Schauseite der Welt, sondern es ließ die Frage nach einem Sinn, nach einer in der Welt wirksamen Ordnung nicht fallen«[22]. Die Welt ist nicht stumm, sie redet; der Himmel »erzählt«, das Firmament »verkündet« (Ps 19,2); »alle seine Werke loben Gott« (Ps 145,10). Israel sah zwar die faszinierende Urordnung der Welt, aber es verfiel deswegen nicht einer Divinisierung der Welt und deren heidnischen Repräsentation in Göttergestalten und ihrem Kult, sondern hielt unentwegt an den Sätzen der Schöpfungsberichte fest, in denen die ontologische Differenz zwischen Schöpfer und Schöpfung für immer ausgesprochen ist. Gerade das gehört zum großen Glaubenserbe Israels, mit dem das Denken Israels paradigmatisch für das Denken der Menschheit wurde. Durch Jesus und die Kirche ist dieses Glaubenserbe in die Völkerwelt gekommen. Gerade die Kategorie der Schöpfung bewahrt das Denken der Menschheit vor der gnostischen Interpretation der Welt und vor der *Hegel*schen Philosophie, nach der die Weltgeschichte die Selbstexplikation Gottes (des »Weltgeistes«) ist. Die Welt hat ihre eigene Geschichte, aber Gott begleitet diese Geschichte mit seiner »Heilsgeschich-

[21] Ebd. 228.
[22] Ebd.

te«, um die Geschichte der Menschheit vor dem Verderben zu bewahren und seine Schöpfung zu retten.

2.3 Der Mensch, das »Abbild« Gottes

Die biblische Grundstelle für die Idee, daß der Mensch das »Abbild« Gottes ist, findet sich in Gen 1,26f.: »Dann sprach Gott: Laßt uns ›Adam‹ machen nach unserem Abbild und Gleichnis, und sie sollen herrschen über die Fische des Meeres und über die Vögel des Himmels und über das Vieh und über die ganze Erde und über alles, was sich da regt auf der Erde. Da schuf Gott den Menschen nach seinem Abbild. Nach dem Abbild Gottes schuf er ihn, als Mann und Frau schuf er sie.« Über diese Verse der Genesis ist schon viel geschrieben worden[23]. Im hebräischen Urtext von Gen 1,26f. ist »Abbild = צֶלֶם, »Gleichnis« = דְּמוּת. Nach allgemeiner Überzeugung der Ausleger liegt die Bedeutung der beiden Lexeme »nicht weit auseinander« *(H. Wildberger)*. In den Formulierungen der beiden Verse fällt vor allem ein Doppeltes auf: einmal der Plural »laßt *uns* ›Adam‹ machen nach *unserem* Abbild und Gleichnis«, zum zweiten im V. 27 die Gottesbezeichnung *»elohim«* in dem Satz »nach dem Abbild Gottes schuf er sie«. Der Plural »laßt uns« schließt Gott mit seinem Hofstaat zusammen (vgl. dazu auch Gen 3,22; 11,7; 3 Kön 22,19; Jes 6; Job 1; Dan 7,10); Gott ging bei der Erschaffung des Adam mit seinem himmlischen Hofstaat zu Rate. Mit dem Plural »elohim« wird das vorangehende »nach unserem Abbild« in gewisser Weise korrigiert: »Nicht direkt Abbild Gottes

---

[23] Vgl. außer den Kommentaren zur Genesis etwa *J. J. Stamm,* Die Imago-Lehre von Karl Barth und die alttestamentliche Wissenschaft, in: Antwort (FS f. *Karl Barth*) (Zollikon/Zürich 1956) 84–98; *ders.,* Die Gottebenbildlichkeit des Menschen im Alten Testament (Theol. Stud. 54) (Zollikon/Zürich 1959); *H. Groß,* Die Gottebenbildlichkeit des Menschen, in: *H. Groß / F. Mußner* (Hrsg.), LEX TUA VERITAS (FS f. *H. Junker*) (Trier 1961) 89–100; *H. Wildberger,* Das Abbild Gottes, in: ThZ 21 (1965) 245–259; 481–501; *ders.,* Art. צֶלֶם, in: ThHwbzAT II, 556–563; *O. Loretz,* Die Gottebenbildlichkeit des Menschen (Stuttgart 1967); *H. W. Wolff,* Anthropologie des Alten Testaments (München 1973) 233–242; *J. Jervell,* IMAGO DEI. Gen 1,26f. im Spätjudentum, in der Gnosis und in den paulinischen Briefen (Göttingen 1960).

ist der Mensch, sondern Abbild von göttlichen Wesen« *(H. Wildberger),* was durch Ps 8,6 bestätigt wird: »du hast ihn wenig niedriger gemacht denn elohim«, was nicht »Gott«, sondern nach *H. Wildberger* nur ›göttliche Wesen‹ heißen kann[24]. Das heißt: Gott hat den Menschen »elohimartig« erschaffen. Er ist nicht identifizierbar mit Gott selber; die ontologische Differenz zwischen *creator* und *creatura* wird auch hier durchgehalten. Worin die Gottabbildlichkeit des Menschen konkret besteht, ergibt sich aus dem Kontext der Genesisstelle: »und er soll herrschen ... über die ganze Erde und über alles, was sich da regt auf der Erde«, was wiederum Ps 8 bestätigt: »Mit Ehre und Schmuck hast du ihn gekrönt, du machtest ihn zum Herrscher über das Werk deiner Hände, alles hast du ihm unter die Füße gelegt.« Die Gottabbildlichkeit des Menschen und seine Investitur zum Herrscher über die ganze untermenschliche Kreatur gehören also eng zusammen. Die beiden Prädikate für den Menschen in Ps 8,6, nämlich »Majestät« *(kabōd)* und »Hoheit« *(hadar)* sind im Alten Testament häufig Bezeichnungen für das Königtum Gottes[25] (vgl. besonders Ps 145,5.12: »Über den Glanz deiner herrlichen Pracht und die Tatsache deiner Wunder will ich nachsinnen ... um kundzutun den Menschenkindern seine machtvollen Taten und die majestätische Hoheit seines Königtums«). Gott gibt nach Ps 8,6 »dem Menschen ... an diesen für Schöpfung wie Heilsweg maßgeblichen Prädikaten Anteil« *(H. Groß).* Also liegt die Gottabbildlichkeit des Menschen darin begründet, ... »daß Gott ihm an seiner *Herr-lichkeit,* an seinem *Herr-sein* Anteil gegeben hat, daß er als Gottes Ebenbild die majestätische Hoheit Gottes wiederstrahlt und auf die untermenschliche Kreatur hinstrahlt« *(H. Groß)*[26]. Wiederaufgenommen ist die Schöpfungsgeschichte der Genesis dann auch in Sir 16,26–17,10 und weiterinterpretiert in Weish 2,23: »Denn Gott hat den Menschen zur Unvergänglichkeit geschaffen und als Bild seiner eigenen Unvergänglichkeit ihn gemacht«.

Mit diesen Schöpfungsaussagen des Alten Testaments über den Menschen ist mitgesagt, daß »der Mensch als Standbild Gottes in die Schöpfung eingesetzt« *(H. W. Wolff)* ist; der Mensch

[24] Vgl. ThHwbzAT II, 559f.

[25] S. dazu Näheres bei *H. Groß,* a. a. O. 96–98.

[26] Ebd. 98.

praktiziert als Verwalter der übrigen Geschöpfe die Herrschaft Gottes über die Erde. »Nicht in selbstherrlicher Willkür, sondern als verantwortlicher Geschäftsträger nimmt er die Aufgabe wahr« *(H. W. Wolff)*[27]. Dabei ist am Text von Gen 1,26b noch zu beachten, daß es heißt: »damit sie herrschen«. Das ist Plural, deshalb ist das vorausgehende »Adam« kollektiv zu verstehen. Es handelt sich nicht um das Individuum »Adam«, sondern um die Gattung »Menschheit«. »Nicht großen Einzelnen wird die Weltherrschaft übergeben, sondern der Gemeinschaft der Menschen« *(H. W. Wolff)*[28]. Sie sollen sich gemeinsam für die Welt verantwortlich fühlen. »Einer großen Menschheit mit der Vielzahl ihrer Glieder ist also die Weltverwalterschaft anvertraut« *(ders.)*[29]. Das setzt eine entmythisierte Welt voraus, die ja mit dem ersten Vers der Bibel mit seiner Implikation der ontologischen Differenz zwischen Schöpfer und Schöpfung schon deutlich genug gegeben ist. Die von Gott geschaffene Welt ist selber nicht göttlich. In dieser von Gott verschiedenen Welt darf der Mensch sein Verwalteramt ausüben. »Ihr aber wachset und mehret euch, und tummelt euch auf Erden und mehret euch darauf« (Gen 9,7). Im vorausgehenden Vers (9,6) wird das Verbot, Menschenblut zu vergießen, damit begründet: »denn nach dem Bild Gottes hat er den Menschen gemacht«.

Die biblische Verkündigung, daß der Mensch das Abbild Gottes ist, impliziert also die unantastbare Würde des Menschen und damit das, was man heute »die Menschenrechte« nennt.

Mag auch die frühjüdisch-rabbinische Auslegung von Gen 1,26f. eine exegetische Engpaßführung vollzogen haben, insofern sie angesichts des leicht mißverständlichen Plurals »laßt uns ›adam‹ machen« um den Monotheismus besorgt war und »adam« mit Israel identifizierte[30], so stand dahinter doch die tiefe Einsicht, daß nur *der* Mensch wahrer »Mensch« ist, der sich nach dem Willen Gottes richtet, wie er sich nach dem Alten Testament besonders am Sinai geoffenbart hat. »Die Welt ist eben eine israelitische Welt und kann nur als solche bestehen« *(J. Jervell)*[31].

---

[27] A.a.O. 235.

[28] Vgl. ebd. 237.

[29] Ebd. 238.

[30] Vgl. dazu *J. Jervell,* a. a. O. 71–84.

[31] Ebd. 79.

Die Lehre von der Ebenbildlichkeit des Menschen wird also vom Judentum mit der Ethik in Zusammenhang gebracht, wie es schon in Gen 9,6 geschieht[32]. Darum kann man es verstehen, daß gerade der Brudermörder Kain »der Prototyp des nichtgottebenbildlichen Menschen ist« *(J. Jervell)*[33]. Wer mordet, vermindert die Gottebenbildlichkeit, lehrt deshalb die *Mekilta Bachodesch* (8,72 ff.)[34]. »Du sollst deinen Nächsten nicht verachten, der nach Gottes Bild erschaffen ist« (MekEx 20,26). »Wenn du den Nächsten verachtest, wisse, wen du verachtest: nach Gottes Bild hat er ihn erschaffen« (GenR 24,8). »Selig, wer seinen Mund öffnet zum Lob des Herrn! Verflucht, wer seinen Mund öffnet zur Schmähung seines Nächsten! Verflucht, wer ein Geschöpf des Herrn verächtlich macht!« (Slav. Hen. 52,1.2.6). »Der Herr schuf mit eigenen Händen einen Menschen und machte ihn seinem eigenen Antlitz ähnlich ... Wer des Menschen Antlitz verachtet, verachtet das Antlitz des Herrn!« (44,1). Auch hier ist das ethische Verhalten gegenüber dem Mitmenschen in der Lehre von der Gottesebenbildlichkeit des Menschen gegründet.
Ganz aus diesen Traditionen heraus ist im Neuen Testament etwa Jak 3,9 formuliert: »Mit der (Zunge) preisen wir den Herrn und Vater, und mit ihr verfluchen wir die Menschen, die nach Gottes Bild geschaffen sind« (vgl. auch 1 Joh 3,12). Die von den Rabbinen mit der Auslegung von Gen 1,26 f. und 9,6 verbundene Ethik geht darauf hin: Du sollst die Gottebenbildlichkeit deines Mitmenschen respektieren! Dahinter steht die Überzeugung von der Würde des Menschen. Nach Rabbi *Aqiba* ist der Mensch von Gott geliebt, weil er nach dem Abbild Gottes geschaffen ist: »Geliebt ist der Mensch. Mehr Liebe ist: Es ist ihm kundgetan, daß er im Bild geschaffen wurde« (Abot III, 14). Weil also der Mensch *weiß*, daß er nach dem Bild Gottes geschaffen ist, kann er darin die Liebe Gottes erkennen.
Alle diese Überzeugungen gehören zum großen Glaubenserbe Israels; und, so gesehen, ist Israel paradigmatisch für die Völker geworden, die ohne Beachtung dieser Überzeugungen aus der Welt ein Konzentrationslager machen, wie die Erfahrung der Geschichte immer mehr zeigt.

---

[32] Vgl. ebd. 86–96.
[33] Ebd. 96 (mit rabbinischen Belegen).
[34] Vgl. ebd. 95.

2.4 *Grundhaltungen vor Gott*

2.4.1 Heiligkeit

Israel ist das erwählte Sondereigentum Gottes[35]. Dies kommt auch darin zum Ausdruck, daß Israel nach dem Alten Testament ein *heiliges* Volk ist, womit zunächst keine ethische Qualifikation gemeint ist, »sondern das Ausgesondertsein zum besonderen Besitz JHWHs« *(W. Zimmerli)*[36]. »Du bist ein heiliges Volk JHWH, deinem Gott. Dich hat JHWH, dein Gott, erwählt, daß du ihm zum Eigentumsvolk werdest aus allen Völkern« (Deut 7,6–14,2). »Und nun, wenn ihr recht auf meine Stimme hört und meinen Bund haltet, dann sollt ihr mir zum Eigentum werden aus allen Völkern heraus, denn mir gehört die ganze Erde. Und ihr sollt mir ein Königtum von Priestern und ein heiliges Volk werden« (Ex 19,5f.). Vergleicht man die beiden Texte, so zeigt sich zwischen ihnen die Spannung von Indikativ zum Imperativ: Israel ist heiliges Volk Gottes und deshalb soll es auch ein heiliges Volk Gottes werden! Deshalb ist es nur konsequent, daß im »Heiligkeitsgesetz« (Lev 17–26) die Heiligkeitsforderung Gottes an Israel mit dem Heiligsein Gottes begründet wird: »Ihr sollt heilig sein; denn ich bin heilig, JHWH, euer Gott« (Lev 19,2). Umgekehrt wird die prophetische Unheilsansage damit begründet, daß Israel der Heiligkeitsforderung Gottes nicht entsprochen hat: »Denn sie haben die Weisung JHWHs der Heerscharen verworfen und das Wort des Heiligen Israels gelästert« (Jes 5,24). Um diese Zusammenhänge muß man wissen, wenn man die jüdische Glaubensüberzeugung verstehen will, nach der das Leben entsprechend der »Weisung« Heiligung des Alltags ist[37], in Erfüllung der Forderung Gottes, heilig zu sein, weil er selber heilig ist. Und darum gilt es, vor allem den Sabbat zu »heiligen« (Ex 20,8 = Deut 6,12). Das Gebot, den Sabbat zu heiligen (vgl. Ez

---

[35] Vgl. 1.3.

[36] *W. Zimmerli,* Grundriß der atl. Theologie, 36. Vgl. ferner *O. Procksch / K. G. Kuhn* in ThWbzNT I, 87–116; *O. Schilling,* Das Heilige und Gute im Alten Testament (Leipzig 1956); *F. Nötscher,* Heiligkeit in den Qumanschriften, in: *ders.,* Vom Alten zum Neuen Testament (Bonn 1962) 126–174.

[37] Vgl. dazu 1.6.

12,20), will zu der Erkenntnis führen, »daß ich es bin, der sie (die Israeliten) heiligt« (12,12; vgl. auch Ex 31,13).

2.4.2 Gehorsam

Gottes Weisung ist ein gebietendes Wort, das von Israel Gehorsam verlangt. Der Gehorsam Israels gegen Gott kommt sprachlich zur Geltung vor allem in den drei Zeitwörtern »hören« (שמע), »beobachten« (שמר), »tun« (עשה).

Das »Hören« ist ein Grundakt des zum Gehorsam aufgeforderten und bereiten Israel (»Šem^{a} Israel«!). Darum fordert der Vater den Sohn zum unermüdlichen Hören auf: »Höre, mein Sohn, und sei weise!« Und der Mensch, der auf die Weisheit »hört«, wird selig gepriesen (Spr 8,34). Umgekehrt gilt: »Hörst du auf, mein Sohn, auf meine Mahnung zu hören, so irrst du ab von den Worten der Erkenntnis« (Spr 19,27). Der Mensch ist Hörer des Wortes, d. h. der Weisung Gottes[38]. Auf Gott bzw. seine Vertreter (Mose, Josua, die Propheten) hören, bedeutet, tun, was Gott sagt und will. »Hören ist besser als Schlachtopfer« (1 Sam 15,22). »Wenn ihr wollt und hört, eßt ihr das Beste des Landes« (Jes 1,19). Umgekehrt klagt der Prophet Ezechiel: »Aber das Haus Israel will nicht auf dich hören, da sie ja (auch) auf mich nicht hören wollen« (Ez 3,7). Das Hören hat den Vorrang vor dem Schauen. Was Israel »gehört« hat, soll es »beachten«, »hüten«, »bewahren«, »befolgen« (שמר). Wenn Israel auf die Weisungen Gottes gehorsam »hört«, »bewahrt« es auch den Bund. »Wenn ihr nun auf mein Wort gewissenhaft hört und meinen Bund bewahren wollt, dann sollt ihr unter allen Völkern mein besonderes Eigentum sein; denn mir gehört die ganze Erde« (Ex 19,5). Im »Torapsalm« 119 begegnet der Term »beachten« 21mal. »Du hast deine Vorschriften gegeben, daß man sie genau beachte« (119,4). »Gib mir Einsicht, daß ich dein Gesetz beachte und es befolge von ganzem Herzen« (119,34). »Ich beachte deine Weisungen und liebe sie sehr« (119,167).

Gott erwartet von Israel, daß es auf seine Weisungen hört und

[38] Vgl. dazu *J. Schreiner,* Hören auf Gott und sein Wort in der Sicht des Deuteronomiums, in: Miscellanea Erfordiana (1962) 27–47; *N. Lohfink,* Das Hauptgebot (Rom 1963) 66ff.; 299ff.; *A. K. Fenz,* Auf Jahwes Stimme hören (Wien 1964).

sie »tut« (עשה). Der Term »ist mit 2627 Belegen ... das dritthäufigste Verbum des AT« *(J. Vollmer)*[39]. Zu einer theologischen Vokabel wird der Begriff besonders dann und dort, wo es um das »tun« des Menschen vor Gott geht. »Gib ihnen die Satzungen und Weisungen bekannt, daß du sie lehrest den Weg, auf dem sie wandeln, und die Werke, die sie tun sollen« (Ex 18,20). »Alles, was der Herr geredet hat, wollen wir tun« (19,8). »Darum sollt ihr meine Satzungen halten und meine Rechte. Denn der Mensch, der sie tut, wird durch sie leben« (Lev 18,5; vgl. Ez 20,13). Darum ist Israel zwar nicht ein Volk, das nach dem »Leistungsprinzip« handelt, wie ihm christliche Theologen bis heute unterstellen, wohl aber ein Volk der »Realisierung«, um einen Lieblingsausdruck *Martin Bubers* zu gebrauchen, nämlich der Realisierung des Willens Gottes, wie er Israel in der Tora kundgetan ist. Die Realisierung, das »Tun«, ist Konsequenz des Gehorsams Israels gegen die Weisungen Gottes. Das »Tun« des Willens Gottes bewegt sich »auf dem Boden des Bundes« *(H. Braun)*. Israel würde dem Bund untreu, wenn es die Weisungen Gottes nicht »tun« würde. Das weiß Israel. Es weiß, daß alles auf das »tun« vor Gott ankommt, aber ebenso, daß der Mensch trotz seines Tuns verloren wäre, wenn Gott beim Gericht nicht Güte walten ließe. *Rabbi Aqiba* hat gesagt: »Alles ist vorhergesehen, und doch ist die (Wahl-)Freiheit gegeben; mit Güte wird die Welt gerichtet, und doch kommt alles auf die Menge der Tat an« (Abot III, 15).
Der Term »tun« (ποιεῖν) im Sinn der Realisierung spielt auch im Neuen Testament eine ganz bedeutende Rolle. »Der weitaus größte Kreis neutestamentlicher ποιέω-Stellen redet vom gehorsamen oder ungehorsamen Tun des Menschen gegenüber dem Gesetz, dem Willen Gottes und der Verkündigung Jesu, sei es nun in grundsätzlicher Betrachtung oder im Blick auf einzelne Gebote« *(H. Braun)*[40]. Ja, »ποιεῖν ist so gut wie die einzige Vokabel, mit welcher die Synoptiker das dem Menschen von Gott gebotene Tun ausdrücken«, und »Jesus wie die anschließende Tradition geben dem Tun und dem Hören vor dem Sagen eindeutig den Vorzug und bleiben auch damit auf dem Boden des offiziellen

[39] ThHWbzAT II, 359–370 (360). Vgl. auch *H. Braun*, Art. ποιέω, in: ThWbzNT VI, 467f.
[40] Ebd. 477.

Judentums ...« *(H. Braun)*[41]. Jesus bleibt damit ganz im Rahmen des Judentums. Dies sollte man in der christlichen Theologie nicht übersehen – trotz der paulinischen Rechtfertigungslehre[42].

2.4.3 Gottesfurcht

Israel weiß sich als das von Gott geliebte Volk und um die Nähe seines Gottes. Dennoch wird es auch gelehrt, Gott zu fürchten, ohne sich deshalb in eine Angst vor Gott treiben zu lassen. In der Furcht vor Gott erfährt Israel, daß Gott kein »gemütlicher, älterer Onkel« *(Kierkegaard)* ist. Es erfährt sich immer wieder als Geschöpf vor seinem Schöpfer und Herrn. Es lernt in der Gottesfurcht, daß Gott nicht mit sich spaßen läßt, daß seine Wege unerforschlich sind. Gottesfurcht gehört zum Gehorsam gegenüber den Weisungen Gottes, die keine bloß »gute Ratschläge« sind. Und weil die Weisungen Gottes Heil verheißen, darum ist »zu verstehen, daß die Rede von der Gottesfurcht als dem Verhalten des Menschen vor JHWH ganz überraschend einen ausgesprochenen Akzent des Vertrauens erhalten hat« *(W. Zimmerli)*[43]. »In der Furcht Gottes liegt ein fester Verlaß, noch den Kindern ist er eine Zuflucht. Die Furcht Gottes ist eine Quelle des Lebens, so daß man den Schlingen des Todes entgeht« (Spr 14,26f.). »So möchte man geradezu formulieren: Wer JHWH fürchtet, braucht sich nicht zu fürchten, wer dagegen JHWH nicht fürchtet, der muß sich fürchten« *(ders.)*. »Gottesfurcht ist der Anfang der Erkenntnis« (Spr 1,7)[44]. Damit sind wir beim nächsten Stichwort.

2.4.4 Gotteserkenntnis[45]

»Erkennen« gehört zu den Grundverben des Alten Testaments, sich fortsetzend im Frühjudentum besonders in den Qumran-

---

[41] *H. Braun*, Spätjüdisch-häretischer und frühchristlicher Radikalismus II (Tübingen 1957) 30.32.

[42] Vgl. dazu Näheres unter 3.9.

[43] *W. Zimmerli*, Grundriß der alttestamentlichen Theologie, 128.

[44] Vgl. dazu Näheres bei *J. Becker*, Gottesfurcht im Alten Testament (Rom 1965).

[45] Vgl. dazu *G. J. Botterweck*, »Gott erkennen« im Sprachgebrauch des Alten Testaments (Bonn 1951); *W. Zimmerli*, Erkenntnis Gottes nach dem Buche

schriften und im Neuen Testament, hier vor allem bei Paulus und Johannes. Als *vox theologica* meint »erkennen« im Alten Testament nicht die rational, spekulativ gewonnene Vernunfteinsicht (etwa im Sinn von »Gottesbeweisen«), sondern einen ganzheitlichen, personalen Akt im Sinn von anerkennen, vertrauen, vertrautsein mit, sich hingeben, glauben. »Erkennen« besagt das richtige Verhalten zu Gott, das aus der Mitte der Existenz geboren ist, genau wie das johanneische »erkennen«[46]. Das Gegenteil ist das »nicht erkennen«, das nicht auf mangelnder Begabung beruht, sondern das willentliche Nicht-zur-Kenntnis-nehmen-Wollen besagt, die Ablehnung. Wenn Israel Gott »nicht erkennt«, dann bedeutet das häufig: es nimmt von ihm und seinen Weisungen keine Notiz. So kann »sich auflehnen gegen« geradezu ein Kontrastbegriff zu »erkennen« sein (vgl. Jer 2,8). Die »Erkenntnis« Gottes wird bei den Propheten Hosea und Jeremia zu einem »Schlüsselbegriff der prophetischen Verkündigung« *(W. Schottroff)*[47], besonders in der Verwendung der »Erkenntnisformel«: Israel soll (wird) »erkennen, daß ...«, daß in diesem oder jenem Geschehen Gott selbst am Werke ist. Es soll »erkennen, daß JHWH Gott ist« und sonst keiner (1 Kön 8,60; 18,37; 2 Kön 19,19). Auch das Gerichtshandeln Gottes an Israel soll das Volk »erkennen« lassen, »daß ich, JHWH in meinem Eifer geredet habe, indem ich meinen Grimm an ihnen auslasse. Ich will dich zur Wüste machen [und zur Schmach] unter den Völkern rings um dich herum, vor den Augen eines jeden, der vorüber geht. Du wirst zur Schmach und zum Hohn, zur Warnung und zum Entsetzen für die Völker rings um dich herum, da ich an dir das Gericht in grimmigen Züchtigungen vollziehe. Ich, JHWH, habe gesprochen« (Ez 5,13–15; vgl. auch 6,7.10.13.14 u. ö.; Jer 16,21; Mal 2,4). Aber auch Gottes Heilserweise sind Quellen der

---

Ezechiel (Zürich 1954); *H. W. Wolff,* Erkenntnis Gottes im Alten Testament, in: EvTh 15 (1955) 426–431; *S. Wagner,* ידע in den Lobliedern von Qumran, in: *H. Bardtke* (Hrsg.), Bibel und Qumran (Berlin 1968) 232–252; *W. Schottroff,* Art. ידע in: ThHWbzAT I, 682–701; *B. Reicke,* Da'at and Gnosis in intertestamental Literature, in: *E. Earle Ellis /M. Wilcox,* Neutestamentica et Semitica (FS f. *M. Black*) (Edinburgh 1969) 245–255.

[46] Vgl. dazu *F. Mußner,* ΖΩΗ. Die Anschauung vom »Leben« im vierten Evangelium unter Berücksichtigung der Johannesbriefe (München 1952) 172–176.

[47] A.a.O. 695.

Gotteserkenntnis (vgl. etwa Jes 41,20; 45,3). Gott macht den König zum Instrument seiner Heilspläne mit Israel, »damit man erkenne vom Aufgang der Sonne bis zu ihrem Untergang, daß es außer mir keinen gibt. Ich bin JHWH und sonst keiner, der Licht bildet und die Finsternis schafft, der das Heil wirkt und das Unheil schafft« (Jes 45,6f.). Wenn Gott Israel mit starkem Arm befreien wird, »wird alles Fleisch erkennen, daß ich, JHWH, dein Retter bin, der Starke Jakobs, dein Erlöser« (49,26b).
Die Erkenntnis Gottes wird schließlich auf die gesamte Völkerwelt ausgedehnt (vgl. Ez 21,10 [»alles Fleisch«]; Jes 45,6 u.ö.). Wichtig ist für unseren Zusammenhang ein Text wie der von Jes 43,1–13: Hier wird die Heimführung des zerstreuten Israels von allen Enden der Erde in das Land der Väter zum Anlaß für die Völker, über die geheimnisvolle und machtvolle Führung Israels durch Gott nachzusinnen: »Alle Völker sollen sich sammeln zumal und die Stämme zusammentreten! Wer unter ihnen kann solches verkünden und Früheres hören lassen? Sie sollen ihre Zeugen stellen, damit sie recht bekommen; sie sollen dann hören und sagen: Es stimmt!« (43,9). Und dann spricht Gott Israel selber an als seine Zeugen: »Ihr seid meine Zeugen – Spruch JHWHs – und meine Knechte, die ich erwählte, damit ihr erkennt und mir glaubt und einseht, daß ich es bin. Vor mir ist kein Gott gebildet und nach mir wird keiner je sein. Ich, ja ich bin JHWH und außer mir ist kein Retter. Ich selbst hab's verkündet und es hören lassen, und nicht war unter euch ein fremder (Gott). *Ihr seid meine Zeugen* – Spruch JHWHs – ich bin Gott« (43,10–12). Israel ist der Erkenntnis Gottes schaffende Zeuge Gottes in der Welt, ist geradezu ein »Gottesbeweis«. Das sollen die Völker »erkennen«. Sie werden zu dieser Erkenntnis kommen, wenn Gott »ganz Israel« am Ende retten wird (Röm 11,26).

2.4.5 Liebe[48]

Gott liebt sein Volk Israel und zwar aufgrund seiner Erwählung: »weil er deine Väter geliebt und ihre Nachkommen erwählt hat« (Deut 4,37); »nicht weil ihr zahlreicher wäret als alle Völker, hat JHWH sein Herz euch zugewandt und euch erwählt ... sondern

[48] Vgl. dazu *E. Jenni*, Art. אהב, in: ThHWbzAT I, 60–73 (weitere Literatur).

weil euch JHWH liebte ...« (7,7f.; vgl. auch 7,13; 10,15); »mit ewiger Liebe habe ich dich geliebt« (Jer 31,3). »Der Grund liegt in der Liebe Gottes als dessen souveränem, nicht weiter ableitbarem Willensentschluß« *(E. Jenni).*
Darum soll auch Israel Gott lieben. Diese Forderung gehört besonders zur Paränese des Deuteronomiums, so besonders im »Hauptgebot«: »Höre, Israel, JHWH ist unser Gott, JHWH allein! Und du sollst JHWH, deinen Gott, lieben aus deinem ganzen Herzen, aus deiner ganzen Seele und aus deiner ganzen Kraft« (Deut 6,4f.; vgl. auch 10,12; 11,1.13.22; 13,4; 19,9; 30,6.16.20). Die Liebe Israels zu Gott »konkretisiert sich als auf die Liebe JHWHs antwortende Gegenliebe in Treue und Gehorsam innerhalb des JHWHbundes« *(E. Jenni),* also im Gehorsam gegen die Weisungen Gottes. Unmittelbar im Anschluß an das »Hauptgebot« der Liebe folgt in Deut 6,6 die Mahnung: »Diese Worte, die ich dir heute befehle, sollst du im Herzen tragen.« »So sollst du dir bewußt bleiben, daß JHWH, dein Gott, der wirkliche Gott ist, der treue Gott, der den Bund und die Treue denen hält, die ihn lieben und seine Gebote beachten ...« (Deut 7,9). Darum ist die Liebe zu Gott in Israel nicht »mystische« Liebe, sondern Ausdruck des Gehorsams gegenüber Gott und seinen Weisungen. Aber solche Liebe wird dennoch in Israel Ausdruck engster Gemeinschaft mit Gott, wie es in Ps 73,23–28 heißt[49]:
»Doch ich bin stets bei dir,
du hast meine rechte Hand gefaßt.
Nach deinem Rat führst du mich
und hernach – in Herrlichkeit nimmst du mich auf.
Wen hätte ich im Himmel?
Und neben dir begehre ich nichts auf Erden!
Mag auch schwinden mein Leib und Herz –
›Mein Fels‹ und Teil ist ›JHWH‹!
Denn siehe: die von dir weichen, vergehen;
du vertilgst, die von dir abfallen.
Ich aber –, ›deine Nähe‹ ist mir köstlich,
auf ›JHWH‹ habe ich mein Vertrauen gesetzt,
auf daß ich erzähle all seine Taten.«
Israel wird aber auch aufgefordert: »Du sollst deinen Nächsten

[49] Übersetzung nach *H.-J. Kraus.*

lieben wie dich selbst« (Lev 19,18)[50]. Mag dabei der Begriff »Nächster« sich primär auf den Volksgenossen bezogen haben, so wird schon nach Lev 19,34 das Gebot der Nächstenliebe auf den »Fremdling« ausgedehnt: »Wie ein Einheimischer aus eurer eigenen Mitte soll euch der Fremdling gelten, der bei euch wohnt, und du sollst ihn lieben wie dich selbst« (vgl. auch Deut 10,19), weil auch Gott den Fremdling liebt, »indem er ihm Nahrung und Kleidung gibt« (10,18). Die karitativen Anordnungen, etwa in Ex 22,20–26, sind nur eine Konsequenz aus dem Liebesgebot, das dann von Jesus oder schon vom Judentum vor ihm mit dem Gebot der Gottesliebe zum »Doppelgebot« der Liebe zusammengefaßt wurde[51]. Jedenfalls »ist das Gebot der Nächsten- bzw. Fremdenliebe nicht einfach Ausdruck der Sippenmoral ..., sondern theologisch mit der Liebe JHWHs zum Volk bzw. zum Fremdling motiviert und beruht, wie die übrigen JHWHgebote, auf dem Bundesverhältnis« *(E. Jenni)*. Das Judentum hat das nie vergessen. »Indem die Liebe zum Menschen von Gott geboten wird, wird sie, weil Liebe nicht geboten werden kann außer vom Liebenden selber, unmittelbar auf die Liebe zu Gott zurückgeführt. Liebe zu Gott soll sich äußern in der Liebe zum Nächsten. Deshalb kann die Nächstenliebe geboten werden. Nur durch die Form des Gebots wird hinter ihrem Ursprung, den sie im Geheimnis des gerichteten Willens nahm, die Voraussetzung des Gottgeliebtseins sichtbar, durch die sie sich von allen moralischen Taten unterscheidet« *(F. Rosenzweig)*[52].

2.4.6 Emuna

Ein wichtiges Stichwort für das Leben Israels vor Gott ist das Substantiv **אמונה**, das im Deutschen mit »Festigkeit«, »Treue«, »Vertrauen«, »Glaube« wiederzugeben ist, bzw. das dazu gehörige Verbum **האמין** (Hiphilform von dem Stamm **אמן**) mit der Bedeutung: »festhalten«, »trauen«, »glauben«[53]. Als eine Grund-

[50] Vgl. dazu *J. Fichtner*, Der Begriff des »Nächsten« im Alten Testament, in: Wort und Dienst, Jahrb. der Theologischen Schule Bethel NF 4 (1955) 23–52.

[51] Vgl. dazu 3.3.

[52] *F. Rosenzweig*, Der Stern der Erlösung (Haag [4]1976) 239.

[53] Vgl. dazu etwa *H. Wildberger*, »Glauben« im Alten Testament, in ZThK 65 (1968) 129–159; *R. Smend*, Zur Geschichte von **האמין**, in: Hebräische Wortforschung (FS. f. *W. Baumgartner*) (Leiden 1967) 284–290; *J. Barr*,

stelle für diesen Zusammenhang darf die Aussage in Gen 15,6 angesehen werden: »(Abraham) aber glaubte Gott, und das rechnete er ihm zur Gerechtigkeit an«. Es handelt sich bei diesem Satz um ein Urteil des Erzählers – näherhin des sogenannten Elohisten – über Abrahams Verhalten, als dieser angesichts der Verheißungen Gottes, seine Nachkommenschaft werde zahlreich wie die Sterne am Himmel sein, nur in verstummendem Hören und Schauen verharren kann. »Der Erzähler verläßt gewissermaßen den zum Sternenhimmel aufblickenden Mann und wendet sich an den Leser, indem er ihm theologische Urteile von großer theologischer Dichtigkeit mitteilt, wobei der eigentliche Vorgang, auf den sich diese Urteile stützen, weder bei Abraham noch bei JHWH geschildert ist« *(G. von Rad)*[54]. Weil es sich bei Gen 15,6 um eine Aussage »von großer theologischer Dichtigkeit« handelt, geht es bei ihr nicht bloß um irgendeine Episode aus dem Leben Abrahams oder nur um eine alte Erzählung, sondern um ein »fundamentales Programm der elohistischen Geschichtserzählung, die bei Abraham ihren Anfang nimmt« *(R. Kilian)*[55]. Es geht hier gewissermaßen um das Gesetz, nach dem Abraham, der Stammvater Israels, angetreten ist. Es geht um eine Grundhaltung, die Israels Verhältnis zu Gott für immer bestimmt. Der Apostel Paulus hat durchaus richtig erkannt, daß es sich in der Aussage von Gen 15,6 um einen »Basissatz« von höchst theologischem Rang handelt (vgl. Gal 3,6; Röm 4,3). Er nennt darum auch Abraham in Röm 4,11 »den Vater aller Glaubenden«. Mit Gen 15,6 ist Abraham Israel als Prototyp des Glaubens vor Augen gestellt. Abraham »glaubte Gott«, d. h. er traut Gott zu, daß er seine Verheißungen trotz alles vom Menschen her gesehen Unmöglichen zur Erfüllung zu bringen vermag. Und darum wurde ihm dieser Glaube auch »zur Gerechtigkeit angerechnet«, d. h. er wurde als einer erklärt, der im richtigen Gemeinschaftsverhältnis zu Gott steht. Er vertraut den Verheißungen und Plänen Gottes, auch wenn es ihm verborgen ist, wie Gott diese Pläne verwirklichen und durchsetzen wird.

Bibelexegese und moderne Semantik (München 1965) 164–206; *H. Wildberger*, Art. אמן, in: ThHWbzAT I, 177–209.

[54] Das erste Buch Mose (Genesis) (Göttingen [9]1972) 142.

[55] *R. Kilian*, Die vorpriesterlichen Abrahamsüberlieferungen. Literarkritisch und traditionsgeschichtlich untersucht (Bonn 1966) 65.

Auch für Jesaja ist »Glauben« »zusammenfassender Ausdruck für die Gesamtbeziehung zwischen Gott und Mensch« *(W. Eichrodt)*[56], was bei ihm in dem programmatisch klingenden Wortspiel von 7,9 zur Geltung kommt: »Wenn ihr euch nicht festmacht (nämlich in Gottes Zusage), so werdet ihr nicht gefestigt werden«, und das gewöhnlich so wiedergegeben wird: »Glaubt ihr nicht, so bleibt ihr nicht«, in Jes 28,16 auch so formuliert: »Wer glaubt, wird nicht weichen«. In 2 Chron 20,20 wird das Volk aufgefordert, Gott und seinen Propheten zu vertrauen; Josaphat trat hin und sprach: »Hört mich an, Juda und Bewohner von Jerusalem! Vertraut auf JHWH, euren Gott, und ihr könnt bestehen! Vertraut auf seine Propheten und ihr habt Erfolg!«. In Ps 119,66 wird Einsicht und Erkenntnis mit dem Vertrauen auf die Weisungen Gottes in Zusammenhang gebracht: »Einsicht und Erkenntnis lehre mich; denn ich vertraue deinen Satzungen«. Nach Jona 3,5 bewirkt der Glaube Umkehr. Nach Jes 43,10 hat Israel der Zeuge Gottes zu sein, »damit ihr erkennt und mir glaubt und einseht, daß ich es bin«. Der Glaube führt letztlich zum Preis Gottes: »Sie glaubten an (Gottes) Worte, und sangen seinen Ruhm« (Ps 106,12)[57].

Von den großen jüdischen Denkern hat sich vor allem *M. Buber* in seiner Abhandlung »Zwei Glaubensweisen«[58] mit dem Wesen der *Emuna* beschäftigt, wenn auch in z. T. unzutreffender Abhebung von der paulinischen-christlichen *Pistis*[59] und wenn auch im Zusammenhang mit seinen Thesen über die Verborgenheit Gottes[60]. »Emuna ist das ›Beharrens‹-Verhältnis . . . des Menschen zu einer unsichtbaren und sich doch zu sehen gebenden, einer verborgenen, aber auch offenbarenden Führung; doch die persönliche Emuna jedes Einzelnen bleibt in die des Volkes gebettet und zieht ihre Kraft aus dem lebenden Gedächtnis der Generationen

---

[56] *W. Eichrodt*, Theologie des AT III (Berlin 1948) 26.

[57] Vgl. zum ganzen noch ebd. 23–30.

[58] Werke I (München/Heidelberg 1962) 651–782.

[59] Vgl. dazu etwa *L. Wachinger*, Der Glaubensbegriff Martin Bubers (München 1970); *E. Lohse*, Emuna und Pistis – Jüdisches und christliches Verständnis des Glaubens, in: ZNW 68 (1977) 147–163; *C. Thoma*, Christliche Theologie des Judentums, 168–170 (Die jüdischen Gelehrten *Sh. H. Bergmann* und *D. Flusser* haben an den Anschauungen *Bubers* beachtliche Kritik geübt).

[60] Vgl. dazu *Chr. Schütz*, Verborgenheit Gottes. Martin Bubers Werk. Eine Gesamtdarstellung (Zürich/Köln 1975).

an die großen Führungen der Urzeit. Im Geschichtsprozeß der Individualisierung verändert sich die Form, nicht die Essenz dieses Eingebettetseins. Auch noch wenn ein chassidischer Rabbi an einem Scheideweg die Schechina, die ›Einwohnung‹ Gottes, vor sich her gehen sieht, ist etwas von der einstigen Führung dabei. Erst in unserem Zeitalter lockert sich, in zunehmendem Maße, der Zusammenhang« (779f.), aber *Buber* hofft: »Die Einzelnen, die sich, in der Krisis wiedergeboren, in der Emuna halten, hätten, wenn es so kommt, die Funktion erfüllt, die lebende Glaubenssubstanz durch die Finsternis zu tragen« (780).

Israel ist unterdessen durch unerhörte Finsternisse gegangen, und die ganze Welt geht durch große Finsternisse. Viele Juden, so wird bezeugt, gingen laut Psalmen singend in die Gaskammern von Auschwitz und anderswo; sie konnten es, weil sie die von den Vätern ererbte *Emuna* auf Gottes Führung auch in der Finsternis dieser Höllen nicht preisgaben. Die *Emuna* übersteht alle Krisen: Das ist das Fazit aus der katastrophenreichen Geschichte Israels.

Von den Theologen der Urkirche lebte vor allem der Apostel Paulus vom »Glaubensbegriff« Israels[61]. »Das Christentum hat sich keineswegs als eine neue Glaubensreligion der jüdischen Gesetzesreligion gegenüber etabliert, sondern *christlicher Glaube ist alttestamentlich-jüdischer Glaube in neuer heilsgeschichtlicher Situation*« *(U. Wilckens)*[62], die durch Tod und Auferweckung Jesu gegeben ist. »Christlicher Glaube wird immer in der Struktur jüdischen Glaubens Glaube sein« *(ders.)*[63]. Die kleine Jüdin Mirjam, den Christen bekannt unter dem Namen »Maria«, die Mutter Jesu, erwies sich in ihrer Glaubenshaltung ganz und gar als eine Tochter Abrahams[64].

---

[61] Vgl. dazu besonders *D. Lührmann,* Glaube im frühen Christentum (Gütersloh 1976).

[62] *P. Lapide / F. Mußner / U. Wilckens,* Was Juden und Christen voneinander denken (Freiburg/Basel/Wien 1978) 95.

[63] Ebd. 96.

[64] Vgl. dazu *F. Mußner,* Der Glaube Mariens im Lichte des Römerbriefs, in: *ders.,* PRAESENTIA SALUTIS. Gesammelte Studien und Themen des Neuen Testamentes (Düsseldorf 1967) 284–292.

2.4.7 Umkehr[65]

Auch Israel hat vor dem heiligen Gott und seinen Forderungen oft versagt, wie jeder Mensch ein Sünder ist. Darum ist es zu verstehen, daß »Umkehr« ein zentrales Thema der prophetischen Predigt des Alten Testaments ist, doch sprechen die Propheten niemals substantivisch von der »Umkehr« (תשובה), sondern immer verbal von »umkehren« (שוב); erst in der rabbinischen Literatur erscheint als Abstraktbildung häufig das Substantiv[66]. Die Propheten schauen also auf den Akt des Umkehrens.

Amos stellt in seiner Predigt 4,6–12 sechsmal stereotyp fest: »Ihr aber kehrtet zu mir nicht um – Spruch JHWHs«. Das Ziel der Umkehr wäre die »Rückkehr in das ursprüngliche JHWHverhältnis« *(H. W. Wolff)*[67]. Obwohl nach Hosea (11,1–11) Gott Israel, seinen Sohn, aus Ägypten rief und mit Banden der Liebe zog, hält sein Volk »fest am Abfall von mir« und verschmäht »die Umkehr«, Gott aber will trotzdem sein Volk nicht ausrotten, sondern: »ich bringe sie wieder zu ihren Häusern zurück – Spruch JHWHs«. In der Not, die Gott über Israel kommen läßt, gibt es seine Buhlschaft mit den Baalen auf (vgl. 2,4–3,4) und kehrt zu JHWH um: »Darnach werden die Israeliten umkehren und JHWH, ihren Gott, suchen und werden besorgt JHWH und seinem Heil sich zuwenden am Ende der Tage« (3,5). »Kommt, wir wollen zurückkehren; denn er hat uns zerrissen, er wird uns auch heilen« (6,1).

Besonders bei Jeremia spielt das Thema »Umkehr« eine bedeutende Rolle. Sonst gilt, stellt Gott fest: »Fällt man denn hin und steht wieder auf, oder kommt man ab und kehrt nicht um? Warum

[65] Aus der Literatur: *E. K. Dietrich,* Die Umkehr (Bekehrung und Buße) im Alten Testament und im Judentum (Stuttgart 1936), *G. Fohrer,* Umkehr und Erlösung beim Propheten Hosea, in: ThZ 11 (1955) 161–185; *H. W. Wolff,* Das Thema »Umkehr« in der alttestamentlichen Prophetie, in: *ders.,* Gesammelte Studien zum Alten Testament (München 1964) 130–150; *ders.,* Das Kerygma des deuteronomistischen Geschichtswerks, ebd. 308–324; *E. Würthwein* in: ThWbzNT IV, 976–985; *H. Groß,* Umkehr im Alten Testament in der Sicht der Propheten Jeremia und Ezechiel, in: *H. auf der Maur / B. Kleinheyer* (Hrsg.), Zeichen des Glaubens (FS f. *B. Fischer*) (Einsiedeln/Freiburg 1972) 19–28 (weitere Literatur).

[66] Vgl. dazu *E. K. Dietrich,* a. a. O. 319ff.

[67] *H. W. Wolff,* Thema »Umkehr«, 135.

bleibt dieses Volk ständig beim Abfall? Was halten sie fest am Trug, weigern sich, umzukehren?« (8,4f.). Ja, es scheint unmöglich zu sein, daß das Volk umkehrt: »JHWHs Wort erging an mich also: Wenn ein Mann seine Frau entläßt und sie von ihm geht und einen anderen heiratet, kann sie da wieder zu ihm zurückkehren? Würde da nicht völlig entweiht dieses Land? Und du, die du dich als Hure mit vielen anderen eingelassen hast, solltest du zu mir zurückkehren dürfen? – Spruch JHWHs« (3,1). Auf die Aufforderung Gottes: »Kehret um, ihr abtrünnigen Söhne, ich will euren Abfall heilen!« reagiert Israel mit einem aufrichtigen Sündenbekenntnis: »... Wir haben gesündigt an JHWH, unserem Gott, wir samt unseren Vätern von Jugend an bis heute. Wir hörten nicht auf die Stimme JHWHs, unseres Gottes« (3,22.25), und Gott sagt zu: »Wenn du zurückkehren wolltest, Israel – Spruch JHWHs –, darfst du zu mir zurückkehren« (4,1), aber diese Zusage wird an ethische Bedingungen, die Israel erfüllen muß, geknüpft (vgl. 4,2–4). Als Ephraim fleht: »Bring mich zurück, ich möchte umkehren; denn du bist JHWH, mein Gott!«, antwortet Gott: »Ist Ephraim mir ein so teuerer Sohn oder ein Schoßkind? Denn sooft ich ihm drohe, muß seiner ich wieder in Liebe gedenken! Darum schlägt ihm mein Herz; ich muß mich seiner erbarmen – Spruch JHWHs« (31,18.20). »In dieser Weise ist also das Thema ›Umkehr‹ im eschatologischen Heilsspruch zu Hause. JHWH macht das Unmögliche möglich!« *(H. W. Wolff)*[68]. Dasselbe gilt für die Umkehrpredigt Ezechiels und Deuterojesajas[69]: »Denke daran, Jakob, und Israel, denn du bist mein Knecht, Israel, vergiß mich nicht! Ich habe deine Missetaten weggefegt wie eine Wolke und wie einen Nebel deine Sünden. Kehre zu mir zurück, denn ich habe dich losgekauft« (Jes 44,21f.). »Die Gnade der Vergebung überwältigt die Abtrünnigen« *(H. W. Wolff)*[70].

Auch im deuteronomistischen Geschichtswerk findet sich das Thema Umkehr »an fast allen bedeutsamen Stellen ... neben der Warnung vor dem Abfall und der Androhung des Gerichts« *(H. W. Wolff)*[71]. 4 Kön 17,13 rekurriert dabei ausdrücklich auf die »Weisungen« der Propheten: »Kehrt um von euren bösen Wegen

---

[68] Ebd. 143.

[69] Vgl. ebd. 144f.

[70] Ebd. 145.

[71] Das Kerygma des deuteronomistischen Geschichtswerks, 315.

und haltet meine Gebote und Satzungen genau nach der Weisung, die ich euren Vätern gegeben, und die ich durch meine Knechte, die Propheten, zu euch gesandt habe.« Wenn immer das Gericht für den Abfall von Gott und seinen Weisungen eintrat, wird Israel aufgefordert zur Umkehr: »Wenn sie dann zu dir umkehren und bekennen deinen Namen und beten und flehen zu dir in deinem Hause (im Tempel), so wolltest du im Himmel es hören und die Sünde deines Volkes vergeben« (3 Kön 8,33f.; vgl. auch 8,46–53; Deut 30,1–10).

»Umkehr« ist nach dem deuteronomistischen Geschichtswerk radikale Hinwendung zu Gott, »hören auf seine Stimme«, Rückkehr zum Väterbund, leben nach den Weisungen Gottes[72]. Umkehr ist Besinnung auf das, was Israel zum Heil dient. Daher ist es nicht zu verwundern, daß das Thema »Umkehr« auch weiterhin im religiösen Denken Israels eine wichtige Rolle spielt bis zum heutigen Tag. Denn die Umkehr gewährt eh und je eine neue Heilschance vor Gott. »Gepriesen seist du, der Wohlgefallen an der Umkehr hat« (Schemone Esre, 5. Bitte, pal. Rezension). »Wende uns zu vollkommener Umkehr vor deinem Angesicht« (babyl. Rez.). »Wenn Israel umkehrt, wird es erlöst« *(Rabbi Eliezer)*. Häufig erscheint in der rabbinischen Literatur der Satz גדולה תשובה, »groß ist die Umkehr«. Hinter der jüdischen Umkehr-Theologie als Triebfeder den »Monergismus der menschlichen Leistung« zu sehen, wie es *J. Behm*[73] und andere christliche Theologen getan haben, tut dem Judentum bitter unrecht. Es geht nicht um die »Leistung«, sondern um die Aufforderung Gottes, umzukehren. Es ist der göttliche Imperativ, der zur Umkehr treibt, hinter dem aber niemals das Wissen um die Barmherzigkeit Gottes im Gericht vergessen worden ist. Daß für den Juden die Umkehr sich nach den Weisungen der Tora zu richten hat, ist eine Selbstverständlichkeit: Umkehr ist Abkehr von den Sünden und Gehorsam gegen die göttlichen Weisungen, an die die Lebensverheißung geknüpft ist. So verstanden auch die alten Propheten und das deuteronomistische Geschichtswerk das Wesen der Umkehr. Auch zur Thematik der Predigt Johannes' des Täufers und Jesu gehörte darum die Aufforderung zur Umkehr.

---

[72] Vgl. ebd. 321f.

[73] Vgl. ThWbzNT IV, 993.

Sie setzen damit die Umkehrpredigt der Propheten Israels fort; die Evangelien bringen das Thema »Umkehr« in die Völkerwelt.

2.4.8 Der Lobpreis Gottes[74]

»Unablässig hat Israel JHWH Lobpreis dargebracht« *(G. von Rad)*. Der Lobpreis Gottes durch Israel hat bis heute nicht aufgehört. Das fromme Judentum ist ein betendes und Gott preisendes Volk. Loben ist Leben und Leben ist Loben; denn die Toten loben Gott nicht mehr (vgl. Pss 6,6; 30,10; 88,11f.; 115,17; Jes 38,18f.; Sir 17,27f.). »Loben ist die dem Menschen eigentümlichste Form des Existierens« *(G. von Rad)*[75]. Das Loben, sprachlich vornehmlich zum Ausdruck gebracht in den beiden Verben הלל und ידה, »muß geschehen, damit Gott in seinem Gottsein, und zwar in der ganzen Fülle seines Gottseins anerkannt, bejaht, bestätigt werde« *(C. Westermann)*[76], und es muß in Freude geschehen[77]. Nicht der Intellekt liebt Gott, sondern »der atmende, sich freuende, singende Mensch« *(ders.)*. Fast immer ist es die Gemeinschaft, die zum Lobpreis Gottes aufgefordert wird (häufiger Plural: »lobet!«), was erkennen läßt, daß der eigentliche Ort des Gotteslobs die gottesdienstliche Versammlung ist; »inmitten der Gemeinde will ich dich loben« (Ps 22,23; vgl. auch Pss 35,18; 109,30). Nicht bloß der Mensch, sondern die ganze Kreatur soll sich am Gotteslob beteiligen: »Alles, was Odem hat, lobe den Herrn!« (Ps 150,6; vgl. 145,10; 89,6). Könige und Völker, alle Welt soll sich am Gotteslob beteiligen (Ps 148; 150). Aber auch der einzelne soll Gott loben: »meine Lippen sollen von Lob überströmen« (Ps 119,71); »mein Mund soll das Lob Gottes verkünden« (145,21 u.ö.); »immer soll sein Lob in meinem Munde sein« (Ps 34,2). Denn Gott »gebührt Lob« (Ps 65,2), ja »mein Lob bist du« (Jer 17,14); »er ist dein Lob und er ist dein

---

[74] Vgl. dazu *G. v. Rad*, Theologie des Alten Testaments I (München [5]1966) 353–367; *C. Westermann*, Lob und Klage in den Psalmen (Göttingen [5]1977); *ders.*, Art. הלל (»loben«) in: ThHWbzAT I, 493–502; *ders.*, Art. ידה (»preisen«), 674–682; *F. Crüsemann*, Studien zur Formgeschichte von Hymnus und Danklied in Israel (Neukirchen 1969).

[75] A.a.O. 367.

[76] A.a.O. 495.

[77] Parallelverben zu »loben« sind »singen, spielen, preisen«, begleitet von Musikinstrumenten.

Gott« (Deut 10,21); Gott thront »auf dem Lob Israels« (Ps 22,4). Im Chronikwerk erfolgt das Gotteslob »häufig an Höhepunkten des dargestellten Geschehensablaufes« *(C. Westermann)*[78]: »und es geschah, als sie miteinander bliesen und sangen, war es zu hören wie *eine* Stimme zum Lob und Preis Gottes« (2 Chron 5,13). In dieser Frühzeit des vorchristlichen Israel wird nun das Gotteslob auch institutionalisiert[79]; vgl. 2 Chron 18,4; Esr 3,10; Neh 12,24. »... sie haben anzutreten Morgen für Morgen zu Lob und Preis für JHWH und ebenso am Abend« (1 Chron 23,30). In der Prophetie wird ein zukünftiges Gotteslob angesagt. Israel wird in der Heilszeit wieder zum »Lob« werden (vgl. Jes 60,18; 62,7) und es wird aufgefordert, jetzt schon Gott für seine kommenden Heilstaten zu loben (Jes 62,9). Vor allem aber wird Gott gepriesen für die Werke und die Schönheit der Schöpfung, besonders in den »Schöpfungspsalmen« (vgl. Pss 8; 19A; 33,6–9; 89,12f.; 90,2; 100,3; 104; 139; 148), ferner für die vergangenen Heilstaten an seinem Volk Israel, oder für beides zusammen wie in dem litaneiartigen Ps 136 mit dem ständigen Refrain: »Denn ewig währt seine Gnade«. Auch um seiner gerechten Gerichte willen wird Gott gepriesen: »Ich preise dich, Gott, denn du hast mir gezürnt, dein Zorn hat sich gewendet und du hast mich getröstet. Siehe da, den Gott meines Heiles! Ich vertraue und mir graut nicht. Wahrlich, Gott ist meine Stärke und mein Gesang; er ist mir zum Heil geworden« (Jes 12,1f.). Darum besitzt das Verbum ידה (»preisen«) auch die Bedeutung »bekennen«: Indem Israel seine Sünden vor Gott »bekennt«, gibt es Gott die Ehre und preist ihn ob seiner vergebenden Güte, die es immer wieder erfahren darf.

Ein wichtiger Gedanke in diesem Zusammenhang scheint auch der zu sein, daß der Lobpreis Gottes durch Israel »vor den Völkern« sich vollzieht (vgl. Pss 18,50; 57,10; 108,4). Das Lob Gottes hat also Öffentlichkeitscharakter, es vollzieht sich vor den Augen der Welt. Damit legt Israel auch mit seinem Gotteslob ein öffentliches Zeugnis für Gott ab, der ja nicht bloß der Gott Israels, sondern der ganzen Schöpfung und aller Völker ist, wie das Alte Testament verkündigt und das Judentum bis heute bezeugt. In den

---

78 A.a.O. 499.

79 Vgl. ebd. 499f.

»Thronbesteigungspsalmen«, zu denen sicher die Psalmen 47; 93; 96; 97; 98; 99 zu zählen sind[80], wird Gott als König der ganzen Welt gepriesen und werden Völker aufgefordert, in den Lobpreis Israels miteinzustimmen[81]:

»All ihr Völker, klatscht in die Hände,
jauchzet Gott zu mit Jubelschall!
Denn JHWH, der Höchste, ist furchtbar,
ein König, groß über die ganze Erde.
Er unterwarf uns Völker,
Nationen unseren Füßen.
Er ersah uns unser Erbteil:
den Stolz Jakobs, den er lieb hat.
Hinauf zieht Gott unter Jauchzen,
JHWH unter Hörnerschall.
Spielet unserem Gott, spielet,
spielet unserem König, spielet!
Denn König der ganzen Erde ist Gott.
Spielt ihm ein kunstreiches Lied!
König ist Gott über die Heiden,
Gott sitzet auf seinem heiligen Thron.
Die Fürsten der Völker versammeln sich
mit dem Volk des Gottes Abrahams.
Denn Gott gehören die Schilde der Erde.
Er ist gewaltig erhaben« (Ps 47)[82].

*

In dieser Nr. 2.4 ist versucht worden, jene Grundhaltungen, die das Leben Israels vor Gott kennzeichnen, kurz nachzuzeichnen. Man könnte einwenden, das sei im wesentlichen doch alles »alttestamentliche Theologie« und nicht »Theologie des Judentums«. Man wird sich aber schwer tun, hier scharfe Trennungslinien zu ziehen. Denn diese weithin aus dem Alten Testament gewonnenen »Grundhaltungen« bestimmen das Leben des frommen Juden bis zum heutigen Tag. Es ist das geistliche Erbe, das

---

[80] Vgl. dazu etwa *D. Michel*, Studien zu den sogenannten Thronbesteigungspsalmen, in: VT 6 (1956) 40–58.

[81] *C. Westermann*, Lob und Klage in den Psalmen, 110–115.

[82] Übersetzung nach *F. Nötscher*.

Israel von seinen Vätern überkommen hat, und das über die »Brücke« Jesus auch in die Völkerwelt gekommen ist. Diese Grundhaltungen sind nicht »Entdeckungen« der Kirche, sondern sie gehören zu der geistlichen Mitgift Israels, der »Wurzel«, an die Kirche, die in ihrer Mission an die Völker vermittelt wird. So wurde Israel durch die Vermittlung Jesu und der Kirche paradigmatisch für die Völker, auch wenn Jesus von Nazareth das Leben vor Gott auf seine Weise akzentuiert hat, ohne deswegen aus dem Rahmen des Judentums gefallen zu sein[83].

2.5 Der Bund

Es geht im folgenden nicht darum, die gesamte alttestamentliche »Bundestheologie« kurz darzustellen, vielmehr primär um zwei Dinge: Daß »der Bund« nach alttestamentlicher Verkündigung eine bleibende Institution darstellt und daß in dieser »Institution« ein Dauerverhältnis zwischen Gott und Israel bzw. zwischen Gott und der Welt zum Ausdruck kommt, ganz gleichgültig, welche semantische Bedeutung man dem hebräischen Term *berit* (בְּרִית) auch zuschreibt[84].

Den Ausgangspunkt der folgenden Überlegungen bildet der Noahbund (Gen 9,1–17)[85], besonders der Umstand, daß Noah der Repräsentant der ganzen Menschheit ist. Denn er und seine Söhne

---

[83] Vgl. dazu Näheres unter 3.

[84] Aus der umfassenden Literatur zum Thema »Bund« nach dem Alten Testament seien hier genannt: *N. Lohfink*, Art. »Bund«, in: *H. Haag*, Bibel-Lexikon (Einsiedeln ^{2}1968) 267–273 (mit umfassender Literatur); *D. J. McCarthy*, Der Gottesbund im Alten Testament. Ein Bericht über die Forschung der letzten Jahre (SBS 13) (Stuttgart ^{2}1967); *E. Kutsch*, Art. בְּרִית (Verpflichtung), in: ThHWbzAT I, 339–352; *M. Weinfeld*, Art. בְּרִית, in: ThWzAT I (Stuttgart 1973) 781–808; *H. Groß*, Glaube und Bund – Theologische Bemerkungen zu Genesis 15, in: Studien zum Pentateuch (FS f. *W. Kornfeld*) (Wien 1977) 25–35 (mit weiterer Literatur); *R. Buis*, La notion d'alliance dans l'Ancien Testament (Paris 1976); *J. Halbe*, Das Privilegrecht Jahwes Ex 34,10–26. Gestalt und Wesen, Herkunft und Wirken in vordeuteronomischer Zeit (Göttingen 1975); *W. Groß*, Bundeszeichen und Bundesschluß in der Priesterschrift, in: Trier. Theol. Ztschr. 87 (1978) 98–115.

[85] Vgl. dazu vor allem *C. Westermann*, Genesis I (Neukirchen 1974) 615–643 (mit reicher Literatur); *S. Grill*, Die religionsgeschichtliche Bedeutung der vormosaischen Bündnisse (Gen 9,9–17; 17,9–14), in: Kairos 2 (1960) 17–22.

bilden jenen Rest, der nach der Katastrophe der Sintflut die Erde aufs neue bevölkern soll. Der Segen, den Gott nach Gen 1,28 über das erste Menschenpaar ausgesprochen hat, wird wörtlich in 9,1 wiederholt und über Noah und seine Söhne ausgesprochen. Der Heilshorizont, in dem der Bundesschluß mit Noah sich bewegt, ist eindeutig ein universal-kosmischer; er bezieht sich auf die ganze »Erde« (9,13), auf »alle lebenden Wesen« (9,10.12.15.16), auf »alles Fleisch, das auf Erden ist« (9,16.17) einschließlich der Tierwelt (9,10)[86]. Der Bund, den Gott mit Noah für die ganze Menschheit, die Tierwelt und die Erde geschlossen hat, macht den Menschen zwar nicht zum gleichberechtigten Partner Gottes – Gott ist und bleibt der souveräne Stiftungsherr des Bundes –, aber nun gilt für immer, was *C. Westermann* so formuliert[87]: »Der Geschichte der Natur und der Geschichte der Menschheit liegt ein unbedingtes Ja Gottes zu seiner Schöpfung, ein Ja Gottes zu allem Leben zugrunde, das weder durch irgendwelche Katastrophen im Lauf der Geschichte noch ... durch Verfehlungen, Verderbnis, Empörung der Menschheit erschüttert werden kann. Die Zusage Gottes bleibt ehern fest ›solange die Erde steht‹«. Der überall in der Welt nach einem Gewitter sichtbar werdende Regenbogen, der gewissermaßen Himmel und Erde verbindet, ist nach 9,12–17 das »Bundeszeichen« zwischen Gott und der Erde (9,13): »Und wenn der Bogen in den Wolken steht, will ich ihn ansehen, um des ewigen Bundes zu gedenken, zwischen Gott und allen lebenden Wesen in jeder Art Fleisch, die auf Erden sind« (9,16). Mag das auch »anthropomorph« klingen, die Vokabel »gedenken« ist, von Gott gesagt, nicht anthropomorph, sondern von hoher theologischer Dignität. Denn das »Gedenken« Gottes ist ein machtvolles, wirksames, in die Geschichte eingreifendes »Gedenken«[88], das am Ende zur Rettung der Welt führen wird, mit der Gott in der Zusage an Noah nach der Sintflut »einen ewigen Bund« geschlossen hat. Gott wird die Welt retten, auch wenn die Erde erneut »entweiht ist unter ihren Bewohnern, weil sie die Gebote

---

[86] Es kommt nicht auf die Frage an, welche historische Erfahrung hinter der Fluterzählung der »Priesterschrift« steht, sondern auf die Interpretation, die ihr von der »Priesterschrift« gegeben wird. Diese ist zweifellos eine auf die ganze Erde bezogene.

[87] *C. Westermann*, Genesis, 633f.

[88] Vgl. dazu Näheres unter 2.8 (»Das Gedenken«).

übertreten, das Gesetz überschritten, den ewigen Bund gebrochen haben« (Jes 24,5).
Mit dem »ewigen Bund« ist hier der Noahbund gemeint[89]. Nicht bloß Israel hat nach dem Alten Testament wiederholt den Bund, den Gott mit ihm und seinem Stammvater Abraham geschlossen hat, gebrochen, sondern auch die Völker, die ganze Menschheit brechen diesen Bund Gottes mit der Erde[90].
Wichtig ist in diesem Zusammenhang besonders der der »Priesterschrift« zugehörige Text von Gen 9,1–7 mit der dreifachen Androhung Gottes, alles unschuldig vergossene Blut auf Erden »einzufordern« (vgl. 9,5), besonders das vergossene Menschenblut: »Wer Menschenblut vergießt, dessen Blut soll durch Menschen vergossen werden; denn nach dem Bild Gottes hat er den Menschen erschaffen.« Die dreimalige Wiederholung des Verbums »einfordern« in 9,5 gibt der Androhung Gottes ein besonderes Gewicht und die Absicht ist klar; das hinter 9,5.6 »stehende Gebot: ›du sollst nicht töten!‹, wird bewußt und betont umformuliert zu dem Satz, der Gottes unbedingtes Herrsein über das Leben des Menschen zum Ausdruck bringt. Das kann aber in diesem Zusammenhang – der Segnung der aus der Flut geretteten Menschheit – nur die unbedingte und unbegrenzte Geltung des Gebots ›du sollst nicht töten!‹ für die *ganze Menschheit* bedeuten« *(C. Westermann)*[91]. Das Bruderverhältnis der Menschen untereinander wird durch den Mord zerstört. Begründet wird das scharfe Wort gegen den Mord damit: »denn nach dem Bild Gottes hat er den Menschen gemacht« (9,6c). Folglich steht jeder Mörder Gott gegenüber, dessen »Abbild« er zerstört hat. Gott schließt nicht mit Mördern einen Bund, sondern mit jenen, die ihre Mitmenschen in ihrer Würde gelten lassen und zur Gemeinschaft mit ihnen bereit sind.
Es zeigt sich damit zugleich, daß die Schöpfung die Basis für die Heilsveranstaltungen Gottes in der Welt ist, nicht bloß mit Blick auf den Noahbund, sondern auch mit Blick auf den Bund Gottes mit Abraham, den Stammvater Israels, der zugleich der Vater vieler Völker werden soll, als auch mit Blick auf den Bund Gottes

---

[89] Vgl. etwa *J. Ziegler* (Echterbibel), z. St.

[90] Vgl. dazu *W. Thiel*, Hēfēr Berît. Zum Bundesbrechen im Alten Testament, in: VT 20 (1970) 214-229.

[91] *C. Westermann*, Genesis, 624.

mit Israel, ferner mit Blick auf den von Jeremia angesagten »Neuen Bund«, der ja primär der erneuerte Bund mit Israel ist (vgl. Jer 31,31–34; 32,37–41; Ez 16,60–63; 34,25–31; 37,15–28). Besonders bei Deuterojesaja sind Bund und Schöpfung in einen Zusammenhang gebracht, da Schöpfer und Erlöser identisch sind: »Denn dein Gemahl ist dein *Schöpfer,* JHWH der Heerscharen ist sein Name, und der Heilige Israels ist dein *Erlöser,* Gott der ganzen Erde heißt er« (Jes 54,5). Ausdrücklich wird der von Gott für Israel verheißene »ewige Friedensbund« in Bezug zum Noahbund gebracht: »Wie in den Tagen Noahs ergeht es mir: Wie ich geschworen, die Wasser Noahs sollten nimmermehr die Erde überschwemmen, so schwöre ich, dir nicht mehr zu zürnen noch dich zu schelten. Berge mögen wohl weichen und die Hügel wanken, doch meine Huld wird nimmer von dir weichen, und mein Friedensbund nimmer wanken, spricht dein Erbarmer JHWH« (Jes 54,9f.)[92].

Der Garant für diesen Bund ist der Gottesknecht, den Gott in Person »zum Bund des Volkes« macht, zugleich aber auch »zum Licht der Heiden« (Jes 42,6). Weil der Schöpfer der Welt auch der Erlöser ist, darum kann es gar nicht anders sein, als daß »der Bund« immer wieder in universalen Heilsdimensionen gesehen wird, da die Völker in ihn miteinbezogen werden. Die Völker verdanken die Bundesidee, nach der Gott sich selber für immer an Israel und die Welt bindet und darum die Welt retten wird, dem theologischen Denken Israels. Der Jude Jesus von Nazareth fiel keineswegs aus diesem Rahmen, wenn er beim letzten Abendmahl sein Blut als »Bundesblut für viele« (so Mk 14,24; Mt 26,28) bzw. den von ihm dargebotenen Kelch als »den neuen Bund in meinem Blut« (so Lk 22,20; 1 Kor 11,25) bezeichnete. Das Heil zeigt sich als Bund, durch den Gott in ein dauerndes Treueverhältnis zu Israel und zur ganzen Welt eingetreten ist. »Bund« besagt, daß Gott seine Schöpfung nicht vergessen wird. Das weiß die Welt primär durch Israel.

---

92 »Der umfassende Kreis der gesamten Menschheit und der innere Kreis Israels sind jeweils in einer ewigen b^{e}rīt auf JHWH verwiesen« (*W. Groß*, a. a. O. [s. Anm. 81] 102).

Die messianische Idee im Judentum und im Christentum hat ihre Wurzeln im Alten Testament, speziell in der prophetischen Ansage eines endzeitlichen Heilbringers für Israel und die Völker. Als die klassische Grundstelle gilt immer der Zuspruch des Propheten Nathan an König David in 2 Sam 7,12f.16: »Wenn deine Tage voll sind und du dich zu deinen Vätern legen wirst, werde ich deinen Nachkommen, der aus deinem Leib hervorgehen wird, nach dir einsetzen und sein Königtum bestätigen. Er wird meinem Namen ein Haus bauen und ich werde seinen Königsthron für immer befestigen. Ich will ihm Vater sein und er soll mir Sohn sein ... Dein Haus und dein Königtum sollen für immer vor mir Bestand haben, dein Thron soll gefestigt sein für alle Zeiten.«
Es kann nicht der Sinn unseres Traktats sein, die Geschichte der Messiasanschauung nochmals vorzulegen; dafür sei auf die umfangreiche Literatur verwiesen[93]. Auch die Geschichte der

---

[93] Aus ihr sei angeführt: *H. Greßmann,* Der Messias (Göttingen 1929); *L. Dürr,* Ursprung und Ausbau der israelitisch-jüdischen Heilandserwartung (Berlin 1925); *S. Mowinckel,* He That Cometh. The Messianic Concept in the Old Testament and Later Judaism (Oxford 1956); *M. Rehm,* Der königliche Messias im Licht der Immanuel-Weissagungen des Buches Jesaja (Kevelaer 1968, mit umfassender Literatur); *E. König,* Die messianischen Weissagungen des Alten Testaments (Stuttgart 1925); *A. S. van der Woude,* Die messianischen Vorstellungen der Gemeinde von Qumran (Assen 1957); *A. Caquot,* Le méssianisme qumrânien, in: Qumrân. Sa piété, sa théologie et son milieu (Gembloux 1978) 231–247; *W. H. Schmidt,* Die Ohnmacht des Messias. Zur Überlieferungsgeschichte der messianischen Weissagungen im Alten Testament, in: Kerygma und Dogma 15 (1969) 18–34; *H. Groß,* Der Messias im Alten Testament, in: *ders.,* Kernfragen des Alten Testaments (Regensburg 1977) 66-84; *J. Klausner,* The Messianic Idea in Israel. From Its Beginning to the Completion of the Mischnah (New York 1955); *G. Friedrich,* Utopie und Reich Gottes. Zur Motivation politischen Verhaltens (Göttingen o. J.); *J. H. Greenstone,* The Messiah Idea in Jewish History (Philadelphia 1943); *F. Dexinger,* Die Entwicklung des jüdisch-christlichen Messianismus, in: Bibel und Liturgie 47 (1974) 5–31; 239–266; *K. Hruby,* Die Messiaserwartung in der talmudischen Zeit, in: Judaica 20 (1964) 6–22; *U. B. Müller,* Messias und Menschensohn in jüdischen Apokalypsen und in der Offenbarung des Johannes (Gütersloh 1972); *C. Thoma,* Christliche Theologie des Judentums, 87–95; 206–209; *A. H. Silver,* A History of Messianic Speculation in Israel (Boston 1959); *P. Schäfer,* Die messianischen Hoffnungen des rabbinischen Judentums zwischen Naherwartung und religiösem Pragmatismus, in: *C. Thoma* (Hrsg.), Zukunft in der Gegenwart. Wegweisungen in

messianischen Idee im nachbiblischen Judentum kann hier nicht vorgestellt werden. Auch dafür muß auf die wichtigste Literatur verwiesen werden[94]. Wir weisen in diesem Traktat vor allem auf den Stellenwert hin, den die messianische Idee im Judentum und, vermittelt durch das Judentum und das Christentum, in der Welt einnimmt. Denn dadurch, daß die Kirche Jesus von Nazareth als den verheißenen Messias verkündigte und verkündigt, ist die alttestamentlich-jüdische Messiasidee in das Denken der Völkerwelt eingerückt und in ihm virulent geworden, aber nicht bloß durch die Kirche, sondern weiterhin auch durch das Judentum selbst.

Das Beste über das Verständnis der messianischen Idee im Judentum hat wohl der große jüdische Gelehrte *Gershom Scholem* geschrieben (s. Anm. 94). Das Judentum hat niemals eine einheitliche messianische Idee entwickelt, weder in seiner alttestamentlichen Zeit, noch zur Zeit Jesu noch in der nachbiblischen Zeit. Es gab immer verschiedene »Typen« oder »Kräfte« in der jüdischen Idee vom Messias. *G. Scholem* unterscheidet drei: konservative, restaurative und utopische, und beschreibt diese so[95]: »Die konservativen Kräfte gehen aus auf die Erhaltung des

---

Judentum und Christentum (Bern 1976) 95–126; *R. Mosis,* Die messianische Erwartung als haltende Macht. Am Beispiel des Volkes Israel und seines Geschichtsverständnisses, in: Ich will euch Hoffnung und Zukunft geben (85. Deutscher Katholikentag vom 13. September bis 17. September 1978 in Freiburg) (Paderborn ^{2}1978) 171–184; *H. Gese,* Der Messias, in: Zur biblischen Theologie. Alttestamentliche Vorträge (BevTh 78) (München 1977) 128–151; *G. Stemberger,* Heilsvorstellungen im nachbiblischen Judentum, in: Bibel und Kirche 1978, 115–121; *H. Frankemölle,* Jüdische Messiaserwartung und christlicher Messiasglaube. Hermeneutische Anmerkungen im Kontext des Petrusbekenntnisses Mk 8,29, in: Kairos 20 (1978) 97–109.

[94] Vgl. dazu außer dem in Anm. 93 erwähnten Buch von *J. Klausner* besonders *G. Scholem,* Zum Verständnis der messianischen Idee im Judentum, in: *ders.,* Einige Grundbegriffe des Judentums (Frankfurt 1970) 121–167; ferner *J. Sarachek,* The Messianic Idea in Medieval Jewish Literature (New York 1932); *M. Zobel,* Der Messias und die messianische Zeit in Talmud und Midrasch (Berlin 1938); *A. S. van der Woude,* Die messianischen Vorstellungen der Gemeinde von Qumran (Assen 1957); *Sh. Talmon,* Typen der Messiaserwartung um die Zeitenwende, in: *H. W. Wolff,* Probleme biblischer Theologie (FS f. *G. v. Rad*) (München 1971) 571–588; *E. F. v. Hammerstein,* Das Messiasproblem bei Martin Buber (Stuttgart 1958); *L. Wächter,* Jüdischer und christlicher Messianismus, in: Kairos 18 (1976) 119–134.

[95] *G. Scholem,* a. a. O. 123f.

Bestehenden, das in der historischen Umwelt des Judentums ja stets gefährdet war. Es sind dies die am stärksten sichtbaren, sogleich ins Auge fallenden Kräfte, die in diesem Judentum wirken. Sie haben sich am nachhaltigsten in der Welt der *Halacha,* beim Aufbau und der fortdauernden Bewahrung und Entwicklung des Religionsgesetzes ausgewirkt. Dies Gesetz bestimmte die Lebenshaltung des Juden im Exil, den Rahmen, innerhalb dessen ein Leben im Licht der Offenbarung vom Sinai allein möglich schien, und es ist kein Wunder, daß es vor allem die konservativen Kräfte auf sich zog. Die restaurativen Kräfte sind solche, die auf Zurückführung und Wiederherstellung eines vergangenen, nunmehr als ideal empfundenen Zustandes gerichtet sind, genauer gesagt, auf einen Zustand, wie er sich in der historischen Phantasie und dem Gedächtnis der Nation als ein Zustand idealer Vergangenheit darstellt. Hier ist die Hoffnung nach rückwärts gerichtet, auf die Wiederherstellung eines ursprünglichen Standes der Dinge und auf ein ›Leben mit den Vätern‹. Dazu treten aber als Drittes vorwärtstreibende und erneuernde Kräfte, die von einer Vision der Zukunft genährt sind und unter utopischer Inspiration stehen. Sie gehen auf einen Stand der Dinge aus, der noch nie da war. Im Wirkungsfeld dieser Kräfte erscheint das Problem des Messianismus im historischen Judentum. Freilich, die konservativen Tendenzen, so groß und geradezu entscheidend ihr Anteil und ihre Bedeutung für das Bestehen der religiösen Gesellschaft des Judentums war, haben an der Ausbildung des Messianismus innerhalb dieser Gesellschaft keinen Anteil. Wohl aber die beiden anderen Tendenzen, die ich als Restauration und Utopie charakterisieren würde. Beide Tendenzen sind tief ineinander verschlungen und doch zugleich gegensätzlicher Natur, und nur aus beiden heraus kristallisiert sich die messianische Idee. Nie fehlen sie ganz in den historischen und ideologischen Erscheinungen des Messianismus. Wohl aber ist die Proportion zwischen ihnen den stärksten Schwankungen ausgesetzt.«

Die Frage, die uns in diesem Traktat jetzt bewegt, ist die: Was brachte und bringt die aus dem Judentum stammende messianische Idee an geschichtsinterpretatorischen und geschichtsverändernden Impulsen in die Völkerwelt? Drei Antworten stellen sich ein:

1. Die messianische Idee sprengt das zyklische Denken in der

Menschheit auf; die Geschichte bewegt sich nicht im Kreis, sie ist nicht die ewige Wiederkehr des Gleichen; die Geschichte ist vielmehr zielgerichtet, sie bewegt sich auf ein Ziel, ein Telos zu.
2. Diese Bewegung der Geschichte versteht sich als eine Bewegung aus dem Unheil in das Heil.
3. Die Wende zum Heil wird durch einen definitiven Heilbringer herbeigeführt, der »Messias« genannt wird.
Der utopische Messianismus ist häufig durchsetzt von restaurativen Elementen: Das Uralte soll wiederhergestellt werden (Idee der *Apokatastasis!*)[96], das Verlorengegangene wiedergebracht werden. »Aber in solche restaurativ ausgerichtete Utopie schleichen sich bewußt oder unbewußt Elemente ein, die gar nichts Restauratives an sich haben, und die sich aus der Vision eines ganz neuen, messianisch zu verwirklichenden Standes der Welt beschreiben« *(G. Scholem)*[97].
Die messianische Idee, wie sie schon bei den alttestamentlichen Propheten begegnet, ist aber keineswegs nur die Bekanntgabe einer schöneren Zukunft der Menschheit, ihrer endzeitlichen »Erlösung«, sondern ist immer auch geboren aus den erfahrenen Nöten der Zeit, die meist politischer und sozialer Natur sind, also grundsätzlich aus dem Wissen, daß die Welt, so wie sie ist, nicht in Ordnung ist. Sie soll und wird aber ins Heile kommen, freilich häufig durch Katastrophen hindurch, die die Welt erschüttern und »das Ende« signalisieren. »Dieser Äon« wird abgelöst werden durch den »kommenden Äon«. Es kommt einmal eine bessere Welt. Diese Überzeugung steht speziell hinter dem »utopischen« Messianismus. Der Messias wird die Welt ins Heile bringen.
Doch gibt es darüber zwei verschiedene Meinungen, wie die Welt ins Heile kommt: Entweder auf dem Weg der Evolution, einer allmählichen Entwicklung der Geschichte auf eine bessere Zukunft hin, in der Gerechtigkeit herrscht, oder auf dem Weg der Revolution. Während die Propheten und Apokalyptiker Israels keinen evolutiven Fortschritt der Geschichte selbst auf Erlösung hin kennen, nach ihnen »vielmehr ein Einbruch der Transzendenz in die Geschichte (erfolgt), ein Einbruch, in dem die Geschichte

---

[96] Vgl. dazu 1.9.4.
[97] Ebd. 125.

selber zugrundegeht, in diesem Untergang sich freilich wandelnd, weil von einem Licht betroffen, das von ganz woanders her in sie strahlt« *(G. Scholem)*[98], erwarten andere messianistische Utopisten, wie vor allem *Karl Marx* und *Ernst Bloch,* das Endheil der Welt, das sie innerweltlich in der »klassenlosen Gesellschaft« sehen, von der Revolutionierung der Welt. Dieser »Messianismus geht die Verbindung mit der Idee des ewigen Fortschritts und der unendlichen Aufgabe einer sich vollendenden Menschheit ein.«[99] *G. Scholem* meint sogar: »Der jüdische Messianismus ist in seinem Ursprung und Wesen, und das kann gar nicht stark genug betont werden, eine Katastrophentheorie. Diese Theorie betont das revolutionäre, umstürzlerische Element im Übergang von jeder historischen Gegenwart zur messianischen Zukunft.«[100] Aber in den biblischen Texten selbst, »in denen die messianische Idee sich kristallisiert hat, ist sie nirgends von menschlicher Aktivität abhängig gemacht«[101]. Doch wohnt der messianischen Idee »die Verführung zur Aktion ... inne«[102].

Durch die Juden und durch den Juden Jesus ist die messianische Idee in die Völkerwelt gekommen. Sie bestimmt auch das säkularisierte Denken der heutigen Menschheit sehr stark, vor allem im Bereich des Marxismus. Das jüdische Volk hat für die messianische Idee, die es der Welt geschenkt hat, meint *G. Scholem*[103], einen hohen Preis bezahlen müssen und zwar »aus seiner Substanz«. »Die Größe der messianischen Idee entspricht der unendlichen Schwäche der jüdischen Geschichte, die im Exil zum Einsatz auf der geschichtlichen Ebene nicht bereit war. Sie hat die Schwäche des Vorläufigen, des Provisorischen, das sich nicht ausgibt. Denn die messianische Idee ist nicht nur Trost und Hoffnung. In jedem Versuch des Vollzuges brechen die Abgründe auf, die jede ihrer Gestalten ad absurdum führen. In der Hoffnung

---

[98] Ebd. 133.

[99] Ebd. 153.

[100] Ebd. 130.

[101] Ebd. 138.

[102] Ebd. 139. »Die messianischen Erwartungen legten im Volke Gottes schon vor Christus, aber auch später zur Zeit der Kirche und des nachbiblischen Judentums, ungeheure Kräfte der Hoffnung und des Aufbruchs frei. Aber auch Tragik, Ungeduld, Zwiespalt und Ideologien ergaben sich aus den Messiaserwartungen« (*C. Thoma*, Christliche Theologie des Judentums, 94).

[103] A.a.O. 166f.

leben ist etwas Großes, aber es ist auch etwas tief Unwirkliches ... So hat die messianische Idee im Judentum das *Leben im Aufschub* erzwungen, in welchem nichts in endgültiger Weise getan und vollzogen werden kann. Die messianische Idee – darf man vielleicht sagen – ist die eigentliche anti-existentialistische Idee« – wir möchten hinzufügen: ist auch die eigentlich anti-strukturalistische Idee[104]. »Es gibt, genau verstanden, jenes Konkrete gar nicht, das von nichterlösten Wesen vollzogen werden könnte. Das macht die Größe des Messianismus aus, aber auch seine konstitutionelle Schwäche. Die jüdische sogenannte ›Existenz‹ hat das Gespannte, niemals sich wahrhaft Entladende, das nicht Ausgebrannte an sich, das, wo es sich in unserer Geschichte entlädt, mit einem törichten Wort dann als Pseudo-Messianismus verschrien, oder sollte man sagen, entlarvt wird. Die, ich möchte sagen, brennende Landschaft der Erlösung hat den historischen Blick des Judentums wie in einem Brennpunkt auf sich gesammelt. Es ist kein Wunder, daß die Bereitschaft zum unwiderruflichen Einsatz aufs Konkrete, das sich nicht mehr vertrösten will, eine aus Grauen und Untergang geborene Bereitschaft, die die jüdische Geschichte erst in unserer Generation gefunden hat, als sie den utopischen Rückzug auf Zion antrat, von Obertönen des Messianismus geleitet ist, ohne doch – der Geschichte selber und nicht einer Metageschichte verschworen – sich ihm verschreiben zu können. Ob sie diesen Einsatz aushält, ohne in der Krise des messianischen Anspruchs, den sie damit mindestens virtuell heraufbeschwört, unterzugehen – das ist die Frage, die aus der großen und

---

[104] Der Messianismus will den Satz widerlegen, daß es unter der Sonne nie Neues gibt und die Strukturen der Welt und ihrer Geschichte sich im Grunde nie ändern, höchstens dem Namen nach. Vgl. dazu die interessante Auseinandersetzung des Strukturalisten *Cl. Levi-Strauß* mit *Sartre* in seinem Buch »Das wilde Denken« (deutsch Frankfurt 1968), besonders im Schlußkapitel »Geschichte und Dialektik«. Natürlich ist es richtig, daß jeder Versuch zum Scheitern verurteilt ist, der sich einzureden versucht, »die Historizität zum letzten Refugium eines transzendentalen Humanismus« machen zu können, »als ob die Menschen, wenn sie nur auf ein Ich verzichten, das schon allzusehr an Konsistenz verloren hat, auf der Ebene des Wir die Illusion der Freiheit wiederfinden« könnten (ebd. 302), wie *Hegel* und der Marxismus meinen. Der (biblische) Messianismus kennt ja gerade kein evolutives Kontinuum der Geschichte, sondern einen absoluten Bruch in ihr, der von den alttestamentlichen Propheten als »Tag Jahwes« und von den jüdischen und christlichen Apokalyptikern als »das Ende« bezeichnet wird (vgl. dazu Näheres unter 2.7).

gefährlichen Vergangenheit heraus der Jude dieser Zeit an seine Gegenwart und seine Zukunft hat.«
Wie verstand der Jude Jesus, in dem die Christen den Messias verehren, »die messianische Idee?« Zweifellos sah er sich als den verheißenen Messias Israels[105], auch wenn sein Wirken in den Augen seiner jüdischen Zeitgenossen z.T. »unmessianisch« zu sein schien. *G. Scholem* versteht den Messianismus Jesu von Nazareth und den christlichen Messianismus als »Verinnerlichung« des Gottesverhältnisses und damit als Individualisierung der Messiasidee. Daran ist viel Richtiges, aber Jesu Umkehrpredigt versteht sich messianisch, weil sie mit der Verkündigung von der unmittelbaren Nähe der eschatologischen Gottesherrschaft verbunden ist (vgl. etwa Mk 1,15). Und schon bei den Propheten und besonders bei Johannes dem Täufer wird die Umkehrpredigt als Wegbereitung für den Messias verstanden (vgl. Mk 1,2–8 Parr.), und Jesu Wunder signifizieren eine heile Welt, in der die Blinden sehen, die Lahmen gehen, Aussätzige rein werden, Taube hören, Tote auferstehen und den Armen die frohe Botschaft verkündigt wird (vgl. Lk 7,22). Jesus kündigt seine Wiederkunft am Ende der Zeiten als einen die ganze Welt angehenden öffentlichen Akt an: »Dann werden sie den Menschensohn auf Wolken kommen sehen mit großer Macht und Herrlichkeit. Dann wird er seine Engel aussenden und seine Erwählten von den vier Winden zusammenführen vom Ende der Erdc bis zum Ende des Himmels« (Mk 13,26f. Parr.). Speziell aber die Johannesapokalypse versteht die Wiederkunft des Herrn als ein schlechthin »politisches« Ereignis, bei dem der »Antichrist«, der nach der Apk die stärkste politische und wirtschaftliche Macht der Welt verkörpert, vom wiederkommenden Messias Christus vernichtet und ein neuer Himmel und eine neue Erde heraufgeführt werden. Damit steht der Messianismus der Johannesapokalypse ganz und gar in der Tradition des biblisch-prophetischen Messianismus. Die restaurativen und die utopischen Elemente des biblischen Messia-

[105] Vgl. dazu etwa *O. Betz,* Die Frage nach dem messianischen Bewußtsein Jesu, in: Novum Testamentum 6 (1963) 20–48; *N. Brox,* Das messianische Selbstverständnis des historischen Jesus, in: Vom Messias zum Christus, hrsg. von *K. Schubert* (Wien 1964) 165–201; *E. Dinkler,* Petrusbekenntnis und Satanswort. Das Problem der Messianität Jesu, in: Zeit und Geschichte (Dankesgabe an *R. Bultmann*) (Tübingen 1964) 127–153.

nismus gehen auch hier eine vollendete Synthese ein. Die Geschichte findet ihr katastrophales Ende und die neue Welt Gottes, in der alles heil sein wird, bricht an, nicht herbeigeführt durch menschliche Aktivität, sondern einzig und allein durch die Aktivität Gottes und seines Messias. Auch im christlichen Messianismus setzt sich so der biblisch-jüdische fort. Er fällt nicht aus diesem Rahmen. Das Christentum hat entscheidend dazu beigetragen, den biblisch-jüdischen Messianismus in das Weltdenken hineinzubringen. Der »utopische« Messianismus ist heute virulenter denn je. Die Welt will sich nicht mehr im Kreise drehen, sie schaut in die Zukunft und auf ein Ziel[106].

2.7 Die Entdeckung der Zukunft

Die messianische Idee drängt, vor allem in ihrer »utopischen« Form, von sich aus auf die Zukunft hin. Die messianische Idee entläßt aus sich Hoffnung, und mit dem JHWHglauben verbindet sich Zukunftserwartung, d. h. Eschatologie. Das eschatologische Denken Israels und der Bibel bricht das zyklische Denken auf und sieht die Geschichte in eine Dynamik auf ein Ziel hin hineingerissen. Man könnte kurz sagen: Israel hat die Zukunft entdeckt, aber im Zusammenhang von Gericht und Heil, Verheißung und Erfüllung[107]. Israels Eschatologie ist darum die Lehre vom kommenden Heil und zwar Israels, der Völker und der ganzen

---

[106] Vgl. dazu Weiteres unter 2.7.

[107] Aus der Literatur: *N. Lohfink,* Eschatologie im Alten Testament, in: *ders.,* Bibelauslegung im Wandel (Frankfurt 1967) 158–184; *H. D. Preuß,* Jahweglauben und Zukunftserwartung (Stuttgart 1968); *H. Groß,* Grundzüge alttestamentlicher und frühjüdischer Eschatologie, in: *J. Feiner / M. Löhrer* (Hrsg.), Mysterium Salutis. Grundriß heilsgeschichtlicher Dogmatik V (Zürich/Einsiedeln/Köln 1976) 701–722; *Chr. Schütz,* Allgemeine Grundlegung der Eschatologie: ebd. 553–700 (umfassende Literatur); *J. Ratzinger,* Heilsgeschichte und Eschatologie, in: *J. Ratzinger / J. Neumann,* Theologie im Wandel (München 1967) 68–89; *J. Ratzinger,* Eschatologie – Tod und ewiges Leben (= Kleine Katholische Dogmatik IX) (Regensburg 1977); *ders.,* Eschatologie und Utopie, in: Intern. Kath. Zeitschr. 6 (1977) 97–110; *J. Moltmann,* Theologie der Hoffnung (München ^{7}1968); *J. Pieper,* Hoffnung und Geschichte (München 1967); *W. Kamlah,* Utopie, Eschatologie und Geschichtstheologie (Mannheim 1969); *K. Löwith,* Weltgeschichte und Heilsgeschehen. Die theologischen Voraussetzungen der

Menschheit. Dabei ist Israels Eschatologie eng mit seiner Geschichte verbunden, d. h. sie hat selbst ihre Geschichte, die mit der Geschichte der Offenbarung in Israel unlösbar zusammenhängt. Deshalb hat die »Entwicklung« der Eschatologie auch nichts mit Evolution oder dem »Weltprozeß« *Hegels* und des Marxismus zu tun. Der »Weg« zum »Eschaton« ist vielmehr der »Weg« Gottes, seiner Heilsführung[108], die keine Mutationssprünge kennt, sondern nur Gnade und Gericht. Eschatologie ist nicht die Lehre von der innerweltlichen Vollendbarkeit und Vollendung der Geschichte, sondern die Lehre von den »letzten Dingen« und vom »Letzten«, auf das hin sich zwar die Geschichte disponiert – so muß z. B. die Welt »reif« werden für das Auftreten dessen, den das Neue Testament »Antichrist« nennt –, das aber jenseits ihrer liegt, geschichtstranszendent ist, weil es da eine absolute Zäsur gibt, die im Alten Testament etwa »Tag JHWHs« genannt wird.

Da es nicht der Sinn dieses Traktats sein kann, die komplexe Geschichte der biblischen Eschatologie, die noch keineswegs in der Forschung völlig geklärt ist, in extenso oder auch nur in einem abgekürzten Verfahren darzustellen, soll sie hier paradigmatisch an der alttestamentlichen Wendung »Tag JHWHs« demonstriert werden, zumal »Tag« ja ein Zeitbegriff ist, mit dem das temporale Element in der Eschatologie, in der es um die Zukunft geht, ausgezeichnet zur Geltung kommt[109].

Als der früheste Beleg, der von »Tag JHWHs« redet, gilt Am 5,18–20:

18: »Wehe denen, die den Tag JHWHs herbeisehnen!
Was soll er euch doch, der Tag JHWHs?

Geschichtsphilosophie (Stuttgart [5]1967); *S. Herrmann*, Die prophetische Heilserwartung im Alten Testament (Stuttgart 1965); *A. Jepsen*, Eschatologie im Alten Testament, in: RGG II (Tübingen 1958) 655–662; *R. Meyer*, Eschatologie im Judentum, ebd. 662–665.

[108] Vgl. dazu *J. Schreiner*, Führung – Thema der Heilsgeschichte im Alten Testament, in: Bibl. Zeitschr. 5 (1961) 2–18.

[109] Aus der Literatur zum »Tag Jahwes«: *L. Cerny*, The Day of Jahwe and some relevant problems (Prag 1948); *G. v. Rad*, The Origin of the Concept of the Day of Jahwe, in: JSS 4 (1959) 91–101; *ders.*, Theologie des Alten Testaments II (München [5]1968) 129–133; *K.-D. Schunck*, Strukturlinien in der Entwicklung der Vorstellung vom »Tag Jahwes«, in: VT 14 (1964) 319–330; *M. Weiss*, The Origin of the »Day of the Lord« Reconsidered, in: HUCA 37 (1966) 29–72; *J. Bourke*, Le Jour de Yahvé dans Joël, in: Rev. Bibl. 66 (1959) 5–31; 191–212.

Finsternis ist er und nicht Licht!
20: Jawohl, Finsternis ist der Tag JHWHs und nicht Licht,
Dunkel (ist er) und ohne Glanz.«

Aus diesem Text ergibt sich ein Zweifaches: Einmal scheint die Wendung »Tag JHWHs« schon fest geprägt und bekannt zu sein, zum anderen sah man in ihm einen besonderen Glückstag. Der Prophet dagegen verkündigt ihn als einen Tag des Unheils. Er desillusioniert die falsche Erwartung, die sich im Volk an den »Tag JHWHs« gehängt hatte.

In Jes 13,6–13 wird das Gericht über Babel als »Tag JHWHs« geschildert:

6: »Heulet, denn nahe ist der Tag JHWHs!
Wie Gewalt vom Allgewaltigen bricht er herein!
7: Darob erschlaffen alle Hände
und jegliches Menschenherz verzagt.
8: Krämpfe und Wehen befallen sie;
wie eine Gebärende winden sie sich.
Einer starrt den anderen an;
Flammengesichter sind ihre Gesichter.
9: Siehe, der Tag JHWHs kommt, grausam,
mit Grimm und Zornesglut;
um die Erde zur Wüste zu machen
und die Sünder auf ihr hinwegzutilgen.
10: Denn die Sterne des Himmels und seine Sternenbilder
lassen ihr Licht nicht mehr schimmern.
Die Sonne verfinstert sich bei ihrem Aufgang
und der Mond läßt nicht mehr sein Licht leuchten.
11: Dann suche ich heim am Erdkreis (seine) Bosheit
und an den Bösen ihre Schuld.
Dem Hochmut der Stolzen mache ich ein Ende
und die Hoffahrt der Frechen erniedrige ich.
12: Seltener mache ich die Leute als Feingold
und die Menschen (rarer) als Ophirgold.
13: Darum lasse ich den Himmel erbeben,
und die Erde wankt von ihrer Stätte
beim Grimm JHWHs der Heerscharen
und am Tag seiner Zornesglut.«

Auch in diesem Text ist »der Tag JHWHs« ein Tag des Gerichts und des Unheils, zunächst verkündigt gegen Babel, aber bereits gesehen in kosmischen Horizonten: Der ganze Kosmos und alle Menschen werden ins Gerichtsgeschehen miteinbezogen!

Auch in Ez 7 bezieht sich die Katastrophe des »Endes« und des »Tages« zunächst auf Juda-Jerusalem, aber auch hier fließen weltumspannende Züge ein; das Unheil des Gerichts kommt über die ganze Erde.

7,2: »So spricht der Herr JHWH zum Land Israel: Das Ende kommt, das Ende (kommt) über die vier Säume der Erde.«

7,5–7: »So spricht der Herr JHWH: Unheil über Unheil, siehe, es kommt! Das Ende kommt, es kommt das Ende über dich, siehe, es kommt! Das Verhängnis kommt über dich, Bewohner des Landes. Die Zeit kommt, der Tag der Bestürzung naht; nicht (mehr hört man) Jauchzen auf den Bergen.«

7,10–12a: »Siehe, der Tag! Siehe, das Verhängnis kommt (und) bricht herein! Die Vergewaltigung blüht, der Übermut sproßt. Die Gewalttat erhebt sich zum Stab der Gottlosigkeit. Nichts mehr wird ihnen verbleiben; nichts mehr von ihrem Gepränge. Die Zeit kommt, der Tag naht!.«

Das Ziel des Gerichtstags ist dies: »Dann werdet ihr erkennen, daß ich JHWH bin, der schlägt« (7,9); vgl. 7,27: »Dann werden sie erkennen, daß ich JHWH bin.« Das politische Unheil, das über Israel kommt, soll es zur Gotteserkenntnis führen.

Aber ebenso wird in Ez 30,11 ff. »der Tag JHWHs« als Unheilstag für Ägypten und andere Länder verkündigt; 30,10: »So halte ich Gericht über Ägypten. Dann werden sie erkennen, daß ich JHWH bin.« Vgl. auch Jer 46,3–12.

Es bleibt aber nicht beim »Tag« des Gerichts; es folgt ihm der »Tag« des Heils für Israel; 36,33–37: »So spricht der Herr JHWH: Am Tag, da ich euch von all euren Verschuldungen reinige [durch mein Gericht], werde ich die Städte wieder bevölkern, und die Ruinen werden wieder aufgebaut. Das verödete Land wird wieder bestellt, statt daß es öde daliegt vor den Augen eines jeden, der vorübergeht. Dann wird man sagen: Dieses verwüstete Land ist wie der Garten Eden geworden; die wüsten, öden und zerstörten Städte sind befestigt und bewohnt. Dann werden die Völker, die rings um euch übrig geblieben sind, erkennen, daß ich, JHWH, das Zerstörte aufgebaut und das Verwüstete wieder bepflanzt habe. Ich, JHWH, habe gesprochen und handle. So spricht der Herr JHWH: Auch darin werde ich mich vom Haus

Israel erbitten lassen und es gewähren: Ich will sie mehren wie Schafe. Wie heilige Schafe, wie die Schafe Jerusalems an seinen Festtagen, so werden die verödeten Städte voll sein von Menschen. Dann werden sie erkennen, daß ich JHWH bin.«

Eine besondere Rolle spielt der »Tag JHWHs« beim Propheten Joël. Auch bei ihm ist der Tag wie in der vorausgehenden Prophetie zunächst ein Tag des Unheils für Israel:

2,1 f.: »In Sion stoßt ins Horn,
gebt Alarm auf meinem heiligen Berg,
daß alle Bewohner des Landes erbeben!
Denn der Tag JHWHs kommt. Ja, er ist nahe,
der Tag dunkel und düster, der Tag der Wolken und Wetter.«

Der Sturm auf die Stadt wird geschildert (2,7–11) und die Drohweissagung schließt mit dem Satz in 7,11 b: »Denn groß ist der Tag JHWHs und furchtbar gar sehr. Wer mag ihn bestehn?«

Aber mitten hinein in die prophetische Ankündigung des furchtbaren »Tages JHWHs« ertönt die Ankündigung des Heils und die Verheißung der Rettung; vgl. 3,3–5:

3: »Zeichen laß ich entstehen am Himmel und auf der Erde:
Blut, Feuer und Rauchsäulen.
4: Die Sonne verwandelt sich in Finsternis und der Mond in Blut,
wenn der Tag JHWHs kommt, der große und furchtbare.
5: Doch jeder, der den Namen JHWHs anruft, wird gerettet.
Denn auf dem Berg Sion wird es Rettung geben,
wie JHWH verheißen hat,
und in Jerusalem Entronnene, die JHWH beruft.«

Unmittelbar anschließend wird das Endgericht über die Völker, aber »die Wende des Geschicks« für Juda und Jerusalem angekündigt. (4,1 f..12–14):

1: »Denn sieh, in jenen Tagen und in jener Zeit,
wenn ich das Geschick Judas und Jerusalems wende,
2: da werde ich die Völker versammeln
und sie herabführen zum Tal Josaphat
und dort Gericht über sie halten
wegen meines Volkes und meines Erbes Israel,
weil sie es unter die Völker zerstreut
und mein Land geteilt haben.
12: Aufbrechen sollen die Völker und heranziehen
zum Tal Josaphat,

denn dort nehm' ich Platz, ringsum alle Völker zu richten!
13: Die Sichel setzt an, denn die Ernte ist reif!
Kommt und tretet, denn die Kelter ist voll,
die Kufen laufen über, denn ihre Bosheit ist groß!
14: Massen, ja Massen, im Tal der Entscheidung!
Denn nahe ist JHWHs Tag!«

Im »Tal der Entscheidung« findet »der Tag der Entscheidung« statt, d. h. »der Tag JHWHs«. Dieser Tag ist nun ganz gewiß nicht mehr irgendein »Tag« des Gerichts in der Geschichte, sondern ganz deutlich der endzeitliche »Tag«, der »Tag« des Weltgerichts, aber nicht verstanden als das letzte Wort Gottes in der Geschichte, sondern als die endzeitliche Durchgangskatastrophe für alle Welt, hinter der bleibendes Heil und dauernde Rettung aufscheint.

Noch einmal taucht das Thema »der Tag JHWHs« eindringlich beim Propheten Zephanja auf. Nachdem in 1,2–13 die Gerichte über die ganze Menschheit und über Juda und Jerusalem angekündigt werden, folgt in 1,7.14–18 ein prophetisches Preislied über den »Tag JHWHs«:

7: »Still vor JHWH dem Allherrn!
Denn der Tag JHWHs ist nahe.
Denn ein Schlachten hat JHWH bereitet,
hat seine Gäste geweiht.
14: Nahe ist JHWHs Tag, der große;
nahe und überaus eilig.
Horch! JHWHs Tag ist bitter,
da schreit selbst der Held.
15: Ein Tag des Zornes ist jener Tag,
ein Tag der Not und Bedrängnis,
ein Tag des Krachens und Dröhnens,
ein Tag von Dunkel und Finsternis,
ein Tag von Gewölk und Düster,
16: ein Tag mit Hörnerschall und Kriegslärm
wider die festen Städte
und wider die hohen Zinnen
....
18b: Denn ein Ende, ja schrecklichen Untergang
bereitet er allen Bewohnern der Erde.«

Und in 3,8 ruft der Prophet allen Völkern zu:
»Drum wartet mir nur auf den Tag – Spruch JHWHs –,

da ich als Kläger erscheine!
Denn mir kommt es zu, Völker zu laden,
Reiche zu versammeln,
meinen Grimm über sie zu ergießen,
meine volle Zornglut.
Ja, vom Feuer meines Zorns wird die ganze Erde verzehrt.«
Aber »jener Tag« ist auch der anbrechende »Tag« des Heils für Israel (vgl. 3,16a.14.20b):
»An jenem Tag wird man zu Jerusalem sprechen: Juble Tochter Zion, jauchze, Israel!
Freu dich und frohlocke von ganzem Herzen,
Tochter Jerusalem!
....
Ja, ich verleihe euch Namen und Ruhm bei allen Völkern der Erde,
wenn ich euer Geschick wende vor ihren Augen, spricht JHWH.«

Wir gingen von der These aus: Israel hat die Zukunft entdeckt; es brachte das »eschatologische Denken« in die Welt, das eine zyklische Geschichtsauffassung zertrümmert. Israel hat damit auch das geschichtliche Bewußtsein entdeckt[110]. Die prophetische Ansage vom »Tag JHWHs« brachte aber auch die Eigenart des biblischen Zukunftsdenkens paradigmatisch ins Bewußtsein. Diese Eigenart sei in folgende Sätze zusammengefaßt:
1. Das eschatologische Denken in Israel tat sich nicht von heute auf morgen auf. »Der Tag JHWHs« bezieht sich zunächst auf politische Ereignisse katastrophaler Natur in der Geschichte Israels. »Der Tag JHWHs« ist ein Tag des Krieges und der Niederlage, herbeigeführt durch Gott als Strafe für das Versagen des Volkes vor ihm.
2. Aber früh schon bekommt »der Tag JHWHs« universal-kosmische Ausmaße: er umspannt die ganze Welt in horizontaler wie temporaler Hinsicht. Er richtet den Blick auf das »Ende« schlechthin.
3. Als »Endtag« ist »der Tag JHWHs« kein berechenbarer Kalendertag. Gott allein kennt ihn und führt ihn herbei.

---

[110] Vgl. *K. Koch*, Biblischer Ursprung des geschichtlichen Bewußtseins, in: *W. Lohff / B. Lohse* (Hrsg.), Christentum und Gesellschaft (s. Anm. 117), 27–45.

4. Dieser »Tag« ist darum auch nicht das allmähliche und endgültige Produkt der Evolution der Welt (ihr »Punkt Omega«), sondern die von Gott herbeigeführte katastrophale Zäsur, die diesen Äon beendet und vom kommenden Äon scheidet.
5. Dennoch dynamisiert dieser »Tag« die Geschichte und treibt sie auf ihr Ende hin.
6. Dieser »Tag« erweist die Idee einer innerweltlichen Vollendbarkeit und Vollendung der Geschichte als nicht realisierbare Utopie. Die Geschichte geht nicht von selbst auf ein »Reich der Freiheit« zu. Dieser »Tag« widerlegt die Thesen *Hegels, Marx'* und anderer.
7. Dieser »Tag« ist ein »Tag« des Übergangs. Gott führt mit ihm endgültig seine Zukunft herauf, die eine Welt des Heils und der Gerechtigkeit in sich schließt. Deshalb gibt dieser »Tag« der Welt Hoffnung[111].

Israel hat die Welt mit dem Zukunftsgedanken »infiziert«. Er kommt in ihr nicht mehr zur Ruhe. Es gibt im Alten Testament zwar auch Tendenzen, Israel auf »das Bestehende« festzulegen, so etwa in der »Priesterschrift«[112] oder in dem, was *G. Scholem* »den konservativen Messianismus« nennt. Es gibt im Judentum aber auch die Gefahr des »utopischen Messianismus«, sobald sich dieser als Versuch einer innerweltlichen Vollendung der Geschichte versteht, wie etwa im genuinen Marxismus[113] oder bei *E. Bloch,*

---

[111] Vgl. zum Thema »Hoffnung« in der alttestamentlichen Theologie *C. Westermann,* Das Hoffen im Alten Testament. Eine Begriffsuntersuchung, in: *ders.,* Forschung am Alten Testament. Gesammelte Studien (München 1964) 219–265; *A. Deißler,* Das Israel der Psalmen als Gottesvolk der Hoffenden, in: *G. Bornkamm / K. Rahner* (Hrsg.), Die Zeit Jesu (FS f. *H. Schlier*) (Freiburg/Basel/Wien 1970) 15–37; *W. Zimmerli,* Der Mensch und seine Hoffnung im Alten Testament (Göttingen 1968).

[112] Vgl. dazu *N. Lohfink,* Zukunft. Zur biblischen Bezeugung des Ideals einer stabilen Welt, in: *ders.,* Unsere großen Wörter. Das Alte Testament zu Themen dieser Jahre (Freiburg/Basel/Wien 1977) 172-189.

[113] Dabei ist freilich die Frage, wie weit im Denken *K. Marx'* jüdische Einflüsse aus seiner Herkunft wirksam waren, noch keineswegs geklärt. Lag ihm der »Messianismus« im Blut? Entscheidende philosophische Anregungen empfing *Marx* jedenfalls von *Hegel,* speziell von dessen Idee eines »Endzwecks« der Geschichte und von dessen Prozeßdenken mit seiner Dialektik. Hegel selber aber ist ohne den Einfluß der christlichen Überlieferung nicht zu verstehen. »Reich Gottes« war das gemeinsame Losungswort der drei Tübinger Freunde *Hegel, Schelling* und *Hölderlin!* Auch für *E. Bloch* ist »das Reich« der religiöse Kernbegriff, aber:

der sich in seinem Lebenswerk »Das Prinzip Hoffnung« zu der These verstieg: »Ubi Lenin, ibi Jerusalem«[114]. Doch ist seit der Ansage des »Tags JHWHs« der Blick der Welt auf die Zukunft gerichtet; sie kann seither die Geschichte nicht mehr als »die ewige Wiederkehr des Gleichen« verstehen. Die Propheten Israels haben die Welt »dynamisiert«. Die jüdische Apokalyptik nahm selbstverständlich auch die Idee vom kommenden »Tag« (des Herrn) in ihre Zukunftsvisionen auf. Hier bezeichnet er den Termin des großen Endgerichts über die Welt und heißt deshalb auch »Tag des Gerichts«, »Tag Gottes«, »dein Tag«, »der Tag des Messias«, »Tag des Knechts«, »Tag der Auserwählten«[115].
Auch Jesus und die Urkirche haben das Thema »Tag JHWHs« in ihre Verkündigung aufgenommen, wenn naturgemäß nun z. T. in christologisierter Gestalt und – damit zusammenhängend – in Spannung zur ersten Ankunft des Messias Jesus. Jedenfalls wird »der Tag (des Herrn)« nun eindeutig auf das endzeitliche Handeln Gottes bezogen. So spricht Jesus in Lk 17,24 vom »Tag des Menschensohnes« und meint damit den Zeitpunkt seines Erscheinens in der Herrlichkeit des Reiches; auch in Joh 8,56 ist mit »meinem Tag« der Tag der endgültigen Offenbarung der Herrlichkeit Jesu gemeint. In 2 Petr 3,12 ist »der Tag Gottes« der Tag des Weltenbrandes, in Apk 16,14 der Tag des Kampfes des (wahren) Weltherrschers mit den atheistischen Königen der Erde. Bei Paulus ist »der Tag« der Tag des Endgerichts an der christlichen Gemeinde (1 Kor 1,8; Phil 1,6.10), aber auch an den übrigen Menschen. In 1 Thess 5,2 und 2 Thess 2,2 ist »der Tag« der Tag der Parusie Christi; in 1 Thess 5,5; 1 Kor 3,13 und Hebr 10,25 der Endgerichtstag, und ebenso ist »jener Tag« (Mt 7,22; Lk 10,12; 2 Tim 1,12.18) der Gerichtstag am Ende der Zeiten. In Jud 6; Apk 6,17 und 16,14 heißt dieser Tag »der große Tag«. Die christliche Eschatologie lebt also auch in diesem eschatologischen Vorstellungsbereich vom alttestamentlich-jüdischen Erbe. Dieses Erbe ist unterdessen in das Weltdenken eingegangen, wenn auch

---

»Die religiöse Reichsintention als solche«, meint *Bloch*, *»involviert Atheismus, endlich begriffenen«* (Das Prinzip Hoffnung, Frankfurt 1967, 1411 f.).

[114] *E. Bloch*, Das Prinzip Hoffnung, 711.

[115] Vgl. dazu und zum Folgenden *G. Delling*, in: ThWbzNT II, 954–956; *H. Riedlinger*, Jesus und die Zukunft, in: *J. Sauer* (Hrsg.), Wer ist Jesus Christus? (Freiburg/Basel/Wien 1977) 93–120.

vielfach in säkularisierter Gestalt, in den utopischen Träumen des kommenden Tags der großen Freiheit und Gerechtigkeit in aller Welt. Die Zukunft bewegt die Geister[116].

2.8 Die Sehnsucht nach einer gerechten Welt

Die Propheten Israels waren nicht bloß Ansager von kommendem Gericht und kommendem Heil, sondern zugleich die Kritiker des »Bestehenden«, besonders in gesellschaftlicher und sozialer Hinsicht. Sie waren »Gesellschaftskritiker«, aber in unlösbarer Verbindung mit ihrer Ansage von Gericht und Heil; denn ihre Gesellschaftskritik entwarf zugleich ein »utopisches« Bild einer kommenden Welt der Gerechtigkeit und des Friedens[117]. Auch hier bestätigt sich, was *H. W. Wolff* so formuliert hat: »Charakteristisch für das Alte Testament ist das Nebeneinander konkreter Maßnahmen und utopischer Entwürfe.«[118]

2.8.1 Die prophetische Kritik an bestehendem Unrecht

Dazu wird paradigmatisches Material aus den Prophetenbüchern vorgeführt, zunächst aus *Amos*, dem Propheten des 8. Jahrh. v.

---

[116] Vgl. dazu auch *G. Sauter*, Zukunft und Verheißung (Zürich 1965); *H. Kimmerle*, Die Zukunftsbedeutung der Hoffnung (Bonn 1966); *J. Moltmann*, Die Zukunft als neues Paradigma der Transzendenz, in: Intern. Dialog-Zeitschrift 22 (1969) 2–13; *W. D. Marsch*, Zukunft (Stuttgart 1969).

[117] Aus der Literatur: *H. J. Kraus*, Die prophetische Botschaft gegen das soziale Unrecht Israels, in: EvTh 15 (1965) 295–307; *O. H. Steck*, Prophetische Kritik der Gesellschaft, in: *W. Lohff / B. Lohse* (Hrsg.), Christentum und Gesellschaft (Göttingen 1969) 46–62; *K. Koch*, Die Entstehung der sozialen Kritik bei den Propheten, in: *H. W. Wolff* (Hrsg.), Probleme biblischer Theologie (FS f. *G. v. Rad*) (München 1971) 236–257; *F. L. Hossfeld / I. Meyer*, Prophet gegen Prophet. Eine Analyse der alttestamentlichen Texte zum Thema: Wahre und falsche Propheten (Fribourg 1973); *G. J. Botterweck*, »Sie verkaufen den Unschuldigen um Geld.« Zur sozialen Kritik des Propheten Amos, in: Bibel u. Leben 12 (1971) 215–231; *H. Donner*, Die soziale Botschaft der Propheten im Lichte der Gesellschaftsordnung in Israel, in: Oriens Antiquus 2 (1963) 229–245; *H. W. Wolff*, Die Stunde des Amos. Prophetie und Protest (München 1969) 54–67 (»Kritik der Gesellschaft«); *S. Holm-Nielsen*, Sozialkritik der Propheten, in *O. Kaiser* (Hrsg.), Denkender Glaube (FS f. *C. H. Ratschow*) (Berlin/New York 1976) 7–23.

[118] Die Anthropologie des Alten Testaments (München 1973) 296f.

Chr., der Rechtsbeugung und soziales Unrecht im Nordreich Israel schonungslos anprangerte und seinen Untergang ansagte. In 5,10 wird über die, die die Gerechtigkeit zu Boden stoßen (vgl. 5,7), gesagt:

»Sie hassen im Tor den, der zurechtweist,
und verabscheuen den, der vollständig aussagt.«[119]

Damit werden Mißstände des Prozeßverfahrens offen angesprochen.

5,11: »Weil ihr Pachtzins vom Hilflosen erpreßt,
und Kornsteuer von ihm nehmt:
Quadersteinhäuser habt ihr gebaut,
doch wohnen werdet ihr nicht darin.
Prächtige Weingärten habt ihr gepflanzt,
doch trinken werdet ihr nicht ihren Wein.«

Die Besitzenden haben keinen Blick für den Hilflosen und Armen, der unverschämt ausgebeutet wird. Das geht so weit, wie es in 2,6 angeprangert wird:

»Sie verkaufen den Unschuldigen für Geld
und den Armen für ein Paar Sandalen.«

Menschen werden also wie Ware behandelt. Vgl. auch 2,7:

»Sie treten nach dem Kopf der Hilflosen
und weisen den Rechtsweg der Elenden ab.«

Jenen, die unlautere Handelsgeschäfte treiben, hält der Prophet entgegen (8,5):

»Hört dies, die ihr sagt:
Wann ist der Neumond vorüber,
damit wir Getreide verkaufen können,
und der Sabbat, daß wir Korn anbieten können
und den Abfall von Korn verkaufen,
daß wir das Hohlmaß verkleinern
und den Gewichtstein vergrößern
und mit falscher Waage betrügen?«

»Schlechte Ware, falsche Maße, ungerechte Preise – das sind die üblen Folgen der Gewinngier« *(H. W. Wolff)*[120].

Andere Propheten des 8. Jahrh. erheben ähnlich ihre Stimmen gegen das soziale Unrecht. So *Micha:*

---

[119] Übersetzung nach *H. W. Wolff.*

[120] Die Stunde des Amos, 63.

2,1: »Weh denen, die Arges planen,
und böses Werk auf ihren Lagern!
Beim Morgenlicht führen sie's aus;
es steht ja in ihrer Gewalt.
Wünschen sie Felder, sie rauben sie,
und Häuser, sie nehmen sie weg.
Gewalt wenden sie an gegen den Mann und sein Haus,
gegen den Herrn und seinen Besitz.«
2,8–10: »Ja, ihr tretet auf als Feinde für mein Volk;
den Friedlichen beraubt ihr des Kleides,
arglos Wandernde (plündert ihr aus wie) Kriegsgefangene.
Die Frauen meines Volkes vertreibt ihr aus ihrem behaglichen Haus;
von ihren Kindern nehmt ihr meine Zier für immer:
›Auf und fort! Hier ist kein Ruheplatz!‹
Wegen eines Nichts nehmt ihr schmerzliches Pfand.«
3,9–11a: »Hört doch dies, ihr Häupter des Hauses Jakob,
ihr Richter des Hauses Israel,
die das Recht verabscheuen
und alles Gerade verkehrt machen,
die Sion bauen mit Blut,
Jerusalem mit Frevel!
Seine Häupter sprechen Recht gegen Bestechung,
seine Priester geben Lehren für Lohn,
seine Propheten wahrsagen für Geld.«
Jesaja mahnt (1,17):
»Lernet Gutes zu tun!
Trachtet nach Recht! Steuert dem Gewalttätigen!
Schaffet Recht der Waise, tretet ein für die Witwe!«
In 5,8–10 ruft er den Landgierigen ein »Wehe« entgegen, in 10,1f. den ungerechten Richtern:
»Wehe denen, die Gesetze voll Unheil erlassen und
Schriftstücke voll Mühsal niederschreiben,
um die Geringen vom Gericht zu verdrängen und den
Armen meines Volkes das Recht zu rauben,
daß sie die Witwen ausbeuten und die Waisen ausplündern.«
Mit diesen frühen Propheten stimmen auch ihre Nachfolger überein; vgl. Jer 5,1ff.; 5,27ff.; 7,9f.; 9,1f. u.ö.; Ez 18,6ff.; 22,6–10; Deutero-Jes 58,1–12; Sach 7,7–9; Mal 2,14–16. Bis ins

5. Jahrhundert verkündigen also die Propheten, daß sich Gott für die Armen und Entrechteten einsetzt und daß wahrer Glaube an Gott ohne Hilfe für den Notleidenden und rechtlosen Armen nicht möglich ist. Sie bringen dabei nur die alte Rechtsordnung Israels zur Geltung und brandmarken seine Verletzung. Es geht um »Recht« und »Gerechtigkeit«: zwei Grundbegriffe der Gemeinschaftsordnung Israels. Die Verletzung dieser Ordnung ist in den Augen der Propheten Israels neben dem Bundesbruch die eigentliche Sünde gegen Gott.

Was ist in der Sprache des alten Israel mit den Begriffen »Recht« und »Gerechtigkeit« eigentlich gemeint? Beide Begriffe sind mehr als rein juristische Begriffe; es sind »soziologische« Begriffe. Es sind »Verhältnisbegriffe«, bezogen auf Gemeinschaft, sei es auf das Gemeinschaftsverhältnis zwischen Gott und dem Menschen (Israel), sei es auf jenes zwischen Mensch und Mensch. Beide Begriffe bringen ein »inter«, einen »Bereich«, eine »Beziehung« zur Geltung. Wenn die Beziehung zwischen Gott und Mensch und umgekehrt zwischen Mensch und Mensch richtig ist, der gottgewollten Ordnung entspricht, dann herrschen Recht (מִשְׁפָּט) und Gerechtigkeit (צְדָקָה, צֶדֶק), dann ist alles »rechtens«, im richtigen Verhältnis zueinander; dann entsteht eine heile Weltordnung[121]. Die prophetische Kritik am Bestehenden verbindet sich mit der Ansage einer Welt, in der Recht und Gerechtigkeit herrschen werden, die Weltordnung auf Recht, Gerechtigkeit und Frieden beruhen wird.

2.8.2 Die prophetische Ansage einer kommenden Weltordnung in Recht, Gerechtigkeit und Frieden

Besonders bei den Propheten Hosea und Jesaja wird Gerechtigkeit »zum Schlußpunkt einer neuen Heilsgeschichte« *(K. Koch)*[122]. Vgl. Hos 2,20–22:

»Ich schließe für sie einen Bund an jenem Tage

---

[121] Vgl. dazu *K. Koch,* Art. צדק, in: Theol. Handwörterbuch zum Alten Testament II, 507–530; *G. Liedke,* Art. שׁפט, ebd. 999–1009; *H. H. Schmid,* Gerechtigkeit als Weltordnung. Hintergrund und Geschichte des alttestamentlichen Gerechtigkeitsbegriffes (Tübingen 1968).

[122] A.a.O. 526.

mit den Tieren des Feldes, den Vögeln in der Luft und (allem), was kriecht am Boden.
Bogen und Schwert und Krieg zerschlag ich im Lande,
und lasse sie wohnen in Sicherheit.
Ich verlobe dich mir auf ewig;
ich verlobe dich mir um *Recht und Gerechtigkeit,*
um Gnade und Liebe,
ich verlobe dich mir um Treue und Gotteserkenntnis.«
Und Jesaja schaut in einer Vision das Friedens- und Gerechtigkeitsreich des kommenden Messias; vgl. 9,1–6:
»Das Volk, das in Finsternis wandelt, schaut ein großes Licht;
über denen, die im Land des Todesschattens wohnen, erstrahlt ein Licht.
Du machst reich den Jubel, groß die Freude:
man freut sich vor dir, wie man sich freut in der Ernte,
wie man jubelt beim Beuteverteilen.
Denn sein lastendes Joch, den Stecken auf seinen Schultern
und den Stock des Treibers hast du zerbrochen wie am Tage von Midian.
Ja, jeder Soldatenstiefel, der polternd einherstiefelt,
und (jeder) Mantel, der mit Blut befleckt ist,
wird verbrannt, eine Speise des Feuers.
Denn ein Kind ist uns geboren, ein Sohn uns geschenkt.
Auf seinen Schultern ruht die Herrschaft und man nennt seinen Namen:
›Wunderrat, Gottheld, Ewigvater, Friedensfürst.‹
Groß ist seine Herrschaft und des *Friedens* kein Ende.
Auf dem Thron Davids und über sein Reich (wird er herrschen),
indem er es festigt und stützt
durch Recht und Gerechtigkeit von nun an bis in Ewigkeit.
Der Eifer JHWHs der Heerscharen wird dies vollbringen.«
Vgl. auch 11,4–9; 16,9; 32,1:
»Siehe, in *Gerechtigkeit wird herrschen ein König*
und die Fürsten werden nach dem Recht regieren.«
Bei dem »Pessimisten« Jeremia wird der eigentliche Durchbruch von Recht und Gerechtigkeit auf Erden »erst von der eschatologischen Zukunft erwartet« (Koch)[123]. Vgl. Jer 23,5f.:

[123] Ebd. 527.

»Fürwahr, Tage kommen – Spruch JHWHs –,
da lasse ich David einen gerechten Sproß erstehen;
er herrscht als König und führt ein weises Regiment,
Recht und Gerechtigkeit übt er im Lande.
In seinen Tagen erfährt Juda Heil
und Israel lebt in Sicherheit,
und dies ist der Name, mit dem man ihn benennt:
›JHWH unsere Gerechtigkeit‹[124].«

Aus dem reichen deuterojesajanischen Material sei hier nur einiges vorgeführt, so Jes 51,4–8:

»Merkt auf mich, ihr Völker, und horcht auf mich, ihr Stämme!
Denn Weisung geht von mir aus und mein *Recht* zum Licht der Völker.
Plötzlich lasse ich meine *Gerechtigkeit* nahen;
mein Heil ergeht, und meine Arme richten die Völker.
Auf mich harren die Inseln und auf meinen Arm hoffen sie.
Hebt zum Himmel eure Augen
und blickt zur Erde drunten!
Denn der Himmel zerflattert wie Rauch
und die Erde zerfällt wie ein Kleid;
Ihre Bewohner sterben wie Mücken dahin.
Doch mein Heil währt in Ewigkeit
und meine Gerechtigkeit wird nicht vergehen.
Hört auf mich, die ihr die Gerechtigkeit kennt,
du Volk, das meine Lehre im Herzen trägt!
Fürchtet nicht den Schimpf der Menschen
und vor ihrem Höhnen erschreckt nicht!
Denn wie ein Kleid frißt sie die Schabe
und wie Wolle frißt sie die Motte.
Doch meine *Gerechtigkeit* währt in Ewigkeit
und mein Heil von Geschlecht zu Geschlecht.«

Vgl. auch 61,11:

»Denn wie die Erde ihre Gewächse hervorbringt
und wie der Garten seine Samen sproßen läßt,
so läßt der Herr Jahwe *Gerechtigkeit* sproßen
und Ruhm vor allen Völkern.«

---

[124] Vgl. dazu Näheres bei *J. Swetnam*, Some Observations on the Background of צדיק in Jeremia 23,5 a, in: Biblica 46 (1965) 29–40.

Gerechtigkeit verbindet sich mit Frieden (שָׁלוֹם); vgl. 60,17:
»Ich setze *Frieden* als deine Obrigkeit ein
und *Gerechtigkeit* als deine Herrschaft.«
Umfassender Weltfrieden gehört neben Recht und Gerechtigkeit zum Inhalt der eschatologischen Heilserwartung[125]. Im Frühjudentum leben diese Heilserwartungen weiter. Der Messias wird »Messias der Gerechtigkeit« genannt[126].
Es darf nicht wundernehmen, daß bei den utopischen Messianisten des Judentums immer wieder die Vision einer Welt des Rechts, der Gerechtigkeit und des Friedens auftaucht, oft zusammen mit der Idee einer herrschaftsfreien Welt[127]. Solche Visionen liegen dem Judentum im Blut[128]. Sie hängen zusammen mit der Idee des Messianismus und der Entdeckung der Zukunft; sie sind das virulent bleibende Erbe der Propheten Israels, das unterdessen auch das Denken der Völker immer stärker bewegt[129].
Auch Christus wird im Neuen Testament mit dem Würdeprädikat »der Gerechte« versehen (vgl. Apg 3,14; 1 Petr 3,18; 1 Joh 2,1; 2,29; 3,7) und als jener verkündigt, der den Erdkreis einst in Gerechtigkeit richten wird (Apg 17,31), und der dazu kam, Frieden den Fernen und Frieden den Nahen, d. h. allen Menschen,

---

[125] Vgl. dazu Näheres bei *H. Groß*, Die Idee des ewigen und allgemeinen Weltfriedens im Alten Orient und im Alten Testament (Trier ²1967).

[126] Vgl. dazu *G. Schrenk* in: ThWbzNT II, 118.

[127] So bei den Begründern der »Kritischen Theorie« (»Frankfurter Schule«), die großenteils Juden waren *(M. Horkheimer, Th. W. Adorno, W. Benjamin, H. Marcuse).*

[128] Vgl. auch *G. Dietrich,* Das jüdisch-prophetische Erbe in den neueren revolutionären Bewegungen, in: *W. Strolz* (Hrsg.), Jüdische Hoffnungskraft und christlicher Glaube (Freiburg 1971) 191–243; *W. Strolz,* Sinnfragen nichtglaubender Juden, in Frankfuter Hefte 31 (1976) 25–34.

[129] Nach *G. Dietrich* finden sich in der jüdischen Prophetie »jene drei Elemente, die in den Voraussetzungen der marxistischen Religionskritik enthalten waren: Erstens der Kampf gegen die Götzen, die selbstgemachte Religion, das Opium des Volkes; zweitens der Kampf gegen das Unwesen der Religion, die Sakralität zum Selbstzweck macht und dabei asozial bestehendes Unrecht sanktioniert; drittens der Kampf gegen falsche Abhängigkeit, für eine verantwortliche Autonomie des Menschen« (a.a.O. 216); *D.* vergißt dabei aber auch nicht den »gravierenden Unterschied«; er liegt nach ihr »darin, daß für *Marx* die letzte Instanz die kommunistische Gesellschaft ist, für den Propheten dagegen JHWH, der lebendige Gott, der den Menschen in die Wahrnehmung seiner kritischen Funktion ruft«.

zu verkünden (Eph 2,17), ja der in Person der Frieden ist (2,14). Auch hier lebt das große Glaubenserbe Israels in der Kirche weiter.

Die Propheten Israels sind allerdings auch überzeugt, daß Recht, Gerechtigkeit und Frieden weder das Produkt der Weltevolution noch das Produkt der Weltrevolution sind, sondern die eschatologische Gabe Gottes, die er durch seinen Messias im kommenden Äon der Welt gewähren wird, was jedoch nicht heißt, daß Gerechtigkeits- und Friedensarbeit nicht jetzt schon zu den Aufgaben der Menschheit gehört. Die prophetischen Visionen müssen sich immer wieder in Impulse zu gegenwärtiger Gerechtigkeits- und Friedensarbeit umsetzen. Das Eschaton muß in das Präsens hereinwirken, zumal nach christlicher Überzeugung das Eschaton schon in Jesus Christus Gegenwart wurde, wenn auch noch nicht in seiner Endgestalt. Mit der »kritischen Theorie« der Propheten muß sich der Wille verbinden, am Aufbau einer Welt in Gerechtigkeit und Frieden tatkräftig mitzuarbeiten. Die Hände dürfen nicht in reiner Erwartung der Zukunft in den Schoß gelegt werden. Die Theorie muß sich mit der Praxis verbinden, deren letzter Impuls aber immer die *Liebe* sein muß. Und »Heil« ist immer noch mehr als eine nur sozial funktionierende Welt[130]. Das wußten die Propheten Israels, und das dürfen weder Juden noch Christen vergessen. Die Propheten bewahren vor geschichtlicher Ahnungslosigkeit. Neben ihrer Heilsansage steht ihre Gerichtsansage; aber ihre Gerichtsansage mündet immer wieder in die Heilsansage, freilich in die Ansage eines Heils, das zuletzt jenseits der Geschichte liegt.

Die Kirche wartet mit Israel auf »einen neuen Himmel und eine neue Erde, *auf denen Gerechtigkeit wohnt*« (2 Petr 3,13) und auf den Tag, an dem Gott »den Erdkreis *in Gerechtigkeit* richten wird« (Apg 17,31).

---

130 Vgl. auch *U. Hommes / J. Ratzinger,* Das Heil des Menschen. Innerweltlich – Christlich (München 1975); *J. Ratzinger,* Glaube und Zukunft (München 1970).

2.9 *Sühne und Stellvertretung*[131]

Die Idee der »Sühne« und des »Sühnens« spielt im Judentum schon in seiner alttestamentlichen Zeit eine zentrale Rolle; sie kommt sprachlich vor allem zum Ausdruck in dem Verbum כפר[132]. Sühne vollzieht sich vielfach durch Substitution, besonders wenn es sich um Blutschuld handelt. Solche Substitutionen sind Menschenleben, Tierleben und Sühnegeschenke in der Form von Opfern. Die Sühne schafft aber nicht der Mensch selbst, sondern Gott. Der Mensch leistet Sühne, Gott gewährt Sühne. Es sollen hier nur einige klassische Stellen zitiert werden, in denen die Sühneidee zum Ausdruck kommt. Nach Ex 32,30–32 bietet sich Mose als stellvertretendes Sühneopfer für die Sünde seines Volkes an: »Am nächsten Morgen sagte Mose zu dem Volk: Ihr habt eine große Sünde getan. Jetzt will ich zu JHWH hinaufsteigen, vielleicht kann ich für eure Sünde Sühne schaffen. So kehrte Mose zu JHWH zurück und sagte: Ach, dieses Volk hat eine große Sünde getan, und zwar haben sie sich einen Gott aus Gold gemacht. Wenn du nun ihre Sünde vergibst, (so ist es gut), wenn nicht, so lösche mich aus deinem Buch, das du geschrieben hast.« Num 35,33f.: »Ihr dürft nicht das Land entweihen, in welchem ihr wohnt. Denn das Blut, es entweiht das Land, und dem Land wird nicht Sühne geschafft für das Blut, das in ihm vergossen ist, außer durch das Blut dessen, der es vergossen hat.« Blut wird also durch Blut gesühnt, was mit der Überzeugung zusammenhängt, von der im folgenden Text Lev 17,11 die Rede ist: »Denn im Blut ist das

---

[131] Aus der Literatur: *E. Lohse,* Märtyrer und Gottesknecht. Untersuchungen zur urchristlichen Verkündigung vom Sühntod Jesu Christi (Göttingen 1955); *J. Scharbert,* Heilsmittler im Alten Testament und im Alten Orient (QD 23/24) (Freiburg/Basel/Wien 1964); *N. Brox,* Zeuge und Märtyrer. Untersuchungen zur frühchristlichen Zeugnis-Terminologie (München 1961); *E. Sjöberg,* Gott und die Sünder im palästinensischen Judentum (Stuttgart 1938); *H. Thyen,* Studien zur Sündenvergebung im Neuen Testament und seinen alttestamentlichen und jüdischen Voraussetzungen (Göttingen 1970); *J. Schmid,* Sünde und Sühne im Judentum, in: Bibel und Leben 6 (1965) 16–26; *J. Gnilka,* Martyriumsparänese und Sühnetod in synoptischen und jüdischen Traditionen, in: *R. Schnackenburg / J. Ernst / J. Wanke* (Hrsg.), Die Kirche des Anfangs (FS f. *H. Schürmann*) (Leipzig 1977) 223–246; *H. Gese,* Die Sühne, in: Zur biblischen Theologie. Alttestamentliche Vorträge (München 1977) 85–106.

[132] Vgl. dazu *F. Büchsel / J. Herrmann,* Art. ἵλεως etc., in: ThWbzNT III, 300–324; *F. Maass,* Art. כפר, in: Theol. Handwörterb. zum AT I, 842–857.

Leben des Fleisches; ich aber habe es euch (nur) für den Altar überlassen, daß es für euer Leben Sühne erwirke; denn nur durch das Leben erwirkt das Blut Sühne.« Im Ritual des großen Versöhnungstages, dieses größten Festtages des Judentums bis heute, spielt die Idee der Sühne, vollzogen durch tierische »Sündopfer«, die allergrößte Rolle (vgl. dazu Lev 17). Seit der Tempelzerstörung ist an Stelle der Tieropfer das Gebet als Sühnemittel getreten. Einen Höhepunkt erreicht die alttestamentliche Sühneidee im 4. Gottesknechtslied Jes 52,13–53,12, in dem nun zum erstenmal im Alten Testament der Gedanke des stellvertretenden Sühneleidens auftaucht:

53,4–6: »Doch unsere Krankheiten hat er getragen
und unsere Schmerzen auf sich geladen,
während wir ihn für einen Gezeichneten hielten,
den Gott geschlagen und geplagt.
Er aber ward durchbohrt wegen unserer Missetaten,
zerschlagen wegen unserer Verschuldungen.
Zu unserem Heil lag Züchtigung auf ihm
und durch seine Striemen ward uns Heilung.
Wir alle gingen wie Schafe in die Irre,
ein jeder wandte sich seines Weges;
aber JHWH ließ ihn treffen
die Schuld von uns allen.«

53,10–12: »Aber JHWH fand Gefallen an seinem Zerschlagenen,
heilte den, der sein Leben zum Schuldopfer dahingab.
Er wird Nachkommen sehen, lange leben, und das Vorhaben JHWHs wird durch ihn gelingen.
Nach seiner Seele Not wird er (Licht) schauen, sich sättigen.
Durch seine Erkenntnis wird (der Gerechte) mein Knecht
die Vielen rechtfertigen und ihre Schuld auf sich laden.
Darum will ich ihm die Vielen als Anteil geben
und die Zahlreichen wird er als Beute erhalten,
dafür, daß er sein Leben in den Tod dahingab
und unter die Frevler gerechnet ward,
während er doch die Sünden der Vielen trug
und an der Missetäter Stelle trat.«

Die Idee der Sühne, des »Schuldopfers«, und jene der Stellvertretung verbinden sich hier unlöslich miteinander. Die Urkirche hat die Gestalt des »*Ebed Jahwe*« individuell gedeutet und auf Jesus

bezogen, aber die »kollektive« Deutung ist deswegen nie aus der Welt verschwunden, sondern lebt weiter in dem Gedanken des stellvertretenden Leidens Israels für seine eigenen Sünden und die Sünden der Völker, worauf wir schon unter 1.11 hingewiesen haben.
Sühne und Stellvertretung spielen auch im Frühjudentum eine wichtige Rolle[133]. »Die Frage der Sühne gewann ... in nachexilischer Zeit erheblich an Gewicht und wurde in steigendem Maße bestimmend für das Verständnis des Kultus überhaupt« *(E. Lohse)*[134]. Auch nach der Zerstörung des Tempels beschäftigten sich die Rabbinen noch lange mit dem Problem der kultischen Sühnemittel. Nach Midrasch Schir.r. I, 15 haben die kultischen Opfer auch für die Völker sühnende Bedeutung: »Wie eine Taube (als Opfer) die Sünden sühnt, so schaffen die Israeliten den Völkern Sühne. Denn die 70 Farren, die die Israeliten am Laubhüttenfest darbringen, entsprechen den 70 Völkern, damit die Welt um ihretwillen nicht zerstört werde.« Selbstverständlich traten aber nach der Zerstörung des Tempels im Jahr 70 n. Chr. die nichtkultischen Sühnemittel in den Vordergrund, so das Leiden, der Tod, die Werke der Liebe, das Studium der Tora, Fasten und Gebet, besonders aber die Umkehr[135]. *R. Jischmael* lehrte – und er gibt dabei Gedanken älteren Ursprungs wieder[136]: Es gibt vier Arten der Sühne:
»1. Übertritt jemand ein Gebot und kehrt um, so weicht er nicht von dort (nämlich vom Ort der Sünde), bis man ihm vergibt. Denn es heißt: Kehrt um, ihr abtrünnigen Söhne, denn ich will heilen die Folgen eures Abfalls (Jer 3,22).
2. Übertritt jemand ein Verbot und kehrt um, so hat die Umkehr aufschiebende Wirkung und der Versöhnungstag gewährt Sühne. Denn es heißt: Denn an diesem Tag wird er euch Sühne schaffen (Lev 16,30).
3. Übertritt jemand ein Gebot, auf dem Ausrottungsstrafe und von einem Gericht verhängte Todesstrafe steht, und kehrt um, so bewirken die Umkehr und der Versöhnungstag Aufschub und die Leiden Sühne. Denn es heißt: Mit dem Stock werde ich

[133] Vgl. dazu vor allem *E. Lohse*, Märtyrer und Gottesknecht, 13–110.
[134] Ebd. 20.
[135] Vgl. dazu ebd. 23–37.
[136] Dazu Näheres ebd. 33–37.

ihre Vergehung heimsuchen und mit Schlägen ihre Schuld (Ps 89,33).
4. Läßt sich aber jemand die Entweihung des göttlichen Namens zuschulden kommen und kehrt um, so hat weder die Umkehr die Kraft, Aufschub zu bewirken, noch der Versöhnungstag die Kraft, zu sühnen, sondern die Umkehr und der Versöhnungstag sühnen ein Drittel und die Leiden an den übrigen Tagen des Jahres sühnen ein Drittel und der Tod wischt weg (alles). Denn es heißt: Diese Missetat soll nicht gesühnt werden, bis daß ihr sterbt (Jes 22,14). Das lehrt, daß der Tod (alle Schuld) tilgt.«
In Mischna Joma VIII, 8 heißt es: »Der Tod und der Versöhnungstag sühnen in Verbindung mit der Umkehr.« Interessant ist auch eine Stelle in Midr. Pesiqt. 158b[137]: »Als man die menschliche Weisheit fragte, was mit dem Sünder geschehen soll, antwortete sie: ›Die Sünder verfolgt das Unheil‹ (Prov 13,21). Als man die Prophetie fragte, was mit dem Sünder geschehen soll, antwortete sie: ›Die Seele, die sündigt, muß sterben‹ (Ez 18,4). Als man das Gesetz fragte, was mit dem Sünder geschehen soll, antwortete es: ›Er soll ein Schuldopfer bringen, damit ihm vergeben werde‹ (Lev 1,4). Gott selbst, als man ihn fragte, was mit dem Sünder geschehen soll, sagte: ›Er soll umkehren, so soll ihm Sühne zuteil werden.‹ Denn es heißt: ›Gütig und gerecht ist der Herr, darum lehrt er die Sünder den Weg (der Umkehr)‹ (Ps 25,8).«
Auf den Zusammenhang von Sühne und Stellvertretung sind wir schon gestoßen. Im vorchristlichen frühjüdischen Schrifttum begegnet dieser Zusammenhang besonders eindringlich in der Überzeugung von der stellvertretenden Funktion der Sühneleiden und des Sühnetodes; so im 2. Makkabäerbuch. Sagt zunächst der jüngste Sohn der Mutter zum König Antiochus: »Wir müssen unserer eigenen Verfehlungen wegen leiden« (7,32), und etwas später: »Unsere Brüder sind zwar jetzt, indem sie eine kurze Pein für das immerwährende Leben erduldet haben, unter Gottes Verheißung gefallen« (7,36), so fährt er dann fort: »Ich aber will so wie meine Brüder Leib und Seele hingeben für die väterlichen Gesetze und will dabei Gott anrufen, er möge dem Volk bald gnädig werden ... mit mir aber und meinen Brüdern möge er den Zorn des Allmächtigen zum Stillstand kommen lassen, den er mit

[137] Zitiert ebd. 26f.

Recht auf unser ganzes Volk geworfen hat« (7,37f.). In diesen Texten kommt ganz klar der Gedanke der Sühne und Stellvertretung zur Sprache: Die makkabäischen Brüder wollen stellvertretend zur Sühne für die Sünden ihres Volkes sterben. Noch deutlicher kommt das im Gebet des sterbenden Eleazar nach 4 Makk 6,28f. zur Geltung: »Sei gnädig deinem Volk! Laß dir unsere Strafe für sie (ὑπὲρ αὐτῶν) genügen. Mach mein Blut zu einem Mittel ihrer Reinigung und nimm mein Leben als Ersatz für ihr Leben.« Eleazar betrachtet seinen gewaltsamen Tod als einen stellvertretenden Sühnetod für die Sünden seines Volkes. Und rückblickend heißt es dann in 4 Makk 17,20–22: »... ihretwegen herrschen die Feinde nicht mehr über unser Volk, wurde der Tyrann bestraft und das Vaterland gereinigt. *Sie waren wie ein Ersatz für die Sünde des Volkes.* Durch das Blut jener Frommen und durch das Sühnemittel ihres Todes rettete die göttliche Vorsehung das zuvor schlimm bedrängte Israel.« In 4 Makk 16,21 weist die makkabäische Mutter auf das Beispiel der drei Jünglinge im Feuerofen hin, und im Gebet des Asarja (Dan 3,26–45) bieten die drei Jünglinge ihr Leben als Sühnopfer an: »Wie Brandopfer von Widdern und Stieren, wie Zehntausende fetter Lämmer, so soll heute vor dir unser Opfer gelten und dich versöhnen«, nachdem zuvor das Sündenbekenntnis abgelegt und Gottes Gericht als gerecht anerkannt worden ist: »Ehrliches Gericht hast du gehalten in allem, was du über uns brachtest und über Jerusalem, die heilige Stadt unserer Väter. Denn nach ehrlichem Urteil hast du all dies bewirkt wegen unserer Sünden. Denn wir haben gesündigt [in allem] und Unrecht gehabt, dich zu verlassen; wir haben gefehlt in allem und gehorchten nicht deinen Geboten. Wir haben nicht beachtet und nicht getan, was du uns gebotest, daß es uns wohlergehe. Und alles, was du über uns brachtest, und alles, was du uns angetan, hast du nach ehrlichem Urteil getan. Du hast uns unseren Feinden in die Hand geliefert, Gottlosen, feindseligen Abtrünnigen, und einem ruchlosen König, dem schlechtesten der ganzen Welt« (3,28–32).

Beim »schlechtesten der ganzen Welt« denkt man heute unwillkürlich an *Adolf Hitler*, und viele Juden, die von ihm vernichtet wurden, haben ihr Leben bewußt hingegeben als Sühne für ihre und der Völker Sünden. Im Judentum ist die Idee der stellvertretenden Sühne nie ausgestorben. Auch der Jude Jesus und die

Urkirche lebten in diesen Traditionen, und die Urkirche deutete den gewaltsamen Tod Jesu von Nazareth als stellvertretenden Sühnetod, »für unsere Sünden«, wie schon das alte, von Paulus übernommene und weitergegebene Credo bekennt (vgl. 1 Kor 15,3). Nach den eucharistischen Deuteworten hat Jesus sein Blut vergossen »zur Vergebung der Sünden« (Mt 26,28)[138].

Auch von alten Rabbinen ist dem Tod des Martyrers und der Gerechten stellvertretende Sühnekraft zugesprochen worden[139]. So weiß der Midrasch Prov. 9,2 (31b) zu erzählen, daß der *R. Aqiba* am Versöhnungstag den Martertod erlitten habe. »Die Angabe darf wohl sicher als Hinweis darauf verstanden werden, daß seinem Tod ebenso wie dem Versöhnungstag sühnende Kraft beigemessen wurde« *(E. Lohse)*[140]. *R. Eleazar ben Pedath* (um 270 n. Chr.) lehrte, das Martyrium der drei Jünglinge im Feuerofen habe am Sabbat und am Versöhnungstag stattgefunden[141].

Dieses Material mag genügen. Auch die Idee der Sühne und der Stellvertretung gehört zum großen Glaubenserbe Israels. Sie ist nicht erst durch die Kirche in die Welt gekommen, wenn auch die Völker nach Ausweis der Religionsgeschichte schon immer eine Ahnung davon hatten, daß Sünde durch Opfer gesühnt werden muß. Die Idee der Sühne und des stellvertretenden Sühntodes bricht die Welt immer wieder auf den heiligen Gott hin auf; sie hindert die Welt immer wieder, der Selbstgenügsamkeit und Selbstgerechtigkeit zu verfallen. Sie hilft mit das Gewissen in der Welt wachzuhalten und dient dem Abbau der Aggressionslust[142].

2.10 Das Gewissen und der Dekalog

»Der Jude hat das Gewissen erfunden«: Dieser Slogan gehörte zum Arsenal der nazistischen Hetze gegen das Judentum. Zwar

[138] Das ganze neutestamentliche Material ist zusammengestellt und diskutiert bei *E. Lohse*, ebd. 113–187.

[139] Vgl. dazu ebd. 75–87.

[140] Ebd. 75.

[141] Ebd.

[142] Vgl. dazu das wichtige Buch von *R. Schwager*, Brauchen wir einen Sündenbock? Gewalt und Erlösung in den biblischen Schriften (München 1978).

hat der Jude das Gewissen nicht »erfunden«, nicht einmal das Wort »Gewissen«, das im Alten Testament nicht vorkommt, wohl aber war und ist der Jude intensivst mit der Sache befaßt, die gewöhnlich mit dem Wort »Gewissen« zur Sprache kommt[143]. Besser gesagt: Der Jude, Israel, ist mit dieser Sache befaßt worden, nämlich von Gott selbst. Israel wurde von Gott dazu aufgerufen, auf seine Stimme und Weisung zu hören. Das Organ im Menschen, das Gottes Weisung hört, heißt im Alten Testament nicht »Gewissen«, sondern »Herz«[144]. Auch das rabbinische Frühjudentum und Qumran kennen das Wort »Gewissen« nicht, sondern reden ebenso von »Herz« oder vom »guten« bzw. »bösen Trieb«. »Solange der Jude vom ›Herzen‹ sprach, empfand er das inwendige Leben mit seinem ganzen Wollen, Fühlen und Denken als Einheit« *(A. Schlatter)*[145]. *Rabbi Jochanan ben Zakki* sprach zu seinen Schülern: »Geht aus und schaut: Welches ist ein guter Weg, den der Mensch befolgen soll?« *Rabbi Eliezer* sprach: »Ein gütiges Auge.« *Rabbi Jehoschua* sprach: »Ein guter Genosse.« *Rabbi Jose* sprach: »Ein guter Nachbar.« *Rabbi Schimeon* sprach: »Wer auf die Folgen sieht.« *Rabbi Eleazar* sprach: »*Ein gutes Herz.*« Da sagte *R. Jochanan* zu ihnen: »Ich geb den Worten des *Eleazar ben Arakh* den Vorzug vor euren Worten, weil in seinen Worten eure Worte mitenthalten sind« (Abot II, 9a).

Was also »Gewissen« genannt wird, nennt das alte Judentum »Herz«. In ihm fallen die Entscheidungen des Menschen, aber nicht seine autonomen Entscheidungen, vielmehr bestehen diese in Gehorsam oder Ungehorsam gegen Gottes Weisungen, die Israel »gehört« hat und »hören« soll, besonders nach der Lehre des Deuteronomiums. »Nach dem Gewissen leben« heißt im Alten Testament und im Judentum: Auf Gottes Stimme hören[146]! »Aus dem Hören muß ein Gehören, aus dem Horchen ein

---

[143] Vgl. dazu *Chr. Maurer,* Art. **σύνοιδα, συνείδησις,** in: ThWbzNT VII, 897–918 (mit reicher Literatur); *J. Schreiner,* Persönliche Entscheidung vor Gott nach biblischem Zeugnis, in: Bibel und Leben 6 (1965) 107–121.

[144] Vgl. dazu etwa *F. Baumgärtel / J. Behm,* Art. **καρδία,** in: ThWbzNT III, 609–616 (Literatur).

[145] Theologie des Judentums nach dem Bericht des Josephus (Gütersloh 1932) 21.

[146] Vgl. dazu *J. Schreiner,* Hören auf Gott und sein Wort in der Sicht des Deuteronomiums, in: Miscellanea Erfordiana (Leipzig 1962) 27–47; *A. K. Fenz,* Auf Jahwes Stimme hören. Eine biblische Begriffsuntersuchung (Wien 1964).

Gehorchen werden« *(J. Schreiner)*[147]. Und: »Der Mensch des Alten Bundes besaß als Norm seiner Gesinnung und seines Handelns ausschließlich den Willen seines Gottes« *(ders.)*[148].
Das kommt besonders zur Geltung in dem Vorspann der »Bundessatzung«, d. h. des Dekalogs, in Ex 20,3–17, nämlich in dem Satz von 20,2: »Ich bin JHWH, dein Gott, der dich aus Ägypten, aus dem Sklavenhaus, herausgeführt hat.« Gott selber ist also der Indikativ, der den Imperativ gibt, den Israel auszuführen hat. Nach Ex 34,27 bekommt Mose von Gott den Befehl: »Schreibe dir diese Worte auf; denn auf Grund dieser Worte schließe ich mit dir und Israel einen Bund!« Ja, nach 34,28b schrieb Gott selber »auf die Tafeln die Worte des Bundes, *die zehn Worte*« (vgl. auch Deut 4,10–13). Diese »zehn Worte«, der *Dekalog*[149], sind zur grundlegenden Lebensordnung Israels, ja der ganzen Menschheit geworden.
Die alten Rabbinen haben darüber nachgedacht, warum die Tora nicht im Land Israel gegeben worden ist, sondern in der Wüste. Eine erste Antwort: »Um den Völkern der Welt nicht einen Vorwand zu geben, zu sagen: Weil sie in seinem Land gegeben worden ist, deshalb haben wir sie nicht angenommen.« Eine weitere Antwort: »Um nicht Streitigkeiten auf die Stämme zu werfen, damit nicht dieser sage: In meinem Land (Stammesgebiet) ist sie gegeben worden, und jener sage: in meinem Land ist sie gegeben worden. Deshalb ist sie in der Wüste gegeben worden *als Gemeingut, öffentlich,* an einem herrenlosen Ort. In drei Dingen ist die Tora gegeben worden:

---

[147] *J. Schreiner,* a. a. O. 114.

[148] Ebd. 111.

[149] Vgl. zu ihm etwa *J. J. Stamm,* Der Dekalog im Lichte der neueren Forschung (Bern 1958); *E. Nielsen,* Die Zehn Gebote (Kopenhagen 1965); *J. Schreiner,* Die Zehn Gebote im Leben des Gottesvolkes (München 1966); *N. Lohfink,* Die Zehn Gebote ohne den Berg Sinai, in: *ders.,* Bibelauslegung im Wandel (Frankfurt 1967) 129–157; *B. Reicke,* Die zehn Worte in Geschichte und Gegenwart (Tübingen 1973); *A. Deißler,* Ich bin dein Gott, der dich befreit hat. Wege zur Meditation über das Zehngebot (Freiburg 1975); *H. Groß,* Die Zehn Gebote damals und heute. Bleibendes und Wandelbares im Dekalog, in: *ders.,* Kernfragen des Alten Testaments (Regensburg 1977) 135–148; *O. H. Pesch,* Die Zehn Gebote (Topos 48) (Mainz 1976); *Sch. Ben-Chorin,* Die Tafeln des Bundes. Das Zehnwort vom Sinai (Tübingen 1979); *E. L. Ehrlich,* Die 10 Gebote, in: *G. Müller* (Hrsg.), Israel hat dennoch Gott zum Trost (FS f. *Schalom Ben-Chorin*) (Trier 1978) 11–19.

In der Wüste, in Feuer und in Wasser. Wie diese umsonst für alle Weltbewohner sind, so sind auch jene umsonst für alle Weltbewohner« (Mekhilta zu Exodus zu Ex 20,2)[150].

Selbstverständlich ist der Dekalog nicht vom Himmel gefallen. Seine einzelnen Sätze haben, vermutlich einschließlich der Zehnerreihe, ein hohes Alter und ihren Ursprung im Sippenethos der Stämme Israels; sie wollen dem Schutz der Gemeinschaft dienen[151]. »Der Dekalog zählt die Verbrechen auf, die so schwer sind, daß sie die Gemeinschaft selbst kompromittieren und gefährden.«[152] Dabei weisen die Sätze des Dekalogs jeweils auf einen ganzen Bereich hin; sie stellen kurze, wegweisende »Repräsentativgebote« dar »für alle Bereiche gemeinschaftsschädigender Verbrechen...«[153]. Weil der Dekalog in seinen Endformulierungen allmählich herauswuchs aus dem sich gestaltenden Sippenethos der Stämme Israels, sind seine Sätze nicht strenge »Offenbarungssätze«, sondern Sätze des »natürlichen Sittengesetzes«, die dann zu »Offenbarungssätzen« deklariert und mit dem Berg Sinai in Zusammenhang gebracht wurden. Sie bilden den Kern der Tora Israels, seine »Bundesurkunde«.

Die »zehn Worte« werden mit Recht als der Inbegriff des sittlichen Bewußtseins nicht bloß Israels, sondern der ganzen Menschheit verstanden. Durch sie ist das »natürliche Sittengesetz«, das nach Paulus »von Natur aus« »in das Herz (aller Menschen) geschrieben ist«, »da ihr Gewissen ihnen Zeugnis gibt und ihre Gedanken sich untereinander anklagen oder auch verteidigen« (Röm 2,14f.), in festen Sätzen formuliert worden, ohne deren Beachtung es kein wahres Gemeinschaftsleben und auch keine wahre Beziehung zu Gott gibt. Die Erfahrung der Geschichte ist längst die, daß ohne ein an den »Zehn Worten« normiertes Gewissen »der Mensch des Menschen Wolf« wird, der Mensch seiner gottebenbildlichen Würde beraubt und zur KZ-Nummer degradiert wird. Die Beziehungen der Menschen und Völker untereinander entarten. Der Raum für freiheits- und personfeindliche Despotie und Diktatur wird frei. Würden die »Zehn Worte« ganz aus dem Bewußtsein der Menschen und

---

150 Übersetzung nach *J. Winter* u. *A. Wünsche* (Leipzig 1909).

151 Vgl. dazu *N. Lohfink*, a.a.O. 135ff.

152 Ebd. 143.

153 Ebd. 145–149.

Völker entschwinden, wäre die Welt alsbald ein universales Konzentrationslager. Es ist nicht von Ungefähr, daß in modernen Diktaturen, ob rechter oder linker Couleur, immer wieder ideologiegeborene Umformulierungen des Dekalogs unter das Volk gebracht werden, die den Dekalog Israels verdrängen sollen und damit das Gewissen, diese »Erfindung« des Judentums. Auch durch den Dekalog ist Israel paradigmatisch für die Völker geworden.

2.11 Das Gedenken

Es mag überraschen, daß in einem Traktat über die Juden auch das Thema »Das Gedenken« auftaucht. Aber man versteht den Gott Israels, den Kult und die Feste Israels, das Geschick Israels und das Wesen der Heilsgeschichte nicht, wenn man nicht beachtet, welche Rolle das »Gedenken« im biblischen und jüdischen Denken spielt. Deshalb ist auch nicht verwunderlich, daß sich die Aufmerksamkeit der Theologen dem »Gedenken«, der hebräischen Wurzel *zkr,* zugewendet hat[154]. Wir beschränken uns im folgenden auf einige wesentliche Aspekte.

2.11.1 JHWH, der gedenkende Gott

Gott »gedenkt« einzelner wie des Noah (Gen 8,1), des Abraham (Gen 19,29), des Samson (Richt 16,28), des Jeremia (Jer 15,15; 18,20), des David (Ps 132,1) usw. Gott »gedenkt« des Noahbundes, »der zwischen mir und euch sowie allen Lebewesen unter allem Fleisch besteht«; er »gedenkt« des Bundes mit den

---

[154] Vgl. *H. Groß,* Zur Wurzel zkr, in: Biblische Zeitschr. NF 4 (1960) 227–237, wieder abgedruckt in: *ders.,* Kernfragen des Alten Testaments (Regensburg 1977) 30–41; *P. A. H. de Boer,* Gedenken und Gedächtnis in der Welt des Alten Testaments (Stuttgart 1962); *B. S. Childs,* Memory and Tradition in Israel (London 1962); *W. Schottroff,* »Gedenken« im Alten Orient und im Alten Testament (Neukirchen 1963); *ders.,* Art. זכר (gedenken) in: Theol. Handwörterbuch zum AT I, 507–518; *R. Le Déaut,* La Nuit Pascale. Essay sur la signification de la Pâque juive à partir du Targum d'Exode 12,42 (Rom 1963) 66–71; *H. Zirker,* Die kultische Vergegenwärtigung der Vergangenheit in den Psalmen (Bonn 1964); *C. Westermann,* Vergegenwärtigung der Geschichte in den Psalmen, in: *ders.,* Forschung am Alten Testament (München 1964) 306–335.

Patriarchen (Ex 2,24; 6,5; Lev 26,42.45); er »gedenkt« des Bundes mit seinem Volk Israel (z. B. Ez 16,60: »Aber ich will meines Bundes mit dir in den Tagen deiner Jugend gedenken und mit dir einen ewigen Bund aufrichten«; Ps 105,8–11: »Er gedenkt für immer seines Bundes – des Wortes, das er entboten hat tausend Geschlechtern –, den er geschlossen hat mit Abraham, und seines Eides an Isaak. Er bestätigt ihn als gültig für Jakob, für Israel als ewigen Bund: Das Land Kanaan will ich dir geben als zugemessenen Erbteil!«; Ps 106,43–45: »Er hat sie oftmals errettet; doch trotzten sie seinem Ratschluß und versanken in ihre Schuld. Er hatte in der Not ein Einsehen, da er ihr Flehen vernahm. Er gedachte seines Bundes mit ihnen; bei der Größe seiner Huld hatte er Mitleid«). Der Beter ruft zu JHWH, seiner Gemeinde Israel zu »gedenken« (z. B. Ps 74,2: »Gedenke deiner Gemeinde, die du erworben von Urzeit, die du erkauft hast als Volk dir zu eigen, des Berges Sion, darauf du wohnst«). Wenn Gott seines Volkes Israel gnädig »gedenkt«, bedeutet das für Israel Segen (Ps 115,12: Die Priester sprechen: »JHWH hat unser gedacht. Er gebe den Segen! Er segne Israels Haus! Er segne Aarons Haus!«). Besonders die oben zitierte Stelle aus Ez 16,60 läßt in ihrem Kontext den »geschichtstheologischen« Rang des Wortes »gedenken« erkennen. Zweimal ist im Kontext (16,53–63) von der »Wende des Geschicks« die Rede, dreimal von der »Wiederherstellung« (Sodoms, Samarias, Jerusalems), fünfmal vom »Bund« (»Bund«, »mein Bund«, »dein Bund«, »ewiger Bund«), dreimal vom »gedenken«. Gott »gedenkt« seines »Bundes«, den er einst mit Israel geschlossen hat, und dieses »Gedenken« bewegt die Geschichte, treibt sie voran, führt zur »Wende des Geschicks« und zur »Wiederherstellung« und zur Aufrichtung des »ewigen Bundes« mit Israel. »Geschichte erwächst hier mit so selbstverständlicher Kraft aus dem Handeln einer das Ganze lenkenden Person, eines das Ganze lenkenden Willens, daß jedes einzelne Geschichtsereignis immer schon aus diesem Ganzen herkommt ... das daher auch als geschehenes, vorliegendes Faktum nur in dieser Ganzheit seinen Sinn hat und begriffen werden kann« *(C. Westermann)*[155]. Gottes »Gedenken« ist Ausdruck seiner Treue;

---

[155] *C. Westermann*, Vergegenwärtigung der Geschichte in den Psalmen, a. a. O. 309.

er vergißt deshalb sein Volk trotz dessen wiederholter Untreue nie, sondern aus seinem »Gedenken« heraus verheißt Gott für Israel einen »ewigen Bund«. Paulus weiß davon und sagt deshalb in Röm 11,26 die endzeitliche Rettung ganz Israels an[156]. Gottes »Gedenken« ist ein Aktivum der göttlichen Tat, ist von höchster Effizienz, läßt die Geschichte Israels als Werk Gottes erkennen. Eine in sich selbst verschlossene, aus sich selbst verständliche Geschichte, eine Geschichte ohne den »Faktor« Gott kennt das Alte Testament nicht, so wenig wie das Neue Testament, wie im besonderen die Johannesapokalypse erkennen läßt. »Gedenken«, so zeigt sich, ist eine geschichtstheologische Vokabel ersten Ranges. Sooft Gott »gedenkt«, wird die Geschichte in Bewegung gesetzt.

»Gedenken« ist auch eine Gebetsvokabel, mit der Gott vom Beter aufgefordert wird, in die Geschichte und in das Geschick Israels einzugreifen:

»Denke daran! Der Feind schmäht JHWH,
deinen Namen lästert ein törichtes Volk.
Deine Bekenner gib nicht dem Verderben preis,
das Leben deiner Elenden vergiß nicht für immer!
Sieh auf deinen Bund!...
...
Auf, o Gott, führe deinen Streit!
Gedenke, wie die Toren täglich dich schmähen!« (Ps 74,18–20.22).

2.11.2 Israel, das »gedenkende« Volk

Nicht bloß Gott »gedenkt«, auch Israel »gedenkt«. Es »gedenkt« der Heilstaten Gottes an seinem Volk, es »gedenkt« aber auch beschämt seines häufigen Versagens vor Gott. Das »Gedenken« Gottes und das »Gedenken« Israels korrespondieren einander. Das »Gedenken« Israels äußert sich besonders als »Umkehr«, als »Lobpreis« und »Dank« und im besonderen als »erzählen«. Das »preisende oder rühmende oder lobende Erzählen der großen Taten Gottes ist die grundlegende Weise des Vergegenwärtigens von Geschichte im Alten Israel« *(C. Westermann)*[157]. »Erzählen«

[156] Vgl. dazu 1.9.
[157] Ebd. 313.

ist die Weise, in der Israel der Taten seines Gottes »gedenkt«; es ist die Weise, in der Israel sein »Geschichtsbewußtsein« aufbaut und gewinnt. Das Gegenteil von »gedenken« ist »vergessen«, das aus Untreue und Undankbarkeit geboren ist. »Sie vergaßen Gott, ihren Retter, der Großes getan in Ägypten, Wunder im Lande Chams, staunenerregende Taten am Schilfmeer« (Ps 106,21f.). Das »Vergessen« führt zum »Geschichtsverlust«. »Erzählen« hat doxologischen Charakter; es geht über in die Bedeutung »verkünden«, »preisen« (vgl. etwa Ps 79,13: »Wir wollen dich ewig preisen, deinen Ruhm erzählen [= »verkünden«] von Geschlecht zu Geschlecht!«; Ps 75,2: »Wir preisen dich, JHWH, wir preisen. Die deinen Namen anrufen, erzählen deine Wunder«).
In den Anweisungen des Mischnatraktats »Pesachim« heißt es in X, 5b.c: »In jedem Zeitalter ist man verpflichtet, sich selbst so anzusehen, wie wenn man selbst aus Ägypten ausgezogen wäre. Denn es heißt [in Ex 13,8]: ›Und du sollst deinem Sohn an jenem Tag also *erzählen:* [Es geschieht] um dessentwillen, was JHWH mir bei meinem Auszug aus Ägypten getan hat. Deshalb sind wir verpflichtet, zu danken, zu preisen, zu loben, zu verherrlichen, zu erheben, zu erhöhen den, der an uns und an unseren Vätern alle diese Wunder getan hat, und er hat uns herausgeführt aus Knechtschaft zur Freiheit, und wir wollen sprechen vor ihm [das] Halleluja!« Hier begegnet in geradezu klassischer Weise die Verbindung von »erzählen« (der Wundertaten Gottes beim Auszug aus Ägypten, dieser Heilstat Gottes schlechthin nach alttestamentlicher Verkündigung) und »loben«, »preisen«, »danken«, und zugleich die Idee, daß das erinnernde »Erzählen« kultische Vergegenwärtigung der vergangenen Heilstat für die Gegenwart des Erzählers und der Kultgemeinde ist. Das »Erzählen« vergangener Heilstaten in der Festfeier bewahrt Israel vor der »Ursünde des Vergessens« *(H. Zirker)*[158] und läßt es an dem in der Vergangenheit geschehenen Heilsvorgang teilnehmen; dieser selbst vergegenwärtigt sich im feiernden »Erzählen«. Das »Erzählen« ist heiliger Befehl, durch den zwar keine »kultdramatische Vergegenwärtigung« in Szene gesetzt werden soll, wohl aber »ein Gedächtnis seiner Wunder« (Ps 111,4) gestiftet wird, das Bewußt-

[158] *H. Zirker,* Die kultische Vergegenwärtigung der Vergangenheit in den Psalmen, 70.

sein von Heilskontinuität und Tradition schafft. »Geh zum Pharao! Ich habe ihm und seinen Dienern das Herz verstockt, um diese Wunderzeichen an ihm zu wirken, damit du deinen Kindern *erzählen* kannst, was ich den Ägyptern getan, und die Zeichen, die ich unter ihnen gewirkt habe, und ihr erkennt, daß ich JHWH bin« (Ex 10,1f.). In Ex 12,14 heißt es mit Bezug auf die Feier des Pesachfestes und des Auszugs aus Ägypten: »Dieser Tag soll für euch sein *zum Gedächtnis,* und ihr sollt ihn feiern als Fest für JHWH!« Selbst einzelne Kultgegenstände haben im Judentum »Gedächtnis«-Funktion; so sind z.B. die einem Nichtjuden so eigenartig erscheinenden Gebetsriemen und die Gebetskapseln, die der fromme Jude bei seinem Morgengebet trägt, Gedächtniszeichen in buchstäblicher Auslegung von Ex 13,9: »Es soll dir sein zum Zeichen auf deiner Hand und zum Erinnerungszeichen zwischen deinen Augen, damit das Gesetz JHWHs in deinem Mund sei; denn mit starker Hand hat dich JHWH aus Ägypten herausgeführt!« Man könnte von da her sagen: Judentum ist eine »Gedächtnis-Religion«.

Ohne Beachtung dieser Zusammenhänge versteht man das Wesen der Feste Israels nicht. Sie sind Gedächtnisfeste, Memorialfeste, in der der Jude der Heilstaten Gottes »gedenkt« und dadurch in das vergangene Heilsgeschehen mithineingenommen wird und die Zuversicht auf endgültige Rettung und Befreiung gewinnt. Dieser eschatologische Aspekt an den Festen Israels darf nicht übersehen werden. In der oben zitierten Bestimmung des Mischnatraktats Pesachim »kommt die ganze Stimmung der Paschafeiernden zum deutlichsten Ausdruck. Das Fest gilt der Befreiung Israels aus Ägypten, dem Hauptparadigma für die Erlösung Israels aus aller politischen, sozialen, leiblichen und geistigen Not. Pascha gilt der חֵרוּת Israels, d.h. seiner Freiheit. Pascha ist das messianischste aller israelitischen Feste. Die Morgenröte der wahren Freiheit Israels bricht für Israel in der Endzeit an, wenn JHWHs auserwähltes Volk an der Spitze aller Nationen steht, niemand mehr wagt, JHWHs Gesalbte anzutasten!«: So hat *G. Beer* in seiner Ausgabe des Traktats Pesachim in der »Gießener Mischna«[159] den eschatologischen Sinn des jüdischen Pesachfestes

[159] *G. Beer,* Pesachim (Ostern). Text, Übersetzung und Erklärung (Gießen 1912) 196. Vgl. Ex.r. 15,11.

treffend formuliert[160]. In jedem der großen jüdischen Feste gehen Heilsvergangenheit, Heilsgegenwart und Heilszukunft eine unlösliche Verbindung ein; denn sie sind »Gedenken«, »Gedächtnis«, Memoria.

Und ohne Beachtung dieser Zusammenhänge versteht man auch die großen Feste des christlichen Kirchenjahres und speziell die Eucharistiefeier nicht. Auch in ihnen geht die Dreidimensionalität Heilsvergangenheit, Heilsgegenwart und Heilszukunft immer in eins. Auch sie sind Memoria, »Gedächtnis seiner Wundertaten«. Die großen christlichen Heilsfeste und die Feier der Eucharistie sind dabei nicht Feste *neben* den Festen Israels, sondern in ihrer Heilsbedeutung stehen sie in einem geheimnisvollen Kontinuum mit den Festen Israels, wie etwa *N. Füglister* am Beispiel des Osterfestes vorbildlich gezeigt hat[161]. Man versteht den Heilsgehalt der großen christlichen Feste des Kirchenjahres nur halb, wenn man nicht ihre alttestamentlich-jüdischen Wurzeln mitbedenkt[162]. Im christlich-jüdischen Gespräch müßte diese Thematik deshalb eine wichtige Rolle spielen. Hier ist im besonderen gegenseitige Verstehenshilfe am Platz und förderlich. Der Wiederholungsbefehl nach Lk 22,19 und 1 Kor 11,24f. »Tut dies zum Gedächtnis an mich!« hat seine Wurzeln in der Gedächtnistheologie Israels. Jesus war auch in diesem Punkt ein Jude.

2.12 Der Sabbat[163]

Es geht im Folgenden nicht um die Geschichte des Sabbatgebots in Israel, sondern um die Theologie desselben. Auf diese Weise soll der Christ den tiefen Sinn und die Bedeutung des Sabbats im

[160] Vgl. auch *N. Füglister,* Die Heilsbedeutung des Pascha (München 1963), bes. 218–226 (»Pascha und Heilszukunft«); *R. de Déaut,* La Nuit pascale. Essai sur la signification de la Pâque juive à partir du Targum d'Exode XII, 42 (Rom 1963); *R. Schmitt,* Exodus und Passah. Ihr Zusammenhang im Alten Testament (Fribourg/Göttingen 1975).

[161] A.a.O. 199-294.

[162] Vgl. auch *E. Werner,* The Sacred Bridge. The Interdependence of Liturgy and Music in Synagogue and Church during the First Millienium (New York 1959).

[163] Aus der Literatur: *E. Jenni,* Die theologische Begründung des Sabbatgebotes im Alten Testament (=ThSt 46) (Zürich 1956); *A. J. Heschel,* The Sabbath, its

Judentum erkennen, die vielen Christen infolge der jüdischen »Sabbatkasuistik« vielfach verborgen bleiben.

In geradezu klassischer Weise sind Sinn und Bedeutung des Sabbats in der Sabbatperikope des »Jubiläenbuchs« (Jub 2,17–33) ausgesprochen[164]: »Und er gab uns *als großes Zeichen* den Sabbattag, auf daß wir sechs Tage arbeiteten, aber am siebten Tag von aller Arbeit Sabbatruhe hielten. Uns alle, die Engel des Angesichts und der Heiligung, die beiden großen Klassen, hieß er mit ihm im Himmel und auf Erden Sabbat halten. Er sprach zu uns: Ich will mir ein Volk aus allen Völkern aussondern; sie werden den Sabbat halten, und ich werde sie mir zu meinem Volk weihen und sie segnen. Wie ich den Sabbat geheiligt habe und ihn mir heilige, so werde ich sie segnen; sie werden mir mein Volk sein und ich ihnen Gott. Ich erwählte Jakobs Stamm aus all dem, was ich sah, und schrieb ihn mir als erstgeborenen Sohn auf und weihte ihn mir für alle Ewigkeit; ich lehre sie den Sabbat, damit sie an ihm Sabbatruhe von aller Arbeit halten. Und er machte an ihm ein Zeichen, demgemäß sie mit uns[165] den siebten Tag Sabbat halten sollten, indem sie essen und trinken und den Allschöpfer segnen, wie er ein besonderes Volk aus allen den Völkern segnete und sich weihte; sie sollten also mit uns zusammen Sabbat halten. Und er ließ seine Gebote als einen süßen Duft aufsteigen, der alle Tage vor ihm angenehm wäre. Zweiundzwanzig Häupter der Menschheit gab es von Adam bis auf Jakob, und zweiundzwanzig Arten von Werken wurden bis zum siebten Tag gemacht; dieser ist gesegnet und heilig; auch jener ist gesegnet und heilig und dieser dient mit jenem zum Weihen und Segnen[166]. . . . Er schuf Himmel und Erde und alle anderen Geschöpfe in sechs Tagen, und Gott

---

Meaning for Modern Man (1951/52); *G. von Rad,* Es ist noch eine Ruhe vorhanden im Volke Gottes, in: *ders.,* Gesammelte Studien zum Alten Testament (München [4]1971) 101–108; *E. Lohse,* Art. **σάββατον,** in: ThWbzNT VII (1964) 1–35 (mit umfassender Literatur); *H. W. Wolff,* Anthropologie des Alten Testaments (München 1973) 200–210; *J. Halperin* (Hrsg.), Le Shabbat dans la Conscience Juive. Données et Textes (Paris 1975).

[164] Übersetzung nach *P. Rießler,* Altjüdisches Schrifttum außerhalb der Bibel (Augsburg [1]1928) 544–546. Das Jubiläenbuch ist ein haggadisch-halachischer Midrasch von Gen 1 bis Ex 12; es entstand wahrscheinlich in der 1. Hälfte des 1. Jahrh. v. Chr. in essenischen Kreisen.

[165] »mit uns«: mit Gott und den höheren Engelklassen.

[166] »Dieser«: der Sabbat; »jener«: Jakob.

machte den siebten Tag für alle seine Werke heilig. Deshalb gebot er seinetwegen, daß jeder, der an ihm eine Arbeit täte, sterben sollte, ebenso wer ihn verunreinigte. Darum gebiete du den Israeliten, sie sollen diesen Tag beobachten, daß sie ihn heilig halten, an ihm keine Arbeit verrichten noch ihn verunreinigen; *denn er ist heiliger als alle anderen Tage!* Jeder, der ihn entweiht, soll des Todes sterben. Ebenso soll jeder, der an ihm eine Arbeit verrichtet, in Ewigkeit des Todes sterben, damit die Israeliten diesen Tag in ihren Geschlechtern beobachten *und nicht aus dem Land ausgerottet werden;* denn es ist ein heiliger und gesegneter Tag... Sie sollen an diesem Tag von Haus zu Haus nichts herein- noch hinausbringen; denn er ist heiliger und gesegneter als alle Jubeltage der Jubeljahre. An ihm hielten wir im Himmel Sabbat, bevor es dem Fleisch bekanntgemacht war, an ihm auf Erden Sabbat zu halten. Und der Allmächtige segnete ihn (Jakob); er weihte aber kein Volk und keine Nation zur Sabbatfeier, *außer Israel allein;* ihm allein gestattete er, zu essen und zu trinken und auf Erden Sabbat zu halten. Und der Allschöpfer segnete diesen Tag, den er schuf, *zum Segnen, Weihen und zur Herrlichkeit vor allen anderen Tagen.* Dieses Zeugnis und Gesetz war den Israeliten als ein ewiges Gesetz für ihre Nachkommen gegeben.«
Der Sabbat ist nach diesem wichtigen Text »das große Zeichen«, das Gott selber Israel gegeben hat[167]. Bevor er auf Erden bekanntgegeben wurde, beobachteten ihn Gott selber und »die Engel des Angesichts und der Heiligen«, also die höchsten Engelklassen. Der Sabbat ist »heiliger als alle anderen Tage«; er ist ein Tag zum Ruhen, Weihen und Segnen. Er ist eine besondere Auszeichnung Israels, die den anderen Völkern nicht gegeben wurde. Er ist ein festlicher Tag »zum Essen und Trinken und Segnen«. In der Einhaltung des Sabbats durch Israel zeigt sich seine Aussonderung aus allen Völkern. Will Israel im »Land« bleiben, muß es den Sabbat beobachten.
Mag das Jubiläenbuch auch im besonderen die essenische Sabbatanschauung widerspiegeln, so geben doch die meisten Äußerungen dieses Textes über den Sabbat die allgemein israelitische Anschauung wieder. Sie hat in der Schrift selber eine gute

[167] Vgl. auch Ez 20,12.20: »Meine Sabbate sollt ihr heiligen, daß sie ein Zeichen seien zwischen mir und euch, damit ihr wißt, daß ich, JHWH, euer Gott bin«; Ex 31,13.

Begründung. Denn nach Ex 20,10 und Deut 5,14 ist der siebte Tag ausdrücklich »Sabbat für JHWH, deinen Gott«. An ihm gedenkt Israel dessen, daß Gott selber am siebten Tag von seiner Schöpfungsarbeit ruhte. Deshalb ist ein Hauptinhalt des Sabbattages die totale Arbeitsruhe für Mensch und Tier. Der Sabbat wird aber auch in Verbindung gebracht mit der Befreiungstat Gottes schlechthin: mit der Herausführung aus dem Sklavenhaus Ägypten: »Gedenke, daß du im Land Ägypten Sklave warst, und JHWH, dein Gott, dich mit starker Hand und ausgestrecktem Arm herausführte. Darum gebot dir JHWH, dein Gott, den Sabbattag zu feiern« (Deut 5,15). »Grundlegender Sinn der Arbeitsruhe am siebenten Tag nach deuteronomischer Auffassung ist also, an geschenkte Freiheit zu erinnern« *(H. W. Wolff)*[168]. »Der Sabbat verdeutlicht das Geschenk freier Zeit« *(ders.)*[169]. Der Sabbat skandiert den Lebens- und Arbeitsrhythmus des Menschen und verhindert ein Einerlei der Zeit. Er dient dem »Aufatmen« (vgl. Ex 23,12), wie Gott selber am siebten Tag nach Ex 31,17 »aufatmete«. »Die Sieben(zahl) ist ... das Licht der Sechs; denn was die Sechs hat werden lassen, das zeigt die Sieben in vollendeter Reife. Daher darf (der siebte Tag) auch mit Recht als Geburtstag der Welt bezeichnet werden, an dem des Vaters Werk, vollkommen und aus vollkommenen Teilen bestehend, in die Erscheinung trat«, bemerkt der jüdische Philosoph *Philo von Alexandrien* über den Sabbat[170]. Und selbst das Rind darf am Sabbat von der Arbeit ruhen, »damit es an der Feier des Geburtstages der Welt teilnehme«[171]. Es ist selbstverständlich, daß die Beschäftigung mit der Tora am Sabbat erlaubt ist: »Sabbate und Festtage sind zur Beschäftigung mit der Tora gegeben worden« (jSchabb 15a); »den Arbeitern, die die ganze Woche beschäftigt sind, ist der Sabbat zum Studium der Lehre gegeben« (Pesiqt Rabb. 23). Wie der Sabbat den Blick Israels zum Ereignis der Weltschöpfung zurückgleiten läßt, es an seine Befreiung aus Ägypten erinnert und so wiederum Geschichte als Tat Gottes erfahren läßt, so gilt er auch »als eine ewige Bundes(Satzung)« und als (Bundes)Zeichen »für ewige Zeiten

---

[168] *H. W. Wolff,* a. a. O. 202.
[169] Ebd. 203.
[170] *Philo,* De spec. leg. II,59.
[171] Ebd. II,70.

zwischen mir und Israel« (Ex 31,16f.). Damit eröffnet sich die eschatologische Dimension des Sabbats, die kommende Teilnahme an der ewigen »*Katapausis*« Gottes, von der dann im Neuen Testament so eindringlich der Hebräerbrief redet[172]. Der Sabbat macht das Leben des Menschen festlich und freiheitlich und erinnert den Menschen daran, daß Gott selbst eine festliche und freiheitliche Welt will. Der Sabbat weist auf die Heilszukunft hin: »Als (die Söhne Adams und Evas) vier Tage getrauert hatten, kam Michael, der Erzengel, zu ihnen und sprach zu Seth: Mann Gottes! Nicht länger als sechs Tage solltest du um deine Toten trauern! *Die Ruhe an dem siebten Tag ist das Zeichen für die Auferstehung im kommenden Zeitalter;* am siebten Tag ruhte auch der Herr von all seinen Werken« (Leben Adams und Evas 51). Die Christenheit hat dadurch, daß sie den Auferstehungstag Jesu zu ihrem »Sabbat« machte, diese eschatologische Dimension des Sabbats herausgestellt; auch darin lebt sie von dem »Zeichen«, den der Sabbat nach den Schriften Israels darstellt. Dies führt uns zum nächsten Punkt.

2.13 Die Auferweckung der Toten

Wenn auch die Lehre von der Auferweckung der Toten am Ende der Zeiten ein Spätgut des Glaubens Israels ist, so ist sie darin kein Fremdkörper, sondern die letzte Konsequenz des Jahweglaubens[173]. Auch Jesus hat den Glauben an die Auferweckung der

[172] Vgl. dazu *G. von Rad,* Es ist noch eine Ruhe vorhanden im Volke Gottes (s. Anm. 163); *O. Hofius,* Katapausis. Die Vorstellung vom endzeitlichen Ruheort im Hebräerbrief (Tübingen 1970).

[173] Vgl. dazu *F. Mußner,* Die Auferstehung Jesu (München 1969) 30–48; ferner *R. Martin-Achard,* De la mort a la résurrection d'après l'Ancien Testament (Neuchatel/Paris 1956); *K. Schubert,* Die Entwicklung der Auferstehungslehre von der nachexilischen bis zur frührabbinischen Zeit, in: Bibl. Zeitschr. NF 6 (1962) 177–214; *W. Zimmerli,* Der Mensch und seine Hoffnung im Alten Testament (Göttingen 1968) 149–162; *G. Fohrer,* Das Geschick des Menschen nach dem Tod im Alten Testament, in: Kerygma u. Dogma 14 (1968) 249–262; *G. Stemberger,* Das Problem der Auferstehung im Alten Testament, in: Kairos 14 (1972) 273–290; *ders.,* Der Leib der Auferstehung. Studien zur Anthropologie und Eschatologie des palästinischen Judentums im ntl. Zeitalter (Rom 1972); *U. Kellermann,* Überwindung des Todesgeschicks in der alttestamentlichen Frömmig-

Toten geteilt und gegen die Sadduzäer verteidigt[174], und durch die Verkündigung seiner eigenen Auferweckung von den Toten in der christlichen Mission wurde dieses Glaubensgut Israels zum Glaubensgut der christlichen Völker. Auch hier stoßen wir auf ein wesentliches Stück des geistlichen Erbes Israels und auf ein Gut, das Juden und Christen miteinander verbindet[175].

Es ist nicht die Aufgabe dieses Traktats über die Juden, noch einmal die Entwicklung der alttestamentlich-jüdischen Auferstehungshoffnung darzustellen – dazu sei auf die Literatur in Anmerkung 173 verwiesen. Hier soll nur ein kurzer Hinweis auf die Relevanz dieser Hoffnung für die Anthropologie und Geschichtstheologie und – was noch wichtiger ist – für das jüdisch-christliche Gottesbild gegeben werden. Wir beginnen mit dem Letzteren.

2.13.1 Die Auferweckung der Toten und das Gottesbild

Für das Alte Testament ist es undenkbar, daß in der Totenwelt ein selbständiger Herrscher regiert. Auch wenn die Toten abgeschnitten sind vom Land der Lebendigen und ihr Gotteslob verstummt ist, so ist Gott dennoch auch in der Totenwelt anwesend: »Wollte ich in der Totenwelt lagern, siehe, da bist du auch!« (Ps 139,8). Gott ist der Herr über Leben und Tod: »JHWH macht tot und lebendig, stürzt in die Totenwelt und führt herauf« (1 Sam 2,6). »Seht jetzt, daß ich es bin, nur ich, und daß kein Gott ist neben mir. Ich töte und mache lebendig, ich zerschlage, und ich bin's, der heilt« (Deut 32,39). Gott gibt den Menschen dem Tod preis, aber er errettet ihn auch aus den Stricken des Todes, sei es aus einer gefährlichen Krankheit, sei es aus der lebensgefährlichen Bedrohung durch böse Menschen. So betet einer, der bitteres Unrecht erfahren hat und dem dann Recht wurde, nach Ps 116,3: »Es umwanden mich Stricke des Todes, die Schlingen der Unterwelt hatten mich erreicht«; die Rettung wird dabei Gott zugeschrie-

---

keit vor und neben dem Auferstehungsglauben, in: ZThK 73 (1976) 259–282; *H. Wahle*, Die Lehren des rabbinischen Judentums über das Leben nach dem Tod, in: Kairos 14 (1972) 291–309.

[174] Vgl. *F. Mußner*, Jesu Lehre über das kommende Leben nach den Synoptikern, in: Concilium 6 (1970) 692–695.

[175] Vgl. *P. Lapide*, Auferstehung. Ein jüdisches Glaubensbekenntnis (Stuttgart/München 1977).

ben: »Du hast mein Leben gerettet vom Tod« (116,8). Wahres Leben, das diesen Namen verdient, ist für einen frommen Israeliten und Juden nur ein Leben mit und vor Gott. Leben heißt in Relation zu Gott stehen; darum liegt es in der Konsequenz des JHWHglaubens, daß Gott am Ende die Toten wieder erwecken wird: Israel mußte auf Grund seines »Gottesbegriffs« allmählich zu dieser Glaubensüberzeugung kommen; es bedurfte dazu keiner besonderen Anstöße von außen, etwa aus dem Parsismus. Wie Jesus von Nazareth in dem Streitgespräch mit den Sadduzäern (Mk 12,18–27 Par.) die Auferweckung der Toten lehrt, weil für ihn nach der Schrift Gott »kein Gott der Toten, sondern der Lebendigen« ist, so erweisen ähnlich auch jüdische Rabbinen aus der Schrift die Auferweckung der Toten am Ende der Zeiten[176]. »Unsere Meister lehrten: ›Ich bin's, der tötet und belebt‹ (Deut 32,39). Man könnte meinen, daß an einem die Tötung und an einem anderen die Belebung geschehe, wie es in der Welt gang und gäbe ist, so besagt doch der Text: ›Ich verwunde, und Ich bin's, der heilt‹ (Deut 32,39). Wie Verwundung und Heilung an ein und demselben, so geschieht auch Belebung an ein und demselben. Hieraus ergibt sich eine Antwort für diejenigen, die sagen: Die Belebung der Toten läßt sich nicht aus der Tora belegen« (bSanh 91 b). »*Rabbi Jehoschua,* Levis Sohn, sagte: Woher läßt sich die Belebung der Toten aus der Tora belegen? Es heißt nämlich: ›Wohl denen, die in deinem Haus wohnen, sie werden dich noch loben, Selah‹ (Ps 84,5). Es heißt nicht: Sie lobten dich, sondern: Sie werden dich loben. Die Belebung der Toten läßt sich von hier aus der Tora belegen« (bSanh 91 b). Nach Mischna Sanhedrin X, 1 b gehören zu denen, »die keinen Anteil an der künftigen Welt haben: Wer da sagt, es gibt keine Auferstehung der Toten von der Tora aus, und: Es gibt keine Tora vom Himmel her, und der Epikuräer«. *Maimonides* bekennt in seinem 13. Glaubensartikel: »Ich glaube mit vollkommenem Glauben an die Auferstehung der Toten zu der Zeit, da es der Wille des Schöpfers ist, sein Name sei gelobt und erhoben und sein Gedenken von Ewigkeit zu Ewigkeit.«[177] Dreimal des Tages betet der fromme Jude im »Achtzehn-

[176] Ich entnehme die folgenden Zitate aus *P. Lapide,* Auferstehung, 27f.

[177] Vgl. dazu Näheres bei *Sch. Ben-Chorin,* Jüdischer Glaube. Struktur einer Theologie des Judentums anhand des Maimonidischen Credo (Tübingen 1975) 299–320.

gebet«: »Du bist mächtig in Ewigkeit, Herr, der die Toten lebendig macht und Treue hält denen, die im Staube schlafen... Der tötet und lebendig macht und das Heil ersprießen läßt. Getreu bist du, die Toten wieder zu beleben. Gepriesen seist du, der die Toten lebendig macht.« »Der Tod des Todes ... ist die Quintessenz der biblischen Hoffnungen« *(Sch. Ben-Chorin)*[178]. Diese Anschauung wird vom Neuen Testament geteilt (vgl. 1 Kor 15,26.55; Apk 20,14).

Die Lehre von der Auferweckung der Toten bringt die Würde des Menschen zur Geltung, der das Ebenbild Gottes ist, sie bringt aber vor allem die Gottheit Gottes zur Geltung, wie der Jude Paulus mit Blick auf den Stammvater Israels, Abraham, lehrt: »Er glaubte angesichts des Gottes, der die Toten lebendig macht und dem Nichtseiendem ruft, daß es sei« (Röm 4,17b). Paulus nimmt hier die vorher schon erwähnte 2. Berakah des Achtzehngebetes auf: »Gott, der lebendig macht die Toten«, ähnlich wie in 2 Kor 1,9; er verbindet aber den Glauben an den Gott, der die Toten erweckt, mit dem Glauben an den Gott, der die Welt aus dem Nichts erschaffen hat. Er sieht also in der Auferweckung der Toten durch Gott »die eschatologische Wiederholung der ersten Schöpfung dargestellt« *(E. Käsemann)*[179]. Paulus formuliert hier ganz aus jüdischer Mentalität heraus. Gott wäre für den frommen Juden nicht Gott, wenn er die Toten nicht erwecken könnte und nicht erwecken würde. In der Auferweckung der Toten manifestiert sich die Gottheit Gottes, seine Macht über den Tod und das Nichts. Mit der Lehre von der Auferweckung der Toten wird darum Hoffnung schlechthin in der Welt begründet, jene Hoffnung, die Hoffnung gegen alle irdische Hoffnung ist (Röm 4,18a) und den Blick über den Horizont der Geschichte hinüberlenkt. Mit dieser Hoffnung gingen Tausende von Juden in die Gaskammern von Auschwitz.

2.13.2 Die Auferweckung der Toten und die Anthropologie

Als in der christlichen Gemeinde von Korinth »einige« die These vertraten: »Eine Auferstehung der Toten gibt es nicht!« (1 Kor 15,12b), argumentierten sie aus einer dualistischen Anthropolo-

---

[178] Ebd. 319.

[179] An die Römer (Tübingen ^{3}1974) z. St.

gie heraus, die in einer Erweckung des Leibes keinen Heilszuwachs sehen konnte. Sie dachten entschieden »griechisch«[180], aber nicht »hebräisch«, obwohl es nicht so ist, als ob das Frühjudentum keinen anthropologischen Dualismus gekannt hätte[181]. Aber in »der rabbinischen Spekulation wirkt offensichtlich das altüberkommene ganzheitliche Denken, wonach diese Welt der einzige Ort für die entscheidende Begegnung zwischen Gott und Mensch ist, entscheidend nach. Hieran wie an einer durchaus massiven Enderwartung, die die Wiedervereinigung von Leib und Seele nach einer Zeit des Zwischenzustandes teils zum Heil, teils zu ewiger Verdammnis als letztes Ziel vor Augen hat, findet der anthropologische, in der hellenistisch-orientalischen Welt wurzelnde und ausgesprochene volkstümliche Dualismus seine Grenze: Im Endgericht empfängt der Mensch sein Urteil als ganze Person, ja nachdem er gehandelt hat bei Leibes Leben ... So heißt es bSanh 91b als Abschluß eines Streitgespräches zwischen ›*Antoninus*‹ und dem Patriarchen *Jehuda II.* (um 190 n. Chr.): ›Der Heilige, gepriesen sei er, wird die Seele holen und in den Leib stecken und dann beide zusammen richten‹«[182], bzw. wird er bei der Auferweckung der Toten »die Seele holen und in den Leib stecken«[183]. Der Mensch ist für alttestamentlich-jüdisches Empfinden eine Ganzheit und er ist ohne seinen Leib kein Mensch. Gott schuf nicht den Leib oder die Seele, sondern »den Menschen«! Darum gehört zur Ganzheit des von den Toten erweckten Menschen auch sein Leib. Ein Jude kann nicht ernsthaft von der »Auferweckung der Toten« sprechen, ohne dabei primär an die Auferweckung *des Leibes* zu denken. Die jüdische Eschatologie ist leiborientiert. Das liegt in der Konsequenz des biblischen Schöpfungsglaubens. Auch Paulus denkt hier konsequent jüdisch, wenn er für die Auferweckung des Leibes eintritt, freilich dabei das »pneumatische« Wesen des Auferstehungsleibes sehr stark heraushebt (vgl. 1 Kor 15,35–44). Die jüdische Lehre von der Auferweckung der Toten am Ende der Zeiten bekennt sich zur

---

[180] Vgl. dazu die Belege bei *E. Schweizer* in ThWbzNT VII, 1035.

[181] Vgl. dazu *R. Meyer* in ThWbzNT VII, 116–118.

[182] Ebd. 118.

[183] Wie dieser Auferstehungsleib nach frühjüdischer Anschauung beschaffen ist, dazu vgl. das Nähere bei *G. Stemberger*, Der Leib der Auferstehung (vgl. Anm. 173).

geschöpflichen Ganzheit des Menschen, duldet keinen definitiven Dualismus und bezieht das Endheil des Menschen auch auf den Leib. Gott wird den ganzen Menschen retten. Die Auferweckung der Toten ist ganz und gar Tat Gottes.

2.13.3 Die Auferweckung der Toten und die »Geschichtstheologie«

Der Jude hat die Zukunft entdeckt[184]. Im besonderen aber hat er mit der Lehre von der Auferweckung der Toten am Ende der Zeiten jene Zukunft entdeckt, die jenseits der irdischen Geschichte liegt. Diese Zukunft tut sich auf mit dem »Tag JHWHs«, der vor allem als Gerichtstag verkündigt wird, aber auch als Tag des hereinbrechenden Heils, das sich vor allem in der Auferweckung der Toten manifestiert. Deshalb hängt die Auferweckung der Toten zusammen mit jener großen »Zäsur«, die »diesen Äon« vom »kommenden Äon« scheidet. Damit ist eine »Geschichtstheologie« besonderer Art gegeben, die Gott als den absoluten Herrn der Geschichte bekennt. Die Geschichte bewegt sich nicht von selbst auf ein Ziel zu, sie bestimmt nicht selbst in einem dialektischen »Weltprozeß« ihren »Endzweck«, sie verläuft vielmehr auf den großen Frustrator und alles nichtigenden Tod zu, den zu überwinden dem Menschen nicht gegeben ist. Der Tod verhindert, daß die Geschichte von selbst zur definitiven Freiheitsgeschichte wird. Zu dieser wird die Geschichte nur durch Gott, der allein die Macht des Todes brechen kann und sie endgültig in der Auferweckung der Toten am Ende der Zeiten brechen wird. So war es vor allem das Judentum, das eine wahre Geschichts-*Theologie* entwickelt hat, in der Gott die Ehre gegeben wird, die »condition humaine« so gesehen wird, wie sie in Wirklichkeit ist, und eine Zukunft verkündigt wird, die den ganzen Menschen ins Heil bringt. Die Eschatologie der Kirche lebt auch hier, gerade auch in ihrer christologischen Verkündigung, vom großen Glaubenserbe Israels, das Israel selbst nie verloren hat, auch wenn es Juden gab und gibt, die glaubten, sich durch den Juden *Karl Marx* eines besseren belehren lassen zu müssen, wie etwa *Ernst Bloch*.

---

[184] Vgl. dazu 2.7.

Am Ende dieses Kapitels über das große Glaubenserbe Israels, das von uns keineswegs erschöpfend zur Sprache gebracht worden ist, sei nochmals an den Satz erinnert, den wir zu seinem Beginn geschrieben haben: »Durch die Rezeption dieses Erbes wurde Israel ›paradigmatisch‹ für die Völkerwelt«. Der Mann, durch den dieses Erbe vor allem in die Völkerwelt gekommen ist, heißt Jesus von Nazareth. Der große jüdische Philosoph *Moses Maimonides* (1135–1204) bemerkte: »Alle diese Angelegenheiten, die sich auf Jesus von Nazareth ... beziehen, dienten nur dazu, um den Weg für den König Messias freizumachen und die ganze Welt auf die Verehrung Gottes mit vereintem Herzen vorzubereiten, wie geschrieben steht: ›Dann aber will ich den Völkern reine Lippen geben, da sie alle den Namen des Herrn anrufen sollen, um ihm einträchtig zu dienen‹ (Zeph 3,9). Auf diese Weise sind die messianische Schöpfung, die Tora und die Gebote allgemein verbreitetes Glaubensgut geworden – unter den Einwohnern der fernen Inseln und unter vielen Völkern, unbeschnitten an Herz und Fleisch« (Mischna Tora, Hilchot Melachim XI, 4). Jesus von Nazareth wurde durch die Kirche zur Brücke zwischen Israel und den Völkern; er wurde nicht bloß zum großen »Mittler zwischen Gott und den Menschen« (1 Tim 2,5), sondern auch zum großen Mittler zwischen Israel und den Völkern. Er macht die Menschheit, soweit sie christlich wurde und wird, »jüdisch«; denn durch ihn kamen »die jüdischen Kategorien« *(G. Scholem)* in das Bewußtsein der Völker und wirken darin wie ein Sauerteig, der das Ganze durchsäuert[185]. Wir haben versucht, die »jüdischen Kategorien« vor allem aus dem Alten Testament zu gewinnen, der gemeinsamen »Schrift« Israels und der Kirche. Sicherlich ließe sich eine erweiterte Onomastik »jüdischer Kategorien« erarbeiten, die auch das spätere jüdische Schrifttum miteinbeziehen

[185] Zum großen Verdruß der Aufklärungs- und Vernunfttheologen. So schrieb ihr Großmeister *H. S. Reimarus:* »Die reine Lehre Christi, welche aus seinem eigenen Munde geflossen ist, *so fern dieselbe nicht besonders in das Judentum einschlägt,* sondern allgemein werden kann, enthält nichts als eine vernünftige praktische Religion« (Apologie oder Schutzschrift für die vernünftigen Verehrer Gottes, hrsg. von *G. Alexander* [Frankfurt 1972] I,126).

müßte. Aber die aus der Bibel gewonnenen »jüdischen Kategorien« sind für die Erhaltung der geistig-geistlichen Identität des Judentums die entscheidenden. Diese Kategorien bestimmen das Bewußtsein des frommen Juden bis zum heutigen Tag, wie das jüdische Schrifttum zeigt, soweit das Judentum nicht der totalen Säkularisierung verfallen ist. Es müßte und könnte gezeigt werden, daß diese Kategorien der Art sind, daß ihre Vernachlässigung nicht bloß zur Entartung des Judentums, sondern der Menschheit überhaupt führt. Diese Kategorien interpretieren das menschliche Leben vor Gott, wenn es auch eine spezifisch christliche »Erweiterung« derselben gibt, etwa durch das paulinische »Sein in Christus« und das ebenso paulinische »Leib Christi«. Wenn *Karl Marx* das Programm aufstellte: »Wir verwandeln die theologischen Fragen in weltliche«[186], so impliziert dieses Programm auch die usurpatorische Einweltlichung der »jüdischen Kategorien«, aber auf total atheistischer und materialistischer Grundlage, der sich die »jüdischen Kategorien« in Wirklichkeit entziehen, weil sie aus dem Umgang Israels mit seinem Gott geboren wurden. Die politische Erfahrung der neuzeitlichen Geschichte zeigt, daß sich die »jüdischen Kategorien« in Wirklichkeit nicht in marxistische transformieren lassen, so wenig wie umgekehrt, wie es etwa der bedeutende jüdische Denker *Walter Benjamin* zum Teil versucht hat. Sein Freund *Gershom Scholem,* der große jüdische Gelehrte, schrieb in einem Brief an *W. Benjamin* vom 30. März 1931, daß »sich in mir auf eine klare und bestimmte Weise die Einsicht (befestigt), daß du in dieser Produktion in einer seltenen intensiven Art Selbstbetrug begehst...«, und in einem Brief vom 6. Mai 1931, »daß man in dieser Spannung der Zweideutigkeit zwar leben kann..., aber eben, um es einmal sehr scharf auszudrücken, daß man dabei zugrunde geht, weil ... die Moralität der Einsichten in dieser Existenz verlumpen muß, und dieses Gut ist nun einmal lebenswichtig und kann nicht und in keinem Fall neutralisiert werden. Du schreibst [im Antwortbrief vom 17. April 1931], mein Brief ginge nicht nur dich, sondern auch manche Andern an, mit denen du ihn durchzusprechen geneigt seiest. Nun, ich kann das nur begrüßen, und daß er *Ernst Bloch* angeht, ist auch mir evi-

[186] *K. Marx,* Zur Judenfrage: MEGA I, I/1,581f.

dent ...«[187]. Diese Sätze *Scholems* sollte man bedenken, bevor man frisch-fröhlich an eine »materialistische Bibelauslegung« herangeht, wie das heute in bestimmten christlichen Kreisen versucht wird[188]. Die »jüdischen Kategorien« wie »Offenbarung«, »Schöpfung«, »Sühne«, »Gewissen«, »Erlösung«, »Messias«, »Eingedenken« (ein Lieblingsbegriff *W. Benjamins!*), die vom Christentum weithin übernommen wurden, lassen sich nicht in den Marxismus vermitteln, trotz aller messianischen Sehnsucht des Juden nach einer gerechten Welt. Das weiß der konsequente Marxismus selbst genau, und deshalb auch der um sich greifende Antisemitismus im kommunistischen Herrschaftsbereich. Der Jude läßt sich nicht in den »Weltprozeß« einbringen, weil er neben der Kirche, gewollt oder ungewollt, der bleibende Zeuge Gottes in der Welt sein muß. Die Frage, die *Dostojewski* den Großinquisitor an Christus stellen läßt: »Warum also bist du gekommen, uns zu stören? Denn du bist uns zu stören gekommen! Das weißt du selbst«, könnte auch dem Juden gestellt werden. Die Existenz des Juden stört die Kreise der Welt. »Die jüdischen Kategorien« stehen zu den weltlichen Kategorien quer, aber die Welt bedarf dieser Kategorien dringender denn je, wenn sie nicht eine Welt der Unfreiheit und Unmenschlichkeit werden will. »Die jüdischen Kategorien« hindern die Menschheit daran, »sich endlich ... zu einem einzigen, einstimmigen Ameisenhaufen vereinigen« *(Dostojewski)* zu können.

---

[187] Der Briefwechsel *G. Scholems* mit *W. Benjamin* über den historischen und dialektischen Materialismus ist abgedruckt in *G. Scholem,* Walter Benjamin – Die Geschichte einer Freundschaft (Bibliothek Suhrkamp 467) (Frankfurt 1975) 283–292. Vgl. zu *W. Benjamin* auch *P. Bulthaup* (Hrsg.), Materialien zu Benjamins Thesen »Über den Begriff der Geschichte«. Beiträge und Interpretationen (Frankfurt 1975). *R. Tiedemann* bemerkt in seinem Beitrag »Historischer Materialismus oder politischer Messianismus? Politische Gehalte in der Geschichtsphilosophie Walter Benjamins« (77–121): »Die Gefahr läßt sich nicht von der Hand weisen, daß mit der Rückübersetzung des Materialismus in Theologie beides verlorengeht: der säkularisierte Gehalt sich auflöst und die theologische Idee sich verflüchtigt« (110).

[188] Vgl. etwa *F. Belo,* Lecture matérialiste de l'Évangile de Marc (Paris 1974); *M. Clévenot,* So kennen wir die Bibel nicht. Anleitung zu einer materialistischen Lektüre biblischer Texte (deutsch München 1978); *K. Füssel,* Was heißt materialistische Bibelauslegung?, in UNA SANCTA. Zeitschrift für ökum. Begegnung 32 (1977) 46–54.

Was dieses Kapitel über das große Glaubenserbe Israels auch ins christliche Bewußtsein bringen will, ist dies: Unter den »notae ecclesiae« sollte in Zukunft auch *die unlösbare Verwurzelung der Kirche in Israel* genannt werden[189].

[189] Vgl. auch *C. Thoma*, Christliche Theologie des Judentums, 266.

3 Der »Jude« Jesus

3.1 Die Entdeckung des »Juden« Jesus im Judentum und in der christlichen Theologie

Die immer intensiver werdende jüdische Leben-Jesu-Forschung ist dabei, den »Juden« Jesus zu entdecken[1]. Das Judentum erkennt Jesus von Nazareth als seinen »großen Bruder« *(M. Buber),* der nicht bloß aus dem Judentum hervorgegangen ist, sondern bleibend zu den Großen des jüdischen Volkes gehört. Jesus bekommt allmählich wieder einen Ehrenplatz in seinem Volk.

---

[1] Aus der Literatur bringen wir zunächst eine Auswahl von großenteils in deutscher Sprache geschriebenen Büchern und Aufsätzen jüdischer Autoren über Jesus von Nazareth, die etwa seit dem Jahr 1920 erschienen sind. Als Standardwerk gilt nach wie vor *J. Klausner,* Jesus von Nazareth. Seine Zeit, sein Leben und seine Lehre (hebr. Jerusalem [1]1907, englisch 1927, deutsch [3]1952). Ferner: *L. Baeck,* Das Evangelium als Urkunde der jüdischen Glaubensgeschichte, in: *ders.*, Paulus, die Pharisäer und das Neue Testament (Frankfurt 1961) 99–196; *D. Flusser,* Jesus in Selbstzeugnissen und Bilddokumenten (Reinbek 1968); *S. Sandmel,* We Jews and Jesus (London [2]1973); *P. E. Lapide,* Der Rabbi Jesus von Nazareth (Trier 1974); *Sch. Ben-Chorin,* Bruder Jesus. Der Nazarener in jüdischer Sicht (München 1967); *ders.*, Jesus im Judentum (Wuppertal 1970); *J. Isaac,* Jesus und Israel (deutsch Wien/Zürich 1968); *E. L. Ehrlich,* Eine jüdische Auffassung von Jesus, in: *W. P. Eckert / H. H. Henrix* (Hrsg.), Jesu Jude-Sein als Zugang zum Judentum (Aachen 1976) 35–49. Dazu noch das Buch des christlichen Forschers *G. Vermés,* Jesus the Jew (London 1973). Aus den Berichten über die jüdische Leben-Jesu-Forschung seien folgende genannt: *G. Lindeskog,* Die Jesusfrage im neuzeitlichen Judentum. Ein Beitrag zur Geschichte der Leben-Jesu-Forschung (Uppsala [1]1938, Darmstadt [2]1973 [mit einem Nachwort]); *M. Brocke,* Das Judentumsbild neuer Jesusbücher. Kritische Beobachtung christlicher Literatur, in: Freiburger Rundbrief XXIII (1971) 50–59; *G. Jasper-Bethel,* Stimmen aus dem neureligiösen Judentum in seiner Stellung zum Christentum und zu Jesus (Hamburg/Bergstedt 1958); *R. Gradwohl,* Das neue Jesus-Verständnis bei jüdischen Denkern der Gegenwart, in: Freib. Zeitschr. f. Philos. und Theologie 20 (1973) 306–323; *Sch. Ben-Chorin,* The Image of Jesus in Modern Judaism, in: Journ. of Ecum. Stud. 11 (1974) 401–430; *P. Lapide,* Ist das nicht Josephs Sohn? Jesus im heutigen

Im folgenden seien einige jüdische Stimmen zu Jesus von Nazareth vorgeführt.

J. Klausner, für den Jesu Lebensgeschichte »die eines der bemerkenswertesten Juden einer langen Epoche« ist, fragt, was Jesus für die Juden unserer Zeit bedeutet[2]. Er stellt fest, daß kein Jude die welthistorische Bedeutung Jesu und seiner Lehre leugnen kann. »Er war zwar selbst gefühlsmäßig zweifellos Nationaljude und sogar ein extremer Nationalist: das zeigen seine scharfe Antwort an die Kanaaniterin, seine verächtliche Einstellung zu ›Heide und Zöllner‹, die auszeichnenden Ausdrücke: ›Sohn Abrahams‹ und ›Tochter Abrahams‹, seine starke Liebe zu Jerusalem und seine Hingabe für die ›verlorenen Schafe aus dem Hause Israel‹.« *J. Klausner* fügt aber dem die interessante Bemerkung bei: »Trotz alledem aber war etwas in ihm, aus dem sich ›*Un-Judentum*‹ entwickelte.«[3] Wir werden darauf zurückkommen. Jesus ist nach *J. Klausner* für das jüdische Volk »ein Lehrer hoher Sittlichkeit und ein Gleichnisredner ersten Ranges. Er ist geradezu *der* Lehrer der Sittlichkeit, die für ihn im religiösen Bereiche alles bedeutete«, wenn auch seine Ethik nach der Meinung Klausners »infolge ihrer extremen Einstellung nur ein Ideal für Einzelne, ein Vorklang der künftigen Welt«[4] war. Seine Sittenlehre ist »eine erhabene, gewählter und originaler in der Form als jedes andere hebräische ethische System ... Und wenn einst der Tag kommen wird, wo diese Ethik die Hülle ihrer mystischen und mirakelhaften Umkleidung abstreift, dann wird Jesu Buch der Ethik einer der erlesensten Schätze der jüdischen

---

Judentum (Stuttgart/München 1976); *J. Maier,* Gewundene Rezeption. Zur neueren jüdischen Jesusforschung, in: Herder-Korr. 30 (1976) 313–319; *A. Sand,* Jesus im Urteil jüdischer Autoren der Gegenwart (1930–1976), in: Catholica 31 (1977) 29–38; *G. Baumbach,* Fragen der modernen jüdischen Jesusforschung an die christliche Theologie, in: Theol. Lit.-Ztg. 102 (1977) 625–636; *J. Jocz,* The Jewish People and Jesus Christ. A Study in the relationship between the Jewish People and Jesus Christ (London 1949); *K. Schubert,* Jesus im Lichte der Religionsgeschichte des Judentums (Wien 1973); *J. Maier,* Jesus im Talmud (Darmstadt 1977); *D. R. Catchpole,* A Study in the Gospels and Jewish Historiography from 1770 to the Present Day (Leiden 1971); *C. Thoma,* Christliche Theologie des Judentum, 164–183.

[2] *J. Klausner,* Jesus von Nazareth, 572.

[3] Ebd. 573.

[4] Ebd. 573f.

Literatur aller Zeiten sein.«[5] Dem Gesetz gegenüber blieb Jesus aber immer ein Jude[6].

Eine sehr selbständige, von dem im Judentum einflußreichen Jesuswerk von *J. Klausner* unabhängige Darstellung Jesu und seiner Lehre ist das weitverbreitete Rowohlt-Büchlein von *D. Flusser,* »Jesus in Selbstzeugnissen und Bilddokumenten«. »Um Jesus zu verstehen, ist die Kenntnis des zeitgenössischen Judentums unentbehrlich.«[7] Und darum illustriert *D. Flusser* Jesu Leben und Lehre vom zeitgenössischen Judentum her, mit dem sich *D. Flusser* eingehend beschäftigt hat. Aber »die Ungeheuerlichkeit seines Lebens spricht uns [auch] heute an: von seiner Berufung bei der Taufe, von dem Zerreißen der Bindung an seine ihm fremde Familie und der Entdeckung einer neuen, erhabenen Kindschaft, herab in das Pandämonium der Kranken und Besessenen und weiter bis zu seinem Tod am Kreuze. Darum bekommen für uns die Worte, die nach Matthäus (28,20) der Auferstandene gesprochen haben soll, einen neuen, unkirchlichen Sinn: ›Und siehe, ich bin mit euch alle Tage, bis an das Ende der Welt‹«[8]. Jesus war »ein gesetzestreuer Jude..., der nie vor der Notwendigkeit gestanden ist, sein Judentum der europäischen Lebensweise anzupassen«[9]. Jesus hat »die sittliche Seite des Lebens gegenüber der rein formellen Seite der Gesetzespraxis hervorgehoben«[10]. Von den Nichtjuden, den ›Völkern‹, hat Jesus »keine hohe Meinung gehabt«[11]. »Der revolutionäre Ansatz in der Verkündigung Jesu« geht nach *D. Flusser* »nicht von einer Kritik am jüdischen Gesetz aus, sondern von anderen Prämissen. Diese hat nicht erst Jesus geschaffen: sein Vorstoß geht von solchen Stellungen aus, die schon vor ihm erobert worden sind. Von drei Punkten kommt der Durchbruch: von dem radikalisierten Liebesgebot, von dem Ruf nach einer neuen Moral und von der Idee des Königreiches der Himmel«[12]. Jesus kennt »die gesellschaftliche

---

[5] Ebd. 574.
[6] Vgl. ebd. 511.
[7] *D. Flusser,* Jesus, 11.
[8] Ebd. 13.
[9] Ebd. 43.
[10] Ebd. 49.
[11] Ebd. 60.
[12] Ebd. 64.

Wirklichkeit; aber sie ist nicht das Wichtige«[13]. »Er ist der einzige uns bekannte antike Jude, der nicht nur verkündet hat, daß man am Rande der Endzeit steht, sondern gleichzeitig, daß die neue Zeit des Heils schon begonnen hat«, nämlich mit Johannes dem Täufer[14]. *D. Flusser* bestätigt Jesus ein besonderes Sohnesbewußtsein, das ihn aber »nicht zum Leben, sondern zum Tode, den schon manche Propheten vor ihm erlitten haben«, geführt hat[15]. »Seit der Verklärung war das Bewußtsein seiner Gotteskindschaft mit der Ahnung, daß er sterben mußte, verbunden. Schon vor dem Einzug nach Jerusalem ahnte er also sein tragisches Ende. Aber dieses Wissen von der Sohnschaft ist bei Jesus kaum mit seinem messianischen Selbstbewußtsein identisch.«[16] *D. Flusser* fragt: Konnte sich Jesus als den »Menschensohn« verstanden haben? Er antwortet: »Vergessen wir nicht, daß er gefühlt hat, er sei der Erwählte Gottes, sein Knecht, der einzige Sohn, vor dem die Geheimnisse seines himmlischen Vaters offen liegen. Gerade dieses Hoheitsgefühl konnte bei ihm dazu führen, daß er sich offenbar am Ende gerade mit dem Menschensohn gleichzusetzen getraute – und der Menschensohn wurde im Judentum manchmal als der Messias verstanden.«[17] Was die »Katastrophe« im Leben Jesu herbeiführte, das waren vor allem seine Worte gegen den Tempel und sein Vorgehen bei der »Tempelreinigung«.[18] Das mußte die sadduzäische Priesterschaft auf den Plan rufen; aber »Jesus ist anscheinend ohne Urteil an Pilatus ausgeliefert worden, und nirgendwo in den Quellen wird ein Todesurteil des Pilatus erwähnt. In dem Lasterkatalog des Pilatus, den ihm der Philosoph *Philon von Alexandria* ausgestellt hat [Legatio ad Gaium, 302], befinden sich auch unter anderem ›ständige Hinrichtungen ohne Urteilsspruch‹. Es scheint also, daß Jesu tragisches Ende ohne einen Spruch der irdischen Gerichtsbarkeit erfolgt ist. Es war eine Frucht des grausamen Spiels zwischen nackten Interessensphären, im Schatten brutaler Ressentiments, und, äußerlich gesehen, ohne

[13] Ebd. 81.
[14] Ebd. 87.
[15] Ebd. 94.
[16] Ebd. 94f.
[17] Ebd. 102.
[18] Vgl. ebd. 109ff.

jeden Zusammenhang mit dem Menschen Jesus und seinen Anliegen«[19]. *D. Flussers* Jesusbuch endet mit dem Satz: »Und Jesus verschied«, aber es ist nach *D. Flusser* »nicht daran zu zweifeln, daß der Gekreuzigte dem Petrus erschienen ist, ›dann den Zwölf, hernach erschien er mehr als fünfhundert Brüdern auf einmal ... dann erschien er dem Jakobus, dann den Aposteln allen‹ und zuletzt dem Paulus auf dem Wege nach Damaskus (1 Kor 15,3–8)«[20]. Zwischendrin macht *D. Flusser* die interessante Bemerkung: »Man könnte aus dem antiken jüdischen Schrifttum leicht ein ganzes Evangelium zusammenstellen, ohne daß darin ein Wort von Jesus stammen würde. Dies könnte man aber nur darum tun, weil wir ja die Evangelien tatsächlich besitzen.«[21] Zweifellos ist *D. Flussers* Buch eine der beachtlichsten Leben-Jesu-Darstellungen aus jüdischer Hand. Es versucht nicht, aus Jesus etwas anderes zu machen als das, was die Evangelien über ihn bezeugen.

Schalom Ben-Chorins kleines Jesusbuch ist geschrieben »aus dem Gefühl einer tiefen Verwandtschaft mit der Gestalt Jesu und der jüdischen Welt, in der er lebte, lehrte und litt«[22]. Er versucht eine »jüdische Innensicht Jesu«[23] und ist überzeugt, »daß sich Jesus selbst nicht als Messias empfunden hat, wenngleich ihm hier und dort eine Ahnung messianischer Berufung als ungelöste Frage seiner eigenen Existenz aufgebrochen sein mag«[24]. Jesus bleibt nach *Sch. Ben-Chorin* »ganz auf der Linie der Schriftgelehrten seiner Zeit«, spricht aber »aus eigener Vollmacht, ohne Gottessprüche zu vermitteln und zu verkündigen«[25], und ist insofern keine prophetische Gestalt. Er steht als »dritte Autorität« neben den großen Rabbinen *Hillel* und *Schammai,* und in seiner Gesetzesauslegung ist als deutliche Tendenz »die *Verinnerlichung des Gesetzes,* wobei die *Liebe* das entscheidende und motorische Element bildet«, zu erkennen[26]. In dieser »Verinnerlichung«

[19] Ebd. 126f.

[20] Ebd. 124.

[21] Ebd. 70.

[22] *Sch. Ben-Chorin,* Bruder Jesus, 11.

[23] Ebd. 12.

[24] Ebd. 14.

[25] Ebd. 16.

[26] Ebd. 17.

vollzieht sich schon der Anbruch des neuen Äons, womit Jesus selbst die Erwartung eines unmittelbar bevorstehenden Hereinbruchs des Gottesreichs überwindet und verwandelt – *Sch. Ben-Chorin* spricht von einer »inneren Entwicklung« Jesu –, bis er »im freiwillig gewählten, von den jüdischen und römischen Behörden provozierten Opfergang«[27] »in jüdisch-historischer Sicht als ein tragisch Scheiternder« endet, was aber seiner Größe keinen Abbruch tat, wodurch Jesus vielmehr in die jüdische Geschichte eingeordnet wird: »Auch Jesus von Nazareth ist ein tragisch Irrender, dessen Augen aus Liebe zu Israel verblendet wurden.«[28] Und so bekennt *Sch. Ben-Chorin:* »Jesus ist für mich der ewige Bruder, nicht nur der Menschenbruder, sondern mein *jüdischer Bruder.* Ich spüre seine brüderliche Hand, die mich faßt, damit ich ihm nachfolge. Es ist *nicht* die Hand des Messias, diese mit den Wundmalen gezeichnete Hand. Es ist bestimmt *keine göttliche,* sondern eine *menschliche* Hand, in deren Linien das tiefste Leid eingegraben ist ... Es ist die Hand eines großen Glaubenszeugen in Israel. Sein Glaube, sein bedingungsloser Glaube, das schlechthinnige Vertrauen auf Gott, den Vater, die Bereitschaft, sich ganz unter den Willen Gottes zu demütigen, das ist die Haltung, die uns in Jesus vorgelebt wird und die uns – Juden und Christen – verbinden kann: Der Glaube Jesu einigt uns ..., aber der Glaube an Jesus trennt uns.«[29]

Ähnlich hatte schon 1950 *Martin Buber* in seinem Buch »Zwei Glaubensweisen« bekannt: »Jesus habe ich von Jugend auf als meinen großen Bruder empfunden. Daß die Christenheit ihn als Gott und Erlöser angesehen hat und ansieht, ist mir immer als eine Tatsache von höchstem Ernst erschienen ... Mein eigenes brüderlich aufgeschlossenes Verhältnis zu ihm ist immer stärker und reiner geworden, und ich sehe ihn heute mit stärkerem und reinerem Blick als je.

Gewisser als je ist es mir, daß ihm ein großer Platz in der Glaubensgeschichte Israels zukommt und daß dieser Platz durch keine der üblichen Kategorien umschrieben werden kann.«[30]

---

[27] Ebd. 26.

[28] Ebd. 27.

[29] Ebd. 12.

[30] *M. Buber,* Werke I (München/Heidelberg 1962) 657.

Daß Jesus »ein großer Platz in der Glaubensgeschichte Israels zukommt«, ist auch die Überzeugung *Leo Baecks*[31].
J. Isaac faßt in seinem Buch »Jesus und Israel«[32], das alle Christen lesen sollten, das Judesein Jesu kurz so zusammen (451): »Jesus war Jude, ein einfacher jüdischer Handwerker. Geschichtliche Tatsache, aber auch Glaubenswahrheit, da es der Wille Gottes war. Warum versucht man dann, ihn zu ›entjuden‹? Jesus, der ›dem Gesetz untertänig geboren‹ wurde (Galater, IV,4), wurde beschnitten und wollte nur der ›Diener der Beschneidung‹ sein (Römer, XV,8). Jesus sprach eine semitische Sprache, das Aramäische: Das Wort, das die Christen durch die verschiedensten Übersetzungen verstümmelt erhalten, war ein semitisches Wort. Jesus wurde in der Achtung vor dem Gesetz erzogen und ist darin groß geworden, und ... entgegen gewissen grundlosen Behauptungen hat er in der Achtung vor dem mosaischen Gesetz, und vor dem jüdischen Kult gelebt. Jesus hat in den Synagogen und im jüdischen Tempel gelehrt. Und der erste Glaubenssatz der Christen ist, in Jesus den Christus anzuerkennen, das heißt den von den jüdischen Propheten verkündeten Messias.«
Es ist hier nicht möglich, alle Stimmen aus dem modernen Judentum über Jesus zu Wort kommen zu lassen. Jedenfalls ist das Judentum dabei, in Jesus von Nazareth wieder seinen »großen Bruder« zu erkennen, ihn »heimzuholen« und der christlichen Theologie das »Jude-Sein« Jesu ins Bewußtsein zu bringen, was zur Folge hat, daß Jesus von den Christen nicht mehr nur als der gesehen wird, der sie von Israel trennt, vielmehr gerade als der, der sie mit Israel in einzigartiger Weise verbindet. Ja, die christliche Theologie ist dabei, Jesus von Nazareth nicht mehr nur im Licht ihrer überlieferten »Christologie«, sondern ihn auch mit den Augen des Juden zu sehen, mit »jüdischen« Augen, und dabei das zu erfahren, was *M. Buber* so formuliert hat: »Wir Juden kennen Jesus in einer Weise, die den Heiden verborgen ist.« *J. Isaac* geht den Gründen nach, die dazu führten, daß die Christen in

[31] *L. Baeck*, Das Evangelium als Urkunde der jüdischen Glaubensgeschichte, in: Paulus, die Pharisäer und das Neue Testament (Frankfurt 1961) 99–196.
[32] Zunächst französisch erschienen unter dem Titel »Jésus et Israël« Paris 1946, in deutscher Übersetzung Zürich/Wien 1968. Vgl. dazu auch *E. H. Flannery*, Jules Isaacs »Jesus und Israel«. Ein Anstoß zu christlicher Erneuerung, in: Freiburger Rundbrief XXIII (1971) 10–16.

Jesus von Nazareth nicht mehr den Juden sehen konnten. Wir kommen auf diese Gründe zurück[33].

Unterdessen ist auch die christliche Theologie dabei, den »Juden« Jesus zu entdecken, ohne deswegen ihre christologischen Überzeugungen aufgeben zu müssen[34]. Ich selbst habe in meinem unten in der Anm. 34 genannten Aufsatz das Jude-Sein Jesu in folgenden Sätzen festgestellt und aus den Evangelien belegt:

– Der Gott Jesu ist der Gott Abrahams, Isaaks und Jakobs, der Gott Israels.
– Jesus ruft wie die Propheten Israels den Menschen radikal unter den Willen Gottes.
– Jesus vertritt den alttestamentlich-jüdischen Schöpfungsgedanken.
– Jesus vertritt die alttestamentlich-jüdische Stellvertretungs- und Sühneidee.
– Jesus vertritt den Bundesgedanken.
– Jesus ist entschiedener Vertreter der »Armenfrömmigkeit«, wie sie in Israel entwickelt worden ist[35].
– Jesus tritt für eine bessere Gerechtigkeit ein.
– Jesus ist Ansager der Zukunft Gottes.
– Jesus ist Vertreter der Emuna.

Jesus von Nazareth kannte nicht bloß das große geistliche Erbe Israels, seines Volkes, sondern vertrat es selber in entschiedener Weise. Jesus betete mit seinem Volk[36] und feierte seine Feste mit. Er dachte und redete in den »jüdischen Kategorien«. Das brachte aber Konsequenzen von weltweiten und welthistorischen Ausmaßen mit sich: Jesu Lehre, befrachtet mit diesem großen Erbe Israels, blieb nicht im Raum Israels stecken; sie verbreitete sich in der christlichen Mission in die Völkerwelt hinein – ein Prozeß, der immer noch weitergeht. Die Völker werden dadurch mit dem

---

[33] Vgl. 4.7 (Israel und die Entstehung der Evangelien).

[34] Vgl. etwa *F. Mußner,* Der Jude Jesus, in: Freiburger Rundbrief XXIII (1971) 3–7; *F. Lentzen-Deis,* Der Glaube Jesu. Das Gottesverhältnis Jesu als Erfüllung alttestamentlichen Glaubens, in: TrThZ 80 (1971) 141–155; *L. Volken,* Jesus der Jude, in: Lebendiges Zeugnis 32 (1977) 64–77.

[35] Vgl. dazu *F. Mußner,* Der Jakobusbrief (Freiburg/Basel/Wien ³1975) 76–84 (mit Literatur); *M. Schwantes,* Das Recht der Armen (Bern/Frankfurt/Las Vegas 1977).

[36] Vgl. auch *A. George,* Jésus et les Psaumes, in: A la recontre de Dieu (Mémorial *A. Gelin*) (Le Puy 1961) 297–308.

großen geistlichen Erbe Israels vertraut, es wirkt wie ein Sauerteig in ihnen, vielfach auch noch im säkularisierten Bewußtsein unserer Zeit. Die Völker lernten und lernen in den »jüdischen Kategorien« zu denken und zu sprechen. Die Welt wurde durch Jesus von Nazareth »jüdisch«, und zum Werk des Antichrists wird gehören, die Welt wieder zu »entjudaisieren«, besonders auch im sprachlichen Bereich. An die Stelle des jüdischen »Lexikons« Jesu wird »das Wörterbuch des Unmenschen« treten, wie die fortschreitende Erfahrung der Geschichte bereits lehrt. *Schleiermacher* hat in seinen hermeneutischen Entwürfen bemerkt: »Das Christentum hat Sprache gemacht. Es ist ein potenzierender Sprachgeist von Anfang an gewesen und noch.«[37] Das ist richtig, doch übersieht *Schleiermacher,* daß zuvor schon Israel jene Sprache »gemacht« hat, die dann durch Jesus und das Christentum in die Völkerwelt vermittelt wurde[38].

Jesus war Jude, trotz des »Unjudentums« in ihm, auf das wir noch zu sprechen kommen werden. Als Jude stellt Jesus das große »feed back«, die große »Rückkoppelung« der Kirche zu Israel dar. Das ist der Christenheit lange Zeit aus dem Bewußtsein geschwunden, sie ist aber erfreulicherweise dabei, sich dieser Tatsache wieder bewußt zu werden und damit ihre »Wurzel« deutlicher wiederzuerkennen. Andererseits ist auch das Judentum aufgerufen, im Evangelium »sein Eigenes [zu] begreifen, um sein Eigenes [zu] wissen«, wie der Jude *L. Baeck* bemerkt hat[39].

Wird Jesus sowohl von der Kirche als auch vom Judentum wieder als »Jude« gesichtet, dann erfüllt sich die im Lobpreis des greisen *Symeon* (Lk 2,29–32) enthaltene Prophetie in einer spezifischen Weise. Das »Licht« des Messias Jesus »wird den Heidenvölkern so scheinen, daß sie die notwendige ›Enthüllung‹, ›Offenbarung‹ bekommen, die sie herausrettet aus ihrer Finsternis, ihnen heraushilft aus ihrem Irrtum über Gott und über sein Volk

[37] *F. D. E. Schleiermacher,* Hermeneutik. Nach den Handschriften neu herausgegeben und eingeleitet von *H. Kimmerle* (Heidelberg ²1974) 38.

[38] Sicher haben, wie das Neue Testament zeigt, die »jüdischen Kategorien« gewisse christologische Transformationen erfahren, wie im neutestamentlichen Kanon besonders am Beispiel des Hebräerbriefes beobachtet werden kann, was noch näher in der Forschung zu untersuchen ist. Aber das »Sprachmaterial«, das »Lexikon« hat weithin Israel geliefert.

[39] *L. Baeck,* Das Evangelium als Urkunde der jüdischen Glaubensgeschichte, 70.

Israel… Das Volk Israel ist als der Ort gedacht, wo die Lichtherrlichkeit Gottes sich gibt, das Heil bereitet wird, wo so die δόξα Israels gottgewirkte Wirklichkeit werden kann. Nur durch Vermittlung Israels gibt es also Heil für die Heiden«: so kommentiert *H. Schürmann*[40]. Wir möchten dem von unseren Überlegungen noch hinzufügen: Indem endlich von Kirche und Judentum das Jude-Sein Jesu wieder wahrgenommen wird, füllt sich die Jesuserkenntnis der Völker mit einem neuen Licht, das zugleich auch der Verherrlichung Israels dient, die Herrlichkeit Israels in Jesus für die Völker sichtbar macht.

3.2 Die »Erfüllung« des Gesetzes durch Jesus

Wir gehen für die folgenden Überlegungen von den Worten Jesu in Mt 5,17f. aus: »Glaubt nicht, ich sei gekommen, aufzulösen das Gesetz oder die Propheten. Nicht bin ich gekommen, aufzulösen, vielmehr zu erfüllen. Denn wahrlich ich sage euch: Bis vergeht der Himmel und die Erde, wird auf keinen Fall ein einziges Jota oder ein einziges Häkchen von dem Gesetz weggehen, bis alles geschehen ist«. Die Kontroverse über die Herkunft und den Sinn dieser Sätze hat bis heute kein Ende genommen[41]. Auch in einem Traktat über die Juden müssen diese Sätze behandelt werden, weil Jesu Treue zur Tora hier in ganz besonderer Weise ausgesprochen zu sein scheint.

---

[40] *H. Schürmann*, Das Lukasevangelium I (Freiburg/Basel/Wien 1969) 126.

[41] Vgl. dazu etwa *A. v. Harnack*, Geschichte eines programmatischen Wortes Jesu (Matth 5,17) in der ältesten Kirche (SAB 1912, I); *H. Ljungman*, Das Gesetz erfüllen. Matth 5,17ff. und 3,15 (Lund 1954) 19–36; *E. Schweizer*, Mt 5,17–20, in: Theol. Lit. Ztg. 77 (1952) 475–484; *W. Trilling*, Das wahre Israel (München ³1964) 167–186; *G. Harder*, Jesus und das Gesetz (Matthäus 5,17–20), in: *W. P. Eckert* u.a. (Hrsg.), Antijudaismus im Neuen Testament (München 1967) 105–118; *J. Jocz*, Jesus and the Law, in: Judaica 26 (1970) 105–124; *O. Hanssen*, Zum Verständnis der Bergpredigt. Eine missionstheologische Studie zu Mt 5,17–18, in: *E. Lohse* (Hrsg.), Der Ruf Jesu und die Antwort der Gemeinde (FS f. *J. Jeremias*) (Göttingen 1970) 94–111; *H. Hübner*, Das Gesetz in der synoptischen Tradition. Studien zur These einer progressiven Qumranisierung und Judaisierung innerhalb der synoptischen Tradition (Witten 1973) 15–39; *A. Sand*, Das Gesetz und die Propheten. Untersuchungen zur Theologie des Evangeliums nach Matthäus (Regensburg 1974) 33–45; 183–205; *S. Légasse*, L' ›antijudaisme‹ dans

Nach *R. Bultmann* »geht Mt 5,17–19 auf die Auseinandersetzung der konservativen (palästinensischen) mit der gesetzesfreien (hellenistischen) Gemeinde zurück. Das μὴ νομίσητε [glaubt nicht] zeigt, daß V. 17 aus Debatten entstanden ist, und das ἦλθον [ich bin gekommen] blickt auf Jesu Wirksamkeit. Man ist schon gewohnt, seine Tätigkeit unter dem Gesichtspunkt des Lehrens zu betrachten; denn darauf geht das πληρῶσαι [erfüllen] und καταλῦσαι [auflösen], nicht auf das praktische Verhalten, wie V. 19 deutlich zeigt. V. 18 kann in seiner prinzipiellen Formulierung und in seinem Widerspruch zu primärer Überlieferung nur Gemeindebildung sein, und V. 19 kann keine Polemik gegen jüdische Gesetzeslehrer sein, sondern nur gegen die [christlichen] Hellenisten gehen«[42]. Mit diesen Thesen *R. Bultmanns* über Mt 5,17–19 wird sofort sichtbar, wie schwierig die Frage nach der Stellung Jesu von Nazareth zur Tora zu beantworten ist. Es gibt ja im Hinblick auf die Worte in Mt 5,17–19 und besonders im Hinblick auf 5,17f. nun folgende Probleme:

– Spiegeln diese Worte nur die Streitsituation wider, in der Judenchristen und »Pauliner« sich befanden? Sind sie also sogenannte Gemeindebildungen und nicht Worte Jesu? Ging es um das Problem der Weitergeltung des Gesetzes in der Kirche?

– Sind diese Sätze zwar Worte Jesu, aber von ihm gesprochen in einer Situation, die mit der redaktionellen Situation der »Bergpredigt« nichts zu tun hat? Ist das Wort im V. 18, dieses jüdischste aller Jesusworte, wie man bemerkt hat, erst von einer judenchristlichen Gemeinde »am Schluß einer Endzeitrede wie Mk 13,30f. und zwar nach dem gleichen Schema formuliert« *(E. Schweizer)* worden[43]?

– Wie versteht der Schlußredaktor (Mt) diese Sätze? Projudai-

---

l'Evangile selon Matthieu, in: *M. Didier* (Hrsg.), L'Evangile selon Matthieu. Redaction et theologie (Gembloux 1972) 417–428; *M. Lehmann-Habeck*, Das Gesetz als der gute Gotteswille für meinen Nächsten. Zur bleibenden Bedeutung des Gesetzes nach dem Matthäus-Evangelium, in: *P. von der Osten-Sacken* (Hrsg.), Treue zur Thora (FS f. *G. Harder*) (Berlin 1977) 47–53; *W. D. Davies*, Christian Origins and Judaism (Philadelphia 1962) 31–66; *M. Hengel*, Jesus und die Tora, in: Theol. Beiträge 9 (1978) 152–172; *U. Luz*, Die Erfüllung des Gesetzes bei Matthäus (Mt 5,17–20), in: ZThK 75 (1978) 398–435.

[42] *R. Bultmann*, Die Geschichte der synoptischen Tradition (Göttingen [8]1970) 146f.

[43] *E. Schweizer*, Das Evangelium nach Matthäus (Göttingen 1973) 62.

stisch oder antijudaistisch? Gerade diese letztere Frage ist nicht leicht zu beantworten.

– Bringt der Schlußredaktor »ein völlig neues Gesetzesverständnis«, wie etwa *O. Hanssen* meint[44]?

– Fällt dieses »völlig neue Gesetzesverständnis« ganz aus dem Judentum heraus und damit die Bergpredigt überhaupt?

Die unter dem Einfluß der paulinischen Rechtfertigungslehre stehende christliche Theologie neigt von vornherein dazu, die Sätze von Mt 5,17f. Jesus abzusprechen und der »Gemeinde«, speziell der judenchristlichen Gemeinde, zuzuschreiben. *J. Klausner,* der größte unter den jüdischen Leben-Jesu-Forschern, zweifelt dagegen nicht im geringsten daran, daß in Mt 5,17–19 Worte Jesu selbst vorliegen[45]. Auch für *D. Flusser* sind die Sätze in Mt 5,18–20 Worte Jesu[46]. Für sie war Jesus trotz mancher herber Kritik an der pharisäischen Gesetzesobservanz stets ein gesetzestreuer Jude.

Wir fragen zunächst: Wie verstand der Mt-Redaktor die Verse Mt 5,17.18 (19.20) im Rahmen der redaktionellen Komposition der »Bergpredigt«? Er verstand sie als »Eröffnungstext« zum nachfolgenden Corpus der Bergpredigt. Der »Eröffnungstext« hat vergleichsweise jene Funktion, die dem »Schlüssel«, etwa dem »Violinschlüssel«, in einem Musikwerk zukommt. Der »Eröffnungstext« schafft eine semantische und hermeneutische »Isotopie«, auf der sich der nachfolgende Text bewegt und dem Verstehen zugeführt werden kann[47]. Der »Eröffnungstext« sagt also, wie der folgende Text zu verstehen und auszulegen ist. Angewendet auf Mt 5,17–20 und das folgende Corpus der Bergpredigt: Die Verse Mt 5,17–20 sagen als »Eröffnungstext«, wie dieses Corpus zu verstehen und auszulegen ist: nämlich als jenes Gesetz des Messias Jesus, von dem »nicht ein einziges Jota oder ein einziges Häkchen weggeht, bis alles geschehen ist« (5,18). So wie für das Judentum die Tora »ewige«, bleibende Bedeutung hat, so hat nach dem Mt-Evangelisten Jesu »Tora«,

---

[44] Zum Verständnis der Bergpredigt (s. Anm. 41), 109.

[45] *J. Klausner,* Jesus von Nazareth, 510.

[46] *D. Flusser,* Jesus, 57.

[47] Vgl. dazu etwa *S. J. Schmidt,* »Text« und »Geschichte« als Fundierungskategorien, in: *W.-D. Stempel* (Hrsg.), Beiträge zur Textlinguistik (München 1971) 31–52.

wie sie in der »Bergpredigt« vorliegt, bleibende Bedeutung für die Jüngerschar Jesu. Die Weisungen Jesu, wie sie im Corpus der Bergpredigt vorliegen, sind Weisungen im Sinn und Rang der Tora Israels, freilich nicht die Weisungen irgendeines Lehrers in Israel, sondern des *messianischen* Lehrers, der zum einzig normativen Lehrer für die nachösterliche Gemeinde geworden ist[48]. So scheint in der Tat der Mt-Redaktor die Weisungen Jesu in der Bergpredigt zu verstehen, wie aus ihrem »Eröffnungstext« in Mt 5,17–20, der in sich selber schon wieder eine nachträgliche Komposition von Einzellogien darstellt, hervorgeht. Jesu Weisung ist für die christliche Gemeinde bleibendes »Gesetz«.

Wird dieses »Gesetz« des Messias Jesus von Mt in Opposition zur Tora Israels gebracht? Das scheint nicht der Fall zu sein, auch nicht in den »Antithesen« der Bergpredigt (s. dazu weiter unten). Wohl aber wird das »Gesetz« Jesu als »Erfüllung« des Gesetzes bzw. der Propheten verstanden (5,17), das heißt als Erfüllung der Weisungen der ganzen Schrift. Diese »Erfüllung« liegt nach Ausweis der Bergpredigt in Richtung auf eine Konzentration auf das Liebesgebot. Ist das richtig, dann expliziert der Mt-Evangelist mit seiner Komposition der Bergpredigt im Grunde nur den Satz des Paulus: »Die Erfüllung des Gesetzes ist die Liebe« (Röm 13,10; vgl. auch Gal 5,14), wobei aber nicht zu vergessen ist, daß das Liebesgebot aus den ethischen Überlieferungen Israels stammt (vgl. Lev 19,18: »Du sollst deinen Nächsten lieben wie dich selbst!«, von Paulus ausdrücklich in Röm 13,9 und Gal 5,14 zitiert!). Von diesem so verstandenen Gesetz Jesu darf nach Mt 5,18 nicht ein Jota oder Häkchen verlorengehen, »bis alles geschehen ist«, d.h. solange die Zeit dieser Welt währt, in der Gottes Pläne durchgeführt werden.

Von der Ebene der Redaktion nun zurück zu Jesus selbst. Können die in Mt 5,17–20 zusammengestellten Logien auf ihn zurückgehen? Der Spruch in Mt 5,18 vom Nicht-Vergehen des Gesetzes hat seine Parallele in Lk 16,17: »Es ist leichter, daß der Himmel und die Erde vergehen, als daß ein Häkchen vom Gesetz dahinfällt.« Im kontextlichen Zusammenhang des Lk-Evangeliums ist damit wohl gesagt: Die Gottesherrschaft bedeutet, obwohl jetzt Zöllner und Sünder in sie hineindrängen, keinen »gesetzlosen« Zustand!

---

[48] Vgl. dazu 6.2.

Hätte Lk dieses Gesetzeslogion in sein für Heidenchristen geschriebenes Evangelium aufgenommen, wenn er es nicht für jesuanisch gehalten hätte? Vermutlich nicht. So scheint es wenig wahrscheinlich, daß es eine judenchristliche Schöpfung ist, obwohl es den gesetzlich lebenden Judenchristen zweifellos sehr gelegen kam[49]. Wie das Logion ursprünglich im Mund Jesu gelautet hat, läßt sich wegen seiner doppelten Überlieferungsgestalt nicht mehr mit Sicherheit ausmachen. Vor allem läßt sich nicht mehr erkennen, bei welcher Gelegenheit Jesus es gesprochen hat. Wer nicht von vornherein die evangelische Jesusüberlieferung im Licht der paulinischen Rechtfertigungslehre liest, die aus der Reflexion über die Heilsbedeutung des Todes und der Auferstehung Jesu erwuchs und also ihre Ursprünge nicht in der Lehre des vorösterlichen Jesus hat, der braucht nicht zu zögern, ein solches »Gesetzeslogion«, wie es in Mt 5,19 (Lk 16,17) vorliegt, als jesuanisch zu betrachten. In ihm kommt Jesu-Jude-Sein besonders zur Geltung. Aber auch wer den »Eröffnungstext« von Mt 5,17–20 als eine Komposition aus (judenchristlichen) »Gemeindesprüchen« betrachtet, kann deswegen nicht behaupten, Jesus von Nazareth sei mit seinen in der »Bergpredigt« vorliegenden Forderungen aus dem Rahmen des Judentums gefallen. Er ist es grundsätzlich auch nicht mit den »Antithesen« der Bergpredigt[50], wie oft behauptet wird. Dies sei zunächst exemplarisch an der ersten Antithese (Mt 5,21 f.) dargetan.
»Ihr habt gehört, daß gesagt wurde zu den Früheren: Du sollst

[49] *H. Schürmann* hat vermutet, daß hinter Lk 16,17 und Mt 5,19 eine Debatte »innerhalb der ältesten palästinensischen Gemeinde« steht: eine strengere Gruppe steht gegen eine andere, die eine freiheitlichere Praxis übt. Vgl. *ders.*, »Wer daher eines dieser geringsten Gebote auflöst ...«. Wo fand Mt das Logion Mt 5,19?, in: BZ, NF 4 (1960) 238–250.

[50] Aus der Literatur zu den »Antithesen«: *V. Hasler*, Das Herzstück der Bergpredigt. Zum Verständnis der Antithesen in Matth 5,21–48, in: Theol. Zeitschr. 15 (1959) 90–106; *E. Lohse*, »Ich aber sage euch«, in: *Ders.* (Hrsg.), Der Ruf Jesu und die Antwort der Gemeinde (FS für *J. Jeremias*) (Göttingen 1970) 189–203; *G. Schmahl*, Die Antithesen der Bergpredigt. Inhalt und Eigenart ihrer Forderungen, in: Trierer Theol. Zeitschr. 83 (1974) 284–297; *M. J. Suggs*, The Antitheses as Redactional Products, in Jesus Christus in Historie und Theologie (FS f. *H. Conzelmann*) (Tübingen 1975) 433–444; *J. Eckert*, Wesen und Funktion der Radikalismen in der Botschaft Jesu, in: Münch. Theol. Zeitschr. 24 (1973) 301–325; *G. Strecker*, Die Antithesen der Bergpredigt (Mt 5,21–48 par), in: ZNW 69 (1978) 36–72 (mit umfassender Literatur); *A. B. du Toit*, The Self-Revelation

nicht töten (Ex 20,15; Deut 5,18); wer immer aber tötet, verfallen soll er sein dem Gericht. Ich aber sage euch: Jeder, der seinem Bruder (nur) zürnt, soll dem Gericht verfallen sein. Wer immer aber zu seinem Bruder sagt: ›Rakā‹, verfallen soll er sein dem Synedrium. Wer immer aber sagt: ›Du Idiot!‹, verfallen soll er sein der Feuerhölle!«

Die Einleitung des Logions (»ihr habt gehört«) klingt etwas eigentümlich. Warum beginnt Jesus nicht gleich mit »Gesagt wurde den Früheren«? Wohl deswegen, weil er nicht zu allgemein reden will, sondern sich sofort unmittelbar an seine jüdischen Zuhörer wendet: »Ihr habt gehört«, wobei er mit diesem »ihr habt gehört« einen Terminus technicus der Rabbinensprache aufnimmt[51]. Sinngemäß ist zu Beginn des V. 22 zu ergänzen: »Aber hört nun, was *ich* euch darüber hinaus sage ...« Wer hat eigentlich zu den »Früheren«, zu den Alten[52], zu den Vätern gesagt: »Du sollst nicht töten!«? Nicht irgendein Mensch, sondern Gott selber! Also verbirgt sich hinter dem Passiv »es ist gesagt worden« Gott als das wahre Subjekt. Das gilt es zu beachten, wenn man die griechische Partikel δέ (die gewöhnlich mit »aber« wiedergegeben wird) hinter dem »ich« (ἐγώ) des V. 22 richtig übersetzen und interpretieren will. Denn Jesus erklärt unmöglich ein Gebot *Gottes* für ungültig (vgl. 5,17: »Ich bin nicht gekommen, *aufzulösen*...«). Das bedeutet: Die Partikel δέ darf hier nicht adversativ, im Sinn eines ausschließenden Gegensatzes zu »ist gesagt worden« (ἐρρέθη) verstanden werden, also nicht im Sinn einer »Antithese«, sondern im Sinn der Erfüllung: Ich sage euch nicht bloß: Ihr sollt nicht töten (wie den Alten von Gott gesagt worden ist), vielmehr sage ich dazu noch, *darüber hinaus noch:* Jeder, der seinem Bruder zürnt ... Nach Ausweis der Grammatik gibt es einen doppelten Gebrauch der griechischen Partikel δέ: einen adversativen und einen kopulativen[53]. Beim kopulativen Gebrauch hat δέ die Bedeutung »erklärend, ergänzend, begrün-

of Jesus in Matthew 5–7, in: Neotestamentica 1 (1967) 66–72; *H. Hübner*, Das Gesetz in der synoptischen Überlieferung (Witten 1973) 40–112.

[51] Vgl. dazu *Billerbeck* I,253.

[52] Vgl. dazu Damaskusschrift 4,10: »Die *Früheren*, die in den Bund eingetreten sind«; 8,4: »und es erinnerte sich Gott des Bundes mit den *Früheren*«.

[53] Vgl. etwa *E. Mayser*, Grammatik der griechischen Papyri aus der Ptolemäerzeit, II/3, 125ff.

dend«, beim adversativen die Bedeutung »aber« (in oppositionellem Sinn). Es handelt sich also bei der 1. Antithese der Bergpredigt in Wirklichkeit gar nicht um eine »Antithese« zu einem alten Gebot, vielmehr um dessen »Erfüllung« (πληρῶσαι) in dem Sinn, daß Jesus hier die verborgene, die letzte und eigentliche Intention der Weisung der Tora herausholt. Damit fällt Jesus nicht aus dem Rahmen des Judentums. Die Ethik des Alten Testaments wird vielmehr durch den Juden Jesus vollendet, indem er die ethischen Forderungen der Tora bis in die innerste Gesinnung des Menschen, bis in sein »Herz« hinein ausdehnt. Jesus verurteilt in der ersten »Antithese« nicht bloß das Töten, sondern »darüber hinaus« schon jeglichen im Wort geäußerten Zorn. Dabei schreitet er in einer Klimax vom zornigen Wort zur Beleidigung und zur schweren Beleidigung fort, ebenso in einer entsprechenden Klimax vom gewöhnlichen Gericht (κρίσις), dem Lokalgericht (bestehend aus 23 Mitgliedern), zum *Synedrium* (mit seinen 71 Mitgliedern) und zur *Gehenna* (Hölle).

Natürlich besteht gegenüber allen Antithesen der Bergpredigt die historisch-kritische Frage, wieweit sie als genuin jesuanisch zu betrachten sind. Dazu kommt als weiteres Problem dies: Wieweit sind die Antithesen in ihrer endgültigen Formulierung bei Mt schon vormatthäisch oder matthäisch? Jedenfalls steht ziemlich sicher fest, daß die Antithesen I (Vom Töten), II (Vom Ehebruch) und IV (Vom Schwören) als vormatthäisch (mit kleinen matthäischen Eingriffen) anzusehen sind, während die Antithesen II (Von der Ehescheidung), V (Von der Wiedervergeltung) und VI (Von der Feindesliebe), formal gesehen, matthäische Bildungen sind, aber inhaltlich können alle sechs Antithesen auf Jesus zurückgehen, wobei freilich bei allen bestimmte Transformationen stattgefunden haben, die mit der Loslösung von ihrer historischen Situation in der Predigt Jesu in den nachösterlichen Überlieferungsraum der Urkirche zusammenhängen. Im Rahmen dieses Traktats kann darauf nicht näher eingegangen werden[54]. »In ihrem Kern reichen die Antithesen auf sehr alte Traditionen (Q^{Pal}, historischer Jesus) zurück ... Daher ist die Frage, wie die Urtradition der Antithesen der Verkündigung des historischen

[54] Wir verweisen dazu vor allem auf die behutsamen und kenntnisreichen Analysen bei *G. Strecker,* Die Antithesen der Bergpredigt (s. Anm. 50).

Jesus einzuordnen ist, begründet zu stellen.«[55] *G. Strecker* meint: »Trotz Toraverschärfung ist die rabbinische und qumranische Gesetzeslehre dem alttestamentlichen Gebot Moses' nicht gegensätzlich gegenübergestellt. Anders der Sprecher der ursprünglichen Antithesen: Seine Weisung steht grundsätzlich der Überlieferung der ›Alten‹ gegenüber; sie führt faktisch zur Aufhebung von Einzelgeboten der Tora. Dies zeigt vor allem das absolute Schwurverbot ... und steht im Einklang mit der ältesten Überlieferung des Ehescheidungsverbotes (1 Kor 7,10f.; Mk 10,2ff.) wie auch mit der in den synoptischen Evangelien belegten Kritik Jesu an der jüdischen Observanz (vor allem des Sabbats: Mk 2,23ff.; 3,1ff.; Lk 13,10ff.; 14,1ff.; vgl. Joh 5,9ff.; 7,22f.; 9,14ff.).«[56] Dem können wir nicht ganz zustimmen. Die Antithesen der Bergpredigt weisen jedoch auf jeden Fall auf ein »hervorragendes ἐξουσία-Bewußtsein für Jesus ..., ohne daß es sich als ›messianisch‹ bezeichnen ließe«[57]. Jesus bestreitet dabei keineswegs die Heilsnotwendigkeit des Gesetzes. »Er steht im Judentum«; freilich: »den Weg nach Jamnia ist er jedoch noch nicht gegangen«[58]. Worum es ihm geht, ist dies, daß etwas »Besonderes« (περισσόν) getan (Mt 5,47) und die Vollkommenheit des himmlischen Vaters zum Maßstab der eigenen Vollkommenheit gemacht wird (5,48).
Der Jude *Schalom Ben-Chorin* bemerkt in seinem Buch »Bruder Jesus. Der Nazarener in jüdischer Sicht«[59]: »Erst eine der jüdischen Wurzel entfremdete christliche Theologie hat einen Antagonismus in die Bergpredigt hineininterpretiert: ›Jesus stellt der Forderung des Rechtes die Forderung Gottes gegenüber‹ *(R. Bultmann)*. Nein: Er stellt der kasuistischen Verflachung des Gesetzes durch gewisse Schulen der Pharisäer die Urabsicht des Gesetzes gegenüber. Die Radikalität Jesu, die hier immer ›*lechumra*‹, zur Erschwerung hin, interpretiert, trennt ihn auch wieder von *Hillel*, mit dem ihn in bezug auf die Friedensliebe so viel verbindet. Darüber hinaus ist bei Jesus eine gewisse Introversion des Gesetzes festzustellen. Nicht allein die vollzogene

---

[55] Ebd. 70.
[56] Ebd.
[57] Ebd. 71.
[58] Ebd.
[59] *Sch. Ben-Chorin*, Bruder Jesus (München 1967) 76.

Handlung, sondern die Intention, *Kawana,* entscheidet. Das wiederum ist aber durchaus kein Sondergut Jesu.«
Man könnte Jesus von Nazareth, gerade was sein Verständnis von der »Erfüllung« des Gesetzes angeht, als einen »Reformjuden« bezeichnen, dann freilich als den bedeutendsten und radikalsten Reformjuden, den das Judentum je hervorgebracht hat. Im Judentum ist aber immer Platz für ein »Reformjudentum« gewesen. Auch mit seiner Kritik an der konkreten Verwirklichung des gesetzlichen Lebens ist Jesus nicht aus dem Rahmen des Judentums gefallen, wie gerade jüdische Leben-Jesu-Forscher betonen. Jesus kam es in der Erfüllung der Tora vor allem auf das an, was in Mt 23,23 als »das Schwerere [Gewichtigere] des Gesetzes« (τὰ βαρύτερα τοῦ νόμου) genannt wird: das Recht, das Erbarmen und die Treue (κρίσις, ἔλεος, πίστις)[60]. Natürlich bedeutet das eine Verlagerung der Schwerpunkte in der Erfüllung der Tora. Aber deswegen fiel Jesus noch lange nicht aus dem Rahmen des Judentums; denn damit steht Jesus völlig in der Nachfolge der Propheten Israels[61]. Der Umstand freilich, daß nach Ostern in der Urkirche eine entschiedene Beschränkung auf einen einzigen Lehrer, nämlich Jesus von Nazareth, stattfand[62] und die allmähliche Sammlung des »Jesusmaterials« ihren »Sitz im Leben« auch in dem sich vollziehenden Prozeß der Loslösung der Kirche von Israel hat[63], dazu der Einfluß der paulinischen Rechtfertigungslehre, führten und verführten christliche Theologie dazu, das »Unjudentum« Jesu gerade in der Gesetzesfrage zu suchen, wo es in Wirklichkeit in ganz anderen Bereichen zu finden ist, auf die wir noch zu sprechen kommen werden. Jesus wurde so zu Unrecht in Opposition zum Judentum und sein gewaltsamer Tod in Zusammenhang mit der Gesetzesfrage gebracht. »Den angeblich souveränen Gesetzesübertreter Jesus gibt es gar nicht!« *(C. Thoma)*[64].

[60] »Bei πίστις wird die Frage offen bleiben, was hier dem Wort den Inhalt gibt. Im Anschluß an חסד ואמת kann auch πίστις das Verhalten des Menschen gegen den Menschen benennen. Dann tritt zum Erbarmen, das durch eine Not hervorgerufen wird, die Treue hinzu, die unserer Gemeinschaft miteinander die Festigkeit gibt« (*A. Schlatter,* Der Evangelist Matthäus, Stuttgart 1948, 679f.).
[61] Vgl. dazu etwa *N. Lohfink,* Altes Testament – Die Entlarvung der Gewalt, in: Herder-Korrespondenz 32 (1978) 187–193.
[62] Vgl. dazu 6.2.
[63] Vgl. dazu 5.1.

Das sogenannte Doppelgebot der Liebe liegt bei allen drei Synoptikern vor: Mk 12,30f.; Mt 22,37–39; Lk 10,27. Es findet sich innerhalb der Perikope, die gewöhnlich die Überschrift trägt: Die Frage nach dem größten Gebot (Mk 12,28–34; Mt 22,34–40; Lk 10,25–28 mit Fortsetzung durch das Gleichnis vom barmherzigen Samariter: 10,28-37). Der wichtigste Unterschied in der dreifachen Überlieferung der Perikope ist dieser, daß bei Lk der jüdische Gesetzeslehrer es ist, der seine eigene Frage: »Meister, was muß ich tun, um das ewige Leben zu gewinnen?« mit dem Doppelgebot der Liebe, formuliert nach Deut 6,5 und Lev 19,18 und beide Gebote verbunden miteinander durch ein »und«, beantwortet, während bei Mk und Mt Jesus die Antwort auf die Frage nach dem größten Gebot im Gesetz gibt. Somit entstehen für uns zwei Fragen: Wenn Jesus selbst die Antwort gegeben hat, fiel er mit ihr aus dem Rahmen des Judentums? Hat der jüdische Gesetzeslehrer aber die Antwort gegeben, wie es bei Lk der Fall ist, ist zu fragen: Hat es im Judentum selbst, unabhängig von Jesus, schon so etwas wie eine Zusammenfassung der Tora im »Doppelgebot« der Liebe gegeben? Über beide Fragen gehen die Meinungen auseinander[65]. Nach *Chr. Burchard* ist das doppelte Liebesgebot »wohl Erbstück aus dem hellenistischen Juden-

---

[64] Christliche Theologie des Judentums, 179. »Im Blick auf die Tora ist zunächst zu sagen, daß Jesus – wie jeder palästinische Jude – ihre bisherige Geltung und Anwendung selbstverständlich voraussetzt« (*M. Hengel*, in: Theol. Beiträge 9, 1978, 157). Freilich ist dabei auch stets zu bedenken: Jesu »Grundthema ist gerade nicht die Tora, sondern das Kommen der Gottesherrschaft« (ebd. 153).

[65] Vgl. dazu etwa *Billerbeck* I, 900–908; *R. Schnackenburg*, Die sittliche Botschaft des Neuen Testaments (München ^{2}1962, 65–71; 172–178 [Literatur]); *G. Bornkamm*, Das Doppelgebot der Liebe, in: *Ders.*, Gesammelte Aufsätze III (München 1968) 37–45; *Chr. Burchard*, Das doppelte Liebesgebot in der frühen christlichen Überlieferung, in: *E. Lohse / Chr. Burchard / B. Schaller* (Hrsg.), Der Ruf Jesu und die Antwort der Gemeinde (FS f. *J. Jeremias*) (Göttingen 1970) 39–62; *J. B. Stern*, Jesus' Citation of Dt 6,5 and Lv 19,18 in the ligt of Jewish Tradition, in: Cath. Bibl. Quarterly 28 (1966) 312–316; *K. Berger*, Die Gesetzesauslegung Jesu. Ihr historischer Hintergrund im Judentum und im Alten Testament I (Neukirchen 1972) 56–257; *G. Friedrich*, Das Doppelgebot der Liebe (Lk 10,25–29), in: *Ders.*, Was heißt das: Liebe? (Stuttgart 1972) 7–15; *M. Limbeck*, Von der Ohnmacht des Rechts. Untersuchungen zur Gesetzeskritik des

tum«[66]. Zu diesem Ergebnis kommt auch *K. Berger*[67]. Jedenfalls zeigt die lukanische Überlieferung, daß »die christliche Gemeinde ... durchaus nicht überall ... die Zusammenfassung des Gesetzes in diese beiden Gebote als eine besondere Tat Jesu betrachtet (hat), sondern schon vor ihm vollzogen voraussetzt – und wahrscheinlich mit Recht. Es wird eine jüdische Tradition sein, welche die Mk-Fassung Jesus in den Mund legt« *(E. Haenchen)*[68]. Richtig ist auf jeden Fall an dieser Bemerkung *E. Haenchens,* daß die christliche Gemeinde nicht überall die Zusammenfassung der Tora im Doppelgebot der Liebe als eine spezifische Tat Jesu betrachtet hat, sonst hätte Lk sich an seine Mk-Vorlage angeschlossen. Das bedeutet aber auch, daß in den lukanischen Gemeinden das Doppelgebot der Liebe nicht antijüdisch, sondern als Lehre des Judentums, repräsentiert durch den Gesetzeslehrer, verstanden wurde. Jesus selbst wird in Lk 10,28 als der vorgestellt, der dem Vertreter des Judentums zustimmt: »Du hast recht geantwortet«. Gewiß bemerkt Lk (zusammen mit Mt), daß der Gesetzeslehrer mit seiner Frage Jesus »versuchen« wollte (10,25); er tastet mit seiner Frage gewissermaßen Jesu jüdische Gesinnung ab, und mit seiner lobenden Anerkennung der Antwort des Gesetzlehrers bekennt sich Jesus zur Antwort seines jüdischen Gesprächspartners. So sieht jedenfalls Lk Jesus nicht als einen, der in Sachen des Doppelgebots der Liebe aus dem Rahmen des Judentums gefallen ist. Bei Mk (=Mt) gibt Jesus selbst die Antwort auf die Frage nach dem »ersten« bzw. »größten« von allen Geboten; und der Schriftgelehrte bestätigt ihm, daß er »trefflich« und »der Wahrheit gemäß« geredet habe (Mk 12,32). Auch die Mk-Form der Perikope vom größten Gebot »läßt sich, wie Fragestellung, Einzelmotive, und LXX-Abhängigkeit zeigen, in der vorliegenden Form nicht in den palästinischen

Neuen Testaments (Düsseldorf 1972) 77–83; *R. H. Fuller,* Das Doppelgebot der Liebe. Ein Testfall für die Echtheitskriterien der Worte Jesu, in *G. Strecker* (Hrsg.), Jesus Christus in Historie und Theologie (FS f. *H. Conzelmann*) (Tübingen 1975) 317–329; *A. Nissen,* Gott und der Nächste im antiken Judentum. Untersuchungen zum Doppelgebot der Liebe (Tübingen 1974); *R. Pesch,* Das Markusevangelium II (Freiburg/Basel/Wien 1977) 236–249; *G. Schneider,* Die Neuheit der christlichen Nächstenliebe, in: Trierer Theol. Zeitschr. 82 (1973) 257–275.

[66] A.a.O. 57.

[67] Die Gesetzesauslegung Jesu (s. Anm. 65), 56–277.

[68] *E. Haenchen,* Der Weg Jesu (Berlin 1966) 414.

Horizont Jesu und der ersten Gemeinde zurückführen«, meint *R. Pesch*[69]. *R. Pesch* sucht ihre markinische Fassung eher im hellenistischen Judenchristentum[70]. Jedenfalls liegt bei keinem Evangelisten eine historische Reportage vor; das aber erschwert die Rückfrage nach dem Ursprung des Doppelgebots der Liebe. Ist dieser bei Jesus oder im Judentum zu suchen? Es gab in jüdischen Kreisen Paränesen, in denen zur Gottesliebe und zur Nächstenliebe in einem Atemzug aufgefordert wird, ohne dabei freilich die Schrift ausdrücklich zu zitieren. Vgl. etwa Test Iss 5,2: »liebet den Herrn und den Nächsten«; 7,6: »ich liebte den Herrn und jeden Menschen aus meinem ganzen Herzen«; Test Dan 5,3: »liebet den Herrn in eurem ganzen Leben und einander mit wahrhaftigem Herzen«; Test Benj 3,3: »fürchtet den Herrn und liebt den Nächsten«; Jub 20,2: »Und er gebot ihnen, daß sie den Weg Gottes innehalten, daß sie Gerechtigkeit übten, und ein jeder seinen Nächsten liebe«; 20,9: »verehrt den höchsten Gott! ... und übt Recht und Gerechtigkeit vor ihm!«; 36,4.6: »Liebet einer den andern, meine Söhne, als Brüder, so wie man sich selbst liebt, und sucht einander Gutes zu tun und gemeinsam auf Erden zu handeln! Sie sollen sich gegenseitig lieben wie sich selbst! ... Gedenket, meine Söhne, des Herrn, des Gottes eures Vaters Abraham ...«. Besonders die Paränesen aus den Zwölfertestamenten kann man durchaus als Mahnungen zur Erfüllung des Doppelgebots der Liebe betrachten. Dabei ist das Gebot der Gottesliebe dem Gebot der Nächstenliebe ähnlich vorgeordnet wie bei Jesus, was für den jüdischen Bereich eine Selbstverständlichkeit ist. Und Jesus überschreitet, sollte die Urformulierung des Doppelgebots der Liebe wirklich auf ihn selbst zurückgehen[71], diesen Bereich nicht. Auch der berühmte *Rabbi Hillel* (um 20 v. Chr.) hat das Gebot von Lev 19,18 in der von ihm negativ formulierten »Goldenen Regel«: »Was dir verhaßt ist, das tue deinem Nächsten nicht!« als den Inbegriff der Tora deklariert: »Das ist die ganze Tora; das andere ist ihre Auslegung.«[72] Und der

---

[69] A.a.O. (s. Anm. 65), 244.

[70] Ebd. 239; 244; 248.

[71] Nach *R. Pesch* »dürfte die überlieferte Formulierung des Doppelgebots auf Jesus selbst zurückgehen« (ebd. 247). Man sieht, daß man dabei über ein »dürfte« nicht hinauskommt.

[72] Schab. 31a Bar. Vgl. auch *Philo*, De spec. leg. II, 63!

ebenso berühmte *Rabbi Aqiba* († um 135 n. Chr.) sagte: »Du sollst deinen Nächsten lieben, wie dich selbst (Lev 19,18); das ist ein großer allgemeiner Grundsatz in der Tora.«[73] Kein frommer Jude hätte je gezögert, das Gebot der Gottesliebe als den Inbegriff der Religion Israels zu verstehen. *Bar Qappara* sagte (um 220 n. Chr.): »Welches ist der kleinste Schriftabschnitt, an welchem alle wesentlichen Bestimmungen der Tora hängen? Auf allen deinen Wegen erkenne ihn, so wird er deine Pfade ebnen (Sir 3,6).«[74]
Daß aber die nachösterliche Überlieferung und die Redaktoren der Evangelien das Doppelgebot der Liebe z.T. antijüdisch ausmünzten, scheint ebenso sicher zu sein. Das hängt mit dem allmählichen Ablösungsprozeß der Kirche von Israel zusammen, in dem Jesus zum einzigen normativen Lehrer wurde und die Jesusüberlieferung das Material bei der Gewinnung eines neuen, nämlich des christlichen Selbstverständnisses liefern mußte, das dann selbstverständlich entsprechend umgeformt und ausgeweitet wurde. Man sieht das etwa an dem »Kommentar« mit seiner kultkritischen Spitze (das Doppelgebot der Liebe sei »viel mehr als alle ›Brandopfer und anderen Opfer‹«), den nach Mk 12,32f. der »Schriftgelehrte« zu der Antwort Jesu gibt. Hier zeigt sich nach *R. Pesch* »eine missionarisch eingestellte Bearbeitung und Erweiterung, die eindeutig ins hellenistisch-judenchristliche Milieu weist ... Daß der ›Schriftgelehrte‹ im zweiten Teil in die Nähe der Gottesherrschaft gerückt wird, verrät eine werbende Absicht missionarischer Bemühung im jüdisch-hellenistischen Milieu; das Judentum wird ... zur Vorstufe des Christentums erklärt ...«[75]. Bei Jesus selbst ist diese Tendenz noch nicht da.
Die christliche Exegese täte gut daran, sich noch mehr als bisher zu fragen: Welche »antijüdischen« Akzente setzte die nachösterliche Überlieferung und die endgültige Redaktion des Jesusmaterials diesem auf und aus welchen Gründen tat sie das? Wir kommen auf diese Frage noch zurück. In der christlichen Exegese wurden diese antijüdischen Akzente häufig noch verstärkt, manchmal bis ins Unerträgliche, wie etwa die Auslegungsgeschichte der Perikope vom Doppelgebot der Liebe zu zeigen vermag. Das Judentum wurde weithin nur noch als der Widerpart Jesu und des Evange-

[73] SLev 19,18.
[74] Berakh 63a.
[75] A.a.O. 248.

liums gesehen. Es entstand so ein Zerrbild des Judentums, das bis heute nachwirkt. Jesus ist in Wirklichkeit mit dem Doppelgebot der Liebe, sollte es auf ihn selber zurückgehen, nicht aus dem Rahmen des Judentums gefallen. Die Perikope sagt beachtlicherweise in keiner Überlieferungsgestalt, daß die übrigen Weisungen der Tora durch das Doppelgebot der Liebe außer Geltung gesetzt seien; bei Mk sagt Jesus nur: »Größer als dies ist kein anderes Gebot« (Mk 12,31 b), bei Mt: »An diesen beiden Geboten hängt das ganze Gesetz und die Propheten« (Mt 22,40). Das ist etwas anderes als Aufhebung der Tora. Man kann höchstens sagen: Auch hier begegnet uns in ausgezeichneter Weise der »Reformjude« Jesus, seine Absicht, das Leben nach der Tora auf das Doppelgebot der Liebe hin zu konzentrieren und auf diese Weise das Gesetz und die Propheten zu »erfüllen«.

3.4 Das Vaterunser als Gebet des Juden Jesus[76]

Das Vaterunser, das in einer längeren Gestalt bei Mt (6,9b-13) und in einer kürzeren bei Lk (11,2c–4) vorliegt, geht zweifellos in seiner nur noch hypothetisch rekonstruierbaren Urform auf Jesus selbst zurück. Es stellt eine Gebetsanweisung (Gebetsnorm) Jesu dar, die in seinem Mund vielleicht folgenden Wortlaut hatte:

Vater!
Geheiligt werde Dein Name,
es komme Deine Herrschaft!
Unser Brot, das wir nötig haben[77], gib uns heute
und vergib uns unsere Schulden
und laß uns nicht in Versuchung geraten!

Seinen ersten »Sitz im Leben« hat das Vaterunser im vorösterlichen Jüngerkreis. Lk baut das Vaterunser in den großen »Reisebericht« (Lk 9,51–18,14) ein. Selbstverständlich ist das eine sekundäre Situierung des Vaterunsers, genau wie sein Ort in der

---

[76] Vgl. dazu vor allem *A. Vögtle,* Das Vaterunser – ein Gebet für Juden und Christen? in: *M. Brocke / J. J. Petuchowski / W. Strolz* (Hrsg.), Das Vaterunser. Gemeinsames im Beten von Juden und Christen (Freiburg/Basel/Wien 1974) 165–195 (mit reicher Literatur).

[77] Zur verschiedenen Auslegung des attributiven **τὸν ἐπιούσιον** vgl. etwa ebd. 173–175. Wir gehen darauf nicht ein.

»Bergpredigt« bei Mt. Aber Jesu Wirken in seinem Heimatland Galiläa war nicht gekennzeichnet durch eine *stabilitas loci,* sondern durch stete Wanderungen: Er »durchwanderte Städte und Dörfer, predigte und verkündigte das Evangelium vom Reich Gottes« (Lk, 8,1); begleitet wurde er dabei von seinem engeren Jüngerkreis. Die Jünger nehmen so am »Wanderradikalismus« *(G. Theißen)* Jesu teil. Der Jünger lebt dabei nicht als Einzelner, sondern im Wir-Kreis der Jüngerschar Jesu. Diese Wandersituation des Jüngerkreises in der Nachfolge Jesu bringt jene Probleme mit sich, wie sie in den »Wir-Bitten« des Vaterunsers angesprochen sind. Sie beruhen auf den Erfahrungen des Wanderalltags, des engen Miteinanderseins auf der Wanderung mit Jesus: Da braucht man das tägliche Brot stets neu, weil man in solcher Situation keine »Vorratswirtschaft« betreiben kann; da braucht man die gegenseitige Vergebung und die Vergebung des Vaters; da braucht man die Bewahrung vor Anfechtungen vielfältiger Art. Jesus proklamiert dabei in seinem Heimatland Galiläa die unmittelbare Nähe der Gottesherrschaft, und so sind keine Bitten vordringlicher als die »Du-Bitten« des Vaterunsers: »Geheiligt werde Dein Name, es komme Deine Herrschaft!« So fügen sich sowohl diese Bitten als auch die nachfolgenden »Wir-Bitten« ausgezeichnet in die Wandersituation ein, in der sich Jesus mit seiner ihn begleitenden Jüngerschar befindet. Sie sind aus der unwiederholbaren, einmaligen galiläischen Situation des Lebens Jesu heraus gesprochen und formuliert. So aber sind diese Bitten, von dieser Situation her gesehen, auch keine streng eschatologischen Bitten, und doch sind sie das wieder, insofern der Mitwandernde niemand anderer ist als der Messias Jesus, und Gott im Vaterunser um die endgültige Durchsetzung seiner Vaterherrschaft angegangen wird.

Die Anrede »Vater« versteht sich darin als »Eröffnungstext«, der eine semantisch-hermeneutische »Isotopie« schafft, die für die Auslegung des Vaterunsers äußerst wichtig ist. Es geht um die Hinführung des Jüngerkreises zur Erfahrung der unbedingten Vaterschaft Gottes, die Israel keineswegs unbekannt war (s. dazu w. u.). Auf die Anrede »Vater« bezieht sich alles zurück: *Dein* Name, *Dein* Reich, (*Dein* Wille), und die ebenso folgenden Bitt-Imperative »gib«, »vergib«, »führe nicht«. Andererseits werfen alle Bitten des Vaterunsers ein Licht auf den »Vater«, d. h.

auf den »Gottesbegriff« des Vaterunsers. Gott ist der Vater und zwar so, daß er gerade diese Bitten erhört: Er manifestiert sich als der Vater, der Brot gibt, die Sünden vergibt und die Jünger vor Anfechtung bewahrt. Man könnte, von all dem her gesehen, vielleicht folgende Definition des Vaterunsers wagen: Das Vaterunser ist Gebetsausdruck des eschatologischen Wanderradikalismus der Jüngerschar in der Nachfolge des Messias Jesus, in der die Jünger Gott täglich neu als den Vater erfahren.

Nun aber zu der Frage:

Ist Jesus mit dieser Gebetsanweisung für seine Jünger, die man »Vaterunser« nennt, aus dem Rahmen des Judentums gefallen? Das wird in der christlichen Exegese oft so hingestellt, wobei aber der schon wiederholt erwähnte nachösterliche Ablösungsprozeß der Kirche von Israel und die damit zusammenhängende Beschränkung auf einen einzigen normativen Lehrer (Jesus) nicht genügend bedacht werden. Diese Ablösung brachte die Isolierung des Jesusmaterials von der jüdisch-rabbinischen Überlieferung mit sich *einschließlich der jüdischen Gebetsüberlieferung,* von den Gebeten des Alten Testaments abgesehen (Psalmen!). Die Gebete Israels, wie sie zur Zeit Jesu im Judentum Palästinas üblich waren, wurden im Zuge dieser Entwicklung in der Kirche durch andere ersetzt, in deren Zentrum selbstverständlich das Vaterunser stand, das sich dem Überlieferungsgedächtnis der Jüngerschar unauslöschlich eingeprägt hatte. Jesu Gebetsanweisung, wie sie im Vaterunser vorliegt, wurde nun *das* zentrale Gebet der Kirche, das man nach Didache 8,3 dreimal am Tag verrichten soll. Das Vaterunser wurde zum »Gebet des Herrn«, aber bis zum heutigen Tag werden immer wieder Versuche unternommen, dieses Herrengebet antijüdisch auszulegen, vor allem unter Hinweis auf die Gebetsanrede des Vaterunser: »Vater!«, wie sie sich bei Lk findet. Man sagt: Diese attributlose Anrede, dem aramäischen »abbā« entsprechend, sei ein sicheres Kennzeichen der *ipsissima vox* Jesu[78] und Ausdruck des speziellen Gottesbildes Jesu, das angeblich zu dem des Judentums quer lag[79]. Ja, nach *J. Becker* war es das Gottesbild, »mit dem (Jesus) steht und fällt« und das »als

---

[78] So bekanntlich *J. Jeremias.* Vgl. *ders.*, Kennzeichen der ipsissima vox Jesu, in: ABBA. Studien zur neutestamentlichen Theologie und Zeitgeschichte (Göttingen 1966) 145–152 (145–148); *ders.*, Abba: ebd. 15–67 (56–67).

[79] So *J. Becker,* Das Gottesbild Jesu und die älteste Auslegung von Ostern, in: *G.*

seine eigentliche, allem Einzelnen zutiefst inhärente Todesursache gelten« darf. »Tritt Jesus in seinem Wirken für ein bestimmtes Gottesbild ein, steht demzufolge dieses mit seinem ursächlich darauf bezogenen Tod auch auf dem Spiel. Ist Jesus dem Judentum unerträglich wegen seiner anstößigen Gottesauslegung, dann erhofft man von seinem Tod, daß diese unerträgliche Gottesbotschaft zum Schweigen kommt. Der Tod Jesu garantiert dann die Stabilisierung desjenigen Gottesverständnisses, aufgrund dessen man Jesu Gott ablehnt.«[80] Dazu noch weitere Sätze: »Jesus manövrierte sich mit seiner Gottesauslegung ins Abseits prophetischer Isolation angesichts des herrschenden jüdischen Bewußtseins.«[81] »Des kommenden Gottes Herrschaft wurde in Jesu Gegenwart so konkrete Wirklichkeit, daß das gesamte Israel, das sein Leben im Sinne einer heilvollen Relation zu seinem Gott nach Jesus verspielt hatte, zum letzten Mal vor den Neuanfang aus der Vorgabe der göttlichen Güte gestellt wurde.«[82] Speziell zum Vaterunser bemerkt *J. Becker:* »Die ersten Bitten sind am kommenden Gott ausgerichtet, die restlichen erbitten für den Menschen das Nötige angesichts der endzeitlichen Situation. Weil vom Futurum her gedacht ist, fehlt jeder Bezug zur Geschichte Israels. Der kommende Gott wird nicht heilsgeschichtlich prädiziert, sondern unheilig-alltäglich angeredet mit der vertrauten Kindersprache [»Vater« = »Abbā!«]. So sammelte der Jesus, der seine Jünger beten lehrte, unter Mißachtung geltender Grenzen zwischen Gerechten und Sündern gerade diejenigen, die das offizielle, von der Heilsgeschichte her denkende Judentum ausstieß.«[83] Es war für das offizielle Judentum unmöglich, »in Jesu Gottesaussagen noch den Gott der Väter wiederzuentdecken«[84]. Fazit: »Jesu Gottesbild lag quer zum Judentum und kollidierte mit der Verwurzelung des Judentums in Israels Heilsgeschichte, weil die konstitutive Funktion des Futurums in der Verkündigung Jesu die jüdische Heilsgeschichte außer Kurs setzt. So wird das

Strecker (Hrsg.), Jesus Christus in Historie und Theologie (FS f. *H. Conzelmann*) (Tübingen 1975) 105–126.

[80] Ebd. 107f.

[81] Ebd. 109.

[82] Ebd. 110f.

[83] Ebd. 110.

[84] Ebd. 114.

heilsgeschichtliche Gottesbild des jüdischen Bundes und Gesetzes kritisiert und in der Praxis aufgehoben mit Hilfe eines Gottesbildes, das von der Dimension der Zukunft lebt und auf Kollisionskurs mit dem Alten hin angelegt ist.«[85] Also: Heilsgeschichte (Israels) contra Futurum (Jesu) und umgekehrt! Als ob nicht gerade das Judentum die Zukunft entdeckt hätte!
Gott sei Dank, denken andere christliche Theologen anders. Sie sehen in dem Gott, den Jesus von Nazareth verkündigt hat, *gerade* den »heilsgeschichtlichen« Gott Israels, den Gott Abrahams, den Gott Isaaks und den Gott Jakobs, zu dem sich Jesus öffentlich bekannt hat (vgl. Mk 12,26). Sie sehen gerade auch im Vaterunser Jesu das Erbe Israels weiterwirken, so etwa der Alttestamentler *A. Deißler* in seinem Beitrag »Der Geist des Vaterunsers im alttestamentlichen Glauben und Beten«[86]. *A. Deißler* findet »überraschend viele Verbindungslinien zwischen dem Glauben und Beten Israels einerseits und dem ›Gebet des Herrn‹ andererseits«, zwar: »Wenig direkte Abhängigkeiten – dem Buchstaben nach! – sind darunter. Aber immer haben sich umgreifende Perspektiven eröffnet, welche auf ihre Weise die enge Zusammengehörigkeit beider Testamente sichtbar machen oder unterstreichen. Die einzelnen Vaterunserbitten erhalten dadurch eine für viele Beter neue Auslegung.«[87]
Sicher kommen viele Grundanliegen der Predigt Jesu im Vaterunser zur Sprache[88], aber weder mit der Gottesanrede »Vater!« noch mit den Du- oder Wir-Bitten des Vaterunsers ist Jesus aus dem Rahmen des Judentums gefallen. Selbstverständlich leugnen wir nicht, daß Jesus oft, wenn er von Gott redete, vom »Vater« sprach[89] und daß er überhaupt das Vatertum Gottes stärker als das Alte Testament und das Frühjudentum zur Geltung brachte[90]. Aber auch Israel kannte und kennt Gott als seinen Vater. Dafür Beispiele:

---

[85] Ebd. 110.

[86] *A. Deißler,* Das Vaterunser (s. Anm. 76), 131-150.

[87] Ebd. 149.

[88] Vgl. dazu *H. Schürmann,* Das Gebet des Herrn. Aus der Verkündigung Jesu erläutert (Freiburg [1]1957). *Tertullian* hat das Vaterunser als »breviarium totius Evangelii« bezeichnet.

[89] S. dazu das Material bei *J. Jeremias,* ABBA (s. Anm. 78), 33ff.

[90] S. die Übersicht ebd. 16–33.

»Ist nicht Er dein Vater, der dich erschaffen hat?« (Deut 32,6).
»Haben wir nicht alle Einen Vater,
hat nicht Ein Gott uns erschaffen?« (Mal 2,10).

»Wie sich ein Vater über (seine) Kinder erbarmt,
so erbarmt sich der Herr über die, die ihn fürchten;
Denn er weiß, woraus wir gebildet sind,
er gedenkt daran, daß wir Staub sind.« (Ps 103,13f.).
»Israel ist mein Sohn, mein Erstgeborener« (Deut 14,1f.).

»Vater bin ich Israel,
und Ephraim ist mein Erstgeborener« (Jer 31,9).

»Riefest du (Israel) mir nicht eben noch zu:
›Mein Vater, der Freund meiner Jugend, bist du doch!
Wird er wohl ewig zürnen,
ohne Ende grollen?‹
So redetest du und tatest das Böse« (Jer 3,4f.).

»Ich hatte gedacht:
Unter die Söhne will ich dich (die Tochter Israel) setzen
und dir ein liebliches Land schenken...
Und ich meinte, du würdest mich ›mein Vater‹ nennen,
dich nicht von mir abwenden« (Jer 3,19f.).
»Ein Sohn ehrt seinen Vater
und ein Diener seinen Herrn.
Nun wohl, wenn ich Vater bin, wo ist meine Ehre?
Und wenn ich Herr bin, wo ist die Furcht vor mir?« (Mal 1,6).

»Du bist doch mein Vater!« (Jer 3,4; Ps 89,27).
»Blicke herab vom Himmel
und schaue herab von deiner heiligen, herrlichen Wohnstatt!
Wo ist dein Eifer und deine Stärke,
das Wallen deiner Liebe und deines Erbarmens?
Halte dich doch nicht zurück,
Du bist doch unser Vater!
Abraham weiß ja nichts von uns,
und Israel kennt uns nicht;
Du, Herr, bist unser Vater,
›unser Erlöser‹ ist dein Name von Urzeit an« (Jes 63,15f.).

»Nun aber, Herr, du bist doch unser Vater!
Wir sind der Ton und du unser Bildner,
Und wir alle sind das Werk deiner Hände.
Zürne, o Herr, nicht allzusehr,
und gedenke der Schuld nicht immerdar« (Jes 64,7f.).

»Ist nicht Ephraim mein teurer Sohn,
ist er nicht mein Lieblingskind? ...
Mein Herz stürmt ihm entgegen,
ich muß mich seiner erbarmen, spricht der Herr« (Jer 31,20).

»Weil er unser Herr ist und Gott, Er unser Vater in alle Ewigkeit.« (Tob 13,4).

»Ich pries JHWH: Mein Vater bist du!« (Sir 51,10 hebr.).

»Denn mein (irdischer) Vater kennt mich nicht und meine Mutter hat mich dir (Gott) überlassen.
Ja, du bist ein Vater für alle [Söhne] deiner Wahrheit und freust dich über sie wie eine Mutter über ihre Kinder, und wie ein Pfleger versorgst du auf dem Schoß alle deine Geschöpfe« (1 QHod IX, 35; vgl. dazu Ps 22,11; Jer 49,15; Hos 11,1–4).

»Und ihre Seelen folgen mir und allen meinen Geboten
und sie erfüllen meine Gebote;
ich werde dann ihr Vater sein und sie meine Kinder.
Und sie alle heißen Kinder des lebendigen Gottes« (Jub 1,24f.).

»Denn der Herr wird allen Augen erscheinen,
und alle erkennen dann, daß ich Israels Gott bin,
der Vater aller Jakobskinder
und König auf dem Sionsberg in alle Ewigkeit« (Jub 1,28).

(Abraham zu Jakob:)
»Gott, der Herr, sei dir ein Vater
und du sei ihm der erstgeborene Sohn,
der ihm zum Volk auf ewig wird« (Jub 19,29).

Aus dem hellenistischen Judentum:
»Aber sie riefen alle zum allmächtigen Herrn und Herrscher über alle Gewalt,
zu ihrem barmherzigen Gott und Vater« (3 Makk 5,7a).

»Schau auf den Stamm Abrahams und auf des heiligen Jakobs Kinder,
das Volk, das dein geheiligt Erbteil ist,
und das nun fremd in fremdem Land
und ungerecht zugrundegeht, o Vater!« (3 Makk 6,3).

»Es schwand im Bauch des meergeborenen Ungeheuers
ein Jonas rettungslos dahin;
da zeigtest du ihn, Vater, all den Seinen wieder unversehrt« (3 Makk 6,8).

»Wir bedrohten sie deshalb hart,
schenkten ihnen aber eben noch das Leben,
dank der Milde, die wir gegen alle Menschen hegen.
Wir erkannten aber, daß der himmlische Gott die Juden beschirmt
und allezeit für sie, wie ein Vater für seine Söhne, kämpft« (3 Makk 7,6).

»Diese (die Israeliten) hast du geprüft wie ein mahnender Vater,
jene aber (die Ägypter), wie ein strenger König (sie) verurteilend,
bestraft« (Weish 11,10).
»Deine Fürsorge aber, Vater, steuert es (das Schiff) durch,
weil du auch im Meer einen Weg gabst
und den Wogen einen sicheren Pfad,
um so zu zeigen, daß du aus jeder Lage retten kannst« (Weish 14,3f.).

Das rabbinische, palästinensische Judentum sprach, wenn auch nicht allzu häufig, seit den Zeiten *Jochanans ben Zakkai* (50–80 n. Chr.) von Gott als dem »Vater im Himmel« (»unser Vater im Himmel«, »Israels Vater im Himmel«)[91]. Die zweite der beiden Berakot, die das Morgen-Schema einleiten, lautet:

[91] Vgl. dazu *J. Jeremias*, Abba 20–22; *G. Dalman*, Die Worte Jesu (Neudruck Darmstadt 1965) 150–155; 296–304. *M. McNamara* fand in den palästinischen Targumim zwanzig Stellen mit dem Ausdruck »Vater im Himmel« als Gottesbezeichnung: drei im Targ. Ps.-Jon., zehn im »Fragmententargum« und drei im Targum Neofiti (Targum and Testament. Aramaic Paraphrases of the Hebrew Bible: A Light on the New Testament [Shannon 1972] 116, mit genauen Stellenangaben). Es zeigt sich allerdings auch allmählich die Tendenz, die Vaterbezeichnung für Gott zu vermeiden, besonders im Prophetentargum (ebd. 115).

»Unser Vater, unser König,
um unserer Väter willen,
die auf dich vertrauten und die du die Satzungen des Lebens lehrtest,
sei uns gnädig und lehre uns.«
Die gleiche Gottesanrede findet sich in der Neujahrslitanei:
»Unser Vater, unser König,
wir haben keinen anderen König außer dir;
unser Vater, unser König,
um deinetwillen erbarme dich über uns!«

»Beide Belege sind liturgische Stücke; es ist die Gemeinde, die Gott als ›unser Vater‹ anruft« *(J. Jeremias)*[92].
Israel hat also durchaus schon in seiner alttestamentlichen Zeit und ebenso zur Zeit Jesu um das Vatertum Gottes gewußt[93]. Jesus konnte daran anschließen. Dabei ist die statistische Tabelle über die Zahl der Belege für die Verwendung des Vaternamens für Gott durch Jesus interessant, die *J. Jeremias* aufgestellt hat[94]:
Markus 4mal
Lukas 15mal
Matthäus 42mal (31mal im Sondergut)
Johannes 109mal.
»Vater« *als Gebetsanrede* findet sich im Mund Jesu bei Mk 1mal, im gemeinsamen Gut von Mt und Lk 3mal, im Sondergut des Lk 2mal, im Sondergut des Mt 1mal, bei Johannes 9mal[95]. Nach den eingehenden Untersuchungen von *J. Jeremias* zeigt sich »eine wachsende Tendenz ..., die Bezeichnung Gottes als Vater in die Worte Jesu einzufügen«[96], und zwar so stark, »daß in sämtlichen 31 Fällen, in denen Matthäus das Wort Vater als einziger Zeuge

[92] A.a.O. 29.
[93] Warum man in Israel lange Zeit gewisse Hemmungen hatte, Gott als »Vater« zu prädizieren, hat seine Gründe zweifellos darin, daß man unbedingt verhindern wollte, in Gott einen physischen Vater (Erzeugergott) zu sehen, wozu die heidnische Umwelt Israels genügend Anregungen gegeben hat (Fruchtbarkeitskulte!). Gott ist zunächst in den Augen Israels »Vater« als der Schöpfer, der in keiner Weise mit seiner Schöpfung identisch ist und darum auch nicht mit ihr verwechselt werden darf.
[94] Ebd. 33.
[95] So nach *J. Jeremias*, ebd. 56.
[96] Ebd. 34.

bietet, die Annahme sekundärer Ausgestaltung grundsätzlich bei weitem die größere Wahrscheinlichkeit für sich hat«[97]. »Im Johannesevangelium ist ›der Vater‹ die vorherrschende Bezeichnung für Gott in Jesu Munde (100 Belege, dazu 9 Gebetsanreden)«[98], was natürlich mit der johanneischen Christologie zusammenhängt, in der die Relation Gott–Jesus ganz als Vater-Sohn-Relation gesehen wird. Es bleiben also verhältnismäßig wenig genuine Jesustexte, in denen der Gottesname »Vater« erscheint, was besonders für die Gebetsanrede gilt. Dies sollte man beachten, bevor man Jesu Gottesbild antijüdisch ausmünzt. Auch ist keineswegs so sicher (wie ständig in der christlichen Exegese getan wird), ob in der Gottesanrede des Vaterunsers im Mund des aramäisch sprechenden Jesus sich das »Lallwort«[99] אַבָּא fand und nicht einfach אָב (πάτερ). Matthäus und seine Gemeinden hatten jedenfalls keine Hemmungen, sich in der Gottesbezeichnung und Gottesanrede an die Sprechweise des palästinensischen Judentums anzuschließen und vom »Vater in den Himmeln« zu reden[100], was keineswegs Gott in ferne Distanz zum Menschen rücken will, so wenig wie das Verbot, das Tetragramm auszusprechen. Kein Volk wußte seinen Gott sich so nahe wie Israel: »Denn welche große Nation hätte Götter, die ihr so nahe sind, wie Jahwe, unser Gott, uns nahe ist, wo immer wir ihn anrufen?« (Deut 4,7). Vgl. auch Ps 4,8f.: »Du legst mir größere Freude ins Herz, als andere haben bei Korn und Wein in Fülle. In Frieden leg' ich mich nieder und schlafe ein; denn du allein, Herr, läßt mich sorglos ruhen«: Welches Wissen um die persönliche Nähe Gottes spricht nicht doch aus diesem Gebet! Gott galt in der Anwesensweise seiner »Herrlichkeit« und seiner *Schekhina* als jener, der mitten in seinem Volk, im Tempel zu Jerusalem, wohnt und zwar, wie das fromme Judentum überzeugt ist, bis zum heutigen Tag. Nicht Jesu Wissen um das Vatertum Gottes hat ihn von Israel getrennt und Israel von ihm, mag Jesus auch Gott als den gütigen und barmherzigen Vater besonders betont haben, und sein berühmtes Gebet, das Vaterunser, auch in seiner Knappheit und Substanz-

---

[97] Ebd. 35f.

[98] Ebd. 36.

[99] Vgl. dazu ebd. 59f.

[100] »Vater im Himmel« (ὁ πατὴρ ὁ ἐν [τοῖς] οὐρανοῖς, ὁ πατὴρ ὁ οὐράνιος) begegnet in Worten Jesu bei Mt zwanzigmal, bei Mk einmal (11,25), bei Lk nie.

haftigkeit die Bewunderung aller Menschen verdienen. Er fiel mit ihm, schon wegen des Fehlens jeglicher Christologie, in keiner Weise aus dem Rahmen des Judentums[101]. Es ist das Gebet des *Juden* Jesus, das auch jeder Jude ohne innere Reserven mitbeten kann, wie es heute bei gemeinsamen jüdisch-christlichen Gottesdiensten erfreulicherweise geschieht. Das Vaterunser ist das große »Brückengebet« zwischen der jüdischen und der christlichen Gemeinde. Auch im Vaterunser leben »die jüdischen Kategorien« weiter bis zum heutigen Tag.

3.5 Jesus als Israel

Die These, die sich hinter der Formulierung »Jesus als Israel« verbirgt, ist in der Tat die: Jesus ist die eigentliche »Frucht« Israels, der geistliche »Extrakt«, die geistliche »Quintessenz« Israels, seine »Aufgipfelung«, seine »Summe«. Das passende griechische Verbum für diese ungewohnte These wäre ἀνακεφαλαιοῦσθαι: So wie nach Paulus (Röm 13,9) die zweite Tafel des Dekalogs »zusammengefaßt ist« (ἀνακεφαλαιοῦται) in dem Wort der Tora: ›Du sollst deinen Nächsten lieben wie dich selbst!‹, so ist in Jesus die jüdische Existenz vor Gott wie in einem Brennpunkt »zusammengefaßt«. Er ist nicht bloß ein wahrer, unverfälschter Israelit (vgl. Joh 1,47), *sondern repräsentiert Israel.* Ich fürchte allerdings, daß ich mit dieser These weder bei den Juden noch bei den christlichen Theologen gut ankomme. Immerhin: Kein Geringerer als *Karl Barth* hat hier Entscheidendes vorgedacht[102]. Sein Verdienst ist es, Israel für die christliche Theologie wieder entdeckt zu haben[103], und im Zusammenhang dieser Entdeckung

---

[101] Für die einzelnen Vaterunserbitten bedarf das keines eigenen Nachweises mehr. Diese Nachweise sind unterdessen vielfach erbracht worden, so in dem Anm. 76 genannten Werk »Das Vaterunser«. Vgl. dazu auch das im Herder-Verlag erschienene Buch: *P. Navé,* Du, unser Vater. Jüdische Gebete für Christen (Freiburg ³1978).

[102] *K. Barth,* Die Kirchliche Dogmatik II/2 (Zürich ⁴1959) (in den Ausführungen über Gottes Gnadenwahl).

[103] Vgl. dazu *Fr.-W. Marquardt,* Die Entdeckung des Judentums für die christliche Theologie. Israel im Denken Karl Barths (München 1967), besonders 175ff., 209ff., 242ff.; *B. Klappert,* Israel und die Kirche. Erwägungen zur Israellehre Karl Barths (München 1980).

wurde auch Jesus als Israel sichtbar, wie ihn als solchen auch *Marc Chagall* »instinktiv« sichten konnte. Aber auch jene jüdischen Leben-Jesu-Forscher, die in Jesus von Nazareth ihren großen Bruder zu erkennen vermögen, sind dabei, Jesus in das Judentum heimzuholen. *Was wird dabei aus Jesus?* Geht er der Kirche verloren? Christliche Theologen mögen dies befürchten, und darum sträuben sie sich, vom »Juden Jesus« zu reden. Wird aber Jesu Judesein radikal genommen, dann wird Jesus als Israel sichtbar und in diesem Augenblick die Bestimmung Israels selbst. Der Gottesknecht Jesus und der Gottesknecht Israel offenbaren ihre »Identität«. Worin könnte diese bestehen? In den folgenden Entsprechungen:

– Israel ist der Erwählte Gottes – Jesus ist der Erwählte Gottes.
– Israel ist der »Gekreuzigte« – Jesus ist der Gekreuzigte.
– Israel »wird gerettet werden« – Jesus ist der schon Gerettete.

Die dritte Entsprechung ist freilich keine volle mehr. Sie steht unter der Spannung des »schon«, bezogen auf Jesus, und des »noch nicht«, diesmal bezogen auf Israel. Das hat zur Folge, daß in dieser dritten Entsprechung auf Israel nicht mehr zurückgeblickt wird, wie es in der christlichen Theologie gewöhnlich geschieht – auf Israel als auf die »bloße«, in Jesus und in der Kirche erfüllte »Verheißung«; es wird in ihr auf Israel vielmehr vorausgeschaut, wie es Paulus in Röm 11,15 tut: »Denn wenn ihre Verwerfung Versöhnung der Welt (bedeutete), was (ist) die Annahme (anderes) *als Leben aus den Toten?*« Dann wird das gekreuzigte und getötete Israel wie Jesus von Nazareth von Gott von den Toten erweckt werden, zusammen mit den übrigen Toten. Dann ist Israel das endgültig angenommene Volk Gottes. Aber Jesu Israel-Sein zeigt sich nicht nur in dem »Parallelgeschick«, das seine »Identität« mit Israel und die »Identität« Israels mit Jesus erkennen läßt, sondern darüber hinaus noch in dem absoluten Gehorsam Jesu gegenüber dem Willen Gottes: »Meine Speise ist es, den Willen dessen zu tun, der mich gesandt hat« (Joh 4,34); »er ist gehorsam geworden bis zum Tod, ja bis zum Kreuzestod« (Phil 2,8); »Obwohl er Sohn ist, hat er aus dem, was er litt, den Gehorsam gelernt« (Hebr 5,8). Jesu Existenz war eine Gehorsamsexistenz, wie Israels Existenz vor Gott eine Gehorsamsexistenz sein sollte, freilich nach dem Zeugnis der Bibel oft nicht war, was kein Jude bestreiten wird. Hier gab es aber einen in Israel, der den totalen

Gehorsam gegen Gott fertigbrachte. Und insofern ist Jesus im besonderen Sinn »Israel«, der gehorsame »Sohn«, und damit der Jude κατ' ἐξοχήν. Dies darf man wohl sagen, auch wenn wir nicht einer vorbehaltlosen Vergleichbarkeit von Israel und Jesus das Wort reden. Jesu natürliche Umgebung war Israel und in dieser Umgebung lernte er von kleinauf, auf den Willen Gottes zu hören[104]. Seine Angehörigen waren fromme Juden, wie aus den Erzählungen der Evangelien hervorgeht.

Als Zentrum der Christologie gilt die Zwei-Naturen-Lehre: *Vere Deus – Vere homo*. Das *Vere homo* wird aber häufig in einer sehr begrenzten Weise ausgelegt, bezogen nur auf die »Menschwerdung« und den Tod Jesu. Daß zum *Vere homo* auch das Jude-Sein Jesu gehört, sein »verborgenes Leben« in Nazareth, sein öffentliches Wirken in Israel von der Taufe an, ist vielfach nicht genügend im Bewußtsein christlicher Theologie. Das hat zur Folge, daß das *Vere homo* nicht genügend zur Geltung kommt, weil das Judesein Jesu »doketisch« unterdrückt wird. Und dies hat wiederum zur Folge, daß Jesu irdisches Leben von seiner Umwelt isoliert und Jesus von vornherein in Opposition zum Judentum gesehen wird. Es ist höchste Zeit, daß Jesu Judesein, ja – in einem tiefen Sinn –, daß Jesus »als Israel« erkannt wird, sowohl von der christlichen Theologie als auch vom Judentum selbst. Nur dann kann Jesus von Nazareth jene »Brückenfunktion« ausüben, die ihm von seiner menschlichen Natur her zukommt. Nur dann kommen Juden und Christen wirklich in einen fruchtbringenden Dialog über Jesus von Nazareth. Die »Erkenntnis« Jesu Christi wird zur »Erkenntnis« Israels[105] – beide Male sind dabei die Genitive »objektiv« gemeint –, und Israel wird in einem tiefen Sinn als »formale Christologie« erkannt[106].

Hierher paßt deshalb das, was *K. Barth* zu Röm 11,17 (»rühme dich nicht über die Zweige!«) geschrieben hat[107]: »Es überhebe sich der Heidenchrist doch auf keinen Fall seiner Zugehörigkeit zur Kirche zu Ungunsten auch nur *eines* von ihnen, die zu Israel gehören! Welches Glied des Volkes Israel in Vergangenheit oder

---

[104] Vgl. dazu das Buch des Juden *R. Aron*, Die verborgenen Jahre Jesu (deutsch Frankfurt 1962).

[105] Vgl. dazu *K. Barth*, Kirchliche Dogmatik II/2,221.

[106] *H. U. von Balthasar*, Einsame Zwiesprache, 83.

[107] A.a.O. 315f.

Zukunft das auch sein mag und wenn es Judas Ischarioth hieße! Und was dort, im Volk Israel immer geschehen sein und noch geschehen mag! Das ist sicher, daß dieses Volk als solches das heilige Volk Gottes ist. Das Volk, an dem Gott in seiner Gnade und in seinem Zorn gehandelt, in dessen Mitte er gesegnet und gerichtet, erleuchtet und verstockt, angenommen und verworfen, dessen er sich aber so oder so *angenommen* und *anzunehmen nicht aufgehört hat,* dessen *sich anzunehmen* er *nicht aufhören wird. Geheiligt* durch ihn, geheiligt als Vorfahren und Verwandte des einen Heiligen in Israel sind dort von Natur *alle* in einem Sinn, wie es von Natur kein Heide ist, auch nicht der Beste unter den Heiden, und wie es auch die Heidenchristen, auch die Besten unter ihnen, trotz ihrer Zugehörigkeit zur Kirche so nicht sind: trotzdem und indem nun auch sie durch den Heiligen Israels geheiligt und Israel geworden sind. Immer noch bleibt jedes Glied des Volkes Israel als solches *der* Heiligkeit teilhaftig, die die keines anderen Volkes sein kann: der Heiligkeit der natürlichen Wurzel, die, weil er der Letzte und also auch der Erste ist, Jesus heißt. Diese Heiligkeit hat der Heidenchrist in ausnahmslos *jedem* Juden als solchem zu respektieren«. Ich frage: Tun das die Christen?

Wenn wir sagen, daß Jesus »Israel« ist, so erhebt das in unserem Verständnis nicht den Anspruch, daß auch die Kirche Israel ist. Die Kirche bleibt für immer der aufgepfropfte »Wildling« auf dem edlen Ölbaum Israel, wie Paulus gelehrt hat. Gott kann ihn jederzeit wieder entfernen (vgl. Röm 11,21). Und wenn wir Jesus »als Israel« bestimmt haben, entreißen wir ihn damit Israel nicht, vielmehr geben wir ihn Israel zurück, damit er auf diese Weise allen gehört: der Kirche sowohl als auch Israel.

4 Paulus und Israel

4.1 Ist Paulus schuld am Antijudaismus in Kirche und Theologie?

Da diese Frage schon wiederholt bejaht worden ist, muß sie auch in einem »Traktat über die Juden« zur Sprache gebracht werden. Der Apostel Paulus scheint ja, speziell mit seiner Gesetzes- und Rechtfertigungslehre, den theologischen Boden für den christlichen Antijudaismus bereitet zu haben. Wenn der Mensch allein aus Gnade und Glauben an Christus vor Gott gerechtfertigt wird, scheint sich als eiserne Konsequenz daraus zu ergeben: Ergo ist das Judentum für immer und endgültig abgetan, jedenfalls theologisch; es führt neben der Kirche nur noch ein trauriges Schattendasein, trotz aller seiner Leistungen und Beiträge für die Wissenschaft und Kultur der Menschheit. Auch wenn die Kirche heute den Juden z. T. mit Liebe umfängt, was sie jahrhundertelang vielfach nicht getan hat, bedeute das keineswegs, daß die Kirche dem Juden noch eine »theologische Existenz« zuspreche. Dies habe Paulus ein für allemal unmöglich gemacht. Wenn man dies trotzdem versuche, so sei dies nur möglich, indem man das Christentum theologisch allein auf Jesus aufbaue, die paulinische Interpretation des »Jesusphänomens« fallen lasse oder zum mindesten »Sachkritik« an Paulus und seiner Theologie betreibe. Was ist dazu zu sagen? Im folgenden wird versucht, einiges dazu zu sagen, wobei wir uns der Schwierigkeit des Problems durchaus bewußt sind und wissen, daß das Thema »Paulus und Israel« weiterhin gründlich durchdacht werden muß[1].

---

[1] Zum Thema »Paulus und Israel« gibt es eine immense Literatur, aus der schon bei der Behandlung von Röm 11,26 (s. dazu 1.9) eine Auswahl genannt wurde. Dazu hier noch folgende Arbeiten: *J. Klausner,* Von Jesus zu Paulus (deutsch Jerusalem 1950); *Sch. Ben-Chorin,* Paulus. Der Völkerapostel in jüdischer Sicht (München 1970); *H.-J. Schoeps,* Die Theologie des Apostels im Licht der jüdischen Religionsgeschichte (Tübingen 1959); *D. Zeller,* Juden und Heiden in der Mission des Paulus. Studien zum Römerbrief (Stuttgart ^{2}1976); *M. Barth / J. Blank / J. Bloch / F. Mußner / R. J. Zwi Werblowsky,* Paulus – Apostat oder Apostel? Jüdische und christliche Antworten (Regensburg 1977); *Fr.-W. Marquardt,* Die Juden im Römerbrief (Zürich 1971), dazu *G. Klein,* Erbarmen mit den Juden! Zu einer »historisch-materialistischen« Paulusdeutung, in: EvTh 34 (1974) 201–218;

4.2 *Die Alternative, vor die sich Paulus gestellt sah*

Diese Alternative hat Paulus kurz und prägnant in Gal 2,21 formuliert: »Wenn nämlich durch Gesetz Gerechtigkeit [käme], ist folglich Christus zwecklos gestorben.«[2] Es geht um die »Gerechtigkeit«, d. h. um das eschatologische Heil des Menschen. Woher kommt diese Gerechtigkeit? Aus dem Gesetz, wie der

H. Gollwitzer / M. Palmer / V. Schliski, Der Jude Paulus und die deutsche neutestamentliche Wissenschaft: ebd. 276–304; *G. Klein,* Präliminarien zum Thema »Paulus und die Juden«, in: *J. Friedrich / W. Pöhlmann / P. Stuhlmacher,* Rechtfertigung (FS f. *E. Käsemann*) (Tübingen/Göttingen 1976) 229–243; ferner: *J. Eckert,* Paulus und Israel. Zu den Strukturen paulinischer Rede und Argumentation, in: Trier. Theol. Ztschr. 87 (1978) 1–13 (ohne Tiefgang); *K. Stendahl,* Paul among Jews and Gentiles (Philadelphia 1976); *P. v. d. Osten-Sakken,* Das paulinische Verständnis des Gesetzes im Spannungsfeld von Eschatologie und Geschichte. Erläuterungen zum Evangelium als Faktor von theologischem Antijudaismus, in: EvTh 37 (1977) 549–587; *W. D. Davies,* Paul and the People of Israel, in: NTSt 24 (1977/78) 4–39 (weitere Literatur) (besonders die beiden Aufsätze von *P. v. d. Osten-Sacken* und *W. D. Davies* sind wichtige Beiträge zum Thema »Paulus und Israel«); *O. Betz,* Paulus als Pharisäer nach dem Gesetz. Phil 3,5–6 als Beitrag zur Frage des frühen Pharisäismus, in: Treue zur Thora (FS f. *G. Harder*) (Berlin 1977) 54–64; *M. Barth,* Die Stellung des Paulus zu Gesetz und Ordnung, in: EvTh 33 (1973) 496–526; *F. Hahn,* Das Gesetzesverständnis im Römer- und Galaterbrief, in: ZNW 67 (1976) 29–63; *E. Lohse,* »Wir richten das Gesetz auf!« Glaube und Thora im Römerbrief, in: *P. v. d. Osten-Sacken* (Hrsg.), Treue zur Thora (FS f. *G. Harder*) (Berlin 1977) 65–71; *E. P. Sanders,* Paul and Palestinian Judaism. A Comparison of Patterns of Religion (London 1977); *W. Wiefel,* Paulus in jüdischer Sicht, in: Judaica 31 (1975) 109–115; 151–172; *L. Baeck,* Der Glaube des Paulus, in: *ders.,* Paulus, die Pharisäer und das Neue Testament (Frankfurt 1961) 7–37; *H. Hübner,* Das Gesetz bei Paulus. Ein Beitrag zum Werden der paulinischen Theologie (Göttingen 1978); *H. Ronning,* Some Jewish Views of Paul, in: Judaica 24 (1968) 82–97; *K. Haacker,* Paulus und das Judentum, in: Judaica 33 (1977) 161-177; *W. D. Davies,* Paul and Rabbinic Judaism. Some Rabbinic Elements in Pauline Theology (London ²1955); *A. Marmorstein,* Paulus und die Rabbinen, in: ZNW 30 (1931) 271–285; *M. Barth,* Paulus und die Juden, in: *ders.,* Jesus, Paulus und die Juden: StTh 91 (Zürich 1967) 40–82; *W. Wuellner,* Toposforschung und Thorainterpretation bei Paulus und Jesus, in: NTSt 24 (1977/78) 463–483; *K. Stendahl,* Der Jude Paulus und wir Heiden (Kaiser Traktate 36) (München 1978); *U. Wilckens,* Glaube nach urchristlichem und frühjüdischem Verständnis, in: *P. Lapide / F. Mußner / U. Wilckens,* Was Juden und Christen voneinander denken. Bausteine zum Brückenschlag (Freiburg/Basel/Wien 1978) 72–96.

[2] Vgl. dazu Näheres bei *F. Mußner,* Der Galaterbrief (Freiburg/Basel/Wien ³1977) 184-186.

Jude bis heute lehrt, oder von Christus, dem gekreuzigten und auferweckten Messias und Sohn? Warum sah sich aber Paulus vor diese Alternative gestellt? Das ergibt sich aus dem vorausgehenden Text (Gal 2,19f.): »Denn ich bin durch das Gesetz zu Ungunsten des Gesetzes gestorben, damit ich für Gott lebe. Mit Christus zusammen bin ich gekreuzigt worden; es lebt aber nicht mehr ich, es lebt vielmehr *in mir* Christus; was ich aber jetzt [noch] im Fleisch lebe, im Glauben lebe ich [es] an den Sohn Gottes, der mich geliebt hat und sich selbst *für mich* hingegeben hat.« Christliche Existenz ist nach diesen Sätzen »Präpositionenexistenz«: »in mir« (ἐν ἐμοί), »für mich« (ὑπὲρ ἐμοῦ). Besonders die letztere Präpositionalphrase (»für mich«) in dem Satz: »der sich selbst für mich hingegeben hat« läßt die Antwort finden auf die Frage: Warum sah sich Paulus vor die obengenannte Alternative gestellt? Dieser Satz ist keine Bildung des Paulus, sondern ist von ihm aus der soteriologischen Sprach- und Verkündigungstradition der Urkirche übernommen worden, ähnlich wie das Glied in dem vom Apostel übernommenen und an seine Gemeinden weitergegebenen »Urcredo« von 1 Kor 15,3–5: »Christus starb *für unsere Sünden* gemäß den Schriften ...« Dieses »für« (ὑπέρ), das den aus dem Alten Testament und dem Judentum stammenden Stellvertretungs- und Sühnegedanken zum Ausdruck bringt und zu den »Urwörtern« christlicher Verkündigung nach dem Zeugnis des Neuen Testaments gehört[3], stellte den Apostel vor die Alternative: Heil aus dem Gesetz oder aus dem Glauben an den gekreuzigten und auferweckten Christus. Die Opposition Gesetz/Christus in der Heilsfrage läßt aber auch eindeutig erkennen – und diese Erkenntnis ist für das jüdisch-christliche Gespräch von größter Bedeutung –, daß der Schlüssel zum paulinischen Gesetzesverständnis allein im Christusglauben des Apostels liegt und nicht anderswo. Obwohl der jüdische Gelehrte *H.-J. Schoeps* in seinem Paulusbuch das Gesetzesverständnis des Apostels für das eigentliche »Mißverständnis« hält, dem Paulus erlegen sei[4], erkennt er doch richtig, daß der Schlüssel zu diesem »Mißver-

---

[3] Vgl. dazu etwa *H. Riesenfeld,* Art. ὑπέρ, in ThWbzNT VIII, 510–513; *K. H. Schelkle,* Die Passion Jesu in der Verkündigung des Neuen Testaments (Heidelberg 1949) 132ff.

[4] *H.-J. Schoeps,* Paulus. Die Theologie des Apostels im Licht der jüdischen Religionsgeschichte (Tübingen 1959) 224–230.

ständnis« der Glaube des Apostels ist, Jesus Christus sei der erwartete Messias, mit dem der kommende, der neue Äon schon angebrochen sei – wir kommen auf diese »geschichtstheologischen« Probleme w. u. zurück. Paulus ist nach *H.-J. Schoeps* Denker »der postmessianischen Situation«[5], in der ein neues Prinzip herrsche: »Die alte Verbindungsmöglichkeit des Gesetzes, das den Juden *vor* Gott stellt und sich im Tun der Gebote realisierte, ist [nach Paulus] mit dem *in Christo* ... ›aufgehoben‹, nämlich durch eine neue, engere Verbindung ersetzt, die den Menschen an Gott durch seinen im Fleisch erschienenen Sohn Anteil gibt. Das neue Prinzip dieser Teilhabe ist der Glaube, der das alte Prinzip des Gesetzes, das den Juden an Gott knüpfte, für den Christen aufgehoben hat.«[6] Gal 2,19–21 bestätigt diese Anschauung. Durch den stellvertretenden Sühnetod Christi ist nach Paulus das Gesetz als Heilsweg überholt[7]. Sonst wäre Christus »zwecklos« gestorben. Das Gesetz bliebe weiterhin die einzige Heilsinstanz oder wenigstens eine »Mitinstanz«. Der Weg zum eschatologischen Heil ist – so erkennt der Apostel – in einer exklusiven Weise der Glaube an Christus, »welcher dahingegeben wurde um unserer Übertretungen willen und auferweckt wurde um unserer Rechtfertigung willen« (Röm 4,25). Da Paulus zudem

[5] Ebd. 95–110.

[6] Ebd. 221.

[7] Aber auch hier konnte Paulus an die jüdische Tradition anknüpfen, speziell an die Jom-Kippur-Theologie mit ihren Sühnevorstellungen, an die prophetische Verkündigung vom leidenden Gottesknecht (Jes 53) und an die jüdische Martyrertheologie. Ähnliches gilt für seinen »Glaubensbegriff«. Vgl. dazu etwa *U. Wilckens*, Glaube nach urchristlichem und frühjüdischem Verständnis (s. Anm. 1); *D. Lührmann*, Glaube im frühen Christentum (Gütersloh 1976); *F. Mußner*, Der Glaube Mariens im Lichte des Römerbriefs, in: *ders.*, PRAESENTIA SALUTIS. Gesammelte Studien zu Fragen und Themen des Neuen Testaments (Düsseldorf 1967) 284–292 (284–288). Auch die jüdische Überzeugung vom Sühnecharakter der »Aqedath Jischaq« bot der Urkirche hermeneutische Hilfe für die theologische Deutung des gewaltsamen Todes Jesu (vgl. dazu etwa *H.-J. Schoeps*, Paulus, 144–152). Berücksichtigt man das alles, so könnte es endlich gelingen, die jüdischen Konturen der Leidensgeschichte Jesu wieder zu gewinnen (vgl. dazu *B. Klappert*, Der Verlust und die Wiedergewinnung der israelitischen Kontur der Leidensgeschichte Jesu (das Kreuz, das Leiden, das Paschamahl, der Prozeß Jesu), in: *H. H. Henrix / M. Stöhr* (Hrsg.), Exodus und Kreuz im ökumenischen Dialog zwischen Juden und Christen, Aachen 1978, 107–153; *P. Lapide*, Das Leiden und Sterben Jesu von Nazareth. Versuch einer jüdischen Sinngebung, ebd. 94–106).

in Röm 4 und Gal 3 Abraham als Urbild des Glaubens deklariert und in ihm nicht mehr den exemplarischen »Torajuden« zu sehen vermag, scheint er also sowohl Abraham seinem Volk Israel für immer entrissen zu haben als auch in seinen Urteilen über das Gesetz, das nach der harten Aussage von Gal 3,12 »nicht aus Glauben« ist, Israel theologisch das zu entreißen, was der kostbare Besitz des Juden bis zum heutigen Tag ist: die Tora. Denn selbst wenn der Tora von seiten der Juden bis heute die größte Verehrung zuteil wird und in ihr nach wie vor jene Weisung gesehen wird, die zum Heil führt, scheint der Jude im Licht der paulinischen Rechtfertigungslehre etwas zu verehren und in etwas sein Heil zu suchen, was faktisch nur ein musealer, verehrungswürdiger Gegenstand zu sein scheint, in dem Heil zu suchen jedoch vergebliche Liebesmühe ist. In Wirklichkeit habe Paulus mit seiner Theologie die Geschichte Israels »radikal entheiligt und paganisiert« *(G. Klein)*[8]. Ist Israel durch die Theologie des Paulus für immer in einen »profanen« Zustand versetzt worden? Ist es nur noch ein Volk wie die anderen Völker auch? Ist Paulus zum »Antisemiten« geworden? Litt er gar am »jüdischen Selbsthaß«? In diesen Fragen sollen die folgenden Überlegungen weiterhelfen. Sie verstehen sich als ein Beitrag zum Thema »Paulus und Israel«.

4.3 Überlegungen zum Thema »Paulus und Israel«

4.3.1 Daß sich Paulus in der vorher genannten Alternative: Heil durch das Gesetz oder durch Jesus Christus, für das Zweite entschied, hängt vor allem damit zusammen, daß für ihn Jesus nicht irgend jemand war, sondern der von den Propheten verheißene Messias[9]. Wie kam Paulus zu dieser Überzeugung? Nicht weil ihn die christliche Missionspredigt überzeugt hätte, sondern weil er selbst »unseren Herrn Jesus gesehen« hat (so nach

[8] *G. Klein,* Römer 4 und die Idee der Heilsgeschichte, in: *ders.*, Rekonstruktion und Interpretation. Gesammelte Aufsätze zum Neuen Testament (München 1969) 158.

[9] Vgl. auch *N. A. Dahl,* Die Messianität Jesu bei Paulus, in: Studia Paulina (FS f. *J. de Zwaan*) (Haarlem 1953) 83–95.

seinem Selbstzeugnis in 1 Kor 9,1), weil ihm der gekreuzigte und auferweckte Christus »erschienen« ist (so nach 1 Kor 15,8) bzw. weil Gott es gefiel, in ihm »seinen Sohn zu offenbaren« (so nach Gal 1,15f.). Damit spielt Paulus auf das »Damaskuserlebnis« an, von dem in der Apostelgeschichte dreimal erzählt wird. An der Echtheit dieses Erlebnisses kann man nicht zweifeln. Der Jude *Leo Baeck* bemerkt dazu[10]: »Das erste, was wir sehen, ist ein zentrales Erlebnis, um das sich alles dreht. Der Punkt, von dem alles abhängt, auf den alles im Leben des Paulus zurückweist, in dem sein Glaube sein Leben wurde, ist die Vision, die ihn überwältigte, als er eines Tages den Messias sah und seine Stimme hörte. Diese Vision wurde sofort und blieb die zentrale Tatsache im Leben des Paulus. Über ein solches Erlebnis läßt sich nicht diskutieren. Man muß damit anfangen, um Paulus zu verstehen, seine Persönlichkeit sowohl als sein Bekenntnis.
Eine Vision hatte ihn ergriffen, und für den Juden, der er war und nie aufhörte zu sein, dessen geistliche, intellektuelle und moralische Welt die Bibel war, mußte seine Vision den Ruf bedeuten, den Ruf zu einem neuen Wege; niemals mehr durfte er dem alten folgen.«
L. Baeck bemerkt dann weiter zu diesem »Damaskuserlebnis« des Paulus[11]: »Man spricht gewöhnlich von Pauli Bekehrung. Aber dieser Ausdruck ist unzureichend. Was im Leben des Paulus geschah, war keine Bekehrung im üblichen Sinne des Wortes, sondern eher eine Revolution, eine Verwandlung. Was Paulus uns von der Veränderung in seinem Innern erzählt, zeigt deutlich das Plötzliche. Es war eine Krise des Augenblicks. Niemand hatte ihn beeinflußt oder gelehrt; es war kein Helfer, kein Mittler da. Paulus stand auf sich selbst in diesem Ereignis der Vision.«
In diesem Ereignis liegt der Ursprung seiner Verkündigung und seiner Mission. »Ich tue euch, Brüder, das Evangelium kund, das von mir verkündigt worden ist: es ist nicht nach Menschengeschmack; auch habe ich es nicht von einem Menschen empfangen noch bin ich belehrt worden [sc. von Menschen], sondern durch eine Offenbarung Jesu Christi« (Gal 1,11f.). Diese Worte, schreibt Baeck, »sind keine bloßen Einleitungsformeln, sie sind

---

[10] *L. Baeck*, Der Glaube des Paulus (s. Anm. 1), 9.
[11] Ebd. 10.

die Grundlage seines Glaubens«[12]. »... die Vision hatte ihm alles gesagt«[13].
Von diesem Augenblick an wußte Paulus, daß Jesus von Nazareth der verheißene Messias ist, die »Hoffnung Israels«. Im Damaskuserlebnis gründet seine christologische Überzeugung, die er dann im Anschluß an die schon in der frühen Urkirche entwickelte Christologie und Soteriologie weiter ausbaute, wobei er sich von Gott selbst (!) vor die Alternative gestellt sah, von der oben die Rede war. Dies muß man zunächst zur Kenntnis nehmen, wenn man Paulus verstehen will. Aber mit dieser unableitbaren Grunderfahrung seines Lebens sah sich Paulus nun auch dem Phänomen »Israel« in einer Weise gegenübergestellt, die ihn zwang, darüber neu nachzudenken: Wenn Jesus in der Tat der verheißene Messias ist, was ist dann mit Israel, das nach der Missionserfahrung des Apostels in seiner Hauptmasse nicht bereit war, die neue Glaubensüberzeugung des Paulus zu teilen? Vor allem hatte der neue Glaube des Paulus die Konsequenz: Der Apostel sah sich selbst plötzlich in der »nachmessianischen«, Israel dagegen nach wie vor in der »vormessianischen« Situation; es wartete und wartet weiterhin auf das Kommen des Messias. Dies führte zu einem eigenartigen Zwiespalt im Bewußtsein des Paulus, auf den *Peter von der Osten-Sacken* aufmerksam gemacht hat[14], nämlich zum Zwiespalt zwischen Eschatologie und Geschichte: Weil der Messias in Jesus schon da und dieser Jesus zudem von den Toten auferstanden ist und demnächst bei seiner Parusie wiederkommen wird, war Paulus überzeugt, daß »die [der Welt noch zur Verfügung stehende] Zeit zusammengerafft ist« (1 Kor 7,29), »das Schema dieser Welt [schon] vergeht« (7,31 b) und er zu jener Generation gehört, »auf die das Ende der Zeiten [schon] gekommen ist« (10,11b). Das heißt alles: Die noch zur Verfügung stehende Zeit ist nur noch kurz, das Ende der Geschichte steht nahe bevor. Der Herr kommt bald. Die Zeit, in der wir noch leben, ist eschatologisch qualifiziert. Diese so

---

[12] Ebd. 11.

[13] Ebd. 10.

[14] *P. von der Osten-Sacken,* Das paulinische Verständnis des Gesetzes im Spannungsfeld von Eschatologie und Geschichte. Erläuterungen zum Evangelium als Faktor von theologischem Antijudaismus, in: EvTh 37 (1977) 549–587.

qualifizierte Zeit ist nicht mehr die übliche Geschichtszeit, denn das Eschaton brach in der Gestalt des Messias und »Sohnes« in die Zeit dieser Welt ein, so daß das Eschaton nun gegen Geschichte steht. Die Zeit ist zur Erfüllung gekommen, denn der Sohn ist da (vgl. Gal 4,4). Zwar war dieser selbst noch »unter dem Gesetz geboren«, aber zugleich war er »das Ende des Gesetzes für jeden, der glaubt« (Röm 10,4), da er den Fluch, den das Gesetz über jeden, der sich nicht an seine Weisungen hält, stellvertretend »für« alle auf sich genommen hat (Gal 3,12f.). Dies geschah, so fährt der Apostel interessanterweise in Gal 3,14 fort: »damit *für die Völker* der Segen Abrahams Wirklichkeit wurde in Jesus Christus«. Warum nicht auch für Israel? Es lebte und lebt weiterhin »unter dem Gesetz«. Es scheint also außerhalb jener eschatologisch qualifizierten Zeit zu leben, die mit Christus nach der Überzeugung des Paulus hereingebrochen ist. Es lebt noch im »Alten«, nicht in dem mit Christus angebrochenen »Neuen«. Es lebt ja noch in jener Zeit, die durch das Gesetz qualifiziert war und nicht durch die Ankunft des Sohnes. Zeit steht sozusagen gegen Zeit, das Neue gegen das Alte und das Alte gegen das Neue. In dieser Überzeugung, daß das Eschaton, das Neue schon da ist und das Alte vergangen ist bzw. zum Vergehen verurteilt ist, kann nicht bloß der Heilsegoismus jener gründen, die sich zur »neuen Schöpfung« rechnen (vgl. 2 Kor 5,17: »Wenn einer in Christus ist, ist er eine neue Schöpfung«!), sondern darüber hinaus die Versuchung, den anderen, den Juden, zu perhorreszieren, in ihm den »Feind« und den »Blinden« zu sehen, der unbedingt am Alten festhalten und vom Neuen keine Kenntnis nehmen will[15]. Insofern hat in der Tat in der Opposition Geschichte (= alte Zeit)/Eschaton (Christuszeit) der Antijudaismus eine seiner theologischen Wurzeln. Das gesetzliche Leben des Juden scheint ein Anachronismus zu sein, der Jude scheint gegen die in Christus eschatologisch qualifizierte Zeit zu leben; er scheint kein wirklicher »Zeitgenosse« zu sein, sondern ein Relikt aus vergangener Zeit. Aber Israel wurde vom Eschaton nicht »überrollt«, es verschwand nicht aus der Geschichte, trotz aller Drangsale, die ihm von kirchlichen und unkirchlichen Mächten bereitet wurden. Es wurde geschunden und dezimiert, aber der Jude lebt und wird weiterleben bis zum

---

[15] Vgl. dazu ebd. 577.

Ende der Tage. Und wenn der Messias kommt, »wird ganz Israel gerettet werden«, verkündigt gerade Paulus (Röm 11,26b)[16]. Dies führt zu weiteren Überlegungen.

4.3.2 Israel blieb das Volk der Tora. Es nahm und nimmt keine Kenntnis von der »Äonenwende« in Jesus Christus, »vielmehr wurden ihre Gedanken verstockt. Denn bis zum heutigen Tag liegt [eine] Decke über der Verlesung des Alten Bundes und wird nicht weggenommen, weil sie [nur] in Christus vertilgt wird. Bis heute bleibt, sooft Mose [im Gottesdienst der Juden] verlesen wird, eine Decke auf ihren Herzen. Aber wenn sich einer zum Herrn bekehrt, wird die Decke weggenommen« (2 Kor 3,14–16). Diese Worte des Apostels klingen hart; sie klingen so, als ob sich Israel schuldhaft die Decke, die nach Paulus auf seinem Herzen liegt, nicht wegnehmen ließe. Betrachtet man aber die Sequenz der Gedankengänge des Apostels genau, so sieht man, daß Paulus zunächst die »Verstockung« Israels konstatiert, und dann erst das beobachtete Phänomen nennt, in dem die »Verstockung« gründet, eben darin, daß »eine Decke« auf dem Herzen der Juden liegt, sooft die Schrift in ihrem Gottesdienst verlesen wird. Aber der Apostel sagt nicht, wer diese »Decke« auf die Herzen der Juden gelegt hat, so daß sie sich nicht »zum Herrn zu bekehren« vermögen und auf diese Weise die »Decke« weggenommen würde und sie die Schrift als Christuszeugnis lesen könnten. Die Passiva, die hier im griechischen Text stehen (ἐπωρώθη, μὴ ἀνακαλυπτόμενον, καταργεῖται) scheinen »Passiva theologica« zu sein, die den wahren Urheber der »Verstockung« verhüllen, nämlich Gott. In Röm 11,8 dagegen sagt Paulus offen mit einem Schriftwort aus Deut 29,3, daß »*Gott* ihnen einen Geist der Umnachtung gab, Augen, um nicht zu sehen, Ohren, um nicht zu hören, bis zum heutigen Tag«. Aber Paulus sagt weder hier noch sonstwo in seinen Briefen, *warum* Gott das tat. Er rekurriert nur am Ende seiner Ausführungen über das Endheil Israels in Röm 11,33 auf die unerforschlichen Beschlüsse Gottes und seine unergründlichen Wege, eindeutig bezogen auf die geheimnisvolle Heilsführung Gottes im Verhältnis der Völker zu Israel. Verfügte also Gott selber, daß Israel dem Evangelium gegenüber »ver-

[16] Vgl. dazu 1.9.

stockt« blieb? Es scheint so. Das führt uns zurück zur jüdischen Existenz post Christum überhaupt, aber weiterhin reflektiert von Paulus her.

4.3.3 Obwohl Israel sich nicht dem Evangelium zuzuwenden vermochte, ging seine Volkheit nicht verloren; ja, gerade der Umstand seiner »Verstockung« hat entscheidend dazu beigetragen, daß Israel als »Sondervolk« Gottes bis heute erhalten blieb. Es ist wenig wahrscheinlich, daß ein total judenchristlich gewordenes Israel noch heute als »Israel« existieren würde. Das Judentum wäre in der Kirche und in der Völkerwelt aufgegangen. Das hat Gott selbst verhindert, um seine Macht und seine Gnade vor den Völkern an Israel zu offenbaren. Gottes Macht und Gnade zeigen sich gerade darin, daß er Israel nicht im Verlauf der Geschichte post Christum untergehen ließ, trotz all der furchtbaren Katastrophen, die über das Judentum gekommen sind.
Was aber hält das Judentum zusammen, da es nicht, wie die Kirche, durch das Evangelium zusammengehalten wird? Hier sei von einem Gespräch erzählt, das der Verfasser dieses Buches mit einem jüdischen Reiseführer auf einer Israelreise führte. Dieser hatte sich vor der ganzen Reisegesellschaft als »religionslos« erklärt. In einem Gespräch unter vier Augen legte ich ihm daraufhin die Frage vor: Was würde nach Ihrer Meinung das Judentum zusammenhalten, gesetzt den bitteren Fall, die Araber würden euch »ins Meer werfen«, wie *Nasser* es seinerzeit ständig androhte? Prompt kam die Antwort: »Das Gesetz«, und dies aus dem Mund eines »religionslosen« Juden! Es ist in der Tat so, daß es vor allem die Tora ist, die jüdische Identität und jüdische »Volkheit« garantiert. Judentum und Tora gehören zusammen, auch wenn es viele Schattierungen und Nuancierungen innerhalb der gesetzlichen Lebensweise der Juden gibt, wenn man z. B. an das »Reformjudentum« denkt oder etwa an die Leute aus der Mea Schearim in Jerusalem. Das Leben nach dem Gesetz weist eine große Variationsbreite auf, aber Judentum ohne Gesetz ist faktisch kein Judentum, auch wenn atheistische Juden das bestreiten mögen. Paulus hat zwar Christus als »das Ende des Gesetzes« deklariert, aber nur »für jeden, der (an Christus) glaubt«, nicht jedoch für den Juden, der nicht zum Evangelium kommt. »Ich bezeuge vielmehr ... jedem Menschen, der beschnit-

ten ist, daß er verpflichtet ist, das ganze Gesetz zu halten« (Gal 5,3). Paulus dispensiert also den Juden, der Jude bleibt oder es wird, nicht vom Gesetz! Auch in Röm 2,25 bemerkt er, daß die Beschneidung durchaus »von Nutzen ist, wenn du das Gesetz befolgst«, und dies, obwohl er als ein von der Gnade Christi Überwältigter überzeugt ist, »daß aus Werken des Gesetzes kein Fleisch gerechtfertigt werden wird« (Gal 2,16b). Selbstverständlich hatte Paulus die Hoffnung und den Wunsch, daß auch Israel den Weg zum Evangelium finde (vgl. Röm 9,1–3), er ist auch überzeugt, daß Jesus Christus, weil »dem Fleisch nach aus dem Samen Davids hervorgegangen« (Röm 1,3), der messianische Davidssohn und als solcher auch der Messias Israels ist, er spricht Israel nicht von Schuld frei, was seine »Verstockung« gegenüber dem Evangelium angeht (vgl. Röm 10,2f.18f.), aber er nimmt ebenso, wenn auch schmerzlich, zur Kenntnis, daß über Israel eine partielle Verstockung gekommen ist (Röm 11,25), doch sieht er diese »Verstockung« Israels stets in Relation zum Heil der Völker (vgl. Röm 11,15.25), was sehr wichtig ist. Denn darin zeigt sich ja gerade, daß Paulus Israel nicht »abgeschrieben« hat, weil es Gott nicht »abgeschrieben« hat; ja, er erkennt, daß die Juden »hinsichtlich des Evangeliums Feinde *um euretwillen*« wurden, daß also die »Verstockung« der Juden, die eigentlich die ersten Anwärter des messianischen Heils sind (»zuerst den Juden«!), den Völkern zum Heil ausschlug. Er verkündigt, daß die »Verstokkung« Israels nur solange dauert, »bis die Vollzahl der Heiden [in das messianische Heil] eingegangen ist« (Röm 11,25) und daß am Ende »ganz Israel gerettet werden wird« (11,26b). Paulus vermag also das Heil der Völker nicht isoliert zu betrachten, sondern nur im Zusammenhang mit der Verstockung und dem Endheil Israels. Er hat also sein Volk, aus dem er hervorgegangen ist, niemals aus dem Auge verloren, was zweifellos damit zusammenhängt, daß nach seiner Überzeugung Jesus auch der Messias Israels ist und bleibt. »Die Inkarnation des Sohnes Gottes ist für Paulus nicht ein abstraktes Menschwerden, sondern ein Kommen ›aus dem Samen Davids‹, unter das Gesetz ...« *(N. A. Dahl)*[17].

Damit lassen sich in einer vorläufigen Zusammenfassung folgende Thesen aufstellen:

---

[17] A.a.O. (Anm. 9) 94.

– Paulus hat sein Volk niemals vom messianischen Heil abgeschrieben.
– Paulus bekennt sich zu seinem Volk und dessen »Privilegien«.
– Paulus sieht die Völker und ihr Heil immer in Relation zu Israel, was die christliche Theologie beinahe bis zum heutigen Tag nicht mehr tat, höchstens und häufig nur in der Weise einer Verteufelung des Judentums, ganz gegen die Verkündigung des Apostels.
– Paulus hat den Juden nicht vom Gesetz dispensiert.

4.3.4 Was das Gesetz angeht, so hat Paulus gewisse Paradoxien seiner diesbezüglichen Theologie freilich nur »dialektisch« zu lösen vermocht, was Anlaß zur »Sachkritik« an Paulus geben könnte. Aber diese Paradoxien hängen genau mit dem zusammen, was wir oben über die Spannung von Eschaton und Geschichte ausführten. Einerseits ist Paulus (mit der übrigen Urkirche) überzeugt, daß mit Jesus der Messias schon gekommen ist und infolgedessen das Ende der Zeiten auf uns schon zugekommen ist (1 Kor 10,11), andererseits muß er sehen, daß Israel dem Evangelium nicht gehorcht, sich scheinbar außerhalb der durch die Schon-Ankunft des Messias in Jesus eschatologisch qualifizierten Zeit bewegt und seine Identität weiterhin im Gesetz sucht. Das bedeutet: Israel lebt seine mit Abraham beginnende Geschichte auch post Christum so weiter, als ob der Messias noch nicht gekommen sei, weil es ihn in Jesus, dem Gekreuzigten, nicht zu erkennen vermag; es lebt nicht im »postmessianischen Zeitalter« *(H.-J. Schoeps)*. Es versteht seine Geschichte weiterhin als ein, wenn auch von furchtbaren Katastrophen gezeichnetes Kontinuum, identifizierbar durch die Treue zum Gesetz. Nun ist ja in der Tat die Geschichte weitergegangen, weil die Parusie bis heute noch aussteht – fast 2000 Jahre sind seit dem Tod Jesu schon vergangen. Damit hatte Paulus (mit der übrigen Urkirche) nicht gerechnet, wenn auch, wie seine Briefe zeigen, die »Parusiefrömmigkeit« durch die »Osterfrömmigkeit« zwar nicht völlig abgelöst, aber doch zurückgedrängt wurde[18], was wiederum zur Folge hatte, daß die »Vertikale« die »Horizontale« stark in den Hintergrund des christlichen Bewußtseins drückte, in dem Sinn:

[18] Vgl. dazu etwa *F. J. Schierse*, Oster- und Parusiefrömmigkeit im Neuen Testament, in: Strukturen christlicher Existenz (FS f. *Fr. Wulf*) (Würzburg 1968) 37–57 (bes. 42).

Suchet nicht »den Gott vor euch«, sondern »sucht *das Obere,* wo Christus sitzt zur Rechten des Vaters; nach dem Oberen trachtet, nicht nach dem auf der Erde« (Kol 3,1 f.); »denn unser Staatswesen (πολίτευμα) befindet sich in den Himmeln, von woher wir auch als Retter den Herrn Jesus Christus erwarten« (Phil 3,20). Die Blickrichtung der christlichen Gemeinde verschiebt sich damit sehr stark auf die himmlischen, »oberen« Bereiche, wo sie ihr ὄντως ὄν, den erhöhten Herrn, zur Rechten des Vaters weiß. Israel dagegen schaut nach wie vor in die Zukunft und ruft in seinen Gebeten um die Ankunft des Messias, auf den es noch immer wartet. Das hat ein anderes Geschichtsbild und ein anderes Geschichtsbewußtsein zur Folge, verschieden vom »gespaltenen« Geschichtsbewußtsein der christlichen Gemeinde[19]. »Der kommende Äon«, von dem das Judentum z. Z. Jesu redete, schiebt sich für jüdisches Bewußtsein noch nicht in »diesen Äon« herein, wie nach christlicher Eschatologie. Die Geschichte geht ihren Lauf wie vor Christus weiter, auch wenn es um die Zeitenwende herum im Judentum starke apokalyptische Kreise gegeben hat, die mit einem baldigen Ende der Geschichte rechneten. Die Geschichte ging auch nach der Zerstörung Jerusalems und des Tempels im Jahre 70 weiter, und das Judentum sammelte sich nach der Katastrophe geistlich vor allem unter der entschlossenen Führung des *Rabbi Jochanan Ben Zakkai* (1–80 n. Chr.) in Jamnia (Jabne), der den Gehorsam gegen die Tora als wichtigstes Gebot für Israel herausstellte, aus der durch die historischen Vorgänge gewonnenen Erkenntnis heraus, daß nach der Zerstörung des Tempels vor allem die Tora jenes Instrument sei, mit dem das Judentum zusammengehalten wird. Die Geschichte hat ihm recht gegeben[20]. Die Tora ist es im wesentlichen, die das Judentum zusammenhält und ihm seine Identität gibt.

Paulus freilich vertrat auf Grund seiner christologischen und soteriologischen Überzeugungen die These, daß der Mensch nicht durch die Werke des Gesetzes, sondern exklusiv durch den Glauben an Jesus Christus gerechtfertigt werde. Das führte naturgemäß zu einer starken Abwertung des Gesetzes; er scheint nach jüdischer Meinung das Gesetz »mißverstanden« zu haben,

---

[19] Vgl. dazu etwa *O. Kuss,* Der Römerbrief (Regensburg 1957 ff.) 268 f.

[20] Vgl. dazu Näheres unter 5.2.3. In bBer. heißt *Jochanan b. Zakkai* »Leuchte Israels, rechte Säule«.

weil er nicht mehr vermocht habe, Gesetz und Bund zusammenzudenken[21]. Paulus, vor seinem Damaskuserlebnis »dem gesetzlichen Leben nach Pharisäer« (Phil 3,5), spricht in der Tat dem gesetzlichen Leben allen Heilswert ab (»kein Fleisch wird durch Werke des Gesetzes gerechtfertigt«), aber andrerseits bleibt er dabei, daß »das Gesetz heilig, und das Gebot heilig und gerecht und gut« ist (Röm 7,12), daß das Gesetz »geistlichen Wesens« (πνευματικός) ist (7,14); er weist es energisch zurück (μὴ γένοιτο), daß das Gesetz »Sünde« sei (7,7) und »mir zum Tode ausschlug« (7,13). Was mich in den Tod führte, war »vielmehr die Sünde, damit sie als Sünde in Erscheinung träte«; sie war es, die »mir durch das Gute (das Gesetz) den Tod (brachte), damit die Sünde durch das Gebot im Übermaß sündig würde« (7,13). »Das Gesetz in seiner Wahrheit gehört nicht mit Sünde und Tod zusammen ... Gerade am Gesetz und durch es kommt zutage, was es um die Sünde ist« *(E. Käsemann)*[22].

Wie aus Röm 5,12ff. hervorgeht, hängt der Tod unlösbar mit der Sünde zusammen, wobei Paulus bei der Sünde an die Sünde des ersten Menschen, Adam, denkt. Zwar sagt der Apostel, daß vor der Gesetzgebung die Sünde wegen des fehlenden Gesetzes nicht angerechnet wurde (Röm 5,13), er spricht aber dann doch vom Ungehorsam des Adam (vgl. 5,19), was sich doch nur auf das Adam von Gott gegebene Gebot bzw. Verbot im Paradies beziehen kann. Das führt aber auf eine wichtige Spur, die es zu verfolgen gilt, wenn man die paulinische Gesetzestheologie richtig verstehen will.

4.3.5 Beim »Gesetz« denkt nämlich der Apostel keineswegs nur an den Juden, sondern an den Menschen überhaupt, an den »Kosmos«. Dies zeigt sich mit aller Deutlichkeit in den ersten Kapiteln des Römerbriefs. Paulus leugnet nicht, daß das Gesetz eigentlich das Leben, d.h. das eschatologische Heil, bringen wollte und sollte. Aber er bemerkt in Gal 3,21b: »Wenn ... gegeben worden wäre ein Gesetz, das lebendig zu machen

---

[21] Vgl. dazu Näheres bei *F. Mußner*, Der Galaterbrief (Freiburg/Basel/Wien ^{3}1977) (Exkurs 4: »Hat Paulus das Gesetz ›mißverstanden‹?«); *G. Jasper*, Das ›grundlegende Mißverständnis‹ des Paulus nach jüdischer Sicht, in: Judaica 15 (1959) 143–161.

[22] *E. Käsemann*, An die Römer (Tübingen ^{3}1974) 190.

vermöchte (ὁ δυνάμενος ζωοποιῆσαι), käme in der Tat aus Gesetz die Gerechtigkeit«; er zitiert in 3,12 ausdrücklich Lev 18,5: »Wer sie (die Gebote und Satzungen der Tora) erfüllt hat, wird in ihnen das Leben haben«, und bemerkt in Röm 2,13: »denn nicht die Hörer des Gesetzes sind gerecht vor Gott, sondern die Täter des Gesetzes werden gerechtfertigt werden«. Die »irrealen« Formulierungen in Gal 3,21b lassen aber bereits die Überzeugung des Apostels deutlich genug erkennen, daß in Wirklichkeit das Gesetz das Heil nicht brachte und bringt, aus dem einfachen Grund: Weil der Mensch auf Grund der Schwäche seines »Fleisches« nicht in der Lage war und ist, die Forderungen des Gesetzes gänzlich zu erfüllen – und so verfällt er dem im Gesetz selbst angedrohten Todesfluch. Und dies gilt in den Augen des Apostels nicht bloß für den Juden, *sondern ebenso für den Heiden.* Diese Überzeugung ergibt sich für ihn sowohl aus der Schrift wie auch aus der durch das Evangelium möglich gemachten Erfahrung, wiederum sowohl im Hinblick auf die Juden (vgl. Röm 1,18–32; 2,17–24) wie auch auf die Heiden (vgl. Röm 2,1–32)[23]. Weil beide, der Jude und der Heide, das Gesetz kannten – der Jude aus der positiven Gesetzesoffenbarung durch Gott an Israel, der Heide aus der Gewissensstimme seines Herzens[24] – und es dennoch (in ihrer Mehrzahl) nicht erfüllte, sind »Juden sowohl wie Heiden alle unter Sünde« (Röm 3,9) *und so ist »die ganze Welt vor Gott schuldig« geworden* (3,19). Deshalb »entbehren *alle* der Herrlichkeit Gottes« (3,23), ob Juden oder Heiden, und ist »der Tod auf

[23] Vgl. dazu etwa *H. Schlier,* Von den Heiden. Römerbrief 1,18–32, in: *ders.,* Die Zeit der Kirche (Freiburg 1956) 29–37; *ders.,* Von den Juden. Römerbrief 2,1–29: ebd. 38–47; *O. Kuss,* Die Heiden und die Werke des Gesetzes (nach Röm 2,14–16), in: Münch. Theol. Ztschr. 5 (1954) 77–98; *G. Eichholz,* Die Theologie des Paulus im Umriß (Neukirchen 1972) 63–81 (»Der Mensch der Völkerwelt als Gottes Angeklagter«; 82–100 (»Der Jude als Gottes Angeklagter«); 221–226; *P. v. d. Osten-Sacken,* Das paulinische Verständnis des Gesetzes im Spannungsfeld von Eschatologie und Geschichte (s. Anm. 1) 562–569.

[24] Vgl. Röm 2,14f.: »Denn wenn die Heiden, die das Gesetz nicht haben, von Natur die (Forderungen) des Gesetzes erfüllen, sind sie, die das Gesetz nicht haben, sich selbst Gesetz. Sie erweisen ja das Werk des Gesetzes als in ihre Herzen geschrieben, wofür ihr Gewissen mit Zeugnis ablegt und die Gedanken, die sich untereinander anklagen oder auch verteidigen ...«), dazu *O. Kuss,* Der Römerbrief (Regensburg 1957ff.) 72–82; *R. Walker,* Die Heiden und das Gericht. Zur Auslegung von Röm 2,12–16; in: EvTh 20 (1960) 302–314; *E. Käsemann,* An die Römer, 57–63.

alle Menschen übergegangen, weil *alle* gesündigt haben« (5,12b), ob Juden oder Heiden. Das bedeutet: Paulus denkt seine Gesetzestheologie (und darum auch seine Rechtfertigungstheologie) in einem gesamtmenschlichen Horizont durch und nicht nur im Horizont Israels, wenn naturgemäß die Tora Israels dabei auch die Hauptrolle spielt, weil eben Israel das Gesetz nicht bloß »von Natur« ins Herz geschrieben wurde wie den Völkern, sondern weil Israel am Sinai durch Mose das Gesetz als ausdrückliche Offenbarung Gottes empfangen hat und Paulus aus dem Judentum gekommen ist, ein Jude, der Pharisäer war, der »ständig im Judaismus Fortschritte machte mehr als viele Altersgenossen in meinem Volk, in besonderem Maß ein Eiferer für meine von den Vätern ererbten Überlieferungen« (Gal 1,14). Mit dieser Ausweitung des Horizonts auf die »ganze Welt« hängt es zusammen, daß Paulus in Röm 5,12ff. Adam, den ersten Menschen, als Prototyp aller Sünder einführen kann. Somit ist die Größe »Gesetz« nach Paulus gar keine innerjüdische Größe nur, sondern eine alle Welt angehende Größe. Beachtet man dies, dann zeigt sich sofort die Unsinnigkeit, die paulinische Gesetzes- und Rechtfertigungslehre als Ausdruck eines »Antijudaismus« des Apostels zu betrachten. Zu einem antijudaistischen und antisemitischen Instrument machte sie erst die nachpaulinische christliche Theologie. Paulus konnte und mußte im »Welthorizont« denken, weil für ihn der Messias Jesus *der Welterlöser*, der »zweite Adam« (1 Kor 15,47), das *concretum universale* ist.

4.3.6 Dabei ist auch noch folgende Frage zu bedenken: Gegen wen hat eigentlich Paulus seine Gesetzes- und Rechtfertigungslehre primär entwickelt? Die oft gehörte und wie selbstverständlich klingende Antwort christlicher Theologen lautet: Gegen das Judentum. In Wirklichkeit ist dem nicht so, wie gerade jener Brief des Paulus erkennen läßt, in dem er zum ersten Mal literarisch greifbar die »Basissätze« seiner Rechtfertigungslehre entwickelt hat, nämlich der Galaterbrief, geschrieben entweder im Jahre 55 oder im Jahre 57. Als Paulus diesen Brief schrieb, hat er also schon mehr als zwanzig Jahre als christlicher Missionar gewirkt. Erst jetzt – das ist vielen christlichen Theologen nicht bewußt – schreibt er die Sätze seiner Rechtsfertigungslehre nieder. Den Anlaß dazu gaben »einige«, die in die von Paulus gegründeten heidenchristlichen Gemeinden in Galatien eingedrungen waren und das Evangelium vom Christus verdrehten (vgl. Gal 1,7). Diese »einige« waren ganz bestimmt keine Juden, sondern höchstwahrscheinlich Judenchristen, die ein »anderes Evangelium« verkündeten als jenes, das Paulus verkündet hat, indem sie lehrten, daß auch die Heidenchristen sich beschneiden lassen und das gesetzliche Leben beobachten müßten, trotz Taufe und Glaube an Jesus Christus. Gegen dieses »andere Evangelium«, das für Paulus gar kein wirkliches »Evangelium« ist, weil es für ihn kein »anderes Evangelium« gibt (Gal 1,6f.), schrieb Paulus die »Basissätze« seiner Rechtfertigungslehre, daß nämlich kein Mensch aus Werken des Gesetzes gerechtfertigt wird, vielmehr nur aus Glauben an Jesus Christus (Gal 2,16). Paulus entwickelte also seine Gesetzes- und Rechtfertigungslehre *nicht gegen Juden, sondern gegen Mitchristen!* Dies ist in der christlichen Auslegung des Galaterbriefs vielfach nicht beachtet worden, obwohl die Beachtung dieses Tatbestands für das Verständnis dieses Briefes den Rang eines hermeneutischen Schlüssels hat[25]. Wenn man den Text von Gal 2,11–22 genau im Auge behält, muß man sogar sagen, daß Paulus die Basissätze seiner Rechtfertigungslehre nach seiner eigenen Aussage an Petrus, den »ersten Papst«, adressiert hat[26]! Denn der unmittelbar Angeredete in 2,14ff. ist ja Petrus, der gegen seine eigene Überzeugung auf die Linie der Gegner des Apostels in heuchlerischer Weise eingeschwenkt war (vgl. 2,12b). Natürlich kann man sagen, »daß Paulus in seiner Auseinandersetzung mit seinen judenchristlichen Gegnern zu Formulierungen kommt, die im Endeffekt das Judentum selber betreffen« *(J. Blank)*[27]. Aber dem Apostel geht es weder im Galater- noch im Römerbrief, in dem er das Thema »Rechtfertigung« aus dem Glauben weiter entfaltet hat, um *diesen* »Endeffekt«. Er will mit seinen Formulierungen nicht das Judentum erledigen. Was er erledigen will, ist ein christliches Pseudoevangelium, zu dem dem äußeren Anschein nach sich sogar Petrus bekannte, als er in

[25] Vgl. dazu *F. Mußner*, Der Galaterbrief, 29. In diesem Kommentar habe ich versucht, mit dieser Einsicht bei der Auslegung konsequent ernst zu machen.

[26] Vgl. dazu *F. Mußner*, Petrus und Paulus – Pole der Einheit. Eine Hilfe für die Kirchen (Freiburg/Basel/Wien 1976) 86; 137.

[27] In seiner Rezension meines Kommentars in der Bibl. Zeitschr., NF 20 (1976) 291–301 (296).

Antiochien die Tischgemeinschaft mit den Heidenchristen unter dem Druck der Jakobusleute aufgab. Mit den Juden setzt sich Paulus im Galaterbrief überhaupt nicht auseinander, im Grunde auch nicht im Römerbrief. Im Römerbrief weist Paulus nur darauf hin, daß Juden und Heiden in gleicher Weise vor Gott schuldig geworden sind, weil sie sein Gesetz nicht beachten (Röm 1–3), und daß die Juden, obwohl »teilweise« dem Evangelium gegenüber verstockt, dennoch am Ende von Gott gerettet werden (11,26). Der Begriff »Juden« (»Jude«) kommt im Galaterbrief nur viermal vor: 2,13 (bezogen auf die Judenchristen); 2,14 (bezogen auf Petrus); 2,15 (bezogen auf die Christen aus dem Judentum einschließlich Paulus); 3,28 (*in der Kirche* gilt auf Grund der Taufe »nicht [mehr] Jude noch Grieche, nicht Sklave noch Freier, nicht Mann noch Frau«). Der Begriff »Jude« begegnet im Galaterbrief niemals in einem antijüdischen Sinn!
Im Römerbrief begegnet der Begriff »Juden« (»Jude«) elfmal: 1,16 (das Evangelium ist »Kraft Gottes für jeden, der glaubt, für den Juden zuerst, aber auch für den Griechen«); 2,9 (»Trübsal und Angst [kommt] über jede Menschenseele, die das Böse tut, über den Juden zuerst [weil er eben den Willen Gottes aus der Tora besser kennt als der Heide], aber auch über den Griechen«; 2,10 (»Dagegen Ruhm, Ehre und Frieden für jeden, der das Gute tut, für den Juden zuerst, aber auch für den Griechen«); 2,17 (hier wird dem, der sich bewußt »Jude« nennt, vom Apostel vorgehalten, daß er dennoch häufig, ähnlich wie die Heiden, die Gebote Gottes übertritt [was kein Jude leugnen wird]); 2,28.29 (»Denn nicht ist ›Jude‹, wer es sichtbar [ist], und nicht ist wahre Beschneidung die am Fleisch sichtbare. Vielmehr der ›Jude‹ im Verborgenen [ist es] und die Herzensbeschneidung im Geist, nicht dem Buchstaben nach«: Dahinter steht deutlich die Idee des »wahren Juden«, mit der selbstverständlich das physisch-nationale Judentum überschritten wird und spiritualisierend der Heidenchrist, so er das Gebot Gottes erfüllt, als »Jude im Verborgenen« deklariert wird)[28]; 3,1 (»Was [ist] dennoch der Vorzug des Juden, was der Nutzen der Beschneidung? Viel in jeder Hinsicht«, nämlich »erstlich« in Hinsicht auf die den Juden anvertrauten

[28] Vgl. dazu auch die Formulierung des Apostels in Röm 9,6: »Nicht alle, die aus Israel (sind), diese (sind) ›Israel‹«.

»Worte Gottes«, also in Hinsicht auf ein »Privileg« Israels. Wichtig ist dabei, was der Apostel sofort weiter sagt: »Was liegt daran, wenn einige (Juden) untreu wurden? Sollte etwa ihre Untreue die Treue Gottes ungültig machen? Auf keinen Fall!«: Hier meldet sich bereits das Thema von Röm 9–11 deutlich an: Der seinen Verheißungen »treue« Gott wird ganz Israel trotz der Bundesuntreue »einiger« am Ende retten); 3,9 (gegen alle Menschen, »Juden wie Griechen«, hat der Apostel die Anklage erhoben, daß sie »unter Sünde« stehen), 3,29 (Paulus fragt hier: »Oder ist Gott allein Gott der Juden? Nicht auch der Heiden? Ganz gewiß auch der Heiden!«, was kein Jude leugnen wird; darum will Gott auch die Heiden retten, indem er sie durch den Glauben rechtfertigt); 9,24 (Gott hat sich in der Kirche ein Volk »nicht nur aus den Juden, sondern auch aus den Heiden berufen«); 10,12 (im Hinblick auf den Satz der Schrift: ›Jeder, der an ihn glaubt, wird nicht zuschanden werden‹ »gibt es keinen Unterschied zwischen Juden und Griechen; denn ein und derselbe ist der Herr aller; er macht alle reich, die ihn anrufen«).
Im Rückblick auf diese Juden-Stellen des Römerbriefes kann auch hier in keiner Weise von einem »Antijudaismus« des Paulus gesprochen werden. Besonders beachtlich ist dabei, daß speziell in jenen Partien des Briefes, in denen der Apostel seine Rechtfertigungslehre darlegt, der Begriff »Jude« nicht vorkommt, von 3,29 eventuell abgesehen. Paulus entwickelt auch im Römerbrief seine Theologie nicht gegen die Juden. Die Adresse seiner Theologie ist vielmehr »die ganze Welt«, sind »alle«! Gerade im Römerbrief führt Paulus die »Privilegien« Israels an und verkündet die endzeitliche Rettung ganz Israels, auch wenn er nicht verschweigt, daß eine partielle »Verstockung« über Israel gekommen ist, insofern sie nicht auf das Evangelium hören, weil Gott selbst »einen Geist der Umnachtung« auf sie gelegt hat. Und der Feststellung des Apostels, daß nicht jeder Jude »ein wahrer Jude« ist, wird kein Jude seine Zustimmung versagen; der Apostel macht diese Feststellung nicht als Christ, sondern als Jude. Im übrigen sagt er ja mit keiner Silbe, daß es nicht auch in Israel »wahre Juden« gibt, »den Juden im Verborgenen« und die »Herzensbeschneidung«[29]. Der Adressat der paulinischen Rechtfertigungs-

[29] *A. Schlatter* bemerkt zu Röm 2,28f.: Paulus »hat den völkischen Bestand der

lehre ist »die ganze Welt« (Röm 3,20), zu der auch der Jude gehört, und insofern gilt auch für ihn schon der nächste Satz des Apostels in Röm 3,21: »*Jetzt* ist aber *ohne Gesetz* Gottes Gerechtigkeit geoffenbart worden, bezeugt vom Gesetz und den Propheten, aber Gottes Gerechtigkeit *durch Glauben an Jesus Christus* für alle die glauben; da ist kein Unterschied« (etwa zwischen Juden und Heiden). Aber Tatsache ist ebenso, daß Paulus den Juden, der sich diesen Satz nicht zu eigen machen kann, deswegen keineswegs vom Heil abschreiben würde, wie es christliche Theologie immer wieder getan hat. Gott hat ja »*alle* unter Ungehorsam zusammengeschlossen (sowohl den Juden als auch den Heiden), damit er sich aller erbarme« (Röm 11,32). Gott rettet auch das post Christum am Gesetz weiterhin festhaltende Israel! Er rettet Israel auf einem »Sonderweg«, scheinbar am Evangelium vorbei[30]. Nur aus diesem Wissen heraus sind auch die so paradox klingenden Sätze des Apostels über die Tora zu verstehen: Daß sie einerseits heilig und geistlichen Wesens, andererseits »nicht aus Glauben« ist und das Leben nicht zu schaffen vermag. Fast hat man den Eindruck, als sei Paulus mit dem Problem des Gesetzes doch nicht völlig fertig geworden; die »Verstockung« Israels, die weitere Treue seines Volkes zur Tora und seine Ablehnung des Evangeliums hinderten ihn daran. Das gesetzestreue Israel zerstörte zwar nicht die Logik seiner Rechtfertigungslehre, aber störte und stört sie. Sie ging nicht ganz auf, auch wenn Paulus nach Röm 3,31 meint, gerade mit seiner Rechtfertigungslehre »das Gesetz hinzustellen«, nämlich in seiner wahren Geltung und Bedeutung in der Heilsgeschichte. Dies ist ihm nur zum Teil gelungen. Das zeigt ganz deutlich der Römerbrief und dies muß in aller Offenheit gesagt werden.

4.3.7 Entreißt aber Paulus nicht doch Abraham und die Schrift

Judenschaft nicht bestritten, sondern als den von Gott gewollten Tatbestand anerkannt, aber das Ziel Gottes mit Israel über diesen hinaufgelegt. Der Sinn der Berufung Israels ist die Gemeinde, die ihr inwendiges Leben vom Geiste Gottes empfängt. Das Werk Gottes ist größer als das, was durch die Natur vermittelt wird. ... Aber der Satz, nach dem Urteil des Paulus sei in der Judenschaft nichts zur Wirkung gelangt als das Fleisch, ist nicht mit dem Ernst vereinbar, mit dem Paulus das an Israel ergangene Wort als Gottes Wort bejaht hat« (Gottes Gerechtigkeit. Ein Kommentar zum Römerbrief, Stuttgart 1952, 111f.).

[30] Vgl. dazu unsere Ausführungen unter 1.9.

den Juden und reklamiert sie für die Kirche[31]? Die an Christus Glaubenden sind doch nach Gal 3,7 »die Söhne Abrahams«. Sind es also die Juden nicht mehr? Das scheint zunächst so zu sein. Doch muß folgendes bedacht werden:

4.3.7.1 Man hat vermutet, daß die judenchristlichen Gegner des Apostels mit dem Schlagwort hausierengingen: »*Wir* sind die wahren Söhne Abrahams«, weil wir den Glauben an den Messias Jesus mit der jüdischen Lebensweise, speziell mit der Beschneidung, verbinden. Aus dieser Überzeugung heraus erhoben die Gegner des Apostels ihre Beschneidungsforderung auch gegenüber den Heidenchristen (vgl. Gal 5,2; 6,12.13; Apg 15,1.5). Vielleicht haben sich die Gegner dabei auf die Abrahamsgeschichte in Gen 15 und Gen 17 (besonders 17,9–14: Beschneidung Abrahams) berufen, unter Umgehung der Aussage von Gen 15,6 (»es glaubte Abraham und dies wurde ihm zur Gerechtigkeit angerechnet«), die Paulus deshalb zum Basissatz seiner Gegenargumentation erhebt, weil dort von der Rechtfertigung durch den Glauben die Rede ist. Paulus entreißt damit Abraham *seinen christlichen Gegnern,* nicht den Juden, von denen in Gal 3 überhaupt nie die Rede ist.

4.3.7.2 Es geht vielmehr um die Rechtfertigung der *Heiden,* deutlicher gesagt: um die Frage, wie die Schriftzusage an Abraham, *daß in ihm alle Heiden gesegnet sein werden* (vgl. Gen 12,3; 18,18), in Erfüllung gehen kann (vgl. Gal 3,8). Dafür schien es nach der Meinung der Gegner nur den Weg der Übernahme des gesetzlichen Lebens der Juden durch die Heiden zu geben, indem sie also »Proselyten« würden, wenn auch in Verbindung mit dem Glauben an Jesus als den Messias. Paulus aber lehrt: Nicht so, sondern auf dem Weg des Glaubens nach der Weise Abrahams, wie sie in Gen 15,6 bezeugt ist. Warum aber auf dem Weg des Glaubens, begründet er damit, daß der Weg über das Gesetz wegen der Schwäche des »Fleisches« nicht zum Ziel, vielmehr in den vom Gesetz, nämlich in Deut 27,26, *auch* mitangedrohten Todesfluch führt (vgl. Gal 3,10). Paulus entwickelt in Gal 3 seinen Argumentationsgang *auf die Heiden* hin: Dreimal erscheint der Begriff »Heiden« (ἔθνη) in Gal 3, der Begriff »Juden« dagegen nie. Es geht konsequent um das Heil und den Heilsweg der Heiden.

---

[31] So etwa *G. Klein* (Rekonstruktion und Interpretation, 203).

Das war durch die Situation in den christlichen Gemeinden von Galatien geboten[32].

4.3.7.3 Im Römerbrief dagegen bezieht der Apostel auch die »Beschnittenen« in das Thema »Rechtfertigung« mit ein. »Es gibt nur einen Gott, der aus Glauben den Beschnittenen (den Juden) und durch Glauben den Unbeschnittenen gerecht machen wird« (3,30). Und Abraham empfing »das Zeichen der Beschneidung als Siegel der Gerechtigkeit aus Glauben in Unbeschnittenheit (als er noch unbeschnitten war, vgl. Gen 17,10f.), damit er sei Vater *aller,* die in der Unbeschnittenheit glauben (=die Heiden), so daß ihnen Gerechtigkeit angerechnet werde, und der Vater der Beschneidung für die, die nicht nur beschnitten, sondern auch in den Spuren des Glaubens in der Unbeschnittenheit unseres Vaters Abraham gehen (=die Judenchristen)« (4,11f.). Die Verheißung Gottes an Abraham, daß er Vater vieler Völker und »Erbe der Welt« sein werde (vgl. Gen 15,5; 17,5; 18,18; 22,17f.) geht nicht über den Weg des Gesetzes, sondern über den Weg des Glaubens in Erfüllung. »Denn nicht kraft des Gesetzes wurde die Verheißung Abraham oder seinem Samen zuteil, er solle Erbe der Welt sein, sondern um der Glaubensgerechtigkeit willen. Sind nämlich (nur) Beschnittene Erben, welche vom Gesetz leben, dann ist der Glaube entleert und die Verheißung zunichte. Denn das Gesetz wirkt Zorn (wegen der faktischen Schwäche des Menschen, der ein Sünder ist). Wo es aber kein Gesetz gibt, gibt es auch keine Übertretung. Deshalb gilt: ›aus Glauben‹, damit aus Gnaden, damit die Verheißung für den *gesamten* Samen Abrahams gültig sei; *nicht nur für den aus dem Gesetz (die Juden), sondern auch für den aus dem Glauben Abrahams*« (die Heiden- und Judenchristen) (4,13–16). Die Gedankengänge des Apostels sind aufs erste schwierig. Was aus ihnen jedoch klar hervorgeht, ist einmal dies, daß der universale Inhalt der Heilsverheißung an Abraham, in die auch die Völker miteinbezogen sind, nicht vom Gesetz her erzielt werden konnte, sondern vom Glauben her. Zum andern dies, was besonders aus 4,16 hervorgeht, daß die Verheißung an Abraham sich auf seinen »ganzen« Samen bezieht – der Ton liegt auf παντί =ganz – sowohl auf die Juden, die aus dem Gesetz leben, als auch für die, die »aus dem Glauben« (an Christus) nach der Weise

[32] Vgl. dazu Näheres bei *F. Mußner,* Der Galaterbrief, 219–274.

Abrahams leben, nämlich die Juden- und Heidenchristen. *Juden, Judenchristen und Heidenchristen bilden zusammen den »gesamten Samen« Abrahams,* und so wird auf diese Weise Abraham »Erbe des Kosmos« (nicht im politischen, sondern im geistlichen Sinn)[33] und »unser aller Vater« (Röm 4,16), so daß die Schriftzusage am Ende sich an ihm erfüllt: »Zum Vater vieler Völker habe ich dich gesetzt« (Gen 17,5; Röm 4,17)[34].
Zurückblickend heißt das: Paulus entreißt weder Abraham noch die Schrift den Juden und reklamiert sie für die Kirche. Die Juden sind und bleiben ein Teil der »gesamten Nachkommenschaft« Abrahams, obwohl sie weiterhin »aus dem Gesetz« leben. Paulus unterscheidet deutlich in seiner auf Abraham bezogenen Prädikation Abraham als »Vater aller Glaubenden« (Röm 4,12: bezogen auf Heiden- und Judenchristen), Abraham als »unser aller Vater« (4,16: bezogen auf Juden, Judenchristen und Heidenchristen) und als »Vater vieler Völker« (4,17.18: bezogen wiederum auf alle). Weil die Juden zur Gesamtheit der Nachkommenschaft Abrahams gehören, ist es nur konsequent, daß der Apostel im Römerbrief auch die Rettung »ganz Israels« ansagt. Sonst ginge ja ein wesentlicher Teil der Nachkommenschaft Abrahams verloren, was zur Folge hätte, daß Gott seinen dem Abraham gegebenen Verheißungen untreu würde. Gott aber bleibt allen seinen Verheißungen treu: gerade das ist eine Grundüberzeugung des Juden Paulus, die er mit den Juden teilt. Gott gibt sich mit einer Teilerfüllung nicht zufrieden, auch wenn seine Wege zur Erreichung seiner Ziele für menschliches Denken undurchschaubar sind und paradox zu sein scheinen. Gerade darin aber offenbart sich die Gottheit Gottes.

4.3.8 Warum aber entwickelt Paulus überhaupt seine Theologie vor dem Hintergrund Israels und des »Alten Testaments« und nicht auf spekulative Weise, wie etwa ein stoischer Philosoph? Auf diese Frage lassen sich kurz folgende Antworten geben:

---

[33] Auch *Rabbi Nechemja* (um 150) lehrte: »So findest du bei Abraham, daß er diese und die zukünftige Welt als Lohn des Glaubens in Besitz genommen hat, wie es heißt: Er glaubte an Gott, und er rechnete es ihm zur Gerechtigkeit an« (Mech. Ex. 14,31).

[34] Dazu Näheres bei *F. Mußner,* Wer ist »der ganze Samen« in Röm 4,16?, in: *Ders.,* Die Kraft der Wurzel (Freiburg i. Br. 1987) 160–163.

– Paulus kommt aus dem Judentum und hat das nie vergessen (vgl. nur Phil 3,5: »Am 8. Tag der Beschneidung unterworfen, aus dem Volk Israel, aus dem Stamm Benjamin, Hebräer von Hebräern, dem Gesetz nach Pharisäer«).
– »Die Schrift«, mit der Paulus operiert, ist die Schrift Israels[35]. Er ist zudem rabbinisch geschult, wie seine Argumentationsart zeigt[36].
– Der Gott des Paulus ist wie der Gott Jesu der Gott Abrahams, der Gott Isaaks und der Gott Jakobs, also der Gott Israels.
– Der Messias ist für ihn ein Jude, nämlich der Jude Jesus aus Nazareth, der in Jerusalem gekreuzigt und von den Toten auferweckt wurde.
– Der Gott Israels hat nach der Überzeugung des Apostels wie der gesamten Urkirche in Jesus von Nazareth gehandelt und zwar eschatologisch gehandelt.
Daß Paulus das Christentum »hellenisiert« habe, ist als absoluter Unsinn zu bezeichnen. Paulus denkt in den »jüdischen Kategorien«. Daß er von Haus aus Diasporajude war, geboren in Tarsus, der von seinem Vater her das römische Bürgerrecht besaß, mag ihn in manchem geprägt haben, was jedoch im einzelnen schwer eruierbar ist. Jedenfalls verdankt er diesem Umstand die völlige Beherrschung der griechischen Sprache.

4.3.9 Paulus hat zwar den gesetzlichen Weg als einen wirksamen Weg zum Heil verworfen, aber in seiner Ethik dennoch das Gesetz wieder »zur Hintertür« hereingebracht. Paulus gehört ja gerade, ähnlich wie Jesus und Jakobus, zu den großen Ethikern des Judentums und des Christentums.

---

[35] Vgl. dazu etwa *O. Michel,* Paulus und seine Bibel (Nachdruck 1972).

[36] Vgl. dazu etwa *W. Windfuhr,* Paulus als Haggadist, in: Zeitschr. für atl. Wissensch., NF 3 (1926) 327ff.; *A. Marmorstein,* Paulus und die Rabbinen, in: Zeitschr. f. die ntl. Wissensch. 30 (1931) 271–285; *J. Bonsirven,* Exégèse Rabbinique et Exégèse Paulinienne (Paris 1939); *W. D. Davies,* Paul and Rabbinic Judaism (London ^{2}1955); *C. Maurer,* Der Schluß »a minore ad majus« als Element paulinischer Theologie, in: Theol. Lit. Ztg. 85 (1960) 149–152; *J. Jeremias,* Paulus als Hillelit, in: Neotestamentica et Semitica (FS f. *M. Black*) (Edinburgh 1969) 88–94; *E. P. Sanders,* Paul and Palestinian Judaism (London 1977). Nach Apg 22,31 war Paulus »ein jüdischer Mann, geboren in Tarsus, erzogen in dieser Stadt (Jerusalem), zu den Füßen des Gamaliel auf das genaueste im Gesetz der Väter unterwiesen, ein Eiferer für Gott«.

4.3.9.1 Das beweisen nicht nur die umfangreichen ethischen Partien in seinen Briefen.

4.3.9.2 Das beweist im einzelnen besonders Röm 13,8–10, wozu *E. Käsemann* bemerkt[37]: »Das wirkliche Problem des Textes liegt gerade darin, daß keinerlei Polemik gegen den Nomos vorliegt, geschweige denn ein anderes Gesetz«. Außerdem weicht er hier »von seiner sonstigen Anschauung der Unteilbarkeit der Tora« ab[38]. Der Text lautet: »Niemandem sollt ihr etwas schulden außer dem (einen): Einander zu lieben. Denn wer den anderen liebt, hat das Gesetz erfüllt. Heißt es nämlich: Du sollst nicht ehebrechen, du sollst nicht töten, du sollst nicht stehlen, du sollst nicht begehren, und welches Gebot es sonst gibt – zusammengefaßt (ἀνακεφαλαιοῦται) ist es in diesem Wort: Lieben sollst du deinen Nächsten wie dich selbst! (Lev 19,18). Die Liebe tut dem Nächsten nichts Böses. So ist des Gesetzes Erfüllung die Liebe.« Das Bedeutsame an diesem Text für unser Thema (Paulus und Israel) ist vor allem dies, daß der Apostel hier von einer »Erfüllung« der Tora spricht, also nicht von einer »Verdrängung« oder »Ersetzung«. Wie er diesen Begriff »Erfüllung« (πλήρωμα) versteht, geht aus dem Verbum ἀνακεφαλαιοῦσθαι hervor, das die Bedeutung hat: »zusammenfassen«, »aufgipfeln«, »summieren«. Paulus sieht also in dem aus »der Schrift« Israels stammenden Liebesgebot von Lev 19,18 die Aufgipfelung des Gesetzes, hierin sowohl jüdischer wie jesuanischer Tradition folgend. Diese »Aufgipfelung« impliziert keineswegs die Abrogation der »Zweiten Tafel«, wie der Kontext ja zeigt, aber beschränkt sich, wie ebenfalls aus diesem hervorgeht, auf das sogenannte »sittliche Gesetz« des Alten Testaments. Paulus verbindet zwar damit nicht die Heilsfrage – ob die Erfüllung des Liebesgebots ein neben dem Heilsweg des Glaubens gangbarer Weg sei, so wenig wie in Gal 5,14. Aber rechtfertigender Glaube und Erfüllung des im Liebesgebot zusammengefaßten sittlichen Gesetzes, wie es Israel in der »Zweiten Tafel« des Dekalogs einst vorgelegt wurde, werden in keiner Weise in Opposition zueinander gebracht, was zu den »Paradoxien« paulinischer Rechtfertigungstheologie zu gehören scheint, aber paradox eigentlich nur für den ist, der den Satz aus

[37] *E. Käsemann*, An die Römer, 348.

[38] Ebd. 349.

Gal 5,6 vergessen hat, nach dem der Glaube »durch die Liebe wirksam« sein muß[39].

4.3.9.3 Diese »Paradoxie« könnte sich auch ins Bewußtsein drängen, wenn man an den von Paulus in Gal 6,2 aus dem Judentum übernommenen Begriff »das Gesetz des Christus« denkt[40]. *H. Lietzmann* hat gemeint, hier liege eine »gewollte Antithese gegen den judaistischen νόμος-Begriff« vor[41]. Das gerade nicht; die Antithese liegt vielmehr im unmittelbaren Kontext mit seinen Hinweisen auf ein Verhalten, das nicht dem Willen Christi entspricht, weil es die Liebe verletzt. Die »Antithese« liegt beim unchristlichen Verhalten der Christen, wie es sich etwa in dem zeigt, was in der Mahnung des Apostels kurz zuvor so formuliert wird: »Werden wir nicht ruhmredig, einander herausfordernd, einander beneidend!«

---

[39] Vgl. dazu Näheres bei *F. Mußner*, Der Galaterbrief, 351–354.

[40] ὁ νόμος τοῦ Χριστοῦ = תורתו של משיח, begegnend in MidrQoh 11,8,52a: »Die Tora, die ein Mensch in dieser Welt lernt, ist Nichtigkeit gegenüber der Tora des Messias«. Zum Problem einer kommenden »Tora des Messias« s. besonders *P. Schäfer*, Die Torah der messianischen Zeit, in: ZNW 65 (1974) 27–42.

[41] *H. Lietzmann*, An die Galater (Tübingen ⁴1971) 41. – *H. Schürmann* hat in seinem Aufsatz: »Das Gesetz des Christus« (Gal 6,2). Jesu Verhalten und Wort als letztgültige sittliche Norm nach Paulus, in: *Ders.*, Jesu ureigener Tod. Exegetische Besinnungen und Ausblick (Freiburg/Basel/Wien 1975) 97–120 den beachtlichen Versuch unternommen, »das Gesetz des Christus«, von dem Paulus in Gal 6,2 spricht, inhaltlich näher zu bestimmen. Nach ihm besagt die Wortbildung »das Gesetz des Christus« »etwas Doppeltes: Formal wird der Weisung Jesu die denkbar höchste Autorität zugesprochen; inhaltlich wird sie betont abgesetzt von der Tora des Mose« (ebd. 106). Das Neue ist dies, daß für den Christen die sittliche Forderung jetzt nicht mehr das Gesetz des Mose ist, sondern das Gesetz Christi, des Messias und seines Gottes, bzw. »das Gesetz des Glaubens« (Röm 3,27) oder »das Geistgesetz des Lebens« (Röm 8,2), aber dennoch als »Aufgipfelung« und »Erfüllung« der Tora, aufgegipfelt und erfüllt im Liebesgebot. »Mit der Wortbildung ›das Gesetz des Christus‹ ist es Paulus gelungen, in großer Prägnanz das Sittlich-Geforderte auf eine ›Kurzformel‹ zu bringen, die zugleich die alttestamentlichen Weisungen auf das Liebesgebot konzentriert und intensionalisiert, dieselben so adaptierend« (ebd. 112). Dann gilt allerdings: »Wenn ihr euch vom Pneuma treiben laßt, seid ihr nicht unter dem Gesetz« (Gal 5,18), nämlich unter dem alten Gesetz, das das Leben nicht zu bringen vermochte. »Das Geistgesetz des Lebens in Christus Jesus hat dich befreit vom Gesetz der Sünde und des Todes« (Röm 8,2). Es zeigt sich hier wieder eine der Paradoxien der paulinischen Gesetzestheologie; denn einerseits ist die alte Tora in der Tat »abgesetzt« *(H. Schürmann)*, andererseits »erfüllt«: Diskontinuität in Kontinuität. Wer kann diese Paradoxien wirklich begreifen? Paulus konnte darüber nur in dialektischer Weise reden.

4.3.9.4 Der Ausdruck »das Gesetz des Christus« weist darauf hin, daß Paulus durchaus einen Gesetzesgeber für die christliche Gemeinde kennt, nämlich Christus selbst. In Röm 7,1–4 schreibt er: »Oder wißt ihr nicht, Brüder – ich rede zu solchen, die das Gesetz kennen –, daß das Gesetz über den Menschen, nur solange er am Leben ist, Gewalt hat? Denn die verheiratete Frau ist durch das Gesetz an den Mann gebunden, solange er lebt. Stirbt der Mann, so ist sie frei vom Gesetz, das sie an den Mann bindet. Bei Lebzeiten des Mannes also wird sie Ehebrecherin genannt, wenn sie sich einem anderen Mann hingibt. Wenn aber der Mann gestorben ist, ist sie vom Gesetz frei, also nicht Ehebrecherin, wenn sie einem anderen Mann gehört. So seid auch ihr, meine Brüder, dem Gesetz durch den Leib Christi getötet, auf daß ihr einem anderen gehört, dem von den Toten Auferweckten, damit wir für Gott Frucht bringen.« Paulus operiert hier deutlich mit Analogien aus dem Eherecht. Zwar führt er sie nicht konsequent durch, insofern er den Begriff »Gesetz« auf der Christusseite (bewußt?) vermeidet, aber die Zugehörigkeit zum Auferweckten entläßt den Christen nicht in die Gesetzlosigkeit. »Anders als die geschilderte Frau bekommt der Christ keine Verfügung über sich selbst, sondern einen neuen Herrn, der den alten ablöst« *(E. Käsemann)*[42]. Der ausdrückliche Hinweis auf den »Auferweckten«, dem der Christ gehört wie die Frau ihrem Mann, läßt die christologische Grundlage der paulinischen Lehre von der »Freiheit des Christenmenschen« deutlich erkennen. Die Freiheit des Christen von der jüdischen Tora bedeutet für diesen keineswegs Freiheit von Bindung. Von der Freiheit vom Gesetz kann überhaupt nur gesprochen werden im Hinblick auf das neue Sein in Christus, das zugleich eine neue Ordnung bedeutet. »Freiheit vom Gesetz« ist ein Begriff, der nur möglich und verstehbar ist von den neuen Strukturen her, die das »Sein in Christus« in sich schließt. Der Getaufte ist nach der Lehre des Paulus, wie er in klassischer Prägnanz formuliert hat, ein ἔννομος Χριστοῦ (1 Kor 9,21): beinahe unübersetzbar. Man kann nur paraphrasierend »übersetzen«: »Der Getaufte ist unter das Gesetz Christi gestellt«, das für den Christen ebenso verpflichtend ist wie für den Juden die Tora des Mose.

---

[42] *E. Käsemann,* An die Römer, 179.

4.3.10 Paulus hat von Juden gewiß manche Unbill erfahren. In dem »Peristasenkatalog« von 2 Kor 11,23–33 bemerkt der Apostel auch: »Von den Juden habe ich fünfmal die Vierzig weniger eins erhalten« (11,24)[43]. Aber es ergeht keine Klage gegen seine Volksgenossen. Anders scheinen die Dinge in 1 Thess 2,14–16 zu liegen, wenn der Apostel hier formuliert: »Denn ihr, Brüder, seid Nachahmer der Gemeinden Gottes geworden, die in Judäa in Christus Jesus sind, weil auch ihr dasselbe von den eigenen Stammesgenossen erlitten habt wie sie von den Juden. (Diese sind es), die sowohl den Herrn Jesus und die Propheten getötet haben wie sie auch uns verfolgt haben, die Gott nicht gefallen, und allen Menschen feindlich sind, die uns hindern, den Heiden zu verkündigen, daß sie (durch Christus) gerettet werden, auf daß sie in jeder Weise (das Maß) ihrer Sünden vollmachen. Aber schon ist der Zorn über sie gekommen zum Ende«. Das ist ein sehr bitterer, geradezu »antijüdischer« Text, und vermutlich läßt sich der »Stachel« dieses Textes nicht dadurch entfernen, daß man ihn für einen späteren Einschub eines »Antijudaisten« erklärt, wie das versucht worden ist. Vorzügliches hat zu diesem Text etwa *O. Michel* geschrieben[44], Wichtiges auch *E. Bammel*[45], und zuletzt sehr Hilfreiches *W. D. Davies*[46]. Nach *W. D. Davies* kombiniert Paulus typisch christliche Kritik an den Juden (Hinweis auf die Tötung Jesu und der Propheten, vgl. Mt 5,12; 23,29–31; Lk 11,47–51) mit typisch heidnischer Polemik gegen die Juden (»sie gefallen Gott nicht und sind allen Menschen feindlich gesinnt«). Mit dem Hinweis auf das endgültige Kommen des Zornes Gottes über die Juden scheint für diese keine Hoffnung mehr zu bestehen. Sie sind verloren. Paulus arbeitet dabei mit traditionellem Material und traditionellen Topoi. So liest man etwa in 2 Chron 36,15f. Folgendes: »JHWH, der Gott ihrer Väter, sandte früh und spät seine Boten (Warnungen) an sie (die Israeliten); denn er hatte Mitleid mit seinem Volk und seiner

[43] Über die Synagogenstrafe der Geißelung s. Näheres bei *Billerbeck* III, 527–530.

[44] Fragen zu 1 Thessalonicher 2,14–16: Antijüdische Polemik bei Paulus, in: *W. Eckert / N. P. Levinson / M. Stöhr* (Hrsg.), Antijudaismus im Neuen Testament? Exegetische und systematische Beiträge (München 1967) 50–59.

[45] *E. Bammel*, Judenverfolgung und Naherwartung, in: ZThK 56 (1959) 294–315.

[46] *W. D. Davies*, Paul and the People of Israel (s. Anm. 1), 6–9. Wir folgen besonders *W. D. Davies*, wenn auch nicht in allem.

Wohnung (in Jerusalem). Doch sie verhöhnten die Boten Gottes, verachteten seine Worte und verlachten seine Propheten, bis der Zorn JHWHs gegen sein Volk so hoch anstieg, daß es keine Heilung mehr gab.«[47] Auch darf die Bemerkung des Apostels, der Zorn Gottes sei »endgültig« (εἰς τέλος) über die Juden gekommen, nicht auf ein bestimmtes historisches Ereignis bezogen werden; auch dieser Satz gehört zum »Stil«. Natürlich sind die Schwierigkeiten, die nach der Erfahrung des Paulus Juden der Verbreitung des Evangeliums bereiteten, nach seiner Überzeugung eine Verhinderung der Absichten Gottes, und so gefallen jene Juden, die der christlichen Mission in Thessalonich und anderswo Schwierigkeiten bereiten, Gott nicht. Aber keineswegs denkt dabei der Apostel an alle Juden oder an ganz Israel. »Paul is thinking not of the Jewish people as a whole but of unbelieving Jews who have violently hindered the gospel« *(W. D. Davies)*[48], und vor allem: Als Paulus den 1. Thessalonicherbrief schrieb (um das Jahr 51 herum), dachte er noch nicht über das Endheil Israels nach, wie dann in Röm 9–11 (geschrieben um 57). 1 Thess 2,14–16 ist eine Reaktion »of an early Paul« *(W. D. Davies)*. Paulus dachte zu dieser frühen Zeit über die »theologische Existenz« Israels anscheinend erst wenig nach, was vielleicht seinen Grund darin hatte, daß das Problem »Gesetz und Evangelium« zu dieser Zeit noch nicht in das Zentrum seiner Theologie getreten war. Später, als er den Galaterbrief schrieb, waren nicht mehr Juden die Gegner seines Evangeliums, sondern Judenchristen. Man muß also die hart klingenden Äußerungen des Apostels in 1 Thess 2,14–16 im Zusammenhang seiner sich wandelnden Missionserfahrungen lesen und zudem bedenken, daß er dabei mit überlieferten und konventionellen Topoi arbeitet. Aus 1 Thess 2,14–16 kann so wenig wie aus späteren Äußerungen des Apostels der Schluß gezogen werden, daß Paulus ein »Antisemit« war[49]. Keiner der Männer der Urkirche hat Israel so sehr geliebt wie gerade der Apostel Paulus. Das geht ein für allemal aus Röm 9,1–3 hervor: »Die Wahrheit sage ich in Christus, ich lüge nicht, und mein Gewissen bezeugt es im Heiligen Geist. Meine Trauer ist

---

[47] Vgl. dazu auch *O. H. Steck*, Israel und das gewaltsame Geschick der Propheten (Neukirchen 1967).

[48] A.a.O. 8.

[49] Vgl. auch *M. Barth*, Was Paul an anti-Semite?, in: JES 5 (1968) 78–104.

groß, und unaufhörlichen Schmerz trage ich in meinem Herzen. Denn ich wünschte selbst von Christus geschieden zu sein um meiner Brüder willen, meiner Verwandten nach dem Fleisch.« Welcher christliche Theologe hat noch so geredet? Paulus hat Israel nicht »paganisiert« und ihm die Eigenschaft, Gottes geheiligtes Volk zu sein, nicht abgesprochen. Israel bleibt nach Paulus das Volk Abrahams, und Gott wird am Ende »ganz Israel« retten. Die christliche Theologie muß endlich lernen, so über Israel zu denken und zu reden, wie es der Apostel und Jude Paulus getan hat.

5 Theologische »Wiedergutmachung«

5.1 Israel und die Entstehung der Evangelien

Vielleicht mag es überraschen, das Kapitel »Theologische ›Wiedergutmachung‹« mit einer Überlegung über Israel und die Entstehung der Evangelien zu beginnen, geleitet von der Frage: Warum sind überhaupt in der Zeit der Urkirche Evangelien geschrieben worden, also Berichte und Erzählungen über Jesus von Nazareth? Dafür können verschiedene Gründe genannt werden, z. B.: Man wollte Näheres über den »Stifter« wissen, und diesem Bedürfnis seien die Evangelisten nachgekommen. Oder: Mit dem Aussterben der »ersten Generation«, speziell der Generation der Augen- und Ohrenzeugen des Leben Jesu (»Apostel«), sei die Gefahr der Verfälschung des authentischen Jesusmaterials durch die Einschleusung apokryphen Materials gegeben gewesen und darum die »Fixierung« des authentischen Materials in den Evangelien[1]. Oder: Die christologische Homologese der Urkirche, die Antwort auf die Frage gab: »Wer ist dieser?« (vgl. Mk 4,41; 8,27; Joh 4,10; 5,12; 8,25; 9,36; 12,34), bedurfte zu ihrer historischen Verifizierung und rechten Interpretation des erzählerischen Rekurses auf das Leben Jesu; die Evangelien seien der erzählerische »Begleittext« der Homologese, des christologischen Bekenntnisses[2]. Ist aber damit die Frage,

---

[1] Vgl. dazu etwa *F. Mußner,* Die Gemeinde des Lukasprologs, in: *W. C. Weinrich* (Hrsg.), The New Testament Age (FS/B. Reicke) (Macon 1984) 373–392.

[2] Vgl. dazu *F. Mußner,* Christologische Homologese und evangelische Vita Jesu, in: *B. Welte* (Hrsg.), Zur Frühgeschichte der Christologie. Ihre biblischen Anfänge und die Lehrformel von Nikaia (Freiburg/Basel/Wien 1970) 59–73; *G. Lohfink,* Erzählung als Theologie. Zur sprachlichen Grundstruktur der Evangelien, in: Stimmen der Zeit 99 (1974) 521–532. *E. Käsemann* hat bemerkt: »... wenn die Urchristenheit den erniedrigten mit dem erhöhten Herrn identifiziert, so bekundet sie damit zwar, daß sie nicht fähig ist, bei der Darstellung seiner Geschichte von ihrem Glauben zu abstrahieren. Gleichzeitig bekundet sie jedoch damit, daß sie nicht willens ist, einen Mythos an die Stelle der Geschichte, ein Himmelswesen an die Stelle des Nazareners treten zu lassen« (Das Problem des historischen Jesus, in: Exegetische Versuche und Besinnungen I, Göttingen 1960, 196).

warum eigentlich in der Urkirche Evangelien geschrieben wurden, schon erschöpfend beantwortet? Besonders dann, wenn man diese Frage verbindet mit der anderen: Wo hat eigentlich die Evangelienschreibung ihren »Sitz im Leben« der Urkirche? Bei ihrer Beantwortung stößt man, wie uns scheint, auf das Thema: Israel und die Entstehung der Evangelien.

Wir gehen für die folgenden Überlegungen von Texten aus, die der Jude *Jules Isaac* in seinem Buch »Jesus und Israel«[3] geschrieben hat: »... vom Standpunkt der historischen Kritik wissen wir, daß die Evangelien zu einer Zeit abgefaßt wurden, wo sich schon zwischen den Juden, die dem mosaischen Gesetz treu blieben, und denen, die den neuen Glauben annahmen, eine Kluft auftat, zu einer Zeit, wo letztere bei den Heiden gegen die heftige Feindseligkeit des offiziellen Judentums Schutz suchten und wo die Zusammensetzung der christlichen Gemeinschaften aus Juden und Heiden nach und nach aufhörte« (454). Die christlichen Ankläger des Judentums »sind wissentlich oder unwissentlich von einer Verwechslung ausgegangen. Einer grundlegenden Verwechslung, die sich über Jahrhunderte hinaus erhalten hat, die noch besteht und das Denken der Menschen beherrscht.

Verwechslung zweier historischer Probleme, zweier historischer, völlig unterschiedlicher Tatsachen. Das erste (dieser Probleme) ist das, welches wir untersucht haben: Jesus und Israel, Jesus und sein Volk. In der zahlenmäßig ziemlich eingeschränkten jüdischen Umgebung, in der Jesus gelebt und sein Evangelium verkündet hat, fand er Gegner, Feinde, Jünger und die Sympathie der Massen. Das sind Tatsachen. Von einer Verstoßung des jüdischen Volkes durch Jesus und umgekehrt kann nicht die Rede sein.

Das zweite Problem ist ganz anderer Art: Judentum und Christentum ... Auch das ist eine Tatsache, doch liegt sie zeitlich gesehen später. Denn nach einer starken Flut von Bekehrungen versammelte sich das jüdische Volk neuerlich um seine Lehrer und wurde der christlichen Lehre untreu. Was das jüdische Volk in diesem Moment ablehnte, war nicht Jesus, selbst nicht der Messias, sondern der christliche Glaube mit seinen Bestimmungen, so wie sie die neue Kirche festlegte. Übrigens war die Ablehnung gegenseitig, das Christentum wurde vom Judentum,

---

[3] *Jules Isaac,* Jesus und Israel (In deutscher Übersetzung Wien/Zürich 1968).

das Judentum vom Christentum abgelehnt; bei dieser beidseitigen Ablehnung war die eine solidarisch mit der anderen. Was war die Ursache, und welche Folgen zog sie nach sich? Wir dürfen nicht vergessen, das Urchristentum war ein jüdisches Christentum[4]. An dem Tag, wo es aufgehört hat zu bestehen, wo das jüdische Christentum auf die Stufe einer Sekte gestellt und später dann zur Häresie wurde[5], tat sich eine Kluft zwischen diesen beiden Konfessionen auf: Wahrlich, vom jüdischen Volk zu verlangen, daß es ein Gesetz leugnet, das es als von Gott selbst gegeben betrachtete, das zu verlangen, was Jesus niemals gefordert hatte, war ein unmögliches Verlangen. Die wachsende gegenseitige Feindschaft der Lehrer [der jüdischen und christlichen Lehrer], und die Entwicklung des christlichen Dogmas gaben den Rest: Die Kluft wurde zu einem Abgrund.

Für die christlichen Lehrer war es leicht und verlockend, diese beiden Tatsachen, obwohl sie voneinander auch in zeitlicher Hinsicht getrennt waren, zu vermengen. Dies geschah, und zwar schon zu einer Zeit, in die die Abfassung der Evangelien fällt. In der Folge wurde sie noch verstärkt. Daraus resultieren gewisse redaktionelle Verfahren und gewisse tendenziöse und zweideutige Formulierungen in den Evangelien ... Daraus und in Verbindung mit der unablässigen jüdisch-christlichen Polemik entsteht eine noch tendenziösere Überlieferung, die die Evangelien in gewisser Hinsicht jeder historischen Substanz beraubte, und der Mythus der Verstoßung, der Verwerfung und der des Gottesmordes trat an die Stelle einer gänzlich verschiedenen Wirklichkeit ... Man begann ... im Arsenal der Verwerfung Verteidigungswaffen zu suchen, die gleichzeitig einen Angriff ermöglichen konnten. Dann, als das Judentum verfallen, herabgewürdigt und verhetzt war und außer Gefecht gesetzt erschien, war die Richtung schon

[4] *J. Isaac* meint damit das Judenchristentum.

[5] *J. Isaac* denkt hier an das »heterodoxe« Judenchristentum. Vgl. dazu etwa *H. J. Schoeps,* Theologie und Geschichte des Judenchristentums (Tübingen 1949); *G. Strecker,* Das Judenchristentum in den Pseudoklementinen (Berlin 1958); *J. Daniélou,* Théologie du Judeo-Christianisme (Tournai 1958); *G. Schille,* Das vorsynoptische Judenchristentum (Berlin 1970); *B. Bagatti,* The Church from the Circumcision. History and Archaeology of the Judaeo-Christians (Jerusalem 1971); *A. F. Klijn / G. J. Reinink,* Patristic Evidence for Jewish-Christian Sects (Leiden 1973).

gegeben und die Überlieferung festgelegt. Der Mythos des Verbrechens erzeugte den Mythos der Strafe: Der eine sowie der andere erklärte, bemäntelte und rechtfertigte sogar das Martyrium Israels. Sie waren beide dazu angetan, das Gewissen der Christen zu besänftigen und einzuschläfern« (461f.).
Das scheinen immerhin wichtige Bemerkungen eines Juden zu sein, die ein neues Licht auf die Entstehungsgeschichte der Evangelien werfen können: Die Sammlung des evangelischen Jesusmaterials hat einen ihrer »Sitze im Leben« auch in dem allmählichen, sehr differenzierten und mit vielen Problemen behafteten Prozeß der Loslösung der Kirche von der Gemeinschaft Israel, in ihrem allmählichen Auseinanderleben[6]. Dieser Prozeß war im wesentlichen mit der Zerstörung Jerusalems und des Tempels im Jahr 70 n. Chr. abgeschlossen[7]. Jetzt existieren Kirche und Israel bis zum heutigen Tag nebeneinander.
Sicher ist, daß es »sich beim Evangelium um eine originale Schöpfung des frühen Christentums handelt« *(W. Feneberg)*[8]. Welche Triebkräfte stehen hinter dieser originalen Schöpfung? Jesus war Jude und lebte sein Leben im Volksverband Israels mit seinen religiös-kultischen Bräuchen und Institutionen. Er sagte die Nähe der eschatologischen Gottesherrschaft an und rief Israel zur Umkehr auf (vgl. Mk 1,14f.). Er sammelte einen Jüngerkreis um sich, die als »Multiplikatoren« seiner Botschaft fungierten, wie aus der »Aussendungsperikope« hervorgeht (Mk 6,7–13; Mt 10,1–42; Lk 9,1–6; 10,1–16). Er will mit seiner Hilfe ganz Israel sammeln und ihm das Heil der Gottesherrschaft vermitteln. Er weiß sich »zu den verlorenen Schafen des Hauses Israel gesandt« (Mt 15,24)[9]. Er wandte sich nicht bloß an die »Ausgestoßenen«,

---

[6] Unter den christlichen Forschern hat auf diesen »Sitz im Leben« im Entstehungsprozeß der Evangelien besonders *W. Feneberg* in seinem Buch »Der Markusprolog. Studien zur Formbestimmung des Evangeliums« (München 1974) in bedeutender Weise hingewiesen (vgl. hier vor allem 121–144), inspiriert z.T. durch *K. L. Schmidt,* Die Stellung der Evangelien in der allgemeinen Literaturgeschichte, in: *H. Schmidt* (Hrsg.), Eucharisterion (FS f. *H. Gunkel*) II (Zur Religion und Literatur des Neuen Testaments) (Göttingen 1923) 50–134.

[7] Vgl. auch *C. Thoma,* Auswirkungen des jüdischen Krieges gegen Rom (66–70/73 n. Chr.) auf das rabbinische Judentum, in: Bibl. Zeitschr. 12 (1968) 30–54; 186–210.

[8] A.a.O. 123.

[9] Vgl. dazu *J. Jeremias,* Jesu Verheißung für die Völker (Stuttgart 1956).

»religiös Deklassierten«, wie oft behauptet wird, sondern an alle Schichten seines Volkes. Es ging um die Herstellung der »Ganzheit« Israels[10]. Jesus aber hatte mit seinem Bemühen nur einen Teilerfolg. Es kam zur »galiläischen Krise«, was zur Folge hatte, daß sich Jesus mehr und mehr auf den engeren Jüngerkreis zurückzog, aber dennoch sein Wirken in der Öffentlichkeit seines Volkes bis zuletzt nicht aufgab. Es läßt sich nicht leugnen, daß Jesus mit seiner Mission in Israel letztlich Schiffbruch erlitten hat[11].

Seine Anhängerschaft sammelte sich bald nach Ostern auf Grund der Erscheinungen des Auferstandenen wieder um seinen Namen und bildete allmählich eine eigene Kultgemeinschaft in Jerusalem, die aber noch in enger Verbindung mit dem Tempel blieb (vgl. Apg 2,46: »Tag für Tag verharrten sie einmütig im Tempel, brachen in ihren Häusern das Brot und aßen miteinander in Freude und Einfalt des Herzens. Sie lobten Gott und waren beim ganzen Volk beliebt«). Die Apostel bieten auch jetzt wieder »dem ganzen Haus« Israel das Heil an, das sie mit dem Namen Jesu in Verbindung bringen (vgl. etwa Apg 2,36; 3,26). Ihre Mission blieb nicht ohne Erfolg: »Immer mehr wurden im Glauben zum Herrn geführt, Scharen von Männern und Frauen« (Apg 5,14). »Tag um Tag lehrten sie unermüdlich im Tempel und in den Häusern und verkündeten das Evangelium von Jesus, dem Christus« (Apg 5,42). Es kam freilich auch zu heftigen Zusammenstößen mit der geistlichen Behörde des Judentums; ebenso kam es zu inneren Zwistigkeiten in der Gemeinde Jesu. Allmählich breitete sich die Mission über Jerusalem hinaus aus, auch über Palästina hinaus; die Missionare verkündeten »das Wort« Juden und Griechen (vgl. Apg 11,19f.). »Die Hand des Herrn war mit ihnen, und eine große Zahl wurde gläubig und bekehrte sich zum Herrn« (Apg 11,21). Vor allem Paulus gründete dann christliche Gemeinden in Kleinasien und Griechenland. Auch in Rom entstand eine christliche Gemeinde.

---

[10] Dies hat *F. Schnider* am Überlieferungsmaterial von Lk 15 exemplarisch gezeigt: Die verlorenen Söhne. Strukturanalytische und historisch-kritische Untersuchungen zu Lk 15 (Freiburg/Göttingen 1977).

[11] Vgl. dazu *F. Mußner,* Gab es eine »galiläische Krise«?, in: *P. Hoffmann* (Hrsg.), Orientierung an Jesus. Zur Theologie der Synoptiker (FS f. *J. Schmid*) (Freiburg/Basel/Wien 1973) 238–252.

Zwei historische Tatsachen sind dabei jedoch festzuhalten: 1. Ein Großteil der Judenschaft wollte vom Evangelium nichts wissen, ein Teil von ihr trat sogar in scharfe Opposition zur christlichen Gemeinde. 2. Der heidenchristliche Anteil an der christlichen Gemeinde wurde immer größer; die Kirche verlor allmählich ihren judenchristlichen Teil, der sich von der »Großkirche« abspaltete. Der Loslösungsprozeß der christlichen Gemeinde von Israel kam in Gang und das Ergebnis war schließlich die Trennung der Kirche von Israel. Mit diesem Loslösungsprozeß scheint nun auch, wie oben schon kurz angedeutet wurde, die Entstehung der Evangelien zusammenzuhängen. Denn dieser Prozeß war vor allem mit einem wichtigen Vorgang verbunden, auf den wir später noch ausführlich zu sprechen kommen: mit der Beschränkung auf einen einzigen Lehrer, nämlich auf Jesus von Nazareth[12]. Diese »Beschränkung« setzte in ihren ersten Anfängen, wie es scheint, schon ein mit dem Zusammenbruch des »galiläischen Frühlings«, der großen »Angebotszeit« im öffentlichen Leben Jesu. Hatte der Jüngerkreis Jesu während der »Angebotszeit« die wichtige Funktion der »Multiplikatoren«, so bekommt er nach der Ablehnung des Angebots eine neue Funktion, genauer gesagt, eine Doppelfunktion[13], die aber in sich zusammenhängt. Zunächst bestand seine neue Funktion darin, den Kern der kommenden Heilsgemeinde des Messias Jesus zu bilden, aus dem dann nach Ostern die Kirche hervorging. Seine zweite Funktion bestand darin, daß er nun zum Ersttäger der Jesusüberlieferung wurde, die er dann nach Ostern in die Kirche einbrachte, was zu den Anfängen der Evangelientradition führte[14].

Die allmähliche Loslösung der Jesusgruppe aus dem Verband Israels, die damit zusammenhängende Beschränkung auf einen einzigen normativen Lehrer, der allmähliche Übergang von der Juden- zur Heidenmission führte aber notwendigerweise dazu, *daß sich die christliche Gemeinde, versammelt um den Namen Jesu, um ein eigenes Selbstverständnis neben dem Israels bemühen mußte*

---

[12] S. dazu Näheres unter 6.1.

[13] Vgl. *F. Mußner*, Gab es eine »galiläische« Krise?, 247f.

[14] Vgl. dazu *H. Schürmann*, Die vorösterlichen Anfänge der Logientradition, in: *Ders.*, Traditionsgeschichtliche Untersuchungen zu den synoptischen Evangelien (Düsseldorf 1968) 39–65.

und bemühte. Solches Bemühen um ein neues Selbstverständnis stand zugleich im Dienst der Gewinnung der eigenen Identität. Theologisch entscheidend mitgeholfen hat dabei der ebenfalls aus dem Judentum zur christlichen Gemeinde »konvertierte« Apostel Paulus mit seiner Lehre, daß der Mensch nicht aus den Werken des Gesetzes, sondern nur aus dem Glauben an Jesus Christus »gerechtfertigt« wird, womit naturgemäß das gesetzliche Leben des Juden einschließlich der Beschneidung abgewertet, wenn nicht gar häufig der Verachtung preisgegeben wurde. Man hielt zwar weiterhin an der »Schrift« Israels fest – gerade auch Paulus –, aber die jüdischen Lehrautoritäten schied man aus; man beschränkte sich auf Jesus von Nazareth als den einzigen normativen »Rabbi«. Man sah seine »Lehre« nicht mehr als eine Stimme unter den vielen Stimmen der großen Lehrer Israels, wie sie etwa in der Mischna oder im Talmud in großer Zahl anzutreffen sind. Natürlich hing diese Beschränkung auf Jesus auch mit seinem »Geschick« zusammen, durch das er aus Israel »hinauskatapultiert« schien. Umgekehrt wurde seitens des Judentums Jesu Name nicht in die Reihe der Namen der großen Lehrer Israels mitaufgenommen, sondern beinahe als »tabu« behandelt[15]. Jesus gehörte nicht mehr dem Judentum, sondern der Kirche. Es kam zum »Exodus« Jesu aus Israel. Seine Lehre wurde von der Kirche für sich »vereinnahmt«, selbstverständlich auch aus der Glaubensüberzeugung heraus, daß Jesus, der Gekreuzigte und von den Toten Auferstandene, der von den Propheten verheißene Messias, ja der Sohn Gottes ist. Diesen Glauben konnte und kann das Judentum bis heute nicht teilen. Diese Glaubensüberzeugung der christlichen Gemeinde, Jesus sei der Messias, hätte ihn nicht unbedingt aus dem Judentum ausscheiden lassen müssen, eher schon jene, er sei der Sohn Gottes: der eigentliche Glaubensanstoß der Juden bis zum heutigen Tag[16].

Die exklusive Beschränkung auf einen einzigen Lehrer, in dem man zugleich den Messias und Sohn Gottes verehrte, führte »von selbst« dazu, daß man auch *nach* Ostern seine »Lehre« weitergab und schließlich in den Evangelien »fixierte«, weil man mit Hilfe dieser Lehre nun auch am besten ein eigenes Selbstverständnis

---

[15] Vgl. dazu jetzt vor allem *J. Maier*, Jesus im Talmud (Darmstadt 1977).

[16] Vgl. dazu Näheres unter 6.1.

aufbauen konnte, nachdem man das Selbstverständnis Israels nicht mehr zu teilen vermochte, besonders nicht mehr im heidenchristlichen Bereich der Kirche. Natürlich ging es bei der Sammlung des Jesusmaterials nicht bloß um die Gewinnung des eigenen Selbstverständnisses und der eigenen Identität, sondern auch um die Beantwortung der christologischen Grundfrage: »Wer ist dieser?«, wie wir oben schon betonten. Aber weil die Sammlung und Redaktion des Jesusmaterials *auch* im Dienst der Gewinnung eines eigenen Selbstverständnisses der christlichen Gemeinde in Abhebung von dem Israels stand, führte das – und das ist der Sinn dieser »Prolegomena« zu unserer Nr.5 in diesem Traktat – fast naturnotwendig dazu, *daß dieses Material mehr und mehr antijüdisch akzentuiert wurde und »Feindbilder« aufgebaut wurden* (wie besonders das des »Pharisäers«). Das sind Vorgänge, um die die moderne Soziologie weiß. Natürlich gewann man das neue Selbstverständnis auch in Abhebung von jenem des umgebenden Heidentums, doch viel mehr in Abhebung von dem Israels. Und so wurde die Limitierung gegenüber Israel zu einem der »Sitze im Leben« bei der Ausformung der Evangelientradition, was aber in der Konsequenz dazu führte, daß die Kirche ihre »Wurzel« Israel nicht bloß vergaß, sondern ihr häufig feindselig gegenüberstand. Aus der Limitierung wurde der Antijudaismus, wie er z. B. unleugbar besonders ausgeprägt im Johannesevangelium vorliegt. Die Trennung von Israel führte zur folgenschweren »Israelvergessenheit« in der Kirche, die erst heute allmählich und unter viel Widerständen rückgängig gemacht wird.

Lag diese Entwicklung im Sinn Jesu? Wollte er selbst den »Exodus« aus Israel? Entwickelte er sich selber zum »Antijudaisten«? Jesus wollte ganz Israel um sich sammeln und ihm das Heil der Gottesherrschaft vermitteln. »Wie oft habe ich deine Kinder sammeln wollen, wie eine Henne ihre Brut unter ihre Flügel sammelt, aber ihr habt nicht gewollt!« (Lk 13,34b). Es folgt der Gerichtsspruch, formuliert von Jesus im Anschluß an Jer 22,5: »Siehe, ›euer Haus wird euch überlassen‹« (Lk 13,35a). Daraus geht ein Dreifaches hervor: 1. Jesus will die Kinder Israels um sich sammeln, 2. Jesus ist von Schmerz erfüllt über die Weigerung Israels, 3. Jesus droht ein hartes Gericht an. Damit bleibt Jesus ganz im Rahmen der vom Alten Testament bezeugten Predigt der Propheten Israels: Die Propheten verkünden Israel das Heil

JHWHs, sie sind von Schmerz über das Versagen Israels erfüllt (Klagelieder des Jeremia!), sie drohen Israel das Gericht Gottes an[17]. Niemand käme auf die Idee, die Propheten seien wegen der Art ihrer Predigt »Antijudaisten« oder gar Feinde Israels gewesen. Ebensowenig war Jesus ein »Antijudaist«. Er liebte sein Volk mehr als alles andere auf Erden. Und selbst Drohsprüche Jesu wie dieser: »Ich sage euch aber: Viele werden von Osten und Westen kommen und mit Abraham, Isaak und Jakob im Himmelreich zu Tische liegen; die Söhne des Reiches aber werden hinausgestoßen werden in die Finsternis draußen; dort wird Heulen und Zähneknirschen herrschen« (Mt 8,11 f.), oder jener: »Deshalb sage ich euch: Das Reich Gottes wird von euch genommen und einem Volk gegeben werden, das seine Früchte bringt« (Mt 21,43), durchbrechen nicht die Art und Weise der prophetischen Predigt. Der letztere Text findet sich innerhalb des Gleichnisses von den bösen Weinbergspächtern (Mt 21,33–46); er fehlt bei Mk und Lk. Mt bemerkt abschließend: »Und als die Hohenpriester und Pharisäer seine Gleichnisse hörten, verstanden sie, daß er sie meinte« (21,45). Mt bezieht also den Drohspruch Jesu keineswegs auf das ganze Volk Israel, sondern auf seine geistlichen Führer, die er für die Ablehnung seiner Botschaft verantwortlich macht. Auch ist keineswegs gesagt, daß mit dem »Volk«, dem nun das Reich gegeben werden wird, die Kirche gemeint sei (so viele christliche Exegeten), so wenig wie mit den »anderen Bauern«, an die nun der Weinberg vom Besitzer verpachtet werden wird. Es bleibt verhüllt, wer mit dem »Volk« und mit den »anderen Bauern« konkret gemeint ist. So entspricht es prophetischem Stil. Auch der Evangelist Mt denkt dabei nicht an die Kirche, sondern an jenes »Volk«, das Jesu Botschaft heilsbegierig aufgenommen hat. Das ergibt sich aus dem Kontext unseres Gleichnisses: Vorausgeht das Gleichnis von den beiden Söhnen (Mt 21,18–32), nach dem »die Zöllner und Dirnen« in das Reich Gottes eingehen, nicht die in 21,45 ausdrücklich angesprochenen Gegner Jesu. Es folgt das Gleichnis vom großen Gastmahl (Mt 22,1–14), nach dem an Stelle der Erstgeladenen, die die Einladung abwiesen, alle geladen werden, »welche immer ihr findet«, »Böse und Gute«. Damit sind nicht die Glieder der

[17] Dazu Weiteres bei *F. Schnider,* Jesus, der Prophet (Freiburg/Göttingen 1973).

Kirche gemeint, auch wenn die christliche Exegese in ihrer Selbstgerechtigkeit das immer wieder bis zum heutigen Tag hineingelesen hat. Mt geht es um die »Früchte« (21,41.43), d. h. es geht ihm um die Verwirklichung des Willens Gottes, wie er durch die Propheten Israels und durch den Propheten Jesus verkündet worden ist[18].

Die wirklich antijüdischen Akzente wurden erst nach Ostern allmählich dem »Jesusmaterial« aufgesetzt und zwar im Zusammenhang der Ausbildung eines eigenen Selbstverständnisses, mit der ja auch eine Veränderung des »Geschichtsbildes« verbunden war. Die nachösterliche Sammlung des Jesusmaterials und seine endgültige Fixierung in den schriftlich vorliegenden Evangelien übernimmt so auch »die Funktion, in eigenständiger Weise eine Lebensgemeinschaft zu begründen« *(W. Feneberg)*[19], die sich auch ein neues Geschichtsbild schuf. *W. Feneberg* formuliert den Sachverhalt so: »Der Übergang der Christenheit in den evangelischen Traditionskreisen vom kultisch sich absetzenden Zusammenschluß zur kirchenbildenden Lebensgemeinschaft bewirkt die Evangelienbildung. Andrerseits ist die Evangelienbildung der Übergang der bisherigen christlichen Sondertraditionen [wie sie sich in der Zeit des »Evangeliums vor den Evangelien« allmählich herausgestaltet hatten] zur eigenen Vorgeschichte. Notwendig wird so das Evangelium für die Gemeinde zur einzig legitimen Fortsetzung der Geschichte des Volkes Israel. Das Evangelium enthält im Kern ein Geschichtsbild, in dem ›der Sohn‹ in seiner heilsbegründenden Funktion dargestellt ist. So ist das Evangelium jene literarische Gattung, die Gemeinde gründet und die aus der sich gründenden Gemeinde erwächst.«[20]

Dieser ganze Prozeß, den man als tragisch empfinden mag, zeitigte am Ende zwei Tatbestände aus: 1. Israel und die Kirche trennten sich schon in der Zeit der Urkirche vollständig voneinander und entwickelten dabei je ihr besonderes Selbstverständnis und ihr

---

[18] Vgl. dazu *F. Mußner*, Die bösen Winzer nach Matthäus 21,33–46; in: *W. P. Eckert / N. P. Levinson / M. Stöhr* (Hrsg.), Antijudaismus im Neuen Testament? (München 1976) 129–134.

[19] A.a.O. 139.

[20] Ebd. 140. *W. Feneberg* exemplifiziert dann diese Sachverhalte am »Markusprolog« (Mk 1,1–11) mit seinem neuen Geschichtsbild, wie es die Urkirche allmählich entwickelt hat.

eigenes Geschichtsbild[21]. 2. Der Jude Jesus wurde ausschließlich Eigentum der Kirche und wird erst heute allmählich wieder von den Juden als einer der ihrigen erkannt; er wird zur Brücke zwischen Kirche und Judentum. Dies sei auch noch an einem Schaubild ins Bewußtsein gebracht, weil nur im Bewußtwerden dieser »Lebensprozesse« jener »Antijudaismus« verständlich wird, wie er sich in der Tat in den Evangelien und im ganzen Neuen Testament antreffen läßt.

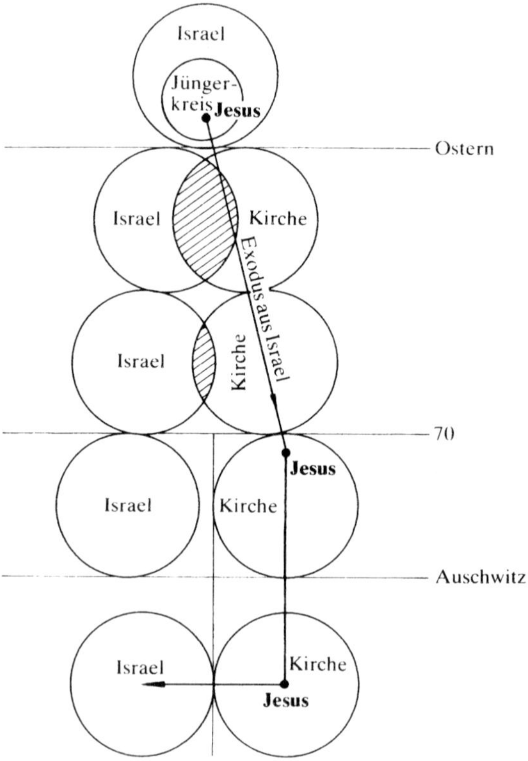

[21] Vgl. dazu auch *E. Janssen,* Das Gottesvolk und seine Geschichte. Geschichtsbild und Selbstverständnis im palästinensischen Schrifttum von Jesus Sirach bis Jehuda ha-Nasi (Neukirchen 1971); *K. Hruby,* Die Stellung der jüdischen Gesetzeslehrer zur werdenden Kirche (Zürich 1971); *G. Lindeskog,* Anfänge des jüdisch-christlichen Problems. Ein programmatischer Entwurf, in: *E. Bammel / C. K. Barrett / W.*

Diese Prozesse können zwar nicht mehr rückgängig gemacht werden – die Kirche kann zwar ihr Geschichtsbild selbstkritisch revidieren, indem sie Israel positiv in den Blick nimmt, aber sie kann auf Grund ihrer christologischen Glaubensüberzeugungen nicht mehr ins Judentum zurücktreten. Doch ermöglicht die Reflexion über diese Lebensprozesse, die zur Trennung der Kirche von Israel führten, das, was wir in diesem Kapitel unseres Traktats »Theologische Wiedergutmachung« nennen, durch die jene Verzerrungen des Judentums, die bis zu seiner Verteufelung geführt haben, und jene »Feindbilder«, die schon in der Zeit der Urkirche aufgebaut wurden und an denen vielfach bis zum heutigen Tag festgehalten wird, endlich abgebaut werden und so Israel Gerechtigkeit widerfährt und der Blick der Christenheit für den älteren Bruder wieder frei wird. Die Vatikanischen Richtlinien vom 3. Januar 1975 zur »Nostra Aetate« verlangen diese Wiedergutmachung, so z. B. ausdrücklich im Hinblick auf den Ausdruck »die Juden« im Johannesevangelium oder »die Pharisäer«. Dieser Wiedergutmachung dienen unsere folgenden Ausführungen.

5.2 Die Pharisäer

In den Evangelien sind »die Pharisäer« in besonderem Maß zum »Feindbild« hochstilisiert, behaftet mit sehr negativen Akzenten. Unterdessen hat die wissenschaftliche Forschung dieses »Feindbild« schon weithin revidiert, indem sie die Geschichte des Pharisäismus besser aufhellte und das genuine Wollen der Pharisäer deutlicher erkennen ließ. Jüdische und christliche Gelehrte haben sich an dieser Forschungsarbeit beteiligt, und die christliche Theologie ist allmählich dabei, gerade auch hier die so notwendige »theologische Wiedergutmachung« zu leisten[22].

D. Davies (Hrsg.), Donum Gentilicium. New Testament Studies in Honour of *David Daube* (Oxford 1978) 255–275.

[22] Aus der reichen Literatur seien hier folgende Arbeiten genannt: *R. Travers Herford,* Die Pharisäer (deutsch mit einer Einleitung von *N. N. Glatzer* Köln 1961); *A. Finkel,* The Pharisees and the Teacher of Nazareth (Leiden 1964); *J. J. Neusner,* The Rabbinic Traditions about the Pharisees, 3 Bände (I: The Masters,

In diesem Traktat über die Juden kann kein Versuch einer erneuten Darstellung der sehr komplizierten Geschichte des Pharisäismus, über die in der Forschung ohnehin noch keine volle Einigkeit herrscht, unternommen werden. Es geht uns vielmehr vor allem darum, einige Hinweise auf das eigentliche Wollen der Pharisäer zu geben, das in der christlichen Theologie so vielfach verzeichnet worden ist und noch wird; ferner auf das Pharisäerbild der einzelnen Evangelien einzugehen, sich zu Jesus zurückzutasten und nach der bleibenden Bedeutung des Pharisäismus für die Weiterbildung des Judentums nach dem Jahre 70 n. Chr. zu fragen.

II: The Houses, III: Conclusions) (Leiden 1971); *L. Finkelstein,* The Pharisees (2 Bände, Philadelphia [3]1962); *G. Allon,* The Attitude of the Pharisees to the Roman Government and the House of Herod, in: Scripta Hierosolymitana VII (1961) 53–78; *L. Baeck,* Die Pharisäer, in: *Ders.,* Paulus, die Pharisäer und das Neue Testament (Frankfurt 1961) 39–98; *I. Abrahams,* Studies in Pharisaism and the Gospels. 2 Bände (Cambridge [2]1967); *E. Bickermann,* Die Makkabäer (Berlin 1935); *J. Jeremias,* Jerusalem zur Zeit Jesu (Göttingen [3]1962) 279–303; *K. Schubert,* Die jüdischen Religionsparteien im Zeitalter Jesu, in: Der historische Jesus und der Christus des Glaubens (Wien 1962) 15–101 (näherhin 57–80); *L. Ehrlich,* Zur Geschichte der Pharisäer, in: Freiburger Rundbrief 29 (1977) 46–52; *C. Thoma,* Der Pharisäismus, in: *J. Maier / J. Schreiner,* Literatur und Religion des Frühjudentums (Würzburg 1973) 254–272; *R. Meyer,* Die Bedeutung des Pharisäismus für Geschichte und Theologie des Judentums, in: ThLZ 77 (1952) 677–684; *ders.,* Tradition und Neuschöpfung im antiken Judentum. Dargestellt an der Geschichte der Pharisäer. Mit einem Beitrag von *H. F. Weiß,* Der Pharisäismus im Lichte der Überlieferung des NT (= Sitzungsbericht der Sächsischen Akademie der Wissenschaften zu Leipzig, philol.-histor. Kl. 110,2) (Berlin 1965); *R. Meyer /K. Weiß,* Art. **Φαρισαῖος**, in: ThWbzNT IX, 11–51 (mit umfassender Literatur); *W. Beilner,* Christus und die Pharisäer. Exegetische Untersuchung über Grund und Verlauf der Auseinandersetzungen (Wien 1959, ebenfalls mit umfassender Lit.); *ders.,* Der Ursprung des Pharisäismus, in: Bibl. Zeitschr., NF 3 (1959) 235–251; *H. Merkel,* Jesus und die Pharisäer, in: NTSt 14 (1967/68) 194–208; *F. Mußner,* Jesus und die Pharisäer, in: *Ders.,* PRAESENTIA SALUTIS. Gesammelte Studien zu Fragen und Themen des Neuen Testaments (Düsseldorf 1967) 99–112 (diesen Aufsatz würde ich heute so nicht mehr schreiben); *J. Bowker,* Jesus and the Pharisees (Cambridge 1973); *B. Lindars,* Jesus and the Pharisees, in: *E. Bammel / C. K. Barrett / W. D. Davies* (Hrsg.), Donum Gentilicium. New Testament Studies in Honour of *David Daube* (Oxford 1978) 51–63. – Die Forschungsgeschichte ist kurz dargestellt von *N. N. Glatzer* (in der Einleitung zu *R. T. Herfords* Buch über die Pharisäer) und von *R. Mayer,* Das frühere und gegenwärtige Bild der Pharisäer (Manuskript einer Gastvorlesung in Regensburg, das mir *R. Mayer* freundlicherweise zur Verfügung stellte).

5.2.1 Das Wollen der Pharisäer

Das Wollen der Pharisäer zielte, kurz gesagt, auf die Heiligkeit und Reinheit Israels, gemäß der Forderung Gottes: »Ihr sollt mir ein Königreich von Priestern und ein heiliges Volk werden« (Ex 19,6). Die Pharisäer glaubten diese Forderung Gottes vor allem zu erreichen durch zusätzliche, freiwillige Einhaltung von Reinheitsvorschriften, die sonst nur für die Priester galten. Bei der Aufnahme in eine pharisäische »Genossenschaft« verpflichtete sich das neue Mitglied vor allem zu zwei Dingen: 1. Zur Beobachtung spezieller Reinheitsvorschriften, insbesondere des rituellen Händewaschens vor den Mahlzeiten, 2. zur besonderen Beobachtung der Zehentvorschriften. *Josephus* bemerkt zu den Pharisäern, daß sie »die Vorschriften des Gesetzes mit Genauigkeit auslegen«[23]. Denn ihre Frömmigkeit war in einem ausgeprägten Sinn »Torafrömmigkeit«. Sie setzten damit jene Tendenzen fort, die sich nach der Rückkehr aus dem babylonischen Exil unter Esra, dem »Schreiber«, im Judentum angebahnt hatten. Deshalb spielte in ihrem Denken und Lehren die *Halacha,* die Auslegung des Gesetzes, eine entscheidende Rolle. Das Ziel war ein doppeltes: 1. die Heiligung des Alltags, und 2. die Bewahrung Israels vor der Assimilation an die Heiden. Deshalb wurde die mündliche Halacha, auch »Väterüberlieferung« genannt, zum »Zaun um die Tora« (Mischna Abot 1,1b; 3,13b), der die Funktion von »Vorbeugungsverordnungen« hatte, mit deren Hilfe die Übertretung der biblischen Tora verhindert werden sollte. Dabei gewannen die Lehrentscheidungen der Halacha beinahe einen der Tora ebenbürtigen Rang[24]. Auf diese Weise sollte Israel

---

[23] *Josephus,* De Bello Judaico II, 14 § 162. Vgl. auch Antiquitates XVII, 2 § 41.

[24] So lehrte jedenfalls später *R. Aqiba:* »Wie die ganze Tora Gesetz an Mose vom Sinai ist, so ist auch ein geringer Lehrsatz ein Satz an Mose vom Sinai« (b. T. Nidda 45a). »R. Levi ben Chama sprach im Namen des R. Schimon ben Laqisch: Es heißt: ›Ich will dir geben die Steintafeln, die Weisung und das Gebot, das ich geschrieben habe, um sie zu leiten‹ (Ex 24,12). Mit den ›Steintafeln‹ sind die 10 Gebote gemeint, mit der ›Weisung‹ die heiligen Schriften, mit dem ›Gebot‹ die Mischna, mit ›das ich geschrieben habe‹ die Prophetenbücher und die Schriften, und mit ›um sie zu leiten‹ der Talmud. Dies lehrt, das sie alle dem Mose auf dem Sinai überliefert wurden« (bBer 5a). Deshalb wird auch »die Überlieferung der Alten« als mündliche Gesamttradition über »die Alten« auf Mose zurückge-

von den Heiden »abgesondert« werden – und »Pharisäer« heißt ja nichts anderes als »die Abgesonderten«, hebräisch »peruschim«, aramäisch »perischajja«. Dabei ist jedoch umstritten, ob »Pharisäer« eine Selbstbezeichnung war oder den Pharisäern von ihrer Umgebung zu ihrer Bezeichnung und Abgrenzung von anderen Gruppen im damaligen Judentum beigelegt wurde. Auf jeden Fall hat »Pharisäer« nichts mit »Heuchler« zu tun. Die Pharisäer waren neben den Essenern die frömmsten Leute im damaligen Judentum. Doch darf man sich die Pharisäer nicht als eine einförmige Masse vorstellen. Es gab unter ihnen Schulrichtungen, deren bekannteste jene des *Hillel* und *Schammai* waren. Auch hatten die Pharisäer nicht bloß politische Gegner – so *Herodes den Großen* –, sondern auch religiöse Gegner, besonders unter den Essenern. So scheinen mit jenen, die nach der Damaskusschrift I,18 und nach den Hodajot II,15.32 »glatte Lehren« aufbringen, die Pharisäer gemeint zu sein, wie sich die Damaskusschrift überhaupt gegen die Pharisäer zu wenden scheint[25]. Das Judentum stellte vor der Tempelzerstörung überhaupt »eine vielgestaltige und bunte religionsgeschichtliche Erscheinung« dar[26], wie es auch heute noch im Judentum vielerlei Gruppen und Richtungen gibt (z. B. das »Reformjudentum« neben dem streng »orthodoxen« Judentum). Nach Josephus betrug die Zahl der Pharisäer »über 6000«[27]. *Josephus* faßt ihre theologischen Anschauungen folgendermaßen zusammen[28]: »Die Pharisäer leben enthaltsam und kennen keine Annehmlichkeiten. Was vernünftige Überlegung als gut erscheinen läßt, dem folgen sie und halten es überhaupt für ihre Pflicht, den Vorschriften der Vernunft nachzukommen. Die Alten ehren sie und maßen sich nicht an, den Anordnungen derselben zu widersprechen. Wenn sie behaupten, alles geschehe nach einem bestimmten Schicksal, so wollen sie

führt (vgl. Abot 1,1). Zum Ganzen noch *H. Mantel*, The Development of the Oral Law during the Second Temple Period, in: World History of the Jewish People, Bd. VII (Jerusalem 1976) 41–64; 325–337; *C. Thoma*, Christliche Theologie des Judentums, 154f.

[25] Vgl. dazu *R. Meyer* in ThWbzNT IX, 29–31. Vgl. auch die bittere Bemerkung in der Damaskusschrift IV,12: »Der Zaun ist gebaut – fern ist die Satzung«, die sich ebenfalls gegen die Pharisäer zu richten scheint.

[26] Ebd. 35.

[27] Antiquitates XVII,2 § 42.

[28] Antiquitates XVIII,1 § 12-15 (Übersetzung nach *H. Clementz*).

damit dem menschlichen Willen nicht das Vermögen absprechen, sich selbst zu bestimmen, sondern lehren, es habe Gott gefallen, die Macht des Schicksals und die menschliche Vernunft zusammenwirken zu lassen, so daß jeder es nach seinem Belieben mit dem Laster oder der Tugend halten könne. Sie glauben auch, daß die Seelen unsterblich sind und daß dieselben je nachdem ein Mensch tugendhaft oder lasterhaft gewesen ist, unter der Erde Lohn oder Strafe erhalten, so daß die Lasterhaften in ewiger Kerkerhaft schmachten müssen, während die Tugendhaften die Macht erhalten, ins Leben zurückzukehren. Infolge dieser Lehren besitzen sie beim Volk einen solchen Einfluß, daß sämtliche gottesdienstliche Verrichtungen, Gebete wie Opfer, nur nach ihrer Anleitung dargebracht werden. Ein so herrliches Zeugnis der Vollkommenheit gaben ihnen die Gemeinden, weil man glaubte, daß sie in Wort und Tat nur das Beste wollten.« So scheinen die Pharisäer zur Zeit Jesu großen religiösen Einfluß in ihrem Volk gehabt zu haben. Es ging ihnen darum, »eine Gottesprovinz auf Erden zu bereiten, da die umfassende Endherrschaft Gottes ja noch auf sich warten lasse. Das bedeutete ein Leben nach dem biblischen und biblisch deduzierten Gesetz bzw. eine weisheitliche Sinngebung und Gestaltung aller Lebensbereiche in möglichster Konformität mit dem Willen Gottes« *(C. Thoma)*[29]. Daß es gerade zwischen den Pharisäern und Jesus zu scharfen Auseinandersetzungen kam, ist für immer denkwürdig. In Erinnerung an diese Auseinandersetzungen entstand jenes »Feindbild« des Pharisäers, das in den Evangelien in zunehmendem Maße begegnet und das bis heute in der christlichen Theologie und Verkündigung nachgewirkt hat.

5.2.2 Das »Feindbild« des Pharisäers in den Evangelien

Es geht im Folgenden nicht um die Erhebung »von historischen Tatbeständen« – warum es z.B. zum Zusammenstoß zwischen Jesus und den Pharisäern gekommen ist[30] –, sondern um »redaktionsgeschichtliche« Beobachtungen, die von der Frage geleitet sind: Was machen die einzelnen Evangelisten aus den

---

[29] Christliche Theologie des Judentums, 97.

[30] S. dazu Näheres unten unter 5.2.4.

Pharisäern? Bauen sie bewußt ein »Feindbild« auf, das zur Verzerrung der Pharisäer und ihres genuinen Wollens geführt hat?

5.2.2.1 *Markus*[30a]

Im Mk-Evangelium begegnen die Pharisäer zwölfmal. Nach 2,16 nehmen »die Schriftgelehrten der Pharisäer« Anstoß am »Zöllnermahl« Jesu; in der Tat waren z. Z. Jesu viele Schriftgelehrte pharisäisch orientiert, aber »Schriftgelehrte« und »Pharisäer« sind nicht einfach identisch. – Nach 2,18 fragen »die Jünger des Johannes und die Pharisäer« Jesus: »Warum fasten die Jünger des Johannes und der Pharisäer, deine Jünger aber nicht?« Von einer feindseligen Reaktion der Pharisäer auf die Antwort Jesu ist dabei keine Rede. – Nach 2,24 stellen »die Pharisäer« Jesus wegen des Ährenpflückens seiner Jünger am Sabbat zur Rede; auch hier wird zwar von einer feindseligen Reaktion der Pharisäer am Ende der Perikope nichts berichtet; immerhin erscheinen hier die Pharisäer als die besonderen Gegner Jesu. – Nach 3,6 gingen »die Pharisäer (nach der Heilung des Mannes mit der verdorrten Hand am Sabbat) sogleich hinaus und beratschlagten gegen ihn zusammen mit den Herodianern, wie sie ihn vernichten könnten«. Das historische Problem ist hier, wie die Pharisäer Verbündete der Parteigänger des Herodes Antipas sein konnten, mit denen sie sonst gewiß nicht eins waren. Möglicherweise sind die »Herodianer« von Markus erst eingefügt worden[31]. – Nach 7,1 fanden sich »die Pharisäer und einige Schriftgelehrte« aus Jerusalem bei Jesus ein; sie sahen, daß »einige von seinen Jüngern mit unreinen, d. .h. ungewaschenen Händen aßen«, was Mk im Folgenden als Brauch der Pharisäer und »aller Juden« erklärt. »Damit beobachten sie die Überlieferung der Alten« (7,3b); nach 7,5 fragen ihn dabei »die Pharisäer und die Schriftgelehrten«, warum seine Jünger nicht »nach der Überlieferung der Alten« wandeln, sondern mit ungereinigten Händen essen. Jesus nennt sie daraufhin »Heuchler« (7,6) und wirft ihnen vor, sie würden das Gebot Gottes zugunsten von »Menschenüberlieferung« »fahren lassen« (7,8), es »zunichtemachen« (7,9) und »das Wort Gottes aushöhlen«.

[30a] Vgl. dazu auch *M. J. Cook*, Mark's Treatment of the Jewish Leaders (Leiden 1978).

[31] Vgl. auch *W. J. Bennett*, The Herodians of Mark's Gospel, in: NT 17 (1975) 9–14.

»Dergleichen Dinge tut ihr viele« (7,13b). Nach *R. Pesch*[32] liegt in Mk 7,1–13 »historisch zuverlässige Information über Jesu Verhältnis zur Halacha« vor, aber die »urchristliche Überlieferung [auf die der Evangelist zurückgreift] dehnt Jesu Differenz zum Pharisäismus zu einem Gegenüber von Kirche und Judentum aus, da ›alle Juden‹ (V. 3) als Befolger der ›Überlieferung der Alten‹ als solche gelten«, was den historischen Tatbeständen nicht entspricht. Doch diesen »Hinweis auf ›alle Juden‹ als Anzeichen eines speziell mk Antijudaismus zu werten ist unzulässig«, meint *R. Pesch*[33]. Aber Mk versteht die in 7,1–23 zusammengestellten Traditionen im »Sinne der Aufhebung der Barriere zwischen Juden und Heiden« in der christlichen Gemeinde, so daß der heidenchristliche Standpunkt des Mk deutlich zur Geltung kommt, wie *R. Pesch* bemerkt[34]. Das bedeutet aber doch, daß das Überlieferungsmaterial von Mk in den Dienst der Dokumentierung des Ablösungsprozesses gestellt wird, der sich nach Ostern allmählich zwischen der Kirche und Israel vollzog. Am Beispiel von Mk 7 wird das besonders deutlich. – Nach Mk 8,10f. landete Jesus mit den Jüngern in einem Boot bei der »Landschaft Dalmanuta«. »Und die Pharisäer kamen heraus und fingen mit ihm zu diskutieren an; sie forderten von ihm ein Zeichen vom Himmel und prüften ihn.« Mit dieser »Prüfung« wollen sie »Jesu Anspruch bzw. seine Geltung auf die Probe stellen. Daß sie es in feindlicher Absicht tun, ist nicht gesagt; so kann erst im Gefälle neutestamentlicher Pharisäerpolemik interpretiert werden, vielleicht auch von der Antwort Jesu her« *(R. Pesch)*[35], der dabei von »diesem Geschlecht« redet, dem nie ein Zeichen gegeben werden wird (8,12). Die neutestamentliche Pharisäerpolemik ist eben dabei, ein »Feindbild« aufzubauen, auch dort, wo in den historischen Situationen des Lebens Jesu sich noch gar keine Feindseligkeit zeigte. – Nach 8,15 warnt Jesus seine Jünger »vor dem Sauerteig der Pharisäer und dem Sauerteig des Herodes«;

---

[32] Das Markusevangelium I (Freiburg/Basel/Wien 1976) 376.

[33] Ebd. Anders *T. A. Burkill*, Antisemitism in the Gospel of Mark, in: NT 3 (1959) 34–53, dagegen *H. W. Kuhn*, Zum Problem des Verhältnisses der markinischen Redaktion zur israelitisch-jüdischen Tradition, in: Tradition und Glaube (FS f. *K. G. Kuhn*) (Göttingen 1972) 299–309.

[34] A.a.O. 384.

[35] Ebd. 407f.

mit dem »Sauerteig« scheint Jesus eine bestimmte Denkungsart zu meinen, aber worin diese nach ihm konkret besteht, läßt sich nur vermuten. Nach Pesch trifft »am ehesten« folgende Vermutung zu: »Jesus warnt vor der pharisäischen davidisch-politischen Messiasvorstellung wie vor den politischen Ambitionen des Herodes.«[36] Was Jesus wirklich meinte, läßt sich in Wirklichkeit nicht mehr erheben. Mk jedenfalls denkt bereits »typologisch; er sieht in den Jüngern die Repräsentanten der christlichen Gemeinde, die der Warnung und Mahnung bedarf: ›Das *eine Brot* (V. 14b), dessen sie allein bedarf, das für Juden und Heiden ausreicht, ist Jesus selbst, der Menschensohn, der für alle in den Tod geht... Dieses Brot sollte den Jüngern genügen‹ [Kertelge]«[37]. Die christliche Gemeinde bedarf des »Sauerteigs« der Pharisäer nicht mehr: Das will Mk seinen Adressatengemeinden mit dem rätselhaft klingenden Jesuswort sagen. – Nach 10,2 kamen »Pharisäer mit der Frage [zu Jesus]: Ist es dem Mann erlaubt, die Frau zu entlassen? Damit wollten sie ihn prüfen«. Der Vers gehört in die Debatte über die Ehescheidung von Mk 10,2–12 hinein, die nach dem Schema des »Schulgesprächs« aufgebaut ist. Sie »ist leicht als urkirchliche Bildung zu erkennen an 1. der Pharisäerfrage (V. 2), welche Jesu Scheidungsverbot voraussetzt, also aus christlichen (nicht jüdisch-pharisäischen) Prämissen formuliert ist...; 2. dem auf LXX basierenden Schriftbeweis (VV. 6–8); 3. der Rücksichtsnahme der Beweisführung (VV. 6–9) auf das nach VV. 10–12 *für Mann und Frau* geltende (und damit nicht jüdische, sondern hellenistische Rechtsverhältnisse voraussetzende) Scheidungsverbot«[38]. »Christliche Tradenten lassen ihre Opponenten [hier als »Pharisäer« eingeführt] Jesus die zwischen Juden und Christen kontroverse Frage vorlegen.«[39] – 12,13: »Und sie senden zu ihm einige der Pharisäer und Herodianer, damit sie ihn durch ein Wort fingen«; ihre Absender sind das Synedrium (vgl. 11,27). In der Perikope, zu der 12,13 gehört, geht es um die Kaisersteuer (»Ist es erlaubt, dem Kaiser Steuer zu geben oder nicht?«) (12,14b); sie endet mit der Bemerkung über die Abgesandten: »Und sie staunten sehr über ihn« (12,17b). *R.*

[36] Ebd. 413.
[37] Ebd. 414.
[38] Ebd. II,120.
[39] Ebd. 122.

Pesch meint: »Die Erzählung dürfte zuverlässig die Bemühungen der Gegner Jesu festhalten, ihn mit einer politischen Anklage an die Römer ausliefern zu können.«[40] Nachdem die Perikope jedoch wieder nach dem typischen Schema des »Schulgesprächs« aufgebaut ist, bleibt wieder zu fragen, ob nicht in 12,13 die Pharisäer und Herodianer nicht auch bereits nach einem bestimmten »Vorstellungsschema« von Mk sekundär eingeführt wurden.

Bei einem Blick auf das markinische »Pharisäermaterial« fällt auf, daß Mk, von 10,2 abgesehen, pointiert von *den* Pharisäern spricht (»*die* Pharisäer«), als ob jeweils die gesamte Gruppe der Pharisäer in die Auseinandersetzungen mit Jesus verwickelt gewesen wäre, was historisch gesehen absolut unwahrscheinlich ist. Das bedeutet: Es zeigt sich bei Mk überdeutlich die nachösterliche Tendenz, von *den* Pharisäern zu sprechen, wenn an Gegner Jesu aus dem Pharisäismus gedacht ist (das ändert auch nicht die Beobachtung, daß in 12,13 von »einigen« Pharisäern und Herodianern die Rede ist); ähnlich wie im Johannesevangelium häufig von *den* Juden als den Opponenten Jesu gesprochen wird[41]. Es stellt sich der Verdacht ein, daß »die Pharisäer« da und dort sekundär in das Überlieferungsmaterial eingeschoben worden sind, entweder schon von den Tradenten oder erst von Mk selbst. Besonders deutlich ist die antipharisäische Tendenz in Mk 7. Im übrigen aber sind die negativen Urteile über die Pharisäer eigentlich gering an Zahl. Die letzte Äußerung des Mk über die Pharisäer lautet: »Und sie staunten sehr über ihn« (12,17b).

5.2.2.2 *»Logienquelle« (Q)*

Mit Blick auf die Logienquelle läßt sich schwer entscheiden, ob bereits in ihrem primären Überlieferungsmaterial, noch bevor es Aufnahme in das Mt-Evangelium bzw. in das Lk-Evangelium fand, die Pharisäer auftauchten. In Mt 3,7 (=Lk 3,7) scheinen jedenfalls »die Pharisäer und Sadduzäer« sekundär von Mt eingesetzt worden zu sein, denn Lk hat dafür »die Volksmengen«. – Nach Mt 12,38 möchten »einige von den Schriftgelehrten und Pharisäern« ein Zeichen von Jesus sehen, bei Lk (11,16) sind es nur »andere« (ohne nähere Bestimmung), und während bei Mt den »einigen von den Schriftgelehrten und Pharisäern« Jesus

---

[40] Ebd. 228.

[41] Vgl. dazu 5.3.

entgegnet: »Ein böses und ehebrecherisches Geschlecht fordert ein Zeichen« (12,39), sagt bei Lk Jesus zu den um ihn versammelten »Volksmassen«: »Dieses Geschlecht ist ein böses Geschlecht. Es fordert ein Zeichen ...« (11,29). Die Adressaten scheinen also jeweils redaktionell eingesetzt worden zu sein; wer die ursprünglichen waren, wissen wir nicht mehr. – In Mt 23,13 (innerhalb der großen Wehe-Rede gegen die »Schriftgelehrten und Pharisäer«) werden diese als »Heuchler« bezeichnet, in der Lk-Parallele (11,52) gilt das »Wehe« nur den »Gesetzeslehrern«. Ähnlich werden in Mt 23,23.25.27.29 die Schriftgelehrten und Pharisäer als »Heuchler« bezeichnet, in den Lk-Parallelen ist von den »Pharisäern« (11,39.42) bzw. von »euch« (bezogen auf die Pharisäer) (11,44.47) die Rede, ohne daß diese als »Heuchler« bezeichnet würden.

Liest man nicht die spezifisch lukanische antipharisäische Polemik schon in die Logienquelle hinein, wie es *A. Polag* tut[42], so findet sich in ihr solche Polemik kaum, was sich wohl aus dem Umstand erklärt, daß das Material der Logienquelle wahrscheinlich sehr früh und zwar in den Kreisen der (»judenchristlich« orientierten) Urgemeinde gesammelt worden ist, die noch in enger Verbindung mit dem palästinensischen Judentum lebte und darum Polemik gegen die Pharisäer und Schriftgelehrten vermied, wenn auch die Sammlung des Materials mit der Beschränkung auf einen einzigen normativen Lehrer, Jesus von Nazareth, zusammenhing. Antipharisäische Akzente scheinen diesem Material erst später aufgesetzt worden zu sein, besonders vom Mt-Evangelisten.

5.2.2.3 *Matthäus*[43]

Hier ist einmal die matthäische Ausarbeitung des markinischen Pharisäer-Materials zu beachten, zum anderen das Sondergut des Matthäus.

1. Wenn Mk in 2,16 von den »Schriftgelehrten der Pharisäer« spricht, also von einer bestimmten Gruppe der Pharisäer, spricht Mt in der Parallele 9,11 schlechthin von »den Pharisäern«. – In Mt 9,14b erscheinen »die Pharisäer«, in der Mk-Parallele 2,18b »die Schüler der Pharisäer«. – In Mt 12,14 sind die Herodianer der Mk-Parallele (3,6) weggelassen, vermutlich nicht aus besserer

---

[42] *A. Polag*, Die Christologie der Logienquelle (Neukirchen 1977) 79–84.

[43] Vgl. auch *R. Hummel*, Die Auseinandersetzung zwischen Kirche und Judentum im Matthäusevangelium (München ²1966) 12–17.

historischer Kenntnis, sondern aus der Neigung heraus, den Hauptgegner zu treffen. – Statt »die Pharisäer und einige der Schriftgelehrten« bei Mk 7,1 hat Mt »Pharisäer und Schriftgelehrte« (15,1). – In 16,1 fügt Mt im Vergleich mit Mk (8,11) noch die Sadduzäer hinzu; ähnlich ist in 16,6 vom Sauerteig der Pharisäer und Sadduzäer die Rede, bei Mk dagegen vom Sauerteig der Pharisäer und des Herodes. – Während in Mk 12,13 von »einigen« der Pharisäer und der Herodianer die Rede ist, erscheinen bei Mt 22,15 zunächst nur »die Pharisäer«; diese schicken dann nach 22,16 »einige ihrer Schüler zusammen mit den Herodianern« zu Jesus. – In 12,24 schreibt Mt »die Pharisäer«, wo bei Mk 3,22 von den »Schriftgelehrten« die Rede ist, »die von Jerusalem herabgekommen waren«. – Im Gleichnis von den bösen Winzern (Mk 12,1–12 Parr.), das bei Mk an die Hohenpriester, Schriftgelehrten und Ältesten adressiert ist (vgl. Mk 11,27), erscheinen in Mt 21,45, differierend von Mk, »die Hohenpriester und die Pharisäer« (bei Lk 20,18 »die Schriftgelehrten und die Hohenpriester«). – Statt »einer von den Schriftgelehrten« in Mk 12,34 liest man bei Mt 22,34 »die Pharisäer«. – In dem Schulgespräch über den Messias als Davidssohn (Mk 12,35–37 Parr.) bringt Mt als sekundäre redaktionelle Einleitung (22,41): »Als aber die Pharisäer versammelt waren, fragte sie Jesus«.

2. Im Sondergut des Mt erscheinen die Pharisäer (zusammen mit den Schriftgelehrten) in 5,20 in dem Wort Jesu: »Wenn eure Gerechtigkeit nicht weit vollkommener sein wird als die der Schriftgelehrten und Pharisäer, werdet ihr nicht in das Reich der Himmel eingehen.« Jesus spricht hier den Pharisäern (und Schriftgelehrten) keineswegs Gerechtigkeit ab, aber er fordert von *seinen* Jüngern ein »mehr« davon. Im übrigen tauchen die Pharisäer in der »Bergpredigt« nicht auf. »Die Pharisäer« erscheinen im Sondergut wieder in 9,34, ebenso in 15,12 (in dem Sondergut von 15,12–14, das in die Mk-Perikope 7,1–23 eingeschoben ist): Hier nehmen »die Pharisäer« nach Meinung der Jünger am Wort Jesu Anstoß. – Nach 27,62 »versammelten sich die Hohenpriester und die Pharisäer bei Pilatus« und erbitten von ihm eine Wachmannschaft für das Grab Jesu.

Mt verstärkt also die antipharisäische Polemik über Mk und die Logienquelle hinaus, am meisten naturgemäß in der großen »Weherede« gegen die Pharisäer und Schriftgelehrten (23,1–39) mit ihren sieben Weherufen, die »eine Komposition aus mit Lukas gemeinsamem Stoff ... und matthäischem Sondergut« *(W. G. Kümmel)*[44] darstellt. Für Mt sind »die Pharisäer ... die eigentlichen Gegner Jesu«, und die wiederholte Einführung der Anrede »Schriftgelehrte und Pharisäer« »macht die Weherede zu einem Angriff gegen das von den Pharisäern geführte Judentum«[45], das als solches getroffen werden soll. Mt unterscheidet nicht mehr zwischen den verschiedenen Gruppen des Judentums. Man kann sich nur dem Schlußurteil *W. G. Kümmels* anschließen[46], nach dem die Frage nicht verdrängt werden darf, »ob in der matthäischen Polemik nicht die Bereitschaft aufgegeben ist, auch in den Führern des Jesus und die Kirche aufgebenden Judentums einen echten Gottesgehorsam zu sehen im Sinne von Röm 10,2: ›Ich bezeuge ihnen, daß sie Eifer für Gott haben, freilich nicht nach der (richtigen) Erkenntnis‹ und ob hier nicht eine ›Verteufelung‹ der Gegner vorgenommen wird (vgl. 23,15.32!), die sich nicht nur Gottes Urteil über die Gegner anmaßt, sondern auch ihr Verhalten bösartig verzeichnet (23,28).« Es ist eine »irrtümliche Verzeichnung der Wirklichkeit.«[47]

5.2.2.4 *Lukas* (Evangelium)[48]

1. Statt »die Pharisäer« Mk 2,24 formuliert Lk 6,2 »einige von den Pharisäern«. – Spricht Mk 3,6 von den »Pharisäern zusammen mit den Herodianern«, so Lk 6,11 von »ihnen«, bezogen auf Schriftgelehrte und Pharisäer (vgl. 6,7). – Ähnliches gilt für Mk 12,13 verglichen mit Lk 20,19f.: Während bei Mk von einigen der Pharisäer und der Herodianer die Rede ist, sind bei Lk »die Schriftgelehrten und die Hohenpriester« jene, die Jesus »belauern« und »Aufpasser« schicken, um ihn beim Wort zu fassen. – Die kurze lukanische Weherede richtet sich, wie bei Mt, gegen die Pharisäer (vgl. 11,39.42.44.47). – In 5,17 fügt Lk redaktionell

---

[44] Die Weherufe über die Schriftgelehrten und die Pharisäer (Matthäus 23,13–16), in: *W. P. Eckert / N. P. Levinson / M. Stöhr* (Hrsg.), Antijudaismus im Neuen Testament? (München 1967) 135–147 (135).

[45] Ebd. 137.

[46] Ebd. 146.

[47] Vgl. auch noch *S. Légasse,* L'antijudaisme dans l'Évangile selon Matthieu, in: *M. Didier* (Hrsg.), L'Évangile selon Matthieu. Redaction et théologie (Gembloux 1972) 417–428; *T. F. Glasson,* Anti-Pharisaism in St. Matthew, in: JQR 51 (1960/61) 316–320.

[48] Vgl. auch *J. A. Ziesler,* Luke and the Pharisees, in: NTSt 25 (1978/79) 146–157.

»die Pharisäer und Gesetzeslehrer« ein, und fügt in 5,21 diff. von Mk (»einige von den Schriftgelehrten«) zu den Schriftgelehrten noch »die Pharisäer« hinzu.

2. Im Unterschied vom »Volk« einschließlich der »Zöllner« machten nach 7,29f. »die Pharisäer und Schriftgelehrten ... den ihnen geltenden Ratschluß Gottes zunichte, indem sie sich nicht von ihm (Johannes) taufen ließen«. Nach *H. Schürmann* handelt es sich bei Lk 7,29f. um ein Stück aus der Logienquelle, das nur »Spuren der vorlukanischen Redaktion« zeige[49]; eine Hypothese. Es kann sich ebenso um lukanisches Sondergut handeln, das als lukanische Eigenbildung anzusprechen ist, die durchaus in den abgemilderten Antipharisäismus des Lk hineinpaßt. – In der großen Perikope 7,36–50 (Jesus und die Sünderin) ist es »einer von den Pharisäern« namens Simon, der Jesus zu einem Mahl in sein Haus einlädt und sich dabei über Jesu Verhalten gegenüber der Sünderin kritische Gedanken macht (7,39), die Jesus mit Hilfe eines kurzen Gleichnisses zurückweist. – In Lk 11,37f. ist es wieder »ein Pharisäer«, der Jesus zu Tisch lädt und sich wundert, »daß (Jesus) sich nicht vor dem Essen (die Hände) wusch«. Darauf folgt die lukanische Weherede gegen die Pharisäer (11,39–54) mit drei Weherufen gegen die pharisäische Lebensweise. Da Lk Gastmahlszenen liebt (vgl. 5,29; 7,36; 10,38; 14,1), ist mit der Möglichkeit zu rechnen, daß die Einleitung zu seiner Weherede gegen die Pharisäer auf das Konto der lukanischen Redaktion zu setzen ist. Nach der Weherede selbst, bemerkt Lk, »fingen die Schriftgelehrten und die Pharisäer an, sehr aufsässig zu werden und ihm in mancherlei Fragen auf den Mund zu sehen, indem sie ihn belauerten, um etwas aus seinem Mund zu erjagen« (11,53f.): Auch diese Ausarbeitung der Perikope ist lukanisches Sondergut, dem gegenüber ebenso die Frage entsteht, ob es nicht rein redaktionell von Lk angefügt worden ist. Der Abschluß paßt nicht zur Einleitung von 11,37f., in der nur von dem einen Pharisäer die Rede ist, der Jesus eingeladen hatte. Die Ausleitung klingt generalisierend (»die Schriftgelehrten und die Pharisäer«) und ist aus einem rückschauenden, distanzierenden Urteil des Evangelisten gewonnen. – Nach 13,31 sind es »einige Pharisäer«, die Jesus vor Herodes Antipas warnen. – Nach 14,1 wird Jesus »in

---

[49] *H. Schürmann*, Das Lukasevangelium I (Freiburg/Basel/Wien 1969) 422.

das Haus eines der Führer der Pharisäer« zur Mahlzeit geladen, bei der »sie ihn belauern«; in 14,3 werden diese »sie« konkretisiert als »die Gesetzeslehrer und Pharisäer«, die nach 14,6 nichts auf die Frage Jesu, ob es erlaubt sei, den Wassersüchtigen am Sabbat zu heilen oder nicht, zu erwidern vermögen.
Man hat den Eindruck, daß im Aufbau des Lk-Evangeliums ab der Weherede die kritische Distanz des Evangelisten zu den Pharisäern wächst. Dies zeigt schon die Einleitung des Lk zu den drei Gleichnissen vom verlorenen Schaf, der verlorenen Drachme und vom verlorenen Sohn (15,1–32): »Es nahten sich ihm aber alle Zöllner und Sünder, um ihn zu hören. Und es murrten[50] die Pharisäer und die Schriftgelehrten, indem sie sagten: ›Dieser nimmt Sünder auf und ißt mit ihnen!‹.« Die Pharisäer und Schriftgelehrten üben also mit ihrem »murren« Kritik am Verhalten Jesu. Zweifellos handelt es sich bei Lk 15,1 f. um redaktionelle Arbeit des Evangelisten, wenn dahinter auch »harte, historische Tatsachen« aus dem Leben Jesu stehen mögen[51] (vgl. Mk 2,15–17); damit werden die Pharisäer und Schriftgelehrten ohne jegliche Differenzierung als eine verschworene Gruppe hingestellt, die Jesus kritisch und feindselig gegenübersteht. Der Adressatengemeinde des Lk wird zugleich mit den drei anschließenden Gleichnissen paränetisch gesagt, daß sie sich gegen die Zöllner und Sünder[52] in den eigenen Reihen anders verhalten soll als einst die Pharisäer und Schriftgelehrten gegenüber den Zöllnern und Sündern in Israel, nämlich so, wie sich ihnen gegenüber Jesus verhielt[53]. Der Aufbau des »Feindbildes« dient also zugleich der Gemeindeparänese.

[50] Im griechischen Text steht hier das Imperfekt (διεγόγγυζον), das eine dauernde Haltung ausdrücken will (»iteratives Imperfekt«), ähnlich wie zuvor schon in 15,1 die periphrastische Konstruktion (ἦσαν ἐγγίζοντες) und das πάντες (»*alle* Zöllner und Sünder«), das einige Textzeugen als »übertreibend« weggelassen haben, darauf hinweisen wollen, daß es sich um wiederholte »Vorkommnisse« handelt, natürlich nach dem redaktionellen Willen des Evangelisten.

[51] Vgl. dazu 5.2.

[52] Vgl. zu dieser formelhaften Wendung *J. Jeremias,* Zöllner und Sünder, in: ZNW 30 (1931) 293–300. Jeremias erinnert an Listen berufsmäßiger, notorischer Sünder im rabbinischen Schrifttum, z. B. in bSanh 25b (Bar.).

[53] Vgl. auch *F. Schnider,* Die verlorenen Söhne. Strukturanalytische und historisch-kritische Untersuchungen zu Lk 15 (Freiburg [Schweiz]/Göttingen 1977) 89f.

Bei Lk folgt auf die drei Gleichnisse im Kap. 15 gleich noch das Gleichnis vom ungerechten Verwalter (16,1–13), das ebenfalls lukanisches Sondergut ist, und als abschließende, nochmals zum Sondergut gehörende Bemerkung des Evangelisten: »Es hörten aber die Pharisäer, die geldgierig sind, dies alles und verhöhnten ihn. Da sprach er zu ihnen: Ihr seid die, die sich vor den Menschen als Gerechte hinstellen; Gott aber kennt euer Herz. Denn was bei den Menschen hoch ist, ist ein Greuel vor Gott« (16,14f.). Wieder erscheinen hier »die Pharisäer« als eine geschlossene Gruppe, die Jesus verhöhnt und geldgierig ist. Daß Jesus an der pharisäischen Frömmigkeit heftige Kritik geübt hat, steht außer Zweifel. Was aber nun in der Redaktion des Evangelisten geschieht, ist die Verallgemeinerung, als ob alle Pharisäer geldgierig gewesen seien und Jesus verhöhnt hätten[54]. Das dürfte den historischen Tatsachen nicht entsprechen[55]. Nach 17,20f. wird Jesus »von den Pharisäern« gefragt, wann das Reich komme. Nach der Antwort Jesu ist aber das Reich Gottes (schon) »mitten unter euch«, nur merken das seine Gegner nicht[56]. Dieser Anspruch, daß das Reich Gottes schon mitten unter ihnen, den Zeitgenossen Jesu, sei, nämlich in seiner Person, ist wichtig, weil er zu den Gründen gehört, die zum Zusammenstoß zwischen Jesus und seinen Gegnern geführt haben; wir kommen darauf unter 5.4 zurück.

Besonders das Gleichnis vom Pharisäer und Zöllner (18,9–14: Sondergut) mit den beiden unvergeßlichen Gestalten des Pharisäers und Zöllners hat viele christliche Leser und Hörer dazu verführt, sich von vornherein mit dem Zöllner im Gleichnis zu

---

[54] *A. Schlatter* kommentierte so (Das Evangelium des Lukas. Aus seinen Quellen erklärt) (Stuttgart ^{2}1960, 374f.): »Der [!] Pharisäer meint, das Verlangen nach Geld sei unschuldig und auch einem Frommen erlaubt, weil er sich um sein ›Herz‹, in dem sein Begehren entsteht, nicht kümmert ... mit dem Herzen gibt sich die pharisäische Frömmigkeit nicht ab, sondern ihr Ziel ist, sich vor den Menschen als gerecht darzustellen. Das menschliche Urteil widersetzt sich aber der Verehrung des Reichtums nicht. Wenn auch die Frommen nach ihm begehren, so schützen sie dadurch die übliche eigensüchtige Moral«; eine Seite weiter schreibt derselbe Verfasser: »Wucher, Betrug und Raub verdammt auch der Pharisäer«. Reimt sich das eigentlich alles zusammen?

[55] Es müßte einmal untersucht werden, welche Rolle ein bestimmtes »Schimpfwörterlexikon« schon im antiken Antijudaismus gespielt hat. Vielleicht gehörte auch der Vorwurf der Geldgier in dieses Lexikon hinein.

[56] Vgl. dazu *F. Mußner*, »Wann kommt das Reich Gottes?« Die Antwort Jesu nach Lk 17,20b.21, in: Bibl. Zeitschr., NF 6 (1962) 107–111.

identifizieren und so das Opfer eines »falschen Bewußtseins« zu werden. Die wahre Interaktion zwischen Leser und Text kommt dadurch nicht zustande[57], ganz gewiß gegen den Willen des Evangelisten.

Als Jesus in Jerusalem einzieht und ihm die »ganze Jüngerschar« zuruft: »Gesegnet ist, der da kommt, der König, im Namen des Herrn. Im Himmel ist Heil und Ehre in der Höhe« (Lk 19,37f.), da sprachen »einige der Pharisäer aus der Menge« zu Jesus: »Meister, weise (doch) deine Jünger zurecht!« (19,39). Die Formulierung »einige der Pharisäer aus der Menge« klingt umständlich; »möglicherweise ist der Genetiv τῶν Φαρισαίων [»der Pharisäer«] Zusatz des Lukas zu τινες ἀπὸ τοῦ ὄχλου [»einige aus der Menge«] in seiner Vorlage« *(W. Grundmann)*[58]. Dann läge auch hier eine antipharisäische Tendenz des Lk vor.

Zurückschauend auf das lukanische Pharisäermaterial muß festgestellt werden, daß sich Lk in seinem ersten Werk, im Unterschied von seinem zweiten, der Apostelgeschichte[59], auch am Aufbau des »Feindbildes« vom »Pharisäer« beteiligt hat, wenn auch nicht in der Schärfe, wie dies bei Mt geschehen ist. Seine heidenchristlichen Adressaten, die nicht mehr im Lebenszusammenhang mit Israel stehen, gewinnen so oppositionell ein eigenes Selbstverständnis, oder vielleicht besser gesagt: Sie sollen es durch die paränetischen Intentionen des Evangelisten gewinnen. Aber damit geraten die Pharisäer unfehlbar in ein falsches Licht. Vielleicht war aber diese Wirkung dem Evangelisten selber gar nicht genügend bewußt.

5.2.2.5 *Johannes*

Nach Joh 1,19 schicken »die Juden« aus Jerusalem eine Abordnung von Priestern und Leviten zu Johannes dem Täufer, um ihn zu fragen, wer er sei und warum er taufe. In 1,24 steht die eigenartige Bemerkung, daß die Abgesandten »aus den Pharisäern« waren. Die Perikope 1,19–34 »ist keine ursprüngliche Einheit« *(R. Bultmann)*[60], sondern das redaktionelle Werk des Evangelisten, der dabei Traditionselemente einfügt, so besonders

---

[57] Vgl. dazu *W. Wink,* Bibelauslegung als Interaktion. Über die Grenzen historisch-kritischer Methode (Stuttgart/Berlin/Köln/Mainz 1976).

[58] *W. Grundmann,* Das Evangelium nach Lukas (Berlin o. J.) 367.

[59] Vgl. dazu Näheres unter 5.3.2 (Anm. 102).

[60] *R. Bultmann,* Das Evangelium des Johannes (Göttingen [16]1959) 57.

die VV. 22.23, die eine synoptische Charakteristik des Täufers nach Jes 40,3 einbringt und »durch Hinzufügung des V. 24 erreicht, daß neben den Priestern auch gleich die Pharisäer, die typischen Gegner, genannt werden«, wobei aber durch diesen V. nicht gesagt sein will, »daß die Abgesandten zu den Pharisäern gehörten, ... sondern, daß die Boten, von denen soeben berichtet war, von den Pharisäern entsandt waren, daß diese also hinter den Ἰουδαῖοι von V. 19 stecken« *(ders.)*[61]. Es handelt sich also in keiner Weise um eine historische Reportage, sondern um ein »Geschichtsbild« aus jener Zeit, in der Kirche und Israel sich schon vollständig getrennt hatten und feindselig gegenüberstanden: Den hochstilisierten Gegner bilden dabei »die Juden« und »die Pharisäer«. – Nach 3,1 ist Nikodemus einer »aus den Pharisäern« – eine Formel, die bei Joh wiederholt vorkommt (1,24; 3,1; 7,48; 9,16.40; 18,3) und »die übliche Bezeichnung der Zugehörigkeit«[62] zum Ausdruck bringt. Dieser Nikodemus wird in 3,1 auch noch als »ein Führer der Juden« bezeichnet, was ihn wohl als Mitglied des Synedriums kennzeichnen will. Er steht Jesus wohlwollend gegenüber (vgl. auch 7,50f.) und hält ihm die Treue bis über den Tod hinaus (vgl. 19,39f.), was erkennen läßt, daß es auch unter den Pharisäern Anhänger Jesu gab (vgl. auch Apg 5,34: Gamaliel). – In 7,31 »hören die Pharisäer«, was das Volk über Jesus munkelt und gleich darauf schicken »die Hohenpriester und die Pharisäer« Polizeiknechte weg, die Jesus verhaften sollen. Hier schlägt eine Vulgärauffassung durch, nach der die Pharisäer neben den Hohenpriestern erscheinen und zwar in jener Funktion, die bei den Synoptikern »die Schriftgelehrten« haben, während bei Joh diese nie als solche erscheinen. Bei Joh stehen also die Pharisäer in Aktionseinheit mit den sadduzäischen Hohenpriestern (vgl. auch 7,32.45.48; 11,47.57; 18,3)[63], was als »Geschichtsklitterei« bezeichnet werden darf, die mit der Hochstilisierung der Pharisäer zu *den* Gegnern Jesu (neben den Hohenpriestern) zusammenhängt. »*Die* Pharisäer« treten bei Joh geradezu als die über Polizeimacht verfügende (vgl. 7,32; 18,3) jüdische Behörde auf, was den historischen Tatsachen nicht entspricht; sie stellen die hochnotpeinlichen Fragen an Jesus (vgl.

61 Ebd. 62, Anm. 6.

62 Ebd. 94, Anm. 2.

63 Vgl. auch *R. Bultmann*, ebd. 231, Anm. 7.

8,13). Dem »Volk« gegenüber heißen die Gegner Jesu bei Joh ohne Unterschied »die Juden« (5,15; 7,13; 9,22) oder »die Pharisäer« (7,32.47; 8,13; 9,13; 12,19 u. ö.)[64], d. h. bei Joh sind »die Juden« (bei negativem Akzent) und »die Pharisäer« beinahe auswechselbare Begriffe, was den historischen Tatsachen nicht entspricht, sondern durch ein bestimmtes »Geschichtsbild« bedingt ist, in dem »die Pharisäer« mit »den Juden«[65] weithin identifiziert werden, »behördlich« auftreten und deshalb auch das Recht auf Verhöre beanspruchen (vgl. 9,13.15.16.40; 11,46.57). Nach 12,10 verglichen mit 12,19 scheinen »die Pharisäer« mit den »Hohenpriestern« geradezu identisch zu sein, wie auch nach 11,57 die Hohenpriester und die Pharisäer zusammen einen »Steckbrief« gegen Jesus erlassen. – Nach 12,42 glaubten sogar »aus den Archonten [des jüdischen Volkes] viele an Jesus, aber wegen der Pharisäer bekannten sie es nicht offen, damit sie nicht aus den Synagogen ausgestoßen würden«[66]; das erinnert an eine ähnliche Bemerkung des Evangelisten in 9,22: »Das sagten die Eltern [des geheilten Blindgeborenen], weil sie die Juden fürchteten; die Juden waren nämlich bereits übereingekommen, daß jeder, der ihn [Jesus] als Messias bekenne, aus der Synagoge ausgestoßen würde.« Hierher gehört auch noch die Ansage des johanneischen Christus in 16,2: »Sie werden euch aus der Synagoge ausstoßen, ja es kommt die Stunde, da jeder, der euch tötet, Gott einen Dienst zu erweisen glaubt.« Wenn in 9,34 abschließend bemerkt wird, daß sie [die Juden] den Geheilten »hinausstießen«, bedeutet das im Licht von 9,22, daß er aus dem Synagogenverband entfernt, »exkommuniziert« wurde. Es ist »klar, daß Johannes [hier] im Horizont seiner Zeit schreibt«[67], also »harte historische Tatsachen« (*R. Schnackenburg,* mündlich) aus der Abfassungszeit des Evangeliums (nicht aus der Zeit Jesu!) hinter diesen Bemerkungen über die Ausstoßung der an Christus Glaubenden aus der jüdischen Religionsgemeinschaft stehen, die sich auch in der 12. Benediktion des »Achtzehngebetes« *(Birkat*

[64] Vgl. ebd. 209, Anm. 8.

[65] Vgl. zu diesem Begriff unter 5.3.

[66] Solche mit Jesus sympathisierende »Führer« waren nach Joh Nikodemus (3,1; 7,50; 19,38) oder Joseph von Arimathäa (19,38).

[67] *R. Schnackenburg,* Das Johannesevangelium II (Freiburg/Basel/Wien 1971) 317.

ha-minim) spiegeln, die unter *Rabbi Gamliel II.* um 90 n. Chr. erst in das Achtzehngebet eingefügt wurde[68]. »Seitdem die Verfluchung der Nazarener ein integrierender Teil des Synagogengottesdienstes und des täglichen Gebetes jedes Juden geworden war, ... war der Besuch der Synagoge und die Teilnahme am Synagogengottesdienst für Christen unmöglich und die völlige Trennung gegeben ... In diese Zeit gehören auch die johanneischen Aussagen«, meint *W. Schrage.*[69].

Dies muß man bedenken, wenn man das harte »Pharisäerbild« des Johannesevangeliums ganz verstehen will. Hinter ihm steht einmal ein Traditionswissen darum, daß es heftige Auseinandersetzungen zwischen Jesus und Pharisäern gegeben hat, aber auch gerade die für das Johannesevangelium geltende Beobachtung, daß nun, um die Jahre 90–100 n. Chr. herum, Kirche und Synagoge bereits total voneinander getrennte Gemeinschaften waren, die Kirche auf der Suche nach einem eigenen genuinen Selbstverständnis und Geschichtsbild war, was zum Aufbau von »Feindbildern«, speziell im Hinblick auf die Pharisäer führte, und darüber hinaus es die »harten, historischen Tatsachen« gab, daß die Christen, die sich zu Jesus als dem Messias und Sohn Gottes bekannten, ἀποσυνάγωγοι wurden, d. h. von der Synagogengemeinschaft ausgeschlossen wurden[70]. Das alles erweiterte die Kluft zwischen der christlichen und jüdischen Gemeinde ganz

---

[68] Vgl. dazu *Billerbeck* IV, 293–329; 331 ff.; 212 f.; *W. Schrage* in: ThWbzNT VII, 845–850 (s. v. ἀποσυνάγωγος, mit Literatur).

[69] Ebd. 848.

[70] Doch vgl. dazu auch noch *D. R. A. Hare,* The Theme of Jewish Persecution of Christians in the Gospel according to Matthew (Cambridge 1967) 39; 48 ff. Nach *Hare* richteten sich die Birkat ha-Minim vor allem gegen einen »Ketzer«, der den jüdischen Gottesdienst zu leiten versucht. Aber der Johannesevangelist versteht den Term ἀποσυνάγωγος zweifellos so: Jemand, der sich zu Jesus als den Messias und Gottessohn bekennt, wird vom Synagogenverband ausgeschlossen. Wie das konkret geschah, entzieht sich unserer Kenntnis. Zum Problem des »Ketzersegens« vgl. auch noch *J. J. Petuchowski,* Der Ketzersegen, in: *M. Brocke* u. a. (Hrsg.), Das Vaterunser (Freiburg 1974) 90–101; *G. Stemberger,* Die sogenannte »Synode von Jabne« und das frühe Christentum, in: Kairos, NF 29 (1977) 14–21 (16–19) und besonders *C. Thoma,* Christliche Theologie des Judentums, 223–229 (Thoma kommt zu dem Ergebnis: »Es gab ... nie eine vom ganzen rabbinischen Judentum ausgesprochene Exkommunikation der Judenchristen« [228] und: »Das Judentum sieht ... im jüdischen Ketzer ein schlimmeres Übel als im nichtjüdischen Frevler« [229]).

außerordentlich, so daß Platz für Feindschaft und christlicherseits für Antijudaismus wurde, die bis heute noch nicht völlig überwunden sind.

5.2.3 Zusammenfassung

Es zeigte sich hinsichtlich der Pharisäer deutlich im wachsenden Maß der allmähliche Aufbau eines »Feindbildes«, angefangen von der Logienquelle über Mk, Mt, Lk bis hin zu Joh, in dem dieses »Feindbild« seine schärfsten Konturen aufweist und unversöhnliche Züge an sich trägt. Aus Pharisäern, die seinerzeit in Auseinandersetzungen mit Jesus geraten waren, wurden dabei »*die* Pharisäer« als die eigentlichen Widersacher Jesu, des Evangeliums und der Kirche[71]. Die Evangelien, ihre Traditionen und ihre Redaktionen, haben einen ihrer »Sitze im Leben« auch in diesen »Lebensprozessen«, die man zur Kenntnis nehmen und dem geschichtlichen Verstehen zuführen muß, wenn es im jüdisch-christlichen Gespräch endlich wieder zum Abbau dieses »Feindbildes« kommen und den Pharisäern als einer geschichtlichen Erscheinung des Judentums Gerechtigkeit widerfahren soll. Das reiche Pharisäermaterial in den Evangelien mag freilich von den Evangelisten auch mit der paränetischen Absicht vorgelegt worden sein, den Jüngern Jesu und d. h. der Kirche zu zeigen, *wie es nicht sein soll.*

Vielleicht hat zum Aufbau des »Feindbildes« auch der historische Umstand beigetragen, daß die Pharisäer und der Pharisäismus jene Gruppe und Bewegung des Judentums im urkirchlichen

[71] Interessanterweise liegt im zweiten Werk des Lk, in der Apostelgeschichte, kaum ein negativer Akzent auf den »Pharisäern« (dazu *K. Weiß* in ThWbzNT IX,47f.). Und Paulus war der Sohn pharisäisch eingestellter Eltern (Apg 26,4f.) und ein Schüler des *Rabban Gamliel* (Apg 5,34); in Gal 1,13f. und besonders in Phil 3,5f. kommt er selbst auf seine pharisäische Vergangenheit zu sprechen; vgl. dazu die ausgezeichneten Ausführungen bei *O. Betz,* Paulus als Pharisäer nach dem Gesetz. Phil 3,5–6 als Beitrag zur Frage des frühen Pharisäismus, in: *P. v. d. Osten-Sacken* (Hrsg.), Treue zur Thora (FS f. *G. Harder*) (Berlin 1977) 54–64. Im übrigen spielen die Pharisäer im Corpus Paulinum überhaupt keine Rolle – sie werden von ihm sonst nie erwähnt –; seine Gegner waren anfangs Juden und später Mitchristen (»Judaisten«), die aus dem Judentum hervorgegangen waren und sich mit seiner Theologie nicht identifizieren konnten, sondern diese und den Apostel bekämpften.

Zeitalter sind, die die Katastrophe des Jahres 70 einigermaßen heil überstanden haben, was dazu führte, daß die pharisäische Observanz unter der Führung energischer Männer, wie *Rabbi Jochanan ben Zakkai,* nun weithin zum normativen Judentum wurde, was naturgemäß zu einer gewissen »Engpaßführung« im Judentum führte, nachdem die anderen Gruppen (Tempelhierarchie, Sadduzäer, Essener, Zeloten) von der Bühne der Geschichte abgetreten waren. Man könnte sagen: Gesiegt haben die Pharisäer; ihre *Halacha* in der hillelischen Prägung bestimmte ab jetzt stark das Gesicht des Judentums[72]. »Die große Zeit des Pharisäismus kam erst nach der Tempelzerstörung und der Zerschlagung der Jerusalemer Hierokratie; aber um diese Zeit erfocht er denn auch einen Sieg, der so durchgreifend war, daß selbst die Katastrophe unter Hadrian [Bar-Kochba-Aufstand, 132–135 n. Chr.] nichts hieran ändern konnte« *(R. Meyer)*[73]. Welche Rolle bei der Neuordnung des jüdischen Gemeinwesens *R. Jochanan ben Zakkai* und die Versammlung von Jabne (Jamnia) spielte, ist dabei umstritten[74]. Jedenfalls ist die Bemerkung *R. T. Herfords* richtig: »Das ganze System der [pharisäischen] Halacha diente [nach dem Jahre 70] dazu, die jüdische Gemeinschaft zusammenzuhalten wie auch als ein äußerer Schutzwall, innerhalb dessen der Geist des Judentums seine Stärke und Lebenskraft bewahren konnte. Ohne die Halacha wäre es kaum vorstellbar, daß das Judentum all die Drangsale und Leiden der Verfolgung überlebt hätte, die die Jahrhunderte seiner Geschichte in christlicher Zeit ausfüllen. Die Halacha war ein unersetzlicher Teil der Ausrüstung

[72] Vgl. dazu *R. Meyer* in ThWbzNT IX,31–35 (III. Der Sieg des Pharisäismus); *R. T. Herford,* Die Pharisäer, 271–289; *L. Baeck,* Die Pharisäer, passim; *C. Thoma,* Auswirkungen des jüdischen Krieges gegen Rom (66–70/73 n. Chr.) auf das rabbinische Judentum, in: Bibl. Zeitschr., NF 12 (1968) 30–54; 186–210.

[73] A.a.O. 32. Vgl. auch *C. Thoma,* Christliche Theologie des Judentums, 98f.

[74] *A. Schlatter,* Jochanan ben Zakkai, der Zeitgenosse der Apostel, in: *Ders.,* Synagoge und Kirche bis zum Barkochba-Aufstand (Stuttgart 1966) 175–236; *J. Neusner,* A Life of Rabban Yohanan ben Zakkai (Leiden ^{2}1970); *E. Janssen,* Das Gottesvolk und seine Geschichte. Geschichtsbild und Selbstverständnis im palästinensischen Schrifttum von Jesus Sirach bis Jehuda ha-Nasi (Neukirchen 1971) 127–135; *P. Schäfer,* Die sogenannte Synode von Jabne. Zur Trennung von Juden und Christen im 1./2. Jh. n. Chr., in: Judaica 31 (1975) 54–64; 116–124; *G. Stemberger,* Die sog. »Synode von Jabne« und das frühe Christentum, in: Kairos 19 (1977) 14–21 (21: »Jabne ist für das Judentum, was im Christentum der sogenannte ›Frühkatholizismus‹ bringt«).

des Judentums für die Erfüllung seiner Aufgabe, ›der Panzer Gottes, der es instandsetzen sollte, in den schlechten Zeiten auszuhalten; und nachdem alles getan war, zu bestehen‹; und das ist tatsächlich ihre Wirkung gewesen.«[75] So hat der Pharisäismus das Verdienst, das Judentum in den Stürmen seiner Geschichte n. Chr. vor dem Untergang und vor dem Aufgehen in die Völkerwelt bewahrt zu haben, wobei man sich freilich bewußt sein muß, daß das »rabbinische« Judentum der Zeit nach 70 n. Chr. nicht einfach identisch ist mit dem Pharisäismus vor dieser Zeit. Auch der Pharisäismus machte Wandlungen durch und auch an ihm ging die Katastrophe des Jahres 70 nicht spurlos vorüber. Neue Gegebenheiten waren nun da, die besonders mit der Nichtmehr-Existenz des Tempels mit seinem Opferdienst und seinen Festen zusammenhingen. Der Sieg des Pharisäismus nach der Tempelzerstörung führte zu gewissen Transformationen wesentlicher Art im Judentum, wobei diese Transformationen jedoch schon vor dem Jahre 70 vorbereitet wurden. Man könnte sie vielleicht schlagwortartig so formulieren[76]:

– An die Stelle des Priesters trat endgültig der »Rabbi«, der Schriftgelehrte[77].

– An die Stelle des Tempels traten nun ebenso endgültig die Synagoge und die Torarolle.

– An die Stelle eines politisch-zelotischen Messianismus trat die nüchterne, unpolitische Heiligung des Alltags durch die »Verwirklichung« der Weisungen[78] (wobei die messianische Hoffnung als solche freilich nie völlig aufgegeben wurde).

---

[75] A.a.O. 287.

[76] Vgl. dazu besonders *L. Baeck*, Die Pharisäer, passim.

[77] Zur Geschichte des Schriftgelehrtenwesens vgl. besonders *E. Schürer*, Geschichte des jüdischen Volkes im Zeitalter Jesu Christi (Leipzig [4]1901–1911) II, 372–447; *Billerbeck* I, 79–82; 691–695; II, 647–661; *E. Lohse*, Die Ordination im Spätjudentum und im Neuen Testament (Göttingen 1951) 28-66; *ders.*, in: ThWbzNT VI, 962–964.

[78] Vgl. auch *J. Neusner*, From Politics to Piety: The Emergence of Pharisaic Judaism (Englewood Cliffs 1973). So hat auch *Franz Rosenzweig*, »dieser tief um Ordnung besorgte Denker, interessiert an der Erhaltung des Judentums ... ganz betont alles Messianische ausgeschieden und es den Christen überlassen« (*R. Mayer* in einem Brief an den Verfasser vom 1. 6. 78). Auch in der Mischna findet sich aufschlußreicherweise nichts »Messianisches«, erst in der Tosephta wurde es wieder nachgebracht (ebd.). Auch im Talmud ist das »Messiasmaterial« im Grunde

– An die Stelle der Prophetie trat die Schriftgelehrtenweisheit[79].
– An die Stelle des Landes trat die Gemeinde (»Lehrhausgemeinde«), wenn auch die Sehnsucht nach Erez Israel im Judentum nie erloschen und heute stärker denn je ist.
Man kann aber nicht sagen, daß durch diese Transformationen das Judentum nach dem Jahre 70 seine Identität verloren habe und sich selbst entfremdet worden sei. Denn seit den Tagen des Mose ist Israel »das Volk der Tora« geworden und geblieben, und das übrige geistliche Erbe Israels ist immer wieder in der Geschichte des Judentums virulent geworden. Man kann nicht mit *M. Noth* die These vertreten, um die Wende des 1. zum 2. Jahrhundert sei aus »Israel« das »Judentum« geworden[80]. »Israel bleibt Israel« *(Friedlander)*.

5.2.4 Jesus und die Pharisäer

Wir beginnen diesen Unterabschnitt mit einer Bemerkung *R. T. Herfords*[81]: »Was die Pharisäer während der Zeit des öffentlichen Auftretens von Jesus gesagt und getan haben, liefert nur eine schwache Grundlage für eine Beurteilung ihres wahren Wesens und Charakters.« Das alte Judentum und mit ihm die Pharisäer haben mit dem Kommen des Messias gerechnet, nicht aber mit dem Kommen Jesu von Nazareth. Sie sahen sich vielmehr »plötzlich Jesus gegenübergestellt«[82]; man war auf ihn nicht vorbereitet.
Historisch kann Folgendes festgestellt werden:

---

gering, obwohl die messianische Idee im Judentum nie ausgestorben ist, sondern sich immer wieder als virulent erwiesen hat und erweist. Vielleicht ist das Zurücktreten der messianischen Idee in Mischna und Talmud auch als Reaktion darauf zu verstehen, daß die Christen gerade auch die Messias-Christologie in den Vordergrund rückten mit ihrem Bekenntnis: Jesus ist der Messias.

[79] Vgl. dazu *L. Baeck*, Die Pharisäer, 72f. Vgl. auch bBB12a: »Seit dem Tag, an dem der Tempel zerstört wurde, ist die Prophetie den Propheten genommen und den Weisen gegeben worden.« Nach *P. Schäfer* ist dabei allerdings an den ersten Tempel gedacht (Die Vorstellung vom Heiligen Geist in der rabbinischen Literatur, München 1972, 99f.).

[80] Vgl. gegen *M. Noth R. Meyer*, Die Bedeutung des Pharisäismus für Geschichte und Theologie des Judentums, in: Theol. Lit. Ztg. 77 (1952) 677–684.

[81] *R. T. Herford*, Die Pharisäer, 239.

[82] Ebd. 241.

– Jesus von Nazareth war kein Pharisäer; er kam nicht aus einer pharisäischen Chaburah, sondern eher aus dem *am-ha-aretz*[83], der aber vor dem Jahr 70 n. Chr. keineswegs in einem absoluten Gegensatz zu den Pharisäern stand, wie *A. Oppenheimer* zu zeigen vermag.
– Jesus von Nazareth führte Streit- und Schulgespräche mit Pharisäern (nicht mit »*den* Pharisäern«).
– Jesu Halacha war stark antipharisäisch (dazu weiter unten), weshalb es zum tragischen Zusammenstoß zwischen ihm und Pharisäern kam.
– Jesus von Nazareth hatte auch unter den Pharisäern stille Anhänger und ließ sich von Pharisäern sogar zu Mahlzeiten einladen.
– Im Prozeß Jesu spielten die Pharisäer als solche keine Rolle.
– Der Ausdruck »die Pharisäer« erscheint nach Ausweis der Konkordanz nicht in den Erzählungen der synoptischen Evangelien über den Prozeß Jesu – nur in dem Sondergut des Mt über die Wächter am Grab Jesu tauchen sie zusammen mit den Hohepriestern auf (vgl. Mt 27,62).

Wie uns eine »redaktionsgeschichtliche« Betrachtung des »Pharisäermaterials« in den Evangelien erkennen ließ, wurden im Verlauf des nachösterlichen Überlieferungsprozesses und im Zuge der Loslösung der Kirche von Israel »die Pharisäer« zu den besonderen Gegnern Jesu hochstilisiert; sie wurden zum »Typ» des Gegners Jesu. Das macht die Rückfrage nach Jesus und seinem wirklichen Verhältnis zu den Pharisäern schwierig, aber auch unumgänglich. Auch jüdische Leben-Jesu-Forscher zweifeln nicht daran, daß es zu heftigen Zusammenstößen zwischen Jesus und Mitgliedern der Pharisäergemeinschaft gekommen ist, daß es also auch in diesem Bereich »harte, historische Tatsachen« gab.

---

[83] Zum »am-ha-aretz« vgl. *R. Meyer*, Der ʻAm ha-ʼAreṣ, in: Judaica 3 (1947) 169–199; *A. Oppenheimer*, The ʻAm-Ha-Aretz. A Study in the Social History of the Jewish People in the Hellenistic-Roman Period (Leiden 1977). Mit Blick auf die verschiedenen Gruppen im damaligen Judentum kann man höchstens sagen, daß Jesus der Gruppe der Pharisäer näherstand als den anderen Gruppen des Judentums; aber man kann nicht mit *J. Klausner* sagen, Jesus von Nazareth sei »in Wirklichkeit ein Pharisäer« gewesen, »der nur den Schwerpunkt der pharisäischen Lehre verschob« (Jesus von Nazareth, 381, Anm. 122); das läßt sich aus den Quellen nicht verifizieren.

Damit stellt sich vor allem die Frage: *Wie kam es, historisch gesehen, zum Zusammenstoß zwischen Jesus und den Pharisäern*[84]? Wir versuchen darauf im Folgenden eine Antwort zu geben, allerdings mehr thesenhaft, die in Wirklichkeit monographisch mit Hilfe streng historisch-kritischer Methode erarbeitet werden müßte:

5.2.4.1 Jesus hat zweifellos die unmittelbare Nähe, ja den Schon-Anbruch der eschatologischen Gottesherrschaft (des »Reiches Gottes«) in Israel angesagt. Das bedeutet, daß jetzt etwas Neues einbricht, zwar nicht dem Begriff, wohl aber der Sache nach, durch das die Situation verändert und der Mensch unter einen neuen, die Weisungen der Tora überbietenden Anspruch gestellt wird[85]; vgl. die Forderungen Jesu in der »Bergpredigt«, die man als »Reichsethik« bezeichnen könnte. Seine Gegner vermögen das nicht zu sehen, weshalb ihnen Jesus Unfähigkeit zur Erkenntnis des Kairos vorwirft (vgl. Lk 12,54–56; 7,31–35). Den Pharisäern lag mehr an der kontinuierlichen, ruhigen Weiterentwicklung dessen, was sie schon besaßen, konkret: an der Erweiterung des »Zaunes um die Tora«, um auf diese Weise aus Israel eine reine und heilige Gemeinde vor Gott zu machen. Jesus scheinen sie demgegenüber als »Störenfried« empfunden zu haben. Sie sind unfähig, »ein neues Handeln Gottes zu erfassen, das dem Wirken Gottes durch die Propheten entspricht« *(A. Polag)*[86]. Insofern steht das Neue, das Jesus verkündet und bringen will, gegen das Alte, Hergebrachte, in sich Entwicklungsfähige und Entwicklungsträchtige, das die Pharisäer vertreten (vgl. etwa Mk 2,21f.). Freilich ist das Neue, das Jesus vertritt, nicht das Zelotisch-Revolutionäre, sondern das jetzt von Gott Gewollte: Gott will jetzt neu an Israel durch ihn handeln. Das führt notwendig auch zu einer Neuwertung der Tora. Gottesherrschaft ist mehr als Toraherrschaft. Sie ist Herrschaft des Heils. Das bedeutet eine Zäsur: »Das Gesetz und die Propheten gehen bis Johannes [den Täufer]. Von da ab wird die Gottesherrschaft

[84] Aus der deutschsprachigen Literatur seien dazu genannt: *F. Mußner,* Jesus und die Pharisäer; *H. Merkel,* Jesus und die Pharisäer; *W. Beilner,* Christus und die Pharisäer. (Nähere Angaben dazu s. in Anm. 22.)

[85] Vgl. *A. Polag,* Die Christologie der Logienquelle, 79–84.

[86] Ebd. 82.

verkündigt, und jeder drängt in sie hinein« (Lk 16,16). Etwas Neues ist da[87]!

5.2.4.2 Dieses neue Handeln Gottes richtet sich nach Jesus auf alle in Israel einschließlich der Zugehörigen zum *Am-ha-aretz* und einschließlich der »Zöllner und Sünder«, mit denen Jesus ostentativ öffentlich Mahlzeiten hielt (vgl. Mk 2,13–17 Parr; Lk 15,1 f.)[88]. Das impliziert aber hinsichtlich der »Reichstheorie« Jesu, daß für ihn dieses neue Handeln Gottes an Israel, angesagt und durchgeführt durch Jesus selbst, primär Zeit der Erfüllung, der Gnade und des Heils ist, und nicht eine Zeit des Gerichts, was ihn auch von Johannes dem Täufer unterscheidet. Die Reinheit und Heiligkeit Israels stellt Jesus nicht durch »toragemäßes« Verhalten her, wie es die Pharisäer wollten, sondern durch Vergebung der Sünden, die er in Vollmacht ausspricht[89].

5.2.4.3 Damit hängt schon das Folgende zusammen: Jesus legt anscheinend keinen Wert auf die »levitische« Reinheit, z. B. auf das von den Pharisäern gepflegte Händewaschen vor den Mahlzeiten. Hier ging es aber in den Augen der Pharisäer um keine Kleinigkeit[90]. Speziell in Fragen der »reinen« Speisen geht es um ein Wesenselement des frommen Judentums bis zum heutigen Tag, das sich besonders im »koscheren« Essen zur Geltung bringt[91]. Mag auch Mk 7, wo es um diese Thematik geht, eine

---

[87] Vgl. dazu auch *M. Hengel* in: Theol. Beiträge 9 (1978) 155f.

[88] Dagegen ist im Mischnatraktat Demai zu lesen (II,3 a): »Wer es auf sich nimmt, ein Genosse (חבר) zu sein, der darf einem am-ha-aretz weder Frisches noch Trockenes verkaufen, und darf von ihm nichts Frisches kaufen, und darf bei einem am-ha-aretz nicht einkehren, und darf keinen solchen in seiner Bekleidung bei sich aufnehmen«, denn er würde sich sonst verunreinigen; vgl. auch Traktat Chagiga II,7: Die Kleider eines am-ha-aretz gelten für die Pharisäer als unrein. Wie weit galten diese Bestimmungen und Anschauungen schon z. Z. Jesu? Das bleibt freilich als Frage.

[89] Vgl. dazu etwa *K. Kertelge*, Die Vollmacht des Menschensohnes zur Sündenvergebung (Mk 2,10) in: *P. Hoffmann* (Hrsg.), Orientierung an Jesus (FS f. *J. Schmid*) (Freiburg/Basel/Wien 1973) 205–213; *ders.*, Sündenvergebung an Stelle Gottes. Eine neutestamentlich-theologische Darlegung, in: Dienst der Versöhnung (TrThSt 31) (Trier 1974) 27–44; *P. Fiedler*, Jesus und die Sünder (Frankfurt/Bern 1976) 271–277.

[90] Vgl. das rabbinische Material bei *P. Billerbeck*, Kommentar zum Neuen Testament aus Talmud und Midrasch I,703.

[91] Vgl. dazu Näheres bei *W. Paschen*, Rein und Unrein. Untersuchungen zur biblischen Wortgeschichte (München 1970); *J. Neusner*, The Idea of Purity in

sekundäre Komposition des Evangelisten darstellen, so besteht kein Zweifel, daß hier jesuanisches Material verarbeitet ist[92]. Die kritische Position Jesu gerade zum Thema »rein und unrein«, das in der pharisäischen Halacha eine so zentrale Rolle spielt, mußte zum Zusammenstoß zwischen Jesus und den Pharisäern führen. *M. Hengel* meint sogar: »Wir stoßen hier auf einen grundsätzlichen Bruch Jesu mit dem palästinensischen Judentum seiner Zeit ...«[93] Der Kampf wurde später von dem ehemaligen Pharisäer Paulus hinsichtlich des mit »rein und unrein« zusammenhängenden συνεσθίειν (»zusammenessen«) auf seine Weise und in völlig neuer Situation weiter geführt, jedoch nicht mit Juden, sondern mit seinen judenchristlichen Gegnern[94].

5.2.4.4 Jesus hat ein Verhalten an den Tag gelegt, das als Kritik am strengen Sabbatgebot, dem heiligsten Gebot des Judentums, ausgelegt werden konnte; vgl. die sog. Sabbatkonflikte, von denen alle Evangelien zu erzählen wissen. Diese als »Gemeindeproduktion« zu deklarieren, ist ein unsinniges Unterfangen[95], wenn es auch schwer ist, genau zu sagen, ob Jesus dadurch für jüdisches Empfinden aus dem Rahmen des Judentums gefallen sei. Die Intention Jesu ging auch hier darauf hin, daß mit einem Gebot nicht der wahre Wille Gottes außer Geltung gesetzt werden dürfe. Jedenfalls fiel Jesus damit nicht aus dem Rahmen der alten prophetischen Predigt in Israël, aber sein Verhalten und seine »sabbatkritischen« Worte scheinen den Pharisäern auf die Nerven

---

Ancient Judaism (Leiden 1973); *ders.*, A History of the Mishnaic Law of Purities (22 Bände) (Leiden 1974ff.); *H. Hübner*, Das Gesetz in der synoptischen Tradition (Witten 1973) 142–195; *W. Bunte*, Mischna-Traktat Kelim. Text, Übersetzung und Erklärung nebst einem textkritischen Anhang (Berlin/New York 1972). Wie sehr besonders den Essenern die Reinheit Israels am Herzen lag, läßt jetzt eindrücklich die »Tempelrolle« erkennen (vgl. dazu *J. Maier*, Die Tempelrolle vom Toten Meer, München/Basel 1978 [Übersetzung und Erläuterung]).

[92] Vgl. dazu *R. Pesch*, Das Markusevangelium I, 367–384; *H. Merkel*, Jesus und die Pharisäer, a. a. O. 205–207; *N. J. Mc. Fleney*, Authenticating Criteria and Mark 7,1–23; in: CBQ 34 (1972) 431–460.

[93] In: Theol. Beiträge 9 (1978) 164.

[94] Vgl. dazu *F. Mußner*, »Das Wesen des Christentums ist συνεσθίειν«. Ein authentischer Kommentar, in: *H. Rossmann / J. Ratzinger* (Hrsg.), Mysterium der Gnade (FS. f. *J. Auer*) (Regensburg 1975) 92–102.

[95] Vgl. dazu etwa *H. Merkel*, Jesus und die Pharisäer, a. a. O. 203–205; *E. Lohse*, Jesu Worte über den Sabbat, in: *W. Eltester* (Hrsg.), Judentum, Urchristentum, Kirche (FS f. *J. Jeremias*) (Berlin 1960) 79–89.

gegangen zu sein[96]. Jesu Worte über den Sabbat sind »Ausdruck seiner ἐξουσία«, der Vollmacht, die er auch sonst beanspruchte. Das führt zum nächsten und letzten Punkt, den wir hier nur kurz anführen wollen.

5.2.4.5 Es scheint, daß Jesus überhaupt einen Anspruch in Israel erhoben hat, wie er bisher in Israel so nicht gehört worden war und der seine Gegner auf den Plan trieb. Doch darüber unter 6.2 mehr. Es läßt sich nicht leugnen, daß Jesu Lehren und Wirken in Israel auf Widerspruch stieß, besonders auch von seiten der Pharisäer. Von wem dabei der Angriff eigentlich ausgegangen ist, ist schwer zu entscheiden. Es scheint, daß Jesus der Angreifer war[97]. Man mag diesen Zusammenstoß zwischen Jesus und den Pharisäern als tragisch empfinden, da sowohl ihm wie auch diesen Gott der Wichtigste war, und Jesus das Gesetz oder die Propheten nicht auflösen, sondern erfüllen wollte. Die Evangelien erzählen, daß auch Pharisäer unter jenen waren, die auf die Liquidation Jesu hinarbeiteten (vgl. etwa Mk 3,6). Historische Tatsache ist, daß er aus der Gemeinschaft Israels ausgeschieden wurde und lange Zeit für das Judentum fast völlig »Tabu« war, bis das Judentum sich seiner in unserer Zeit wieder erinnert. Wieweit die Pharisäer an dieser fast bis heute währenden »Ausscheidung« Jesu aus Israel die Mitschuld trugen oder gar die Hauptschuld, läßt sich schwer sagen. Denn nicht der gewaltsame Tod Jesu allein, für den man eine besondere Schuld den Römern (Pontius Pilatus) zuschreiben kann[98], hat die Kirche endgültig von Israel getrennt, sondern eine ganze Reihe von Gründen, die vom anfänglichen Auftreten Jesu in Galiläa bis weit in die Zeit der Urkirche hineinreichen. Einer der »Trennungsfaktoren« waren sicher auch die Pharisäer, mit

---

[96] Man könnte zwar »Jesu Auseinandersetzung mit ihnen als eine Spezialfrage der Sabbat-Halacha betrachten. Diese Betrachtungsweise übersieht jedoch einen entscheidenden Punkt: das messianisch-eschatologische Motiv. Jesu Exorzismen und Heilungen geschehen als Zeichen des endzeitlichen Kampfes gegen die Mächte des Bösen, die Gottes gute Schöpfung zerstören. Indem Kranke geheilt und Dämonen ausgetrieben werden, ist Gottes Herrschaft zeichenhaft schon im Anbruch! ... Der Sabbattag, der die kommende Heilszeit zeichenhaft abbildet, war geradezu dafür prädestiniert, daß an ihm die Heilungen des anbrechenden Gottesreiches vollzogen wurden« (*M. Hengel,* a. a. O. 166).

[97] Vgl. auch *A. Polag,* Die Christologie der Logienquelle, 80, Anm. 251.

[98] Vgl. zu diesem Problem unsere Ausführungen unter 5.4.

denen Jesus nicht eins wurde und umgekehrt[99]. Wieweit man die Reaktion der Pharisäer gegen Jesus als »Schuld« bezeichnen kann und darf, ist eine beinahe unlösbare Frage. Diese Schuld, sollte es sie wirklich gegeben haben, aber heute noch aufzurechnen, wäre völlig verkehrt. Die Urkirche sah jedenfalls in den Pharisäern die besonderen Gegner Jesu, wie die Evangelien erkennen lassen. Dabei spielte aber der Aufbau eines »Feindbildes« zur Gewinnung eines eigenen Selbstverständnisses und Geschichtsbildes eine wichtige Rolle, wie es bei der Abspaltung einer Gruppe von der Muttergruppe meist nicht anders sein kann[100].

5.3 »Die Juden« im Johannesevangelium

5.3.1 Der Hinweis in den »Vatikanischen Richtlinien«

Der Ausdruck »die Juden« im Johannesevangelium gilt als das besondere Kennzeichen eines ausgesprochenen »Antijudaismus« dieses Evangeliums. In den Vatikanischen Richtlinien vom 3. 1. 1975 zu »Nostra Aetate« wird in der Anm. 2 ausdrücklich auf den Begriff »die Juden« im Johannesevangelium hingewiesen und gefordert, daß der Anschein zu vermeiden sei, als ob damit »das jüdische Volk als solches gemeint« sei. Dieser Forderung versuchen wir im Folgenden gerecht zu werden.

---

[99] Doch gilt es dabei zu bedenken, was *C. Thoma* so formuliert hat (Christliche Theologie des Judentums, 175): »Für das Verständnis Jesu und des Neuen Testaments ist sehr entscheidend, die Streitgespräche Jesu mit Pharisäern nicht als prinzipiellen Antipharisäismus zu deuten, sondern als seit alttestamentlicher Zeit gängige und gewohnte innerjüdische Auseinandersetzungen, deren Schärfe angesichts der wichtigen Materie der anbrechenden Herrschaft Gottes nur zu verständlich war.«

[100] Man vergesse im übrigen nicht, daß auch die rabbinische Tradition z. T. Kritik an den Pharisäern geübt hat (vgl. gEx 84f.; jBer IX,7; jPeah VIII,8; jHag II,7; jSot III,4). In bSota 22b werden sieben Sorten von Pharisäern unterschieden: der »Schulterpharisäer« (der seine guten Taten auf der Schulter trägt); der »Warte-noch-Pharisäer«; der Pharisäer »mit dem blauen Fleck« (der seinen Kopf an die Wand schlägt, um eine Frau nicht ansehen zu müssen); der »Mörserkeulen-Pharisäer« (der nur scheinbar demütig ist); der »Buchhalter-Pharisäer« (der seine Tugenden verrechnet), der »Furcht-Pharisäer« (der Gott nur aus Furcht gehorcht); der »Liebes-Pharisäer« (der Gott aus Liebe gehorcht) *und nur der ist der wahre Pharisäer!*

5.3.2 Vergleichende Wortstatistik

Die Statistik zeigt im Hinblick auf die vier Evangelien folgenden Befund: (»die) Juden« ([οἱ]'Ιουδαῖοι) kommt bei Mt 5mal, bei Mk 6mal, bei Lk 5mal, bei Joh 71mal vor. Denkt man dabei an den negativen Akzent, der bei Joh häufig auf dem Begriff »die Juden« liegt[101], so stellt sich von vornherein in der Tat der Verdacht ein, daß der »johanneische Antijudaismus« sich besonders in diesem Begriff manifestiert: »die Juden« werden in der christlichen Lektüre des Johannesevangeliums häufig ohne weiteres identifiziert mit dem jüdischen Volk der Zeit Jesu (und oft sogar mit dem jüdischen Volk als solchem) und das jüdische Volk wird zum »Feind« Jesu und des Evangeliums gestempelt, ja des »Gottesmordes« für schuldig erklärt in dem Sinn: die Juden haben Jesus, den Sohn Gottes, umgebracht; sie sind die »Gottesmörder« und deshalb sei der Judenmord die gerechte Strafe für sie[102].

5.3.3 Zur Semantik des Begriffs »die Juden« im Johannesevangelium[103]

Hilfreich für das Folgende scheint es zu sein, den Begriff »die Juden« im Zusammenhang der »Geographie« des Johannesevangeliums ins Auge zu fassen. Dann zeigt sich nämlich, daß sich ein Großteil des Vorkommens auf Jerusalem/Judäa beschränkt. Das

[101] S. die Übersicht über den neutralen und negativen Gebrauch des Begriffs »die Juden« im Johannesevangelium in dem wichtigen Werk von *R. Leistner*, Antijudaismus im Johannesevangelium? Darstellung des Problems in der neueren Auslegungsgeschichte und Untersuchung der Leidensgeschichte (Bern/Frankfurt 1974) auf dem beigelegten Faltblatt.

[102] In der Apostelgeschichte kommt der Begriff »die Juden« 79mal vor, im Zusammenhang der von Lukas in seinem zweiten Werk erzählten Missionsarbeit der Urkirche, besonders des Paulus. Vgl. dazu *E. Haenchen*, Judentum und Christentum in der Apostelgeschichte, in: *ders.*, Die Bibel und Wir. Gesammelte Aufsätze II (Tübingen 1968) 338–374; *J. Jervell*, Das gespaltene Israel und die Heidenvölker. Zur Motivierung der Heidenmission in der Apostelgeschichte, in: Stud. Theol. 19 (1965) 68–96; *G. Baum*, Die Juden und das Evangelium (Einsiedeln 1963) 194–242.

[103] Vgl. dazu auch (in Auswahl) *J. Belser*, Der Ausdruck οἱ 'Ιουδαῖοι im Johannesevangelium, in: ThQSchr 84 (1902) 168–222; *W. Lütgert*, Die Juden im Johannes-Evangelium, in: Neutestamentliche Studien für G. Heinrici (Leipzig 1914) 147–154; *J. Jocz*, Die Juden im Johannesevangelium, in: Judaica 9 (1953) 129–142; *L. Goppelt*, Christentum und Judentum im ersten und zweiten Jahrhundert (Gütersloh 1954) 251–259; *G. Baum*, Die Juden und das Evangelium

gilt vor allem für die mit einem negativen Akzent behafteten »Juden«-Stellen, so daß ein Großteil dieser Stellen von vornherein eine semantische Limitierung erfährt, die eine Identifizierung »der Juden« mit dem jüdischen Volk verbietet. Da für semantische Entscheidungen vor allem die Position eines Lexems in seinem Kontext von ausschlaggebender Bedeutung ist, muß diese Position für alle mit einem negativen Akzent versehenen »Juden«-Stellen bestimmt werden. Wir folgen dabei der Liste *R. Leistners.*[104].

Nach Joh 1,19 sandten »die Juden aus Jerusalem Priester und Leviten«, damit sie Johannes den Täufer nach seiner Tauftätigkeit fragten; »die Juden« sind hier eindeutig die Zentralbehörde des Judentums, das sogenannte Synedrium. Damit erfährt aber der Begriff »die Juden« schon an der ersten Stelle, in der er im vierten Evangelium begegnet, eine enorme Limitation. Nach 1,24 waren unter den Abgesandten auch Pharisäer. Nach *R. Schnackenburg* will der Evangelist mit diesem Hinweis auf die Pharisäer »wohl bewußt den Blick auf diese Partei lenken«; denn im Joh-Evangelium »sind die Pharisäer die alles beobachtenden und beargwöhnenden, das Volk kontrollierenden und propagandistisch beeinflussenden Gegner Jesu (vgl. 4,1; 7,32a.47f.; 11,46; 12,19.42)«[105].

In 2,18.20 treten »die Juden« wieder auf, nämlich anläßlich der sogenannten Tempelreinigung (2,13–22); sie stellen Jesus zur

(Einsiedeln 1963) 145–193; *E. Gräßer,* Die antijüdische Polemik im Johannesevangelium, in: NTSt (1964/65) 74–90; *ders.,* Die Juden als Teufelssöhne in Johannes 8,37–47, in: Antijudaismus im Neuen Testament? (München 1967) 157–170; *R. Leistner,* Antijudaismus im Johannesevangelium? (s. Anm. 101) passim; *M. Lowe,* Who were the Ἰουδαῖοι?, in: NT 18 (1976) 101–130 (wichtig!); *H. E. Lona,* Abraham in Johannes 8. Ein Beitrag zur Methodenfrage (Bern 1976); *J. Beutler,* Die »Juden« und der Tod Jesu im Johannesevangelium, in: *H. H. Henrix / M. Stöhr* (Hrsg.), Exodus und Kreuz im ökumenischen Dialog zwischen Juden und Christen (Aachen 1978) 75–93.

104 *R. Leistner* nennt folgende Stellen: 1,19; 2,18.20; 3,25; 5,10.15.16.18; 6,41.52; 7,1.11.13.15.35; 8,22.31.48.52.57; 9,18.22; 10,24.31.33; 11,8; 13,33; 18,12.14.20.31.36.38; 19,7.12.14.21.31.38; 20,19. Über manche Judenstellen des Joh-Evangeliums kann man streiten, ob auf ihnen ein neutraler oder negativer Akzent liegt (z.B. bei 3,25, wo zudem die handschriftliche Überlieferung auseinandergeht).

105 *R. Schnackenburg,* Das Johannesevangelium I (Freiburg/Basel/Wien ^{3}1972) 280f.

Rede mit den Worten: »Was für ein Zeichen weist du uns vor, daß du dies tun darfst?« Sie verlangen also von Jesus ein Legitimationszeichen. Der ganzen Situation nach handelt es sich hier bei »den Juden« »um die ›Tempelaufseher‹, die die Schlüssel und Ordnungsgewalt im Tempel innehatten und denen auch die levitische Tempelpolizei (vgl. 7,32.45f.) unterstand«[106].
In 5,10.15.16.18 bleibt es unklar, wer »die Juden« eigentlich sind, die den am Bethesdateich Geheilten zur Rede stellen und von denen dann gesagt wird, daß sie Jesus verfolgten und ihm nach dem Leben trachteten, »weil er nicht nur den Sabbat abschaffte, sondern auch Gott seinen Vater nannte und sich so Gott gleichmachte« (5,18). Da die Erzählung sich ab 5,14 im Tempelbereich abzuspielen scheint[107], braucht nicht daran gezweifelt zu werden, daß mit den »Juden« hier wieder Vertreter der jüdischen Zentralbehörde gemeint sind, möglicherweise (im Hinblick auf das in Joh Erzählte) solche pharisäischer Provenienz, auf keinen Fall aber das jüdische Volk als solches.
Nach 6,41 »murrten die Juden« über Jesus, »weil er sagte: ›Ich bin das Brot, das vom Himmel herabgestiegen ist‹«, und sie wenden gegen seinen Anspruch ein: »Ist dieser nicht Jesus, der Sohn Josephs, dessen Vater und Mutter wir kennen?« Nach 6,52 »stritten die Juden untereinander und sagten: ›Wie kann uns dieser das Fleisch zu essen geben?‹«. Die Szene spielt sich diesmal nach der Erzählung des Evangeliums in Galiläa ab (in Kapharnaum). Wer sind hier »die Juden«? Von der geographischen Situation her könnte man sagen, es sei dabei an Galiläer gedacht[108]. Hier scheint aber eine historisierende Betrachtungsweise fehl am Platz zu sein. Es geht vielmehr um eine »theologische Situation«, die innerkirchliche Auseinandersetzungen in der Abfassungszeit des Evangeliums widerspiegelt, nämlich über die richtige Christologie und Eucharistieauffassung: Für den Evangelisten ist Christus der vom Himmel herabgestiegene, fleischgewordene »Menschensohn« und seine eucharistische Gabe eine wahre Speise und ein wahrer Trank, sein Fleisch und sein Blut für das Leben der Welt. »Die Juden« repräsentieren hier, gewiß in Erinnerung an den Unglauben Israels gegenüber Jesus und dem

[106] Ebd. 363.
[107] Vgl. auch *R. Bultmann,* Das Evangelium des Johannes (Göttingen [16]1959) 182.
[108] Vgl. *R. Schnackenburg,* a. a. O. II,75, Anm. 1.

Evangelium, die »Gegenpartei«, die Christologie und Eucharistielehre doketisch-spiritualisierend aufweicht. Die Gegner werden als »die Juden« maskiert.
Schwierig sind die semantischen Entscheidungen im Kap. 7, in dem »die Juden« fünfmal auftauchen (7,1.11.13.15.35). Weil in 7,1 die Landschaft »Judäa« erwähnt wird und dabei wieder darauf hingewiesen wird, »daß die Juden ihn zu töten trachteten« (vgl. schon 5,18), sind mit diesen hier Jesu Gegner in Jerusalem gemeint. »Die Juden« suchen ihn zunächst vergeblich beim Laubhüttenfest (7,11). Der Evangelist bemerkt, daß die Meinungen im Volk über Jesus geteilt waren (7,12), jedoch niemand offen über ihn zu reden wagt »aus Furcht vor den Juden«. Vor welchen »Juden«? Als Jesus dann doch unerwartet während des Festes in den Tempel kommt, wundern sich »die Juden« über seine Kenntnis der Schrift, »weil er doch nicht ausgebildet ist« (7,15). Jesus selber stellt dann die Frage: »Warum sucht ihr mich zu töten?« (7,19), worauf wieder »das Volk« antwortet. Als er wieder im Tempel lehrt, »suchten sie ihn zu verhaften, aber niemand legte Hand an ihn, weil seine Stunde noch nicht gekommen war« (7,28–30). Außerdem bemerkt der Evangelist, daß »viele aus dem Volk an ihn glaubten«, und als »die Pharisäer« vom Gemunkel des Volkes über Jesus erfahren, »schickten die Hohenpriester und die Pharisäer Polizeiknechte, damit sie ihn verhafteten« (7,32), was jedoch nicht zur Ausführung kommt. Am Ende sagen »die Juden zueinander: Wohin will dieser gehen, daß wir ihn nicht finden werden ...?« (7,35). Hier schwankt also die semantische Valeur des Begriffs »die Juden« hin und her. Einmal sind es eindeutig die Gegner Jesu, dann wieder solche, die sich kaum vom »Volk« abheben. Aber aus 7,32 geht klar hervor, daß mit den feindlich gesinnten »Juden« speziell »die Pharisäer und Hohenpriester« gemeint sind (vgl. auch 7,45.48; 11,47.57; 18,3). Also sind *sie* jene »Juden«, die Jesus zu töten trachten. Dabei spielt deutlich die antipharisäische Polemik eine ähnliche Rolle wie bei Mt[109].
Auch im Kap. 8 ist der Sprachgebrauch kein einheitlicher. Wer

[109] Vgl. auch *R. Schnackenburg*, a. a. O. II,207, der auch bemerkt: »Joh nennt nie zusammen die drei im Hohenrat vertretenen Gruppen: Hohepriester, Älteste und Schriftgelehrte ... Die ›Ältesten‹ ... werden bei ihm nie erwähnt; ebenso gebraucht er nicht den Ausdruck συνέδριον für die Institution, sondern nur

sind in 8,22 »die Juden«, die da sagen: »Will er sich etwa töten?«, und denen Jesus dann antwortet: »Ihr seid von unten, ich bin von oben. Ihr seid aus diesem Kosmos, ich bin nicht aus diesem Kosmos«? Hier sind doch offensichtlich mit den »Juden« solche gemeint, die Jesus ablehnen und deshalb von ihm dem »Kosmos« zugerechnet werden. Nach 8,30 glaubten viele aus den Juden an ihn, die Jesus dann belehrt. Nach 8,48 werfen aber wieder »die Juden« Jesus vor, er sei ein Samariter und habe einen Dämon, d. h. er sei besessen (vgl. auch 8,52; 10,20), und schließlich sagen »die Juden« zu ihm: »Du bist noch nicht 50 Jahre alt und hast Abraham gesehen?«, worauf Jesus antwortet: »Wahrlich, wahrlich, ich sage euch: Bevor Abraham ward, bin ich«; daraufhin heben sie Steine auf, um sie auf ihn zu werfen (8,58f.). Wer sind diese feindselig eingestellten »Juden«? Doch keineswegs das ganze jüdische Volk zur Zeit Jesu[110].

»Die Juden« von 9,18 sind »die Pharisäer« von 9,13.15.16, zu denen der geheilte Blindgeborene geführt wird. »Offenbar« ist bei den »Pharisäern« hier »an Gesetzeslehrer gedacht, die zu autoritativen Entscheidungen befugt sind, aber Joh nennt nie die γραμματεῖς [Schriftgelehrten] gesondert ... Zu seiner Zeit [z. Z. der Abfassung des Evangeliums] waren sämtliche Gesetzeslehrer Pharisäer, und diese stehen repräsentativ für das ganze nomistische und offizielle Judentum« *(Schnackenburg)*[111]. Dasselbe gilt für »die Juden«, vor denen die Eltern des Geheilten sich fürchten, und ebenso für »die Juden«, die »bereits übereingekommen waren: Wenn ihn jemand als Messias bekennt, soll er aus der Synagoge ausgeschlossen werden« (9,22). Ein Vergleich mit 12,42 läßt erkennen, daß mit den »Juden« hier näherhin die Pharisäer gemeint sind, und der Evangelist dabei »im Horizont seiner Zeit schreibt«[112]. Er will die pharisäischen Führer der Abfassungszeit (also nach dem Jahre 90) »treffen ... und (beabsichtigt) mit der ganzen Schlußbetrachtung von 12,37–43 ein vernichtendes, mit

einmal für eine *Versammlung* des Hohenrats (11,47). Hängt das mit seiner Distanz von der Zeit Jesu und seinen zeitgenössischen Tendenzen zusammen?« (ebd. Anm. 2).

110 Vgl. dazu noch *H. E. Lona,* Abraham in Johannes 8. Ein Beitrag zur Methodenfrage (Bern 1976).

111 A.a.O. II, 313.

112 Ebd. II,317. Dazu auch unsere Ausführungen in 5.2.

dem Verstockungszitat theologisch belegtes Urteil über die jüdischen Gemeindeführer..., die die Christusgläubigen, besonders die aus dem Judentum stammenden, bekämpften« *(R. Schnackenburg)*[113]. Damit sehen wir schon deutlich, daß die Verteufelung »der Juden« und »der Pharisäer« im vierten Evangelium auch mit den Verhältnissen der Abfassungszeit zusammenhängt. Wir kommen darauf w. u. zurück.
Als scharfe Gegner Jesu zeigen sich »die Juden« auch in 10,24.31.33; es kommt wieder zum Versuch, Jesus zu steinigen (10,31) und ihn zu verhaften (10,39). Die Szene spielt sich am Chanukafest in der Halle Salomons ab (vgl. 10,22f.): wieder ein Hinweis, daß es sich bei den »Juden« hier nicht um irgendwelche Leute aus dem jüdischen Volk handelt, sondern um solche, die Polizeigewalt im Tempelbereich besitzen. Dann können das nur Angehörige der jüdischen Zentralbehörde sein.
Besonders aufschlußreich für unsere Thematik ist der Bericht des Joh über die Leidensgeschichte Jesu. Nach 18,3 kam Judas »mit der Abteilung (von Soldaten) und mit Knechten von den Hohenpriestern und den Pharisäern dorthin (in den Ölberggarten), mit Fackeln, Laternen und Waffen«. In der Auslegung ist kontrovers, ob die »Abteilung« römische Soldaten oder Angehörige der jüdischen Tempelpolizei sind[114]. Weil in 18,12 diese »Abteilung« mit ihrem Kommandanten (χιλίαρχος) ausdrücklich von den Knechten »der Juden« unterschieden wird, plädiert *Schnackenburg* dafür: »Der Evangelist hat diese σπεῖρα [Abteilung] also sicher auf die Römer bezogen«, jedoch könne man »vermuten, daß die zugrundeliegende Quelle jene jüdische Polizei meinte«[115]. Wie dem auch sei, »die Juden«, deren Knechte Jesus verhaften und fesseln, sind jedenfalls im Sinn des Evangelisten die in 18,3 genannten Hohenpriester und Pharisäer. Im Bericht über den Prozeß vor Pilatus (18,28–19,16) begegnen »die Juden« sechsmal, abgesehen von der Bezeichnung für Jesus »der König *der Juden*« (18,33.39; 19,3). Als die jüdischen Prozeßpartner des Pilatus werden mitten im Bericht »die Hohenpriester und die Knechte« genannt (19,6), die da laut schreien: »Kreuzige, kreuzige (ihn)!«, während nach 19,15 dieselbe Forderung »die

[113] Ebd. II,522.
[114] Vgl. *R. Schnackenburg* III, 250–252 mit *R. Leistner*, Antijudaismus, 81–85.
[115] Ebd. 251.

Juden« erheben; gleich darauf aber werden diese wieder mit den Hohenpriestern identifiziert (19,15). Und wenn auch Pilatus nach 18,35 formuliert: »dein Volk und die Hohenpriester haben dich mir überliefert«, dann kann hier mit dem »Volk« (ἔθνος) »nicht das ganze jüdische Volk gemeint sein, das Jesus ja nicht an Pilatus ausgeliefert hat, vielmehr handelt es sich um seine Repräsentanz im Synedrium, wahrscheinlich um die Ältesten ..., die bei Joh nirgends aufgeführt werden. Diese durch Herkunft und Reichtum einflußreichen Sadduzäer sind für ihn eine vergangene Größe« *(R. Schnackenburg)*[116]. Es kann also keine Rede davon sein, daß »das jüdische Volk« gegen Jesus den Prozeß angestrengt habe. Nur ein ausgesprochener Antijudaismus kann das behaupten. »Die Juden« im johanneischen Prozeßbericht sind vielmehr die Hohenpriester und die Kreise um sie; vgl. auch 19,21 (»die Hohenpriester der Juden« beschweren sich hier über die Formulierung der Kreuzesaufschrift durch Pilatus). Dasselbe gilt auch für »die Juden« in 19,31, die Pilatus ersuchen, man solle mit Rücksicht auf den Sabbat den Gekreuzigten »die Beine zerbrechen und sie abnehmen«. »Die Juden«, vor denen sich Joseph von Arimathäa (19,38) und ebenso die Jünger (20,19) fürchten, sind selbstverständlich die mächtigen Prozeßgegner Jesu (vgl. auch schon 7,13).

5.3.4 Ergebnis

Als wichtiges Ergebnis zeigt sich nun, daß bei dem Ausdruck »die Juden«, sooft im Johannesevangelium ein negativer Akzent darauf liegt, an die Opponenten Jesu aus der führenden Schicht, speziell an die Hohenpriester, gedacht ist, wobei der Evangelist aus seiner schon zum »Stil« gehörenden antipharisäischen Polemik heraus auch die Pharisäer ohne die notwendige Differenzierung zu den Gegnern zählt. Im übrigen ist der Sprachgebrauch hinsichtlich des Begriffs »die Juden« im Johannesevangelium ein neutraler. Das gilt auch für die angeblich distanzierende Bezeichnung der Feste, die im vierten Evangelium erwähnt werden, als »Feste der Juden« (vgl. 2,13; 5,1; 6,4; 7,2; 11,55; 19,42). Nachdem zur Zeit der Abfassung des Evangeliums Kirche und

[116] Ebd. 283.

Israel schon völlig voneinander getrennte Gemeinschaften sind, ist für die Leser das Genitivattribut »der Juden« notwendig, damit die Feste, die erwähnt werden, als »Feste der Juden« erkennbar sind.

R. Bultmann möchte den Sachverhalt so formulieren: »Das für den Evangelisten charakteristische οἱ Ἰουδαῖοι [»die Juden«] faßt die Juden in ihrer Gesamtheit zusammen, so wie sie als Vertreter des Unglaubens (und damit ... der ungläubigen ›Welt‹ überhaupt) vom christlichen Glauben aus gesehen werden ... Die Ἰουδαῖοι sind eben das jüdische Volk nicht in seinem empirischen Bestande, sondern in seinem Wesen«. Es geht aber in Wirklichkeit nicht um das Wesen des Judentums, sondern des »Kosmos«[117]. Der johanneische Sprachgebrauch ist hinsichtlich des Ausdrucks »die Juden« ein differenzierter, der beachtet sein will. »Die Juden«, zu denen der johanneische Christus sagt, daß sie »aus diesem Kosmos« seien (8,22f.), sind nach 8,13 »die Pharisäer«: Auch dies eine ungerechte Verallgemeinerung, aber immerhin findet eine Limitierung auf jene »Juden« statt, die die Gesinnung des »Kosmos« haben, weil sie den gottgesandten Offenbarer scharf ablehnen. Dabei ist noch zu bedenken, daß »Kosmos« bei Joh weithin seiner dualistischen Sprachwelt angehört, die den Eindruck von »Schwarz-Weiß-Malerei« erweckt. Die härtesten Formulierungen fallen dabei in dem Abschnitt 8,37–47, in dem die Juden als Teufelssöhne bezeichnet werden: »Ihr habt den Teufel zum Vater und wollt das tun, was euer Vater begehrt. Jener war ein Mörder von Anbeginn und steht nicht in der Wahrheit, weil Wahrheit nicht in ihm ist« (8,44)[118]. Zuvor taucht in den VV. 37 und 40 die Tötungsabsicht der Gegner Jesu auf, was erkennen läßt, daß es sich bei den »Teufelssöhnen« um diese handelt und die nach der Darstellung des vierten Evangeliums in der Tat die Tötung Jesu später betreiben. Das sind nach Joh, wie sich oben zeigte, die Hohenpriester und Pharisäer. Dennoch bleibt die Schärfe der johanneischen Diktion bedrückend; sie hat ihre Parallelen im Qumranschrifttum[119], wo z. B. in 4 Qflor 1,8 von den »Söhnen Belials« die Rede ist, womit die Essener ihre Gegner

---

[117] S. dazu die folgende Anm. 122.

[118] Vgl. dazu *E. Gräßer*, Die Juden als Teufelssöhne in Johannes 8,37–47, in: Antijudaismus im Neuen Testament?, 157–170 (s. Anm. 103).

[119] Vgl. dazu das Material bei *R. Schnackenburg*, a. a. O. II, 289.

anvisieren. Das ist typischer Stil der »Ketzerpolemik«, bei Joh vorgetragen im Sprachgewand des Dualismus, ähnlich wie in Qumran. Leistner weist darauf hin[120], daß in der essenischen »Damaskusschrift« »Jude«, auch »Land Juda« oder »Haus Juda«, »Bezeichnungen der Gegenpartei Qumrans« sind. Die »Bekehrten Israels« sind dagegen nach Damaskusschrift IV,2f. (vgl. auch VI,5) jene, die »aus dem Land Juda ausgezogen sind«. Dabei ist festzuhalten, »daß die Polemik gegen ›Juda‹ in den Qumran-Schriften sich gegen einen *Teil* des jüdischen Volkes wendet«[121], vor allem gegen die von den Essenern für illegitim gehaltene Tempelaristokratie. Hier zeigen sich im Hinblick auf das Johannesevangelium analoge Vorgänge, die sich vielleicht so formulieren lassen:

– Die Kirche hat sich zu der Zeit, da das Johannesevangelium geschrieben wurde, schon endgültig von den Juden getrennt. Sie steht in Spannung zur Synagoge und die Synagoge zur Kirche, was sich deutlich im vierten Evangelium spiegelt.

– Die Kirche entwickelte im Zusammenhang dieser Loslösung von Israel ähnlich wie die Essener von Qumran ein oppositionelles Selbstverständnis, was »Feindbilder« entstehen ließ, wie »die Pharisäer«, »die Juden«.

– Selbstverständlich hat dabei die Erinnerung an das Geschick Jesu von Nazareth, seinen gewaltsamen Tod in Jerusalem, der auf Betreiben der Tempelaristokratie von Pontius Pilatus verfügt worden war, eine wichtige Rolle gespielt. Man vergaß nicht, daß es zwischen Jesus und gewissen Kreisen seiner jüdischen Volksgenossen heftige Auseinandersetzungen gegeben hat, die schließlich mit Hilfe der Römer zu seiner Liquidierung führten.

Doch muß auch offen gesagt werden, daß bei der »relecture« des Johannesevangeliums in der Kirche »die Juden« (mit negativem Akzent), im Evangelium selbst noch identifizierbar mit den führenden Schichten des jüdischen Volkes, speziell mit der Tempelaristokratie, und die Juden (als das ganze jüdische Volk) einfach identifiziert wurden, was die fatale Folge des »johanneischen Antijudaismus« durch die scheinbare Legitimität dieser Identifizierung mit ihren katastrophalen Konsequenzen mit sich

---

[120] Antijudaismus im Johannesevangelium?, 54.

[121] Ebd. 55.

brachte: Der Jude wurde nun zum »Feind« und das jüdische Volk zum »Volk der Gottesmörder«, das dafür durch die ganze Geschichte hindurch einzustehen habe bis hin zu Auschwitz und darüber hinaus.

Diese Zusammenhänge muß christliche Theologie heute klar erkennen, ohne dem Johannesevangelium etwas von seiner Größe zu nehmen. In seiner Tiefenschau führt das Erscheinen Christi in der Welt zur Aufdeckung der wahren Gesinnung des »Kosmos« und zum Kampf zwischen »Licht« und »Finsternis«, »Leben« und »Tod«. Glaube steht gegen Unglaube, »der Retter der Welt« gegen den »Fürsten dieser Welt«. Das Johannesevangelium bleibt eine *hermeneutica universalis* des »Kosmos«[122]. Der gottgesandte Offenbarer bringt die definitive »Krisis« in die Welt, was gerade auch jüdische Forscher gesehen haben[123]. Im übrigen aber gilt: Auch Joh hat Israel nicht vergessen.

---

[122] Joh reflektiert am Ende des 1. Jahrhunderts über die Vorgänge, die sich mit Jesus und seiner Kreuzigung ereignet haben. Er stellt nun aber das Ganze in einen »kosmischen Horizont« hinein, was sich deutlicher zeigen würde, wenn man eine sogenannte »Aktantenanalyse« des Johannesevangeliums durchführen würde (vgl. dazu *A. J. Greimas,* Strukturale Semantik. Methodologische Untersuchungen, deutsch Braunschweig 1971). Man käme dann zu folgenden Ergebnissen: Als »Akteure« treten im Evangelium Jesus und die Jünger als seine »Adjuvanten«, die jüdischen Gegner als seine »Opponenten« auf, die sich aus dem Evangelium als Pharisäer und Synedristen verifizieren lassen. Johannes reflektiert das aber in einen weltweiten Horizont hinein. Dabei werden »die Juden«, soweit ein negativer Akzent auf dem Term liegt, zu Repräsentanten des gottfeindlichen »Kosmos«. Der Evangelist meint damit jene »Welt«, die von Gott und Christus nichts wissen will. Würde man (im Sinn von Greimas) die »Akteure« weiter reduzieren auf »Aktanten«, käme man in diesem Reduktionsvorgang auf Tod und Leben, Licht und Finsternis. Das sind abstrakte, »dualistische« Begriffe, die bekanntlich im Johannesevangelium eine wichtige Rolle spielen und mit deren Hilfe uns der Evangelist erkennen läßt, daß es hier gar nicht nur um den historischen Prozeß gegen Jesus von Nazareth geht, sondern um einen »Weltprozeß«, nämlich der Weltfinsternis gegen das göttliche Licht überhaupt. Man muß also das Johannesevangelium im Licht seines kosmischen Horizonts lesen, um seinen »Antijudaismus« richtig beurteilen zu können. Die historische Legitimierung dazu, den Prozeß gegen Jesus als »Weltprozeß« zu sehen, liegt in dem Umstand, daß in ihn der Vertreter des römischen Staates, Pontius Pilatus, eingeschaltet wird. »Jetzt ... gewinnt der Prozeß der Welt gegen Jesus seine Öffentlichkeit; er wird vor das Forum des Staates gebracht« (*R. Bultmann,* Das Evangelium des Johannes, 504).

[123] Vgl. dazu *R. Leistner,* a.a.O. 57–63; *J. Blank,* Krisis. Untersuchungen zur johanneischen Christologie und Eschatologie (Freiburg 1964).

5.3.5 Jesus stirbt für sein Volk[124]

Christus rettet die Welt (3,17), er heißt darum in 4,42 »der Retter der Welt«. Durch seine Erhöhung zieht er alle an sich (12,32). Obwohl bei dieser »Erhöhung« zunächst an seine Erhöhung am Kreuz gedacht ist (3,14; 8,28; 12,33), also an seinen gewaltsamen Tod, den ihm seine Gegner bereiten, ist dies doch als ein universaler Heilsvorgang gesehen (»alle«). Jesus gibt sein Leben für die Schafe hin (10,15), und zwar nicht bloß für jene »aus diesem Hof« (aus Israel)[125], sondern auch für jene »anderen«, die nicht zu »diesem Hof« gehören: für die Heidenvölker, so daß am Ende »*eine* Herde und *ein* Hirt« sein wird (10,16). Die Schafe »aus diesem Hof« sind die Juden, nicht die Judenchristen – wo steht im Text, daß es die Judenchristen seien? »Wenn diese Auslegung von 10,16 zutreffend ist, dann zeigt sich hier das Gegenteil von Antijudaismus« *(R. Leistner)*[126].

Hierher gehört auch die eigenartige Prophetie des Hohenpriesters Kaiaphas und ihre Auslegung durch den Evangelisten in Joh 11,39–52. Jesus stirbt »für das Volk« (ὑπὲρ τοῦ λαοῦ): im Mund des Hohenpriesters bedeutet die Präposition ὑπέρ »anstatt«, im Verstand des Evangelisten dagegen »zugunsten«[127]. Der Kommentar des Evangelisten lautet dazu, daß Jesus »nicht für das Volk (Israel) allein« stirbt, »sondern dazu, daß er die zerstreuten Kinder Gottes zusammenführe zu einem (zur Einheit: εἰς ἕν)«. Diese Zweckbestimmung will die Heidenmission legitimieren[128]. Das Ziel aber bleibt die Zusammenführung der Juden und der Heiden »zur Einheit«, eben zu der einen Herde unter dem einen Hirten. Das eschatologische Israel wird »nicht ohne das empirische Israel« sein[129].

Trotz des »Antijudaismus« des Johannesevangeliums, wie er vor

[124] Vgl. dazu *R. Leistner*, a.a.O. 149f.; *W. Grimm*, Das Opfer eines Menschen. Eine Auslegung von Joh 11,47–53, in: *G. Müller* (Hrsg.), Israel hat dennoch Gott zum Trost (FS f. *Sch. Ben-Chorin*) (Trier 1978) 61–82.

[125] So nach übereinstimmender Auslegung der Kommentatoren; vgl. etwa *R. Schnackenburg* z. St.

[126] A.a.O. 148.

[127] Vgl. *G. Delling*, Der Kreuzestod Jesu in der urchristlichen Verkündigung (Berlin 1971) 105.

[128] Vgl. *O. Michel*, in: ThWbzNT VII, 422.

[129] *R. Leistner*, a.a.O. 150.

allem in dem so oft mit einem negativen Akzent versehenenen Begriff »die Juden« zum Ausdruck zu kommen scheint und der in der christlichen Theologie Mitursache ihres Antijudaismus wurde, hat der Johannesevangelist das jüdische Volk nicht vom Heil abgeschrieben[130].

5.4 Wer trägt die Schuld am gewaltsamen Tod Jesu?

Das Konzilsdekret »Nostra Aetate« erklärt ausdrücklich: »Obgleich die jüdischen Obrigkeiten mit ihren Anhängern auf den Tod Jesu gedrungen haben, kann man dennoch die Ereignisse seines Leidens weder allen damals lebenden Juden ohne Unterschied noch den heutigen Juden zur Last legen«, wie das oft durch Christen bis zum heutigen Tag geschehen ist[131].

5.4.1 Unsere Analyse der mit negativem Akzent besetzten »Judenstellen« im Johannesevangelium hat schon erkennen lassen, daß in der Tat »die jüdischen Obrigkeiten mit ihren Anhängern« auf den Prozeß Jesu, der zu seiner Liquidierung führte, hingearbeitet haben. Warum gerade sie, ist eine nicht leicht zu beantwortende Frage. War es der Streit um die Gesetzesauslegung, in den Jesus vor allem mit Pharisäern verwickelt war? War es die »Tempelreinigung« mit ihrem deutlichen Anspruch auf eine besondere Vollmacht? War es ein davon unabhängiger Messiasanspruch von seiten Jesu? War es gar der Anspruch, der Sohn Gottes zu sein, den der Vater in die Welt gesandt hat? Oder war Jesus in einen tödlichen Konflikt mit der römischen Besatzungsbehörde geraten? Diese Fragen sind bekanntlich bis heute von der Forschung nicht geklärt. Die Meinungen gehen weit auseinander. Daß der Römer Pontius Pilatus Jesus kreuzigen ließ, steht außer Zweifel, wenn auch nach den neutestamentlichen Berichten von

---

[130] Deshalb scheint uns eine Sachkritik an der johanneischen Kreuzestheologie nicht nötig zu sein, wie sie *P. v. d. Osten-Sacken* in seinem Aufsatz: Leistung und Grenze der johanneischen Kreuzestheologie (in: EvTh 36, 1976, 154–176), angemeldet hat.

[131] So erzählt der Dichter *Stefan Andres* in seinen Jugenderinnerungen »Der Knabe im Brunnen«, wie er als kleiner Junge einem Juden, der auf die väterliche Mühle im Drohntal kam, entgegengerufen hat: »Ihr Juden habt Jesus umgebracht!«, was den Juden so traurig machte, daß er bittere Tränen vergoß.

ihm kein förmliches Todesurteil ausgesprochen wurde. Ebensowenig sollte man daran zweifeln, daß eine Art Voruntersuchung durch die jüdischen Synedristen gegen Jesus stattgefunden hat. Auch jüdische Leben-Jesu-Forscher bestreiten das nicht[132], wenn auch, vor allem durch den jüdischen Gelehrten *P. Winter,* die These vertreten wurde und wird, daß die Initiative zur Verurteilung Jesu zum Tod von den Römern ausgegangen sei[133], während der christliche Gelehrte *J. Blinzler* zu dem Schluß kommt, daß die Hauptverantwortung für die Verurteilung Jesu der jüdischen Seite zufalle[134]. Da keine Gerichtsprotokolle vorliegen, sondern nur die nachösterlichen Erzählungen, sind die historischen Vorgänge nicht mehr exakt rekonstruierbar. Die Evangelisten stimmen darin überein, daß vor Synedristen so etwas wie ein »Religionsprozeß« stattgefunden hat, der vor Pilatus zu einem politischen Prozeß umgewandelt wurde, um das Ziel zu erreichen: die Verurteilung Jesu zum Tod[135].

---

[132] Vgl. z. B. *J. Klausner,* Jesus von Nazareth (Jerusalem ³1952) 465f.; 482; *D. Flusser,* Jesus (Reinbek 1968) 122 (*D. Flusser* spricht dabei von den »Herrn der Tempelleitung«).

[133] Vgl. *P. Winter,* On the Trial of Jesus (Berlin ²1974); *ders.,* Marginal Notes on the Trial of Jesus, in: ZNW 50 (1959) 14–33; *ders.,* Zum Prozeß Jesu, in *W. P. Eckert / N. P. Levinson / M. Stöhr* (Hrsg.), Antijudaismus im Neuen Testament? (München 1967) 95–104.

[134] Vgl. *J. Blinzler,* Der Prozeß Jesu (Regensburg ⁴1969); *ders.,* Das Synedrium von Jerusalem und die Strafprozeßordnung der Mischna, in: ZNW 52 (1961) 54–65. – Zum Ganzen noch *G. Lindeskog,* Der Prozeß Jesu im jüdisch-christlichen Religionsgespräch, in: *O. Betz / M. Hengel / P. Schmidt* (Hrsg.), Abraham unser Vater (FS f. *O. Michel*) (Leiden/Köln 1963) 325–336 (bes. 326–328); *D. R. Catchpole,* The Trial of Jesus. A Study in the Gospels and Jewish Historiography from 1770 to the present day (Leiden 1971); *G. S. Sloyan,* Jesus on Trial (Philadelphia 1973); *K. A. Speidel,* Das Urteil des Pilatus. Bilder und Berichte zur Passion Jesu (Stuttgart 1976); *B. Klappert,* Der Verlust und die Wiedergewinnung der israelitischen Kontur der Leidensgeschichte Jesu (das Kreuz, das Leiden, das Paschamahl, der Prozeß Jesu), in: *H. H. Henrix / M. Stöhr* (Hrsg.) Exodus und Kreuz im ökumenischen Dialog zwischen Juden und Christen (Aachen 1978) 107–153; *R. Kastning-Olmesdahl,* Die Passionsgeschichte im Religionsunterricht der Grundschule als Quelle antijüdischer Affekte: ebd. 45–74.

[135] Vgl. dazu zuletzt *R. Pesch,* Das Markusevangelium II (Freiburg/Basel/Wien 1977) 404–424 (»Der Prozeß Jesu«, mit umfassender Literatur). Dabei genügte zur Beschlußfähigkeit in der Synedrialverhandlung »nach mischnischem Recht möglicherweise die Anwesenheit von 23 Mitgliedern. **ὅλον τὸ συνέδριον** [»das ganze Synedrium«] in [Mk] 14,55 muß nicht mehr besagen als die ganze, beschlußfähige Gerichtsversammlung« (ebd. 417). Es mußten dazu also keines-

Es scheint, daß den unmittelbaren Anlaß zu einem behördlichen Vorgehen gegen Jesus die »Tempelreinigung« (vgl. Mk 11,15–17) gegeben hat[136]; denn damit erwies sich Jesus in den Augen der jüdischen Behörde als ein gefährlicher Störenfried, was das schiedlich-friedliche Zusammenleben mit der römischen Besatzungsmacht empfindlich gefährden konnte. Außerdem schien Jesu angebliche Drohweissagung gegen den Tempel, auf die einige Zeugen nach Mk 14,57f. hinwiesen, und sein Vorgehen bei der »Tempelreinigung« einen messianischen Anspruch zu implizieren, der gefährliche politische Konsequenzen mit sich bringen konnte. Die Zeugenaussagen vor dem Synedrium erwiesen sich zwar als nicht geeignet, um zu einem Gerichtsbeschluß gegen Jesus zu kommen, aber der Hinweis auf das Tempeldrohwort Jesu veranlaßte anscheinend den Hohenpriester, an Jesus die Frage zu stellen: »Du bist der Christus, der Sohn des Hochgelobten?« (Mk 14,61), die Jesus bejaht: »Ich bin es«, wobei er unmittelbar weiterfährt: »und ihr werdet sehen den Menschensohn zur Rechten der Macht sitzen und kommen mit den Wolken des Himmels« (14,62). Diese Antwort erachtet der Hohepriester als »Blasphemie« (14,63), und auf seine Frage an die Synedristen: »Was dünkt euch?«, »urteilten alle, er sei des Todes schuldig« (14,64)[137]. Damit fällt der Hohe Rat »einen Schuldspruch, der das Strafmaß angibt, kein Vollstreckungsurteil« *(R. Pesch)*[138].

---

wegs alle 70 Mitglieder des Synedriums vom Hohenpriester versammelt werden. Was die Historizität der Vorverhandlung der Synedristen unter der Leitung des Hohenpriesters gegen Jesus angeht, so verdient nach *R. Pesch* der Umstand »besondere Beachtung«, daß der vormarkinische Prozeßbericht »das Verfahren des jüdischen Prozesses, das auf der Zeugeneinvernahme basiert, zutreffend beschreibt und daß die christlichen Tradenten die Prozeßführung des Hohenpriesters nicht als rechtswidrig kritisieren« (ebd.).

[136] Vgl. *R. Pesch,* ebd. 412; *G. Theissen,* Die Tempelweissagung Jesu. Prophetie im Spannungsfeld von Stadt und Land, in: Theol. Zeitschr. 32 (1976) 144–158. »Zur Zeit Jesu und des Urchristentums war der Tempel nicht zweitrangig, sondern der besonders neuralgische Punkt des palästinischen Judentums« (*M. Hengel* in: ZThK 72, 1975, 199, Anm. 149).

[137] Was das »alle« im Mk-Text angeht, so beachte man dazu die Einschränkung, die in Lk 23,50f. zu lesen ist: »Und siehe, da war ein Mann namens Joseph, ein Ratsherr, ein guter und gerechter Mann. *Dieser hatte auch ihrem Beschluß und ihrem Tun nicht zugestimmt*«. Es handelt sich um Joseph von Arimathäa.

[138] Ebd. 441. Nach *R. Pesch* (442f.) »dürfen folgende Informationen des Textes als historisch glaubwürdig beurteilt werden:

Worin bestand aber eigentlich die »Blasphemie« Jesu, die das Synedrium dazu veranlaßte, ihn des Todes schuldig zu finden? Darüber gehen die Meinungen auseinander[139]. Nach *R. Pesch* läßt sich Jesu Wort in Mk 14,62 »in mehrfacher Hinsicht als Blasphemie werten«. »Überlegt werden kann, ob Jesus mit dem Hinweis auf den Menschensohn implizit eine Gottesvision beansprucht ... und deshalb der Blasphemie bezichtigt wird. Ferner ist zu erwägen, daß Jesus mit seinem prophetischen Drohwort ... in exklusiver Weise göttlich-pneumatische Autorität beansprucht, was auch den Blasphemievorwurf rechtfertigen kann. Schließlich ist hervorzuheben, daß Jesus in einzigartiger Weise Gottes Gerichtsvollmacht gegenüber seinen Richtern reklamiert, seine Erhöhung als Menschensohn in unüberbietbare Gottesnähe und sein ›Kommen‹ ... ›mit den Wolken‹ ... ansagt.«
Doch befriedigt das nur halb. Vielleicht war für die Synedristen der von ihnen in Szene gesetzte »Religionsprozeß« gegen Jesus nur eine geeignete Hilfe, »um sich dieses gefährlichen Gegners zu entledigen. In Wirklichkeit war mit dem Auftreten Jesu in der Tat eine politische Gefahr verbunden. Volksbewegungen führen in stürmischen und aufgeregten Zeiten oft ganz von selbst zu einem Volksaufstande, und dies hätte auch durch die von Jesus entfachte Volksbewegung ohne seine Absicht geschehen können« *(J. Klausner)*[140]. Vielleicht war es also echte politische Sorge der Synedristen, die sie veranlaßte, gegen Jesus mit Gewalt vorzugehen, obwohl Jesu Wirken unpolitisch war. Doch die Bewegung, die er ausgelöst hatte, war viel stärker und größer, als allgemein

1. Jesus ist in der Nacht seiner Verhaftung im Morgengrauen (vgl. 14,72; 15,1) im Hause des Hohenpriesters verhört und vom Synedrium als des Todes schuldig verurteilt worden.
2. Die Hauptgegner Jesu, die auf seinen Tod drängten, waren die Hohenpriester; dies ist aufgrund der Hauptanklage begreiflich.
3. Ein Hauptanklagepunkt der Zeugen war ein Jesus unterstelltes, gegen den bestehenden Tempel gerichtetes Wort.
4. Der Hohepriester hat Jesus aufgrund des Tempelwortes (V. 58) angesichts seines Schweigens die Messiasfrage gestellt.
5. Jesus hat bejahend und mit einem Drohspruch korrigierend geantwortet (V. 62).
6. Jesus ist vom Synedrium aufgrund von Blasphemie als des Todes schuldig befunden und als Falschprophet verspottet worden«.

[139] Vgl. dazu *R. Pesch*, ebd. 440 (und die umfassende Literatur 444–446, auf die aber *R. Pesch* kaum eingeht).

[140] *J. Klausner*, Jesus von Nazareth, 137.

angenommen wird. Deshalb konnte sie den Argwohn der jüdischen Behörden erwecken, weil sie nach ihrer Meinung politisch enden konnte[141].

Aber auch diese Überlegungen befriedigen nicht. Es scheint viel eher ein unüberhörbarer und unerhörter Anspruch Jesu gewesen zu sein, der sowohl Pharisäer als auch Sadduzäer auf den Plan rief. Wir kommen auf den Anspruch Jesu später zurück[142]. Dieser Anspruch mochte mit dem Messianischen etwas zu tun haben[143], er ging sicher auch in die Richtung des Menschensohnrichters, aber er überbot sowohl das eine wie das andere bei weitem. Dieser Anspruch ging m. E. in die Richtung dessen, was in dem Titel »Sohn Gottes« zum Ausdruck kommt. Gewiß gibt es jetzt einen Qumranbeleg, auf den *J. A. Fitzmyer* hingewiesen hat (1 Qps Dan A[a]), nach dem der Messias als »Sohn Gottes« und »Sohn des Allerhöchsten« bezeichnet wird[144]. Aber dieser singuläre und abgelegene Beleg besagt noch keineswegs, daß der Hohepriester seine Frage an Jesus nach Mk 14,61 nur »messianisch« verstanden habe. Es scheint eher, daß er sie in der vorher genannten »Überbietung« verstand, wie die Apposition »der Sohn des Hochgelobten« im Mund des Hohenpriesters noch erkennen läßt[145]. Bei Mt (26,63) lautet die Apposition: »der Sohn Gottes«;

---

[141] Vgl. auch *O. Betz,* Was wissen wir von Jesus? (Stuttgart/Berlin 1965) 63; *G. Theissen,* Urchristliche Wundergeschichten (Gütersloh 1974) 243, Anm. 42.

[142] Vgl. 6.2.

[143] Vgl. zum »messianischen Bewußtsein« Jesu etwa *O. Betz,* Die Frage nach dem messianischen Bewußtsein Jesu, in: NT 6 (1963) 20–48; *N. Brox,* Das messianische Selbstverständnis des historischen Jesus, in: *K. Schubert* (Hrsg.), Vom Messias zum Christus (Wien 1964) 165–201; *K. Berger,* Zum Problem der Messianität Jesu, in: ZThK 71 (1974) 1–30.

[144] *J. A. Fitzmyer,* The Contribution of Qumran Aramaic to the Study of the New Testament, in: NTSt 20 (1973/74) 382–407 (391–394). Der Text lautet nach den Ergänzungen und der Übersetzung von *J. A. Fitzmyer:* »[But your son] shall be great upon the earth, [O King! All (man) shall] make [peace], and all shall serve [him. He shall be called the son of] the [G]reat [God], and by his name shall he be named. He shall be hailed (as) *the Son of God,* and they shall call him *Son of the Most High.* As comets (flash) to the sight, so shall be their kingdom.«

[145] Man nennt solche Appositionen in der Grammatik »explikative Appositionen« (vgl. dazu *E. Mayer,* Grammatik der griech. Papyriaus der Ptolemäerzeit II/2 [Berlin/Leipzig 1934] 111 (»Die *explikative* bzw. *prädikative* Apposition dient zur Erklärung und näheren Bestimmung eines allgemeineren Begriffs«, in unserem Fall des allgemeineren Begriffs »Messias«).

dabei fällt auf, daß Matthäus »in der Frage des Hohenpriesters die Beschwörungsformel mit der Berufung auf den lebendigen Gott einfügt. Offenbar fällt für ihn die Entscheidung mit der Frage nach der Christus- und Gottessohnwürde Jesu ...« *(E. Schweizer)*[146]. Jesus beantwortet die *ganze* Frage des Hohenpriesters bei Mk mit »Ich bin es«, d.h. mit »Ja«, und erhebt mit seiner weiteren Antwort *darüber hinaus* noch den Anspruch, der kommende Menschensohnrichter über seine Gegner zu sein. Lukas hat bekanntlich in der Parallele zu Mk 14,61f. eine Doppelfrage an Jesus; einmal die Frage des Hohenpriesters: »Du bist der Messias?« (Lk 22,67), die Jesus nicht beantwortet; anschließend die Frage »aller« an ihn: »Du bist also der Sohn Gottes?«, die Jesus so beantwortet: »Ich bin es« (22,70). *R. Pesch* möchte zwar alle Abweichungen des Lk vom Mk-Bericht als redaktionelle Leistungen des Lukas ansehen[147], aber ob er damit endgültig Recht bekommt, ist zu bezweifeln[148]. Auch nach *G. Schneider,* der in seinem Buch »Verleugnung, Verspottung und Verhör Jesu. Studien zur lukanischen Darstellung der Passion« (München 1969) zu dem Ergebnis kommt, daß Lukas neben Mk eine vorlukanische Quelle in seiner Darstellung der drei von ihm untersuchten Perikopen der lukanischen Passionsgeschichte benutzt hat, meint trotzdem zur Verwendung des Gottessohntitels ohne messianischen Zusatz in Lk 22,70 (2. Frage an Jesus), daß dieser Titel »offensichtlich nur so erklärt werden (könne), daß Lukas die Gottessohnfrage von der Frage in Mk 14,61 herausgezogen hat«[149]. Im übrigen aber tendieren die Untersuchungsergebnisse *G. Schneiders* hinsichtlich Lk 22,67–70 weithin auf Übernahme bzw. Redaktion von nichtmarkinischem Material. Jedenfalls finden sich von den insgesamt 59 Morphemen in Lk 22,67–70 nur 15 in der Mk-Parallele. So könnte durchaus hinter diesen Versen eine vormarkinische Tradition liegen, die Lk bearbeitet hat und aus der auch schon die Doppelfrage stammt[150].

---

[146] *E. Schweizer,* Das Evangelium nach Matthäus (Göttingen 1973) 326.

[147] Vgl. a.a.O. 406–409.

[148] *R. Pesch* geht auf die Gegenpositionen, z.B. jene von *D. R. Catchpole,* kaum oder gar nicht ein, der mit beachtlichen Gründen zu zeigen versucht, daß Lukas neben Mk eine vorlukanische Quelle für seine Passionsgeschichte Jesu benutzt hat.

[149] Ebd. 124.

[150] Vgl. dazu *F. Mußner* in: Bibl. Zeitschr. NF 17 (1973) 270–272. Für die

Daß der Sohngottesanspruch Jesu bei seinem Prozeß eine entscheidende Rolle spielte, lassen außer Lk 22,70 auch noch Mt 27,40–43 erkennen (die Spötter unter dem Kreuz Jesu rufen: »Der du den Tempel abbrichst und in drei Tagen aufbaust, rette dich selbst, wenn du Gottes Sohn bist, und steige herab vom Kreuz!« In gleicher Weise schmähten auch die Hohenpriester zusammen mit den Schriftgelehrten und Ältesten, indem sie sagten: »Andere hat er gerettet [mit seinen Wundern], sich selbst kann er nicht retten. Er ist der König Israels, er steige jetzt herab vom Kreuz, so wollen wir ihm glauben. ›Er hat auf Gott vertraut; der errette ihn jetzt, wenn er Wohlgefallen an ihm hat‹; denn er hat gesagt: *Ich bin Gottes Sohn*«); ferner Joh 19,7: »Die Juden antworten ihm [Pilatus]: Wir haben ein Gesetz, und nach dem Gesetz muß er sterben, *weil er sich selbst zum Sohn Gottes gemacht hat.*«[151] Im übrigen verlagert Johannes »den ›Prozeß‹ Jesu vor den ›Juden‹ in die öffentlichen Auseinandersetzungen in Kap. 7–11 und nimmt auch Mk 14,55–65 in der Substanz vorweg: die Diskussion um Jesu Messianität und seine Gottessohnschaft« *(R. Pesch)*[152]; vgl. vor allem Joh 10,30–36: »Ich und der Vater sind eins. Wiederum ergriffen die Juden Steine, um ihn zu steinigen. Jesus antwortete ihnen: Viele gute Werke habe ich euch gezeigt aus meines Vaters (Vollmacht). Um welches dieser Werke willen (wollt) ihr mich steinigen? Die Juden entgegneten ihm: Nicht wegen eines guten Werkes (wollen) wir dich steinigen, *sondern wegen der Lästerung,* und weil du, obwohl du (doch nur) ein Mensch bist, *dich selbst zu Gott machst.* Da erwiderte ihnen Jesus:

Unterbauung der These *G. Schneiders* bezüglich der zweiten Frage (»Du bist also der Sohn Gottes?«) könnte sich jemand auf die Partikel »also« (**οὖν**) berufen. Doch muß man den syntaktischen Aufbau des V. 70 genau beachten: »Es sagten alle *darüber hinaus* (= **δέ,** das hier unmöglich adversativen Sinn hat): Du *also* (**σὺ οὖν**) bist der Sohn Gottes?« Die Formulierung lautet nicht: »Du bist also der Sohn Gottes« (= **σὺ οὖν εἶ**), sondern **οὖν** gehört zu **σύ**, und **σύ** ist Wiederaufnahme des gleichen **σύ** aus V. 67 (**εἰ σὺ εἶ ὁ Χριστός**). Die Partikel **οὖν** ist also in V. 70 kein syllogistisches **οὖν,** sondern ein sogenanntes epanaleptisches (»wiederaufnehmendes«) **οὖν;** wiederaufgenommen wird das **σύ!** (Vgl. *E. Mayser,* Grammatik der griechischen Papyri aus der Ptolemäerzeit II/3,151).

[151] *R. Schnackenburg* bemerkt dazu (Joh III,298): »Die Hohenpriester werden entlarvt, da ihre Anklage, Jesus sei ein politischer Rebell, nur vorgeschoben war. Jetzt müssen sie mit der Sprache heraus, da sie Jesu Tod (vgl. 18,30f.) aus einem anderen Grund betreiben.«

[152] *R. Pesch,* Markus II,410.

Steht nicht in eurem Gesetz geschrieben: Ich habe gesagt: Götter seid ihr? Wenn er jene Götter nennt, an die das Wort ergangen ist, und wenn die Schrift nicht aufgelöst werden kann, wie (dürft) ihr dann von dem, den der Vater geheiligt und in die Welt gesandt hat, sagen: Du lästerst, weil ich gesagt habe: Ich bin Gottes Sohn?« Deshalb braucht Johannes auch keinen eigenen Prozeßbericht vor dem Synedrium mehr zu bringen (vgl. Joh 18,12–27); dieser ist faktisch schon vorweggenommen[153]. Schließlich ist auch noch hinzuweisen auf Mk 15,39: »Als der (römische) Hauptmann ... sah, daß er so schreiend [den Geist] aushauchte, sprach er: ›Wahrhaftig, *dieser Mensch war Gottes Sohn*‹!«

Diese »Zeugenwolke« ist so groß, daß man kaum bestreiten kann, daß der Sohn-Gottes-Anspruch Jesu bei seinem Verhör vor dem Synedrium eine wichtige Rolle gespielt haben muß, wie m. E. auch aus Mk 14,61 hervorgeht (»der Sohn des Hochgelobten«). Ohne die Annahme eines den Messiasanspruch transzendierenden hohen Anspruches Jesu wird der »Religionsprozeß« vor dem Synedrium historisch unverständlich. Daß vor dem Römer Pilatus als dem Vertreter des römischen Kaisers der »Religionsprozeß« in einen »politischen Prozeß« umfunktioniert werden mußte, ist selbstverständlich, wenn die jüdischen Prozeßgegner ihr Ziel, die Liquidation Jesu, erreichen wollten; die Ansätze für diese Umfunktionierung waren freilich mit der Messiasfrage an Jesus gegeben, weil diese ja königliche Ansprüche enthielt, die politisch gegen Jesus vor Pilatus ausgemünzt werden konnten und es auch wurden[154]. Denn der Messias ist der König der Juden! Hat aber im »Religionsprozeß« vor dem Synedrium der Sohn-Gottes-Anspruch eine Rolle gespielt, dann darf man sagen: Der Hohepriester und die bei ihm versammelten Synedristen konnten zu keiner anderen Meinung kommen, als daß Jesus von Nazareth ein

[153] Zu den Problemen des johanneischen Prozeßberichts vgl. etwa *F. Hahn*, Der Prozeß Jesu nach dem Johannesevangelium. Eine redaktionsgeschichtliche Untersuchung in: EKK 2 (Einsiedeln/Neukirchen 1970) 23–96; *A. Dauer*, Die Passionsgeschichte im Johannesevangelium (München 1972); *R. Schnackenburg*, Das Johannesevangelium III, 246–309.

[154] Vgl. auch *R. Pesch*, a. a. O. 419; besonders deutlich wird das in der lukanischen Passionserzählung: »Und sie begannen ihn folgendermaßen [vor Pilatus] anzuklagen: Wir haben festgestellt daß er unser Volk aufwiegelt und verbietet, dem Kaiser Steuer zu zahlen, und daß er behauptet, er sei der Messiaskönig« (Lk 23,2; vgl. auch 23,5.14).

Gotteslästerer sei; sie mußten ihn auf Grund dessen des Todes schuldig erachten. Sie folgten dabei letztlich ihrer religiösen Überzeugung. Das war eine Konsequenz aus dem *Šema Israel.* Es ging nach ihrer Meinung um nichts Geringeres als um den Bestand des Judentums, um Sein oder Nichtsein[155]! Ein Mensch, noch dazu ein gewöhnlicher Zimmermann aus Nazareth, der sich in Israel als Sohn Gottes deklarierte, schien damit nicht bloß völlig aus dem Rahmen des Judentums zu fallen, sondern war ein eklatanter, öffentlicher Gotteslästerer, der mit dem Tod bestraft werden mußte. Vermutlich haben bei den Synedristen auch politische Überlegungen eine Rolle mitgespielt, aber im letzten waren es theologische. Man vergesse dabei nie, was Jesus nach Mt 16,17 zu Petrus gesagt hat, als ihn dieser als den Messias, *den Sohn des lebendigen Gottes,* bekannte: »Nicht Fleisch und Blut haben dir das geoffenbart, sondern mein Vater im Himmel!« Wie sollten also die Synedristen in Jesus von Nazareth den Sohn Gottes erkennen, wenn ihnen Gott keine solche Offenbarungserkenntnis schenkte?! Diese Frage darf gestellt werden. Daß Jesus nur um des messianischen Anspruchs wegen des Todes schuldig erachtet wurde, läßt sich nicht erweisen. Es traten um die Zeitenwende herum in Israel manche mit dem Anspruch auf, der verheißene Messias zu sein; keinem von diesen wurde vom jüdischen Synedrium der Prozeß gemacht. Der große *Rabbi Aqiba* hat vielmehr *Bar Kochba* ausdrücklich als Messias deklariert: »Dieser ist der König, der Messias« (jTaan 68d,49). Man nahm daran keinen Anstoß.

5.4.2 So kann man zwar mit *R. Pesch* sagen[156]: »Die Hauptverantwortung für Jesu Hinrichtung trägt die jüdische Behörde, die Jesus ergreifen ließ, ihn in außerordentlicher Sitzung des Todes schuldig sprach und als Hochverräter dem Pilatus auslieferte«,

---

[155] »Es besteht kaum ein Zweifel daran, daß in rabbinischer Zeit und später, bis heute, das Bekenntnis zum einen oder alleinigen Gott Israels und zu seiner andauernden partnerschaftlichen Bindung an das Volk Gottes der Juden das zentrale Anliegen des Judentums war und ist. Ein Leugner der Einzigkeit Gottes und seiner einzigartigen Zuwendung an das Volk Gottes wurde deshalb *kôfer ba 'iqqar,* Verleugner in der Hauptsache genannt« (*C. Thoma,* Christliche Theologie des Judentums, 187, mit entsprechenden Literaturhinweisen).

[156] A.a.O. 421.

aber damit ist die »Schuldfrage« noch keineswegs gelöst, was auch *R. Pesch* weiß[157]. Wir gehen für die weiteren Überlegungen von einigen Texten der Apostelgeschichte aus:

– Apg 2,23 (aus der Pfingstpredigt des Petrus): »Diesen habt ihr als einen *nach dem festgelegten Ratschluß und durch die Voraussicht Gottes Preisgegebenen* mit Hilfe der Hand der Gottlosen (=der heidnischen Römer) (ans Kreuz) geschlagen und getötet ...«

– Apg 3,17f. (aus der Tempelrede des Petrus): »Und nun, Brüder, ich weiß, *daß ihr aus Unwissenheit gehandelt habt,* wie auch eure Führer. Vielmehr hat *Gott* das, was er im Voraus angekündigt hat durch den Mund aller Propheten, daß sein Gesalbter (der Messias) leide, *auf diese Weise* (οὕτως) *zur Erfüllung gebracht«.*

– Apg 13,27–30 (aus einer Predigt des Paulus in Antiochien in Pisidien): »Denn die Bewohner von Jerusalem und ihre Führer haben diesen nicht erkannt und die Stimmen der Propheten, die jeden Sabbat verlesen werden, *durch ihr Urteil erfüllt.* Und keinerlei Todesschuld gefunden habend, ersuchten sie Pilatus, daß er getötet werde. Wie sie aber alles *erfüllt* hatten, *was über ihn geschrieben steht,* nahmen sie (ihn) ab vom Holz und legten (ihn) in ein Grab. Gott aber hat ihn von den Toten erweckt ...«

Diese Texte lassen erkennen, daß die urchristliche Verkündigung zwei Antworten auf die bedrängende Frage: Wieso konnte es zu dem furchtbaren Kreuzestod dessen, den wir als Messias und Sohn Gottes verehren und verkündigen, kommen?, gab. Zunächst nennt sie einen »vordergründig«-geschichtlichen Grund: eben die Tat der jüdischen und römischen Prozeßgegner Jesu, die ihn umbrachten (vgl. Apg 2,23b; 3,15; 4,27; 5,30; 10,39b; 13,28); zum anderen einen »hintergründig«-übergeschichtlichen Grund: den in der Schrift geoffenbarten Willen Gottes (Apg 2,23a; 3,18; 4,28; 13,27b; vgl. auch 1 Kor 15,3: »Christus starb ... *gemäß den Schriften*«)[158]. Dabei zeigen die oben zitierten Texte aus der Apostelgeschichte deutlich, daß die eigentliche »causa« des gewaltsamen Todes Jesu der unergründliche Ratschluß Gottes

---

[157] S. ebd. 422.

[158] Zur »Vordergründigkeit« und »Hintergründigkeit« des Leidens Jesu vgl. *K. H. Schelkle,* Die Passion Jesu in der Verkündigung des Neuen Testaments (Heidelberg 1949).

ist, der seinen Sohn und Messias in den Tod »übergab«, während die Menschen »aus Unwissenheit« handelten, weil sie eben das göttliche Geheimnis Jesu nicht zu sehen vermochten. *Gott selber verfügte es, daß sein Messias leiden müsse.* Wer aber möchte mit Gott darüber rechten? Es muß gesagt werden: Der gewaltsame Tod am Kreuz läßt sich »historisch« nicht definitiv »erklären«. Er führt letztlich in das undurchdringliche und unverfügbare Geheimnis Gottes und seiner rational nicht erhellbaren Ratschlüsse[159]. Dies bestätigt auch Paulus in 1 Kor 2,6–8: »Weisheit aber reden wir unter den Vollkommenen, freilich nicht die Weisheit dieser Weltzeit noch der Herrscher dieser Weltzeit, die abgetan werden, sondern wir reden von der Gottesweisheit im Mysterium, die verborgen war, die Gott vor den Weltzeiten zu unserer Verherrlichung *vorherbestimmt* hat. Die hat keiner von den Herrschern dieser Weltzeit erkannt; *denn wenn sie sie erkannt hätten, hätten sie den Herrn der Herrlichkeit nicht gekreuzigt.*« Hier sind nicht mehr historisch eingrenzbare Schuldträger angesprochen, sondern der ganze »Äon« dieser Welt, der den Herrn der Herrlichkeit nicht erkannte, sondern kreuzigte. Nur in 1 Thess 2,4 bemerkt Paulus über die Juden, daß sie den Herrn Jesus und die Propheten getötet haben[160], im übrigen aber geht es dem Apostel um die Theologie des Kreuzestodes Jesu, den er mit Hilfe »jüdischer Kategorien« zusammen mit der übrigen Urkirche als Sühnetod für die Sünden aller interpretiert. Gott hat Jesus »öffentlich als Sühne hingestellt ...« (Röm 3,25), nämlich für die Sünden aller, die glauben (vgl. den Kontext der Stelle). Gott »hat seinen eigenen Sohn nicht verschont, sondern ihn für uns alle dahingegeben« (Röm 8,32)[161]. Christus starb »für uns« (Röm

---

[159] Als Kategorien bieten sich dafür an: Zulassung, Fügung, Verfügung. Die im Neuen Testament selbst erscheinenden Kategorien: βουλή (»Ratschluß«), πρόθεσις (»Vorherbestimmung«), πρόγνωσις (»Vorauserkenntnis«) weisen eindeutig auf »Verfügung«: Gott hat es so »verfügt«, daß sein Christus leiden müsse. Als Motiv dafür nennt das Neue Testament vor allem die Liebe Gottes (vgl. vor allem Joh 3,16), womit eine »Dämonisierung« Gottes abgewiesen wird. Man kann nicht gut mit *G. Lindeskog* (a. a. O. 336) sagen: »Gott selbst übernimmt ... die Verantwortung für das Kreuz Christi«.

[160] Vgl. dazu Näheres unter 4.3.10.

[161] *H. Schlier* bemerkt zu dieser Aussage: »Hier heißt es betont, daß Gott seinen ›eigenen‹ ... Sohn nicht verschonte, was der Hervorhebung des traditionellen, mit Is 53 zusammenhängenden ὑπὲρ ἡμῶν ... παρέδωκεν dient ... Das ›für uns‹

5,8); »für unsere Sünden« (Gal 1,4; 1 Kor 15,3). Das ist die Überzeugung der ganzen urchristlichen Verkündigung. »Er selbst ist das Sühnopfer für unsere Sünden, nicht für unsere Sünden nur, sondern auch für (die Sünden) der ganzen Welt« (1 Joh 2,2). Jesu Tod besitzt Sühnkraft; er ist ein Heilstod für alle. »So sehr hat Gott die Welt geliebt, daß er den Sohn, den einzig Gezeugten, hingab, damit jeder, der an ihn glaubt, nicht verlorengehe, sondern ewiges Leben habe« (Joh 3,16)[162]. Und deshalb ist es überhaupt problematisch, historisch nach jenen zu suchen, die »schuld« am gewaltsamen Tod Jesu sind. Schuldig am Kreuz Jesu, lehrt der *Catechismus Romanus*[163], sind nicht einzelne, sondern alle Menschen, »weil alle gesündigt haben« (Röm 5,12). Auch das *II. Vatikanische Konzil* lehrt: »Auch hat ja Christus, wie die Kirche immer gelehrt hat und lehrt, in Freiheit um der Sünden aller Menschen willen sein Leiden und seinen Tod aus unendlicher Liebe auf sich genommen, *damit alle das Heil erlangen.* So ist es die Aufgabe der Predigt der Kirche, das Kreuz Christi als Zeichen der universalen Liebe Gottes und als Quelle aller Gnaden zu verkünden.«[164] Weil das die Christen vielfach vergessen haben, darum wurde für sie der historisch nicht leugbare gewaltsame Tod Jesu die fatale Scheinlegitimation ihres Antijudaismus, der darüber hinaus sich mit Vorliebe auf die angebliche Selbstverfluchung des jüdischen Volkes berief und beruft[165]. »Die kirchliche

---

Gottes erweist sich darin, daß Gott ... ὑπὲρ πάντων (!) ἡμῶν seinen Sohn preisgegeben, ausgeliefert, überliefert hat in einem absoluten Sinn« (Der Römerbrief, Freiburg/Basel/Wien 1977, 277).

[162] Vgl. auch *W. Popkes,* Christus traditus. Eine Untersuchung zum Begriff der Dahingabe im Neuen Testament (Zürich/Stuttgart 1967). Im Neuen Testament kommt das geheimnisvolle Ineinander von unbegreiflicher Verfügung und ebenso unbegreiflicher Liebe Gottes im Hinblick auf das Kreuz Jesu häufig auch in dem von Gott verfügten »müssen« (δεῖ) des Leidens und Sterbens Jesu zum Ausdruck. »Der Menschensohn *muß* erhöht werden« (Joh 3,14); »*Mußte* nicht der Christus dies erleiden und (so) in seine Herrlichkeit eingehen« (Lk 24,26). Vgl. auch *E. Fascher,* Theologische Beobachtungen zu δεῖ, in: *W. Eltester* (Hrsg.), Neutestamentliche Studien für *Rudolf Bultmann* (Berlin 1954) 228–254.

[163] Pars III, cap. 5; 11.

[164] Nostra Aetate, Nr. 4 (Ende).

[165] Vgl. auch noch *W. Zimmerli,* Die Schuld am Kreuz, in: *ders.,* Israel und die Christen. Hören und Fragen (Neukirchen 1964) 17-30. Z. bemerkt: »So konnte es geschehen, daß andere immer wieder mit dem Finger auf dieses Volk zeigten und sich von ihm absetzten – und dabei nicht bemerkten, wie sehr es gerade in den

Judenfeindschaft nahm aus der Leidensgeschichte ihr Wortarsenal« *(C. Thoma)*[166].

5.5 »Sein Blut auf uns und unsere Kinder!« (Mt 27,25)

In Mt 27,24f. ist Folgendes zu lesen: »Als Pilatus aber sah, daß er nichts ausrichtete, sondern daß der Tumult nur noch größer wurde, nahm er Wasser und wusch sich vor der Menge die Hände, wobei er sprach: ›Ich bin unschuldig an diesem Blut[167]. Seht ihr zu!‹ Und es antwortete das ganze Volk (πᾶς ὁ λαός) und sagte: ›Sein Blut auf uns und unsere Kinder!‹« Das ist das berühmt-berüchtigte Sondergut des Matthäusevangeliums, in dem von einer »Selbstverfluchung« des jüdischen Volkes die Rede zu sein scheint. Alle Katastrophen, die seither über das jüdische Volk gekommen sind, seien, so sagen heute noch viele Christen, nichts anderes als die Auswirkungen dieser »Selbstverfluchung«, die »das ganze Volk« beim Prozeß Jesu vor Pilatus über sich ausgerufen habe[168]!
Was ist dazu zu sagen[169]?

---

dunklen Geschehnissen in diesem Volk um unsere Sache, um uns Menschen (aus der Völkerwelt) vor Gott ... geht ... Da, wo es um die erschreckende Enthüllung des Menschen vor dem Kreuz geht, werden wir selber vors Kreuz geholt. Wir sind gerade auch hier dabei« (24).

166 Christliche Theologie des Judentums, 183.

167 Einige beachtliche Textzeugen lesen dafür »am Blut dieses Gerechten«.

168 So bemerkt der Jude *C. G. Montefiore* in seinem Buch The Synoptic Gospels II (New York ²1968) 346 zu Mt 27,25: »Ein schrecklicher Vers; eine entsetzliche Erfindung. Bitterer Haß läßt den Evangelisten schreiben: das ganze Volk. Das ganze Volk ist als anwesend vorausgesetzt. So sind alle furchtbaren Dinge, die christliche Herrscher und Völker, bisweilen, das muß gesagt werden, mit Mißbilligung der Kirche, über die Juden gebracht haben, von den Juden selbst auf ihre Häupter herabgerufen. Dies ist einer jener Sätze, die schuldig sind an Meeren von Menschenblut, und an einem ununterbrochenen Strom von Elend und Verzweiflung.« Aufschlußreiches Material zur christlichen »Auslegung« von Mt 27,25 bei *R. Pfisterer,* Im Schatten des Kreuzes (Hamburg/Bergstedt 1966) 39–42.

169 Aus der Literatur: *H. Graf Reventlow,* »Sein Blut komme über sein Haupt«, in: VT 10 (1960) 311–327; *K. Koch,* Der Spruch »Sein Blut bleibe auf seinem Haupt« und die israelitische Auffassung vom vergossenen Blut, in: VT 12 (1962) 396–416; *N. A. Dahl,* Die Passionsgeschichte des Matthäus, in: NTSt 11 (1955/56) 17–32; *K. H. Schelkle,* Die »Selbstverfluchung« Israels nach Matthäus

5.5.1 In der ganzen Perikope Mt 27,11–26 (Verurteilung Jesu durch Pilatus) zeigt sich im Vergleich mit der Mk-Parallele (Mk 15,2–15) eine wachsende antijudaistische Tendenz, die darauf hingeht, die Schuld am gewaltsamen Tod Jesu fast ausschließlich den Juden zuzuschreiben. Da ist schon einmal das Sondergut in Mt 27,19 (die Frau des Pilatus läßt diesem sagen: »Laß die Hände von diesem Gerechten!«) und dann die offizielle Unschuldserklärung des Pilatus, verbunden mit der Zeremonie des Händewaschens, und der Ruf des »ganzen Volkes«: »Sein Blut auf uns und unsere Kinder!« in 27,24f. Das bedeutet eine enorme Entlastung des Pilatus, zumal seine Unschuldserklärung vom Evangelisten nicht als Heuchelei hingestellt wird. Die Schuld am gewaltsamen Tod Jesu wird vielmehr ganz den Juden zugeschoben. Mt läßt Pilatus sagen: »Seht ihr zu!«; damit läßt er durch Pilatus selbst die Verantwortung für den gewaltsamen Tod Jesu den Juden zuschieben.
Diese Tendenz hat sich später noch verstärkt, wie die Passionserzählung des »Petrusevangeliums« zeigt[170]: Es ist »der König Herodes«, der Jesus zur Kreuzigung abführen läßt (V. 2); er übergibt Jesus »dem Volk (V. 5b). »Sie aber nahmen den Herrn und stießen ihn eilends und sprachen: ›Laßt uns den Sohn Gottes schleifen, da wir Gewalt über ihn bekommen haben‹. Und sie legten ihm ein Purpurgewand um und setzten ihn auf den Richterstuhl und sprachen: ›Richte gerecht, o König Israels!‹ Und einer von ihnen brachte einen Dornenkranz und setzte ihn auf das Haupt des Herrn. Und andere, die dabei standen, spieen ihm ins Angesicht, und andere schlugen ihm auf die Wangen, andere stießen ihn mit einem Rohr, und etliche geißelten ihn und sprachen: ›Mit solcher Ehre wollen wir den Sohn Gottes ehren‹«

27,23–25, in: *W. Eckert / N. P. Levinson / M. Stöhr* (Hrsg.), Antijudaismus im Neuen Testament? (München 1967) 148–156; *W. Trilling*, Das wahre Israel. Studien zur Theologie des Matthäus-Evangeliums (München ^{3}1964) 68–73; *S. van Tilborg*, The Jewish Leaders in Matthew (Leiden 1972); *T. Mayer-Maly*, Das Auftreten der Menge im Prozeß Jesu und in den ältesten Christenprozessen, in: Österr. Arch. f. Kirchenrecht 6 (1955) 231–245; *Cl.-I. Foulon-Piganiol*, Le rôle du peuple dans le procès de Jésus, in: NRTh 108 (1976) 627–637; *R. Pfisterer*, Im Schatten des Kreuzes (Hamburg/Bergstedt 1966) 39–46; *V. Mora*, Le Refus d'Israël. Matthieu 27,25 (Paris 1986).

[170] In Übersetzung abgedruckt bei *Hennecke/Schneemelcher*, Neutestamentliche Apokryphen in deutscher Übersetzung (I. Evangelien) (Tübingen 1959) 121–124.

(VV. 6–9). Sie befahlen, daß Jesus am Kreuz die Schenkel nicht gebrochen würden, »damit er unter Qualen sterbe« (V. 14). »Und sie erfüllten alles und machten das Maß der Sünden über ihr Haupt voll« (V. 17). Die römischen Wachsoldaten eilen nach der Auferstehung Jesu noch »in der Nacht zu Pilatus . . . und erzählten alles, was sie gesehen hatten, voller Unruhe und sprachen: ›Wahrhaftig, er war Gottes Sohn‹. Pilatus antwortete und sprach: ›Ich bin rein am Blut des Sohnes Gottes, ihr habt solches beschlossen‹« (VV. 45f.). Pilatus wird also völlig entlastet und zum Zeugen der Gottheit Jesu gemacht. Die antijüdische Tendenz ist ganz eindeutig.

5.5.2 Das Sondergut des Matthäus in Mt 27,24f. wird durch das Stichwort »Blut« zusammengehalten. Es ist ganz alttestamentlich-jüdisch gefärbt, zunächst was den Brauch der Händewaschung des Pilatus angeht, dessen Wurzel in Deut 21,1–9 zu suchen ist: Wenn man einen Erschlagenen antrifft, dessen Mörder man nicht kennt, sollen die Ältesten der Stadt eine junge Kuh an einen Bach hinunterführen und ihr dort den Hals durchschneiden. Die Ältesten sollen ihre Hände über der in den Bach hinein getöteten Kuh waschen und dabei laut rufen: ›Unsere Hände haben dieses Blut nicht vergossen, und unsere Augen haben es nicht gesehen‹. Auf diese Weise hofft man, daß Gott die Schuld für das unschuldig vergossene Blut aus der Mitte Israels fortschaffen wird. In den Pss 26,6 und 73,13 ist die Formel »die Hände in Unschuld waschen« Bildrede für Schuldlosigkeit, deren sich der Beter bewußt ist. Mit der Zeremonie des Händewaschens unterstreicht also Pilatus die von ihm beteuerte Schuldlosigkeit am Blut Jesu: »Ich bin unschuldig an diesem Blut«; diese Beteuerung des Pilatus findet sich fast wörtlich in Sus 46 (Theodotion). »Da antwortete das ganze Volk: ›Sein Blut über uns und unsere Kinder!‹« Auch dieser Ruf des Volkes hat seine Vorbilder im Alten Testament; vgl. 1 Sam 2,33: »Ihr Blut komme über das Haupt Joabs und seiner Nachkommen für immer«; Jer 26,15: »Wenn ihr mich tötet, bringt ihr unschuldiges Blut über euch und über diese Stadt und ihre Bewohner!« Und wenn Matthäus »das ganze Volk« diesen Ruf sprechen läßt, so denkt er selbst dabei »keinesfalls an die zufällige Zusammenrottung einer Volksmenge« *(W. Trilling)*[171],

---

[171] A.a.O. 72.

sondern an das ganze jüdische Volk, dem er eine Kollektivschuld für den gewaltsamen Tod Jesu auflädt. Denn sowohl die formelhafte Wendung »das *ganze* Volk«[172] als auch das ebenso formelhafte »über unsere Kinder«, »weist auf den Gesamtverband Israels« *(W. Trilling)*[173].
Mag nun dieses Sondergut des Mt schon aus der vormatthäischen Tradition stammen oder eine Bildung des Evangelisten sein, so haben wir es mit ihm »nicht mit einem legendären Zug, sondern mit einem dogmatischen Theologumenon zu tun« *(ders.)*[174], mit dem eindeutig der Römer Pilatus entlastet und das jüdische Volk belastet werden soll, und das wiederum zusammenhängt mit dem Aufbau eines »Feindbildes«, worauf wir früher schon hingewiesen haben. Im Zusammenhang der Trennung der Kirche von Israel wird das jüdische Volk (»der Jude«) zum Gegner schlechthin[175].
Historisch-kritisch gesehen ist es auch wenig wahrscheinlich, daß Pilatus selbst als Vertreter der römischen Staatsmacht den jüdischen Prozeßgegnern Jesu gegenüber eine von ihm vollzogene Verurteilung zum Kreuzestod als »Justizmord« deklariert, was er doch faktisch mit der Zeremonie des Händewaschens und der damit verbundenen Beteuerung tut[176]. Außerdem ist es schlechthin unmöglich, daß »das ganze Volk« der Juden mit den Hohenpriestern und den Ältesten vor Pilatus versammelt war. Als Ort kommt (zwar nach heute umstrittener Tradition) »hierfür ein mit Kalkstein belegter Innenhof von ca. 2500 Quadratmetern in der Burg Antonia in Frage (vgl. Joh 19,13). Entsprechend der Bodenfläche des Hofes könnten in diesem höchstens 4000–4500 Menschen Platz gefunden haben. Nach vorsichtig angestellten Berechnungen ist anzunehmen, daß Jerusalem zur Zeit Jesu

[172] Vgl. dazu das von *A. Schlatter* vorgelegte Material (Der Evangelist Matthäus, Stuttgart 1948, 775f.).

[173] A.a.O.

[174] Ebd. 72.

[175] Dabei muß auch noch mitbedacht werden, daß das Auftreten des Volkes in Prozeßberichten zur festen Topologie gehört und geradezu ein juristisches Element darin bildet, wie *C. I. Foulon-Piganiol* zeigt (vgl. a. a. O., s. Anm. 169).

[176] Es »ist unvorstellbar, daß er selbst seine unrechtmäßige Entscheidung und die Ohnmacht Roms gegenüber dem Drängen des unterworfenen Volkes öffentlich demonstriert hätte. Der Zug gehört also zu der allgemein festzustellenden Tendenz, immer mehr die Römer zu entschuldigen und dafür die Juden zu belasten« (*E. Schweizer*, Das Evangelium nach Matthäus, Göttingen 1973, 333).

ungefähr 25000 bis 30000 Einwohner zählte, daß aber zur Osterfestzeit infolge des Pilgerstroms aus der ganzen jüdischen Diaspora jeweils rund 180000 Menschen in Jerusalem weilten. Der Volkshaufen vor Pilatus, von dem Matthäus berichtet, könnte also 2 bis 3 Prozent aller in diesem Zeitpunkt in Jerusalem befindlichen Menschen ausgemacht haben, und es hätte sich auch qualitativ nicht um eine repräsentative jüdische Gruppe gehandelt« *(C. Thoma)*[177]. Aus diesen Gründen muß gesagt werden, daß es sich bei dem Sondergut Mt 27,24f. ganz gewiß nicht um eine historische »Reportage« handelt, sondern um eine sekundäre Traditionsbildung, deren Tendenzen allzu durchsichtig sind.

5.5.3 Nun steht aber diese Sache im Evangelium, und christliche Theologie muß zusehen, wie sie mit ihr zurechtkommt. Von der Abfassungszeit des Evangeliums her ist es wahrscheinlich, daß der Evangelist den Ruf des Volkes »sein Blut auf uns und unsere Kinder!« in der Katastrophe des Jahres 70 erfüllt sah[178]: Die »Selbstverfluchung« des jüdischen Volkes habe sich hier auf furchtbare Weise erfüllt. Dann wäre aber das Kreuzesblut Jesu nicht als Erlöserblut, sondern als Rächerblut gesehen, was der Soteriologie des Neuen Testaments widerspricht, wie sie besonders eindrücklich in Hebr 12,24 formuliert ist: »Das Blut Christi redet wirksamer als das Blut Abels. Es verlangt nicht Strafe, sondern Vergebung«. »Das Blut Christi ist nicht Unheil, sondern Gnade und Segen« *(K.-H. Schelkle)*[179]. Darüber hinaus vergesse man nie, daß Jesus am Kreuz nach Lk 23,34 für seine Gegner gebetet hat: »Vater, vergib ihnen; denn sie wissen nicht, was sie tun!«. Wird Gott die Bitte seines Sohnes nicht gehört haben? Auch Israel steht bleibend unter dem Kreuz und Jesu Blut sühnt auch seine Schuld, so groß sie auch sein mag. Jesus starb nicht bloß für die Heiden, sondern für alle Menschen. Er ist »das Lösegeld für alle« (1 Tim 2,6), ob Juden oder Heiden. Die christliche Theologie muß ihre eigene Verkündigung ernstnehmen, auch gegenüber Israel. Kein Christ kann sich guten Gewissens zur

---

[177] *C. Thoma,* Kirche aus Juden und Heiden (s. Anm. 169) 71.

[178] Vgl. auch Mt 22,7 (aus dem Gleichnis zum Hochzeitsmahl): »Der König aber wurde zornig und sandte seine Heere aus, ließ jene Mörder verderben und ihre Stadt anzünden«; vgl. auch 23,35.

[179] A.a.O. 156.

Rechtfertigung seines Antijudaismus auf Mt 27,25 berufen. Wenn Jesu Blut über die Kinder Israels kommt, kommt es über sie als Erlöserblut.

5.6 *War Jesus von Nazareth für Israel erkennbar?*

Damit wird eine Frage aufgenommen, die, soweit ich sehe, noch nie wirklich von der christlichen Theologie durchreflektiert worden ist, die jedoch von grundlegender Bedeutung für das jüdisch-christliche Gespräch ist und in einem »Traktat über die Juden« nicht unberücksichtigt bleiben darf – auch wenn die Antwort wegen der Schwierigkeit des Gegenstandes letztlich über Hypothesen nicht hinauskommt, weil die Frage mit dem undurchschaubaren Geheimnis der göttlichen Heilsführung zu tun hat. Aber ein Versuch zu einer Antwort muß gewagt werden. Unsere Frage meint natürlich: War Jesus für Israel in seinem messianisch-göttlichen Geheimnis erkennbar?

5.6.1 Wir gehen in unseren Überlegungen von der sog. Nazarethperikope (Mk 6,1–6a; Mt 13,53–58; Lk 4,16–30)[180] aus, die häufig in Übersetzungen und Kommentaren die Überschrift trägt: »Jesu Verwerfung in seiner Vaterstadt«[181], während *H. Schürmann* von »Jesu Selbstoffenbarung in Nazareth« spricht[182]. Nach *H. Schürmann* rückt Lukas die Nazarethperikope »mit Überlegung an den Anfang seines Berichts über das Wirken Jesu, weil sie in gewisser Weise das Ganze des Evangeliums enthält und weil in ihr in besonders gültiger Weise etwas Typisches aufleuchtet«[183]. »In ihrem ersten Teil 4,16–22 spricht sich die ἀρχή [»der Anfang«] Jesu ... aus, durch die das ›erfüllte‹ σήμερον [»heute«] konstituiert

[180] Die Literatur ist zusammengestellt bei *R. Pesch*, Das Markusevangelium I, 325. Dazu noch *B. Mayer*, Überlieferungs- und redaktionsgeschichtliche Überlegungen zu Mk 6,1–6a, in: BZ, NF 22 (1978) 187–198; *O. Betz*, Jesus in Nazareth. Bemerkungen zu Markus 6,1–6, in: *G. Müller* (Hrsg.), Israel hat dennoch Gott zum Trost (FS f. *Sch. Ben-Chorin*) (Trier 1978) 44–60.

[181] So auch bei *R. Pesch*.

[182] *H. Schürmann*, Das Lukasevangelium I (Freiburg/Basel/Wien 1969) 225.

[183] Ebd. Vgl. auch *U. Busse*, Das Nazareth-Manifest Jesu. Eine Einführung in das lukanische Jesusbild nach Lk 4,16–30 (SBS 91) (Stuttgart 1978).

wird (V. 21); in ihrem zweiten Teil (4,23–30) dann der Ausgang Jesu: die Ablehnung in seiner Heimat und in Israel und das kommende Heil für die Heiden.«[184] Um so mehr entsteht dadurch für uns die Frage: Wenn sich in dem in der Perikope erzählten Vorgang der Weg Jesu und des Evangeliums beispielhaft spiegelt – und nach *R. Pesch* bietet die Perikope »wichtiges historisches Material«[185] –, können dann aus ihr noch die Gründe abgelesen werden, die Israel zur Ablehnung Jesu und seiner Botschaft und den Weg des Evangeliums zu den Heiden bestimmten? Nach Mk 6,3b (=Mt 13,57a) nehmen die Landsleute Jesu »Anstoß an ihm«, während Lukas dieses Anstoßnehmen an Jesus folgendermaßen am Ende seiner Erzählung dramatisiert: »Da wurden alle in der Synagoge, als sie das hörten [was Jesus zuvor in seiner »Homilie« gesagt hatte], voller Zorn, standen auf und stießen ihn zur Stadt hinaus und führten ihn an den Rand des Berges, auf dem ihre Stadt erbaut war, um ihn hinabzustürzen« (4,28f.). Worin liegen die Gründe für den »Anstoß« und den »Zorn« der Nazarethaner, die hier Israel repräsentieren? Bei Mk ist der Grund dafür nicht ganz so deutlich wie bei Lk zu erkennen. Bei Mk ist es die Unfähigkeit der Landsleute Jesu, die »Weisheit und die Wundertaten«, genauer gesagt: das »Woher« derselben, mit dem Tatbestand in Zusammenhang zu bringen, daß Jesus der Sohn des (ihnen bekannten, wenn auch vielleicht schon verstorbenen) Zimmermanns Joseph ist und seine übrige Verwandtschaft (seine Mutter, seine Brüder und Schwestern) bei ihnen wohnen. Sie denken offensichtlich: Von diesen einfachen Leuten, von seinem Elternhaus her, kann er doch nicht die Weisheit und die Wunderkraft haben, mit der er spricht und wirkt. Bei Lk dagegen geht es ganz deutlich um das »heute« (4,21), das Jesus in seiner »Homilie« als jenes »heute« bestimmt, an dem sich *in seinem Auftreten* die Ansage des Propheten Jesaja erfüllt: »Der Geist des Herrn ruht auf mir, weil er mich gesalbt hat. Den Armen die Frohbotschaft zu verkünden, hat er mich gesandt, den Gefangenen die Befreiung, den Blinden das Augenlicht, Mißhandelte in Freiheit zu setzen, das angenehme Jahr des Herrn zu verkünden« (Jes 61,1f.; 58,6). Zwar spenden ihm die Nazarethaner nach Lk

[184] *H. Schürmann*, a. a. O.

[185] S. die Zusammenstellung desselben a. a. O. 322.

zunächst Beifall und staunen über seine »lieblichen Worte«, aber dann kommt auch bei Lk die kritisch klingende Frage: »Ist das nicht der Sohn Josephs?« (4,22b). »Das angenehme Jahr des Herrn« wird im »heute«, das Jesus proklamiert, »aktuelle Gegenwärtigkeit« *(H. Schürmann)*[186]. Nach *R. Pesch* weisen die Landsleute Jesu mit ihrer Frage nach dem »Woher« seiner Weisheit und seiner Wunderkraft »einen sich aus Jesu Lehre aufdrängenden Messiasanspruch zurück. Wenn Jesus die Weisheit aus sich selbst hat, ist er ein Pseudochristus«[187]. Ein ähnlicher Anspruch spricht aus dem »heute«, das sich nach Jesus jetzt in ihm erfüllt[188]. Jetzt, »heute«, ist Erfüllungszeit, jetzt ist Heilszeit[189]! Diesem Anspruch aber steht für das Empfinden der Nazarethaner Jesu »gewöhnliche« und »bekannte« Abstammung entgegen. Schon in 3,23 bemerkt Lk, daß man Jesus, als dieser öffentlich auftrat, »für einen Sohn Josephs« hielt (vgl. auch Joh 1,45; 6,42). Wie konnte dann dieser jetzt auf einmal einen solchen Anspruch erheben, als sei er der von den Propheten Israels Angesagte, in dem sich die messianischen Verheißungen erfüllen? Das leuchtete ihnen nicht ein, und so kam es zum Anstoß an ihm, zu seiner »Verwerfung« durch die Nazarethaner, von der Lk ausführlich erzählt, wodurch im zweiten Teil der Perikope bei ihm bereits »das Evangelium zur Passionsgeschichte wird« *(A. Schlatter)*[190], ja die Hinwendung des Evangeliums von Israel zur Völkerwelt sich schon ankündigt. In Lk 4,23 »heißt der Gegensatz Nazareth – Kapharnaum, in VV. 25ff. Israel – Völkerwelt« *(H. Schürmann)*[191].

Natürlich ist das von Lk schon alles, trotz verschiedener historischer Elemente auch in seiner Erzählung, post eventum so interpretiert, aber zweifellos spielte in der Ablehnung Jesu als Messias durch Israel die Frage nach seiner Herkunft eine entscheidende Rolle, also die Frage nach dem »Woher«. Denn

---

[186] A.a.O. 233.

[187] A.a.O. 318.

[188] Vgl. dazu Näheres bei *H. Schürmann,* a.a.O. 233, mit Verweis auf *B. Prete,* Prospettive messianiche nell'espressione *sēmeron* dal Vangelo di Luka, in: Il Messianismo (Brescia 1966) 269–284.

[189] Wir kommen darauf gegen Ende unserer Überlegungen (unter 5.6.11) wieder zurück.

[190] Zitiert bei *H. Schürmann,* 236.

[191] Ebd. 243.

dieses »Woher« konnte »verschieden beantwortet werden (vgl. [Mk] 11,27–33 par Mt): vom Himmel oder von Menschen (11,30), vom Satan (3.22.30). Der [bei Mk] dreifach wiederholte Gebrauch des Demonstrativpronomens (τούτῳ–τούτῳ–οὗτος; vgl. 4,41!) gerät von V. 3 her auch ins Zwielicht ungläubigen (V. 6) Staunens und verstärkt den skeptischen Charakter der Fragen, die ›diesem da‹ (vgl. 2,7) gelten« *(R. Pesch)*[192].
Die »obskure« Herkunft Jesu aus Nazareth scheint auch sonst in der Auseinandersetzung um ihn eine wichtige Rolle gespielt zu haben und zwar weit über Ostern hinüber, wie die Evangelien noch erkennen lassen, besonders das Johannesevangelium. Hier fragt Nathanael: »Kann denn aus Nazareth etwas Gutes kommen?« (1,46). Nach 6,42 fragen »die Juden«: »Ist das nicht Jesus, der Sohn Josephs, dessen Vater und Mutter wir kennen? Wie kann er jetzt sagen: Ich bin vom Himmel herabgekommen?« Auch Leute aus Jerusalem bewegt nach Joh 7,25–27 dieses Problem der Herkunft des Messias. Von Jesus glauben sie zu wissen, »woher er ist« (eben aus Nazareth). »Wenn aber der Messias kommt, weiß keiner, woher er ist« (7,27). Als einige meinen, Jesus sei vielleicht der Messias, »sagten andere: Kommt denn der Messias aus Galiläa? Sagt nicht die Schrift: Aus Davids Geschlecht und aus dem Dorf Bethlehem, wo David war, kommt der Messias?« Vgl. auch 8,14; 9,29f. Von der Abfassungszeit des vierten Evangeliums her gesehen, scheint diese Frage nach dem »Woher« Jesu im Streitgespräch zwischen Juden und Christen eine wichtige Rolle gespielt zu haben. Und die Kindheitsgeschichten des Mt und Lk scheinen u. a. auch diesem Zweck zu dienen, die Herkunft Jesu aus der »Davidsstadt« Bethlehem zu erweisen. Jedenfalls hat die Frage der Herkunft Jesu aus Nazareth in Galiläa sowohl vor Ostern wie auch nach Ostern eine wichtige Rolle im Streitgespräch gespielt.

5.6.2 »Er antwortete ihnen: Warum habt ihr mich gesucht? Wußtet ihr nicht, daß ich im Haus meines Vaters sein muß? Sie [Joseph und Maria] aber verstanden das Wort nicht, das er zu ihnen sprach« (Lk 2,49f.). Gerade das »muß«, das Jesus hier in seiner Antwort verwendet, »trennt Jesus selbst von den Eltern

---

[192] A.a.O. 317.

– gerade von den Eltern« *(H. Schürmann)*[193]. Jesu geheimnisvoll klingende Frage deutet auf »die Radikalität seines Sohnesgehorsams gegenüber dem Vater« hin *(ders.)*, die Joseph und Maria nicht »verstehen«. Die eigenartige Distanz, in die er mit seinen Worten zu ihnen tritt, wirkt auf sie rätselhaft und unverständlich. Wir stoßen hier auf die eigenartige Erfahrung, die sich sowohl in Mk 3,21.31–35 noch »skandalöser« zeigt als auch auf andere Weise im »Unverständnismotiv« bei den Synoptikern zur Sprache kommt (s. dazu Nr. 5.6.5).

5.6.3 Als nach Mk 3,21 »die Seinen« vom Wirken Jesu hörten, »zogen sie aus, um sich seiner zu bemächtigen; sie sagten nämlich: ›Er ist von Sinnen‹«[194]. In 3,31–34 wird dann folgendes von Mk weitererzählt: »Und es kommt seine Mutter und seine Brüder; und sie standen draußen, sandten zu ihm und ließen ihn rufen. Und es saß um ihn eine Volksmenge; und sie sagten: ›Siehe, deine Mutter und deine Brüder und deine Schwestern, draußen suchen sie dich!‹ Und er antwortete ihnen und sagt: ›Wer ist meine Mutter und die Brüder?‹ Und ringsum die im Kreis um ihn Sitzenden anblickend, sagt er: ›Da, meine Mutter und meine Brüder! Wer den Willen Gottes tut, dieser ist mir Bruder und Schwester und Mutter!‹« Zweifellos handelt es sich hier um eine der härtesten Szenen, die Mk aus ältestem Jesusmaterial kannte und in seine Vita Jesu aufnahm – Lk hat ihr bereits viel von ihrer Härte genommen (vgl. Lk 8,19–21)[195], was erkennen läßt, daß er die bei Mk erzählte Szene historisch verstanden hat, obwohl sie vermutlich schon in dem dem Mk vorliegenden Material »geistlich« verstanden sein wollte: Jesu Hörerschaft, die bereit ist, dem

---

[193] A.a.O. 136.

[194] Wie die Angehörigen Jesu zu diesem harten Urteil kommen und wie sie es genau verstehen, läßt sich nicht mehr erkennen. Jedenfalls wird ihr Entschluß, »sich seiner zu bemächtigen« (κρατῆσαι), damit begründet, daß er nach ihrer Meinung »von Sinnen ist« (ἐξέστη). Vgl. dazu *H. Wansbrough*, Mark III.21 – Was Jesus out of his mind?, in: NTSt 18 (1971/72) 233–235; *D. Wenham*, The Meaning of Mark III.21, in: NTSt 21 (1974/75) 295–300. Nach Joh 10,20 sagen »viele« von den Juden: »Er ist besessen und rast!«. *R. Pesch* meint, die Verwandten Jesu seien offenbar der Meinung, daß Jesus durch sein anspruchsvolles Auftreten in der Öffentlichkeit Israels seine Familie in Schande bringe (a. a. O. 221).

[195] Dazu *F. Mußner*, Lk 1,48f.; 11,27f. und die Anfänge der Marienverehrung in der Urkirche, in: Catholica 21 (1967) 287–294.

Willen Gottes zu gehorchen, bildet seine wahre, die »geistliche« Familie. Daß aber diese neue, »geistliche« Verwandtschaft so stark und so dramatisch von der natürlichen Sippschaft Jesu abgehoben wird, gehört zum Rätselhaften des Lebens Jesu, in dem sich doch irgendwie »Unjudentum« auf seiten Jesu zeigt[196]. Die Perikope läßt auf jeden Fall erkennen, daß Jesus sogar für seine engste »Sippschaft« ein »Unbekannter« war, sein messianisch-göttliches Geheimnis ihnen verborgen blieb[197]. Wie sollte ihn dann erst ganz Israel erkennen?

5.6.4 Wie »mehrdeutig« Jesu Auftreten und Anspruch für Israel war, geht auch noch deutlich aus zwei anderen Erzählungen des Markusevangeliums hervor[198]. Da wird in 6,14f. von Meinungen des Volkes über Jesus berichtet. Die einen sagen von ihm – und diese Ansicht scheint nach 6,14.16 auch zu Ohren des Landesherrn Jesu, Herodes Antipas, gedrungen und von ihm geteilt worden zu sein –: »Johannes der Täufer ist von den Toten auferstanden, und deshalb wirken die Wunderkräfte in ihm. Andere aber sagten: Er ist Elia; wieder andere sagten: Er ist ein Prophet wie einer von den Propheten.«[199] Nach 8,27f. hat Jesus selbst die Jünger eines Tages gefragt: »Für wen halten mich die Leute?« Sie antworteten: »Für Johannes den Täufer und andere für Elia, wieder andere für irgendeinen von den Propheten.« Diese teilweise abergläubischen (Jesus, der wiedererstandene Täufer!), teilweise mit der frühjüdischen Endzeiterwartung zusammenhängenden (Jesus, der Elia redivivus) Ansichten lassen ein Doppeltes erkennen: 1. Die Meinungen im Volk, wer Jesus von Nazareth eigentlich sei, waren nicht einmütig. 2. Niemand im

---

[196] Dazu paßt auch die Härte der Nachfolgeforderung Jesu, mit der eigenen Familie zu brechen (vgl. Lk 14,26; Mt 10,37).

[197] Vgl. dazu auch die Bemerkung des Johannesevangelisten: »Denn auch seine Brüder glaubten nicht an ihn« (Joh 7,5).

[198] Vgl. dazu *F. Mußner,* Der »historische« Jesus, in: *ders.*, PRAESENTIA SALUTIS. Gesammelte Studien zu Fragen und Themen des Neuen Testamentes (Düsseldorf 1967) 67–80 (72ff.).

[199] Dazu, daß »die drei referierten Volksmeinungen, die das aufsehenerregende Wirken Jesu in seiner prophetischen Kontur spiegeln, nicht christliche Erfindung, sondern alte, historisch glaubwürdige Traditionen sind«, vgl. *R. Pesch,* Das Markusevangelium I, 335f.

Volk hält Jesus für den Messias[200]. Besonders die zweite Feststellung ist wichtig[201].

Nach einer Überlieferung der »Logienquelle« schickte eines Tages Johannes der Täufer aus dem Gefängnis einige Jünger zu Jesus mit der Frage: »Bist du der Kommende, oder sollen wir auf einen anderen warten?« (Mt 11,2f. par.). Eine solche Überlieferung scheint als Produkt der »Gemeinde« unmöglich zu sein, da sie doch ein ganz eigenartiges Licht auf die Gestalt des Täufers wirft, das zu seinem sonstigen Bild in den Evangelien wenig paßt[202]. Wie kam der Täufer zu diesem Vorgehen und zu dieser Frage? Offensichtlich auf Grund einer echten Glaubenskrisis gegenüber Jesus von Nazareth wegen der scheinbaren »Unmessianität« seines Wirkens. Wir kommen auf die Anfrage des Täufers weiter unten nochmals zurück.

Man muß die Frage: War das Wirken Jesu von Nazareth »messianisch«, zunächst mit einem »Nein« beantworten, jedenfalls von den Erwartungen seines Volkes her. Wäre sein Wirken eindeutig messianisch gewesen, hätte ihn sein Volk als den Verheißenen erkennen müssen. Die Juden aber sagen bis heute: Er war es nicht! Petrus legt zwar nach Mk 8,29 ein eindeutiges Bekenntnis ab: »Du bist der Christus«, aber hier wird der Christustitel bereits in dem Sinn verstanden, wie ihn dann die christliche Gemeinde nach Ostern versteht. *Ihr* Verständnis aber geht auf die Selbstauslegung Jesu zurück, die er seinem Wirken gab, nicht auf einen bestimmten vom Judentum vorgegebenen Begriff vom Messias, der dort »ein Polysem par excellence [war], wie seine Verwendung etwa bei den Pharisäern, Sadduzäern, Apokalyptikern und in Qumran beweist«, auch wenn jüdische Erwartungsinhalte aus dem christlichen Christusbekenntnis keineswegs völlig ausgeschaltet wurden[203]. Besonders das christliche

---

[200] Vgl. auch *J. Schmid,* Das Evangelium nach Markus (Regensburg ^{3}1954) zu Mk 6,15.

[201] Der Befund im Johannesevangelium ist ähnlich; vgl. dazu *R. Schnackenburg,* Die Messiasfrage im Johannesevangelium, in: Neutestamentliche Aufsätze (FS f. *J. Schmid*) (Regensburg 1963) 240–264; *M. de Jonge,* Jewish Expectations about the ›Messiah‹ according to the Fourth Gospel, in: NTSt 19 (1972/73) 246–270.

[202] Vgl. auch *W. G. Kümmel,* Jesu Antwort an Johannes den Täufer. Ein Beispiel zum Methodenproblem in der Jesusforschung, in: *Ders.,* Heilsgeschehen und Geschichte II (Marburg 1978) 177–200.

[203] Vgl. dazu *H. Frankemölle,* Jüdische Messiaserwartung und christlicher Messias-

»Dogma«, der *gekreuzigte* Jesus von Nazareth sei der verheißene Messias, ist und bleibt für den Juden ein »Skandal« (vgl. 1 Kor 1,24). Dafür muß der Christ Verständnis haben.

5.6.5 Auch das »Jüngerunverständnismotiv« darf hier nicht unerwähnt bleiben, das besonders im Markusevangelium eine durchgehende Rolle spielt (vgl. Mk 4,40; 7,18; 8,17.21; 8,31 [bezogen auf Petrus]; 9,6 [wieder bezogen auf Petrus]; 9,10; 9,19; 9,32)[204]. Zur zweiten Leidensankündigung Jesu (9,31) bemerkt der Evangelist: »Sie aber verstanden die Rede nicht und fürchteten sich, ihn zu fragen« (9,32). Als die Jünger nach der zweiten Brotvermehrung und der anschließenden Zeichenforderung der Pharisäer mit Jesus über den See fahren und nur ein einziges Brot im Boot haben, und Jesus sie dabei vor dem Sauerteig der Pharisäer und vor dem Sauerteig des Herodes warnt (8,1–15), erzählt der Evangelist weiter: »Da redeten sie untereinander: [Das sagt er], weil wir kein Brot haben. Jesus merkte es und sagte zu ihnen: Was redet ihr, daß ihr kein Brot habt? Begreift ihr immer noch nicht und habt ihr keine Einsicht? Ist denn euer Herz verhärtet? Augen habt ihr und seht nicht, Ohren und hört nicht. Erinnert ihr euch denn nicht?« (8,16–18). Nun könnte gerade die letzte Frage (»erinnert ihr euch denn nicht?«) bestätigen, was *R. Pesch* zum »Jüngerunverständnis« bei Mk meint[205]: »Das aus verschiedenartigen Motiven entstehende Bild vom Unverständnis der mit dem Geheimnis der Gottesherrschaft Beschenkten (4,11) ist in der Komposition des Markus, eine ›Predigt gegen den Unglauben der Gemeinde‹ *[Wendling]*«: Die christliche Gemeinde soll sich erinnern, was Jesus gesagt und getan hat, und so zum Verständnis der Gottesherrschaft und des Geheimnisses Jesu kommen. Die Erinnerung zielt »auf *die Überwindung* des Nicht-

---

glaube. Hermeneutische Anmerkungen im Kontext des Petrusbekenntnisses Mk 8,29, in: Kairos 20 (1978) 97–109 (Zitat ebd. 103). *M. Hengel* formuliert den Sachverhalt so: Jesu Messianität ist »nicht mit Hilfe der traditionellen jüdischen Messiasbilder auszulegen, er selbst definiert unüberholbar neu, was messianisch ist« (in: Theol. Beiträge 9, 1978, 157).

[204] Vgl. dazu auch *D. H. Hawkin,* The Incomprehension of the Disciples in the Markan Redaction, in: JBL 91 (1972) 491–500; *C. Focant,* L'imcompréhension des Disciples dans le deuxième évangile, in: RB 82 (1975) 161–185.

[205] *R. Pesch,* Das Markusevangelium I, 276.

verstehens«[206]. Zweifellos kann hier die Erinnerung diese Funktion für die christliche Gemeinde ausüben. Doch scheint uns das »Jüngerunverständnismotiv« auf vorösterliche Reaktionen des Jüngerkreises auf Wort und Werk Jesu zurückzuverweisen und nicht erst nachösterlich als Warnung der Gemeinde vor Unglauben eingeführt worden zu sein. Die Jünger haben sich zwar Jesus von Nazareth angeschlossen und zogen mit ihm, wirkten sogar als »Multiplikatoren« seiner Reichsbotschaft, aber man darf nie vergessen, aus welchem Milieu und aus welchen Traditionen sie stammten, eben aus dem Milieu und den Traditionen des jüdischen Volkes z. Z. Jesu. Es darf ja nicht übersehen werden, daß das »Jüngerunverständnismotiv« bei den synoptischen Kollegen des Mk, bei Mt und Lk, weithin unterdrückt ist, vermutlich gerade aus der entgegengesetzten Überlegung heraus: Das Unverständnismotiv könnte die Gemeinde in ihrem Christusglauben verunsichern.

In diesem Zusammenhang muß auch auf die »Parabeltheorie« hingewiesen werden, die häufig, ähnlich wie das »Jüngerunverständnismotiv«, die Schweigegebote Jesu an die Dämonen und die Geheimhaltungsgebote an Geheilte und die Jünger, mit dem »Messiasgeheimnis« der synoptischen Evangelien, über das seit *W. Wrede*[207] schon eine ganze Bibliothek geschrieben wurde, in Zusammenhang gebracht wird[208]. Jedenfalls hat die »Parabeltheorie« mit dem »Verstockungs«-Problem zu tun, wie Mk 4,10–12 Parr. beweist[209], wobei Mk das Verstockungslogion (4,11f.) eingefügt haben mag, wie etwa *R. Pesch* annimmt[210]. Aber warum hat er es überhaupt eingefügt und warum gerade in einem Zusammenhang, in dem es um das Verständnis der

[206] Ebd. 415.

[207] *W. Wrede*, Das Messiasgeheimnis in den Evangelien. Zugleich ein Beitrag zum Verständnis des Markusevangeliums (Nachdruck der Ausgabe von 1912 Göttingen 1963).

[208] Die Literatur zum »Messiasgeheimnis« ist umfassend zusammengestellt bei *R. Pesch*, Das Markusevangelium I,241; II,46f. Pesch selber hält nicht viel von einem eigenen »Messiasgeheimnis des Markusevangeliums«; nach *R. Pesch* hat Markus nie »eigenständige christologische Konzeption« entworfen (II,41). Das wird zwar gründlich nachzuprüfen sein.

[209] Vgl. dazu auch *J. Gnilka*, Die Verstockung Israels. Isaias 6,9–10 in der Theologie der Synoptiker (München 1961).

[210] A.a.O. I,237.

Gleichnisse Jesu geht? Das Gleichnis gehört zur Gattung metaphorischer Redeweise[211], und die Metapher als solche ist polysemant und darum »verschlüsselt« und läßt deshalb Raum für verschiedene Deutungen und damit auch für verschiedene Entscheidungen sowohl gegenüber dem Sprecher des Gleichnisses als auch gegenüber dem Inhalt des Gesprochenen. Wenn die Augen und Ohren der Hörer von Gott nicht geöffnet werden, bleiben der Sprecher und sein Wort rätselhaft, vermögen sie den Relationszusammenhang mit dem Ganzen (τὰ πάντα: Mk 4,11!) nicht zu erkennen, und es kommt darum auch nicht zum Glauben. Die »Verstockungstheorie«, die sich nicht bloß bei den Synoptikern (Mk 4,10–12; Mt 13,10–15; Lk 8,9f.; Apg 28,25–28), sondern auch bei Johannes (vgl. Joh 12,37–41) und Paulus (vgl. Röm 11,8) findet, war vermutlich die Antwort, die die Urkirche auf das sie beschäftigende Problem gab: Wieso hat Israel ihn nicht erkannt und warum lehnt es das Evangelium ab? Die »Verstockungstheorie« enthält deutlich zwei Komponenten: Einmal den Vorwurf des schuldhaften Verhaltens Israels, zum anderen ein prädestinatorisches Element: »Euch ist das Geheimnis der Gottesherrschaft gegeben [sc. von Gott!], jenen aber, denen draußen« nicht! Paulus hat in Röm 9–11 die rational letztlich nicht auflösbare Spannung zwischen Schuld und von Gott verfügter »Verstockung« näher ausgearbeitet[212], Lukas hat, im Unterschied von Mk, das Verstockungsgeschehen »als ein bedingtes verstanden« *(H. Schürmann)*[213]. Nach *H. Schürmann* kann dem Verstockungslogion

[211] Diese Thematik wird z. Z. viel erörtert, angeregt durch die moderne Literaturwissenschaft. Vgl. *T. Aurelio,* Disclosures in den Gleichnissen Jesu. Eine Anwendung der disclosure-Theorie von *I. T. Ramsey,* der modernen Metaphorik und der Theorie der Sprechakte (Regensburger Stud. z. Theol. 8) (Frankfurt/Bern/Las Vegas 1977); *H. Weder,* Die Gleichnisse Jesu als Metaphern. Traditions- und redaktionsgeschichtliche Analysen und Interpretationen (FRLANT 120) (Göttingen/Zürich 1978); *H.-J. Klauck,* Allegorie und Allegorese in synoptischen Gleichnistexten (Münster 1978).

[212] Dazu Näheres in 5.6.10.

[213] Das Lukasevangelium I,460. Wie Lukas in seinem Doppelwerk zeigt, wird Israel auch nach Ostern nochmals die Chance der Bekehrung zum Messias Jesus angeboten, bis am Ende, als Paulus in Rom den dortigen Juden das Evangelium predigt, endgültig offenbar wird, daß die meisten von ihnen »verstockt« bleiben, während die Heiden dem Evangelium gehorchen (vgl. Apg 28,17–28). Darin spiegelt sich selbstverständlich die Situation der Abfassungszeit der Apostelgeschichte: Jetzt sind Kirche und Israel zwei voneinander getrennte Gemeinschaften.

auch nicht »jegliche Grundlage in der Verkündigung Jesu« abgesprochen werden. Es ist, meint *H. Schürmann*[214], als »Aufmunterung an den Jüngerkreis selbst denkbar, dem die Erfolglosigkeit der Verkündigung [Jesu] eine bedrückende Frage wird«. Vielleicht hat es seinen »Sitz im Leben« in der bitteren Erfahrung Jesu, daß die Hauptmasse Israels ihn und sein Angebot ablehnt, aus Gründen, die wir oben schon bei der Behandlung der Nazarethperikope besprochen haben: Israel konnte seine Herkunft und seinen Anspruch nicht miteinander vereinbaren. Hat das Gott so gewollt? Warum hat er Israel »das Geheimnis des Gottesreiches« nicht »gegeben«, wie nach Mk 4,11a den Jüngern? That is the question. Wer kann sie lösen? Wichtig ist jedenfalls, daß die Frage nach der »Verstockung« Israels im Neuen Testament theologisch, nicht psychologisch gelöst wird. Das gilt es im Auge zu behalten.

5.6.6 Als Petrus nach Mt 16,16 das Bekenntnis ablegt: »Du bist der Messias, der Sohn des lebendigen Gottes«, antwortet ihm Jesus: »Selig bist du, Simon Barjona; denn nicht Fleisch und Blut hat [dir] das geoffenbart, *sondern mein Vater im Himmel*« (16,17). Mit der Beifügung »der Sohn des lebendigen Gottes«[215], auf der ein besonderer Ton liegt, »wird die Selbstoffenbarung Jesu als des Sohnes (11,27) aufgenommen« *(W. Grundmann)*[216], und Petrus wird wegen seines Bekenntnisses von Jesus selig gepriesen, aber von Jesus dabei zugleich erklärt, daß die Erkenntnis, er sei »der Sohn des lebendigen Gottes« nicht durch menschliche Einsicht und Reflexion gewonnen werden könne (»nicht Fleisch und Blut haben das geoffenbart«), sondern nur durch eine Offenbarung Gottes selbst. Wie es auch um die Herkunft des matthäischen Sondergutes in Mt 16,16b–19 bestellt sein mag[217], es ist in ihm

Vgl. auch *P.-G. Müller*, Die jüdische Entscheidung gegen Jesus nach der Apostelgeschichte, in: Les Actes des Apôtres. Traditions, rédaction, Théologie (Gembloux/Löwen 1978) 523–531.

214 A.a.O. 461.

215 Zur Prädikation »lebendiger Gott« im NT vgl. *W. Stenger*, Die Gottesbezeichnung »lebendiger Gott« im Neuen Testament, in: Trierer Theol. Ztschr. 87 (1978) 61–69.

216 *W. Grundmann*, Das Evangelium nach Matthäus (Berlin 1968) 386.

217 Vgl. dazu etwa *F. Obrist*, Echtheitsfrage und Deutung der Primatsstelle Mt 16,18f. in der deutschen protestantischen Theologie der letzten dreißig Jahre

eindeutig ausgesprochen, daß niemand Jesus von Nazareth als »Sohn Gottes« bekennen könne, wenn es ihm Gott nicht ausdrücklich »offenbart«. Nichts anderes sagt Paulus mit seinem Satz in 1 Kor 12,3: »Niemand kann sagen: ›Herr [ist] Jesus‹, als nur im Heiligen Geist«, d. h. nur durch das gnadenhafte Einwirken des Gottesgeistes ist das »christologische« Geheimnis Jesu im Glauben erkennbar, sonst nicht. Paulus wußte das aus seiner eigenen »Bekehrungs«-Erfahrung, die er in Gal 1,15f. als einen genuinen Offenbarungsvorgang interpretiert: »Als es aber dem, der mich vom Mutterschoß an ausgesondert und mich durch seine Gnade berufen hat, gefiel, *seinen Sohn in mir zu offenbaren* ...«[218] Für unser Thema entsteht aber dadurch wieder die Frage: Wie sollte ihn Israel erkennen, wenn Israel diese Offenbarungs- und Glaubensgnade von Gott nicht gewährt wurde? Welcher christliche Theologe kann mit Sicherheit sagen: Gott hat diese Gnade Israel gewährt!? Konnte der als Zimmermann verhüllte »Sohn Gottes«, genannt Jesus von Nazareth, infolge seiner »Fleischesgestalt« aus Sehenden nicht eher Nicht-Sehende machen, wenn nicht Gott selbst die Hülle lüftete?

5.6.7 Haben die Juden »unwissend« gehandelt, als ihre Führer Jesus des Todes würdig erachteten und seine Hinrichtung von Pontius Pilatus forderten?

Nach Lk 23,34a hat Jesus selbst am Kreuz noch für seine Gegner gebetet: »Vater, vergib ihnen, *denn sie wissen nicht, was sie tun*«. Das Versstück fehlt zwar bei einer Reihe von Textzeugen[219]; als Gründe dafür werden etwa genannt: Diese Bitte Jesu stehe »im Widerspruch zu den ersten Worten von V. 28–31«, oder sie sei sekundär aus dem Schriftbeweis entstanden (Jes 53,12)[220]. Am besten erklärt sich aber das Fehlen dieses Versstückes bei den unten genannten Textzeugen »aus Gründen der aktuellen Pole-

---

(Münster 1961) 22–67; *A. Vögtle,* Zum Problem der Herkunft von »Mt 16,17–19«, in: *P. Hoffmann* (Hrsg.), Orientierung an Jesus. Zur Theologie der Synoptiker (FS f. *J. Schmid*) (Freiburg/Basel/Wien 1973) 372–393; *Chr. Kähler,* Zur Form- und Traditionsgeschichte von Matth XVI. 17–19, in: NTSt 23 (1976/77) 36–58.

[218] Vgl. dazu Näheres bei *F. Mußner,* Der Galaterbrief (Freiburg/Basel/Wien [3]1977) 83–87.

[219] P^{75}, $\aleph^{a}$, B, D*, W, Θ, u. a.

[220] Vgl. dazu *W. Grundmann,* Das Evangelium nach Lukas (Berlin o. J.) 432f.

mik« *(J. Ernst)*[221], nämlich christlicher Gemeinden gegen die Juden, denen der »Gottesmord« niemals vergeben werden könne und dürfe[222]. Die Vergebungsbitte Jesu in Lk 23,34a darf deshalb zum ursprünglichen Textbestand gerechnet werden. Es geht in ihr aber nicht bloß um Vergebung; diese wird vielmehr ausdrücklich begründet: »*denn* sie wissen nicht, was sie tun«. Dadurch wird die Schuld, trotz deutlicher Schuldsprüche Jesu über seine Gegner (vgl. Lk 21,22–24; 23,28–31), erheblich herabgemindert; denn das »Tun« der Gegner wird auf »Unwissenheit« zurückgeführt. Das geht weit über das von Jesus geforderte Gebot der Feindesliebe hinaus, auf das in den Kommentaren gern hingewiesen wird. Warum »wissen« die Gegner nicht, was sie an Jesus mit seiner Hinrichtung tun? Darauf gibt es m. E. nur die Antwort: Weil ihnen Jesu messianisch-göttliches Geheimnis verborgen blieb. Sie erkannten ihn nicht! Und darum wissen sie auch nicht, *wen* sie in Wirklichkeit kreuzigen.

Lukas nimmt das Motiv der »Unwissenheit« hinsichtlich des gewaltsamen Todes Jesu nochmals in der Apostelgeschichte auf. Zwar läßt er Petrus in Apg 3,13–15 zu den Juden in seiner Predigt auf dem Tempelplatz sagen: »Der Gott Abrahams, Isaaks und Jakobs, der Gott unserer Väter, hat seinen Knecht Jesus verherrlicht, den ihr ausgeliefert und vor Pilatus verleugnet habt, obwohl dieser entschieden hatte, ihn freizulassen. Ihr habt den Heiligen und den Gerechten verleugnet und die Freilassung eines Mörders gefordert. Den Urheber des Lebens habt ihr getötet, Gott aber hat ihn von den Toten erweckt: Dafür sind wir Zeugen.« Aber dann läßt er Petrus zu seinen jüdischen Zuhörern folgendes sagen: »Und jetzt, Brüder, ich weiß, *ihr habt aus Unwissenheit gehandelt, wie auch eure Führer. Vielmehr hat Gott das,* was er im Voraus durch den Mund aller Propheten angemeldet hat, [nämlich] daß sein Gesalbter leide, *so zur Erfüllung gebracht*« (3,17f.). Wie kann jetzt Petrus von »Unwissenheit« sprechen, nachdem zuvor doch die Schuld der Juden an der Tötung Jesu von ihm eindeutig

---

[221] *J. Ernst,* Das Evangelium nach Lukas (Regensburg 1977) 634.

[222] Vgl. auch *D. Flusser,* Der Gekreuzigte und die Juden, in: Freiburger Rundbrief XXVIII (1976) 152–157. *D. Flusser* zeigt, daß der lukanische Kreuzigungsbericht viel judenfreundlicher gestaltet ist als jener des Markus. Er vermutet mit Recht, daß dabei dem Lukas eine alte nichtmarkinische Vorlage zur Verfügung stand (wie auch sonst im Passionsbericht).

ausgesprochen wurde? *E. Haenchen* gibt dazu die Auskunft[223]: »Zur Antwort wird man darauf hinweisen dürfen, daß Lukas Traditionen von mancherlei Art aufgenommen hat, die nicht immer spannungslos waren; aber das hat er nicht empfunden.« Das würde plausibel klingen, wenn nicht das im V. 18 Gesagte folgen würde, mit dem Gott selbst als die wahre Causa dieses furchtbaren Geschehens (»so«!)[224] hingestellt wird, wobei der Satz mit einem heraushebenden »vielmehr« (δέ) eingeleitet wird[225]. Der Hinweis des Petrus auf die »Unwissenheit« (auch der »Führer« des jüdischen Volkes!) mag für christliche *piae aures* ärgerlich klingen und wird gern als *captatio benevolentiae* des Petrus erklärt, um seine jüdischen Zuhörer leichter für das Evangelium zu gewinnen. Mit der Zurückführung des furchtbaren Geschehens auf Gott, der seinen geheimnisvollen Heilswillen schon »durch den Mund aller Propheten« kundgetan hat, »droht das σκάνδαλον τοῦ σταυροῦ [das Ärgernis des Kreuzes] zu verschwinden« *(E. Haenchen)*[226]; in Wirklichkeit wird damit das Ärgernis des Kreuzes in ein letztlich undurchdringliches *mysterium Dei* verwandelt.

Und wieder entsteht die Frage: Worin bestand »die Unwissenheit« der Juden und ihrer Führer? Die Antwort kann nur wieder lauten: In der Unmöglichkeit, Jesus von Nazareth in seinem messianisch-göttlichen Geheimnis zu erkennen. Es wird von Petrus nicht bestritten, wie wir oben sahen, daß die Juden, speziell ihre »Führer«, bei der Liquidierung Jesu mitgeholfen hatten, aber sie werden von der Schuld entlastet, die sie auf sich geladen zu haben scheinen. Gott hat sie als »unwissende« Werkzeuge seines geheimnisvollen Ratschlusses benutzt[227] – und der Ratschluß Gottes ist in der Bibel wesentlich mehr als »Zulassung« oder »Fügung«; er ist Verfügung. Gott hat es so verfügt, daß sein

---

[223] *E. Haenchen*, Die Apostelgeschichte (Göttingen [7]1977) 206.

[224] Das »so« (οὕτως) bezieht sich auf das Geschehen des Leidens und der Tötung Jesu.

[225] Wie kann *E. Haenchen* sagen, der V. 18 sei »äußerlich unverbunden« mit dem vorausgehenden verknüpft? Gerade in einem so problemreichen und schwierigen Text muß das kleinste Lexem beachtet werden, wenn man den wirklichen Aussagegehalt eruieren will. Hier die Partikel δέ.

[226] Ebd.

[227] Vgl. auch Apg 13,27!

Messias leiden müsse[228]. *E. Haenchen* meint: »In Wahrheit liegt ... gerade in der ἄγνοια [Unwissenheit], die eigentliche Schuld: hätte man sich nicht gegen Gott verschlossen, dann hätte man Jesus erkannt.«[229] In Wirklichkeit muß man formulieren: Hätte man Jesus erkannt, dann hätte man sich auch nicht gegen Gott verschlossen.

5.6.8 Wie ist der Sachverhalt im Johannesevangelium? Am Ende der Perikope von der Heilung des Blindgeborenen sagt Jesus: »Zum Gericht bin ich in diese Welt gekommen, damit die Blinden sehend und die Sehenden blind werden. Einige von den Pharisäern, die bei ihm waren, hörten das und sagten: Sind etwa auch wir Blinde? Jesus antwortete ihnen: Wenn ihr blind wäret, hättet ihr keine Sünde. Jetzt aber sagt ihr: Wir sehen, [darum] bleibt eure Sünde« (Joh 9,40f.). Hier ist ausdrücklich von Sünde (ἁμαρτία) die Rede, bezogen auf den Unglauben der Pharisäer Jesus gegenüber. Ebenso deutlich wird diese Sünde des Unglaubens vom johanneischen Christus in 15,22.24 angesprochen: »Wäre ich nicht gekommen und hätte zu ihnen gesprochen, hätten sie keine Sünde. Jetzt aber haben sie keine Ausrede für ihre Sünde ... Hätte ich unter ihnen nicht die Werke getan, die kein anderer getan hat, so hätten sie keine Sünde. Jetzt aber haben sie gesehen und haben mich [trotzdem] gehaßt und meinen Vater«. Damit ist eindeutig Schuld ausgesprochen. Dem stehen jedoch anders klingende Aussagen desselben Evangeliums gegenüber, die mit dem johanneischen Prädestinationsgedanken zusammenhängen[230]. Wichtig sind hier vor allem Texte aus Joh 6,28–44. Die Juden sagen zu Jesus: »Was sollen wir tun, um die Werke Gottes zu wirken? Jesus antwortete ihnen darauf: Das ist das Werk Gottes, daß ihr an den glaubt, den jener gesandt hat« (6,28f.). Die Juden haben zwar »gesehen« (nämlich »die Zeichen«, die Jesus gewirkt hat), aber glauben nicht (6,36). Die Juden »murren« über Jesus, weil er sagte: »Ich bin das Brot, das vom Himmel

[228] Vgl. besonders Apg 2,23: Der gekreuzigte Jesus ist der *»nach dem bestimmten Ratschluß und Vorsatz Gottes Dahingegebene«!*

[229] A.a.O., Anm. 2.

[230] Vgl. dazu besonders *R. Schnackenburg,* Das Johannesevangelium II (Freiburg/Basel/Wien 1971) 328–346 (Exkurs 11: Selbstentscheidung und -verantwortung, Prädestination und Verstockung).

herabgestiegen ist« (6,41); ihr Einwand gegen den Anspruch Jesu lautet nach dem folgenden V. 42: »Ist das nicht Jesus, *der Sohn Josephs, dessen Vater und Mutter wir kennen?* Wie kann er jetzt sagen: Ich bin vom Himmel herabgekommen?« »Jesus entgegnete ihnen und sagte: Murret nicht untereinander! Niemand kann zu mir kommen, *wenn nicht der Vater, der mich gesandt hat, ihn zieht*...« (6,32f.). Diese Texte sind aufschlußreich: Deutlich wird in ihnen der »Unglaube« der Juden als Schuld angesprochen (besonders im V. 36). Ihr Unvermögen, in Jesus den vom Himmel herabgestiegenen Gesandten Gottes zu sehen, gründet aufschlußreicherweise wieder in der Bekanntheit der Abstammung Jesu: sie kennen seinen Vater Joseph und seine Mutter (V. 42), also genau darin, worin auch die Landsleute Jesu von Nazareth zum Anstoß an seinem unerhörten Anspruch kamen. Demgegenüber dezidiert der johanneische Christus, daß niemand zu ihm »kommen«, d.h. an ihn als den Gottgesandten glauben könne, »wenn nicht der Vater ihn zieht« (V. 44; vgl. auch 6,65); das heißt doch: *Der Unglaube ist von Gott determiniert.* Diese paradox klingende Dialektik zwischen schuldhaftem Unglauben und von Gott verfügtem Blindsein gegenüber Jesus psychologisch aufzulösen, ist schlechthin unmöglich[231]. Was in den zitierten Versen aus Joh 6 zur Sprache gebracht ist, ist vielmehr ein allgemeines Phänomen, das *R. Bultmann* mit Blick auf 6,42 so formuliert: »Der Anspruch der Offenbarung ruft den Widerspruch der Welt hervor; sie nimmt gerade daran Anstoß, daß ihr die Offenbarung in der Geschichte, in der Sphäre, in der sie vertraut und zu Hause ist, begegnet, daß *der* der Offenbarer sein will, über dessen Woher sie Bescheid wissen.«[232]. Damit hat Bultmann deutlich gesehen, daß es in den Auseinandersetzungen in Joh 6 um wesentlich mehr geht als um einstmalige Streitreden in Kapharnaum, wohin sie lokalisiert sind (vgl. 6,24.59). Es geht freilich dabei nicht bloß um ein »Weltphä-

[231] Nach *R. Schnackenburg* »scheint vielmehr, daß der Evangelist ihm bekannte Anschauungen aufnimmt und anwendet, ohne aber die Grenze zu einer prinzipiellen und unabwendbaren Reprobation zu überschreiten. Von einer Festsetzung von Ewigkeit her, nach der Gott die Menschen von vornherein in zwei Klassen – Gute und Böse, Erwählte und Verworfene – eingeteilt hätte, hören wir bei Joh nirgends etwas. Aber es läßt sich nicht leugnen, daß wir hart an den Rand einer solchen Vorstellung geführt werden« (ebd. 334). Dem muß man zustimmen.

[232] *R. Bultmann,* Das Evangelium des Johannes, 170.

nomen«, das auf die historische Ebene von Kapharnaum zurückprojiziert wird, sondern höchst wahrscheinlich auch um ganz konkrete Auseinandersetzungen zwischen Juden und Christen um das »christologische« Geheimnis Jesu zur Zeit der Abfassung des Evangeliums, d. h. um die Grundfrage aller Christologie: »Wer ist dieser?«, die auch im Johannesevangelium ausdrücklich als solche erscheint (vgl. 8,25). Nach *R. Schnackenburg* ist im Hinblick auf die »prädestinatianischen« Aussagen »der zeitgeschichtliche Hintergrund und Anlaß offenkundig«[233]; die »von Gott erwählte Schar der Glaubenden« weiß sich »inmitten einer ungläubigen Welt« und schließt sich »unter dem Druck von Angriffen und Nachstellungen stärker zusammen« und entwickelt dabei »ihr Selbstverständnis«[234]. Dabei beschäftigt die johanneische Gemeinde wie die übrige Urkirche auch das Problem der »Verstokkung« Israels gegenüber Jesus und dem Evangelium, wie aus Joh 12,37–40 klar hervorgeht: »Obwohl er so viele Zeichen vor ihren Augen gewirkt hatte, glaubten sie nicht an ihn, auf daß das Wort des Propheten Jesaja erfüllt werde, das er gesprochen hat: Herr, wer hat unserer Kunde geglaubt, und wem ist des Herrn Arm offenbar geworden? *Darum konnten sie nicht glauben,* weil wiederum Jesaja gesagt hat: Er hat ihre Augen geblendet und ihr Herz verhärtet, damit sie nicht mit den Augen sehen, mit dem Herzen verstehen und umkehren und ich sie heile.«[235]

5.6.9 Gewiß machten die Jünger, die Jesus nachfolgten, schon vor Ostern bestimmte »Erfahrungen« mit Jesus und zweifellos bewegte auch sie die Frage, wer er eigentlich sei. Aus ihrer Erfahrung, ihrem Sehakt kam es zur Reflexion über Jesus[236]. Aber ganz gewiß kann man sagen, daß ihre vorösterliche Erfahrung und ihr vorösterlicher Sehakt sie nicht zur Erkenntnis des »christologischen« Geheimnisses Jesu geführt hätte, wenn nicht die »Ostererfahrung« dazu gekommen wäre, wenn ihnen also nicht der

---

[233] A.a.O. 343.

[234] Ebd. 335.

[235] Dazu vgl. nochmals w. o. unter 5.6.5.

[236] Vgl. dazu Näheres bei *F. Mußner,* Ursprünge und Entfaltung der neutestamentlichen Sohneschristologie. Versuch einer Rekonstruktion, in: *L. Scheffczyk* (Hrsg.), Grundfragen der Christologie heute (QD 72) (Freiburg/Basel/Wien [2]1978) 77–113 (77–87).

gekreuzigte und auferstandene Jesus »erschienen« wäre. Die Erscheinungen machten Jesus »verkündbar«, erschlossen die christologischen Dimensionen der Schrift, machten das vorösterliche Leben Jesu für den Glauben transparent und vermittelten ein neues Geschichtsbewußtsein[237]. Nun hat der Jude *J. Isaac* bemerkt: Wie sollte denn ganz Israel ihn als den erkennen, als den ihn nach Ostern die Jünger und mit ihnen die Kirche bekennen und verkünden, nachdem er nicht ganz Israel erschienen ist, sondern »nur den von Gott vorherbestimmten Zeugen«, wie im Neuen Testament selbst zu lesen ist (vgl. Apg 10,41)? Zwar wird der gekreuzigte und auferstandene Christus nach Ostern dem »ganzen Haus« und dem »ganzen Volk« Israel verkündet (vgl. Apg 2,36; 4,10), und viele Juden bekehren sich auch, angestoßen durch die urapostolische Missionspredigt, nach den Erzählungen der Apostelgeschichte zum Messias Jesus, aber die Hauptmasse verhält sich ablehnend. Die Verkündigung führt zur »Verstokkung« Israels, was für die Urkirche, wie das Neue Testament zeigt, zum großen Problem wurde: Warum kam es so? Davon haben wir schon gehandelt[238], kommen aber darauf gleich nochmals zu sprechen und zwar mit Blick auf Paulus. Jedenfalls scheint uns die Einrede *J. Isaacs* bedenkenswert zu sein. Denn wäre Jesus nach seiner Auferstehung von den Toten ganz Israel erschienen, dann wäre ganz Israel wohl ebenso von ihm »überwältigt« worden, wie die Apostel und übrigen Erscheinungszeugen, unter ihnen der Jude und Pharisäer Paulus. Wir kennen aus dem Neuen Testament kein Beispiel dafür, daß ein Erscheinungszeuge nicht zum Glauben an Jesus gekommen wäre. Warum die Heiden dem Kerygma glauben, ohne daß ihnen Jesus erschienen ist, ein Großteil der Juden aber nicht, ist und bleibt ein Geheimnis, mit dem sich unter den Männern des Neuen Testaments besonders der Apostel Paulus beschäftigt hat.

5.6.10 Paulus hat sich diesem Problem in Röm 9–11 gewidmet; deshalb müssen wir auf diese Kapitel des Römerbriefes nochmals zurückkommen und zwar nun unter dem besonderen Gesichtspunkt: Schuldhafter Unglaube – von Gott verfügte Verstockung,

---

[237] Dazu Näheres bei *F. Mußner,* Die Auferstehung Jesu (München 1969) 140–154.

[238] Oben unter 5.6.5.

was für Paulus unlösbar mit der Frage verbunden ist: Warum sind die Heiden dem Evangelium gehorsam, die Juden aber nicht? Die Gedankengänge des Apostels sind schwierig, und können, wie die exegetische Erfahrung zeigt, höchstens approximativ dem Verstehen nähergebracht werden. Selbst ein vollständiger Kommentar zu Röm 9–11 vermag nicht mehr[239].

Von den Aussagen über Gott ist gleich die erste von großer Bedeutung, weil sie die Souveränität der Gnadenwahl Gottes hervorhebt und zwar anhand eines Beispiels aus der Schrift, nämlich aus der Esau-Jakobgeschichte: Gott hat Jakob, den Jüngeren geliebt, Esau dagegen, den Älteren gehaßt (Gen 25,23); das entwickelt der Apostel in Röm 9,6–13. Er bereitet damit vom »Gottesbegriff« her einerseits bereits die Berufung der Heiden zum Evangelium vor, andererseits die Verstockung Israels diesem gegenüber: Gott führt beides herbei, *»damit die Vorherbestimmung Gottes nach freier Wahl bestehenbleibe«* (9,12). Er wählt, wen er will, »nicht aus Werken«, also nicht auf Grund eigener Gerechtigkeit[240]. »Von da aus kommt es in den folgenden Versen zu Aussagen über die göttliche Erwählung, die in ihrer Schroffheit alle anderen Äußerungen dazu weit übertreffen« *(E. Käsemann)*. Hier Psychologie oder einen heilsgeschichtlichen »Entwicklungsgedanken« zum Verständnis zu Hilfe zu rufen, wäre vergebliches Bemühen. Zwar hat Paulus die »Privilegien« Israels in Röm 9,4f. anerkannt[241], doch weist er jeden Anspruch, den Israel aus ihnen Gott gegenüber ableiten könnte, zurück. Die Abkunft von den Vätern impliziert keine fortlaufende Kontinuität des Heils. Was allein Kontinuität setzt, ist Gottes verheißendes Wort. Deshalb kann Heilsgeschichte »immer wieder abbrechen und sich gerade auch im Bereich des irdisch legitimen und aus der Geschichte der Verheißung herkommenden Israels – wie nach 1 Kor 10,1–13 der Kirche! – in Unheilsgeschichte verwandeln« *(E. Käsemann)*[242]. Diese mit der Rechtfertigungslehre des Apostels zusammenhän-

---

[239] Vgl. dazu die Literatur unter 1.9 (Anm. 119).

[240] *E. Käsemann* bemerkt dazu: »Anders als bei Isaak und Israel handelt es sich bei Jakob und Esau um legitime Söhne, die zudem als Zwillinge keinen Anhalt für unterschiedliche Behandlung bieten. Das Rätsel göttlicher Erwählung tritt auf solchem Hintergrund um so greller heraus« (An die Römer, Tübingen [3]1974, 254).

[241] Vgl. dazu 1.7.

[242] A.a.O. 256f.

gende »Prädestinationslehre«, die nicht aus abstrakten Obersätzen deduziert wird, sondern aus der Schrift selbst, bildet den Schlüssel zum Verständnis der weiteren Ausführungen des Apostels über Israel und die Heiden in ihrem verschiedenen Verhalten gegenüber dem Evangelium, wobei Israels Verhalten gegenüber dem »vorösterlichen« Jesus keine Rolle spielt. Die Frage des Paulus war nicht die: Wieso kam es zum todbringenden Zusammenstoß zwischen Israel und Jesus von Nazareth?, vielmehr: Wieso gehorchen Heiden dem Evangelium, das von den Missionaren verkündet wird, die Hauptmasse Israels dagegen nicht? Aber Gottes Handeln nach seiner freien Wahl ist kein sphinxhaftes Handeln in dämonischer Willkür, wie der Apostel in Röm 9,14–23 darlegt. Paulus weiß durchaus, welche Einwände gegen seine Theologie hier vorgebracht werden könnten: Wenn Gott so handle, dann handle er doch seinem Volk Israel gegenüber ungerecht! Gott zeige hier ein dämonisches Gesicht! Darum fragt er: »Gibt es etwa Unrecht bei Gott?«, und antwortet gleich: »Das sei fern!« (9,15a). Unrecht gibt es deswegen nicht bei Gott, weil Gottes treibendes Motiv für sein Handeln die Barmherzigkeit ist, wie Gott selbst schon nach Ex 33,19 zu Mose gesagt hat: »Erbarmen werde ich mich, dessen ich mich erbarme, und Mitleid haben, mit wem ich Mitleid habe« (9,15b). Gewiß, er erbarmt sich nicht nur, wessen er will, sondern verstockt auch, wen er will (9,18). Er läßt »die Gefäße des Zorns«, die Hauptmasse der Juden, dem Evangelium gegenüber verstockt bleiben, aber nicht, um sie am Ende, wie einst den Pharao, dem engültigen Verderben auszuliefern, vielmehr »erträgt er sie mit viel Langmut«, die sich in ihrer endgültigen Rettung definitiv zeigen wird (vgl. 11,26), und um einstweilen »den Reichtum seiner Herrlichkeit an den Gefäßen des Erbarmens«, d.h. an den Heiden und an dem dem Evangelium gehorchenden Teil Israels, »kundzutun« (9,22)[243]. Das Motiv vom erbarmenden Gott, das in dem Abschnitt 9,14–23 viermal begegnet, wird er am Ende seiner Ausführungen in 11,32 wiederaufnehmen, aber nun unter Einbezug des »verstockten« Israels: »Denn Gott hat *alle* [Juden und Heiden] in den Ungehorsam eingeschlossen, *damit er sich aller erbarme*«. Zu-

[243] Den besten Kommentar zu den schwierigen Versen Röm 9,22f. schrieb m.E. *F. W. Maier*, in: Israel in der Heilsgeschichte nach Röm 9–11 (Münster 1926) 44–53.

nächst aber macht Gott in seiner souveränen Heilsführung »das Volk, das nicht mein Volk war«, die Heiden, zu seinem Volk und zu seiner Geliebten (9,25), während die Hauptmasse Israels dem Evangelium gegenüber verstockt bleibt. Der Apostel deutet an, warum Israel sich so schwer mit dem Evangelium tut: Es bemüht sich mit Eifer um die Gerechtigkeit, die aus der Tora kommt, dabei aber unterwirft es sich nicht jener Gottesgerechtigkeit, die aus dem Glauben an Christus kommt, der »das Ende des Gesetzes zur Gerechtigkeit für jeden Glaubenden« ist (10,4)[244]; vgl. dazu 9,31–10,11. Überdies stieß Israel »an den Stein des Anstoßes«, den Gott in Sion für Israel hingelegt hat; es stolperte darüber (9,32f.). »Der Stein des Anstoßes« ist zwar niemand anderer als Jesus Christus, der Gekreuzigte und Auferstandene, aber der »Nachdruck liegt dabei keineswegs primär auf Jesu Tod oder dem historischen Jesus, sondern darauf, daß Israel an dem ihm von Gott gegebenen Messias, folglich an der Erfüllung der Verheißung scheiterte und nach Gottes Plan scheitern mußte. In Zion wurde jener Stein von Gott selbst aufgerichtet, der von vornherein dazu bestimmt war, Anstoß und Ärgernis zu wirken...« *(E. Käsemann)*[245].

Warum stieß und stößt sich Israel an Christus, auch wenn Juden bis heute sagen, sie stießen nicht auf Jesus? Aus dem Kontext von 9,33 geht die Antwort hervor: Israel stößt sich an Christus, »sofern die Glaubensforderung den Bruch mit seiner religiösen Vergangenheit verlangt« *(E. Käsemann)*, den Bruch mit dem gesetzlichen Leben nach der Tora (vgl. 10,2–5), den Israel nicht vollziehen kann, weil es glaubt, dann Gott ungehorsam zu werden. Die Ausführungen des Apostels in Röm 10 sind deutlich von der Spannung Gesetz/Evangelium bestimmt (vgl. 10,4f. mit 10,16). Aber weil das Evangelium (paulinisch verstanden) Jesus Christus als den Grund des Heils verkündet, darum setzt sich unsere Ausgangsfrage: War Jesus für Israel erkennbar? nachösterlich fort in der Frage: War das Evangelium für Israel erkennbar und annehmbar? Zwar hört auch Israel die Predigt des Evangeliums,

---

[244] Vgl. dazu *F. Mußner*, »Christus (ist) des Gesetzes Ende zur Gerechtigkeit für jeden, der glaubt« (Röm 10,4), in: *M. Barth / J. Blank / J. Bloch / F. Mußner / R. J. Zwi Werblowsky*, Paulus – Apostat oder Apostel? Jüdische und christliche Antworten (Regensburg 1977) 31–44.

[245] A.a.O. 269.

aus der der Glaube hervorgeht (10,17 f.), aber es könnte ja sein, so fragt Paulus weiter, daß »Israel nicht verstanden hat« (10,19 a). Die Frage selbst wird aber, genau gesehen, vom Apostel nicht beantwortet, vielmehr rekurriert er wieder auf die Schrift, die den Gehorsam der Heiden gegenüber der Evangeliumspredigt ansagt (Deut 32,21 = Röm 10,19 b), aber ebenso den Ungehorsam und den Widerspruch Israels, nach dem Gott den ganzen Tag seine Hände ausstreckt (Jes 65,1 = Röm 10,20). Schaut man genauer hin, so sieht man: Der Apostel konstatiert zwar den Ungehorsam Israels gegenüber dem Evangelium, aber von einem eigentlichen Schuldnachweis für Israel, der seine Bestrafung durch Gott fordern würde, ist keine Rede. Es geht vielmehr um Konstatierungen: Heiden gehorchen dem Evangelium, Israel dagegen nicht.

Die Frage, die sich konsequenterweise aus der Verstockung der Juden gegenüber dem Evangelium ergibt, kann nur die sein, die der Apostel sofort in 11,1 stellt: »Hat Gott sein Volk verworfen?« Hat er sein Volk Israel verworfen, weil es dem Evangelium nicht zu gehorchen vermag? Etwa gar für immer verworfen, wie christliche Theologen bis heute behaupten? Der Apostel antwortet wieder: »Nimmermehr!« Daß Gott Israel nicht verworfen hat, zeigt sich einmal schon in der Missionserfahrung, daß ein erwählter »Rest« zum Evangelium gefunden hat (die Judenchristen), zum anderen wird es sich darin zeigen, daß Gott »die übrigen« einst durch den Retter aus Zion retten wird, so daß am Ende »ganz Israel gerettet werden wird« (11,26 b). Diese »übrigen« wurden dem Evangelium gegenüber »verstockt«; denn Gott selber gab ihnen nach der Schriftansage (Deut 29,3) »einen Geist der Umnachtung«, so daß sie »bis zum heutigen Tag« nicht sehen und hören können (Röm 11,8). Die passivische Formulierung »sie wurden verstockt« sowohl als auch die aktive mit dem Subjekt Gott als jenem, der auf Israel »einen Geist der Umnachtung« legte, lassen keinen Zweifel daran, daß der Apostel die Verstokkung Israels gegenüber dem Evangelium letztlich auf Gott als den eigentlich Handelnden zurückführt, d. h. Paulus bleibt seiner schon in Röm 9 entwickelten Prädestinationstheologie treu. Gott ist es, der verstockt, wen er will[246]! »Du wirst mir einwenden:

[246] *F. W. Maier* bemerkt zu Röm 11,8: »Gott selbst hat diesen Zustand über die von ihm Betroffenen verhängt zur Strafe, wie Paulus wohl meint, für ihr starres Festhalten am Werkwesen (V. 6)« (Israel in der Heilsgeschichte, 113), aber von

Wozu tadelt (Gott dann) noch? Denn wer vermag seinem Ratschluß zu widerstehen? O Mensch, wer aber bist du denn, daß du Gott in Widerrede entgegentrittst?« (9,17f.).
Konkret wird die Verstockung Israels durch Gott erkennbar in dem Ungehorsam Israels gegenüber dem Evangelium. Die Verstockung Israels hat also nach Ostern ihren Ort im Evangelium; das Evangelium trennt Israel, das der Tora treu bleibt, von den Völkern. Damit gibt sich aber Paulus nicht zufrieden. Er fragt weiter: »Sind sie gestrauchelt, um zu fallen?« (11,11), nämlich für immer. Wieder kommt die Antwort: »Nimmermehr!«. Vielmehr, so erkennt der Apostel, wurde »ihr Fall Reichtum für die Welt und ihr Fehltritt Reichtum für die Heiden« (11,12). In diesem Satz spiegelt sich die eigene Missionserfahrung des Apostels. Dennoch bleibt die Frage: »Was wird aus dem ›gefallenen‹ Israel?« Der Apostel geht auch dieser Frage nicht aus dem Weg, sondern kündet »die Annahme« Israels an, die für Israel »Leben aus den Toten« bedeuten wird (11,15), auch für die Toten von Auschwitz, für alle Opfer des »Holocaust«. Die Kirche wird vom Apostel dabei gemahnt, sich nicht über Israel zu erheben, sondern sich zu fürchten, nämlich vor Gott, der auch die Kirche nicht schont, wie er Israel nicht geschont hat (11,20f.). Paulus verbindet so in Röm 11 das Geschick der Völker mit dem Geschick Israels in einer seltsam anmutenden Weise, die dem Profanhistoriker verborgen bleibt. Gerade aus der Verstockung Israels ist Heil für die Völker

---

Strafe ist weder hier noch sonstwo in Röm 9–11 die Rede! Wohl ist in 11,11f. von einer »Verfehlung« (**παράπτωμα**) und in 11,20 vom »Unglauben« Israels die Rede und insofern auf Schuld abgehoben, aber zu dem Zweck, um von da aus um so intensiver auf die Heilszuwendung zu den Heiden und auf die kommende Rettung ganz Israels als den Erweisen der Barmherzigkeit Gottes hinweisen zu können. Die Spannung von schuldhafter Verfehlung und von Gott verfügter Verstockung wird vom Apostel nicht wirklich gelöst. Sein doxologischer Hinweis in 11,33–36 auf »die Tiefe des Reichtums und der Weisheit und der Erkenntnis Gottes etc.« läßt vielmehr deutlich das eigene Unvermögen des Apostels, die genannte Spannung zu lösen, erkennen. Er »flüchtet« am Ende zum Deus absconditus! Immerhin läßt aber doch der Hinweis des Apostels auf »Verfehlung« und »Unglaube« Israels auch erkennen, daß verfügte »Verstockung« nicht Determinismus ist. Wie könnte sonst der Apostel hoffen, daß er auch jetzt noch »einige« seines »Fleisches« für das Evangelium gewinnen könne (vgl. 11,14)? Die Freiheit des Menschen bleibt gewahrt, wenn sie auch letztlich ähnlich wie der »Ratschluß« Gottes ein Geheimnis bleibt. Vgl. dazu auch *B. Mayer,* Unter Gottes Heilsratschluß. Prädestinationsaussagen bei Paulus (Würzburg 1974) 317.

gekommen, und wenn deren »Vollzahl« erreicht ist, »wird ganz Israel gerettet werden«. So siegen am Ende die Macht und das Erbarmen Gottes, indem er Juden und Heiden in sein Heil bringt, freilich auf Wegen, die für das Denken und Spekulieren des Menschen »unergründlich« sind (11,33).
Was ist mit diesen eigenartigen »Wegen« der Heilsführung Gottes erreicht? Jedenfalls dies: *Damit bleibt der Jude bis zum Ende der Zeiten:* als Zeuge für die Konkretheit der Heilsgeschichte, aber auch für die Undurchschaubarkeit der göttlichen Heilsführung. Die Tora hilft dem Juden dabei, Jude zu bleiben. Gott hat nach Ex 9,16 (=Röm 9,17) einst den Pharao verstockt, »damit ich an dir (dem Pharao) meine Macht erweise und damit mein Name bekannt gemacht werde auf der ganzen Erde«. Er hat auch Israel verstockt, damit am Ende seine sich aller erbarmende Macht und damit »die Gottheit Gottes« vor aller Welt offenbar werden.

5.6.11 Was es dem Juden bis heute schwer macht, Jesus von Nazareth als den Verheißenen zu erkennen, ist besonders auch der Umstand, daß es da einen großen »Verheißungsüberschuß« gibt, den Jesus noch nicht erfüllt hat[247]. Von diesem Einwand muß der Christ Kenntnis nehmen, weil er begründet ist: Es gibt noch viele unerfüllte Verheißungen. Der Jude aber muß davon Kenntnis nehmen, daß nach der Überzeugung der Christen in Jesus von Nazareth, dem Gekreuzigten und Auferstandenen, eine Teilerfüllung stattfand und zwar keine geringe. Jesus selber kommt auf diese »Erfüllung« zu sprechen: Nach der Nazarethperikope erfüllt sich »heute«, in seinem Wort und in seinem Wirken, das vom Propheten Angesagte. Die Wartezeit ist »erfüllt« und »das Reich Gottes unmittelbar nahegekommen« (Mk 1,15): in seiner mit Vollmacht vorgetragenen Lehre und in seinen Machttaten bricht es schon herein. »Wenn ich mit dem Finger Gottes die Dämonen austreibe, ist folglich (ἄρα) das Reich Gottes bei euch angelangt« (Mt 12,28=Lk 11,20). Auf die Anfrage des Täufers: »Bist du der Kommende oder sollen wir auf einen anderen warten?«, gibt Jesus die Antwort: »Geht hin und meldet dem Johannes, *was ihr hört und seht:* Blinde sehen und Lahme gehen, Aussätzige werden rein, und Taube hören, Tote stehen auf, und Armen wird das

[247] S. dazu Näheres unter 6.12.

Evangelium verkündigt« (Mt 11,2–5; vgl. dazu Jes 29,18f.; 35,5f.; 61,1). Jesus ist auch nicht gekommen, das Gesetz oder die Propheten aufzulösen, sondern »zu erfüllen« (Mt 5,17). Jesus von Nazareth selber besaß also ein »Erfüllungsbewußtsein«. Auch die nachösterliche über Jesus, sein Wort und Werk, seinen gewaltsamen Tod und seine Auferweckung von den Toten reflektierende Kirche war in ihrem Glauben überzeugt, daß sich an Jesus, seinem Werk und seinem Geschick, die Schrift »erfüllt« hat (vgl. z.B. die sog. Reflexionszitate in den Evangelien: »Dies ist geschehen, damit die Schrift erfüllt werde ...«, »hier erfüllte sich das Wort der Schrift«). Selbst wenn man (mit Recht) darauf hinweisen kann, daß in dieser Hinsicht die erleuchtende »Ostergnade« (johanneisch gesprochen: »der Paraklet«) am Werk war, läßt sich doch nicht leugnen, daß schon der vorösterliche Jesus ein »Erfüllungsbewußtsein« besaß, wie wir oben sagten, und daß sein Wirken »offen« war für die (freilich weithin nachösterliche) Erkenntnis, daß in ihm sich Verheißungen des Alten Testaments erfüllten, so daß die Kirche ihn als den Verheißenen verkündigen konnte und kann. Damit war und ist für die Kirche zugleich die Kontinuität des Alten, wie es im Alten Testament zur Sprache gekommen war, mit dem Neuen, wie es in Jesus sich offenbarte, gesichert: Der Gott, der an Israel gehandelt hat und handelt, hat auch an Jesus gehandelt. In diesem an Jesus von Nazareth sich offenbarenden Handeln Gottes, besonders im Sterben und in der Auferstehung Jesu, hat dann auch die Kirche ihren legitimen Ort neben Israel, auch wenn der Jude die Kontinuität des Heils und des Heilshandelns Gottes anders sieht als der Christ. Aber darob darf der Christ nicht den Stab über den Juden brechen. Denn Gott allein weiß letztlich, warum der Jude die Dinge anders sieht als der Christ und warum für ihn Jesus von Nazareth nicht erkennbar und darum auch nicht annehmbar war und ist. Jesu Angebot der Gottesherrschaft an Israel war zwar zweifellos ernsthaft gemeint, und Jesus hat über Chorazin, Bethsaida und Kapharnaum sein »Wehe« ausgerufen (Mt 11,20–24 = Lk 10,13–15) und damit Schuld konstatiert, dennoch bleibt die Tatsache, daß die Hauptmasse Israels ihn nicht erkannt hat, aus Gründen, von denen wir einige wichtige nannten. Denn sieht man auf das, was wir zu unserer Ausgangsfrage: War Jesus von Nazareth für Israel erkennbar? zu sagen versuchten – und es war in der Tat nur ein

Versuch –, so muß, vorsichtig formuliert, geantwortet werden: Es war für Israel schwer, Jesus und das Evangelium zu erkennen. Die Enthüllung des Wortes im fleischgewordenen Christus war zugleich eine Verhüllung. Die Herrlichkeit des Einziggezeugten vom Vater in Jesus zu sehen, ist nur dem vom Heiligen Geist erleuchteten Glaubenden möglich. *Sören Kierkegaard* hat durchaus mit seiner Forderung recht gehabt: Wer seinen Glauben prüfen will, übe sich in der »Gleichzeitigkeit«, er mache sich im Geist zum Volksgenossen und Landsmann Jesu von Nazareth; er versetze sich im Geist in die Synagoge von Nazareth und er höre dort aus dem Mund des Zimmermanns Jesus das anspruchsvolle »Heute« (»heute hat sich vor euren Ohren dieses Schriftwort erfüllt«: Lk 4,21), und wenn er dann sagen kann: Selbstverständlich hätte ich ihn als den Verheißenen erkannt und hätte ihn als den Messias begrüßt, dann erst kann er auch ehrlichen Gewissens sagen: »Ich glaube«. Aber wer von uns Christen kann so »selbstverständlich« reden? Vermutlich keiner. Darum soll auch niemand Steine auf das »verstockte« Israel werfen, sondern lieber die verschlungenen Wege Gottes preisen, wie es Paulus in Röm 11,33–36 am Ende seiner schwierigen Ausführungen über die Verstockung und das Endheil Israels tut. Denn auch kein Christ war Gottes »Ratgeber«.

»›Abgrundtief‹ erscheint [dem Paulus] der ›Reichtum‹, die Weisheit und die Erkenntnis Gottes, die alles von Ewigkeit her bedenkt, weisheitsvoll leitet und lenkt und alles wider Erwarten zum guten Ende führt. ›Unerforschlich‹ sind ›Gottes Gerichte‹, d. h. sein Walten in der Heilsgeschichte, insbesondere sein geheimnisvolles Walten an Israel. Undurchdringliches Dunkel umgibt Gottes ewigen Ratschluß . . ., ›keiner hat je des Herrn Sinn erkannt‹, denn keiner hat je als sein ›Berater‹ in seinem Rate gesessen. Keinen Zugang gibt's für den Menschen zu Gottes letzten Gedanken. Sie sind und bleiben uns vorenthalten. Denn wäre Gott in dieser Hinsicht etwas zu erstatten schuldig, wo keiner ihm etwas zuvor gegeben hat?« *(F. W. Maier)*[248].

[248] *F. W. Maier*, Israel in der Heilsgeschichte, 150f.

6 Das Unterscheidende und Trennende

6.1 Die Christologie

6.1.1 »Unjudentum« in Jesus?

Wer in der ökumenischen Arbeit intellektuelle Redlichkeit liebt, kann und darf das Trennende und Unterscheidende nicht verschweigen. Dies gilt im besonderen für den christlichen Theologen, der einen Traktat über die Juden schreibt. Das würde selbstverständlich ebenso umgekehrt für den Juden gelten, der einen Traktat über die Christen vorlegen würde. Jeder Zuständige weiß dabei, daß das Trennende und Unterscheidende vor allem mit der Christologie zu tun hat. So sehr wir heute Jesus von Nazareth wieder als Juden erkennen, so sehr wissen wir auch, daß es die christliche Lehre über Jesus ist, die gewöhnlich »Christologie« genannt wird, die Christen und Juden voneinander trennt und vermutlich auch immer trennen wird[1]. Vor allem ist es die Sohngotteschristologie, die für den Juden der große Stein des Anstoßes am christlichen Glauben ist. Der jüdische Gelehrte *H.-J. Schoeps* bemerkt in seinem Paulusbuch[2]: Daß Paulus »den Messias [Jesus] über alles Menschenmaß hinaus auf den Status realer Göttlichkeit erhob – das ist das radikal *Unjüdische* im Denken des Apostels. Hierfür gibt es keinerlei jüdische Ableitungsmöglichkeiten mehr, sondern – wenn überhaupt Ableitung

[1] »Nicht Erzählungen über den vorösterlichen Jesus sind den Juden ein Ärgernis, sondern der christliche Glaube an Jesus Christus« (*C. Thoma,* Christliche Theologie des Judentums, 186). »Zum Christentum, zur Kirche gehört nicht nur der historische Jesus. Zum Christentum gehört auch, und zwar entscheidend, die urchristliche Glaubensüberlieferung mit ihren Grundaussagen vom Sühnetod Christi, von seiner Auferstehung als dem Grund eschatologischer, endzeitlicher Heilszugehörigkeit derer, die an ihn glauben« (*U. Wilckens,* in: *P. Lapide / F. Mußner / U. Wilckens,* Was Juden und Christen voneinander denken. Bausteine zum Brückenschlag, Freiburg/Basel/Wien 1978, 74).

[2] *H.-J. Schoeps,* Paulus. Die Theologie des Apostels im Lichte der jüdischen Religionsgeschichte (Tübingen 1959) 153.

– wird die Annahme einer Anknüpfung an heidnisch-mythologische Vorstellungen, filtriert durch den hellenistischen Synkretismus der Zeit, unabweislich.« Ferner: »Dieser Mythos vom Herabstieg, Sühnopfertod und Auffahrt des Himmelsmenschen ist radikal unjüdisch.«[3]

»Wir sehen in dem υἱὸς θεοῦ-Glauben – und nur in ihm – die einzige, allerdings entscheidende heidnische Prämisse des paulinischen Denkens. Alles, was mit ihm zusammenhängt bzw. sich aus ihm ergibt..., ist unjüdisch und führt in die Nähe heidnischer Zeitvorstellungen.«[4] Auch *J. Klausner* bemerkt in seinem Jesusbuch: »Für das jüdische Volk kann [Jesus] natürlich weder ein Gott noch Gottes Sohn im Sinne des Trinitätsdogmas sein: beides ist für den Juden nicht nur blasphemisch, sondern auch unbegreifbar.«[5] Zwar meint *J. Klausner* im gleichen Buch: »Die Lehre Jesu ist weit entfernt von dem Dogma der Trinität, aber sie enthält einen Keim, aus dem die Heidenchristen die spätchristliche Doktrin der Dreieinigkeit entwickeln konnten.«[6]

Die Frage für uns ist damit, ob dieses »radikal Unjüdische« speziell der Sohneschristologie urtümlich zusammenhängt mit dem, was *J. Klausner* als jenes »etwas« in Jesus bezeichnet hat, aus dem sich »Un-Judentum entwickelte«[7]. Worin bestand es nach *J. Klausner?* Im wesentlichen in folgenden Dingen[8]:

– In den allzu extremen Forderungen der Ethik Jesu.

– In der radikalen Reduzierung der Tora auf das Liebesgebot, die die Heiligung des Alltags durch die gesetzlichen Bestimmungen vernachlässigt.

– In dem anationalen Charakter der Predigt Jesu: Jesus habe den Zusammenhang von Religion und Volk nicht mehr gesehen.

– In dem Gottesbegriff Jesu, der seine Jünger anwies, »ihre Feinde ebenso wie ihre Freunde zu lieben, ›da ihr Vater im Himmel seine Sonne aufgehen läßt über die Bösen und über die Guten und regnen läßt über Gerechte und Ungerechte.‹ Hier geht

[3] Ebd. 160.

[4] Ebd. 163.

[5] *J. Klausner,* Jesus von Nazareth, 573.

[6] Ebd. 527.

[7] Ebd. 573.

[8] Vgl. dazu *G. Jasper-Bethel,* Stimmen aus dem neureligiösen Judentum in seiner Stellung zum Christentum und zu Jesus (Hamburg/Bergstedt 1958) 81–84.

Jesus über jene Rechtfertigung vor den Pharisäern hinaus, die ihn wegen seines Umgangs mit Zöllnern und Sündern angegriffen hatten und denen er antwortete: ›Die Kranken bedürfen des Arztes, nicht die Gesunden.‹ Hier gibt es überhaupt keine Kranken mehr: vor dem Angesicht Gottes sind Zöllner und Sünder ›gesund‹; Sünder und Nichtsünder, Gute und Böse, Gerechte und Ungerechte – sie alle sind gleich »vor Gott«, während nach *J. Klausner* das »die jüdische Auffassung von Gott« sei: »die Bösen sind nicht wert, daß die Sonne sie bescheint.«[9] Denn »die Sünder, die nicht bereuen, zerstören die Welt, durchbrechen die sittliche und damit auch die natürliche Weltordnung. Wenn keine Gerechtigkeit in dieser Welt ist, lohnt es sich nicht, daß sie weiterbestehe mit ihrer Sonne und ihrem Mond, ihren Sternen und ihren festen Naturgesetzen... So erhaben [Jesu] Auffassung von Gott für das individuelle sittliche Bewußtsein sein mag – für das allgemeine, soziale, nationale und universale Bewußtsein, dem die ›Weltgeschichte das Weltgericht‹ ist, bedeutet sie Ruin und Chaos. Eine solche Auffassung konnte das Judentum unter keinen Umständen zu der seinen machen«[10]. Was den »Gottesbegriff« Jesu anging, werden zwar heute jüdische Leben-Jesu-Forscher anders als *J. Klausner* denken, aber daß irgendwie »Unjudentum« in Jesus von Nazareth wirksam war, mit dem er für jüdisches Empfinden aus dem Rahmen des Judentums zu fallen scheint, spüren auch sie. Aber das »Unjudentum« ist viel weniger in den Punkten zu suchen, auf die *J. Klausner* hingewiesen hat, als in dem unerhörten Anspruch, den Jesus in Israel erhoben hat.

6.1.2 Der Anspruch Jesu

Worin vor allem zeigte sich Jesu ungewöhnlicher Anspruch? Ich möchte folgende Punkte nennen:

6.1.2.1 In dem spontanen Wissen Jesu um Gottes Denkart, das sich zuvor schon in seinem eigenen konkreten Handeln offenbart. So rechtfertigt Jesus seine ostentativen Mahlzeiten mit »Zöllnern und Sündern« nach Lk 15 mit seiner in den drei folgenden Gleichnissen vorgelegten »Theorie«: Er muß so an den Sündern

---

[9] A.a.O. 528f.

[10] Ebd. 528.

handeln, weil Gott sich freut, wenn die Verlorenen heimfinden. Jesus handelt so, wie nach seiner Lehre Gott selber handelt. »Jesu Verhalten erklärt den Willen Gottes mit einer an Jesu Verhalten ablesbaren Parabel« *(E. Fuchs)*[11]. Im übrigen geht es in den drei Gleichnissen in Lk 15 nicht bloß um die Verlorenen, sondern um die Integration *aller,* ob verloren oder nicht verloren, zur Einheit und Ganzheit. Jesus wollte *ganz* Israel um sich sammeln[12]. Hinter diesem »spontanen Wissen« Jesu um Gottes Denkart steht aber ein Anspruch, nämlich der: Gott besser zu kennen als die Gegner, ja nicht bloß als diese, sondern als überhaupt die offiziellen Theologen Israels, die Schriftgelehrten. Hinter dem spontanen Wissen Jesu um Gottes Denkart und um das Wesen der Gottesherrschaft steht eine »Urdisclosure«, die mit seinem Sohnesgeheimnis zusammenhängt[13].

6.1.2.2 In dem Lehren Jesu, das in »Vollmacht« geschieht und nicht »nach Art der Schriftgelehrten« (Mk 1,21), und das sich nicht als »Spruch JHWHs« wie bei den Propheten ausgibt, sondern als eigenes, autoritatives Wort.

6.1.2.3 In der von Jesus beanspruchten Vollmacht zur Sündenvergebung (vgl. besonders Mk 2,1–12[14]; Lk 7,36–50[15]). Für das

---

[11] *E. Fuchs,* Zur Frage nach dem historischen Jesus (Tübingen 1960) 154.

[12] Vgl. dazu *F. Schnider,* Die verlorenen Söhne. Strukturanalytische und historisch-kritische Untersuchungen zu Lk 15 (Freiburg i. d. Schweiz/Göttingen 1977).

[13] Vgl. dazu Näheres bei *T. Aurelio,* Disclosures in den Gleichnissen Jesu (Regensburger Studien zur Theologie 8) (Frankfurt/Bern/Las Vegas 1977) 116–137; 229–258.

[14] Auch wenn es sich bei der passivischen Formulierung »deine Sünde ist dir vergeben« um einen Zuspruch der Sündenvergebung *durch Gott* handeln sollte, was schon nicht absolut sicher behauptet werden kann, so empfinden die anwesenden Schriftgelehrten diesen doch als einen unerhörten Anspruch Jesu, weil sie sagen: »Er lästert Gott!« »Damit geben sie zu verstehen, daß das Wort Jesu in V. 5b nicht nur Zusage der Sündenvergebung als Tat Gottes ist ..., sondern schon ihr Vollzug aufgrund der von Jesus beanspruchten Autorität« ... »Der schweigende Einwand der Schriftgelehrten bezieht sich also nicht auf die Inanspruchnahme der ›transzendenten‹ Macht Gottes durch den *Menschen* Jesus von Nazareth, sondern auf die Erwartung der Sündenvergebung als spezifisch eschatologisches Handeln Gottes, auf die Jesus de facto schon ›auf Erden‹ vorausgreift. Der *irdische Jesus* steht damit an der Stelle Gottes, welcher der Gott der eschatologischen Sündenvergebung ist« (*K. Kertelge,* Die Vollmacht des Menschensohnes zur Sündenvergebung [Mk 2,10], in: *P. Hoffmann* [Hrsg.], Orientierung an Jesus [FS f. *J. Schmid*] [Freiburg/Basel/Wien 1973] 205–213 [208; 210]); *ders.,* Sündenvergebung an Stelle Gottes. Eine neutestamentlich-

Judentum ist Sündenvergebung eine Prärogative Gottes, »die nach jüdischer Auffassung auch nicht auf den Messias bzw. den Menschensohn übertragen wird[16]. Wer so redet wie Jesus..., lästert... Nach Lev 24,11ff.; Num 15,30 steht auf Gotteslästerung die Todesstrafe...« *(R. Pesch)*[17].

6.1.2.4 In dem Anspruch, wie er sich in bestimmten Kurzlogien Jesu zeigt: »Hier ist mehr als Jona« (Mt 12,41 = Lk 11,32), also »mehr« als ein Prophet des Alten Bundes; »Hier ist mehr als Salomon« (Mt 12,42 = Lk 11,31), also »mehr« als einer der großen und hochverehrten Könige der frühen Zeit Israels; »Größeres als der Tempel ist hier« (Mt 12,6), also »Größeres« als die heilige Stätte, die nach der Glaubensüberzeugung des Judentums die Wohnung Gottes auf Erden ist und als solche einen ganz außerordentlichen Rang im Bewußtsein der Judenschaft besaß[18], von dem man Kenntnis nehmen muß, wenn man den Anspruch, den Jesus gerade mit dem Tempellogion erhebt, sehen will. Zwar verhüllt sich der Anspruch, den er mit diesen Logien erhebt, in dem zunächst rätselhaft klingenden »hier« (ὧδε) und in dem Komparativ des Neutrums (»Größeres« [μεῖζον], »mehr« [πλεῖον]), aber es besteht kein Zweifel, daß er dabei sich selbst meint: *Er*

---

theologische Darlegung, in: Dienst der Versöhnung (TrThSt 31 [Trier 1974] 27–64). Vgl. auch noch *J. Gnilka,* Das Elend vor dem Menschensohn (Mk 2,1–12), in: *R. Pesch / R. Schnackenburg* (Hrsg.), Jesus und der Menschensohn (FS f. *A. Vögtle*) (Freiburg/Basel/Wien 1975) 196–209 (Lit.); *P. Fiedler,* Jesus und die Sünder (Frankfurt/Bern 1976) 119–135. Besonders ist zu beachten, daß der Zuspruch Jesu nicht in der Form einer Fürbitte (deprecatio) erfolgt.

[15] Vgl. zu dieser Perikope *P. Fiedler,* a.a.O. 112–116; *U. Wilckens,* Vergebung für die Sünderin (Lk 7,36–50), in: Orientierung an Jesus (s. vorausgehende Anmerkung) 394–424.

[16] Vgl. *G. F. Moore,* Judaism I, 535; *Billerbeck* I, 495f. Ob Targum Jes 53,5 von dieser Überzeugung eine Ausnahme bildet, scheint zweifelhaft zu sein; vgl. dazu *K. Koch,* Messias und Sündenvergebung in Jesaja 53–Targum, in: Journal for the Study of Judaism 3 (1972) 117–148.

[17] *R. Pesch,* Das Markusevangelium I,158f.

[18] Vgl. dazu etwa *Sh. Safrai,* Die Stellung des Zweiten Tempels im Leben des Volkes, in: Freiburger Rundbrief XXVIII (1976) 158–165; *J. Maier,* Tempel und Tempelkult, in: *J. Maier / J. Schreiner* (Hrsg.), Literatur und Religion des Frühjudentums (Würzburg 1973) 371–390. Besonders eindrücklich zeigt sich jetzt auch die Bedeutung des Tempels für jüdisches Bewußtsein in der »Tempelrolle« von Qumran. Mit der »Tempeltheologie« hängt die »Jerusalemtheologie« zusammen; vgl. dazu *J. Schreiner,* Sion-Jerusalem. JHWHs Königssitz. Theologie der Heiligen Stadt im Alten Testament (München 1963).

ist das »Größere« und das »mehr«[19]. Hat ein anderer Jude je so geredet? Hier zeigt sich in besonderem Maß »Unjudentum« im Selbstbewußtsein Jesu.

6.1.2.5 In dem Anspruch, daß der Menschensohn sich mit ihm identifizieren werde, wie aus dem »Bekenner- und Verleugnerspruch« hervorgeht (Lk 12,8f. par.)[20], ja daß er selbst jener »Menschensohn« sei, den seine Prozeßgegner »zur Rechten der Macht sitzen und mit den Wolken des Himmels kommen« sehen werden (Mk 14,62). Der Hohepriester wertet Jesu Ansage als Blasphemie, er fragt die Mitsynedristen: »Was dünkt euch? Sie alle aber urteilten, er sei des Todes schuldig« (14,63f.). Sie hielten ihn des Todes schuldig aus Zorn »besonders ... über die Gotteslästerung Jesu, der sich für den ›Menschensohn‹ ausgab, der ›mit den Wolken des Himmels kommen‹ und ›zur Rechten Gottes sitzen wird‹« (*J. Klausner*)[21]. Damit hängt der folgende Punkt zusammen.

6.1.2.6 Wie wir schon unter 5.4.1 zu zeigen versuchten, war es letztlich ein Anspruch Jesu, der in dem Würdeprädikat »Sohn Gottes« zum Ausdruck kommt, der Jesus in den Augen des Synedriums des Todes schuldig macht, ob Jesus nun diesen Titel ausdrücklich als Selbstbezeichnung verwendet hat oder nicht. Sein Anspruch transzendierte jedenfalls jeden bisher in Israel von einem Menschen erhobenen Anspruch, auch den Messiasanspruch; und in diesem deutlichen und nicht überhörbaren Transzendieren liegt das eigentliche »Unjudentum« Jesu, das ihn für jüdisches Empfinden außerhalb des Judentums stellte.

Es war also nicht etwa die Gesetzesfrage, auf Grund derer Jesu Auftreten in Israel als »unjüdisch« empfunden wurde, wie immer wieder von christlichen Theologen behauptet wird. Natürlich hängt die souveräne Gesetzesauslegung Jesu mit seinem Anspruch zusammen und wird deshalb oft als etwas empfunden, was ihn scheinbar aus dem Rahmen des Judentums fallen ließ, was

---

[19] Vgl. dazu auch *T. Aurelio,* Disclosures in den Gleichnissen Jesu, a.a.O. 240–254.

[20] Vgl. dazu *R. Pesch,* Über die Autorität Jesu. Eine Rückfrage anhand des Bekenner- und Verleugnerspruchs Lk 12,8f. par., in: *R. Schnackenburg / J. Ernst / J. Wanke* (Hrsg.), Die Kirche des Anfangs (FS f. *H. Schürmann*) (Leipzig 1977) 25–55.

[21] *J. Klausner,* Jesus von Nazareth, 482.

z. B. seine Auslegung des Sabbatgebotes anging (»Der Menschensohn ist Herr auch über den Sabbat«: Mk 2,28). »Jesu Worte über den Sabbat sind ... Ausdruck seiner ἐξουσία [Macht], in der er verkündigte« *(E. Lohse)*[22].

6.1.2.7 Mit dem einmaligen Anspruch Jesu hängt auch sein eigenwilliges »Zeitbewußtsein« und »Erfüllungsbewußtsein« zusammen: Jetzt bricht die Gottesherrschaft herein, weil *er* da ist. »Wenn *ich* mit dem Finger Gottes die Dämonen austreibe, *ist folglich die Gottesherrschaft bei euch angelangt*« (Mt 12,28 = Lk 11,20). »Heilt die Kranken in ihr und sagt zu ihnen (den Bewohnern der Stadt): Nahegekommen ist zu euch das Reich Gottes« (Lk 10,9; vgl. Mt 10,7f.). »Selig die Augen, die sehen, was ihr seht. Denn ich sage euch: Viele Propheten und Könige wollten sehen, was ihr seht, und haben es nicht gesehen, und hören, was ihr hört, und haben es nicht gehört« (Lk 10,23f. = Mt 13,16f.). »Und er begann zu ihnen (seinen Landsleuten in Nazareth) zu sprechen: *Heute* hat sich diese Schriftstelle vor euren Ohren erfüllt« (Lk 4,21). »Das Gesetz und die Propheten reichen bis Johannes; von da an wird das Evangelium verkündigt« (Lk 16,16)[23]. »Nicht kommt das Reich Gottes mit Beobachtung, noch werden sie sagen: Siehe hier (ist es) oder dort. Denn siehe, das Reich Gottes ist (schon) mitten unter euch« (Lk 17,20f.)[24]. »Erfüllt ist die Zeit und nahegekommen das Reich Gottes« (Mk 1,15)[25].

Mag das eine oder andere dieser Logien Jesu auch nachösterlich überarbeitet sein, es kann kein Zweifel bestehen, daß Jesus ein besonderes »Zäsurbewußtsein« hatte: Die Zeit der Erwartung und Verheißung geht zu Ende, eine neue Zeit, die letzte Zeit, die Zeit der eschatologischen Gottesherrschaft, die Zeit der Erfül-

---

[22] *E. Lohse*, Jesu Worte über den Sabbat, in: *W. Eltester* (Hrsg.), Judentum, Urchristentum, Kirche (FS f. *J. Jeremias*) (Berlin 1960) 79–89 (89).

[23] Vgl. dazu *W. G. Kümmel*, »Das Gesetz und die Propheten gehen bis Johannes« – Lk 16,16 im Zusammenhang der heilsgeschichtlichen Theologie der Lukasschriften, in: Verborum Veritas (FS f. *G. Stählin*) (Wuppertal 1970) 89–102.

[24] Vgl. dazu *F. Mußner*, »Wann kommt das Reich Gottes?« Die Antwort Jesu nach Lk 17,20b.21 in: Bibl. Zeitschr. NF 6 (1962) 107–111.

[25] Vgl. dazu *F. Mußner*, Gottesherrschaft und Sendung Jesu nach Mk 1,14f. Zugleich ein Beitrag über die innere Struktur des Markusevangeliums, in: *ders.*, PRAESENTIA SALUTIS (Düsseldorf 1967) 81–98.

lung, bricht jetzt, *mit ihm,* an[26]. Damit ist Jesus »der einzige uns bekannte antike Jude, der nicht nur verkündet hat, daß man am Rande der Endzeit steht, sondern gleichzeitig, daß die neue Zeit des Heils schon begonnen hat« *(D. Flusser)*[27]. Woher weiß Jesus, daß die Heilszeit mit ihm beginnt? Mit welchem Recht bindet er das eschatologische Reichsgottesgeschehen so unlöslich an seine Person und an seinen Anspruch, wenn er nicht von einem exklusiven »Selbstbewußtsein« und »Sendungsbewußtsein« erfüllt gewesen wäre? Die Christologie versucht Antwort auf das in diesen Fragen sich zeigende »Rätselhafte« der Person Jesu zu geben[28]. Nochmals sei hier *D. Flusser* zitiert: »Nicht nur die Historiker, sondern auch die Theologen sollten sich mehr mit der Frage befassen, wie weit der historische Jesus ein Hoheitsgefühl hatte und wie weit es eine Brücke zwischen dem Selbstverständnis des historischen Jesus und dem ›nachösterlichen‹ Christusglauben gibt. Wenn es nämlich so wäre, wie gewisse Kathederchristen behaupten – und wie mir scheint: mit einer masochistischen, selbstzerstörerischen Wut –, daß Jesus über sich nichts Besonderes, oder nur sehr Geringes gedacht hat, und daß seine Hoheitsansprüche kirchlich-nachösterlich sind, dann verliert meiner Ansicht nach der christliche Glaube jeden Anspruch auf seine Glaubwürdigkeit.«[29].

6.1.2.8 Dazu kommt, daß Jesu Botschaft vom Schon-Anbruch des Reiches Gottes primär eine Gnadenbotschaft ist[30]. Zwar hat Jesus den Gerichtsgedanken aus seiner Reichsbotschaft nicht eliminiert, aber die Heilsaspekte überwiegen in seiner Reichsgottespredigt und in seinem Reichsgottestun die Unheilsaspekte bei weitem. Seine Dämonenaustreibungen, seine Krankenheilungen, seine gemeinsamen Mahlzeiten mit »Zöllnern und Sündern«, seine Gleichnisse vom gütigen Weinbergsbesitzer, vom verlorenen Schaf, von der verlorenen Drachme und vom verlorenen Sohn beweisen zur Genüge, daß für ihn die Gottesherrschaft vor allem

---

[26] Zu den Konsequenzen dieses neuen Bewußtseins Jesu für die Ethik vgl. *H. Merklein,* Die Gottesherrschaft als Handlungsprinzip. Untersuchung zur Ethik Jesu (Würzburg 1978).

[27] *D. Flusser,* Jesus, 87.

[28] Vgl. *A. Polag,* Die Christologie der Logienquelle (Neukirchen 1977) 197.

[29] Im Vorwort zu *C. Thoma,* Christliche Theologie des Judentums, 24f.

[30] Vgl. auch *J. Jeremias,* Jesu Verheißung für die Völker (Stuttgart 1956) 35–39.

eine Herrschaft der Güte, der Gnade und der Vergebung ist. An und für sich müßte Jesus mit seiner Gnadenbotschaft nicht unbedingt aus dem Rahmen des Judentums gefallen sein – denn auch das Judentum kennt und verkündet ja Gott als den gütigen und barmherzigen –, aber in der unlösbaren Verbindung mit seinem Anspruch, der überall durchschimmert, zeigt sich doch in vielem, was Jesus von Nazareth sagte und tat, »Unjudentum«, das ihn im Zusammenhang seines Geschicks am Ende aus dem Judentum herausführte[31]. Das bedeutet aber doch auch, daß nicht erst die »Christologie«, wie sie nach Ostern von der christlichen Gemeinde entwickelt wurde, Jesus und Israel trennte. Und das bedeutet ferner nicht, daß die »Christologie« erst ein Produkt der Rezeption des heidnischen Hellenismus durch die christliche Gemeinde, speziell durch die heidenchristliche Kirche, sei, wie von jüdischen Leben-Jesu-Forschern oft behauptet wird, wobei sie sich freilich auf christliche »Religionsgeschichtler« berufen konnten und können. Vielleicht empfinden Juden, wie *J. Klausner,* ein gewisses »Unjudentum« in Jesus sogar stärker als Christen; auf jeden Fall empfinden sie die Sohngotteschristologie als etwas schlechthin »Heidnisches«. Das Problem ist aber dies, ob nicht gerade auch in ihr genuin Jüdisches im Hintergrund steht. Dies soll im Folgenden gezeigt werden.

6.1.3 Vom »Propheten« Jesus zum »Sohn« Jesus[32]

Jesus war in Nazareth in Galiläa zu Hause. Nachdem er begonnen hatte, öffentlich in Israel aufzutreten, kam er eines Tages auch, so erzählt das Markusevangelium, »in Begleitung seiner Jünger in seine Vaterstadt. Als der Sabbat kam, trat er in der Synagoge als Lehrer auf. Und die vielen Hörer gerieten in Staunen und sagten: Woher hat er das? Was für eine Weisheit ist ihm verliehen

[31] Damit hängt zusammen, daß das eigentlich Neue, das mit Jesus von Nazareth in die Welt gekommen ist, *er selbst ist!* Alles andere, wie etwa die Kirche, sind Folgen dieses Neuen. Vgl. zu dieser Thematik auch *J.-Fr. Konrad,* Das Neue an Jesus. Eine grundsätzliche Erwägung, in: *H. H. Henrix / M. Stöhr* (Hrsg.), Exodus und Kreuz im ökumenischen Dialog zwischen Juden und Christen (Aachen 1978) 154–165.

[32] Ich halte mich dabei an meinen Aufsatz: Vom »Propheten« Jesus zum »Sohn« Jesus, in: *A. Falaturi / J. J. Petuchowski / W. Strolz* (Hrsg.), Drei Wege zu dem einen Gott (Freiburg/Basel/Wien 1976) 103–116.

worden? Und erst diese Wunder, die durch seine Hände geschehen? Ist das nicht der Zimmermann, der Sohn der Maria, der Bruder des Jakobus und des Joses, des Judas und des Simon! Und wohnen nicht seine Schwestern hier bei uns? Und sie nahmen an ihm Anstoß. Jesus aber sagte zu ihnen: Kein Prophet ist angesehen in seiner Vaterstadt, bei seiner Verwandtschaft und in seinem Hause« (Mk 6,1–4).
Aus dieser Erzählung erfahren wir, daß Jesus in Nazareth zu Hause war, daß er von Beruf ein »Zimmermann« war und daß seine Sippe ebenfalls in Nazareth lebte. Gegenüber dem »Anstoß«, den seine Landsleute an ihm nach seinem öffentlichen Auftreten nehmen, bemerkt Jesus: »Kein Prophet ist angesehen in seiner Vaterstadt, bei seiner Verwandtschaft und in seinem Hause.« Damit erhebt Jesus von Nazareth selbst deutlich den Anspruch, so etwas wie ein »Prophet« zu sein. Auch die Meinungen im Volk Israel hinsichtlich der Frage, wer dieser Mann aus Nazareth eigentlich sei, scheinen in diese Richtung gegangen zu sein. Darauf weisen zwei weitere Berichte im Markusevangelium hin. Markus erzählt nämlich in 6,14f. folgendes:
»Der König Herodes hörte von ihm, war doch sein Name in aller Munde. Er sagte: Der Täufer Johannes ist von den Toten auferstanden, darum wirken in ihm die Wunderkräfte. Andere sagten: Er ist Elia, andere wiederum: Er ist ein Prophet wie einer von den (alten) Propheten.«
Nach Mk 8,27f. hat Jesus selbst seine Jünger eines Tages gefragt: »Für wen halten mich die Leute?« Sie aber sagten zu ihm: »Für Johannes den Täufer und andere für Elia, wieder andere für irgendeinen von den Propheten.« Zur Erweckung des jungen Mannes von Naim durch Jesus bemerkt Lukas: »Da ergriff alle Furcht, sie priesen Gott und sagten: Ein großer Prophet ist unter uns aufgestanden und Gott hat sein Volk heimgesucht« (Lk 7,16). Die beiden Jünger, die am Ostersonntag nach Emmaus wandern, fassen ihre Erfahrung, die sie mit Jesus von Nazareth gemacht hatten, so zusammen: »Das mit Jesus von Nazareth, der ein Prophet war, mächtig in Tat und Wort vor Gott und vor allem Volk.« Nach Joh 6,14 sagen die Leute, die Zeugen des Brotwunders geworden sind: »Der ist wahrhaftig der Prophet, der in die Welt kommen soll.« Dasselbe sagen die Leute, die Zeugen der Reden Jesu geworden waren, nach Joh 7,40: »Dieser ist wahrhaf-

tig der Prophet.« Der geheilte Blinde antwortet auf die Frage: »Was sagst du von ihm, da er dich doch sehend gemacht hat?«: »Er ist ein Prophet« (Joh 9,17). Nach Lk 13,33 sagt Jesus: »Es ist unmöglich, daß ein Prophet außerhalb von Jerusalem umkommt.« Dazu bemerkt *G. Friedrich:* »Auch hier handelt es sich wie Mk 6,4 nicht um eine Selbstbezeichnung Jesu, sondern um die Zitierung einer allgemeinen Ansicht. Aber indem sich Jesus dieser Ansicht nicht nur anschließt, sondern sich anschickt, sie zu verwirklichen, reiht er sich in die Schar der Propheten ein.«[33] Als Jesus nach Mt 21,10f. »in Jerusalem einzog, geriet die ganze Stadt in Bewegung und sagte: Wer ist dieser? Die Volksscharen sagten: Dieser ist der Prophet Jesus aus Nazareth in Galiläa.« Und in 21,46 bemerkt der Matthäus-Evangelist: »Sie hätten sich gern seiner bemächtigt, aber sie fürchteten die Menge, da sie ihn für einen Propheten hielt.«

Zusammenfassend kann zunächst gesagt werden[34]: Jesus von Nazareth hat sich zwar selbst nicht ausdrücklich als »Prophet« bezeichnet, aber das Volk, das Zeuge seines Wirkens wurde, hielt ihn für einen Propheten. An einigen Stellen des Neuen Testaments wird Jesus deutlich als der verheißene Prophet der Endzeit angesehen, im Anschluß an Deut 18,15[35]. *G. Friedrich* kommt abschließend zu dem Urteil: »Daß Jesus sich nirgendwo ausdrücklich als endzeitlichen Propheten bezeichnet hat, kann nicht als Beweis dafür angesehen werden, daß er sich selbst nicht für einen Propheten angesehen hat, sondern es entspricht seiner sonstigen Verkündigung, die das Messiasgeheimnis wahrt. Aber er hat gesprochen und gehandelt wie ein Prophet.«[36] Viele Performanzen Jesu können unter dem Prophetenaspekt subsumiert werden. In die prophetische Tradition hinein gehören, um das Wichtigste zu nennen, die Berufung Jesu, sein Sendungsbewußtsein, seine Tora- und Kultkritik, seine Nachfolgeweisungen (jedenfalls z. T.),

[33] ThWbzNT VI, 843.

[34] Vgl. dazu auch *G. Friedrich* in: ThWbzNT VI, 847–849; *R. Schnackenburg,* Die Erwartung des »Propheten« nach dem Neuen Testament und den Qumran-Texten, in: Stud. Evang. (TU 73) (Berlin 1959) 622–639; *E. Boismard,* Jésus le Prophet par excellence, d'après Jean 10,24–39, in: *J. Gnilka* (Hrsg.), Neues Testament und Kirche (FS f. *R. Schnackenburg*) (Freiburg 1974) 160–171.

[35] Vgl. dazu Joh 6,14; 7,40; Apg 3,22 (in einer Petrusrede); 7,37 (in der Rede des Stephanus).

[36] A.a.O. 849.

seine Unheilsansagen (Drohworte und Weherufe), seine Zeichenhandlungen und Wundertaten, seine Geistbegabung und schließlich sein gewaltsames Todesgeschick[37].

Darum ist es zu verstehen, daß am Anfang, besonders im palästina-judenchristlichen Bereich der Urkirche, die Prophetenchristologie das Feld weithin beherrscht hat. Ist sie später durch die Sohneschristologie verdrängt worden? Etwa unter dem Einfluß des Hellenismus, als die christliche Mission die Grenzen des Heiligen Landes überschritt, und in Abwehr sich evtl. früh zeigender Tendenzen im Judenchristentum, in Jesus nichts anderes als nur einen Propheten zu sehen (s. Pseudoklementinen)[38]? Oder gab es die Möglichkeit einer organischen Transposition der Prophetenchristologie in die Sohneschristologie? *O. Cullmann* meint, daß die Darstellung Jesu als »des Propheten« im Neuen Testament nur als Volksmeinung angeführt sei, die vielleicht »besonders in Galiläa verbreitet gewesen ist«[39]. *F. Hahn* sieht zwar, »daß Person und Wirken Jesu in einem frühen Stadium der Überlieferung ebenfalls mit Hilfe dieser Vorstellung (nämlich vom eschatologischen Propheten) – beschrieben worden ist«, doch sei dies »von späteren christologischen Aussagen verwischt und überdeckt worden«, freilich ließen sich »noch Eigentümlichkeiten dieser altertümlichen Christologie erkennen«[40]. Dieser Meinung war ich selber lange Zeit, bis mir das Buch von *U. Mauser* »Gottesbild und Menschwerdung«[41] in die Hände kam. Dieses Werk half mir, nicht bloß die »Prophetenchristologie« in einem neuen Licht zu sehen, sondern sie auch als die entscheidende Vorstufe der »Sohneschristologie« zu erkennen und die letztere überhaupt erst nicht bloß in ihrem Ursprung, sondern auch in ihrem Aussagesinn zu begreifen. Es muß ja jedem beim Studium der Evangelien auffallen, daß die alte Prophetenchristologie aus

---

[37] Zum Letzteren vgl. *O. H. Steck,* Israel und das gewaltsame Geschick der Propheten (Neukirchen 1967). Und zum Ganzen noch *F. Schnider,* Jesus, der Prophet (Orbis Biblicus et Orientalis 2) (Freiburg/Schweiz – Göttingen 1973).

[38] Vgl. dazu *F. Schnider,* ebd. 241–255; *H. J. Schoeps,* Theologie und Geschichte des Judenchristentums (Tübingen 1949) 71–118.

[39] *O. Cullmann,* Christologie des Neuen Testaments (Tübingen 1966) 34f.

[40] *F. Hahn,* Christologische Hoheitstitel (Göttingen ^{3}1966) 351.

[41] *U. Mauser,* Gottesbild und Menschwerdung. Eine Untersuchung zur Einheit des Alten und des Neuen Testaments (Tübingen 1971).

der Anfangszeit der Urkirche von der evangelischen Redaktion keineswegs unterdrückt worden ist. Die Evangelien sind ja unsere Hauptquelle für ihre Kenntnis. Daraus entsteht aber die Frage: Warum haben die Evangelisten dieselbe nicht unterdrückt, sondern mit der Sohneschristologie verbunden, freilich so, daß die letztere die erstere umfaßt und in dieser Umfassung interpretiert und überbietet auf ein Höheres hin. Wie sieht *U. Mauser* die Dinge?

U. Mauser geht aus von einem Aufsatz des Alttestamentlers *W. Zimmerli* »Verheißung und Erfüllung«[42], in dem *W. Zimmerli* einen doppelten Tatbestand festgestellt hat (ich formuliere nach *U. Mauser*): »Einmal kann nachgewiesen werden, daß scheinbare Erfüllungen einer konkreten Verheißung im Alten Testament selbst der Finalität beraubt und ihrerseits von neuem zur Basis für eine über die anscheinend schon erreichte Erfüllung weit hinausgehende neue Verheißung werden«; zum andern, »daß sich das Erwarten Israels im Grunde überall nicht auf dies oder jenes hinwendet, sondern auf das Kommen Gottes selbst«[43]. *W. Zimmerli* zitiert das Wort des Propheten Amos (4,12): »Bereite dich, deinem Gott zu begegnen, Israel!« Er sagt, »daß die Mitte alles Verheißenen der kommende Herr selber ist«[44]. *U. Mauser* bringt diese Verheißung dann schon vorläufig in einen Zusammenhang mit ihrer Erfüllung in Jesus Christus: »Das Kommen Gottes im Neuen Testament ist ja konkret sein Kommen in die Geschichte eines Menschen, und das ist das Einmalige der neutestamentlichen Botschaft, daß Gott in einer Menschengeschichte sein ganzes Werk tut.«[45] Von da her stellt dann *U. Mauser* die Frage: »Ist es möglich, ja vom Wesen alttestamentlicher Verheißung aus gefordert, das Erwarten des Kommens Gottes als Mensch im Alten Testament bezeugt zu finden?«[46] Während für *R. Bultmann* jenes Menschenleben, das mit dem Namen »Jesus von Nazareth« verbunden ist, nur insofern Bedeutung besitzt, »als

[42] EvTh 12 (1952/53) 34–59, wieder abgedruckt in: *C. Westermann* (Hrsg.), Probleme atl. Hermeneutik (München 1960) 69–101 (wir zitieren hiernach).

[43] *U. Mauser*, Gottesbild, 4f.

[44] A.a.O. 90.

[45] Ebd. 7.

[46] Ebd. 8.

er Voraussetzung zum Kommen des Kerygmas ist« *(U. Mauser)*[47], kommt es *U. Mauser* darauf an, das eschatologische, von den Propheten angesagte Kommen JHWHs gerade in der Menschengeschichte Jesu, in seinem vorösterlichen Leben bis hin zu seinem gewaltsamen Tod und seiner Auferweckung zu sehen. »Die Menschengeschichte Jesu Christi ist, als Grund des christlichen Kerygmas, das Wort Gottes. Diese Menschengeschichte erweist sich also als der Konvergenzpunkt von Fragerichtungen, die sich vom Alten wie vom Neuen Testament her stellen.« Dabei fragt es sich, »ob es nicht möglich wäre, von diesem Konvergenzpunkt aus das Problem des Verhältnisses zwischen Altem und Neuem Testament neu zu durchdenken. In Richtung auf das Alte Testament stellt sich die Frage in dieser Form: Wenn das Alte Testament als Verheißung verstanden werden soll, die das Kommen Gottes konkret als sein Kommen in Gestalt einer menschlichen Geschichte erwartet, so muß danach gefragt werden, ob das Gottesbild des Alten Testaments Züge aufweist, die die Neigung Gottes zur Menschwerdung bezeugen. Dem müßte gleichzeitig ein Menschenbild entsprechen, das menschliches Leben dazu bestimmt erweist, sich als Menschengeschichte gewordenes Wort Gottes zu vollenden. Vom Neuen Testament aus gesehen ist aber zu fragen, ob die Geschichte, die christliche Theologie jahrhundertelang als die Menschwerdung Gottes beschrieb, als eine echte menschliche Geschichte so verstanden werden kann, daß sie Grundstrukturen des alttestamentlichen Gottes- und Menschenbildes entspricht.«[48]
Um sein Programm für den Leser zu verdeutlichen, verweist Mauser auf die sogenannten Anthropomorphismen des Alten Testaments, die für ihn »Anzeigen eines Gottes« sind, »der dem Menschlichen nicht fremd ist, sondern in Teilnahme an der Geschichte des Menschen sich Menschliches zugesellt. Dem entspricht gleichzeitig das Menschenbild des Alten Testaments, das ... in bestimmtem Sinne theomorph ist«, eben weil nach der Schöpfungsgeschichte der Mensch »Abbild und Gleichnis« Gottes ist. Unter Anspielung auf eine Formulierung des Christushymnus im Philipperbrief sagt Mauser: »Der alttestamentliche Gott ἐν

[47] Ebd. 15.
[48] Ebd. 16f.

μορφῇ ἀνθρώπου ist die Ankündigung des *Deus incarnatus.* Und der Mensch des Alten Testaments, der in gewissem Sinn sein Leben ἐν μορφῇ θεοῦ erfährt, ist der Bote des Menschen Jesus, dem das christliche Bekenntnis vere Deus entspricht.«[49] Damit hat *U. Mauser* sich sein Thema gestellt. Er führt es in dem Teil seines Buches, der dem Alten Testament gewidmet ist, in einem dreifachen Schritt so durch, daß er zunächst noch weiter den theologischen Sinn der »Anthropomorphismen« herausarbeitet, dann das Geschick der Propheten Hosea und Jeremia anhand ihrer Texte so interpretiert, daß in deren Geschick das Geschick JHWHs selbst im leidvollen und schmerzerfüllten Gespräch mit seinem Volk Israel sichtbar wird und die Propheten des Alten Bundes nicht bloß als Kritiker des Bestehenden in Israel und als Ansager von Heil und Unheil, sondern als repraesentatio JHWHs erkennbar werden. »Der Gott Israels ist ein Gott voll von Pathos, und Prophetie ist inspirierte Kommunikation des göttlichen Pathos an das Bewußtsein des Propheten«[50], so formuliert *U. Mauser* im Anschluß an das Buch des jüdischen Forschers *Abraham J. Heschel* »Die Prophetie«[51].
Zu den Anthropomorphismen bemerkt *U. Mauser:* »Die Anthropomorphismen JHWHs stehen in einem Korrespondenzverhältnis zu der Erschaffung des Menschen im Bilde Gottes und erklären sich gegenseitig.«[52] *U. Mauser* zitiert *J. Hempel:* »Bild Gottes sein heißt für den Menschen ... Gottes Wesir sein.«[53] Die alttestamentlichen Anthropomorphismen waren »nicht nur keine zeitlich bedingte Naivität...«, sondern enthalten »umgekehrt bewußte Theologie« *(U. Mauser)*[54]. *U. Mauser* verweist dann auf das Buch des Alttestamentlers *H. Wheeler Robinson,* »The Cross of Hosea« (1949), in dem *H. W. Robinson* den Propheten Hosea, besonders im Hinblick auf die ersten drei Kapitel über die Ehe des Propheten, »auf eine Weise auslegt, die dem Problem des

---

[49] Ebd. 17.

[50] Ebd. 41.

[51] *A. J. Heschel,* Die Prophetie (erschienen 1936); erweiterte amerikanische Fassung »The Prophets«, 1962.

[52] *U. Mauser,* a. a. O. 38.

[53] *J. Hempel,* Das Ethos des Alten Testaments (Berlin ^{2}1964) 201.

[54] A.a.O. 39.

Anthropomorphismus eine ganz neue Dimension öffnet«[55]. Die Geschichte der Ehe des Propheten dient »als menschliche Illustration einer göttlichen Wahrheit«. »Das hat zuerst einmal für den Begriff der Offenbarung seine Bedeutung. Solange Offenbarung als Mitteilung von Wahrheit angesehen wird, bleibt der Offenbarungsvorgang mechanisch gedacht: Der die Offenbarung empfangende Mensch ist lediglich ein Schreiber, der ein Diktat niederschreibt. Das Buch Hosea erlaubt aber das Urteil, daß eine solch mechanische Vorstellung dem wirklichen Vorgang der Offenbarung nicht entspricht. Denn in Hosea« – *U. Mauser* zitiert nun *H. W. Robinson* wörtlich – »›we see that the revelation is made in and through a human experience, in which experience the thruth to be revealed is first created‹ und daraus folgt, ›that human experience is capable of representing the divine ... revelation is made through the unity of fellowship between God and man and is born of their intercourse.‹ Das heißt nicht weniger, als daß Offenbarung schon im Alten Testament der Inkarnation insofern wesensverwandt ist, als der Offenbarungsmittler (der Prophet) mit seiner eigenen Existenz an der Offenbarung Anteil hat, ja daß sein Leben der Ort ist, an dem Offenbarung entsteht und das Mittel, wodurch sie sich mitteilt.«[56] Für die Anthropomorphismenfrage folgt daraus, daß die alttestamentlichen Anthropomorphismen keineswegs »bloße Akkommodationen an menschliche Schwachheit ohne ausdrucksvolle Bilder für die Wahrheit eines lebendigen Gottes sind«; vielmehr spricht sich Gottes Sorge und Liebe nicht bloß in menschlicher Rede aus, sondern in der Lebenserfahrung und im Geschick des Propheten spiegelt sich repräsentativ die Liebe und Sorge Gottes. Die Liebe und Sorge des Hosea sind »nicht nur Symbole eines göttlichen Verhaltens zur Welt, sondern reale Entsprechungen zu einer ebenfalls ganz realen Liebe und Sorge Gottes. Ist aber allen Ernstes von realer Liebe und Sorge in Gott zu reden, so kann offensichtlich das Dogma von der Leidensunfähigkeit Gottes nicht gehalten werden«[57]. »Anthropomorphismus« in diesem Sinn ist darum »die Ankündigung von Gottes Menschwerdung«[58] ... Und der Prophet

---

[55] Ebd. 39.

[56] Ebd. 40.

[57] Ebd.

[58] A.a.O. 41.

»ist der Mensch, der das Pathos Gottes nicht nur kennt, so daß er es mitteilen kann, sondern es in und an sich erfährt, so daß er von ihm in seiner Existenz affiziert wird«[59]. Das eigentliche Geheimnis der Prophetie darf dann so formuliert werden: es ist »Sympathie mit dem göttlichen Pathos«[60]. »Gibt es (aber) ein Pathos Gottes, so gibt es auch, aus ihm fließend und von ihm hervorgerufen, ein Pathos des Propheten, das sich zum Pathos Gottes wie ein Spiegel verhält. Der Prophet ist darum keineswegs nur der Künder von Gottes Entscheidung und Weisung; er ist zugleich und zuerst eine Darstellung von Gottes eigenem Zustand in der Geschichte mit seiner Welt.«[61] Dazu kommt, daß der Prophet sich von seinen Zeitgenossen dadurch unterscheidet, »daß er weiß, welche Zeit es ist und die Zeit ansagt als Gotteszeit«[62]. Das »Herzstück« der prophetischen Existenz »ist die Teilnahme an der Beziehung zu seinen Menschen in der Geschichte, die durch die konkrete Stunde Gottes bestimmt ist«[63]. Gott wird im Propheten »menschenförmig«, er erscheint in ihm ἐν μορφῇ ἀνθρώπου, was natürlich nicht heißt, daß die göttliche Natur sich mit der menschlichen »vermischen« oder Gott im Propheten »aufgehen« würde.

Damit hat *U. Mauser* einen wichtigen Weg gewiesen. Er selber führt seine Thesen dann noch weiter an den Prophetengestalten Hosea und Jeremia aus. Hosea »kann zeichenhaft handeln, weil er selbst zuvor schon zum Zeichen Gottes geworden ist«[64]. »Der Auftrag JHWHs macht den Propheten nicht nur zum Boten, der Gehörtes weitersagt. Vielmehr schafft sich das Gotteswort ein menschliches Leben, das in menschlicher Weise die Geschichte Gottes teilt.«[65] Die anthropomorphe Sprache des Alten Testaments »will einen Gott erschließen, der sich des Menschlichen so annimmt, daß er selbst von einem konkreten Menschen vertreten werden kann«[66]. Der Prophet »nimmt die Stelle ein, die Gott in

---

59 Ebd. 42.
60 Ebd.
61 Ebd. 43.
62 Ebd. 42.
63 Ebd.
64 Ebd. 74.
65 Ebd. 76.
66 Ebd.

seiner Geschichte mit dem Volk einnimmt, und er teilt das Geschick Gottes, das JHWH zu der konkreten Zeit seiner Zuwendung erfährt. Er ist deshalb nicht nur Sprecher Gottes, sondern Stellvertreter und Gleichnis JHWHs.«[67] Auf diese Weise wird »die Menschwerdung Gottes in den Dokumenten des Glaubens Israels vorbereitet«[68].

Das Neue Testament liegt ganz auf dieser Linie. Denn es beschreibt »im Wirken Jesu von Nazareth, in seinem Wort wie in seinem Werk, das Wirken Gottes...«[69]. Das Neue Testament identifiziert geradezu »das Ereignis eines Menschenlebens (nämlich jenes Jesu von Nazareth) mit Wort und Tat Gottes... Es hat dadurch von Gott von viel breiter und nachdrücklicher in Form menschlicher Sprache und Aktion, menschlichen Willens und Entschließens geredet, als das je im Alten Testament geschehen ist. Die Anthropomorphie Gottes im Alten Testament wird im Neuen Testament so auf die Spitze getrieben, daß man das Neue Testament nur als ihren unüberbietbaren Kulminationspunkt begreifen kann.«[70].

Wer dem bisher Ausgeführten zustimmen kann, wird nun auch unserer These zustimmen: Die sogenannte Prophetenchristologie der Evangelien ist im Neuen Testament kein christologischer »Nebenkrater«, der bald zugeschüttet wurde, sondern sie führte von ihrem Wesen her in der weiteren christologischen Reflexion der Urkirche konsequent zur Sohneschristologie. Was hatte der Jüngerkreis in seinem Sehakt letztlich an Jesus von Nazareth erfahren? Wir möchten antworten: Eine bis zur Deckungsgleich-

---

[67] Ebd. 115f.

[68] Ebd. 116.

[69] Ebd. 117.

[70] Ebd. In diesem Zusammenhang sei auch hingewiesen auf das Buch von *P. Kuhn*, Gottes Selbsterniedrigung in der Theologie der Rabbinen (Stud. zum AT und NT, 17) (München 1968). *P. Kuhn* zeigt anhand eines reichen Textmaterials, welche Rolle die Idee vom »Pathos« Gottes im rabbinischen Denken gespielt hat; er gliedert die vorgelegten Texte folgendermaßen: 1. Gott verzichtet auf seine Ehre; 2. Gott als Diener der Menschen; 3. Gottes Selbsthingabe an die Menschen; 4. Gottes Herabsteigen vom Himmel auf die Erde; 5. Gottes Selbstbeschränkung auf einen Raum in der Welt. Vgl. auch *ders.*, Gottes Trauer und Klage in der rabbinischen Überlieferung (Leiden 1978); ferner *J. Scharbert*, Der Schmerz im Alten Testament (BBB 8) (Bonn 1955) 216–225 (»Der Schmerz Jahwes«); *K. Kitamori*, Theologie des Schmerzes Gottes (deutsch Göttingen 1972).

heit gehende Aktionseinheit Jesu mit Gott, eine unerhörte, existenzielle Nachahmung Gottes durch Jesus. Gerade aber die Idee der Nachahmung Gottes ist jüdischem Denken vertraut[71]. Um diese Erfahrung in der nachösterlichen Reflexion sprachlich zu artikulieren, stellte sich das Sohnesprädikat allmählich wie von selbst ein. Für altorientalisches Empfinden manifestiert sich die Sohnschaft des Erstgeborenen in der genauen Nachahmung des Vaters! Vergleicht man in der synoptischen Überlieferung das Material für eine Messiaschristologie mit jenem für eine Prophetenchristologie, so hat das letztere bei weitem das Übergewicht, wie die Arbeit von *F. Schnider* zeigt. Wie ich schon weiter oben betonte, konnten fast alle Performanzen Jesu unter »Prophetenchristologie« subsumiert werden. »Ein großer Prophet ist unter uns erweckt worden, und Gott hat sein Volk heimgesucht« (Lk 7,16); »ein Prophet mächtig in Tat und Wort« (24,19): das sind die Eindrücke, die man von Jesus hatte. Selbst im Johannesevangelium[72] mit seiner durchreflektierten Sohneschristologie spielt das christologische Propheten-Modell noch eine große Rolle[73]. Wir möchten zwar keineswegs sagen, daß die neutestamentliche Sohneschristologie ihren Anhaltspunkt einzig und allein in der anfänglichen Prophetenchristologie besaß. Denn »Sohn« ist keine bloße Substitution für »Prophet«. Es kam zur Erfahrung mit Jesus als Propheten noch die von den Evangelien auch bezeugte Erfahrung eines μεῖζον und πλεῖον an Jesus, die das Prophetenmodell durchbrach. Doch sollte gezeigt werden, daß das christologische Sohnesmodell *weithin* (wenn auch keineswegs völlig) vom Prophetenmodell her verständlich gemacht werden kann und dadurch die neutestamentlich-christliche Sohneschristologie viel von ihrem »skandalösen« Charakter für den Juden verlieren könnte. Das Sprachmodell für die »Sohneschristologie« haben das Alte Testament und das Judentum geliefert, im besonderen auch

[71] Vgl. *M. Brocke,* »Nachahmung Gottes« im Judentum, in: *A. Falaturi /J. J. Petuchowski / W. Strolz* (Hrsg.), Drei Wege zu dem einen Gott. Glaubenserfahrung in den monotheistischen Religionen (Freiburg/Basel/Wien 1976) 75–102 (mit reicher Literatur).

[72] Vgl. Joh 4,19; 9,17; 6,14; 7,40.52; 8,52f.

[73] Vgl. dazu *F. Schnider,* Jesus, der Prophet, 191–230; *R. Schnackenburg,* Die Erwartung des »Propheten« nach dem Neuen Testament und den Qumran-Texten, in: Stud. Evang. (TU 73) (Berlin 1959) 622–639.

die Weisheitslehre[74]. Der Prophet ist in seinem Geschick die Manifestation des »Pathos« Gottes; er tritt in seinem Sprechen und Handeln in Aktionseinheit mit dem einzigen Gott. So gesehen, ist die neutestamentlich-christliche Sohneschristologie nicht die Paganisierung und »akute Hellenisierung« des strengen Monotheismus, wie ihn Judentum und Islam vertreten, sie liegt vielmehr auf der Linie der Lehre von der Selbstäußerung und Selbstentäußerung des einen Gottes in die Welt hinein. Die Kirche hat bekanntlich ebenso wie das Judentum und der Islam durch alle Zeiten hindurch am strengen Monotheismus festgehalten, obwohl sie seit ihren Anfängen Jesus von Nazareth als den »Sohn Gottes« verkündigt hat und noch heute verkündigt. Der Einspruch des Judentums und des Islams gegen die Sohneschristologie wird zwar auch in Zukunft bleiben. Aber das »Prophetenmodell« kann zusammen mit dem »Weisheitsmodell« eine gemeinsame Gesprächsbasis abgeben und vielleicht auch dem Juden einen gewissen Denkzugang zur Sohneschristologie verschaffen, ohne daß er sich zu ihr bekennen wird[75].

---

[74] Vgl. dazu *E. Schweizer,* Aufnahme und Korrektur jüdischer Sophiatheologie im Neuen Testament, in: *ders.,* Neotestamentica (Zürich/Stuttgart 1963) 110–121; *A. Feuillet,* Jésus et la sagesse divine d'après les évangiles synoptiques, in: RB 62 (1955) 161–196; *ders.,* Christ, sagesse de Dieu d'après les epîtres pauliniennes (Paris 1966); *U. Wilckens,* Weisheit und Torheit. Eine exegetisch-religionsgeschichtliche Untersuchung zu 1 Kor 2 u. 3 (Tübingen 1959); *M. J. Suggs,* Wisdom, Christology and Law in Matthew's Gospel (Cambridge/Mass. 1970); *A. van Roon,* The Relation between Christ and the Wisdom of God according to Paul, in: NT 16 (1974) 207–239; *W. Grundmann,* Weisheit im Horizont des Reiches Gottes. Eine Studie zur Verkündigung Jesu nach der Spruchüberlieferung Q, in: *R. Schnackenburg / J. Ernst / J. Wanke* (Hrsg.), Die Kirche des Anfangs (FS f. *H. Schürmann*) (Leipzig 1977) 175–199. Eine weitere Verstehenshilfe für Juden bildet auch die »Schekhinah-Theologie« (vgl. *C. Thoma,* Christliche Theologie des Judentums, 192f.; *A. M. Goldberg,* Untersuchungen über die Vorstellung von der Schekhinah in der frühen rabbinischen Literatur, Berlin 1969).

[75] Eine weitere Denkhilfe gerade zum Verständnis des ärgerlichen »Wortes vom Kreuz« und des Kerygmas vom gekreuzigten Messias könnte für den Juden die biblische Idee vom leidenden Gerechten sein; vgl. dazu zuletzt *L. Ruppert,* Das Skandalon eines gekreuzigten Messias und seine Überwindung mit Hilfe der geprägten Vorstellung vom leidenden Gerechten, in: Kirche und Bibel (FS f. Bischof *Eduard Schick*) (Paderborn 1979) 319–341; ferner *M.-L. Gubler,* Die frühesten Deutungen des Todes Jesu. Eine motivgeschichtliche Darstellung aufgrund der neueren exegetischen Forschung (Orbis Biblicus et Orientalis 15) (Freiburg [Schweiz]/Göttingen 1977).

6.1.4 Gespräch mit Rosemary Ruether

R. Ruether geht in ihrem Buch »Nächstenliebe und Brudermord«[76] den theologischen Wurzeln des Antisemitismus nach. Das Buch ist zweifellos tiefschürfend, aufrüttelnd und »auf die Nerven gehend«. Derjenige, der in ein kritisches Gespräch mit ihm eintritt, muß genau hinschauen. Eine »Widerlegung« ist nicht leicht. Wir beschränken uns im wesentlichen auf die Thesen der Verfasserin zur Christologie, die von ihr in der Überschrift zu V,4 als »Schlüsselfrage« bezeichnet wird und die es in der Tat ist.

6.1.4.1 *Die Thesen R. Ruethers*

Die Christologie war nach *R. Ruether* »immer die Kehrseite des Antijudaismus«[77]. »Christologie« wird dabei vor allem verstanden als »Historisierung des eschatologischen Ereignisses«, d. h. als die Lehre, daß mit Jesus von Nazareth schon das »Endgültige«, die »Erlösung« in die Welt gekommen sei, während die Welt in Wirklichkeit nach wie vor einen höchst unerlösten Zustand aufweist, worauf das Judentum unentwegt hinweise. »Realisierte Eschatologie«, als die sich die Christologie weithin versteht, »verwandelt jede Dialektik, die wir untersucht haben – Gericht und Verheißung, Partikularismus und Universalismus, Buchstabe und Geist, Geschichte und Eschatologie[78] – in einen Dualismus, wobei die eine Seite auf das ›neue messianische Volk‹, die Christen, und die negative Seite auf das ›alte Volk‹, die Juden, bezogen werden. Die Botschaft messianischer Erwartung wird in die Geschichte hineinverlegt und dann in ein historisches Ereignis verwandelt, so daß sie eher ein wirklichkeitsfremdes als ein wirklichkeitsnahes Prinzip wird. Es wird erklärt, daß das Böse ein für allemal durch den Messias besiegt ist. Sein Sieg wurde als katholische Kirche etabliert«[79]. »Für Israel [dagegen] sind die Ankunft des Messias und die der messianischen Zeit untrennbar. Sie sind eigentlich dasselbe. Israels messianische Hoffnung zielt nicht auf die Ankunft eines Erlösers, dessen Kommen die äußere

[76] *R. Ruether*, Nächstenliebe und Brudermord (deutsch München 1978). *G. Baum* hat zu dem Buch eine ausführliche Einleitung geschrieben und *P. v. d. Osten-Sacken* ein Nachwort.

[77] Ebd. 229.

[78] Vgl. dazu ebd. 212–229.

[79] Ebd. 229.

Zweideutigkeit menschlicher und sozialer Existenz nicht verändert, sondern auf das Kommen jenes messianischen Zeitalters, das – wie *Engels* es formulieren sollte – die ›Lösung des Rätsels der Geschichte‹ ist.«[80] »Das Attribut einer absoluten Endgültigkeit an die überhöhten Erwartungen, die Leben und Tod Jesu umgaben, muß als falscher Weg gesehen werden, um die wahre Bedeutung der eschatologischen Begegnung auszudrücken. Diese Historisierung des Eschatologischen hat sehr ernste Folgen. Sowohl der christliche Antisemitismus als auch die Neigungen zu Totalitarismus und Imperialismus, die in der Christenheit (und ihren säkularen revolutionären Stiefkindern) aufgetreten sind, wurzeln in diesem Irrtum.«[81]
Was ist dazu zu sagen?

6.1.4.2 *Kritisches Gespräch mit R. Ruether*
1. Zunächst läßt sich nicht leugnen, daß die neutestamentliche und christliche Verkündigung von der Schonanwesenheit des Heils in Christus oft zum kirchlichen Triumphalismus geführt hat und eine der Wurzeln des theologischen Antijudaismus sein kann: Der Messias ist schon gekommen, die Juden erkennen das nicht und daran sind sie selber schuld, und für diese Schuld bestraft sie Gott laufend. Die jüdische Existenz sei eigentlich eine anachronistische Existenz! Der Jude habe sich selbst durch seine »Verstockung« »überlebt«. Seine Fortexistenz post Christum sei deshalb ein »Störfaktor« ersten Ranges, wie die Geschichte zeige. *R. Ruether* meint, die »Annahme, daß die Juden verworfen sind, weil sie Christus nicht als bereits Gekommenen akzeptierten, (sei) in Wirklichkeit eine Projektion jener unerlösten Seite von sich selbst auf das Judentum, die das Christentum ständig verleugnen muß, um sicherzustellen, daß Christus bereits gekommen sei und ›die Kirche‹ gegründet habe. Die Juden stehen für das, was das Christentum in sich selbst unterdrücken muß, nämlich die Erkenntnis, daß die Geschichte und die christliche Existenz unerlöst sind«[82].
2. Es geht also eindeutig um die ärgerliche Verkündigung der Kirche, daß das eschatologische Heil in Christus seit Tod und

[80] Ebd. 230.
[81] Ebd. 231.
[82] Ebd. 228.

Auferstehung Jesu schon in der Welt anwesend sei, also um die *Praesentia Salutis*. Nun ist das in der Tat die Glaubensüberzeugung der Kirche. Und es ist auch seit den Tagen der Apostel ihre Überzeugung, daß das eschatologische Heil nur im Namen Jesu verkündigt werden kann; vgl. Apg 4,12: »Durch keinen anderen kommt die Rettung. Denn es ist den Menschen kein anderer Name unter dem Himmel gegeben, durch den wir gerettet werden sollen.« So hat es Gott selbst verordnet; so »muß« es sein, ausgedrückt im griechischen Neuen Testament häufig durch das Verbum δεῖ (»es muß«). Die Kirche kann von dieser göttlichen Verordnung nicht absehen, sie würde sonst gegen Gott selbst ungehorsam. Sie muß das auch in der Welt verkündigen: Gott hat den schon gesandt, durch den die Welt gerettet wird (vgl. Joh 3,17). »Als die Fülle der Zeit kam, sandte Gott seinen Sohn, geboren aus einer Frau, gestellt unter das Gesetz, damit er die unter dem Gesetz (Stehenden) loskaufe, damit wir die Sohnschaft empfingen« (Gal 4,4). Das ist zwar zuletzt paulinische Formulierung, aber mit Rezeption vorpaulinischer, gemeinurkirchlicher Glaubenssätze[83]. Der Sohn ist da. Führt das zu einer »falschen Übertragung der Erfahrung des Eschatologischen in die Geschichte« und entsteht dadurch ein »falsches Bewußtsein«, wie *R. Ruether* meint[84]? Das kann dazu führen und hat vielfach in der Geschichte der Kirche und Theologie dazu geführt, immer dann und immer dort, wenn und wo das Präsens des Heils verabsolutiert oder gar politisiert wurde (wie in der byzantinischen oder mittelalterlichen »Reichsideologie«) und das Futurum vergessen wurde; auch immer dann, wenn die Kirche sich einfach mit dem Reich Gottes identifizierte. Das Neue Testament kennt die Spannung zwischen dem »Schon jetzt« und dem »Noch nicht«, zwischen der Gegenwart und der Zukunft des Heils. Diese Spannung findet sich schon in der Predigt Jesu selbst[85].

Was bedeutet die Ankunft des Messias? Im Sinn Jesu selbst einen mächtigen Schon-Anbruch der eschatologischen Gottesherrschaft

---

[83] Vgl. dazu *F. Mußner*, Der Galaterbrief (Freiburg/Basel/Wien ^{3}1977) 271f.

[84] A.a.O. 230f.

[85] Vgl. dazu etwa *W. G. Kümmel,* Die Eschatologie der Evangelien, in: Heilsgeschehen und Geschichte. Gesammelte Aufsätze 1933–1964 (Marburg 1965) 48–66; *ders.,* Futurische und präsentische Eschatologie im ältesten Christentum: ebd. 351–363.

in seiner Person[86]; nach der Verkündigung der Urkirche dies, daß, wie Paulus es formuliert, »die (der Welt noch bleibende) Zeit (schon) zusammengerafft ist« (1 Kor 7,29), »das ›Schema‹ dieser Welt (schon) im Vergehen begriffen ist« (7,31) und wir jene sind, »auf die das Ende der Zeiten (schon) gekommen ist« (10,11). Und dies schreibt der Apostel zu einer Zeit, da bei ihm die »Osterfrömmigkeit« bereits die »Parusiefrömmigkeit« überwiegt[87]. Dies bedeutet in grundsätzlicher Formulierung, daß die Zeit zwischen Ostern und Parusie selbst schon eschatologisch qualifiziert ist und man deshalb dieses Geschichtsbewußtsein nicht als »falsche Übertragung der Erfahrung des Eschatologischen in die Geschichte« betrachtet werden kann, auch wenn die Weltgeschichte bis heute weiterging. Sie wird aber nicht ewig weitergehen, der Kairos ist vielmehr nahe (Apk 1,3), das Ende der Zeit schon proklamiert[88]. »Der Richter steht vor der Tür« (Jak 5,9). Die Zeit der Kirche ist nicht die übliche Geschichtszeit, sondern die eschatologisch qualifizierte Zeit zwischen Ostern und Parusie. Wer aber von Ostern redet, kann nicht vom Karfreitag absehen, d.h. er kann nicht vom Gekreuzigten absehen. Denn der Auferstandene und am Ende dieser Tage wiederkommende Messias ist zugleich und immer auch der Gekreuzigte. Und deshalb kann und darf die Theologie der Kirche niemals reine *theologia gloriae,* sondern muß immer auch *theologia crucis* sein. Das bedeutet in ekklesiologischer Hinsicht, daß die Kirche auf ihrem Pilgerweg durch die noch zur Verfügung stehende Zeit nicht bloß vom Auferstandenen, dem alle Macht im Himmel und auf Erden gegeben ist (vgl. Mt 28,18–20), begleitet wird, sondern ebenso vom Gekreuzigten. Dies kommt der Kirche heute mehr denn je zum Bewußtsein, wie das II. Vaticanum zeigt. Die Kirche versteht sich immer mehr als Pilgerin und nicht mehr als Herrin.

---

[86] Siehe dazu die Belege aus den Evangelien unter 6.1.2.7. *W. G. Kümmel* kommt zu dem Ergebnis, »daß Jesus die kommende Gottesherrschaft verkündete, daß er aber durchaus auch von einem Vorauswirken dieser Gottesherrschaft in die Gegenwart gezeugt hat. Aber dieses Vorauswirken zeigt sich allein in der Person Jesu, in seiner Predigt, seinem Handeln, seiner Gewinnung von Jüngern« (a. a. O. 57).

[87] Vgl. *F. J. Schierse,* Oster- und Parusiefrömmigkeit im Neuen Testament, in: Strukturen christlicher Existenz (FS f. *F. Wulf*) (Würzburg 1968) 37–57.

[88] Vgl. *H. Schlier,* Das Ende der Zeit, in: *ders.,* Das Ende der Zeit. Exegetische Aufsätze und Vorträge III (Freiburg/Basel/Wien 1971) 67–84.

Sie schaut auf den und ruft nach dem, der da kommen wird zu richten die Lebenden und die Toten, obwohl sie diesen schon immer bei sich weiß und Christus ihr täglich im Opfermahl der heiligen Eucharistie beides ins Bewußtsein ruft: sein Kreuz und seine Auferstehung. Worin besteht also die von der Kirche geglaubte und von *R. Ruether* angesprochene »Endgültigkeit« des Christusereignisses? Nicht darin, daß die Welt schon voll erlöst sei, sondern darin, daß nach christlicher Glaubensüberzeugung in Jesus Christus der definitive Heilbringer (Messias) schon gekommen und die kommende Welt, das Eschaton, schon in diese Welt der Endlichkeit und des Todes hineingebrochen ist, diese Welt also *sub signo resurrectionis et crucis,* unter dem Zeichen des Auferstandenen und Gekreuzigten, steht.

Daß die Weltgeschichte nach dem Tod und der Auferstehung Jesu weiterging, ist im übrigen nicht bloß ein »Problem« für die Kirche, sondern ebenso für das Judentum, insofern das Judentum ja gerade um die »Zeitenwende« herum von einem enormen »Endbewußtsein« erfüllt war, wie die jüdische Apokalyptik und das Qumranschrifttum beweisen. Was für die Kirche die Katastrophe des Kreuzes Jesu im Jahre 30 n. Chr. ist, ist für das Judentum die Katastrophe der Zerstörung des zweiten Tempels im Jahre 70 n. Chr. Dies sollte man viel stärker sehen. Beide, Kirche und Judentum, stehen seither in eigentümlicher, sie miteinander verbindenden Weise *sub signo crucis.* Auch die Kirche wurde schwer verfolgt und wird heute mehr denn je verfolgt, wie jeder weiß, der es wissen will. Ich frage deshalb, ob der christliche Antijudaismus wirklich »die Verdrängung der unerlösten eigenen Seite und deren Projektion auf das Judentum« ist, wie Ruether meint. Um die Unerlöstheit der Welt wissen Juden und Christen. Die Welt ist nicht im Heilen. Daran leiden Juden und Christen. Deshalb schauen beide nach der Ankunft bzw. Wiederkunft des Messias aus – und die messianische Hoffnung hängt ja unlösbar mit dem Wissen um das Unheil in dieser Welt zusammen – und rufen nach ihr in ihren Gebeten.

Gibt die Kirche die Schuld an der Unerlöstheit der Welt den Juden? Etwa dem Umstand, daß Israel Jesus als Messias abgelehnt hat und ablehnt und daß Juden am gewaltsamen Tod Jesu mitbeteiligt waren. Die Kirche sieht die Ursache für die Unerlöstheit in den Sünden der ganzen Welt, für die Christus

gestorben ist: »Seht das Lamm Gottes, das die Sünde der Welt wegträgt« (Joh 1,29); »ihr wißt, daß jener offenbar wurde, damit er die Sünden hinwegträgt« (1 Joh 3,5); »er sandte seinen Sohn als Sühnopfer für unsere Sünden« (4,10); »er selbst ist das Sühnopfer für unsere Sünden, nicht für unsere Sünden nur, sondern auch für (die Sünden) der ganzen Welt« (2,2).
3. Dennoch bleibt da eine Frage, wenn sie auch nicht beantwortbar ist: Was wäre mit der Welt geschehen, wenn Israel Jesus damals als Messias angenommen hätte? Hätten dann die Welt und ihre Geschichte einen anderen Verlauf genommen? Vom Glauben her möchte man sagen: vermutlich schon. Aber eine eindeutige, absolut sichere Antwort gibt es auf diese Fragen nicht. Nur eines läßt sich sicher sagen: Dann gäbe es die Kirche nicht! Denn die Kirche ist das »Produkt« der »Verstockung« Israels (vgl. Apg 28,25–28)[89]. *R. Ruether* meint: »... indem das Judentum Jesu messianische Stellung ablehnte, hielt es schlicht an der Integrität seiner eigenen Tradition darüber fest, was *Messias* bedeuten kann«[90]. Aber eine solche »Integrität seiner Tradition darüber ..., was *Messias* bedeuten kann«, gab es zu keinen Zeiten des Judentums, wie uns gerade auch jüdische Forscher sagen[91]. »Eindeutig« dagegen wurde der Messiasgedanke, jedenfalls für christliches Glaubensbewußtsein, in der Person des Messias Jesus. Aber es bleibt dabei: Der Haupteinwand des Judentums gegen die »Messiasdogmatik« der Kirche besteht nach wie vor darin, daß sich seit der Ankunft Jesu in der Welt nichts geändert habe, sie blieb im Unheilen. Ob dem wirklich ganz so ist? Zwei Dinge gab es jedenfalls vorher nicht: das Evangelium und die Kirche. Ihre Wirkungsgeschichte in der Welt ist viel, viel größer, als man gemeinhin annimmt. Wüßte man z. B. ohne das Evangelium, daß die Geschichte eigentlich Freiheitsgeschichte sein will? Doch gehen wir auf diese schwierigen Probleme nicht näher ein[92].

---

[89] Vgl. dazu *F. Mußner,* Gab es eine »galiläische Krise«?, in: Orientierung an Jesus (FS f. *J. Schmid*) (Freiburg/Basel/Wien 1973) 238–252. *K. Rahner* bemerkt: »Wir haben gar keine Möglichkeit, empirisch schlechthin außerhalb des ›experimentum Christi‹ zu treten und zu sehen, wie es mit der Welt ohne Christus bestellt wäre« (Sacramentum Mundi I, 1164).

[90] A.a.O. 228.

[91] Siehe dazu unsere Ausführungen und Literaturangaben in 2.6.

[92] Vgl. etwa *F. Mußner,* Proiezione o Vanificazione dei Principi Evangelici nella

4. *R. Ruether* meint: »Für das Judentum, das die Thora ohne den Messias hatte, setzt das Christentum den Messias ohne die Thora ein.«[93] Dieser Satz ist falsch; wir kommen auf ihn unter 6.3.2 zurück.

5. *R. Ruether* kommt auch auf die Auferstehung Jesu von den Toten zu sprechen. Wie aber »die Theologie der Hoffnung es sagt, ist die Auferstehung [Jesu] nicht das letzte Geschehen des eschatologischen Ereignisses, sondern die vorweggenommene Erfahrung jener endgültigen Zukunft... Die Auferstehung bekräftigt die Hoffnung entgegen aller historischen Enttäuschung, daß das Böse überwunden und Gottes Heilswille auf Erden geschehen wird. Die messianische Bedeutung von Jesu Leben ist also paradigmatisch und in ihrer Natur proleptisch, nicht endgültig und erfüllt. Sie hebt das Recht jener Juden nicht auf, die von diesem Paradigma nicht überzeugt werden, auf ihren früher gelegten Grundlagen weiterzubauen«[94]. Zu diesen »früher gelegten Grundlagen« Israels gehört unbestreitbar gerade die Hoffnung auf eine Auferweckung der Toten am Ende der Zeiten durch Gott. Das ist Hoffnung auf Zukunft schlechthin. Die Kirche verkündet demgegenüber nur, daß *an einem*, nämlich an Jesus von Nazareth, diese Hoffnung sich schon erfüllt hat, als ihn Gott von den Toten erweckte, so daß der Apostel nach Apg 23,6 zum Hohen Rat sagen konnte: »wegen der Hoffnung und wegen der Auferstehung von den Toten stehe ich vor Gericht«. Er meint: wegen der Hoffnung, die in der Auferweckung der Toten besteht, von der er verkündigte, daß sie an Jesus, dem Gekreuzigten, schon stattfand. Aber sie ist erst an Jesus vollzogen, darum sagt *R. Ruether* mit Recht: »Doch die Erfüllung dieser Hoffnung, die Überbrückung der Kluft zwischen dem, was ist, und dem, was sein soll, bleibt für die Kirche ebensosehr in der Zukunft wie für Israel.«[95] Diese Hoffnung verbindet Israel und die Kirche in ganz besonderer Weise.

Wir möchten unser kritisches Gespräch mit *R. Ruether* mit folgenden Sätzen beenden: Die in der Ankunft des Messias Jesus

---

Storia?, in: Problemi della Chiesa, oggi (Milano 1976) 51–58; *J. Blank*, Das Evangelium als Garantie der Freiheit (Würzburg 1970).

[93] A.a.O. 228.

[94] Ebd. 232.

[95] Ebd. 232f.

und in seiner Auferstehung von den Toten »realisierte Eschatologie« mag die Kirche zu bestimmten Zeiten ihrer Vergangenheit zu einer falschen Übertragung des Eschatologischen in die Geschichte verführt haben, woraus zu Zeiten ein selbstgerechter Triumphalismus entstand. In Wirklichkeit aber ist die Zeit der Kirche nach dem Zeugnis des Neuen Testaments die letzte und radikal eschatologisch qualifizierte Zeit der Geschichte. Diese eschatologische Qualifizierung der letzten Zeit der Geschichte ist aber schon wirksam präfiguriert im Aufbruch Abrahams aus dem Land seiner Väter in das Land der Verheißung: Damit beginnt bereits die eschatologische Sammlung und Versammlung Israels und der Völker bei dem Gott, der die Toten erweckt und das Nichtseiende wie Seiendes ruft (Röm 4,17), der der Gott Abrahams, der Gott Isaaks und der Gott Jakobs ist, der Gott Israels und Jesu und der Gott all jener, die nach der Weise Abrahams an Gott glauben. Dazu eine letzte Frage: Bewegte sich eigentlich Israel jemals nur in der sogenannten Geschichte? Ich würde diese Frage strikte verneinen. Das Volk Gottes ist kein bloß »profanes« Volk!

6.2 Die Beschränkung auf einen einzigen Lehrer

»Die Isolierung der Jesustradition ist das Konstitutivum des Evangeliums.« Ist dieser Satz, den *G. Kittel* schon vor vielen Jahren geschrieben hat[96], richtig und verifizierbar? Gemeint ist mit ihm der Sachverhalt, daß die evangelische Jesustradition von der frühjüdischen Überlieferung isoliert und die letztere nicht von der Urkirche rezipiert worden ist, vielmehr eine Beschränkung auf einen einzigen Lehrer, nämlich auf Jesus von Nazareth, stattfand. Wenn die Beobachtung *G. Kittels* richtig ist, dann signifiziert das eine besondere differentia specifica zwischen Judentum und Christentum[97].

---

[96] *G. Kittel,* Die Probleme des palästinischen Spätjudentums und das Urchristentum (Stuttgart 1926) 69.

[97] Weiter ausgeführt habe ich diese Nr. in der FS für *Schalom Ben-Chorin* (Trier 1978) 33–43.

6.2.1 Der Sachverhalt »einziger Lehrer« im Judentum

Gibt es für den von Kittel konstatierten Sachverhalt Analogien im Judentum? Es scheint zunächst solche zu geben. Man könnte etwa auf den Mischnatraktat »Abōt« verweisen[98]. Der Traktat beginnt so: »Mosche empfing die Tora vom Sinai und überlieferte sie Jehoschua (Josua) und Jehoschua den Ältesten und die Ältesten den Propheten, und die Propheten überlieferten sie den Männern der Großen Synagoge.« Josua war der unmittelbare Nachfolger des Mose (vgl. Num 27,18ff.; Jos 1,7ff.), den »Ältesten« kam nach dem Tod des Josua die Führung des Volkes zu (vgl. Jos 24,31; Richt 2,7). Nach ihnen werden »die Propheten« genannt, »wobei natürlich gemäß der Anordnung des alttestamentlichen Kanons an die **ראשונים** und die **אחרונים** gedacht ist« *(K. Marti / G. Beer)*[99]. Zu den »Männern der großen Synagoge« sind Esra, Nehemia und die ersten Schriftgelehrten zu rechnen, unter ihnen auch Schim'on der Gerechte, der nach Abōt I,2 »zu den Überresten der Großen Synagoge« gehörte. Es folgen dann sechs Generationen: Antigonos von Sokho und fünf Gelehrtenpaare (Jose ben Joe'zer und Jose ben Jochanan; Jehoschua ben Perachja und Mattaj von Arbela; Jehuda ben Tabaj und Schim'on ben Schatach; Schemaja und Abtoljon; Hillel und Schammaj). Das ist von Mose an eine zwölfgliedrige Traditionskette. Es folgt dann eine Familienliste der Hilleliten bis auf Rabbi Jehuda ha-Nasi und seinen Sohn[100]. Es kann keine Rede davon sein, daß in dieser mit Mose beginnenden Reihe dieser zum einzigen, normativen Lehrer Israels deklariert wird. Die Absicht geht vielmehr einmal dahin, die Tora auf Gott als ihren Urheber zurückzuführen (»Mose erhielt die Tora vom Sinai«, d. h. von Gott), zum anderen dahin, eine Überlieferungskette aufzubauen, die bei Mose beginnt und bis »Rabbi«, den »Redaktor« der Mischna, führt. Im übrigen ist der Traktat Abōt eine Auswahl von Sprüchen, »nur daß diese nicht wie bei Jesus Sirach das Werk eines einzelnen Mannes, sondern eine Sammlung von Aussprüchen von zirka 70 mit

---

[98] Wir benutzen die Ausgabe mit Text, Übersetzung und Kommentar von *K. Marti/ G. Beer* (Gießen 1927).

[99] Ebd. 3 (Kommentar).

[100] Vgl. ebd. XXIf.

Namen genannten und auch sonst bekannten hervorragenden Toralehrern darstellen« *(K. Marti / G. Beer)*[101], und die sich im wesentlichen auf den Ursprung und die Bedeutung der Tora und ihre Auslegung beziehen, wobei die aufgeführte Traditionskette den Zweck hat, die Auslegungsarbeit der großen *Tannaim* durch die Rückführung der Traditionskette bis auf Mose bzw. Gott zu legitimieren.

Natürlich hängt diese Rückführung auf Mose damit zusammen, daß man im Frühjudentum in Mose den ersten Lehrer und Gesetzgeber Israels sah, wie schon in Jes Sir 45,5 zu lesen ist: »(Gott) legte in seine Hand das Gesetz, die Lehre des Lebens und der Einsicht, damit er Jakob seine Satzungen lehre und seine Gebote und Rechtsbestimmungen Israel«. Mose ist »der Lehrer Israels schlechthin« *(J. Jeremias)*[102]. Häufig begegnet die Wendung »Mose unser Lehrer«[103]. Dennoch hat sich das Judentum später weder auf Mose als auf seinen einzigen Lehrer beschränkt, sondern sich viele Lehrer in der Nachfolge des Mose geschaffen, noch hat es einen nach Mose auftretenden Mann als seinen exklusiven und normativen Lehrer deklariert, wie es die Urkirche im Hinblick auf Jesus von Nazareth getan hat (dazu Näheres weiter unten).

Auch vom »Lehrer der Gerechtigkeit« der Qumranessener gilt das nicht[104]. *G. Jeremias* bemerkt[105]: »An die Stelle Israels und seiner Gelehrten ist die Gemeinde getreten, an den Platz des Mose trat der Gesetzgeber der Gemeinde, der Lehrer der Gerechtigkeit.« Der klassische Beleg dafür findet sich in der Damaskusschrift VI,2–11 (nach der Übersetzung von Jeremias):

2 »Da gedachte Gott des Bundes mit den Vorfahren, und er erweckte aus Aaron Verständige und aus Israel

3 Weise. Und er ließ sie hören, und sie gruben den Brunnen: ›den Brunnen, den Fürsten gruben, den ausgruben

---

[101] Ebd. XII.

[102] ThWbzNT IV, 857.

[103] Ebd., Anm. 73.

[104] Vgl. zu ihm besonders *G. Jeremias,* Der Lehrer der Gerechtigkeit (Göttingen 1963); *G. W. Buchanan,* The priestly Teacher of Righteousness, in: RevQum VI (1969) 553–558; *P. Schulz,* Der Autoritätsanspruch des Lehrers der Gerechtigkeit in Qumran (Meisenheim 1974).

[105] A.a.O. 273.

4 die Edlen des Volkes *mit dem Stab*‹ (Num 21,18). *Der Brunnen – das ist die Tora.* Und die ihn gruben – das sind
5 die Umkehrenden Israels, die auszogen aus dem Land Juda und sich im Land Damaskus als Fremdlinge niederließen.
6 Gott nannte sie alle Fürsten, denn sie suchten ihn...
7 ... *Und der Stab – das ist der Toraforscher,* worüber
8 Jesaja sagt: ›der hervorbringt ein Gerät für sein Werk« (Jes 54,16). Und die Edlen des Volkes – das
9 sind die kommen, um den Brunnen zu graben *mit den Vorschriften, die der ›Stab‹ anordnete,*
10 darin zu wandeln während der ganzen Periode des Frevels. *Und außer diesen (Vorschriften) sollen sie nichts annehmen,* bis auftritt, der am Ende der Zeit Gerechtigkeit lehrt.«[106]

Es finden sich in diesem Text drei Identifizierungen:

– »Der Brunnen« – das ist die Tora
– »Die ihn gruben« – das sind die Umkehrenden Israels (=die essenische Gemeinde)
– »Der Stab« – das ist der Toraforscher (identisch mit dem »Lehrer der Gerechtigkeit«).

Der »Toraforscher« ordnet als der »Stab« Gottes alle Vorschriften für die Gemeinde an (wie das einst Mose für die Israeliten getan hat) für die ganze Zeit des Frevels. Die Gemeindemitglieder dürfen außer seinen Vorschriften »nichts annehmen«, bis jener auftritt, der am Ende der Zeit Gerechtigkeit lehrt. Konkret aber besteht, wie das übrige Qumranschrifttum erkennen läßt, die Forschertätigkeit des »Toraforschers« in nichts anderem als in einer aktualisierenden Auslegung der Schrift, speziell der Propheten (vgl. Habakukkommentar = 1 QpHab) und in einer verschärften Toraauslegung[107]. Es gilt, so wird dem Novizen eingeschärft, »sich zu bekehren zur Tora des Mose entsprechend allem, was er befohlen hat, mit ganzem Herzen und mit ganzer Seele, entsprechend allem, was von ihr (der Tora) den Sadok-Söhnen, den Priestern ... offenbart wurde« (1QS V,8f.). Worauf alles ankommt, ist das »Tun«, die Erfüllung der Vorschriften der Tora,

[106] Vgl. dazu den Kommentar ebd. 270ff.

[107] Vgl. dazu *H. Braun,* Spätjüdisch-häretischer und frühchristlicher Radikalismus. Jesus von Nazareth und die essenische Qumransekte (I. Band: Das Spätjudentum) (1957); *ders.,* Beobachtungen zur Toraverschärfung im häretischen Spätjudentum, in: ThLZ (1954) 347–352.

und zwar aller Weisungen derselben. »Der Mensch gilt als verloren bereits dann, wenn er nicht *alles* tut; das bloße Überwiegen der Gebotserfüllungen genügt nicht« *(H. Braun)*[108]. Fiel damit die essenische Gemeinde aus dem Rahmen des zeitgenössischen Judentums? Man könnte die Frage mit Ja beantworten, wenn man an die exklusive Normativität der Toraauslegung durch den »Toraforscher«, den »Lehrer der Gerechtigkeit«, denkt, oder auch an die vorher nicht erwähnte Trennung der Qumranessener vom Tempel und seinem Kult aus Gründen des Festkalenders und der Herkunft der Hohenpriester aus nicht-sadokitischem Geschlecht. Aber durch ihre unbedingte Treue zur Tora des Mose fiel die essenische Gemeinde grundsätzlich nicht aus dem Rahmen des zeitgenössischen Judentums. Sie war eine Sondergruppe darin. Gruppen gibt es auch heute noch im Judentum. Aber wer heute »Judentum« sagt, ob Jude oder Christ, der denkt primär an ein Judentum, das in der pharisäisch-rabbinischen Tradition steht, wie es sich nach der Tempelzerstörung allmählich konstituiert hat und wie es uns in seinen frühen, über das Jahr 70 n. Chr. noch zurückreichenden Anfängen vor allem in der Mischna begegnet[109]. Dieses Judentum ist aber mehr oder weniger gekennzeichnet *durch eine Vielzahl von Lehrern.* Nennt die Mischna schon circa 70 Lehrer, so der Talmud ungefähr 2000. Doch steht nicht der einzelne Rabbi im Mittelpunkt des Interesses, sondern die Tora und ihre Auslegung, also ein Buch[110]. Das gläubige Judentum ist seit der Zeit der Tempelzerstörung dadurch gekennzeichnet, daß es viele Lehrer hat, die die Tora, diese Grundurkunde des Judentums, für die jüdische Gemeinde auslegen. Wir fragen: Gilt dieses Prinzip auch für die Evangelien?

6.2.2 Der Sachverhalt »einziger Lehrer« in den Evangelien

In Mt 23,8 steht das Wort Jesu: »Ihr aber sollt euch nicht Rabbi nennen lassen, *denn einer ist euer Lehrer,* und ihr alle seid

---

[108] *H. Braun,* Radikalismus I, 29.

[109] Vgl. dazu etwa *J. Neusner,* »Pharisaic-Rabbinic« Judaism. A Clarification, in: *ders.,* Early Rabbinic Judaism. Historical Studies in Religion, Literature and Art (Leiden 1975) 50–70. Dazu unsere Ausführungen unter 5.2., besonders 5.2.3.

[110] Vgl. auch *B. Gerhardsson,* Die Anfänge der Evangelientradition (Wuppertal 1977) 35.

Brüder.« Also hat die christliche Gemeinde »kein Rabbinat, sondern in Jesus ihren einzigen Lehrer, der ihr Gottes Willen sagt« *(A. Schlatter)*[111]. Die Belehrung Jesu geht dann so weiter: »Und nicht sollt ihr (jemand) euren Vater nennen auf Erden, denn einer ist euer Vater, der im Himmel ist. Auch sollt ihr euch nicht Leiter nennen lassen; denn einer ist euer Leiter, Christus« (23,9.10). *E. Schweizer* führt die VV. 8 und 9 auf Jesus zurück, während V. 10 eine Gemeindebildung zu sein scheint, vor allem wegen des absoluten Gebrauchs des Würdetitels »der Christus«. Wie dem auch sei, der Mt-Redaktor verweist seine Adressatengemeinden entschieden auf den Sachverhalt, daß sie nur einen einzigen Lehrer haben: Jesus, wie er auch den Auferstandenen im »Missionsbefehl« (Mt 28,18–20) sagen läßt: »Lehret sie alles halten, was ich euch geboten habe«, d.h. was Jesus und nur er in seiner vorösterlichen Lehre vorgetragen hat. Also: Beschränkung auf einen einzigen Lehrer, der Jesus heißt[112]!
Der Befund in allen vier Evangelien bestätigt diese Feststellung: Überall findet sich die konsequente Beschränkung auf einen einzigen Lehrer, Jesus von Nazareth. Wie ich nachträglich gesehen habe, hat auch *B. Gerhardsson* diesen Sachverhalt hervorgehoben[113]: »Charakteristisch für die Bücher des Neuen Testaments ist die zentrale Rolle, die sie der Gestalt Jesus Christus zuschreiben. Besonders auffallend ist dies in den vier Evangelien; sie sind geschrieben, um Jesus allein darzustellen. Gewiß, auch andere Personen treten in den Evangelien auf: Jesus hat seine Anhänger, früh erhält er bittere Gegner, und auch die Volksmasse reagiert auf sein Wirken, zuerst positiv und dann ablehnend. Sowohl die Anhänger, als auch die Gegner und die Volksmasse spielen zwar Rollen, die die Evangelien im allgemeinen sehr bewußt profilieren, aber der Kegel des Scheinwerfers ist die ganze

---

[111] *A. Schlatter,* Der Evangelist Matthäus (Stuttgart 1948) 670.

[112] Dabei ist im Mt-Evangelium *Petrus* »Garant und Tradent der neuen Halacha. Damit ist die Lösung von der Autorität der Rabbiner erreicht, die von der Tradition, die Matth. XXIII. 2 repräsentiert, noch als gültig vorausgesetzt wird. Diese prinzipielle Entscheidung führt somit in ein relativ spätes Stadium der urchristlichen Geschichte« (*Chr. Kähler,* Zur Form- und Traditionsgeschichte von Matth. XVI. 17–19, in: NTSt 23 (1976/77) 36–58 (40). Vgl. dazu auch *R. Hummel,* Die Auseinandersetzung zwischen Kirche und Judentum im Matthäusevangelium (München ^{2}1966) 59–64.

[113] Die Anfänge der Evangelientradition, 34.

Zeit auf *Jesus* gerichtet. Die Evangelisten wollen ihn beschreiben und nichts anderes: Sein Auftreten in Israel, was er sagte, was er tat, was mit ihm geschah. Einige Tradenten handeln von Johannes dem Täufer – das ist wahr – aber das beruht nur darauf, daß sein Schicksal positiv mit Jesus verbunden ist.«
Doch muß noch genauer hingesehen werden. Man könnte sagen: Jesus versteht sich, angesichts des nahe bevorstehenden Hereinbruchs der eschatologischen Gottesherrschaft, als normativen Toraausleger, ja Toraverschärfer[114], ähnlich wie der »Toraforscher« der Essener, wenn freilich im Sinn einer »Toraverschärfung«, wie sie konkret vor allem in der »Bergpredigt« vorliegt. Doch gibt es da eine bedeutende Differenz: Jesus ruft nicht zu Mose zurück, er ruft auch nicht im jüdischen Sinn zur Tora des Mose zurück. Er ruft unter den Willen Gottes, wie er ihn versteht und auslegt. Ob er dabei selber der Meinung war, er würde damit aus dem Rahmen des Judentums fallen, läßt sich schwer sagen. Vermutlich wollte er das gerade nicht – und die heutige jüdische Leben-Jesu-Forschung sagt: Jesus von Nazareth ist mit seinen ethischen Forderungen keineswegs aus dem Rahmen des Judentums gefallen! Dennoch haben wir das eigenartige Phänomen in den Evangelien: Beschränkung auf einen einzigen Lehrer, Jesus von Nazareth. Diese Beschränkung hatte naturgemäß zur Folge, daß in den Evangelien nur noch Jesus als normativer Lehrer zur Sprache kommt und sonst kein jüdischer Rabbi mehr. Die Jesustradition wird in ihnen isoliert überliefert und diese Isolierung ist im Vergleich mit dem Judentum, wie *G. Kittel* bemerkt hat, »das Konstitutivum des Evangeliums«. Diese bewußte Isolierung der Jesusüberlieferung muß sehr bald in der Urkirche eingesetzt haben, wie die frühe Sammlung von Herrenworten in der »Logienquelle« zeigt; in ihr werden exklusiv nur Worte Jesu gesammelt! Die Urkirche hat die jüdischen Lehrautoritäten nicht in ihre Überlieferung aufgenommen, obwohl sie ihre Ursprünge im Judentum hatte. Umgekehrt hat auch das Judentum Jesus von Nazareth keinen Raum in seiner Überlieferung gewährt; fast scheint es so, als hätte ihn das Judentum lange Zeit aus seinen Reihen ausgestoßen, bis es sich heute wieder seiner erinnert.

[114] Vgl. dazu *H. Braun*, Spätjüdisch-häretischer und frühchristlicher Radikalismus (II: Die Synoptiker) (Tübingen 1957).

Immerhin erstaunliche Vorgänge. Über die Gründe dieses Vorgangs ist bereits eingehend gesprochen worden. Sie sind vor allem »christologischer« Art. Das Judentum schied Jesus aus, die Urkirche umgekehrt die jüdischen Lehrer[115]. Selbstverständlich gab es alsbald auch in der Urkirche viele Lehrer und »Weise«, nach Jak 3,1 allzu viele. Außerdem gibt es im neutestamentlichen Kanon neben den vier Evangelisten die Briefe des Apostels Paulus und andere Briefe und andere Literatur – im ganzen 27 »Bücher«. Aber alle Apostel und Lehrer der Kirche hielten an dieser Grundentscheidung fest: Beschränkung auf Jesus von Nazareth, was den Rückbezug auf die »Schrift« (des alten Bundes) nicht ausschloß[116]. Man könnte die Schriften des neutestamentlichen Kanons als Explikationen des »Jesusphänomens« bezeichnen.

6.3 Christliche Freiheit und Gesetz

6.3.1 Wir gehen für die folgenden Überlegungen von dem Satz des Paulus aus: »Zur Freiheit hat uns Christus befreit« (Gal 5,1). Das »Freiheitsprogramm« Christi ist nach paulinischer Theologie ein umfassendes und vielfältiges, ein auf Vergangenheit, Gegen-

---

[115] *D. Flusser* bemerkt in seinem Jesusbuch (S. 70): »Man könnte aus dem antiken jüdischen Schrifttum leicht ein ganzes Evangelium zusammenstellen, ohne daß darin ein Wort von Jesus stammen würde.« Das mag richtig sein. Aber dieses »Evangelium« wäre dann eine Sammlung von Sprüchen und Gleichnissen vieler jüdischer Lehrer, während wir in den urkirchlichen Evangelien nur die Stimme eines einzigen Lehrers hören, die Stimme Jesu von Nazareth. Das ist ein entscheidender Unterschied. Im übrigen bemerkt anschließend Flusser sehr richtig: Diese Zusammenstellung »könnte man aber nur darum tun, weil wir ja die Evangelien tatsächlich besitzen«, d. h. ohne Jesus käme es im Judentum gar nicht zu einer derartigen Zusammenstellung. »Die Ethik der Evangelien [aber] wird von *Einem* Mann vorgetragen, der ihr den Stempel seiner Eigenart aufdrückt« (*J. Klausner,* Jesus von Nazareth, 540f.). »Das Judentum hat sich stets dagegen gesträubt, einen einzigen Menschen in den Mittelpunkt zu stellen« (*E. L. Ehrlich,* Eine jüdische Auffassung von Jesus, in: *W. P. Eckert / H. H. Henrix,* Jesu Jude-Sein als Zugang zum Judentum – Aachener Beiträge zu Pastoral- und Bildungsfragen 6, 1976, 35–49 [39]).

[116] Die Beschränkung auf einen einzigen Lehrer, die man auch als christologische »Engpaßführung« bezeichnen könnte, hatte selbstverständlich auch Folgen für das Verstehen des Alten Testaments: es wird zum »Christuszeugnis« (vgl. besonders Joh 5,40.46, dazu noch *A. H. J. Gunneweg,* Vom Verstehen des Alten Testaments. Eine Hermeneutik [Göttingen 1977] 121–145).

wart und Zukunft Bezogenes[117]. Die Freiheit, zu der uns Christus befreit hat, impliziert nach Paulus auch die Befreiung vom Gesetz als Heilsweg. In diesem »Traktat über die Juden« kann gerade daran nicht vorbeigegangen werden, da es bei »Gesetz« um eine Grundgegebenheit jüdischer Existenz bis zum heutigen Tag geht. Der Jude hat Freude an der Tora, sie ist für ihn Weisung ins Leben[118]. Nach paulinischer Lehre wurde das Gesetz jedoch zu einem Todesfaktor: »So erwies sich mir eben dies zum Leben (gegebene) Gesetz als zum Tod (führend)« (Röm 7,10; vgl. Gal 3,12). Das Gesetz wurde zum »Gesetz der Sünde und des Todes«, von dem das »Gesetz des Geistes des Lebens in Jesus Christus ... befreit hat«. Mit dem »Gesetz der Sünde und des Todes« ist zweifellos die Tora gemeint, die zwar nach Röm 7,12 »heilig und gerecht und gut« ist, in Wirklichkeit aber zu einem Todesfaktor wurde, weil der Mensch ohne das Gesetz die Macht der Sünde nicht »gekannt« hätte; diese nahm das Gesetz als »Ausgangspunkt« (ἀφορμή) ihres todbringenden Angriffs auf den Menschen und rief in ihm jede Begierde hervor. So lebte nach Paulus durch die Ankunft des Gesetzes die Sündenmacht erst richtig auf und brachte den Menschen in den Tod (Röm 7,7–10); die Sünde »täuschte« und »tötete« den Menschen »durch das Gebot« (7,11). Das Gesetz wurde so zu einer »Kraft der Sünde« (1 Kor 15,56).

Ein Doppeltes ist in den Aussagen des Apostels über das Gesetz »unjüdisch«: einmal die eigentümliche Beurteilung des Gesetzes als einer todbringenden Instanz, zum anderen die Sicht des Menschen, der es mit dem Gesetz zu tun hat. Für den Juden dagegen ist die Tora Weisung ins Leben, und der Mensch ist nach jüdischer Überzeugung auch in der Lage, die Weisungen der Tora zu befolgen. Für Paulus ist es anders: für ihn ist der Mensch, der sich dem Gesetz konfrontiert sieht, »Fleisch«, und infolge der Schwäche des Fleisches vermag er so und so oft die Forderungen des Gesetzes nicht zu erfüllen (vgl. Röm 7,18–20). Der Mensch ist ein Sünder: das steht für den Apostel aus Erfahrung und Schrift

---

[117] Vgl. dazu etwa *K. Niederwimmer,* Der Begriff der Freiheit im Neuen Testament (Berlin 1966); *H. Schürmann,* Die Freiheitsbotschaft des Paulus – Mitte des Evangeliums?, in: Catholica 25 (1971) 22–62; *F. Mußner,* Theologie der Freiheit nach Paulus (Freiburg/Basel/Wien 1976).

[118] Vgl. dazu Näheres unter 1.6.

fest (vgl. Röm 1–3,21). Der Mensch kann sich aus dieser Situation nicht selber befreien, er braucht es auch nicht zu tun; denn ein anderer befreit ihn daraus: Gott und zwar dadurch, daß er den gekreuzigten Christus »öffentlich als Sühnopfer hingestellt hat« (Röm 3,25) und »zum Fluch für uns« werden ließ (Gal 3,13). In dem Augenblick, in dem Paulus mit der Urkirche im Glauben erkannte und bezeugte, daß Christus »für unsere Sünden gestorben ist« (vgl. 1 Kor 15,3), sah er sich vor eine total unjüdische Alternative gestellt, von der wir schon redeten[119]: Eschatologisches Heil entweder von der Tora oder vom gekreuzigten und auferstandenen Christus. Paulus hat sich auf Grund des »Damaskuserlebnisses« für das Zweite entschieden, *und mit dieser Entscheidung* hängen seine so unjüdisch klingenden Sätze über die Tora und (im Zusammenhang damit) über die »Rechtfertigung« des Menschen zusammen. Auf Grund dieser Entscheidung kommt Paulus zu der einem Juden schwer verständlichen Opposition: Heil »aus Glauben« (an Christus) und nicht »aus Werken des Gesetzes«: »Wir sind zum Glauben an Christus Jesus gelangt, damit wir gerechtfertigt werden aus Glauben an Christus und nicht aus Werken des Gesetzes, weil aus Werken des Gesetzes kein Fleisch gerechtfertigt werden wird« (Gal 2,16b). »Käme die Gerechtigkeit durch das Gesetz, wäre folglich Christus vergebens gestorben« (Gal 2,21b).
Paulus konnte vor dieser Alternative nicht ausweichen oder eine harmonisierende Synthese suchen, wie sie anscheinend seine Gegner suchten, mit denen er sich schon auf dem »Apostelkonzil« und später im Galaterbrief herumschlagen mußte. Paulus entschied sich, vor diese Alternative gestellt, für den Weg des Glaubens an Jesus Christus. Aber damit war er gezwungen, eine neue und andere »Gesetzestheologie« zu entwickeln, als es das Judentum tat und tut. Nicht weil der Apostel das Wesen des Gesetzes »mißverstanden« hätte, wie *H.-J. Schoeps* u. a. meinten, kam Paulus zu seiner neuen Beurteilung des Gesetzes, wie er sie im Römer- und Galaterbrief vorlegt, sondern einzig und allein auf Grund seiner christologischen und soteriologischen Glaubensüberzeugungen[120].

---

[119] Vgl. 4.2.

[120] Vgl. dazu Näheres bei *F. Mußner,* Der Galaterbrief, 188–204 (Exkurs 4: Hat Paulus das Gesetz »mißverstanden«?).

Die Urkirche hat, wenn auch unter teilweise heftigen Widerständen, besonders von judenchristlicher Seite, die Entscheidung des Paulus übernommen und die Kirche bekennt sich zu ihr bis zum heutigen Tag. Der Grund für diese Entscheidung liegt in der Christologie und in ihren soteriologischen Implikationen und nirgends sonst. Mit dieser Entscheidung ist aber für immer etwas gegeben, was Kirche und Judentum voneinander trennt.

6.3.2 Wir kommen nun zurück auf den Satz *R. Ruethers:* »Für das Judentum, das die Thora ohne den Messias hatte, setzt das Christentum den Messias ohne Thora ein.«[121] Wir haben diesen Satz schon als falsch bezeichnet. Warum ist er falsch? Weil das Christentum durchaus eine »Tora des Messias« kennt! Die Wendung »Tora des Messias« stammt aus dem Judentum (MidrQoh 11,8,52a: »Die Tora, die ein Mensch in dieser Welt lernt, ist Nichtigkeit gegenüber der Tora des Messias« [תורתו של משיח]). Wie *P. Schäfer* überzeugend gezeigt hat, ist mit der »Tora des Messias« nicht eine neue Tora gemeint, die die alte ablösen würde, vielmehr nur die letzte Vervollkommnung derselben[122]. Paulus verwendet die rabbinische Wendung »Tora des Messias« in griechischer Übersetzung in Gal 6,2 (τὸν νόμον τοῦ Χριστοῦ), wobei er freilich mit dem Genitiv »des Christus« nicht den Messias im allgemeinen, sondern präzis den Messias Jesus meint. Das Christusgesetz ist, anders formuliert, »das Gesetz des Geistes« (Röm 8,2), das identisch mit dem aus dem neuen Sein in Christus fließenden Imperativ ist, der nach Röm 13,9 im Liebesgebot »zusammengefaßt« ist, in dem das ganze Gesetz seine Erfüllung findet (Gal 5,14). Für Paulus ist Christus der »Gesetzgeber« seiner Gemeinde. Dies haben wir schon weiterausgeführt (vgl. 4.3.9). Auch das Mt-Evangelium versteht die Bergpredigt als die neue Tora des Messias, auch wenn es diesen Ausdruck nicht gebraucht. Jesus ist nicht gekommen, das Gesetz oder die Propheten »aufzulösen, sondern zu erfüllen« (Mt 5,17). Was Mt unter dieser »Erfüllung« versteht, ist in der Bergpredigt nachzulesen. Auch darüber haben wir uns eingehend geäußert (vgl. 3.2).

---

[121] Nächstenliebe und Brudermord, 228.

[122] Die Torah der messianischen Zeit, in: ZNW 65 (1974) 27–42; vgl. auch noch *W. D. Davies,* Torah in the Messianic Age (Philadelphia 1952); *G. Scholem,* Über einige Grundbegriffe des Judentums (Frankfurt 1970) 145–147.

Damit zeigt sich aber, daß der vorher erwähnte Satz *R. Ruethers* falsch ist. Das Christentum setzt den Messias nicht ohne Tora ein. Die Weisungen des Messias Jesus sind noch härter als die Weisungen der Tora des Mose. Die christliche Freiheit ist eine durch »das Gesetz *des Christus*« normierte Freiheit, was seinerseits wiederum mit der Beschränkung der Urkirche auf einen einzigen Lehrer zusammenhängt. Die christliche Freiheit ist keine anarchistische Freiheit; sie hat nichts mit einem »utopischen Messianismus« zu tun.

6.4 Verschiedene Erlösungsauffassungen? – Der »Verheißungsüberschuß«

Hinter der Überschrift »Verschiedene Erlösungsauffassungen« steht ein Fragezeichen, was andeuten will, daß es hier um ein Problem geht, das gar nicht leicht zu beantworten ist. Und selbst eine umfangreiche Monographie darüber käme vermutlich nicht zu einer alle befriedigenden und alle Aspekte berücksichtigenden Antwort. Denn auf die Frage: Was versteht das Judentum unter »Erlösung«?, gibt es keine einzige Antwort, sondern viele. Wenn man abstrahierend versuchen will, eine kurze Antwort auf diese Frage zu geben, dann könnte diese etwa lauten: Erlösung ist für das Judentum *die Herstellung einer heilen Welt in Gerechtigkeit und Frieden, aus der das Böse verbannt ist, weil dann alle Menschen nach den Weisungen der Tora leben.* Sofort taucht die Frage auf: Ist es der Messias, der diese heile Welt herstellt, oder ist dabei »Messias« nur eine sprachliche Chiffre für die Hoffnung, daß es den Menschen doch eines Tages gelingen werde, selber eine heile Welt herzustellen? Und außerdem müßte unterschieden werden zwischen dem, was die altbundlichen Propheten Israels als Erlösung verkündigen, und dem, was das nachbiblische Judentum darüber gelehrt hat, etwa auch die Kabbala[123]. Erlösung in der Geschichte, am Ende der Geschichte, durch die Geschichte, jenseits der Geschichte? Das Judentum kennt keine »Dogmatik«

[123] Vgl. dazu vor allem *G. Scholem,* Die jüdische Mystik in ihren Hauptströmungen (Frankfurt 1957).

im christlichen Sinn und darum ist es gar nicht möglich, eine authentisch jüdische Definition von »Erlösung« vorzulegen. Das Christentum ist hier, ähnlich wie in der »Messianologie«, eindeutiger, obwohl es auch hier viele Formeln und Definitionen gibt, (etwa »Kindschaft Gottes«; Befreiung von der Sünde), aber sie alle können von einem nicht abstrahieren, nämlich vom Erlöser Jesus Christus. Gott »hat uns herausgerissen aus der Macht der Finsternis und uns in das Reich des Sohnes seiner Liebe versetzt, in dem wir die Erlösung haben, die Vergebung der Sünden« (Kol 1,13f.): Hier ist, wie im ganzen Neuen Testament, gesagt, daß Gott diesen Erlösungsakt schon gesetzt hat, nämlich in seinem Sohn Jesus Christus. Zwar sind hier alttestamentlich-jüdische Gedanken aufgenommen, die mit Sühne und Stellvertretung zusammenhängen[124], dennoch zeigt sich Unterscheidendes und Trennendes zwischen Kirche und Judentum, das sich kurz so formulieren läßt: Der Erlöser ist in Jesus Christus schon in die Welt gekommen, wenn auch die Vollerlösung noch aussteht: die Befreiung der ganzen Schöpfung vom Los der Vergänglichkeit zur Herrlichkeit der Kinder Gottes und die Erlösung des Leibes in der Auferweckung von den Toten (vgl. Röm 8,12–23), so daß wir »auf Hoffnung hin gerettet wurden« (Röm 8,24)[125]. Es gibt also hier neben dem Trennenden und Unterscheidenden doch auch ein großes Gemeinsames: die Hoffnung auf die endgültige Erlösung und definitive Herstellung einer heilen Welt. Es bleibt die Einlösung des »Verheißungsüberschusses«, womit folgender Tatbestand gemeint ist: Die Verheißungen der Propheten Israels haben sich nur zum Teil in Jesus von Nazareth erfüllt. Es bleibt da ein »Überschuß«, ein großer Rest, der erst zu seiner Erfüllung

---

[124] Vgl. dazu 2.9; *M.-L. Gubler,* Die frühesten Deutungen des Todes Jesu. Eine motivgeschichtliche Darstellung aufgrund der neueren exegetischen Forschung (Göttingen/Zürich 1977).

[125] *P. Lapide* nennt noch folgenden Differenzpunkt: »Der Hauptunterschied ist jedoch, daß ihr Christen den König betont – und wir Juden das Reich. Für euch Christen ist der Erlöser die Mitte der Geschichte; für uns Juden ist die Erlösung viel wichtiger. Nicht *wer* sie bringt, sondern *was* sie bringt, ist für uns die Hauptsache ... *Wer* sie bringt, ist uns im Grund egal« (*P. Lapide / F. Mußner / U. Wilckens,* Was Juden und Christen voneinander denken. Bausteine zum Brückenschlag, Freiburg/Basel/Wien 1978, 126f.). Uns Christen ist es weder egal, wer die Erlösung bringt, noch was sie bringt. Ob überhaupt der Inhalt der Erlösung vom Bringer der Erlösung trennbar ist?

gebracht werden muß und auf den der Jude immer wieder hinweist, vielleicht sogar mit Ironie und Sarkasmus: Jesus habe ja in Wirklichkeit die Verheißungen für die messianische Zeit nicht erfüllt, und deshalb sei er auch nicht der Verheißene gewesen, wie die Christen behaupten. Die Welt gehe auch post Christum ihren verkehrten Lauf weiter, was in der Tat niemand bestreiten kann. Man denke nur an das Thema »Weltfrieden«, den die Propheten für die kommende Heilszeit ausdrücklich ansagen[126]. Bis jetzt keine Spur seiner Verwirklichung! Oder man denke an den Tod, diese eigentlichste »Nicht-Utopie des Daseins« *(E. Bloch),* der nach wie vor herrscht, trotz der Auferstehung Jesu von den Toten. Die Kirche kann nicht leugnen, daß es diesen noch nicht erfüllten »Verheißungsüberschuß« gibt. »Das Judentum schärft dem Christentum die Erfahrung der Unerlöstheit der Welt ein... Und so reizt Israel die Kirche zur Hoffnung« *(J. Moltmann)*[127]. So bleiben gerade in dieser Hinsicht trotz alles Trennenden und Unterscheidenden viele Hoffnungen, die Judentum und Kirche gemeinsam haben, wobei die Hoffnungsinhalte als solche weithin aus den Traditionen Israels stammen. Die Kirche ist seit dem Zweiten Vatikanischen Konzil dabei, allen unberechtigten »Schon-jetzt-Triumphalismus« aufzugeben. Sie versteht sich heute mehr denn je als pilgernde Kirche, die mit dem ins Verheißungsland wandernden Abraham und mit dem durch die Wüste wandernden Israel zusammen den Wanderstab in der Hand hält, bis das gemeinsame Heimatland erreicht ist.

*

In einem »Traktat über die Juden« darf das Trennende und Unterscheidende zwischen Kirche und Judentum nicht verschwiegen werden; und es gäbe hier natürlich noch manches, was angeführt werden könnte (wie etwa die christliche Trinitätslehre). Dieses Trennende und Unterscheidende braucht aber nicht »Tabu« im jüdisch-christlichen Dialog zu bleiben. Es muß vielmehr ausgesprochen werden, damit gegenseitige Kenntnis-

---

[126] Vgl. dazu *H. Groß,* Die Idee des ewigen und allgemeinen Weltfriedens im Alten Orient und im Alten Testament (Trier ^{2}1967).

[127] *J. Moltmann,* Kirche in der Kraft des Geistes. Ein Beitrag zur messianischen Ekklesiologie (München 1975) 170.

nahme und Verstehen möglich sind. Ich kann jemanden nicht lieben, den ich nicht kenne. Dabei darf aber das Gemeinsame nie vergessen werden[128].

6.5 Einheit der Menschheit in Christus

In 1.7 behandelten wir die heilsgeschichtlichen Vorzüge Israels nach Röm 9,4f. und Eph 2,12. Der Verfasser des Epheserbriefes, so führten wir dort aus, gewinnt die Silhouette des Unheils der Heiden vor dem Horizont Israels. Aber damit bestimmt er nur das »einst« der heidnischen Situation; er wendet sich ab 2,13 dem »jetzt« der Heiden zu, die »in Christus Jesus« aus Fernen Nahe geworden sind, da Christus die beiden Hälften der Menschheit, die Juden und die Heiden, – und seit Abraham gibt es vor Christus nur diese Zweiteilung – in sich »zu einem einzigen neuen Menschen erschuf« (2,15) und auf diese Weise nicht bloß Frieden stiftete, sondern »die beiden in einem einzigen Leib mit Gott durch das Kreuz versöhnte« (2,16). Die Kirche wird hier als der Ort gesehen, in den Christus die Völker *zusammen mit den Juden* zu einer einzigen Gemeinschaft versammelt und sammelt und so die von Gott angestrebte, durch die Sünde aber verloren gegangene Einheit der Menschheit wiederherstellt. »Er selbst ist [dabei] der Friede« (2,14). Er selbst, Christus, ist also der personale »Einheitsfaktor«, also nicht ein abstraktes Prinzip (wie etwa die »Vernunft«). Dieser Prozeß ist seit Christus schon im Gange: In der Kirche versammelt sich schon die eine kommende Menschheit, vereinigt mit den himmlischen Wesen (2,19)[129].

Was also gerade jüdische Denker erstrebten und z.T. noch erstreben, die Einheit der Menschheit, vollzieht sich seit Christus bereits in der Kirche, wenn auch noch nicht in vollkommener, so doch in sehr greifbarer Weise, da ja die Kirche kein unsichtbares »Geistwesen« ist, sondern der in der Welt real und sichtbar

---

[128] Vgl. dazu Näheres unter 7.

[129] Vgl. zur näheren Exegese der Aussagen des Briefes *F. Mußner,* Christus, das All und Kirche. Studien zur Theologie des Epheserbriefs (Trier ^{2}1968) 79–107; dazu noch *M. Barth,* Israel und die Kirche im Brief des Paulus an die Epheser (München 1959).

anwesende »Leib Christi«. Da die Juden sich in ihrer großen Masse dem »Einheitsfaktor« Christus entziehen, stehen sie gewissermaßen außerhalb dieses Einigungsprozesses der Menschheit, bzw. versuchen ihn, soweit sie nicht an Gott glauben, unter atheistischen Voraussetzungen zu vollziehen, wie *K. Marx,* der bemerkt hat, daß »nur der *menschliche Hintergrund* der christlichen Religion in wirklich menschlichen Schöpfungen sich ausführen kann«[130]. Doch muß die Kirche sich hüten, die Juden, die nicht an Jesus Christus zu glauben vermögen, mit diesen atheistischen Einheitsbestrebungen ohne weiteres in Zusammenhang zu bringen. Aber richtig ist dies, daß das jüdische Volk als kleines »Sondervolk«, dem es Gott nicht erlaubt, sich den Völkern der Welt zu assimilieren, nicht als völkerverbindende Gemeinschaft wie die Kirche auftreten kann, trotz seiner Zerstreuung in alle Welt. Was das Judentum bis heute zusammenhält, so haben wir auch schon früher ausgeführt, ist die Tora. Die Tora mit ihren Geboten und Verordnungen hat aber nach Eph 2,15 Christus »zunichtegemacht« und damit eine Voraussetzung für die Vereinigung der Völker in ihm geschaffen[131]. Dennoch sollten die Juden zusammen mit der Kirche die Propagandisten für die Völkergemeinschaft sein. Denn der Gott Israels ist auch der Gott der Völker, wie die Propheten Israels verkündet haben; er will auch die Völker in sein Heil einbeziehen[132]. Ohne dieses »alttestamentliche« Offenbarungswissen hätten Paulus und seine Schule ihre Gedanken über das Heil der Völker nicht entwickeln können. Sie fielen mit diesen Gedanken nicht aus dem Rahmen des Judentums[133].

---

[130] *K. Marx,* Zur Judenfrage: MEGA I,I,587.

[131] Zu diesen, vielleicht nicht unwesentlichen Überlegungen hat mich der französische Denker und Theologe *G. Fessard* angeregt, der in seinen Werken über die oben angesprochene Problematik viel nachgedacht und geschrieben hat. Dazu *M. Sales,* Die historische Bedeutung des jüdischen Volkes vor und nach Christus im Denken Gaston Fessards, in: Internat. Kath. Zeitschr. 4 (1973) 302–320. *G. Fessard* scheint mir allerdings wichtige Aspekte der jüdischen Existenz übersehen zu haben.

[132] Vgl. dazu etwa *H. Groß,* Der Universalitätsanspruch des Reiches Gottes nach dem Alten Testament, in: Kirche und Bibel (FS f. Bischof *Eduard Schick*) (Paderborn 1979) 105–119.

[133] Wesentliche Gedanken dazu finden sich auch bei *F. Rosenzweig,* Der Stern der Erlösung (Haag ^{4}1976) 378–386.

7 Gemeinsame Aufgaben und Ziele

Martin Buber hat bemerkt: »Ein nach der Erneuerung seines Glaubens durch die Wiedergeburt der Person strebendes Israel und eine nach der Erneuerung ihres Glaubens durch die Wiedergeburt der Völker strebendes Christentum hätten einander Ungesagtes zu sagen und eine heute kaum vorstellbare Hilfe einander zu leisten.«[1] Wir haben in den vorausgehenden Kapiteln versucht, das lange Ungesagte zu sagen, wenn auch in unvollkommener Weise, und damit einander Hilfe zu leisten. Wir sind darüber hinaus überzeugt, daß dieses nun Gesagte eine Hilfe für die Welt sein könnte, vorausgesetzt, daß Judentum und Christentum ihre gemeinsamen Aufgaben gegenüber der modernen Welt erkennen. Wir möchten dazu im folgenden einiges nennen – keineswegs in erschöpfender Weise und mehr in der Form von Thesen[2].

7.1 Die »Verwirklichung«

»Verwirklichung« war ein Lieblingswort *M. Bubers*. Aber nicht er erst sah darin ein aus dem Wesen des Judentums hervorgehendes Wort, sondern in der Heiligen Schrift Israels spielt »verwirklichen«, »tun« eine zentrale Rolle. Denn die Weisungen der Tora müssen verwirklicht werden. Auch in der Predigt Jesu, sowohl des synoptischen wie des johanneischen, spielt die Vokabel »tun«, »verwirklichen«, die allergrößte Rolle[3]. Denn der Wille Gottes, des Vaters, muß getan, verwirklicht werden. Es geht dem

---

[1] *M. Buber,* Zwei Glaubensweisen, in: Schriften zur Philosophie (Werke I, München 1962, 782).

[2] Über solch gemeinsame Aufgaben ist schon viel reflektiert und gesagt worden. Besonders Profundes findet sich bei *R. Friedli,* Zur Weltverantwortung der Offenbarungsreligionen, in: Drei Wege zu einem Gott (s. vorausgehende Anm. 71), 218–245.

[3] Vgl. *H. Braun,* Spätjüdisch-häretischer und frühchristlicher Radikalismus II (Tübingen 1957) 29ff.; »ποιεῖν [tun, verwirklichen] ist die so gut wie einzige Vokabel, mit welcher die Synoptiker das dem Menschen von Gott gebotene Tun ausdrücken« (ebd. 30, Anm. 1).

gläubigen Judentum darum, die Tora zu »lernen« und zu »tun«. Ähnlich geht es Jesus um »lernen« und »tun«, freilich mit dem Unterschied, daß man von *ihm* lernen soll: »lernt von mir« (Mt 11,29) und folgt meiner Weisung. »Jesus wie die anschließende Tradition geben dem Tun vor dem Hören und vor dem Sagen eindeutig den Vorzug und bleiben auch damit auf dem Boden des offiziellen Judentums ...«[4] Jesus gehört zu den großen Ethikern des Judentums, wie uns gerade die jüdische Leben-Jesu-Forschung ins Bewußtsein gerufen hat[5].
Die Weisungen der Tora und die Weisungen Jesu betreffen den Willen Gottes. Der Psalmist sagt: »Deinen Willen zu tun, mein Gott, ist mir Freude« (Ps 40,9); Jesus sagt: »Nicht jeder, der zu mir ›Herr, Herr‹ sagt, wird in das Himmelreich eingehen, sondern wer den Willen meines Vaters in den Himmeln tut« (Mt 7,21), und von sich selbst: »Meine Speise ist, den Willen dessen zu tun, der mich gesandt hat« (Joh 4,34). Die Weisungen sind nicht Ausdruck einer Staats- oder Wirtschaftsräson. Sie ordnen die Beziehungen des Einzelnen und der Gemeinschaft zu Gott und zum Mitmenschen. Sie fließen aus dem Gehorsam gegen Gott, sie drängen zum ethischen Handeln in der Welt. Sie verhindern, sich nur mit der Diskussion der (sicher notwendigen) »Theorie« zufriedenzugeben. Sie verwandeln die »Orthodoxie« immer neu in »Orthopraxie«. Sie verhindern ästhetizistischen »Ritualismus« und einen toten »Nur-Glauben«, der die Werke der Liebe vergißt. »Seid Täter des Wortes und nicht bloß Hörer, die sich selbst täuschen« (Jak 1,22). So sollten Judentum und Christentum sich von niemand in der Welt in der praktischen »Verwirklichung« ihrer »Theorie« übertreffen lassen. Ethisches Handeln in der Welt sollte ihre gemeinsame Maxime sein.

7.2 Der prophetische Protest

Wogegen richtet er sich[6]? Mag JHWH ursprünglich auch als »Lokalgott« verehrt worden sein, so blieb er kein »ansässiger«

---

[4] Ebd. 32.

[5] Siehe dazu 3.1.

[6] Zum Folgenden vgl. besonders *R. Friedli*, Zur Weltverantwortung der Offenbarungsreligionen (s. Anm. 2), 221ff.

Gott, sondern wurde als der Gott erkannt, neben dem es keine anderen Götter gibt. Er allein ist der Herr des Himmels und der Erde, dem die Anbetung gebührt. Und er ist es, der nicht bloß Israel, sondern die ganze Welt richten wird. Er ist der Schöpfer des Universums. Die Baale und Volksgötter werden als »Nichtse« entlarvt und die Welt von ihnen gereinigt. Die Welt wird damit entzaubert.

Derselbe JHWH wird von Israel als Gott des »Auszugs« erfahren, was impliziert, »daß Religionen in der Geschichte nicht nur als welterhaltende, sondern auch als welterschütternde Macht auftreten. Das ist z. B. in engstem Kontakt mit dem Exodus-Geschehen zu sehen, in dem sich Gott als der unverfügbare, unberechenbare Gott der Geschichte geoffenbart hat. ›Ich bin der, der ich sein werde‹, sagt JHWH – der lebendige Gott, der sich im Aufbruch und im Übergang immer wieder als der Unmanipulierbare erweist« *(R. Friedli)*[7]. Der Prophet Amos preist die Allmacht Gottes so (Am 9,5f.):

»Der Herr, JHWH der Heerscharen,
der die Erde anrührt, daß sie zergeht,
daß alle ihre Bewohner erschauern,
daß sie ganz und gar sich hebt wie der Strom,
sich senkt wie der Strom von Ägypten,
der seine Söller baut im Himmel,
und sein Gerüst auf die Erde stützt,
der den Wassern des Meeres ruft,
und sie hingießt über die Fläche des Landes –
JHWH ist sein Name.«

Deshalb wird im Alten Testament das Erdbeben zum Symbol der Macht Gottes: bei den Theophanien (Jes 6,4; Mich 1,3f.; Nah 1,5; Hab 3,6f.; Pss 18,8; 97,5), beim (End)gericht (Jes 13,13; 24,18f.; Ez 38,19f.; Jon 4,16); es wird zum Symbol des Schreckens und des Unglücks (Jes 5,25; Am 8,8; Pss 46,3f.; 60,3f.), zum Bild für politisches Geschehen (Jer 51,29; Hag 2,6f.21f.). JHWH, der Gott Israels, läßt die Erde »erbeben«, er läßt sie nicht zur Ruhe kommen, bis die Zeit der Erde an ihrem Ende ist, dann, wenn der »Tag JHWHs« die große Zäsur setzt[8].

---

[7] Ebd. 223f. Vgl. auch *J. Moltmann*, Kirche in der Kraft des Geistes, 93–103.

[8] Vgl. dazu Näheres in 2.7.

Der Gott, der der Gott Israels ist, der auch der Gott Jesu und der Kirche ist, ist keineswegs der »in himmlischer Ruhe« lebende Gott, trotz seiner Welttranszendenz, sondern der die Welt »in Atem haltende« Gott. Gerade das ist ein Wesensinhalt des »Gottesbegriffs« der Propheten Israels, ein theologisches Element ihres Protests, den Kirche und Judentum aufzunehmen haben.

Dieser Gott hält die Welt, gemäß dem prophetischen Protest, auch in Atem dadurch, daß er die Propheten Israels verkünden läßt, daß es keine wirkliche Gotteserkenntnis ohne praktizierte Gerechtigkeit gibt:

»Wehe dem, der sein Haus mit Unrecht baut, mit Ungerechtigkeit seine Speicher, der seinen Nächsten umsonst arbeiten läßt und ihm den Lohn nicht bezahlt ... Meinst du ein König zu sein, daß du dir Zedern leistest? Hat nicht dein Vater auch gegessen und getrunken und sich's wohl sein lassen? Aber er übte Recht und Gerechtigkeit. *Heißt das nicht, mich zu erkennen?* Spruch JHWHs« (Jer 22,13.15f.).

Und Jesus lehrte: »Ihr habt gehört, daß gesagt ist: Du sollst deinen Nächsten lieben und deinen Feind hassen. Ich aber sage euch: Liebet eure Feinde und betet für die, welche euch verfolgen, damit ihr Söhne eures Vaters in den Himmeln seid! Denn er läßt seine Sonne aufgehen über Böse und Gute und läßt regnen über Gerechte und Ungerechte. Denn wenn ihr nur die liebt, die euch retten, was habt ihr für einen Lohn? Tun das nicht auch die Zöllner? Und wenn ihr nur eure Brüder grüßt, was tut ihr da Besonderes? Tun das nicht auch die Heiden? Ihr sollt vollkommen sein, wie euer himmlischer Vater vollkommen ist« (Mt 5,43–48).

In der großen Rede Jesu in Mt 25,31–46 identifiziert sich der Menschensohn mit allen Hungernden, Durstenden, Fremdlingen, »Nackten«, Kranken, Gefangenen in der Welt. Das ist die jesuanische Ausarbeitung des prophetischen Protests in alle Welt hinein. Ein solcher Protest erlaubt keine religiöse und kirchliche »Inzucht«. Der prophetische Protest wird hier herrschaftskritisch aktiv. »Religion ist nicht unbedingt Opium für das Volk. Im Gegenteil: der charismatische Führer [der Prophet] kann die überkommenen Weltordnungen und die sie stützenden Legitimationsverfahren umstürzen. Er kann für eine allgemeine Religionsfreiheit eintreten, wo immer die Religionen von Staaten beschlagnahmt werden« *(R. Friedli)*[9], wie das heute wieder weltweit geschieht.

Zur Geltendmachung des prophetischen Protests in der Welt gehört auch die weltweite Bekanntmachung der alten Lehre Israels und der Kirche, daß der Mensch, und zwar jeder Mensch Ebenbild Gottes ist[10], wodurch die persönliche Würde jedes Menschen, wer er auch sei, herausgestellt wird. Deshalb übernehmen Israel und die Kirche »Weltverantwortung«, wenn sie diese Würde des Menschen überall zur Geltung bringen und laut protestieren, wenn diese Würde, wo und wann immer, in den Schmutz getreten wird. Damit wird Liebe »zu einem Politikum, da sie sich nicht von der soziologischen Wirklichkeit her die Grenzen diktieren läßt, an denen die vertrauende Offenheit und Empfangsbereitschaft zerschellen müßte« *(R. Friedli)*[11].

Kurz gesagt: Der prophetische Protest, den Kirche und Judentum in der Gefolgschaft der alten Propheten Israels erheben sollten, richtet sich gegen jede Unterdrückung ideologischer oder sozialer Art. Es ist ein Protest für die Freiheit, ein Protest zugunsten wahrer Humanität, Liebe und Gemeinschaft; ein Protest für die Wahrheit gegen die sich immer mehr ausbreitenden Welt- und Geschichtslügen; ein Protest gegen Faschismus, Kommunismus und Kapitalismus. Die jüdisch-christliche Religion ist das Antiopium für das Volk. Das Evangelium ist »nicht nach Menschengeschmack« (Gal 1,11).

7.3 »Schalomisierung der Welt«

Über den hebräischen Begriff *schalom* ist schon viel geschrieben worden[12]. *Schalom* ist ein umfassender, polysemanter Begriff. Im Anschluß an die semantische Erforschung des Terms *schalom*

---

[9] A.a.O. 229.

[10] Vgl. dazu 2.3.

[11] A.a.O. 234.

[12] Vgl. etwa *J. Scharbert*, slm im Alten Testament, in: LEX TUA VERITAS (FS f. *H. Junker*) (Trier 1961) 209–229; *H. Groß*, Die Idee des ewigen und allgemeinen Weltfriedens im alten Orient und im Alten Testament (Trier ²1967); *W. Eisenbeis*, Die Wurzel שׁלם im Alten Testament (Berlin 1969); *H. H. Schmid*, »Frieden« im

kommt *R. Friedli* zu folgender Umschreibung[13]: Frieden, Freude, Freiheit, Integrität, Versöhnung, Gemeinschaft, Harmonie, Gerechtigkeit, Wahrheit, Kommunikation. »Bei dieser multidimensionalen Umschreibung von Schalom fällt einerseits die soteriologische Dynamik und andererseits der soziale Bezug von Schalom auf« *(R. Friedli)*. *Schalom* ist ein umfassender Heilsbegriff, »Heil« dabei jedoch nicht als »Seelenheil«, »Seelenfriede« verstanden, sondern als Signifikat einer Welt, die im Heilen ist. Es geht um die »Schalomisierung des ganzen Lebens« *(J. C. Hoekendijk)*. *Schalom* ist dann in der Welt verwirklicht, wenn alle Relationen zueinander endlich in Ordnung sind, die Beziehung zwischen Gott und Mensch, die Beziehung von Mensch zu Mensch. Darum impliziert *schalom* immer auch »ein soziales Geschehen«; es ist »eine Angelegenheit der Mitmenschlichkeit« *(R. Friedli)*[14]. »Gottes Heil kann man nicht haben, ohne es mit den Heillosen zu teilen«; deshalb findet sich im Stichwort *schalom* »eine Koinzidenz von Heilsgeschichte und Weltgeschehen ... Schalom verklammert Reich Gottes und die Welt so, daß beide nicht zu trennen sind« *(ders.)*[15]. Und darum können Israel und die Kirche den »Frieden« nicht auf *ihren* Frieden reduzieren, weil das Reich Gottes alle Welt umfassen wird und will. Gerade unter dem Eindruck bitterer Verfolgungserfahrungen könnten Israel und die Kirche der Versuchung verfallen, ihre Friedensarbeit nur »nach innen« zu richten. Die Päpste haben längst erkannt, daß es zum Pflichtamt der Kirche gehört, überall in der Welt unüberhörbar für den Frieden einzutreten[16]. Auch Israel muß sich zum Anwalt des Friedens machen, und ebenso der Islam und alle Weltreligionen. Es darf kein bloß ethnozentrisches Friedensbild mehr geben. Das Alte Testament, die Heilige Schrift Israels, läßt erkennen, daß die »Weltordnung« sich lange Zeit mit der Ordnung des jeweiligen Staates oder der jeweiligen Volksgruppe deckte. »Die ›Welt‹-Ord-

alten Orient und im Alten Testament (Stuttgart 1971); *ders.*, Frieden ohne Illusion. Die Bedeutung des Begriffs *schalom* als Grundlage für eine Theologie des Friedens (Zürich 1971); *C. Westermann*, Der Frieden (shalom) im Alten Testament, in: Studien zur Friedensforschung (Stuttgart 1969) 144–177.

[13] A.a.O. 236.

[14] Ebd. 237.

[15] Ebd.

[16] Vgl. die Friedensenzyklika *Papst Johannes' XXIII:* »Pacem in terris«.

nung in Ägypten, in Mesopotamien oder in Sumer ist die Ordnung der ägyptischen, mesopotamischen oder sumerischen Welt. Darum gehört zur Weltordnung gerade da, wo sie vom Frieden spricht, die Unterwerfung des Feindes, die ›Befriedigung‹ der anderen Völker. Der Feind, der Fremde, der ›Ungläubige‹ gehört auf die Seite des Chaos, auf die Seite der kosmosbedrohenden Mächte« *(R. Friedli)*[17]. Der Gott Israels aber, der auch der Gott Jesu und der Kirche ist, protestiert gegen eine solche Friedensidee. Er hat zwar die Völker erschaffen, aber er will nicht, daß die Völker sich feindselig gegeneinander abgrenzen. Gott will keine »eisernen Vorhänge«! Was in Israels Lehre von der Gottebenbildlichkeit eines jeden Menschen schon angelegt war, will durch das Evangelium Wirklichkeit in der ganzen Welt werden: *daß alle Menschen sich als Brüder erkennen.* Die nationale und regionale Identifikation hat, seit Gott in Jesus in die Völkerwelt aufgebrochen ist, ihre Grenzen. Auch Israel muß diese Grenzen sehen. Der »Zionismus« verlöre seine Legitimität, wenn Israel nicht mehr über den eigenen »Zaun« zu schauen vermöchte. Gerade Juden haben sich leidenschaftlich zur universalen Menschheit bekannt, ohne sich deshalb »assimilieren« zu müssen. Der Mensch, der von dem Gott Israels berührt ist, vertritt »als liebender Mensch eine globale Identifikation« *(R. Friedli)*[18]. So ist es eine besondere gemeinsame Aufgabe von Kirche und Israel, zusammen mit allen Menschen guten Willens in der Welt, alle ihre Kräfte einzusetzen zur »Schalomisierung der Welt«, im Dienst eines politischen und sozialen »Ökumenismus«. Es geht darum, daß die Religionen sich nicht mehr mit politischen Systemen identifizieren und sich von einer egoistischen Politik beschlagnahmen lassen, »sondern in prophetischer Freiheit sich mit Menschen solidarisieren, die nicht proselytisch sich der Welt des andern bemächtigen wollen, sondern in der Welt zeichenhaft die Ankunft des Reiches Gottes anzudeuten erhoffen« *(R. Friedli)*[19]. Kirche und Judentum sollten gemeinsam eine »weltverantwortliche Kooperationstheologie« entwickeln, ohne deshalb ihre Propria in einem falschen Ökumenismus aufzugeben. Das Trennende und Unterscheidende, das wir

---

[17] A.a.O. 238f.

[18] Ebd. 240.

[19] Ebd. 241.

in diesem Buch keineswegs verschwiegen haben, hindert eine solche Kooperationstheologie nicht. Ihr Aufbau ist dringend[20].

7.4 Der »eschatologische Vorbehalt«

Unter diesem theologischen Fachausdruck versteht man jenen »Vorbehalt«, der gegenüber allen Welt- und Lebensentwürfen angemeldet wird, die beanspruchen, die Welt allein mit menschlicher Weisheit und Kraftanstrengung ins endgültig Heile bringen zu können[21]. Die »JHWH-Religion« jüdischer und christlicher Provenienz ist überzeugt, daß der Mensch dazu nicht in der Lage ist. Die Erfahrung der Geschichte steht ihr dabei zur Seite. Der Egoismus und die Macht der Sünde sind zu groß, um jene endgültige »Schalomisierung der Welt« zu erreichen, wie sie nur Gott mit seiner Macht erreichen kann und nach der prophetischen Ansage erreichen will. Er bringt die Welt ins endgültig Heile, schon allein deswegen, weil er allein die Macht besitzt, den Tod zu überwinden, der ja der eigentliche Frustrator aller Menschengeschichte ist. Die Welt kommt weder durch Evolution noch durch Revolution ins endgültig Heile. Die Evolution schafft »Natur«, aber nicht »Heil«. Die Revolution frißt bekanntlich ihre eigenen Kinder; sie verändert zwar den gegenwärtigen Zustand, aber anstelle der alten Klasse tritt eine neue; nicht Liebe ist ihre Parole, sondern »Liquidation«[22]. Die Revolution ist verständlich als Repression der Unterdrückten gegen die Pression der Unterdrükker, aber sie schafft nie Endgültiges. Die Revolution macht die Welt zur »Schlachtbank« *(Hegel),* nicht aber zur Heimat. Der Mensch aber verlangt nach Heimat und Glück. Die Voraussetzung für Heimat und Glück ist, kurz gesagt, das Beisammensein von Liebenden. Denn für die Liebenden ist »das Beisammensein alles« *(A. Stifter).* Nach der prophetischen Ansage der Schrift Israels und der Kirche wird dieses Beisammensein erst realisiert

---

[20] Vgl. dazu auch noch *Sh. Talmon,* Auf dem Wege zu einer die Welt umspannenden Gemeinschaft, in: *F. von Hammerstein* (Hrsg.), Von Vorurteilen zum Verständnis (Frankfurt 1976) 43–55.

[21] Vgl. dazu auch 2.7.

[22] Vgl. dazu auch *H. Ahrendt,* Über die Revolution (München 1963).

sein in dem »neuen Himmel und der neuen Erde«. Erst dann ist die »Schalomisierung der Welt« endgültig vollzogen[23].
Kirche und Israel sind von ihren Heiligen Schriften her aufgerufen, immer und überall in der Welt den »eschatologischen Vorbehalt« anzumelden. Das gehört zu ihren gemeinsamen Aufgaben zu dieser Zeit, die sich immer wieder der Illusion hingibt, »es selber zu schaffen«.

7.5 *»Gott alles in allem«*

Der Apostel Paulus hat das letzte Ziel aller Geschichte und Heilsgeschichte in 1 Kor 15,28 in klassischer Kürze auf die Formel gebracht: »Gott alles in allem«. Dieser Formel können Juden und Christen vorbehaltlos zustimmen. Sie bringt Gott zur Geltung, sie bringt seine unbeschränkte Macht zur Geltung, sie bringt die Universalität des Heils zur Geltung. Sie läßt erkennen, daß auch für christliche Theologie nicht die Christologie, sondern die Theo-Logie, die Rede von Gott, das letzte Anliegen ihrer Denkbemühungen ist[24]. Sie bringt jenen Gott zur Geltung, wie ihn Israel in seiner Geschichte erfahren hat und wie ihn seine Heiligen Schriften verkünden. Im Kontext der Formel steht auch der Satz: »Als letzter Feind wird der Tod vernichtet« (15,25). Gerade darin wird sich die Gottheit Gottes offenbaren: Er wird die Toten erwecken, wie er nach christlicher Glaubensverkündigung schon Jesus von den Toten erweckt hat.
»Ich glaube an die Auferstehung des Fleisches und das ewige Leben«: zu diesen Sätzen des Credo bekennen sich sowohl Israel als auch die Kirche. Dieses gemeinsame Bekenntnis gibt der Welt Hoffnung und verheißt ihr Zukunft[25]. »Ich will euch Zukunft und Hoffnung geben« (Jer 29,11).

---

[23] Vgl. zum Ganzen auch *U. Hommes / J. Ratzinger*, Das Heil des Menschen. Innerweltlich-Christlich (München 1975).

[24] Vgl. *W. Thüsing*, Per Christum in Deum. Studien zum Verhältnis von Christozentrik und Theozentrik in den paulinischen Hauptbriefen (Münster ²1969) 243–246.

[25] Vgl. dazu auch noch *Ze'ev W. Falk*, Israels Botschaft an die Welt, in: Freiburger Rundbrief XXV (1973) 39–43.

8 Kirche und Israel. Ein Kurzkommentar zu »Nostra Aetate«, Nr. 4

Statt einer Zusammenfassung unserer Ausführungen in diesem »Traktat über die Juden« legen wir am Schluß einen kurzen Kommentar zu den wichtigsten Aussagen des II. Vatikanischen Konzils über das Judentum vor, wie sie sich in dem Konzilsdekret »Nostra Aetate«, Nr. 4, finden[1].

8.1 Die Kirche ist »mit dem Stamm Abrahams geistlich verbunden«.

Der »Stamm« ist das jüdische Volk, das seine Abstammung auf Abraham zurückführt. Durch den Glauben nach der Weise Abrahams sind die Glieder der Kirche gemäß der Lehre des Apostels Paulus die geistlichen Söhne Abrahams geworden (Gal 3,7). Durch ihre geistliche Verbundenheit mit dem Stamm Abrahams nimmt die Kirche teil an der Erwählung Israels, sie gehört zusammen mit Israel zu dem einen Volk Gottes[2].

8.2 Die Kirche hat von Israel die Offenbarung des Alten Bundes empfangen, die ihren schriftlichen Niederschlag im »Alten Testament« gefunden hat.

Die heilige Schrift Israels ist ein wesentlicher Bestandteil der heiligen Schriften der Kirche. Das Alte Testament ist aber nicht alleiniges Eigentum der Kirche; es ist vielmehr eine »Leihgabe« Israels an die Kirche, die für die Kirche wichtig ist, weil sie ohne das Alte Testament ihre Identität und ihr Selbstverständnis verliert, wie die Erfahrung der Geschichte zeigt[3]. »Das Alte

---

[1] Den Text s. unter 1.1.

[2] Vgl. auch *J. Oesterreicher,* Unter dem Bogen des Einen Bundes – Das Volk Gottes – Seine Zweigestalt und Einheit, in: *C. Thoma* (Hrsg.), Judentum und Kirche: Volk Gottes (Zürich 1974) 27–69.

[3] *A. v. Harnack,* der zwar kein Antisemit war, hat die fatalen Sätze geschrieben:

Testament ist die gemeinsame Grundlage, die theologische und geschichtliche Wurzel von Judentum und Christentum« *(C. Thoma)*[4].

8.3 Die Kirche wird genährt von der »Wurzel des guten Ölbaums«.

Der gute Ölbaum ist Israel[5]. Die Nahrung, die die Kirche von ihm bezieht, ist nicht bloß die Heilige Schrift des Alten Bundes, sondern sind auch die »jüdischen Kategorien«, deren die Menschheit bedarf, um heilsam denken zu können. Gerade im Hinblick auf das große, in der Kirche eingegangene Glaubenserbe Israels erweist sich Israel als der gute Ölbaum.

8.4 Die Kirche anerkennt die bleibenden »Privilegien Israels«, wie sie vom Apostel in Röm 9,4f. aufgezählt werden[6]. Sie sind nicht auf die Kirche übergegangen, wie manche christliche Theologen meinen.

8.5 Christus, seine Mutter Maria, seine Apostel und »die meisten jener ersten Jünger, die das Evangelium Christi der Welt verkündet haben«, stammen aus dem Judentum.

Sie haben das große geistliche Erbe Israels in die Völkerwelt gebracht. Durch sie ist das Glaubenserbe Israels in der Völkerwelt bis zum heutigen Tag virulent geblieben. Es durchdringt wie ein Sauerteig die ganze Welt und macht die Welt »jüdisch« im jesuanischen Sinn.

»Das Alte Testament im 2. Jahrhundert zu verwerfen, war ein Fehler, den die große Kirche mit Recht abgelehnt hat; es im 16. Jahrhundert beizubehalten, war ein Schicksal, dem sich die Reformation noch nicht zu entziehen vermochte; es aber seit dem 19. Jahrhundert als kanonische Urkunde im Protestantismus noch zu konservieren, ist die Folge einer religiösen und kirchlichen Lähmung« (Marcion. Das Evangelium vom fremden Gott. Leipzig [2]1924, 217). In Wirklichkeit lehrt die Geschichte, daß die Ablehnung des Alten Testaments durch die Kirche und die damit fast notwendig gegebene Israelvergessenheit der Kirche sie der nährenden Wurzel beraubt, was zu ihrer Auszehrung führt.

[4] *C. Thoma,* Christliche Theologie des Judentums, 49.

[5] Vgl. dazu 1.10.

[6] Vgl. 1.7.

8.6 Die Juden sind »immer noch von Gott geliebt um der Väter willen«.

Gott hat sein Volk Israel nicht verstoßen oder vergessen. Gott hält seine Hand schützend über sein Volk und wird am Ende ganz Israel retten (Röm 11,26). Im Fortbestand Israels durch alle Zeiten hindurch zeigt sich die Treue Gottes zu seinen Verheißungen. Israel ist der bleibende Zeuge für die Treue und Wahrhaftigkeit Gottes in der Welt.

8.7 Die Kirche wartet zusammen mit dem Judentum auf den »Tag des Herrn«.

Beide kennen keine Selbstvollendung der Geschichte, beide kennen den »eschatologischen Vorbehalt« Gottes gegenüber allen Versuchen, die Menschheitsgeschichte innerweltlich zu vollenden. Vielmehr betrachten beide den »Tag des Herrn« als den Tag der großen Zäsur, an dem Gott in die Geschichte dieser Welt eingreift und ihr ein jähes Ende bereiten wird. Das Wissen um »den Tag des Herrn« macht Kirche und Israel nüchtern und wachsam.

8.8 Im Hinblick auf das reiche geistliche Erbe Israels verpflichtet sich die Kirche, »die gegenseitige Kenntnis und Achtung zu fördern«, was vor allem durch einen intensiven Dialog und durch ein ebenso intensives Studium der jüdischen Überlieferung geschieht[7].

8.9 Die Juden dürfen trotz des gewaltsamen Todes Jesu am Kreuz »nicht als von Gott verworfen oder verflucht« angesehen werden.

Die Erinnerung an die Kreuzigung Jesu, die das Werk der heidnischen römischen Staatsmacht war, verführte die Christenheit immer wieder, ihren »Antisemitismus« scheintheologisch zu »legitimieren« und die These vom »Gottesmord« und von der

[7] Vgl. dazu die Vatikanischen Richtlinien zu »Nostra Aetate« vom 3. Januar 1975.

»Selbstverfluchung« der Juden aufrechtzuerhalten. Das Konzil verwirft »alle Haßausbrüche, Verfolgungen und Manifestationen des Antisemitismus, die sich zu irgendeiner Zeit und von irgend jemandem gegen die Juden gerichtet haben«. Der Antisemitismus, den die Kirche jahrhundertelang mitgenährt hat, gehört zu ihren großen Sünden in der Geschichte. Die Kirche muß Gott ständig um die Vergebung dieser Schuld bitten.

8.10 Christus ist für die Sünden aller Menschen gestorben.

»Deshalb ist es die Aufgabe der Predigt der Kirche, das Kreuz Christi als Zeichen der universalen Liebe Gottes und als Quelle aller Gnaden zu verkünden.« Christus ist nicht bloß für die Sünden der Heiden gestorben, sondern auch für die Sünden der Juden. Sein Blut kommt als Erlöserblut auch über die Juden. Zudem lehrt das Konzil ausdrücklich, daß die Ereignisse des Leidens Jesu »weder allen damals lebenden Juden ohne Unterschied noch den heutigen Juden« zur Last gelegt werden dürfen. Auch auf Israel lastet keine »Kollektivschuld«.
Aus diesen Lehren des Konzils ergibt sich endlich die Möglichkeit nicht bloß eines neuen Nebeneinanders, sondern eines neuen Miteinanders von Kirche und Israel. Kirche und Israel gehören zusammen; sie bilden eine Schicksalsgemeinschaft. Die Kirche kann von Israel, ihrer »Wurzel«, nicht mehr absehen. Auch Israel von der Kirche nicht? Darüber sollten die Juden nachdenken.

Psalm 129

Zur Genüge haben sie mich bedrängt
von meiner Jugend auf
– spreche doch Jisrael –,
zur Genüge haben sie mich bedrängt
von meiner Jugend auf,
dennoch haben sie mich nicht übermocht.
Auf meinem Rücken pflügten die Pflüger,
lang zogen sie ihre Strecke,
ER ist bewährt, er zerspliß
den Strang der Frevler.
Schämen müssen sich, hinter sich prallen
alle, die Zion hassen,
wie Gras der Dächer müssen sie werden,
das eh mans ausraufte verdorrt ist,
wovon der Schnitter sich die Hohlhand nicht füllt
noch der Garbenbinder den Bausch
und die vorbeiwandern nicht sprechen:
»SEINEN Segen euch zu!«

»Wir segnen euch mit SEINEM Namen!«

(Übersetzung *Martin Buber*)

Meine Entdeckung des Judentums
Franz Mußner

Das Phänomen »Judentum« war mir lange Zeit völlig verborgen. Es gab auch keine Hilfe zu seiner Entdeckung. Ich kann mich nicht erinnern, dass ich etwa im Katechismus- oder Bibelunterricht in der Volksschule je das Wort »Judentum« gehört hätte. Dasselbe gilt für den Religionsunterricht am Gymnasium (Passau) und selbst für den Theologiebetrieb auf der Hochschule. In den Vorlesungen über Altes und Neues Testament begegnete der Begriff »Judentum« auch kaum. Aber es muss auch gesagt werden, dass in den genannten Unterrichtsveranstaltungen von Antisemitismus bzw. Antijudaismus nichts zu spüren war. Was aber stets »in der Luft« lag, war die These: Die Juden haben Jesus umgebracht.

In meiner eigenen Vorlesungstätigkeit in der Theologischen Fakultät Trier spielten in den ersten Jahren gewisse antijüdische Schablonen durchaus noch eine Rolle, so im Urteil über die Pharisäer oder hinsichtlich der mischnischen Sabbatbestimmungen, die ich ins Lächerliche zog. Das Phänomen »Judentum« blieb mir noch verborgen. In Sicht kam es mir zunächst erst durch das Studium des Werks von Leonhard Goppelt: Christentum und Judentum im ersten und zweiten Jahrhundert (Gütersloh 1954), obwohl ich heute mit manchen Formulierungen in dem Buch nicht einverstanden sein kann. Jetzt erkannte ich Judentum und Christentum als zwei eigene Größen, als zwei geschichtliche Erscheinungen, die »irgendwie« miteinander zu tun haben. Aber es kam noch nicht zu einem wirklichen Lernprozess. Dieser setzte erst allmählich ein, als mir der erste Herausgeber von »Herders theologischer Kommentar zum Neuen Testament«, Alfred Wikenhauser, die Kommentierung des Jakobusbriefs anbot. Ich war zunächst darüber gar nicht erbaut – ich kannte den Brief kaum, aber ich sagte dann dennoch zu. Und je mehr ich mich in die Kommentierung des Briefs hineinarbeitete, desto mehr und desto intensiver engagierte ich mich. Immer mehr entdeckte ich: In diesem

Brief spricht nicht bloß »ein Bruder Jesu« (A. Schlatter), sondern ein Jude, dem es um das »Tun« des »eingepflanzten« Wortes geht. »Werdet Täter des Wortes, und nicht bloß Hörer, die sich selbst betrügen« (Jak 1,22). Der Brief »treibet« nicht »zum Gesetz« (speziell zum jüdischen Ritualgesetz), wie M. Luther seltsamerweise meinte, vielmehr zum »königlichen Gesetz gemäß der Schrift: ›Du sollst deinen Nächsten lieben wie dich selbst!‹« (2,8), das sich primär realisiert in der Hilfe für die Armen und Notleidenden (vgl. 2,15ff.). Auch für den Juden ist »nicht das Forschen die Hauptsache, sondern das Tun« der Tora (vgl. Mischna Abot 1,17). Und kein Zeitwort spielt bekanntlich in der Predigt Jesu eine so zentrale Rolle wie das Zeitwort »tun«! Darin war Jesus ganz Jude. Auch sonst findet sich viel »Jüdisches« im Brief, wie der Gedanke der Vollkommenheit, Heiligung des Alltags, Armenfrömmigkeit, Weisheitslehre, auch im Gottesbegriff[1]. Das ist ein großer geistlicher Reichtum, der dem Christentum zufließt. So leitete gerade die Kommentierung des Jakobus-Briefs in mir jenen Lernprozess ein, der mir das Phänomen »Judentum« immer mehr sichten ließ.

Nachdem der Kommentar zum Jakobus-Brief vorlag (Freiburg/Basel/Wien [1]1963, [5]1987), übernahm ich die Kommentierung des Galaterbriefs in derselben Reihe (Freiburg/Basel/Wien [1]1973, [5]1988) und damit die Auslegung jenes Briefs des Paulus, der seit den Zeiten M. Luthers als das oppositionelle Pendant zum Jakobus-Brief galt und teilweise bis heute noch gilt. Heißt es im Jakobus-Brief, »dass aus Werken gerechtfertigt wird ein Mensch und nicht aus Glauben allein« (2,24), so heißt es im Galater-Brief, »dass nicht gerechtfertigt wird ein Mensch aus Werken des Gesetzes, vielmehr durch Glauben an Christus Jesus« (2,16). Diese Rechtfertigungslehre des Paulus scheint in direkter

---

[1] Vgl. dazu *F. Mußner*, Rückbesinnung der Kirchen auf das Jüdische. Impulse aus dem Jakobusbrief, in: ders., Jesus von Nazareth im Umfeld Israels und der Urkirche. Gesammelte Aufsätze, hg. von M. Theobald, WUNT 111, Tübingen 1999, 273–285; vgl. auch noch Th. Söding, Das Jüdische im Christentum – Verlust oder Gewinn christlicher Identität, in: TTZ 109 (2000), 54–76.

Opposition zu jener des Jakobus-Briefs zu stehen, worauf ich hier nicht näher eingehe (vgl. dazu meine beiden Kommentare). Wenn auch die Gegner der »Freiheit, zu der uns Christus befreit hat« (Gal 5,1), judaisierende Christen (evtl. Judenchristen) gewesen sein mögen, so scheint doch der Gal-Brief mit seiner Rechtfertigungsbotschaft das Judentum selbst zu tangieren: »Denn wenn durch Gesetz (durch Tora und Halacha) Gerechtigkeit [kommt], ist folglich Christus vergeblich (für uns Sünder) gestorben« (2,21). Das Heil (die »Gerechtigkeit«) ist ohne den Glauben an den gekreuzigten und auferstandenen Christus nicht zu gewinnen. Und: »Erkennt folglich, dass die aus Glauben, diese Söhne Abrahams sind« (3,7). Mit solchen Sätzen scheint dem Judentum, jedenfalls dem toratreuen, einfürallemal der Boden entzogen zu sein. Der Apostel konzediert zwar: »Wenn ein Gesetz (von Gott) gegeben worden wäre, das Leben zu bringen vermöchte, käme in der Tat aus Gesetz die Gerechtigkeit« (3,21b), aber er ist überzeugt, dass »die Schrift alles unter Sünde zusammengesperrt hat, damit die Verheißung (eschatologischen Heils) aus Glauben an Jesus Christus den Glaubenden geschenkt werde« (3,22); er schreibt der Tora die Funktion zu, »unser Pädagoge auf Christus hin geworden zu sein« (3,24a). Auch wenn nach Paulus »der Glaube durch Liebe wirksam« sein muss und nach ihm das im Ersten Testament sich findende Gebot der Nächstenliebe die Vollerfüllung der gesamten Tora ist (vgl. 5,6b.14; Röm 13,8–10), so bleibt dennoch der Eindruck, den die Lektüre des Gal-Briefs hinterlässt: Hier wird das Judentum faktisch als überholt deklariert. Man darf sich deshalb nicht wundern, dass gerade der Gal-Brief der Scheinlegitimation des christlichen Antijudaismus dienen musste. Mir diente er dazu erfreulicherweise nicht mehr. Zunächst war für mich eine gewisse Hilfe die Erkenntnis, dass die Gegner der paulinischen Rechtfertigungsbotschaft nicht Juden waren, sondern judaisierende Christen, die die Galater verwirrten, indem sie das vom Apostel verkündete Evangelium vom Christus verdrehten und »ein anderes Evangelium« verkündeten, »wo es doch kein anderes gibt« (vgl. 1,6f.). Aber erst die intensive Beschäftigung mit Röm

9–11 trieb den Lernprozess entscheidend voran. Und wie es scheint, durchlief auch der Apostel selbst einen Lernprozess, wenn man etwa seine antijüdisch klingenden Äußerungen in 1Thess 2,14–16 mit seinen Ausführungen in Röm 9–11 vergleicht[2].

In Röm 9–11 ist der Apostel von der Frage nach dem Endheil Israels bewegt. Sind die Juden für immer vor Gott verloren? »Hat Gott sein Volk verstoßen?« (11,1), weil es in seiner Hauptmasse vom Evangelium und Jesus nichts wissen will. Es ist »verstockt« (vgl. 11,7b.25b), aber dies, weil Gott selber in seiner geheimnisvollen, rational nicht fassbaren Heilsführung seines erwählten Volkes Israel es so verfügt hat (vgl. 11,8: Subjekt in diesem Satz ist »Gott«!). Aber am Ende, sagt Paulus prophetisch an, wird durch den Parusiechristus »ganz Israel gerettet werden« (11,26), d.h. das Heil erlangen. Sind die Juden auch Gegner des Evangeliums, so sind sie dennoch »entsprechend der (urtümlichen) Wahl die (bleibenden) Geliebten (Gottes) um der Väter willen« (11,28); Gott bereut nicht »die Gnadengaben«, die er Israel gewährt hat, und »den Ruf«, der einst an die Väter ergangen ist. Sein Bund mit Israel, mit den Juden, wurde von Gott nie gekündigt (11,27a)[3]. Seine »Logik«, bezogen auf die geheimnisvolle Führung seines Volkes, ist nicht die Logik der Sterblichen (vgl. 11,34)[4].

Die Hauptfrucht, die aus meinem Lernprozess hervorging, ist mein »Traktat über die Juden« (München [1]1979, [2]1988, unterdessen in sechs Weltsprachen übersetzt; er brachte mir 1985 die Buber-Rosenzweig-Medaille ein). Ihn beglei-

---

2 Dazu *F. Mußner*, Paulinischer Antijudaismus? Zum Widerspruch zwischen 1Thess 2,14–16 und Röm 9–11, in: *ders.*, Dieses Geschlecht wird nicht vergehen. Judentum und Kirche, Freiburg/Basel/Wien 1991, 73–76; *R. Kampling*, Eine auslegungsgeschichtliche Skizze zu 1Thess 2,14–16, in: *ders.*, Im Angesicht Israels, SBB 47, 153–181, mit Literatur.

3 Dazu *F. Mußner*, Gottes »Bund« mit Israel nach Röm 11,27, in: H. *Frankemölle* (Hg.), Der ungekündigte Bund? Antworten des Neuen Testaments, QD 172, Freiburg/Basel/Wien 1998, 157–170.

4 Dazu *F. Mußner*, Israel in der »Logik« Gottes nach Röm 9–11 und im Denkgebirge Hegels, in: *W.M. Neidl*/*F. Hartl* (Hg.), Person und Funktion. Gedenkschrift für Jakob Hommes, Regensburg 1998, 63–78.

teten und ihm folgten viele Aufsätze, vor allem über Röm 9–11; großenteils gesammelt in den beiden Bänden: Die Kraft der Wurzel. Judentum - Jesus - Kirche, Freiburg/Basel/Wien [2]1989; Dieses Geschlecht wird nicht vergehen. Judentum und Kirche, Freiburg/Basel/Wien 1991.

Weitere Faktoren, die meinen Lernprozess vorantrieben und mich das Phänomen »Judentum« immer mehr sichten ließen, waren dann vor allem einmal das Dekret des II. Vatikanischen Konzils: Nostra Aetate, Nr. 4, das im katholischen Bereich das Umdenken gegenüber dem Judentum entscheidend in Bewegung setzte; dann die Mitarbeit an dem Dokument der Deutschen Bischöfe: »Erklärung über das Verhältnis der Kirche zum Judentum« vom 28. April 1980. Weiter: Die erschütternde Kenntnisnahme der Großverbrechen an den Juden in der Shoa. Ferner die vielen positiven Äußerungen von Papst Johannes Paul II., abgedruckt in H.H. Henrix/W. Kraus (Hg.), Die Kirchen und das Judentum. Bd. II: Dokumente von 1986–2000, Paderborn/Gütersloh 2001, 3–161. Sein Besuch in der römischen Synagoge am 13. April 1986, bei dem er in seiner Ansprache die Juden als »unsere älteren Brüder« bezeichnete. Seine Vergebungsbitte am 1. Fastensonntag 2000 im Petersdom in Rom; ihre schriftliche Wiederholung an der »Klagemauer« in Jerusalem am 26. März 2000. Kein Papst in der ganzen Papstgeschichte hat sich in solcher Weise und so häufig über die Juden geäußert, wie es Papst Johannes Paul II. getan hat.

Auch die Begegnung mit jüdischen Gelehrten, besonders mit jenen, die Freunde wurden, half mit, das Judentum zu »entdecken«. Ich denke dankbar an jüdische Freunde wie D. Flusser, P. Lapide, E.L. Ehrlich, Sh. Talmon, R.J. Zwi Werblowsky, Sch. Ben-Chorin, in dessen Laubhütte in Jerusalem wir zusammen den Gott Israels priesen und Wein tranken. Auch christliche Freunde darf ich nicht vergessen; ich nenne vor allem Frau G. Luckner und den von ihr herausgegebenen »Freiburger Rundbrief«, an dem ich mitarbeiten durfte und darf. Ferner H.H. Henrix, M. Theobald, C. Thoma, P. Bargil Pixner, R. Riesner, Chr. Dohmen, und last, but not least: Bertold Klappert.

Meine wiederholte Vorlesungstätigkeit in Jerusalem machte mir Erez Israel zur zweiten Heimat. Viermal hielt ich dort Seminare über Röm 9-11[5]. Am Ende einer solchen Vorlesungszeit zitierte ich in meiner kurzen Abschiedsrede den Ps-Vers: »Wenn ich dich je vergesse, Jerusalem, soll mir die rechte Hand verdorren!«
Und noch an ein Begebnis möchte ich erinnern: Am »Tag der Versöhnung« in Nürnberg am 15. September 1985 stand ich auf der »Führer-Kanzel« des ehemaligen Reichsparteitagsgeländes und hielt dort vor siebentausend Menschen, Christen und Juden, eine Rede zugunsten der Juden (pro Judaeis) und bekam dafür einen riesigen Beifall. Wahrhaft eine Sternstunde meines Lebens!
Zurückschauend auf meine Entdeckung des Judentums und des Juden Jesus kann ich nur danken: dem Gott Israels, der für uns Christen auch der Vater unseres Herrn Jesus Christus ist. Ich bin zutiefst überzeugt, dass es der Wille und die Hilfe Gottes waren, die mich das Judentum entdecken ließen, besonders auch als »die Wurzel«, die nach Röm 11,18 die Kirche »trägt«. Die Entdeckung des Judentums hat den Rang einer Zäsur in meiner theologischen Biographie. »Wie man Trauben findet in der Wüste, so fand ich Israel« (Hos 9,10).

[5] Dazu *F. Mußner*, Seminare in Jerusalem über Röm 9-11, in: *F. Hahn* u.a. (Hg.), Zion. Ort der Begegnung. Festschrift für Laurentius Klein, Bodenheim 1993, 217-223.

Literaturhinweise

Wichtige Quellensammlung:
Rendtorff, Rolf / Henrix, Hans Hermann (Hrsg.), Die Kirchen und das Judentum, Bd. I: Dokumente 1945–1985 (Paderborn / München 1988; [3]2001).
Henrix, Hans Hermann / Kraus, Wolfgang (Hrsg.), Die Kirchen und das Judentum, Bd. 2: Dokumente von 1986–2000 (Paderborn / Gütersloh 2001).

Jüdische Dokumente:
Dabru emet. Eine jüdische Stellungnahme zu Christen und Christentum vom 11. September 2000, verfasst von Tikva Frymer-Kensky, David Novak, Peter Ochs und Michael Signe, in: Henrix / Kraus (Hrsg.), Die Kirchen und das Judentum, Bd. 2, 974–976.

Nicht-jüdische Dokumente:
Päpstliche Bibelkommission, Das jüdische Volk und seine Heilige Schrift in der christlichen Bibel (24. Mai 2001). Deutsche Übersetzung: Sekretariat der Deutschen Bischofskonferenz, Bonn 2001 (Verlautbarungen des Apostolischen Stuhls, Bd. 152).

Weitere Literatur:
Boyarin, Daniel, Dying for God. Martyrdom and the Making of Christianity and Judaism, Stanfort (California/USA) 1999.
Boyarin, Daniel, Als Christen noch Juden waren. Überlegungen zu den jüdisch-christlichen Ursprüngen, in: Kirche und Israel 16 (2002) 112–129.
Boyarin, Daniel, Border Lines. The Partition of Judaeo-Christianity (Philadelphia 2004).
Kampling, Rainer / Weinrich, Michael (Hrsg.), Dabru Emet – redet Wahrheit. Eine jüdische Herausforderung zum Dialog mit den Christen (Gütersloh 2003).
Frankemölle, Hubert, Jüdische Wurzeln christlicher Theo-

logie. Studien zum biblischen Kontext neutestamentlicher Texte (Bodenheim 1998).
Dirscherl, Erwin / Trutwin, Werner (Hg.), Redet Wahrheit – Dabru Emet. Jüdisch-Christliches Gespräch über Gott, Mensch und Dekalog (Münster 2004).
Dohmen, Christoph (Hg.), In Gottes Volk eingebunden. Jüdisch-christliche Blickpunkte zum Dokument der Päpstlichen Bibelkommission »Das jüdische Volk und seine Heilige Schrift in der christlichen Bibel« (Stuttgart 2003).
Dunn, James D. G. (Hg.), Jews and Christians. The Parting of the Ways A. D. 70 to 135, in: WUNT 66 (Tübingen 1992).
Groß, Walter (Hg.), Das Judentum – Eine bleibende Herausforderung christlicher Identität (Mainz 2001).
Heinz, Hanspeter (Hg.), Um Gottes willen miteinander verbunden. Der Gesprächskreis »Juden und Christen« beim Zentralkomitee der deutschen Katholiken (Münster 2004).
Henrix, Hans Hermann, Judentum und Christentum. Gemeinschaft wider Willen, Topos Taschenbücher 525, (Kevelaer, 2., erg. Aufl. 2008).
Deeg, Alexander / Homolka, Walter / Schöttler, Heinz-Günther (Hrsg.), Preaching in Judaism and Christianity. Encounters and Developments, Reihe: Studia Judaica. Forschungen zur Wissenschaft des Judentums, Bd. 41 (Berlin / New York 2008).
Frankemölle, Hubert, Frühjudentum und Urchristentum. Vorgeschichte – Verlauf – Auswirkungen (4. Jh. v. Chr. bis 4. Jh. n. Chr.), Stuttgart 2006.
Homolka, Walter / Zenger, Erich (Hrsg.), »Damit sie Jesus Christus erkennen«. Die neue Karfreitagsfürbitte für die Juden, Reihe: Theologie kontrovers (Freiburg / Basel / Wien 2008).
Hossfeld, Frank-Lothar: »Volk Gottes – Israel – Kirche. Aspekte biblischer Ekklesiologie«. Pastoralblatt für die Diözesen Aachen, Berlin, Essen, Hildesheim, Köln und Osnabrück 47 (1995), 290–297.
Janowski, Bernd (1988): »Der eine Gott der beiden Testamente. Grundfragen einer Biblischen Theologie«, in: Zeitschrift für Theologie und Kirche 95 (1988) 1–36.
Kampling, Rainer, Im Angesicht Israels. Studien zum historischen und theologischen Verhältnis von Kirche und Israel (Stuttgart 2002).

Keller, Winfrid, Gottes Treue – Israels Heil. Röm 11,25–27. Die These vom »Sonderweg« in der Diskussion (Stuttgart 1998).
Neusner, Jacob, Judaism in the matrix of Christianity (Atlanta [Georgia/USA] ²1991].
Petzel, Paul, Was uns an Gott fehlt, wenn uns die Juden fehlen. Eine erkenntnistheologische Studie (Mainz 1993).
Ratzinger, Joseph, Die Vielfalt der Religionen und der Eine Bund, Bad Tölz ¹1998; ⁵2005.
Schreckenberg, Heinz, Christliche Adversus-Judaeos-Bilder. Das Alte und Neue Testament im Spiegel der christlichen Kunst (Frankfurt a.M. 1999).
Schreckenberg, Heinz, Die christlichen Adversus-Judaeos-Texte, 3 Bde. (Frankfurt a.M. / Berlin / Bern / New York / Paris / Wien, Bd. I: ⁴1999 [EHS. T 172]; Bd. II: ³1997 [EHS. T 335]; Bd. III: 1994 [EHS. T 497]).
Sigal, Phillip, Judentum (Stuttgart; Berlin / Köln / Mainz 1986).
Theobald, Michael, Studien zum Römerbrief (Tübingen 2001).
Tiwald, Markus, Hebräer von Hebräern. Paulus auf dem Hintergrund frühjüdischer Argumentation und biblischer Interpretation (Freiburg / Basel / Wien / Barcelona / Rom / New York 2008 [HBS 52]).
Yuval, Israel, Zwei Völker in deinem Leib. Gegenseitige Wahrnehmung von Juden und Christen in spätantike und Mittelalter, JRGK 4 (Göttingen 2007).

Wie Esau seinen schlechten Ruf bekam

V&R

Gerhard Langer (Hg.)

Esau – Bruder und Feind

2009. 341 Seiten, kartoniert

ISBN 978-3-525-50113-9

Der Zwillingsbruder Jakobs wird in der jüdischen und christlichen Tradition dazu verwendet, die eigene kulturelle Identität zu stärken. Esau wird mit »dem Anderen«, dem Außenseiter, dem Nichtjuden oder Nichtchristen, aber auch mit dem Alter Ego identifiziert.

Im Judentum findet sich die Deutung Esaus als Rom, Verbindungen zum Christentum werden geschaffen. Die Definition des/der Anderen wird vor allem mit richtigem und falschem Verhalten umschrieben. Esau kann so als Sinnbild einer Person gelesen werden, die sich falsch verhält und damit vor Augen führt, wie ein Jude gerade nicht sein soll.

Die Texte zeigen ihre Faszination aber auch darin, dass Esau als Insider und Outsider gleichermaßen geschildert werden kann, schillernd hin- und hergerissen zwischen dem Bruder und dem Feind, dem grenzgängerischen Juden und dem römischen Reich. Esau ist jene Figur, die Rom – und das Christentum – an Israel bindet, die Schicksale verwebt und dabei nie ganz den Blick auf die gemeinsame Vergangenheit verstellt.

Mittelalter und Neuzeit haben weitere Motive betont oder hinzugefügt. Esau/Edom wurde interpretiert als ein Mensch, der den Verlockungen nachgibt, sich einer Allgemeinkultur anzugleichen oder der auf Macht erpicht ist.

In der christlichen Literatur wird Jakob zusehends mit dem »wahren Israel«, der Kirche, verbunden und Esau als Jude interpretiert, der dem jüngeren Christentum zu dienen habe.

Vandenhoeck & Ruprecht